Kompendien
für Studium, Praxis und Fortbildung

Prof. Peter-Christian Kunkel

Jugendhilferecht

Systematische Darstellung für Studium und Praxis

10. völlig neu bearbeitete Auflage

D1727846

Nomos

Die Deutsche Nationalbibliothek verzeichnet diese Publikation in
der Deutschen Nationalbibliografie; detaillierte bibliografische
Daten sind im Internet über http://dnb.d-nb.de abrufbar.

ISBN 978-3-8487-6190-6 (Print)
ISBN 978-3-7489-0309-3 (ePDF)

1. Auflage 2022
© Nomos Verlagsgesellschaft, Baden-Baden 2022. Gesamtverantwortung für Druck
und Herstellung bei der Nomos Verlagsgesellschaft mbH & Co. KG. Alle Rechte, auch die des
Nachdrucks von Auszügen, der fotomechanischen Wiedergabe und der Übersetzung, vorbehalten. Gedruckt auf alterungsbeständigem Papier.

Vorwort

Seit Erscheinen des Lehrbuchs 1995 wurden in kurzer Folge Neuauflagen geliefert, jetzt 2022 die 10. Auflage als "Jubiläumsauflage". Dieser Erfolg beruht sicher auch auf der Aktualität des Werkes. Bei jeder Neuauflage wurden die aktuellen Gesetzesänderungen berücksichtigt, mit §§ 42 a ff für UMA, dem BTHG für die Eingliederungshilfe, der EU-DSGVO, dem SGB XIV, dem Ganztagsförderungsgesetz, dem KJSG, das am 10.6.2021 in Kraft getreten ist sowie dem Reformgesetz zur Vormundschaft, das am 1.1.2023 in Kraft tritt. Auch die Schulsozialarbeit wird mit dem neuen § 13 a SGB VIII besonders behandelt. Rechtsprechung und Literatur sind auf dem Stand vom **1.1.2022**.

Das Lehrbuch ergänzt den Lehr- und Praxiskommentar SGB VIII, 8. Aufl. 2021. Mit Prüfungsschemata und Lernzielkontrollen ist es speziell auf die Bedürfnisse der Studierenden zugeschnitten und wird ergänzt durch „Fälle mit Lösungen zum Kinder- und Jugendhilferecht", 7. Aufl. 2021, ISBN 978-3-8329-7773-3. Das nach Themen geordnete umfassende Literaturverzeichnis soll die wissenschaftliche Vertiefung erleichtern. Die systematisierten Übersichten über Rechtsquellen mit Fundstellen („Normenklaviatur") und die Rechtsprechung in Leitsätzen sind darüber hinaus als Hilfe auch für die Praxis gedacht. Mit der Verbindung von Glossar („Nomenklatur") und Stichwortverzeichnis soll auch Nicht-Fachleuten (zB ehrenamtlich Tätigen, Mitgliedern der Jugendhilfeausschüsse) ein schneller Überblick über die Jugendhilfe ermöglicht werden. Ebenso sind Erzieher und Politiker angesprochen, da die Darstellung an vielen Stellen Wertungen vornimmt, die den zentralen, aber unbestimmten Rechtsbegriff „Wohl des Kindes" ausfüllen sollen.

Im Internet wird eine umfangreiche Sammlung weiterer Materialien (zB eine komplette und aktualisierte Übersicht über Rechtsprechung, Literatur, Arbeitshilfen und Adressen) bereitgestellt; abrufbar unter https://www.nomos-shop.de/nomos/titel/jugendhilferecht-id-89400/, "Service zum Buch".

Soweit im Text die maskuline Form von Substantiven verwendet wird, sind grundsätzlich alle Geschlechter gemeint.

Kritik und Anregungen an meine Adresse (kunkel@hs-kehl.de) sind hoch willkommen!

Paragraphen ohne Gesetzesangabe sind solche des SGB VIII.

Offenburg, Februar 2022
Peter-Christian Kunkel

Inhaltsübersicht

1. Die Entwicklung des Jugendhilferechts   17

2. Grundsätze des Jugendhilferechts   37

3. Die Tätigkeitsfelder der Jugendhilfe   100

4. Die Organisation der Jugendhilfe   228

5. Das Verfahren der Jugendhilfe   266

6. Die Kosten der Jugendhilfe   298

Anhang (jeweils mit Anlagen)Im Internet abrufbar unter: www.nomos-shop.de/
nomos/titel/jugendhilferecht-id-89400/ unter "Service zum Buch"   309

Stichwortverzeichnis   393

Inhaltsverzeichnis

Abkürzungsverzeichnis 13

1. Die Entwicklung des Jugendhilferechts 17
1.1 Von der Armenpflege zur Erziehungshilfe 17
1.2 Die Entwicklung der Gesetzgebung zum Kinder- und Jugendhilfegesetz im
System des Sozialstaats 17
    1.2.1 Der Weg zum RJWG 17
    1.2.2 Vom RJWG zum JWG 19
    1.2.3 Vom JWG zum KJHG: Ziele und Schwerpunkte des Gesetzes 20
    1.2.4 Was hat sich inzwischen geändert? Das SGB VIII nach TAG, KICK,
    KiföG, BKiSchG 31
    1.2.5 Das KJSG 33
    1.2.6 Vormundschaftsrecht 36
    1.2.7 Das Ganztagsförderungsgesetz 36

2. Grundsätze des Jugendhilferechts 37
2.1 Jugendhilfe als Familienhilfe 37
    2.1.1 Familienstützende, -ergänzende und -ersetzende Hilfen 37
    2.1.2 Wächteramt / Garantenstellung / Schutzauftrag 42
2.2 Beratung vor Eingriff 61
    2.2.1 Beratungspflichten 61
    2.2.2 Grenzen der Beratung 64
2.3 Vorrang und Nachrang der Jugendhilfe 64
    2.3.1 Die Rangregelung in § 10 64
    2.3.2 Jugendhilfe und Leistungen nach dem SGB II 65
        2.3.2.1 Tatbestandsvoraussetzungen konkurrierender Leistungen 65
        2.3.2.2 Leistungskongruenz 67
        2.3.2.3 Leistungskonkurrenz 68
        2.3.2.4 Vorrang der Leistung nach dem SGB II 68
        2.3.2.5 Was bleibt von § 13 für den Jugendhilfeträger? 69
        2.3.2.6 Tagesbetreuung (§§ 22 bis 27) 71
        2.3.2.7 Bildungs- und Teilhabepaket 71
        2.3.2.8 Verfahren 71
    2.3.3 Jugendhilfe und Leistungen nach dem SGB III 73
    2.3.4 Schule vor Jugendhilfe 73
    2.3.5 Krankenkasse vor Jugendhilfe 77
    2.3.6 Jugendhilfe vor Sozialhilfe 79
2.4 Das Subsidiaritätsprinzip 81
2.5 Wunsch- und Wahlrecht 83
2.6 Steuerungsverantwortung/Selbstbeschaffung 84
2.7 Beteiligungsrechte 86

2.8 Jugendhilfe für junge Ausländer 87
  2.8.1 Ausländer als Leistungsberechtigte 88
    2.8.1.1 Gewähren und Beanspruchen 88
    2.8.1.2 Die Unterscheidung nach Leistung und anderer Aufgabe 89
    2.8.1.3 Die „Leistungssperre" für Ausländer 89
    2.8.1.4 Überwindung der Leistungssperre durch über- und zwischen-staatliches Recht 92
    2.8.1.5 Hilfen für unbegleitete minderjährige Ausländer (UMA) 94
  2.8.2 Ausweisung 96
    2.8.2.1 Ausweisungsgrund 96
    2.8.2.2 Rechtsfolge 96
    2.8.2.3 Ausweisungsschutz 96
  2.8.3 Aufenthaltstitel 96
  2.8.4 Datenschutz 97
    2.8.4.1 Datenerhebung durch Ausländerbehörden 97
    2.8.4.2 Mitteilungspflichten 97

3. Die Tätigkeitsfelder der Jugendhilfe 100
3.1 Die Leistungen der Jugendhilfe 100
  3.1.1 Förderung der Erziehung in der Familie 102
    3.1.1.1 Allgemeine Förderung 102
    3.1.1.2 Hilfen für Familien in besonderen Lebenslagen 103
  3.1.2 Förderung von Kindern in Tageseinrichtungen und in Kindertagespflege 108
    3.1.2.1 Tagesbetreuung für Kleinkinder 113
    3.1.2.2 Erziehung im Kindergarten 117
    3.1.2.3 Erziehung im Hort 119
  3.1.3 Jugendarbeit 120
  3.1.4 Jugendsozialarbeit / Schulsozialarbeit 126
    3.1.4.1 Jugendsozialarbeit 126
    3.1.4.2 Schulsozialarbeit 128
  3.1.5 Erzieherischer Kinder- und Jugendschutz 132
  3.1.6 Hilfe zur Erziehung/ Hilfearten/Hilfeplanung 134
  3.1.7 Eingliederungshilfe für seelisch behinderte Kinder und Jugendliche 159
  3.1.8 Hilfe für junge Volljährige/Nachbetreuung 174
  3.1.9 Zusammenfassende Übersicht über die Leistungen nach §§ 11-41 177
3.2 Die anderen Aufgaben der Jugendhilfe 184
  3.2.1 Vorläufige Maßnahmen zum Schutz von Kindern und Jugendlichen 184
    3.2.1.1 Die Inobhutnahme 184
    3.2.1.2 Vorläufige Inobhutnahme von unbegleiteten minderjährigen Ausländern (UMA) 187
  3.2.2 Schutz von Kindern und Jugendlichen in Tages- und Familienpflege (Pflegekinderschutz) und in Einrichtungen (Heimaufsicht) 196
    3.2.2.1 Pflegeerlaubnis 197
    3.2.2.2 Betriebserlaubnis 198
  3.2.3 Mitwirkung in gerichtlichen Verfahren 199
    3.2.3.1 Familiengerichtshilfe 202
    3.2.3.2 Jugendgerichtshilfe 208
  3.2.4 Vormundschaftswesen 211
    3.2.4.1 Beistandschaft, Pflegschaft und Vormundschaft 211

	3.2.4.2 Hilfen für die alleinsorgeberechtigte Mutter	221
3.2.5	Kindschaftsrecht in Grundzügen	222
	3.2.5.1 Abstammungsrecht	222
	3.2.5.2 Gemeinsame elterliche Sorge	223
	3.2.5.3 Umgangsrecht	224
	3.2.5.4 Betreuungsunterhalt	224
	3.2.5.5 Kindesunterhalt	224
	3.2.5.6 Beistandschaft statt Amtspflegschaft	225
	3.2.5.7 „Anwalt des Kindes" (Verfahrensbeistand)	225
	3.2.5.8 Erbrechtsgleichstellung	225
	3.2.5.9 Misshandlungsverbot	226
	3.2.5.10 Eheschließungsrecht	226
3.2.6	Beurkundung/vollstreckbare Urkunden	226

4. Die Organisation der Jugendhilfe — 228

4.1 Die Träger der freien Jugendhilfe — 228

4.2 Die Träger der öffentlichen Jugendhilfe — 233

4.2.1 Örtliche Träger — 233

4.2.1.1 Das Jugendamt: Verwaltung und Jugendhilfeausschuss — 235

4.2.1.2 Die Sonderstellung des Jugendamtes im Kommunalgefüge — 245

4.2.1.3 Die Gesamtverantwortung des örtlichen Trägers — 247

4.2.2 Überörtliche Träger — 251

4.3 Die Finanzierung der Träger der freien Jugendhilfe — 252

4.3.1 Förderung durch Subventionierung (§ 74) — 252

4.3.2 Leistungs- und Entgeltvereinbarung (§ 77 oder § 78 b) — 256

4.3.3 Aufwendungsersatz für Geschäftsbesorgung — 258

4.4 Jugendhilfeplanung — 258

4.5 Organisation der Dienste — 261

4.5.1 Aufgabenerfüllung in der allgemeinen Verwaltung, in Einrichtungen und mit Diensten — 261

4.5.2 Formen der Dienste — 263

4.5.2.1 Zusammenfassung von Innen- und Außendienst — 263

4.5.2.2 Allgemeiner Sozialdienst und sozialpädagogische Sonderdienste — 263

4.5.3 „Neues Steuerungsmodell" — 263

4.5.4 Ziele in der Jugendhilfe — 265

5. Das Verfahren der Jugendhilfe — 266

5.1 Verwaltungsakt und Verwaltungsverfahren — 266

5.1.1 Zuständigkeit — 267

5.1.2 Verfahren — 270

5.1.3 Form — 271

5.1.4 Bekanntgabe — 271

5.1.5 Rechtsschutz — 271

5.1.6 Vollstreckung — 272

5.2 Datenschutz und Schweigepflicht — 272

5.2.1 Rechte des Betroffenen — 289

5.2.2 Befugnis für Erheben und Verwenden von Daten nur zur Erfüllung eigener Aufgaben (Abs. 1 S. 1) 289
5.2.3 Kontrolle als Teil der Aufgabenerfüllung (Abs. 1 S. 2) 293
5.2.4 Löschung und Sperrung (Abs. 2) 294
5.2.5 Informationsrecht des Volljährigen (Abs. 3 S. 1) 295
5.2.6 Informationsrecht für Minderjährige (Abs. 3 S. 2) 295
5.2.7 Informationsrecht des Elternteils nach Beistandschaft (Abs. 3 S. 3) 296
5.2.8 Zweckbindung nach Übermittlung (Abs. 4) 296

6. Die Kosten der Jugendhilfe 298
6.1 Beteiligung an den Kosten 298
6.1.1 Erhebung von Kostenbeiträgen nach § 90 301
6.1.2 Heranziehung durch Kostenbeitrag nach §§ 91–94 303
6.1.3 Überleitung von Ansprüchen 304
6.1.4 Zusammenfassender Überblick: Voraussetzungen für Kostenbeteiligung in der Jugendhilfe (SGB VIII) 305
6.2 Kostenerstattung 306

Anhang (jeweils mit Anlagen)Im Internet abrufbar unter: www.nomos-shop.de/nomos/titel/jugendhilferecht-id-89400/ unter "Service zum Buch" 309
Anhang 1. Lernzielkontrolle mit Lösung 311
Anhang 2. Schaubilder/Schemata 319
Anhang 3. Rechtsquellenübersicht („Normenklaviatur") (Stand: 1.7.2021) 325
Anhang 3 a. Rechtsquellen/Schaubilder/Schemata/Muster speziell zum Datenschutz 327
Anhang 4. Verwaltungsvorschriften/Muster-Satzungen/Empfehlungen 333
Anhang 5. Systematische Rechtsprechungsübersicht 335
Anhang 6. Systematisches Literaturverzeichnis 337
Anhang 7. Hinweise auf Arbeitsmaterialien, Arbeitshilfen und Adressen 339
Anhang 8. Glossar („Nomenklatur") und Stichwortverzeichnis 343

Stichwortverzeichnis 393

Abkürzungsverzeichnis

a.A.	anderer Ansicht
a.a.O.	am angegebenen Ort
AB/AP/AV	Amtsbeistand/Amtspfleger/Amtsvormund bzw. Amtsbeistandschaft/Amtspfleg-schaft/Amtsvormundschaft
Abs.	Absatz
a.E.	am Ende
a.F.	alte Fassung
AFET	Arbeitsgemeinschaft für Erziehungshilfe
AG	Ausführungsgesetz bzw. Amtsgericht bzw. Arbeitsgemeinschaft
AgfA	Agentur für Arbeit
Alg II	Arbeitslosengeld II nach dem SGB II
Alt.	Alternative
Anm.	Anmerkung
Anh.	Anhang
AP/AV/AB	Amtspflegschaft, -vormundschaft, -beistandschaft
arg.	Argument aus
ARGE	Arbeitsgemeinschaft (nach § 44 b SGB II)
Art.	Artikel
ASD	Allgemeiner Sozialer Dienst
ASt.	Antragsteller
BA	Bundesagentur für Arbeit
BAG	Bundesarbeitsgemeinschaft bzw. Bundesarbeitsgericht
BauGB	Baugesetzbuch
BayObLG	Bayerisches Oberstes Landesgericht
Bbg	Brandenburgisch
Bd.	Band
BeamtStG	Beamtenstatusgesetz
Begr.	Begründung
Beschl.	Beschluss
BFH	Bundesfinanzhof
BGBl.	Bundesgesetzblatt
BGH	Bundesgerichtshof
BM	Bundesministerium
BMFSFJ	Bundesministerium für Familie, Senioren, Frauen und Jugend („Gedöns")
BMI	Bundesministerium des Innern
BMJ	Bundesministerium der Justiz
BPS	Bundesprüfstelle für jugendgefährdende Medien
BR	Bundesrat
BReg.	Bundesregierung
BSG	Bundessozialgericht
BT	Bundestag
bspw.	beispielsweise
BVerfG	Bundesverfassungsgericht
BVerwG	Bundesverwaltungsgericht
B.-W.	Baden-Württemberg
BZgA	Bundeszentrale für gesundheitliche Aufklärung
bzw.	beziehungsweise
d.h.	das heißt
DIJuF	Deutsches Institut für Jugendhilfe und Familienrecht (seit 2000)

DIV	Deutsches Institut für Vormundschaftswesen (bis 2000)
DJI	Deutsches Jugendinstitut
Dr.	Dritter
Drucks.	Drucksache
E	Entscheidungssammlung
EGMR	Europäischer Gerichtshof für Menschenrechte (Straßburg)
EGV	Vertrag zur Gründung der Europäischen Gemeinschaft
EU	Europäische Union
EuGH	Europäischer Gerichtshof (für EU-Recht; Luxemburg)
f.	folgende (Seite/Paragraph)
ff.	folgende (Seiten/Paragraphen)
FamG	Familiengericht
Fn.	Fußnote
FRV	Fürsorgerechtsvereinbarung
G	Gesetz
g.A.	gewöhnlicher Aufenthalt
gem.	gemäß
GemO/GO	Gemeindeordnung
HiuL	Hilfe in unterschiedlichen Lebenslagen nach SGB XII
HE	Hilfeempfänger
Hess.	Hessen/Hessisch
HzL	Hilfe zum Lebensunterhalt
h.M.	herrschende Meinung
Hrsg.	Herausgeber
HS	Hilfesuchender bzw. (bei Paragraphen) Halbsatz bzw. Hochschule
HzE	Hilfe zur Erziehung
idFv.	in der Fassung von
i.d.R.	in der Regel
i.S.v.	im Sinne von
i.V.m.	in Verbindung mit
JA	Jugendamt
JGH	Jugendgerichtshilfe
Jh	Jahrhundert
JH	Jugendhilfe
JHA	Jugendhilfeausschuss
JVA	Justizvollzugsanstalt
JWG	Jugendwohlfahrtsgesetz
KAG	Kommunalabgabengesetz
KG	Kammergericht (Berlin)
KS	Kostenschuldner
KSD	Kommunaler Sozialdienst
LAG	Landesausführungsgesetz bzw. Landesarbeitsgemeinschaft bzw. Landesarbeitsgericht
LBG	Landesbeamtengesetz
LG	Landgericht
LJA	Landesjugendamt
LJÄ	Landesjugendämter
LKrO	Landkreisordnung
LSA	Land Sachsen -Anhalt
LSG	Landessozialgericht
LT	Landtag
LVR	Landschaftsverband Rheinland
LWL	Landschaftsverband Westfalen

m.	mit
n.F.	neue Fassung
n.v.	nicht veröffentlicht
NRW	Nordrhein-Westfalen
NSM	Neues Steuerungsmodell
NZFH	Nationales Zentrum Frühe Hilfen
OLG	Oberlandesgericht
OVG	Oberverwaltungsgericht
PSB	Personensorgeberechtigter
RBB	Rechtsbehelfsbelehrung
Rh.-Pf.	Rheinland-Pfalz
RJWG	Reichsjugendwohlfahrtsgesetz
RN (Rn/Rn)	Randnummer
RP	Regierungspräsidium
RV(O)	Rechtsverordnung
S	Seite bzw. (bei Paragraphen) Satz
s.	siehe
SLT	Sozialleistungsträger
sog.	sogenannt(e)
SPFH	Sozialpädagogische Familienhilfe
str.	strittig
tats.	tatsächliche
TVöD	Tarifvertrag für den öffentlichen Dienst
u.a.	unter anderem
UMA	unbegleitete minderjährige Ausländer
UMF	unbegleitete minderjährige Flüchtlinge
Urt.	Urteil
usw.	und so weiter
UVK	Unterhaltsvorschusskasse
v.	vom
VA	Verwaltungsakt
Verf.	Verfasser
VG	Verwaltungsgericht
VGH	Verwaltungsgerichtshof
vgl.	vergleiche
VK	Vertretungs-Körperschaft
V(O)	Verordnung
VormG	Vormundschaftsgericht
WJH	Wirtschaftliche Jugendhilfe
z.B.	zum Beispiel

Abkürzungen für **Gesetze** im Übrigen s. Rechtsquellenübersicht im Anhang unter 3.

Abkürzungen für **Zeitschriften** s. Literaturverzeichnis im Anhang unter 6.

1. Die Entwicklung des Jugendhilferechts[1]

1.1 Von der Armenpflege zur Erziehungshilfe

Zuerst waren es die Kirchen, die im frühen Mittelalter Einrichtungen der Armenpflege **1** schufen, in denen auch der Jugend geholfen wurde. Erst als im Zuge der Reformation kirchliche Einrichtungen aufgehoben wurden, organisierten die Reichsstädte und später auch Territorialfürsten die Armen- und Krankenpflege. Daneben entstanden Selbsthilfeeinrichtungen der Zünfte oder Gilden uä Solidargemeinschaften, die Hospitäler, Armenschulen und Berufsbildungseinrichtungen unterhielten. Für den Staat war die Hilfe für die Jugend in erster Linie Eingriffsverwaltung und daher eine ordnungspolizeiliche Aufgabe. Die Armenpolizei holte Arme und Obdachlose von der Straße in Arbeitshäuser und ordnete Zwangsmaßnahmen gegen das Bettlerunwesen an. Auch Jugendliche wurden in Zwangseinrichtungen der Armenpflege untergebracht, um sie vor Gefahren zu bewahren, aber auch um die Bevölkerung vor ihnen zu schützen. Sozialpädagogische Ziele wurden zunächst nur von tatkräftigen und ideenreichen Privatleuten verfolgt, von Persönlichkeiten wie Oberlin, Pestalozzi und dem Pietisten August Hermann Francke, der Ende des 17. Jh. seine Stiftungen in Halle/Saale begründete mit einem Waisenhaus, einer Armenschule, einer Bibelanstalt und einem Siechenhaus. Als Vorläufer der heutigen Erziehungsheime wurden Rettungshäuser eingerichtet, zB 1823 von Falk in Weimar, in Hamburg 1833 das Rauhe Haus von Johann Hinrich Wichern. In Blankenburg/Thüringen wurde 1840 von Fröbel der erste allgemeine deutsche Kindergarten gegründet, der zum Inbegriff pädagogischer Arbeit und zu einem Begriff in vielen Weltsprachen wurde. 1860 wurden Lehrlingsvereine, Jünglings- und Jungfrauenvereine sowie Sonntagssäle eingerichtet. Im katholischen Bereich ist vor allem Vincenz von Paul als Begründer neuzeitlicher Caritasarbeit zu nennen, aber auch der Orden der Schwestern vom Guten Hirten, der sich bis heute der Erziehung gefährdeter Mädchen widmet. In dieser nur beispielhaften Aufzählung nichtstaatlicher Betätigung wurzelt der bis heute gültige Vorrang der freien Jugendhilfe vor der öffentlichen.[2]

1.2 Die Entwicklung der Gesetzgebung zum Kinder- und Jugendhilfegesetz im System des Sozialstaats

1.2.1 Der Weg zum RJWG. Wenn Jugendhilfe sich dadurch charakterisieren lässt, dass **2** sie die Erziehungs- und Bildungsbereiche umfasst, die nicht von anderen Trägern wahrgenommen werden, so bedeutet dies für den Gesetzgeber, dass er keine eindeutig umrissene Rechtsmaterie vorfindet, sondern auf benachbarte Regelungen (vgl. Schaubild zu Rn. 307) Rücksicht nehmen muss (zB schulrechtliche Regelungen, Jugendgesundheitspflege, Jugendmedienschutz, Jugendarbeitsschutz, Jugendgerichtshilfe, Jugendstrafvollzug, Familien- und Adoptionsrecht im Bürgerlichen Gesetzbuch). Der Gedanke, alle auf Jugend bezogenen Fragen in einem Jugendgesetzbuch zu kodifizieren, hat seit Anfang

---

1 Paragraphen ohne Gesetzesangabe sind solche des SGB VIII. Aus Gründen der Kürze und besseren Lesbarkeit fassen wir sprachlich alle Genderformen unter das generische Maskulinum. Selbstverständlich ist dies nicht diskriminierend gemeint, es sind ausdrücklich alle Menschen angesprochen.
2 Beispiele nach *Saurbier*, Hilfen für die Jugend, Heft 5 in der Reihe „Aufgaben praktischer Kommunalpolitik" der Konrad-Adenauer-Stiftung 1983, S. 2 f.

des Jahrhunderts immer wieder eine faszinierende Wirkung ausgeübt, ohne dass es bis heute dazu gekommen wäre.[3]

3 Der Gesetzgeber wurde auf dem Gebiet der Jugendhilfe erstmals im 19. Jh. aktiv mit dem „Regulativ über die Beschäftigung jugendlicher Arbeiter in den Fabriken" (1839) und mit Regelungen über die Zwangserziehung strafunmündiger Kinder. Beide Regelungen hatten jedoch weniger die Erziehung des Kindes zum Ziel, vielmehr die Sicherung des Rekruten-nachwuchses durch eine gesunde Jugend und im Falle der Zwangserziehung den Schutz der Bürger vor Straftaten von Kindern.

4 Die Reichsverfassung von 1871 regelte die Gesetzgebungskompetenz der Bundesstaa-ten für die Kinder- und Jugendfürsorge. In den einzelnen Bundesstaaten waren öffentliche Erziehung und Hilfe zur Berufsausbildung nur vereinzelt gesetzliche Pflichtaufgaben der Armenpflege. Zu dieser Armenpflege für Kinder gehörte auch die sogenannte Waisenpfle-ge, die Aufsicht über Ziehkinder (heutige Pflegekinder) und schließlich die Vormundschaft in Form der Berufs- und Amtsvormundschaft. Das Preußische Gesetz über die Fürsorge-erziehung Minderjähriger (1900) hat zum ersten Mal das Wort Zwangserziehung durch „Fürsorge" ersetzt und die Kleinkinderziehung der Jugendhilfe zugeordnet; es wurde auch damit zur Grundlage für die späteren Regelungen im Reichsjugendwohlfahrtsge-setz. Weitere Grundlagen waren das Sächsische (1918) und das Württembergische (1919) Jugendamtsgesetz sowie der Entwurf eines Preußischen Jugendfürsorgegesetzes v. 1918. Der Preußische Jugendpflegeerlass vom 18.1.1911 regte erstmalig die Bildung von Ortsausschüssen für Jugendpflege an. Auf dem Deutschen Jugendfürsorgetag[4] vom 20./21.9.1918 wurde von den ca. 1400 Teilnehmern eine reichseinheitliche Regelung der öffentlichen Jugendfürsorge gefordert. Die einstimmig verabschiedete Resolution hatte folgenden Wortlaut: „der Deutsche Jugendfürsorgetag hält die Errichtung von Jugendäm-tern in Stadt und Land als Träger der öffentlichen Jugendfürsorge für unerlässlich. Ihre verwaltungsmäßige Organisation muss unter Ermöglichung weitgehender Mitarbeit der auf den gleichen Gebieten arbeitenden Körperschaften der freien Liebestätigkeit einheit-lich durchgeführt werden. der Deutsche Jugendfürsorgetag beauftragt einen Vorstand:

1. bei den Reichsbehörden und dem Reichstag dahin zu wirken, dass eine solche ver-waltungsmäßige Organisation der öffentlichen Fürsorge so bald wie möglich in die Wege geleitet und die Errichtung von Jugendämtern in Stadt und Land den Bundes-staaten durch Reichsgesetz zur Pflicht gemacht wird.
2. Alle weiteren Schritte zu tun, um das Verständnis für die Notwendigkeit einer reichs-gesetzlichen Regelung der Errichtung von Jugendämtern in allen Volkskreisen zu we-cken.[5]"

Nachdem die Weimarer Verfassung dem Reich das Recht zur konkurrierenden Gesetzge-bung auf dem Gebiet der Kinder- und Jugendfürsorge zugestand, legte das Reichsinnen-ministerium dem Reichsrat 1920 den Entwurf eines Jugendwohlfahrtsgesetzes vor. Er ge-langte jedoch nicht in den Reichstag, weil der Reichsrat Einspruch einlegte, da er keine Möglichkeiten sah, die Kosten für die neu einzurichtenden Jugendämter aufzubringen. Erst zwei Jahre später, am 14.6.1922, verabschiedete der Reichstag das Reichsgesetz für Jugendwohlfahrt (RJWG).

---

3 So *Hasenclever*, Jugendhilfe und Jugendgesetzgebung seit 1900, S. 2.
4 Veranstaltet vom Deutschen Verein für Armenpflege und Wohltätigkeit, dem Archiv deutscher Berufsvormünder, der Deutschen Zentrale für Jugendfürsorge, der Zentralstelle für Volkswohlfahrt, dem Allgemeinen Fürsorgeer-ziehungstag und dem deutschen Kinderschutzbund.
5 Zitiert nach *Braun*, Der Deutsche Verein im Geschehen seiner Zeit. In: Beiträge zur Entwicklung der deutschen Fürsorge. 75 Jahre Deutscher Verein. S. 55 f.

Das RJWG stellte einen ersten Ansatz zu einer umfassenden Jugendhilfegesetzgebung **5**
dar. Die entscheidenden Ansatzpunkte waren:[6]

- der in § 1 geregelte Anspruch auf Erziehung: „Jedes deutsche Kind hat ein Recht auf Erziehung zur leiblichen, seelischen und gesellschaftlichen Tüchtigkeit";
- die Zusammenfassung von Jugendpflege und Jugendfürsorge für alle Altersgruppen unter dem Oberbegriff Jugendhilfe (§ 2);
- die Konzentration der örtlichen (öffentlichen) Jugendhilfe im Jugendamt, das in allen Stadt- und Landkreisen eingerichtet werden sollte;
- die Regelung des Verhältnisses öffentlicher und freier (freiwilliger) Jugendhilfe (§ 9), wonach das Jugendamt freie Vereinigungen (Wohlfahrts- und Jugendverbände, Kirchen, private Zusammenschlüsse) an der Ausführung zu beteiligen hatte. Die Abstimmung und Planung sollte sich im Jugendamt selbst vollziehen.

Während die Jugendpflege nur sehr allgemein geregelt wurde, war die Jugendfürsorge **6**
detailliert normiert. Für uneheliche Kinder führte das RJWG die Amtsvormundschaft ein, verbesserte und vereinheitlichte den Pflegekinderschutz und regelte die Mitwirkung des Jugendamtes bei der Fürsorge für gefährdete Kinder und Jugendliche. Daneben sollte das Jugendamt auch für Beratung in Angelegenheiten der Jugendlichen sorgen. Das RJWG sollte am 1.4.1924 in Kraft treten, eine aufgrund der inflationären Entwicklung und des Ermächtigungsgesetzes vom 8.12.1923 erlassene „Verordnung über das Inkrafttreten des RJWG" (vom 14.2.1924) suspendierte jedoch wesentliche Gesetzesbestimmungen wieder. Noch weiterreichende Einschränkungen brachte die „Verordnung über Jugendwohlfahrt" (1932).

1.2.2 Vom RJWG zum JWG. Schon in den 20er Jahren wuchs die Kritik am RJWG, weil **7**
es im Wesentlichen ein Jugendfürsorgegesetz war. Auch an dem Verfahren zur Anordnung wie an der geübten Praxis der Fürsorgeerziehung wurde Kritik geübt.[7] Anlass für die Novelle vom November 1953 zum RJWG aber war die faktische Aufhebung des Nazi-Gesetzes vom 1.2.1939, das dem Jugendamt seine Verfassung geraubt hatte. Das wesentliche Ergebnis dieser ersten Nachkriegsnovelle liegt darin, dass die Einschränkungen wieder aufgehoben wurden, die die Notverordnungen von 1932 gebracht hatten. Die Novelle machte den Katalog des § 4 RJWG wieder zur Pflichtaufgabe des Jugendamtes, schrieb die Errichtung von Jugendämtern und Landesjugendämtern vor und führte wieder Jugendamtsausschüsse ein. Mit dieser Neuerung, die bis heute Bestand hat, wurde das Jugendamt zu einer zweigliedrigen Behörde, die aus dem Ausschuss und der Verwaltung besteht. Hervorzuheben ist ferner, dass in einer – gegen die Stimmen der SPD angenommenen – Entschließung ausdrücklich das Prinzip der Subsidiarität öffentlicher Jugendhilfe (vgl. *Rn. 81*) bekräftigt wurde: „Das Jugendamt hat auf den einzelnen Gebieten der Jugendhilfe zunächst vorhandene Einrichtungen freier Träger zu fördern, sodann die freie Jugendhilfe anzuregen, notwendige neue Einrichtungen zu errichten, die aus öffentlichen Mitteln zu fördern sind, und schließlich eigene behördliche Einrichtungen zu schaffen, wenn der Weg der Anregung und Förderung erfolglos geblieben ist".[8]

Mit der zweiten Nachkriegsnovelle zum RJWG wurde 1961 das JWG geschaffen, das den **8**
Vorrang der freien Träger auf der Basis des Subsidiaritätsprinzips festlegte. Außerdem wurde das Erziehungsrecht der Eltern gestärkt und die Jugendhilfe stärker an den Elternwillen angebunden.

---

6 Nach *Jordan*, 65 Jahre (Reichs)Jugendwohlfahrtsgesetz – Ausgangssituationen und Entwicklungen, S. 22 f.
7 Nachweise bei *Jordan* aaO, S. 24 ff.
8 Abgedruckt in Nachrichtendienst des Deutschen Vereins für öffentliche und private Fürsorge (NDV) 1953, 300 f.

Dem JWG wurde daher vorgeworfen, es bringe eher eine „Konfessionalisierung denn eine Kommunalisierung der Jugendhilfe, da es ganz eindeutig auf zwei Grundprinzipien der katholischen Soziallehre – auf dem Elternrecht und dem Subsidiaritätsprinzip" basierte.[9] Einige sozialdemokratisch regierten Kommunen und Länder sahen in diesen Regelungen einen Verstoß gegen grundgesetzliche Bestimmungen (Art. 28: Selbstverwaltungsrecht der Gemeinden; Art. 20 und 28: Sozialstaatsprinzip; Art. 74: Keine Zuständigkeit des Bundes für den Bereich der Jugendpflege). Sie erhoben deshalb 1962 Klage zum Bundesverfassungsgericht, die aber mit dem wegweisenden Urteil von 1967[10] – für die Jugendhilfe eine Jahrhundertentscheidung – als unbegründet zurückgewiesen wurde.

Zur Stellung der Jugendhilfe im Sozialleistungssystem des Sozialstaats vgl. *nachfolgende Übersicht.*

Übersicht: Die Jugendhilfe im Sozialleistungssystem des Sozialstaats

Definition:	Jugendhilferecht ist als Sozialrecht der Teil des öffentlichen Rechts (Verwaltungsrecht), der der Verwirklichung sozialer Gerechtigkeit und sozialer Sicherheit dient, indem es die Entwicklung junger Menschen fördert)		
Rechtsquelle:	allgemeine:		Art. 20 Abs. 1, 28 Abs. 1 S. 1 und Art. 3 GG
	besondere:		Art. 6 GG
Gesetzgebungs- kompetenz:	Art. 74 Abs. 1 Nr. 7 GG		
Kodifikation:	Sozialgesetzbuch (vgl. *Schaubild hinter Rn. 32*)		
Systeme:	**Vorsorge**	**Ausgleich**	**Entschädigung**
	(Merkmal: Absicherung gegen typische soziale Risiken)	(Merkmal: Kompensation von Defiziten)	(Merkmal: Aufopferung für die Allgemeinheit)
	Insbesondere:	Insbesondere:	Insbesondere:
	– Sozialversicherung (Kranken-, Unfall-, Renten-, Arbeitslosen- und Pflegeversicherung – Beamtenversorgung	– Grundsicherung – Sozialhilfe – **Jugendhilfe** – Ausbildungsförderung – Wohngeld – Familienleistungsaus- gleich(Kindergeld)	– Kriegsopferversorgung – Entschädigung bei Ge- sundheitsschäden – Entschädigung für Opfer von Gewalttaten – Lastenausgleich

9   **1.2.3 Vom JWG zum KJHG: Ziele und Schwerpunkte des Gesetzes.** Sowohl das JWG von 1961 in der Bundesrepublik als auch die Jugendhilfeverordnung (JHVO) von 1966 in der DDR wurzelten im Boden des RJWG von 1922 und sahen daher den Schwerpunkt der Jugendhilfe in der Jugendfürsorge. Beide Rechtsgrundlagen wurden fachlichen und rechtlichen Anforderungen nicht mehr gerecht. Einzelne kleinere Novellen des JWG konnten daran nichts ändern. Die fachlichen Anforderungen ergaben sich aus der Änderung der gesellschaftlichen Wirklichkeit, die hier wie dort gekennzeichnet war durch Faktoren wie:

■ die Zunahme von Ein-Kind-Familien,

■ eine steigende Zahl von Kindern, die bei einem Elternteil aufwuchsen,

---

9   So *Hasenclever*, Zur Reform des Jugendhilferechts. In: Unsere Jugend, 1960, 345.
10 Amtliche Sammlung der Entscheidungen des Bundesverfassungsgerichts (BVerfGE) 22, 180, 202.

- hohe Trennungs- und Scheidungsraten,
- verändertes Rollenverständnis von Mann und Frau, insbesondere der Wunsch, Erwerbstätigkeit und Familie miteinander vereinbaren zu können.

Das JWG räumte zwar mit § 5 weiten Handlungsspielraum ein, um dieser Entwicklung **10** durch neue Hilfen Rechnung zu tragen. Die Praxis entwickelte familienunterstützende Hilfen und neue Angebote zur Förderung der Jugend und Familie. Damit entfernte sie sich aber auch immer weiter von ihrer rechtlichen Grundlage, die eher ordnungsrechtlich als leistungsrechtlich war. Im JWG brachte das § 4 zum Ausdruck, in der DDR § 18 JHVO, wo als Schwerpunkt der Tätigkeit der Jugendhilfeorgane genannt

Eine grundlegende Reform des Jugendhilferechts leitete die Bundesregierung in ihrer **11** Stellungnahme zum 3. Jugendbericht von 1972 ein, in der sie Zielvorstellungen für ein neues Jugendhilfegesetz formulierte:

- „Begründung eines förmlichen und einklagbaren *Rechtsanspruchs* eines jeden jungen Menschen auf Erziehung im Sinne einer seinen Anlagen und Neigungen entsprechenden vollen gesellschaftlichen Integration;
- Ausbau der familienergänzenden und *familienunterstützenden Hilfen*, wie zB Kindertageseinrichtungen, Erziehungsberatungsstellen und Elternschulen;
- Ausgestaltung der Jugendhilfe zu einem *selbstständigen*, die Erziehung und Bildung in Elternhaus, Schule und Beruf unterstützenden *Erziehungsträger*;
- Einführung eines konkretisierten *Leistungskataloges* für alle Bereiche der Jugendhilfe;
- Ausbau von *Erziehungshilfen* im Vorfeld der Heimerziehung;
- rechtliche Neuordnung des Komplexes *„Heimerziehung"*, ua durch eindeutigere Vorschriften im Blick auf Heimgruppendifferenzierungen sowie durch Abbau veralteter Terminologien, die der Verwirklichung zeitgemäßer Erziehungsformen hinderlich sind;
- stärkere Befähigung der Jugendämter zur verantwortlichen *Planung* und zur *Zusammenarbeit* mit den freien Trägern der Jugendhilfe sowie mit anderen für die Jugendhilfe bedeutsamen öffentlichen Institutionen;
- Überprüfung von Aufgabe, Zuständigkeit und *Verfahren* der Jugendbehörden mit dem Ziel der Ausrichtung auf die Aufgaben in der Gesellschaft von morgen;
- Verankerung der Forderung, dass die Aufgaben in allen Bereichen der Jugendhilfe von fachlich *qualifizierten Mitarbeitern* zu leisten sind, deren systematische Fortbildung gesichert werden muss;
- Festlegung konkreter Regeln für die Zusammensetzung und Verteilung der durch die Jugendhilfe erwachsenden *finanziellen Lasten*; (...)
- Klärung der Frage, inwieweit die im Jugendgerichtsgesetz geregelten erzieherischen Hilfen für *straffällig gewordene Jugendliche* und Heranwachsende sowie das Verfahren gegenüber minderjährige Straftätern in einem umfassenden Jugendhilfegesetz geregelt werden können".[11]

Diese Reformvorstellungen mündeten ein in einen ersten Diskussionsentwurf (1973) und **12** in Referentenentwürfe (1974 und 1977), schließlich in den Regierungsentwurf (1978). Das vom Deutschen Bundestag am 23.5.1980 verabschiedete Jugendhilfegesetz wurde aber vom Bundesrat am 4.7.1980 abgelehnt.[12] Ein im Jahr 1984 vorgelegter Referentenentwurf zur Änderung des JWG ist nach Abstimmung mit den Ländern und Fachverbänden aus Zeit- und Kostengründen nicht weiter verfolgt worden. In seiner Regierungserklärung vom 18.3.1987 hatte der Bundeskanzler angekündigt, die Neuordnung der Jugendhilfe in Angriff zu nehmen, um neuen Entwicklungen in der Jugendhilfe zu entsprechen. Dieses Ver-

---

11 Dritter Jugendbericht 1972: Bericht der Bundesregierung über Bestrebungen und Leistungen der Jugendhilfe. Deutscher Bundestag. 6. Wahlperiode. Drs. 6/3170 unter VIII. Hervorhebungen durch den Verfasser.
12 Begründung in BR-Drs. 287/80.

sprechen wurde eingelöst mit der Vorlage des Entwurfs eines Kinder- und Jugendhilfege-
setzes (Kinder- und Jugendhilfegesetz – KJHG) vom 29.9.1989. Der Deutsche Bundestag
hat den Gesetzentwurf am 28.3.1990 mit großer Mehrheit verabschiedet. Am 11.5.1990
hat ihm der Bundesrat zugestimmt. Das KJHG vom 26.6.1990[13] ist im Gebiet der ehemaligen DDR seit 3.10.1990 in Kraft;[14] im übrigen Bundesgebiet ist es am 1.1.1991 in Kraft
getreten. Wegen der zusätzlichen Belastungen für die kommunalen Haushalte wurde der
Zeitpunkt für das Inkrafttreten der kostenwirksamen Leistungen in der Weise bis zum 1.1.
bzw. 31.12.1995 hinausgeschoben, dass erst zu diesem Zeitpunkt ihre volle Wirksamkeit
eintrat und bis dahin nur eine verminderte Leistungsverpflichtung bestand (Art. 10). Für
das Gebiet der ehemaligen DDR galten über Art. 10 hinaus weitere Übergangsbestim-
mungen bis zum 31.12.1994.

Die 20 Schwerpunkte des KJHG (1990):

13 **(1) Jugendhilfe als Leistungsrecht.** Eigenständige Eingriffstatbestände des Jugendhilferechts gibt es nicht mehr. Nur das Familiengericht kann über § 1666 BGB Eingriffe in elterliche Erziehungsverantwortung vornehmen. Bei Gefahr im Verzug kann das Jugendamt
Maßnahmen zur Inobhutnahme und zur Herausnahme zwar ohne Zustimmung, aber nicht
gegen den Willen der Personensorgeberechtigten treffen. Sind sie mit der Entscheidung
des Jugendamtes nicht einverstanden, muss das Jugendamt das Familiengericht anrufen.

Konsequenz des Abbaus von Eingriffen ist der Ausbau von Leistungen. Aus dem Grundsatz der Verhältnismäßigkeit folgt, dass der Staat das ihm nach Art. 6 Abs. 2 S. 2 Grundgesetz (GG) obliegende Wächteramt vorrangig durch helfende, unterstützende, auf Herstellung oder Wiederherstellung eines verantwortungsgerechten Verhaltens der natürlichen Eltern gerichtete Maßnahmen auszuüben hat. Dabei kann der Staat nicht generell
die Hilfebedürftigkeit der Familie bei Wahrnehmung ihrer Erziehungsaufgaben unterstellen, sondern muss für sein Tätigwerden im Bereich der Erziehung einen Hilfebedarf im
Einzelfall voraussetzen, der durch elterliches Handeln nicht gedeckt wird. Weder die Leistung der Hilfe zur Erziehung noch sonstige Leistungen nach dem SGB VIII haben zur Voraussetzung eine Gefährdung des Kindeswohls, knüpfen also nicht an die Eingriffsnorm
des § 1666 BGB an, so dass mit ihrer Inanspruchnahme keine Beschränkung elterlicher
Sorge verbunden ist.

14 **(2) Die Eltern als Adressaten der Leistung („Elternhilfegesetz").** Nach Art. 6 Abs. 2
S. 1 GG sind Pflege und Erziehung der Kinder das natürliche Recht der Eltern, dh, der öffentlichen Jugendhilfe kommt – im Gegensatz zur Schule (Art. 7 GG) – kein eigenständiger Erziehungsauftrag zu. Dies hat zur Folge, dass Leistungen der Jugendhilfe Kindern
und Jugendlichen nur mittelbar, nämlich über eine Unterstützung der Eltern – gleichsam
wie bei einem Vertrag zugunsten Dritter – zugutekommen können.[15] Kinder sind lediglich
Leistungsbeteiligte, Eltern sind Leistungsberechtigte (vgl. *Rn. 44*). Da der Staat keine Er-
ziehungsbefugnis hat, ergibt sich auch aus § 1 nicht ein Rechtsanspruch des jungen
Menschen auf Erziehung gegen den Staat. Dieser Anspruch richtet sich vielmehr gegen
die Eltern, denen der Staat in der Erfüllung seines Wächteramts (präventiv) bei der Einlösung des Erziehungsanspruchs Hilfestellung zu leisten hat.

15 **(3) Das staatliche Wächteramt.** Das staatliche Wächteramt aus Art. 6 GG könnte nicht
wahrgenommen werden, würde der Schutz des Kindeswohls ausschließlich der Dispositi-

---

13 Veröffentlicht im Bundesgesetzblatt Teil I vom 28.6.1990, S. 1063 ff.
14 Einigungsvertrag – Anlage I, Kap. X, Abschnitt 3 im Sachgebiet Jugend Nr. 1 k.
15 Anders für den Anspruch auf einen Kindergartenplatz (§ 24), der den Kindern selbst zusteht, und die Eingliede-
    rungshilfe (§ 35 a), weil sie das elterliche Erziehungsrecht nur am Rande berühren.

on der Personensorgeberechtigten überlassen. § 8 regelt daher eigenständige Rechte der Kinder und Jugendlichen.Damit der Staat sein Wächteramt ausüben kann, muss er Kenntnis von den das Kindeswohl gefährdenden Umständen haben. Daher können sich Kinder und Jugendliche in allen Angelegenheiten an das Jugendamt wenden („Auge des staatlichen Wächters"). Das Jugendamt kann dann den Eltern Leistungen anbieten oder muss das Familiengericht („Schwert des staatlichen Wächters") unterrichten, falls eine Gefährdung des Kindeswohls anzunehmen ist (§ 50 Abs. 3 aF, jetzt § 8 a Abs. 2. *Vgl. Rn. 49.*

An allen Entscheidungen der öffentlichen Jugendhilfe sind Kinder und Jugendliche – entsprechend ihrem Entwicklungsstand – zu beteiligen (§ 8 Abs. 1).

Die am weitesten gehende Einschränkung des Elternrechts im SGB VIII ermöglicht § 8 Abs. 3.[16] Kinder und Jugendliche haben einen Anspruch auf Beratung gleichsam „hinter dem Rücken" des Personensorgeberechtigten, wenn aufgrund einer Not- und Konfliktsituation[17] Beratung erforderlich ist und eine Information der Personensorgeberechtigten den Beratungszweck vereiteln wurde. Da nur noch § 1666 BGB als Eingriffsnorm in das Elternrecht gedacht ist, sollte bei länger dauernden Beratungsprozessen die Einbeziehung der Personensorgeberechtigten versucht werden oder eine Einschaltung des Familiengerichts nach § 50 Abs. 3 (jetzt § 8 a Abs. 2) erfolgen.

(4) Das Subsidiaritätsprinzip. Die bisherigen Vorschriften über den Funktionsschutz frei- **16** er Träger (Subsidiarität) waren vor allem als Konkurrenzverbot für den öffentlichen Träger formuliert; sie sollten ein Tätigwerden der öffentlichen Jugendhilfe in den Bereichen verhindern, in denen ein Angebot freier Träger besteht oder (unter sinnvollem finanziellem Mitteleinsatz) geschaffen werden kann.

Heute steht nicht mehr die Konkurrenz verschiedener Träger im Vordergrund, sondern die finanzielle Absicherung der einzelnen Maßnahmen und damit die wirtschaftliche und zweckentsprechende Verwendung öffentlicher (und privater) Mittel. Auch freie Träger sind zur Realisierung ihrer Vorhaben in hohem Maß auf öffentliche Zuwendungen angewiesen. Angesichts der vom Bundesverfassungsgericht den öffentlichen Trägern zuerkannten Gesamtverantwortung einschließlich der Planungsverantwortung in der Jugendhilfe[18] stellt das Gesetz folgende Gesichtspunkte in den Mittelpunkt der partnerschaftlichen Zusammenarbeit:

- das plurale Angebot in der Jugendhilfe,
- den Verzicht auf eigene Angebote öffentlicher Träger bei einer Bedarfsdeckung durch freie Träger,
- das Recht der Leistungsberechtigten zwischen Einrichtungen und Diensten verschiedener Träger zu wählen,
- die Mitwirkung freier Träger im Jugendhilfeausschuss,
- die finanzielle Förderung der freien Jugendhilfe,
- die frühzeitige Beteiligung freier Träger an der Planung der Jugendämter.

Auch künftig bilden die freien Träger das Rückgrat nichtstaatlicher Jugendhilfe, also die Jugendverbände und die Verbände der freien Wohlfahrtspflege. Darüber hinaus haben sich aber in den letzten Jahren neue Trägerformen und Strukturen gebildet: Selbsthilfegruppen, Eltern- und andere örtliche Initiativen sowie weitere Organisationen, die sich nicht zu Jugendverbänden oder Verbänden der freien Wohlfahrtspflege zählen, jedoch im Bereich der Kinder- und Jugendhilfe tätig werden. Im Gegensatz zum JWG eröffnet das

---

16 Nach BVerfGE 59, 360 wonach das Elternrecht der Schweigepflicht eines Schulberaters vorgeht.
17 Nach KJSG ohne diese ; siehe Rn. 39 a.
18 BVerfGE 22, 180, 202.

SGB VIII auch solchen neuen Trägerstrukturen den Zugang zum Jugendhilfeausschuss, zur Beteiligung an der Jugendhilfeplanung sowie zur Finanzierung von Maßnahmen.

17 **(5) Verbesserung der Angebote der Jugendarbeit und der Jugendsozialarbeit.** Während das JWG Jugendpflege und Jugendfürsorge zwar als Schwerpunkte der Jugendhilfe genannt, diesen Bereich aber unzureichend geregelt hat, wurden im SGB VIII die Aufgaben der Jugendarbeit und der Jugendsozialarbeit in einem eigenen Kapitel normiert und damit ihr besonderer Wert, aber auch ihre präventive Wirkung für die Entwicklung junger Menschen hervorgehoben. Die Verpflichtung zur Förderung der Jugendverbandsarbeit wurde bekräftigt.

Insbesondere im Hinblick auf den weiterhin schwierigen Zugang benachteiligter junger Menschen zur Ausbildung und Beschäftigung hat der Bereich der Jugendsozialarbeit an Bedeutung gewonnen. In die Neuregelung wurde auch das Angebot geeigneter Ausbildungs- und Beschäftigungsmaßnahmen im Bereich der Jugendhilfe einbezogen, sofern junge Menschen nicht von anderen Maßnahmen und Programmen erreicht werden.

Eine eigene Vorschrift ist darüber hinaus dem erzieherischen **Jugendschutz** gewidmet, der nicht zuletzt im Zusammenhang mit der Entwicklung neuer Medien zunehmende Bedeutung erhält.

18 **(6) Verbesserung der Hilfen für Familien in besonderen Lebenssituationen.** Die Realität der Familien ist gekennzeichnet von unterschiedlichen Familienformen und Lebenssituationen, in denen junge Menschen aufwachsen. Im Gesetz sind für typische Lebenslagen spezifische Formen von Beratung und Hilfe geregelt. Viele dieser Hilfeformen sind von besonderer Bedeutung für alleinerziehende Elternteile. Dazu zählen insbesondere:

- Beratung und Unterstützung bei Vaterschaftsfeststellung und Geltendmachung von Unterhaltsansprüchen,
- Beratung in Fragen von Partnerschaft, Trennung und Scheidung,
- Beratung und Unterstützung bei der Ausübung der Personensorge,
- gemeinsame Unterbringung junger Mütter oder Väter (ohne Ausbildungsabschluss) zusammen mit ihren Kindern in besonderen Wohnformen,
- Betreuung und Versorgung des Kindes in Notsituationen.

19 **(7) Verbesserung der Angebote der Tagesbetreuung von Kindern.** Die Tagesbetreuung von Kindern – auch vor und nach dem Kindergartenalter – hat in den letzten Jahren an Bedeutung gewonnen. Nicht nur die steigende Zahl alleinerziehender Elternteile, die auf Erwerbstätigkeit angewiesen sind, und das Interesse vieler Partner, Familie und Erwerbstätigkeit besser miteinander zu verbinden, sondern vor allem der besondere Nutzen einer gemeinschaftlichen Erziehung für die zunehmende Zahl von Einzelkindern lassen den Bedarf an Plätzen in Tageseinrichtungen (Kindergärten, Horten, Krippen, altersgemischte Gruppen) und den Betreuungsformen innerhalb einer Familie (Kindertagespflege) wachsen. Der ständig steigenden Bedeutung der Tagesbetreuung von Kindern entsprechend, wird diese Aufgabe – im Unterschied zum JWG – ausdrücklich im SGB VIII geregelt und einem eigenen Kapitel zugewiesen. Damit wird die Förderung von Kindern in Tagesbetreuung auch von der individuellen Erziehungshilfe abgegrenzt, die erst bei Verhaltensauffälligkeiten und Entwicklungsstörungen einsetzt. Das Gesetz verpflichtet Länder und Gemeinden zu einem bedarfsgerechten Ausbau der verschiedenen Formen der Tagesbetreuung. Die Bedarfsermittlung erfolgt nach den für die Jugendhilfeplanung festgelegten Bestimmungen. Bei der Festlegung von Elternbeiträgen ist eine Staffelung nach dem Einkommen oder der Kinderzahl vorgesehen.

20 **(8) Gesetzliche Verankerung ambulanter und teilstationärer erzieherischer Hilfen neben den klassischen Formen der Pflegefamilie und der Heimerziehung.** Noch immer werden von vielen Jugendämtern ambulante und teilstationäre Erziehungshilfen als freiwillige Leistungen betrachtet, während die familientrennenden Hilfen als Pflichtaufgaben angesehen werden. Diese Sichtweise widerspricht dem Schutzgebot des Art. 6 GG. Sie hat dazu geführt, dass noch immer Kinder und Jugendliche allein deshalb aus ihrer Familie herausgenommen werden müssen, weil an sich ausreichende familienunterstützende Hilfen nicht in genügender Zahl angeboten werden. Die örtlich und regional zu beobachtenden Tendenzen, den Bereich ambulanter und teilstationärer Hilfen auszubauen, bedurften einer eindeutigen gesetzlichen Grundlage.

Das Gesetz geht von der Gleichwertigkeit aller Hilfearten aus. Es sieht neben den klassischen Arten der Erziehungshilfe in einer Einrichtung (Heimerziehung) und in einer Pflegefamilie folgende Arten ambulanter und teilstationärer Erziehungshilfen vor:

- Erziehungsberatung
- Soziale Gruppenarbeit
- Erziehungsbeistandschaft
- Sozialpädagogische Familienhilfe
- Erziehung in einer Tagesgruppe.

Als Ergänzung der klassischen Heimerziehung wurde die Unterbringung in sonstigen betreuten Wohnformen (betreutes Einzelwohnen, pädagogisch betreute Wohngemeinschaften) sowie die intensive sozialpädagogische Einzelbetreuung für besonders gefährdete Jugendliche eigens hervorgehoben.

(9) Neuordnung des Pflegekinderwesens. Das JWG hat das Pflegekinderwesen in erster Linie aus dem Blickwinkel der Aufsicht über das Pflegekind geregelt. In der Praxis der Jugendhilfe ist dieser repressive Aspekt zunehmend hinter den präventiven Ansätzen, wie einer qualifizierten Vermittlung des Kindes in eine geeignete Familie, der Begleitung der Erziehung in der Pflegefamilie und der Einbeziehung der Herkunftsfamilie in das Betreuungsverhältnis zurückgetreten. Dem heutigen fachlichen Erkenntnisstand entsprechend, sichert das Gesetz eine zeit- und zielgerichtete Ausgestaltung des Pflegeverhältnisses. Die notwendigen Entscheidungen für das Kind und den Jugendlichen sollen zusammen mit den betroffenen Familien erarbeitet werden (Hilfeplan). 21

Als für die Entwicklung des Kindes wichtige Aufgaben im Bereich des Pflegekinderwesens regelt das Gesetz:

- die Beratung der Herkunftsfamilie vor der Inpflegegabe,
- die qualifizierte Vermittlung des Kindes in eine Pflegefamilie,
- die gemeinsame Klärung der Frage, ob das Kind auf Dauer in der Pflegefamilie bleiben soll oder ob innerhalb eines angemessenen Zeitraums mit einer Verbesserung der Erziehungsbedingungen in der Herkunftsfamilie gerechnet werden kann und deshalb eine baldige Rückführung des Kindes in die Herkunftsfamilie angestrebt wird,
- die Aufrechterhaltung des Kontakts des Kindes zu seinen Eltern auch in den Fällen, in denen das Kind nicht dorthin zurückkehren kann,
- die Begleitung und Beratung der Pflegefamilie während der gesamten Dauer der Inpflegegabe.

Darüber hinaus wurde das bislang örtlich unterschiedlich bemessene Pflegegeld, mit dem der Lebensunterhalt des Pflegekindes gesichert und die Arbeit der Pflegeeltern anerkannt werden soll, vereinheitlicht. Das Gesetz sieht einheitliche Bemessungskriterien vor.

Die Pflegeerlaubnis ist nur noch für die Kinder und Jugendlichen notwendig, die nicht über das Jugendamt in eine Pflegestelle vermittelt werden. Der Schutz des Pflegekindes wird damit nicht gemindert, da die Eignung der Pflegefamilie bereits im Rahmen der Vermittlung geprüft wird und die Verpflichtung zur Überprüfung der Pflegestelle im Übrigen ausdrücklich bestehen bleibt.

22 **(10) Klärung der personensorgerechtlichen Befugnisse von Pflegeeltern und Heim-erziehern.** Pflegeeltern und Heimerzieher nehmen im Rahmen ihrer Tätigkeit Angelegenheiten der elterlichen Sorge wahr, die nach den Vorschriften des BGB den Eltern bzw. dem Vormund oder Pfleger obliegen (Erziehung, Aufenthaltsbestimmung). Sie bedürfen daher einer rechtlichen Grundlage. Vertragsrechtliche Konstruktionen (Abschluss eines Pflegevertrags) haben sich in der Praxis nicht bewährt, da Herkunftseltern sich häufig scheuen, eine solche Vereinbarung abzuschließen. Aus ähnlichen Gründen kommt es auch nur sehr selten zu einer Übertragung von Sorgerechtsangelegenheiten nach § 1630 Abs. 3 BGB. Daher wird eine vermutete Bevollmächtigung für den Kreis der mit Obhut und Pflege nach Art des Betreuungsverhältnisses üblicherweise verbundenen Angelegenheiten eingeführt,[19] die durch konkrete Absprache eingeschränkt oder erweitert werden kann. Diese Regelung dient als „Legitimationsnachweis" für Pflegeeltern und Heimerzieher insbesondere gegenüber Behörden ua öffentlichen Institutionen.

23 **(11) Verbesserung der Hilfen für junge Volljährige.** Nach dem JWG konnten erzieherische Hilfen nur dann über die Volljährigkeit hinaus weiter gewährt werden, wenn gleichzeitig eine schulische oder berufliche Bildungsmaßnahme fortgeführt wurde. Dies bedeutete, dass eine pädagogische Unterstützung etwa bei jungen Volljährigen nicht möglich war, die erst nach der Vollendung des 18. Lebensjahres eine Berufsausbildung beginnen konnten, in einen anderen Ausbildungsabschnitt überwechselten oder ihren Ausbildungsplatz verloren hatten.

Demgegenüber wurde im SGB VIII die Hilfe für junge Volljährige entscheidend verbessert:

- soweit Hilfen *vor* der Vollendung des 18. Lebensjahres *eingeleitet* worden sind, ist ihre Fortdauer nicht mehr von der Fortsetzung einer schulischen oder beruflichen Bildungsmaßnahme abhängig;
- junge Menschen sollen *nach* Vollendung des 18. Lebensjahres auch *erstmalige* Jugendhilfeleistungen erhalten, wenn die Hilfe für die Persönlichkeitsentwicklung und zu einer eigenverantwortlichen Lebensführung notwendig ist;
- an die Stelle der bisherigen Kann-Leistung tritt eine Verpflichtung (Soll-Vorschrift) zur Leistung der Hilfe bis zum 21. Lebensjahr, in begründeten Fällen soll die Hilfe auch darüber hinaus fortgeführt werden.

24 **(12) Vorrangige Zuordnung seelisch behinderter junger Menschen zur Jugendhilfe.** Die langjährige Praxis hatte gezeigt, dass die Feststellung einer seelischen Behinderung bei jungen Menschen und die damit verbundene Abgrenzung der Eingliederungshilfe für Behinderte nach §§ 39, 40 BSHG (später §§ 53, 54 SGB XII, jetzt SGB IX) zu den Hilfen nach dem JWG insbesondere bei den stationär geleisteten Hilfen (Unterbringung in Heimen) und den teilstationären Hilfen (in heilpädagogischen Tagesstätten) schwierig war und häufig willkürlich geschah. Dies hat immer wieder zu negativen Kompetenzkonflikten mit der Folge geführt, dass die notwendige Hilfe nicht sofort geleistet wurde oder die Einrichtungen freier Träger, die sich zur Hilfeleistung bereit erklärten, das Kostenrisiko bis zur gerichtlichen Klärung zu tragen hatten.

Das SGB VIII regelt die vorrangige Zuständigkeit der Jugendhilfe für seelisch behinderte junge Menschen und verankert damit die Erstzuständigkeit der Jugendhilfe für diesen Personenkreis.

---

19 Jetzt in § 1688 BGB; nach dem KJSG :§ 37 Abs. 2 und 3 regelt nur noch die Streitschlichtung durch das JA; vgl. Rn. 195.

(13) Zusammenfassung aller Einzelhilfen auf der Ebene des örtlichen Jugendam- 25
tes. Nach dem JWG leisteten sowohl die (örtlichen) Jugendämter als auch die (überörtlichen) Landesjugendämter Erziehungshilfen im Einzelfall. Die Abgrenzung zwischen beiden Ebenen erfolgte dabei nicht nach bestimmten Hilfeformen, sondern nach dem Verschärfungszusammenhang: Während das (örtliche) Jugendamt grundsätzlich für alle erzieherischen Hilfen einschließlich der Heimerziehung zuständig war, war das Landesjugendamt für Fürsorgeerziehung und Freiwillige Erziehungshilfe zuständig – Hilfeformen, die für besonders schwierige und problembelastete Jugendliche gedacht waren und überwiegend in Form der Heimerziehung erbracht wurden. Mangels praktikabler Abgrenzungskriterien zwischen örtlichen und überörtlichen Aufgaben wurde seit langem eine Zusammenfassung aller erzieherischen Hilfen auf der örtlichen Ebene gefordert.

Nachdem durch die kommunale Gebietsreform neue und leistungsfähige Kreise und kreisfreie Städte entstanden sind, sind diese grundsätzlich in der Lage, auch den Anteil kostenintensiver Hilfe zu leisten, der bisher den Landesjugendämtern vorbehalten war. Das (örtliche) Jugendamt ist daher für alle Arten der Hilfe zur Erziehung abschließend zuständig.

(14) Verankerung der Jugendhilfeplanung als gesetzliche Aufgabe der Jugendämter 26
und der Landesjugendämter. Das SGB VIII verpflichtet die Jugendämter und die Landesjugendämter im Rahmen ihrer Planungsverantwortung

- den Bedarf an Einrichtungen und Diensten festzustellen,
- den Bedarf unter Berücksichtigung der Wünsche, Bedürfnisse und Interessen der jungen Menschen und der Personensorgeberechtigten für einen mittelfristigen Zeitraum zu ermitteln,
- die zur Befriedigung des Bedarfs notwendigen Vorhaben rechtzeitig und ausreichend zu planen.

Darüber hinaus verpflichtet das Gesetz die öffentlichen Träger, bei der Planung dafür Sorge zu tragen, dass

- Kontakte in der Familie und im sozialen Umfeld erhalten und gepflegt werden können,
- ein möglichst wirksames, vielfältiges und aufeinander abgestimmtes Angebot von Jugendhilfeleistungen gewährleistet ist,
- junge Menschen und Familien in gefährdeten Lebens- und Wohnbereichen besonders gefördert werden,
- Mütter und Väter Aufgaben in der Familie und Erwerbstätigkeit besser miteinander vereinbaren können.

(15) Schutz personenbezogener Daten. Im JWG befanden sich keine Datenschutzvor- 27
schriften. Der Datenschutz war in § 35 Sozialgesetzbuch (SGB) I und §§ 67–85 SGB X geregelt. Ergänzend zu diesen Vorschriften enthält das SGB VIII Datenschutzregelungen, die für alle personenbezogenen Angaben gelten, gleichgültig, ob in Dateien oder in Akten. Der Umfang des Datenschutzes erstreckt sich auf alle Phasen des Umgangs mit Daten.

(16) Neuordnung der Kinder- und Jugendhilfestatistik. Bisher wurden in der Jugend- 28
hilfestatistik vor allem Daten zu den verschiedenen Arten der Hilfe zur Erziehung außerhalb der eigenen Familie (Heimerziehung, Pflegekinder) erhoben. Jetzt werden auch die ambulanten, familienunterstützenden Hilfen besser statistisch erfasst. Dadurch kann ein besserer Überblick über die Tätigkeit der Jugendämter sowie über den Ausbau und die Inanspruchnahme der verschiedenen Hilfearten vermittelt werden.

Das Gesetz trägt auch den Anforderungen Rechnung, die das Bundesverfassungsgericht in seinem Urteil zur Verfassungsmäßigkeit des Volkszählungsgesetzes[20] im Hinblick auf den Schutz der informationellen Selbstbestimmung aufgestellt hat, und regelt alle Merkmale und Hilfsmerkmale für die jeweiligen Erhebungen.

29 **(17) Harmonisierung und Vereinfachung der Vorschriften über die Heranziehung der Hilfeempfänger zu den Kosten der einzelnen Hilfen.** Das JWG verwies hinsichtlich des Einsatzes des Einkommens und Vermögens auf die Vorschriften des Bundessozialhilfegesetzes (BSHG). Die unmittelbare Anwendung dieser Vorschriften hatte sich für den Bereich der Jugendhilfe als unzweckmäßig erwiesen. Infolgedessen hatte sich eine sehr unterschiedliche Anwendungspraxis in den Jugendämtern entwickelt, die aus Gründen der Rechtsgleichheit und Rechtssicherheit bedenklich erschien. Im SGB VIII ist das Kostenrecht der Jugendhilfe vereinfacht und mit den Bestimmungen über den Einsatz des Einkommens und Vermögens bei der Eingliederungshilfe für Behinderte harmonisiert worden. Damit wurde erreicht, dass künftig Kostengesichtspunkten bei der Wahl der Hilfeform keine vorrangige Bedeutung mehr zukommt. Von der Erhebung eines Kostenbeitrags kann abgesehen werden, wenn sonst Ziel und Zweck der Leistung gefährdet würden oder sich aus der Heranziehung eine besondere Härte ergäbe.

30 **(18) Neuordnung der Heimaufsicht.** Gesetzliche Instrumente der Heimaufsicht waren bisher die regelmäßige Überprüfung sowie die Schließung von Einrichtungen. Um Kindern und Jugendlichen einen kontinuierlichen Erziehungsprozess in einer Einrichtung zu ermöglichen und die Schließung von Einrichtungen möglichst zu vermeiden, ist die Heimaufsicht im SGB VIII stärker präventiv ausgestaltet worden.

Im SGB VIII geregelt sind daher die Beratung von Trägern von Einrichtungen bei der Planung und Betriebsführung sowie die Einführung eines Erlaubnisvorbehalts für den Betrieb von Einrichtungen. Damit wird bereits vor der Inbetriebnahme einer Einrichtung geprüft, ob in der Einrichtung dem Wohl der unterzubringenden Kinder und Jugendlichen hinreichend Rechnung getragen werden kann. Das bisherige Verfahren zur Befreiung von Einrichtungen vom Erfordernis der Pflegeerlaubnis für Heimkinder entfällt.

31 **(19) Anknüpfung der örtlichen Zuständigkeit des Jugendamts an den Aufenthalt der Eltern.** Die Anknüpfung der örtlichen Zuständigkeit des Jugendamtes an den gewöhnlichen Aufenthalt des Minderjährigen, wie sie das JWG vorsah, war bei einer Unterbringung in einem Heim oder einer Pflegestelle außerhalb des Heimatjugendamtes bzw. einem Aufenthaltswechsel regelmäßig mit einem Zuständigkeitswechsel verbunden. Damit wurde die Zusammenarbeit zwischen Herkunftsfamilie und Jugendamt erschwert. Das SGB VIII knüpft die örtliche Zuständigkeit des Jugendamts deshalb grundsätzlich an den gewöhnlichen Aufenthalt der Eltern an. Dies dient der Kontinuität des Hilfeprozesses, erleichtert die Zusammenarbeit mit der Herkunftsfamilie und verbessert die Möglichkeiten einer Rückführung des Kindes dorthin.

32 **(20) Einordnung in das Sozialgesetzbuch.** Das KJHG wurde als Achtes Buch in das Sozialgesetzbuch (SGB VIII) eingeordnet.[21] Damit gelten für die Jugendhilfe die Verfahrensvorschriften nach SGB I und SGB X und die dort geregelten materiellen Vorschriften des Sozialverwaltungsrechts. Mit der Regelung der Jugendhilfe in einem eigenen Buch des Sozialgesetzbuches wurde die Konsequenz daraus gezogen, dass schon seit 1976 das JWG als besonderer Teil des SGB galt. Damit sollte der von den Kommunen betonte enge Zusammenhang zwischen Jugendhilfe und Sozialhilfe zum Ausdruck gebracht werden.

---

20 Urt. v. 15.12.1983, NJW 1984, 419 ff.
21 Die richtige Zitierweise für die einzelnen Bestimmungen der Kinder- und Jugendhilfe ist daher: entweder Art. 1 §... KJHG oder §... SGB VIII.

Die Jugendhilfe als Buch im Sozialgesetzbuch

1. Buch (SGB I):	2. Buch (SGB II):	3. Buch (SGB III):	4. Buch (SGB IV):	5. Buch (SGB V):	6. Buch (SGB VI):	7. Buch (SGB VII):	8. Buch (SGB VIII):	9. Buch (SGB IX):	10. Buch (SGB X):	11. Buch (SGB XI):	12. Buch (SGB XII):	14. Buch (SGB XIV):
Allgem. Teil (in Kraft s. 1.1.76)	Grund-sicherung für Arbeit-suchende (in Kraft ab 1.1.05)	Arbeits-förderung (in Kraft s. 1.1.98)	Sozialvers. 1. Kapitel: Gemeinsame Vorschriften (in Kraft s. 1.7.77)	Krankenver-sicherung (in Kraft s. 1.1.89)	Rentenver-sicherung (in Kraft s. 1.1.92)	Unfallver-sicherung (in Kraft s. 1.1.97)	**Kinder- u. Jugendhilfe** (in Kraft s. 1.1.91 bzw. 3.10.90)	Rehabili-tation und Teilhabe behinderter Menschen (in Kraft s. 1.7.01)	Sozial-verwaltungs-verfahren und Sozial-datenschutz (in Kraft s. 1.1.81 mit 2 Kapiteln, s. 1.7.83 mit Kapitel 3)	Soziale Pflege-vers. (in Kraft s. 1.1.95)	Sozialhilfe (in Kraft seit 1.1.05 – mit einzelnen Aus-nahmen)	Sozial-rechtliche Entschä-digung (in Kraft ab 1.1.2024)

Die in § 68 SGB I aufgeführten Sozialgesetze (z.B. UVG) gelten als besondere Teile des Sozialgesetzbuches („adoptierte SGB-Gesetze")

Überblick über die Systematik des SGB VIII (= Art. 1 §§ 1–105 KJHG)

32a

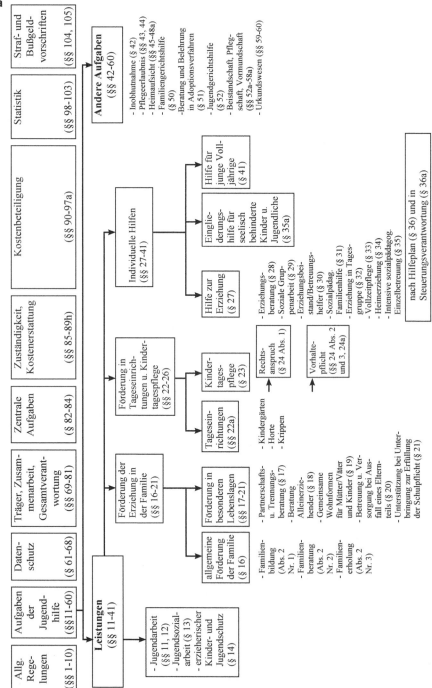

1.2.4 Was hat sich inzwischen geändert? Das SGB VIII nach TAG, KICK, KiföG, 33
BKiSchG. Schon vor Inkrafttreten des KJHG wurden in der Praxis der Jugendhilfe Stimmen laut, die eine Änderung des Gesetzes vor allem im Hinblick auf seine Kostenerstattungsvorschriften, aber auch auf einige Regelungen im Bereich der Zuständigkeit und der Heranziehung zu den Kosten forderten. Außerdem ergaben sich einzelne Regelungslücken oder wenig praktikable Lösungen bei der Anwendung verfahrensrechtlicher Bestimmungen. Bereits 1991 erfolgte eine Änderung des KJHG. Das Erste Gesetz zur Änderung des Achten Buches Sozialgesetzbuches – KJHG **(1. ÄndG-KJHG)** folgte 1993. Inzwischen sind bis 2021 schon über 70 Änderungen erfolgt.

Folgende Änderungen und verfahrensrechtliche Verbesserungen prägen das Gesetz:
- Überarbeitung der Vorschriften über die örtliche Zuständigkeit, die Heranziehung zu den Kosten und die Kostenerstattung und Verbesserung der Regelungssystematik,
- Neuregelung der Qualifikation der Obhutspersonen,
- Einführung eines neuen Leistungstatbestandes der Eingliederungshilfe für seelisch behinderte Kinder und Jugendliche,
- Erweiterung der Beratungs- und Unterstützungspflicht des Jugendamtes auf Unterhalts- und Unterhaltsersatzansprüche bis zum 21. Lebensjahr,
- Sicherstellung des Lebensunterhalts durch die Jugendhilfe,
- Bereinigung verschiedener Einzelvorschriften.

Eine wesentliche Änderung des KJHG wurde bereits mit dem **Schwangeren- und Familienhilfegesetz** vom 27.7.1992[22] vorgenommen; mit Art. 5 dieses Gesetzes wurde § 24 neugefasst: jedes Kind hat vom vollendeten dritten Lebensjahr an bis zum Schuleintritt Anspruch auf den Besuch eines Kindergartens. Bis zum 31.12.1995 war § 24 allerdings nur in modifizierter Fassung anzuwenden; ein Kind hatte nur nach Maßgabe des Landesrechts Anspruch auf den Besuch eines Kindergartens. Das Zweite Gesetz zur Änderung des Achten Buches Sozialgesetzbuch (2. ÄndG-KJHG) vom 15.12.1995 ermöglichte den Ländern die Einführung von Stichtagsregelungen. Das Zweite Gesetz zur Änderung des Sozialgesetzbuchs vom 13.6.1994 harmonisierte den Sozialdatenschutz. **Beistandschaftsgesetz** und **Kindschaftsrechtsreformgesetz** brachten neue Aufgaben für das Jugendamt ab 1.7.1998. Mit dem SGB XI-Änderungsgesetz wurde eine Kostendämpfung bei den Pflegesätzen eingeführt (seit 1.1.1999). Das Gesetz zur Rehabilitation und Teilhabe behinderter Menschen (**SGB IX**) vom 19.6.2001 brachte Änderungen der Eingliederungshilfe. Die **„Hartz-Gesetze"** (2003) hinterließen auch in der Jugendhilfe „Schleifspuren" (*siehe Rn. 70*).

Der Jugendhilfe einen neuen Kick gaben **TAG** (2004) und **KICK** (2005); KEG[23] blieb ihr – 34
buchstäblich – erspart. Das TAG formulierte Bedarfskriterien für die Vorhaltepflicht von Angeboten der Tagesbetreuung für Kinder unter 3 Jahren und für Schulkinder, die nicht über die von der Rechtsprechung[24] bereits genannten hinaus gehen. Die Ausbaupflicht für ein bedarfsgerechtes Angebot wurde stufenweise bis 1.10.2010 gestreckt. Die Regelung der Finanzierung von Tageseinrichtungen wurde dem Landesrecht überlassen. Neue Rechtsansprüche wurden nicht begründet, die Regelungen aber liebevoll mit Lyrik zur Qualitätsverbesserung[25] ausgeschmückt. Die Kindertagespflege (vgl. *Rn. 144)* wurde aufgewertet, um sie mit der Tageseinrichtung gleichsetzen und damit eine billigere Alternati-

---

22 Bundesgesetzblatt Teil I S. 1398 – Die Neufassung des Achten Buches Sozialgesetzbuch ist bekanntgemacht im Bundesgesetzblatt Teil I vom 11.9.2012, S. 2022.
23 Kommunales Entlastungsgesetz.
24 BVerwG, ZfJ 2000, 235.
25 Vgl. hierzu das Gutachten des DJI „Von der Tagespflege zur Familientagesbetreuung" (2004).

ve anbieten zu können. Tagespflegepersonen sollen künftig 30 % der neu zu schaffenden 230.000 Plätze für die unter Dreijährigen stellen (vgl. zur Tagesbetreuung auch *Rn. 142*).

35 Das KICK brachte einen „Wechsel des Paradigmenwechsels", indem mit Einführung des *Schutzauftrags* die repressive Seite der Jugendhilfe bei Kindeswohlgefährdung enttabuisiert wurde. Das war angesichts spektakulärer, aber auch alltäglicher Fälle) dringend geboten. Im Jahr 2013 (siehe Rn. 56 für 2020) wurden 4.016 Fälle von Kindesmisshandlung angezeigt – die Dunkelziffer liegt bei 120.000; 153 Kinder starben; 13.647 Minderjährige wurden sexuell missbraucht. Die bislang ohne gesetzliche Grundlage praktizierte Herausnahme des Kindes aus der eigenen Familie wurde mit einer Eingriffsbefugnis legalisiert (§ 42 Abs. 1 Nr. 2). Die Kindertagespflege wurde unter einen (eigenständigen) Erlaubnisvorbehalt gestellt (§ 43). Die Jugendämter wurden verpflichtet, die persönliche Eignung von Erziehern schärfer zu kontrollieren, insbes. um Pädophilen das Handwerk zu legen (§ 72 a). Über Sicherstellungsvereinbarungen wurden auch die freien Träger in die Pflicht genommen, den Schutzauftrag zu erfüllen (§ 8 a Abs. 2; jetzt Abs. 4). Die Erhebung und Weitergabe von Sozialdaten bei Kindeswohlgefährdung wurde erleichtert (§§ 62, 65). Ferner wurde die *Kostenbeteiligung* – scheinbar – einfacher gestaltet; Unterhaltspflichtige können nur noch mit Kostenbeitrag (nicht mehr mit Anspruchsübergang) zur Kasse gebeten werden (§ 94 Abs. 5 iVm VO). Der *Kostensteuerung* dient die Betonung der Steuerungsverantwortung und die Begrenzung der Selbstbeschaffung (§ 36 a). Kostengesichtspunkte waren es wohl auch, die zu einer schärferen Gangart bei der Feststellung einer seelischen Behinderung führten (§ 35 a Abs. 1 a) und dazu, der Schule (nach KJSG § 13 a) ihre vorrangige Verantwortung ins „Klassenbuch" zu schreiben (§ 10 Abs. 1). Der Vorrang der Eingliederungsleistung in der Grundsicherung nach SGB II war wohl ebenfalls als Entlastung der Jugend(berufs)hilfe gedacht (§ 10 Abs. 3 S. 2). Die Länder wurden ermächtigt, die Gebührenfreiheit für Verfahrenshandlungen des JA aufzuheben (§ 97 c). Mit diesem Speck wurden die Mäuse im Bundesrat gefangen, der dem Gesetz zur allgemeinen Überraschung zustimmte, so dass es am 1.10.2005 in Kraft treten konnte. Einschneidende Veränderungen könnten sich aus Weichenstellungen der **Föderalismusreform** ergeben. Davon wird es abhängen, ob die Jugendhilfe sich in Bundeszuständigkeit kontinuierlich weiter entwickelt oder in Länderzuständigkeit retardiert, zB durch deren Zuständigkeit, das Verfahren der Jugendhilfe oder den Bestand der Jugendhilfeausschüsse zu regeln.[26]

36 Als Konsequenz der Föderalismusreform überträgt das **Kinderförderungsgesetz (KiföG)** vom 10.12.2008 es den Ländern, zu bestimmen, wer örtliche und überörtliche Träger der Jugendhilfe sind, während bisher Stadt- und Landkreise bundesgesetzlich als öffentliche Träger bestimmt waren (§ 69 Abs. 1). Die Stellung privat-gewerblicher Träger – allerdings nur von Kindertageseinrichtungen – wird gestärkt, indem sie wie gemeinnützige freie Träger gefördert werden können (§ 74 a). Damit soll bewirkt werden, dass der Rechtsanspruch auf einen Platz in einer Kindertageseinrichtung oder in Kindertagespflege, der seit 1.8.2013 auch für Kinder von 1–3 Jahren gilt, eingelöst werden kann (§ 24 Abs. 2).

37 Das **FGG-Reformgesetz**, das am 1.9.2009 in Kraft getreten ist, hat das SGB VIII nur unwesentlich (Streichung des Begriffs „Vormundschaftsgericht") geändert.

38 Das **Bundeskinderschutzgesetz**, das am 1.1.2012 in Kraft getreten ist, hat in Art. 2 rund 30 Änderungen des SGB VIII vorgenommen, um den Kinderschutz zu verbessern (insbes. in §§ 8 a, 43, 44, 72 a, 79 a).[27] Art. 1 BKiSchG ist das Gesetz zur Kooperation und Information im Kinderschutz (**KKG**), in dem § 4 eine gesetzliche Mitteilungsbefugnis für

---

26 Vgl. *Wabnitz*, Föderalismusreform und Kinder- und Jugendhilferecht in Forum Erziehungshilfen 2006, 247; *Schmidt/Wiesner*, Die Kinder- und Jugendhilfe und die Föderalismusreform in ZKJ 2006, 392.
27 Vgl. die Gemeinsamen Handlungsempfehlungen der BAG LJÄ und der AGJ v. Juni 2012.

Berufsgeheimnisträger bei Kindeswohlgefährdung regelt[28]. Da das KKG weder Teil des SGB VIII noch in das SGB eingegliedert ist, gelten dessen Regelungen nicht im Anwendungsbereich des KKG. Das KKG ist gleichsam ein jugendhilferechtlicher „Alien".[29]

In einzelnen Bundesländern[30] (Rheinland-Pfalz, Baden-Württemberg, Sachsen-Anhalt, Schleswig-Holstein, Berlin, Sachsen) wurden bereits seit 2008 **landesrechtliche Kinderschutzgesetze** verabschiedet.

39 Das Kinder- und Jugendhilfeverwaltungsvereinfachungsgesetz **(KJVVG),** in Kraft seit 1.1.2014, brachte Änderungen im Kostenbeitragsrecht und Erweiterungen der Jugendhilfestatistik, das **Strafrechtsänderungsgesetz**, in Kraft seit 27.1.2015, Ergänzungen des § 72 a.

40-41 **1.2.5 Das KJSG.** Allen Beteuerungen notwendiger Deregulierung zum Trotz wurde 2016 mit dem **Kinder- und Jugendstärkungsgesetz (**KJSG) eine umfassende Reform eingeleitet, die am 30.6.2017 im Bundestag verabschiedet worden ist, und mit der Nichtbefassung im Bundesrat am 22.9.2017 ihr spätes (vorläufiges) Ende fand, weil bei der UMA-Finanzierungsregelung (§ 78 f.) keine Einigung mit den Ländern erreicht worden ist. Ein neuer Anlauf war 2021 erfolgreich mit der Verabschiedung des KJSG im Bundestag am 23.4.21 und der Zustimmung im Bundesrat am 7.5.2021. Das KJSG wurde als Gesetz vom 3.6.21 im BGBl. vom 9.6.21 verkündet.[31]

Das Inkrafttreten des Gesetzes erfolgt zu unterschiedlichen Zeitpunkten.

Verkündung am 9.6.2021	**Ausn.** 1.1.2022	1.1.2023	1.1.2024	1.1.2028
	§ 99 lit. j	§ 99 lit. i	§ 10 b	§ 10 Abs. 4, 5
		§ 102 lit. a		

Außer Kraft treten am 1.1.28: § 10 a Abs. 3 und § 10 b

Das KJSG[32] hat folgende Ziele und Schwerpunkte:

1. Besserer Kinder- und Jugendschutz – Die Anforderungen an die Erteilung einer Erlaubnis für den Betrieb einer Einrichtung (**§ 46**) werden erhöht; Aufsicht und Kontrolle werden verbessert (**§§ 42 -47**). – Das Gesundheitswesen wird stärker in die Verantwortungsgemeinschaft für einen wirksamen Kinderschutz einbezogen insbesondere durch Regelung der Mitverantwortung der gesetzlichen Krankenversicherung und Verbesserung der Kooperation zwischen Ärztinnen bzw. Ärzten sowie Angehörigen anderer Heilberufe und dem Jugendamt (**Art. 3 KJSG** mit Änderung des **SGB V**) – Das Zusammenwirken von Jugendamt und Jugendgericht, Familiengericht und Strafverfolgungsbehörden sowie anderen wichtigen Akteuren, wie etwa Lehrerinnen und Lehrern im Kinderschutz wird verbessert (**Art. 2 KJSG** mit Änderungen in **§§ 4, 5 KKG**).

2. Stärkung von Kindern und Jugendlichen, die in **Pflegefamilien** oder in Einrichtungen der Erziehungshilfe aufwachsen (**§§ 37-37 c**). Zur Sicherung der Rechte von Kindern

---

28 Und nicht etwa einen Schutzauftrag für Berufsgeheimnisträger (näher hierzu *Kunkel*, ZKJ 2012,288; *Meysen*, FamRZ 2012, 405; *Mörsberger/Wapler*, FPR 2012, 437.

29 28 In einer Rangordnung missratener Gesetze würde das BKiSchG einen der vorderen Plätze einnehmen. ausführliche Begründung s. *Kunkel*, ZKJ 2012, 288.

30 Vgl. hierzu das Gutachten des DJI (2008) „Landesgesetzliche Regelungen im Bereich des Kinderschutzes bzw. des Gesundheitswesens" und Anhang Rechtsquellenübersicht unter 3.5.

31 BGBl. I 1444.

32 Das KJSG im Wortlaut ist im Anhang 3 abgedruckt.

und Jugendlichen in Familienpflege wird die Verpflichtung zur Anwendung von Schutzkonzepten bei Pflegeverhältnissen eingeführt (**§§ 37 b, c**)– Eltern erhalten bei Hilfen außerhalb der eigenen Familie – unabhängig von der Personensorge – einen Rechtsanspruch auf Beratung , Unterstützung und Förderung ihrer Beziehung zum Kind (**§ 37 a**). Um den Bedürfnissen und Bedarfen des Kindes oder Jugendlichen besser Rechnung tragen zu können, wird auch das Zusammenwirken von Eltern sowie Pflege- oder Erziehungsperson durch eine verbindlichere Unterstützung des Jugendamtes verbessert (**§ 37 c**). Für die Finanzierung der Beratung und Unterstützung der Eltern und der Pflegeeltern werden verbindliche gesetzliche Vorgaben geschaffen (**§ 37 a**). – Um Verunsicherungen des Kindes oder Jugendlichen zu reduzieren und Transparenz und Kontinuität herzustellen, wird eine prozesshafte Perspektivklärung als Bestandteil der Hilfeplanung bei Hilfen außerhalb der eigenen Familie explizit im SGB VIII geregelt (**§ 37 c**) **Geschwisterbeziehungen** wird bei der Aufstellung und Überprüfung des Hilfeplans sowie bei der Durchführung der Hilfe Rechnung getragen (**§ 36 Abs. 2**). Zum Schutz gewachsener Bindungen und Beziehungen von Pflegekindern wird zudem die Möglichkeit des Familiengerichts, den Verbleib des Kindes oder Jugendlichen in der Pflegefamilie als vorübergehende Maßnahme bei einer „Herausnahme zur Unzeit" anzuordnen, um die Möglichkeit einer entsprechenden dauerhaften Maßnahme (Dauerverbleibensanordnung) erweitert (**Art. 6 KJSG** mit Änderung der **§§ 1632 Abs. 4, 1666 BGB**).

3. Hilfen aus einer Hand für Kinder mit und ohne Behinderungen – Die Zuständigkeiten für Leistungen der Eingliederungshilfe an Kinder und Jugendliche mit Behinderungen werden unter dem Dach der Kinder- und Jugendhilfe im SGB VIII zusammengeführt (§ 35 a, § 10 Abs. 4 und §§ 117, 119 SGB IX; Siehe hierzu ausführlich unten *Rn. 208*). – Für den Prozess der Umsetzung ist ein Zeitraum von insgesamt sieben Jahren vorgesehen, der sich in zwei Phasen im Sinne eines Stufenmodells vollzieht (**Art. 10 KJSG**) – Die erste Stufe sieht die Gestaltung einer inklusiven Kinder- und Jugendhilfe und die Bereinigung der insbesondere zwischen Kinder- und Jugendhilfe und Eingliederungshilfe bestehenden Schnittstellen vor. Diese Regelungen treten unmittelbar am Tag nach der Verkündung des Gesetzes in Kraft. – Die zweite Stufe sieht die Einführung der Funktion eines „**Verfahrenslotsen**" beim Jugendamt (§ 10 b) im Jahr 2024 (vorläufig nur bis 2028) vor. Eltern und andere Erziehungsberechtigte sowie junge Menschen bekommen somit einen verbindlichen Ansprechpartner und werden von einer einzigen Stelle durch das gesamte Verfahren begleitet. – Die dritte Stufe sieht die Übernahme der vorrangigen Zuständigkeit des Trägers der öffentlichen Jugendhilfe für Leistungen der Eingliederungshilfe auch an junge Menschen mit (drohenden) körperlichen oder geistigen Behinderungen, die nach derzeitiger Rechtslage Leistungen der Eingliederungshilfe nach dem Neunten Buch Sozialgesetzbuch (SGB IX) Teil 2 erhalten, im Jahr 2028 vor. Voraussetzung hierfür ist, dass bis spätestens 1.1.2027 ein Bundesgesetz verkündet werden wird, das konkrete Regelungen vor allem zum leistungsberechtigten Personenkreis, zu Art und Umfang der Leistung, zum Verfahren und zur Kostenbeteiligung vorsieht. Grundlage für die Ausgestaltung dieses Bundesgesetzes sollen die Ergebnisse einer prospektiven Gesetzesfolgenabschätzung und einer (wissenschaftlichen) Umsetzungsbegleitung sein.

4. Mehr Prävention vor Ort – Die Möglichkeiten der **direkten Inanspruchnahme** ambulanter erzieherischer Hilfen, d.h. ohne vorherige Antragstellung beim Jugendamt, werden explizit um Hilfen für Familien in Notsituationen erweitert (**§ 36 a Abs. 2 iVm § 20 Abs. 3**). Flankierend wird im Rahmen der Regelungen zur Jugendhilfeplanung die Bedarfsgerechtigkeit und Qualität dieser Angebote sowie ihr Zusammenwirken mit anderen Jugendhilfeleistungen in den Lebens- und Wohnbereichen (**Sozialraum**) von jungen Menschen und ihren Familien sichergestellt (**§ 36 a Abs. 2 S. 2 iVm § 80**) – Es wird klargestellt, dass im Rahmen von Hilfe zur Erziehung unterschiedliche Hilfearten miteinander kombiniert werden können (§ 27 Abs. 2 S. 3). – Die Angebote der allgemeinen Förderung der Erziehung in der Familie werden stärker an den Anforderungen, denen sich Eltern heute bei der Wahrnehmung ihrer Erziehungsverantwortung und auch Familien insgesamt gegenübersehen, ausgerichtet (§ 16 Abs. 1 S. 2).

5. Neu eingefügt wird die **Schulsozialarbeit (§ 13 a)** mit sozialpädagogischen Angeboten am Ort Schule. Den Ländern bleibt es überlassen, die Zusammenarbeit von Schule und Jugendhilfe zu gestalten

6. **Hilfen im Ausland** werden eingeschränkt (**§ 38 Abs. 1**) Sie dürfen nur unter den Voraussetzungen des Abs. 2 geleistet werden.

7. Die Voraussetzungen der Hilfe für **junge Volljährige** werden präzisiert und der Verbindlichkeitsgrad der Hilfegewährung wird erhöht (**§ 41 Abs. 1**) Ihre Nachbetreuung wird verbindlicher und konkreter geregelt und es wird klargestellt (**§ 41 a**), dass die Hilfe auch nach Beendigung wieder fortgeführt oder ggf. in anderer Form erneut gewährt werden kann, wenn ein entsprechender Bedarf auf Seiten des jungen Menschen dies erfordert (§ 41 Abs. 1) Werden ggf. andere Sozialleistungsträger nach Beendigung der Hilfe zuständig, werden konkrete Regelungen zur Zusammenarbeit mit diesen beim Zuständigkeitsübergang getroffen (§ 41 Abs. 3).

8. **Mehr Beteiligung von jungen Menschen, Eltern und Familien** Zur besseren Wahrnehmung der Subjektstellung von Adressatinnen und Adressaten der Kinder- und Jugendhilfe werden **Selbstvertretung** und Selbsthilfe deutlich gestärkt und entsprechende Zusammenschlüsse in Entscheidungsprozesse einbezogen (**§ 4 Abs. 3; § 4 a; § 37 Abs. 2; § 37 a S. 5**). Es wird klargestellt, dass Eltern unabhängig von der elterlichen Sorge regelmäßig in dem Maße an der **Hilfeplanung** zu beteiligen sind, in welchem ihre Mitwirkung erforderlich ist, wenn dadurch der Hilfeprozess nicht in Frage gestellt wird. Hierbei sind insbesondere Willensäußerungen und Bedürfnisse des jungen Menschen und auch die Haltung des Personensorgeberechtigten angemessen zu würdigen (**§ 36 Abs. 5**).

9. Zur **Klärung von Konflikten** ist den Ländern eine bedarfsgerechte Struktur von **Ombudsstellen** sicherzustellen (**§ 9 a**). – Einrichtungsträger werden im Rahmen des Verfahrens zur Erteilung einer Betriebserlaubnis verpflichtet, Möglichkeiten der **Beschwerde** auch außerhalb der Einrichtung zu gewährleisten (**§ 45 Abs. 2 S. 2 Nr. 4**). Das Jugendamt wird verpflichtet, Möglichkeiten der Beschwerde in persönlichen Angelegenheiten für Pflegekinder zu gewährleisten (**§ 37 b Abs. 2**).

10. Die **Beratung** wird ausgebaut. Kinder und Jugendliche erhalten einen nicht mehr auf Not- und Konfliktsituationen beschränkten Anspruch auf Beratung durch die Kinder- und Jugendhilfe (**§ 8 Abs. 3 S. 1**). Adressatinnen und Adressaten müssen grundsätzlich in für sie **verständlicher** und nachvollziehbarer **Form** (Zu dieser siehe *Rn. 66*) beraten (Siehe zu den Beratungspflichten *Rn. 63 ff.*), aufgeklärt und beteiligt werden (**§ 8 Abs. 4; § 10 a Abs. 1; § 36 Abs. 1 S. 2; § 41 a Abs. 1; § 42 Abs. 2 S. 1, Abs. 3 S. 1**). In Bezug auf Adressaten mit Behinderungen wird damit auch Art. 21 der VN Behindertenrechtskonvention Rechnung getragen. Das Jugendamt wird zur umfassenden, adressatenorientierten Aufklärung des Kindes oder Jugendlichen und seiner Personensorge- oder Erziehungsberechtigten bei einer Inobhutnahme verpflichtet (**§ 42 Abs. 2 S. 1, Abs. 3 S. 1**).

11. Die **Kostenbeteiligung** von jungen Menschen bei vollstationären Leistungen wird auf höchstens 25 Prozent ihres Einkommens reduziert. Ihr Einkommen aus Schüler- und Ferienjobs und aus ehrenamtlicher Tätigkeit, aus Ausbildungsvergütung in Höhe von 150 EUR bleibt unberücksichtigt (**§ 94 Abs. 6**). Von der Kostenheranziehung junger Volljähriger aus dem Vermögen wird gänzlich abgesehen (**§ 92**).

42 1.2.6 Vormundschaftsrecht[33] Schon das Gesetz zur Änderung des Vormundschafts- und Betreuungsrechts hat – als Reaktion auf den Fall Kevin in Bremen – mit Wirkung zum 5.7.2012 § 55 geändert: Ein Amtsvormund (nach dem Reformgesetz 2021 auch ein Verein) darf seitdem nur noch höchstens 50 Mündel betreuen. Er musste persönlichen Kontakt zum Mündel halten (nach dem neuen Reformgesetz in § 55 Abs. 4 S. 3).

Umfassender wurde das Vormundschaftsrecht mit dem neuen Gesetz zur Reform des Vormundschafts- und Betreuungsrechts vom 4.5.2021[34] mit Wirkung zum 1.1.2023 geändert. Dessen Art. 12 ändert das SGB VIII in §§ 53-57 und in § 87 c: – Das Vormundschafts- und das Betreuungsrecht werden insgesamt neu strukturiert.[35] Die Vorschriften des geltenden Vormundschaftsrechts zur Vermögenssorge, zu Fürsorge und Aufsicht des Gerichts sowie zum Aufwendungsersatz und zur Vergütung werden ins Betreuungsrecht eingeordnet und, soweit erforderlich, an das Betreuungsrecht angepasst. – Im Vormundschaftsrecht soll der Mündel mit seinen Rechten als Subjekt im Zentrum stehen (§ 55 Abs. 2, 3, 5, § 1796 BGB). Die Erziehungsverantwortung des Vormunds (§ 55 Abs. 4), das Verhältnis von Vormund und der Pflegeperson, die in der Regel den Mündel im Alltag erzieht, werden ausdrücklich geregelt (§ 1788 BGB). – Die verschiedenen Vormundschaftstypen werden zu einem Gesamtsystem zusammengefügt, in dem die beruflichen Vormünder einschließlich des Jugendamts als Amtsvormund gleichrangig sind, nur ehrenamtliche Vormünder sind vorrangig zu bestellen (§ 53 Abs. 2, § 57 Abs. iVm §§ 1774, 1779 BGB). – Ein Vormundschaftsverein oder das Jugendamt sollen zunächst vorläufiger Vormund sein, damit ein geeigneter Vormund in Ruhe ausgewählt werden kann (§ 53 a Abs. 3; § 57 Abs. 2 iVm § 1781 BGB). – Vormundschaft und Pflegschaft sind funktionell, organisatorisch und personell von den übrigen Aufgaben des Jugendamts (z.B. ASD) zu trennen (§ 55 Abs. 5). Die Rechte der Pflegeperson werden gestärkt (§ 1788 BGB). Die Gegenvormundschaft (§ 58) wird aufgehoben.

43 1.2.7 Das Ganztagsförderungsgesetz. Mit Gesetz vom 11.6.2021 wurde § 24 Abs. 4 SGB VIII eingefügt, der mit Wirkung ab 1.8.2026 Kindern einen Rechtsanspruch auf Förderung in einer Tageseinrichtung gibt. Dieser umfasst mindestens 8 Wochenstunden für jedes Kind ab Klasse 1 für das Schuljahr 2026/2027 von Montag bis Freitag und auch in den Ferien. Der Anspruch wird stufenweise auf die folgenden Klassenstufen ausgeweitet, sodass ab dem Schuljahr 2029/2030 alle Schulkinder von der 1. bis zur 4. Klasse diesen Rechtsanspruch haben.

---

33 Zu diesem ausführlich *Oberloskamp,* Vormundschaft, Pflegschaft und Beistandschaft für Minderjährige, 4. Aufl. 2017.
34 BGBl. I 882.
35 Näher *Hoffmann,* JAmt 2020, 546 und *Wunderlich,* ZKJ 2020, 448.

2. Grundsätze des Jugendhilferechts

2.1 Jugendhilfe als Familienhilfe

2.1.1 Familienstützende, -ergänzende und -ersetzende Hilfen. Nach Art. 6 Abs. 2 S. 1 **44**
GG sind Pflege und Erziehung der Kinder das natürliche Recht der Eltern; § 1 Abs. 2 übernimmt diese Formulierung wörtlich. Dies bedeutet, dass der öffentlichen Jugendhilfe kein eigenständiger Erziehungsauftrag zukommt. Ziel der Jugendhilfe ist vielmehr, Hilfe für die Familie zu leisten, damit sie ihren originären Erziehungsauftrag erfüllen kann. Jugendhilfe muss also den Eltern dabei helfen, den Erziehungsanspruch des Kindes aus § 1 Abs. 1 einlösen zu können. Dagegen ist es nicht Ziel der Jugendhilfe, Kinder und junge Menschen mit Rechtsansprüchen auszustatten, die sie unabhängig vom Willen der Eltern und auch gegen diesen durchsetzen können. Die Gegenüberstellung von Elternrecht einerseits und Kindeswohl andererseits ist verfehlt. Das Elternrecht nach dem Grundgesetz geht nur soweit, wie es dem Wohl des Kindes dient. Elternrecht ist als **Elternverantwortung** Garantie für die Verwirklichung des Kindeswohls.[1] Das Kindeswohl ist umso effektiver gewährleistet, je wirksamer Ehe und Familie geschützt werden. Schon dem ungeborenen Kind gibt die Familie durch Schutz und Stütze der werdenden Mutter die Geborgenheit, die es zu seiner ungestörten Entwicklung vor der Geburt braucht. Für Werden und Gedeihen des Kindes ist wichtig, wie die Mutter die Schwangerschaft erlebt. Nach der Geburt ist Fundament der weiteren Entwicklung die Ausbildung des Urvertrauens; das setzt die ständige Anwesenheit einer festen Bezugsperson zumindest in den ersten 2 Lebensjahren voraus (vgl. Rn. 143). Die Eltern müssen sich aufgrund ihrer Situation darüber einigen, ob dies der Vater oder die Mutter ist. Aufgrund der durch die vorgeburtliche Phase und beim Stillen des Kindes gegebenen besonderen Bindungen wird es in der Regel die Mutter sein. Vater **und** Mutter aber sind notwendig, um das Kind sicher auf den Weg zur schrittweisen Aneignung der Umwelt und zu ersten Versuchen eigener Erfahrungen zu führen und es damit Sicherheit und Selbstvertrauen gewinnen zu lassen. Beide vermitteln dem Kind Leitbilder und Wertvorstellungen, die dem Leben Sinn und Inhalt geben. Die Jugendlichen übernehmen für ihr eigenes Leben die Grundorientierungen der Familie, im Guten und im Bösen. Wertvorstellungen und Leitbilder werden vor allem und am besten durch das Erleben und Vorbild der Eltern vermittelt: **„Erziehung ist Beispiel und Liebe, sonst nichts"** *(Friedrich Fröbel* im Jahr 1840). Oder in „Corona-Sprache": Die Eltern sind **„systemrelevant"**.

Der Vorrang der Familie bedeutet nicht, dass kein Raum oder keine Verpflichtung für **45** Staat, Kommune oder Dritte bestünde, neben den Eltern in Angelegenheiten der Erziehung tätig zu werden (vgl. Rn. 159). Art. 6 GG weist vielmehr in drei weiteren Aussagen der staatlichen Gemeinschaft Verpflichtungen zu, die unmittelbar auf die Erziehung von Kindern gerichtet sind:

- Abs. 1 stellt Ehe und Familie unter den besonderen Schutz der staatlichen Ordnung; damit ist der Staat (Bund, Länder und Kommunen) zur Förderung auch der Erziehungsfunktionen der Familie verpflichtet.
- Abs. 2 S. 2 verpflichtet die staatliche Gemeinschaft, über die Betätigung der Rechte und Pflichten der Eltern gegenüber ihren Kindern zu wachen. Damit ist herausgestellt, dass Eltern nicht nach eigenem Gutdünken bei der Erziehung ihrer Kinder verfahren dürfen, sondern sich fragen lassen müssen, ob das Wohl des Kindes dabei gewährleistet ist; nur dann handeln sie im Rahmen ihres Elternrechts nach S. 1 Mit S. 2 wird

---

1 So das Bundesverfassungsgericht (BVerfGE 24, 119, 145).

dem Staat das **Wächteramt** (vgl. *Rn. 44*) über die Wahrnehmung der Elternverantwortung zugewiesen.

■ Schließlich gibt Abs. 3 die Möglichkeit, bei Missbrauch des Elternrechts in die Rechte der Eltern einzugreifen und das Kind gegen den Willen der Erziehungsberechtigten von der Familie zu trennen. Voraussetzung ist aber, dass dies aufgrund eines Gesetzes geschieht und die Erziehungsberechtigten versagen oder ein Kind aus anderen Gründen zu verwahrlosen droht (vgl. §§ 1666, 1666 a BGB).

§ 1 Abs. 3 nennt die Ziele, an denen sich öffentliche Jugendhilfe in ihrer *familienunterstützenden Funktion* ausrichten muss. Danach hat Jugendhilfe

■ junge Menschen in ihrer Entwicklung zu fördern und Benachteiligungen abzubauen,

■ Erziehungsberechtigte in ihrer Aufgabe zu unterstützen,

■ Kinder und Jugendliche vor Gefahren zu schützen,

■ eine kinderfreundliche Umwelt zu schaffen.

46 Über die Leistungspflichten nach dem SGB VIII hinaus hat Jugendhilfe also Belange von Kindern und Familien in der Öffentlichkeit zu vertreten und mit einem „ceterum censeo" das Bewusstsein dafür zu schärfen, dass die Grundvoraussetzungen für die bestmögliche Entwicklung junger Menschen gewährleistet sind. Dass die Durchsetzung der Ziele oft nicht in die Zuständigkeit der Jugendhilfeträger fällt, entbindet sie nicht von dieser Verpflichtung. Es bedarf weder eines besonderen „Kindesanwalts" vor dem Familiengericht[2] noch eines allgemein zuständigen „Kinder- und Jugendbeauftragten" im Parlament – **das Jugendamt ist Anwalt des Kindes.** Die Mitarbeiter der Verwaltung ebenso wie die Mitglieder des Jugendhilfeausschusses (vgl. *Rn. 306*) haben Anwaltsfunktion für Kinder und Jugendliche gegenüber der Gesamtgesellschaft. In der Gesamtgesellschaft werden die Bedürfnisse von Familien und Kindern oft nur nachrangig berücksichtigt. Im Bewusstsein der Menschen haben – wohl als Folge der industriellen Entwicklung – Nützlichkeit, Verwertbarkeit, Planbarkeit und Störungsfreiheit einen hohen Rang (vgl. *Rn. 140*). Dass kindliche Bedürfnisse in der Welt der Erwachsenen immer noch zu kurz kommen, ist täglich zu beobachten in Wohnungen und Wohnumfeld,[3] Schule und Geschäften, öffentlichen Verkehrsmitteln und im Straßenverkehr.

Jeder Kommunalpolitiker und jedes Mitglied eines Jugendhilfeausschusses muss deshalb bereit sein, für die Interessen der Kinder, Jugendlichen und ihrer Eltern im kommunalen Zuständigkeitsbereich zu kämpfen. Im Jugendhilfeausschuss müssen die allgemeinen Problemlagen der Familie ständig auf der Tagesordnung stehen. Hier gilt es, die im „vor Ort" zu beobachtenden speziellen Belastungen, Sorgen oder Bedürfnisse des jungen Menschen und seiner Familie in der öffentlichen Diskussion deutlich zu machen (vgl. *Rn. 140*). Programme zur Abhilfe müssen entweder selbst entwickelt oder andere betroffene Stellen auf die Ursachen von Fehlentwicklungen oder Gefährdungen für Jugendliche und ihre Familien aufmerksam gemacht werden.

47 Neben diese familienunterstützende Hilfe müssen *familienergänzende Angebote* treten, da die Familie die Grundlagen für die freie Entfaltung der Persönlichkeit des Kindes in der Regel nicht allein vermitteln kann. Die Lebenslagen der Familien haben sich geändert. Ihre Situation ist gekennzeichnet durch

---

2 Als Verfahrenspfleger eingeführt durch § 50 FGG (vgl. Rn. 267), als Verfahrensbeistand ausgebaut im FamFG (§ 158).

3 Inzwischen werden Kindertageseinrichtungen auch in Wohngebieten von der Rechtsprechung (Saarl. OVG v. 11.9.2008 – 2 C 186/08 und HessVGH v. 28.11.2019 – 4 B 1416/19 nicht mehr als unzumutbare Lärmquelle, sondern als „sozialadäquate Ergänzung der Wohnbebauung" qualifiziert. Zu gesetzlichen Klarstellungen in BundesimmissionsschutzG und BauNVO vgl. BR-Drs. 831/09 v. 16.11.09 und Drs. LT B.-W. 14/5289 v. 21.10.09. Das BauGB wurde mit Wirkung zum 1.1.2013 ebenfalls geändert.

- eine steigende Zahl von Kindern, die als Einzelkinder aufwachsen,
- eine steigende Zahl von Kindern, die bei einem Elternteil oder in neu zusammengesetzten Familie („Patchworkfamilien") aufwachsen,
- hohe Trennungs- und Scheidungsraten der Eltern (siehe *Rn. 131*),
- einen Wandel der Rollen der Familienmitglieder, der sich in dem Wunsch ausdrückt, Familie und Erwerbstätigkeit besser miteinander zu verbinden.

Bei allen familienergänzenden Angeboten muss jedoch sichergestellt bleiben, dass sie die von den Eltern bestimmte Grundrichtung der Erziehung nicht beeinträchtigen, sondern die von der Familie vorgegebenen Zielsetzungen stützen und fördern.

Aus dem Wächteramt des Staates folgt die Aufgabe, dort andere Erzieher an die Stelle **48** der Eltern zu setzen, wo die Eltern ihrer Erziehungsverantwortung nicht gerecht werden. Diese *familienersetzenden* Leistungen im Rahmen der Hilfe zur Erziehung sind jedoch an das Einverständnis des Personensorgeberechtigten gebunden. Eigenständige Eingriffstatbestände kennt das SGB VIII insoweit (lediglich als vorläufige „Erste Hilfe-Maßnahmen" in § 42) nicht – übrigens genauso wenig wie das JWG; von einem „Perspektiven- oder Paradigmenwechsel" kann deshalb nicht die Rede sein. **Das Wohl des Kindes ist nach wie vor unverrückbares Paradigma.** Nur ihm hat die Jugendhilfe zu dienen, der Eltern bedient sie sich hierbei. Sie sind nur Empfängeradressaten, nicht Zieladressaten dieser Leistungen, so dass sich das Jugendamt nie in einem Rollenkonflikt befinden kann. (vgl. *Rn. 256*). Nur das Familiengericht kann Eingriffe in die elterliche Sorge gemäß § 1666 BGB vornehmen; es führt gleichsam das Schwert des staatlichen Wächters, während das Jugendamt sein Auge ist. Solange elterliches Handeln jedoch nicht den Tatbestand des § 1666 BGB erfüllt, also eine nachhaltige Gefährdung des Kindeswohles darstellt, ist die öffentliche Jugendhilfe nicht legitimiert, eigenständig die Interessen des Kindes gegen die Interessen der Eltern wahrzunehmen.[4] Zu den familienstützenden, -ergänzenden und -ersetzenden Hilfen sowie zur präventiven und repressiven Funktion des Wächteramts vgl. die nachfolgenden Schaubilder

---

4 So das BVerfG ausdrücklich in einer Serie von Entscheidungen im Jahr 2014: vom 17.3. (JAmt 2014, 403), 24.3. (ZKJ 2014, 242), 22.5. (JAmt 2014, 410), 15.10. (juris), 19.11. (FamRZ 2015, 112 und 212); vgl. hierzu *Britz*, JAmt 2014, 550.

Schaubild: Familienstützende, -ergänzende und -ersetzende Leistungen der Jugendhilfe

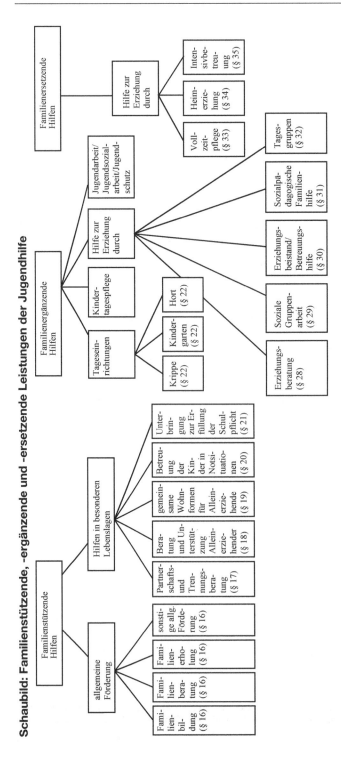

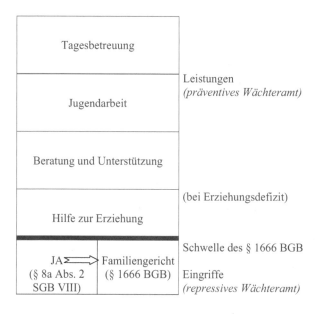

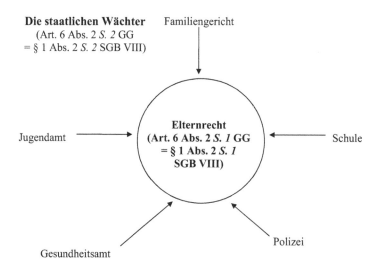

49 2.1.2 Wächteramt / Garantenstellung / Schutzauftrag. Nach Schätzungen des Kinder-schutzbundes leben in Deutschland mehrere zehntausend Kinder, die völlig verwahrlost sind, weil sich die Eltern nicht um sie kümmern; 200.000 Kinder sind jährlich Opfer sexu-eller Gewalt; rund 100 Kinder kommen jedes Jahr bei Ihren Eltern zu Tode. Meist handelt es sich um Problemfamilien, in denen Arbeitslosigkeit, räumliche Enge (*siehe Rn. 61 Fn. 14, 15*), Alkoholismus, Gewalterfahrung, Armut und Isolation zu einer Überforderung führen. Dem soll mit dem in der Praxis bereits etablierten Programm „**Frühe Hilfen**"[5] wirksam begegnet werden. Das BKiSchG verpflichtet in Art. 1 §§ 1, 2 und 3 KKG zu die-sen Hilfen in einem Netzwerk, in dem Familienhebammen eine tragende Rolle spielen. Ju-gendämtern wird häufig vorgeworfen, trotz Kenntnis untätig geblieben zu sein oder eine rechtzeitige Risikoeinschätzung versäumt zu haben. Die Fachpraxis hat daher Empfeh-lungen[6] erarbeitet, wie Jugendämter bei Verdacht auf Kindeswohlgefährdung vorgehen sollten. Durch das KICK wurde § 8 a in das SGB VIII eingefügt, um eine gesicherte Rechtsgrundlage für das Handeln der Fachkräfte zu schaffen (vgl. Rn. 35 f.). § 8 a ist keine eigenständige Aufgabe iSd § 2, sondern ein vor die Klammer der Aufgaben gezogener Grundsatz, der bei der Aufgabenerfüllung zu beachten ist. In ihm kommt zum Ausdruck, dass Jugendhilfe **Hilfe durch Leistung und** – über das Familiengericht – **Eingriff** ist[7] und sich nicht darauf beschränken kann, mit den Eltern „ausgehandelte" Leistungen zu er-bringen, wie nach Inkrafttreten des SGB VIII von den Kündern eines Paradigmenwechsels in der Jugendhilfe insinuiert wurde. § 8 a ist eine Verfahrensregelung (ein „Fahrplan") für das Jugendamt, wenn es Hinweise auf eine Kindeswohlgefährdung erhält. Zunächst muss es weitere Informationen einholen, um eine gesicherte Tatsachenbasis für das wei-tere Vorgehen zu schaffen („*Erkennen*"). Dann muss es das Gefährdungsrisiko für das Kind einschätzen („*Bewerten*"). Das bedeutet, dass mehrere Fachkräfte iSd § 72 sich da-rüber Klarheit verschaffen müssen, wie hoch der Grad der Wahrscheinlichkeit eines Schadenseintritts beim Kind bei ungehindertem Geschehensablauf ist. Zugleich muss überlegt und auch dokumentiert werden, mit welchen Hilfen der Schadenseintritt abge-wehrt werden könnte. In einem dritten Schritt muss das Jugendamt dann diese Hilfen den Eltern anbieten („*Handeln*"; zB mit Hilfe zur Erziehung nach § 27 iVm §§ 28–35).

---

5 Im Rahmen der Aktionsprogramme des BMFSFJ „Frühe Hilfen für Eltern und Kinder und soziale Frühwarnsyste-me" betreiben die BZgA und das DJI seit März 2007 in gemeinsamer Trägerschaft das Nationale Zentrum Frühe Hilfen (NZFH).

6 Empfehlungen des Deutschen Städtetages, JAmt 2003, 226.

7 Vgl. hierzu *Kunkel*, FamRZ 1997, 193.

Eingriff durch Familiengericht (§ 1666 BGB)

Voraussetzungen			Rechtsfolge
Kindeswohl massiv ge- fährdet	durch a) Sorgerechtsmissbrauch oder b) Vernachlässigung oder c) unverschuldetes Versagen oder d) Verhalten Dritter	bei *mangelnder Bereitschaft* oder Fähigkeit der Eltern zur Gefahrenab- wehr	Maßnahmen des Familiengerichts, insbesondere
– körperlich (Versor- gung, Kör- perpflege, Schutz vor Gefahren, Aufsicht) – geistig (Bildung) – seelisch (stabile Bindung, Liebe, Zu- wendung, Akzep- tanz)	Zu a) z.B. körperliche oder seelische Misshandlun- gen (sexueller Missbrauch oder übermäßige Züchtigung), Verweigerung notwendiger ärzt- licher Maßnahmen, Verweigerung notwendi- ger Ausbildung (Nichterfüllung der Schul- pflicht), unberechtigte Umgangsverbote, Ver- leitung zu Kriminalität oder Prostitution. Zu b) z.B. mangelhafte Ernährung, Bekleidung und Betreuung; unzureichende Aufsicht, fehlende Erziehung. Zu c) Objektive Vernachlässigung des Kindes ohne erweisbares Verschulden wie zB bei Starrsin- nigkeit, Alkoholismus oder Zwangslagen. Zu d) z.B. Aufenthalt bei Zuhältern, Terroristen oder in einer Sekte.		– Ermahnungen, Verwar- nungen, Verhaltensgebote; – Ersetzung von elterlichen Willenserklärungen; – Wohnungswegweisung des misshandelnden El- ternteils; – gegenüber Dritten: Kontaktverbote, Heraus- gabeanordnungen, „Go- Order"; – Entziehung von Teilen der Personensorge (zB des Aufenthaltsbe- stimmungsrechts und der Verfahrensrechte nach § 36) oder der gesamten Personensorge oder der gesamten elterlichen Sor- ge.

Kommt das Jugendamt zur Einschätzung, dass die gewährten Hilfen nicht ausreichen, die Kindeswohlgefährdung zu beseitigen oder lehnen die Eltern die angebotenen Hilfen ab, ist die Gefährdungsschwelle des § 1666 BGB und damit die Interventionsschwelle nach § 8 a Abs. 2 erreicht, dh dass das Jugendamt das Familiengericht einschalten muss (ohne Ermessen), damit dieses die erforderlichen Maßnahmen trifft. Davon zu unterschei- den ist die Interventionsschwelle für ein Tätigwerden des Jugendamtes nach § 8 a Abs. 1. Diese ist erreicht, wenn gewichtige Anhaltspunkte für eine Kindeswohlgefährdung iSd § 1666 BGB vorliegen. Eine solche liegt nur vor, wenn die Wahrscheinlichkeit sehr hoch ist, dass das Kind in absehbarer Zeit (konkrete gegenwärtige „akute" Gefahr) einen schwerwiegenden und dauerhaften Schaden erleidet. Es kommt also nicht darauf an, das Beste für das Kind zu erreichen, sondern das Schlimmste zu verhindern[8].

---

8 Vgl. hierzu *Coester*: Inhalt und Funktion des Begriffs der Kindeswohlgefährdung- Erfordernis einer Neudefiniti- on?, JAmt 2008, S. 1-9 (6) und BVerfG 2014 (s. Fn. 35).

Schaubild: Gefährdung des Wohls des Kindes iSd § 1666 BGB

Der wahrscheinliche Schaden muss sein:

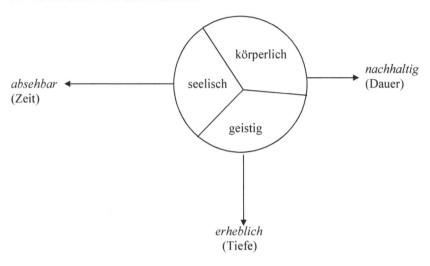

seit 28.12.2012[9] § 1631 d BGB **Beschneidung** des männlichen Kindes

(1) Die Personensorge umfasst auch das Recht, in eine medizinisch nicht erforderliche Beschneidung des nicht einsichts- und urteilsfähigen männlichen Kindes einzuwilligen, wenn diese nach den Regeln der ärztlichen Kunst durchgeführt wird. Dies gilt nicht, wenn durch die Beschneidung auch unter Berücksichtigung ihres Zwecks das Kindeswohl gefährdet ist.

(2) In den ersten sechs Monaten nach der Geburt des Kindes dürfen auch von einer Religionsgesellschaft dazu vorgesehene Personen Beschneidungen gemäß Abs. 1 durchführen, wenn sie dafür besonders ausgebildet und, ohne Arzt zu sein, für die Durchführung der Beschneidung vergleichbar befähigt sind.

---

9   BGBl. I 2749.

Schaubild: Hilfen des Jugendamts je nach Gefährdungsgrad

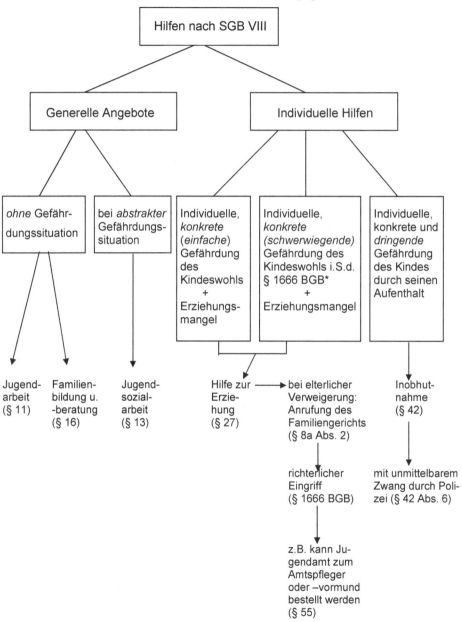

*Interventionspunkt für den *Schutzauftrag*
nach § 8a bei Gefährdung i.S.d. § 1666 BGB

Damit die Anrufung des Familiengerichts nicht ohne Echo bleibt, hat zunächst das Gesetz zur Erleichterung familiengerichtlicher Maßnahmen bei Gefährdung des Kindeswohls vom 24.4.2008 dem Familienrichter auferlegt, früher und stärker auf die Eltern einzuwirken (was er ohnedies schon gekonnt hätte). Die Anrufung des Gerichts durch die Jugendämter und daraufhin erfolgte Maßnahmen des Gerichts haben sich daraufhin nahezu verdoppelt. Mit dem FGG-Reformgesetz (in Kraft seit 1.9.2009) wurde die Stellung des Kindes im Verfahren weiter gestärkt (vgl. hierzu *Rn. 253*).

50 Besteht **Gefahr im Verzuge**, dh, dass eine Entscheidung des Familiengerichts nicht abgewartet werden kann, weil sonst mit an Sicherheit grenzender Wahrscheinlichkeit der Schaden schon eingetreten ist, muss das Jugendamt das Kind in **seine Obhut nehmen**. Dies geschieht auf der Rechtsgrundlage des § 42 Abs. 1 S. 1 Nr. 2 b (vgl. näher *Rn. 220*). Dazu kann es notwendig sein, die Polizei um Vollzugshilfe zu bitten, weil diese mit unmittelbarem Zwang vorgehen kann, zB auch mit Gewalt in die Wohnung eindringen kann. Art. 13 GG (Unverletzlichkeit der Wohnung) lässt in Abs. 7 einen solchen Eingriff zu. Mit diesem Vorgehen wird sowohl das Elternrecht aus Art. 6 Abs. 2 S. 1 GG gewahrt als auch dem staatlichen Wächteramt aus Art. 6 Abs. 2 S. 2 GG Genüge getan. Da das Elternrecht ein fremdnütziges Recht zugunsten des Kindes ist („Elternverantwortung"; vgl. *Rn. 44*), folgt aus ihm, dass die Eltern zum Schutz des Kindes mit dem Jugendamt kooperieren müssen. Sie sind zur Mitwirkung bei der Risikoeinschätzung verpflichtet, wenn dadurch nicht der wirksame Schutz des Kindes gefährdet wird. Auch das Kind selbst ist in die Risikoabwägung einzubeziehen. Dies ist wohl der einzige einleuchtende Grund, warum § 8 a hinter § 8 (Beteiligung von Kindern und Jugendlichen) in das Gesetz eingefügt wurde.

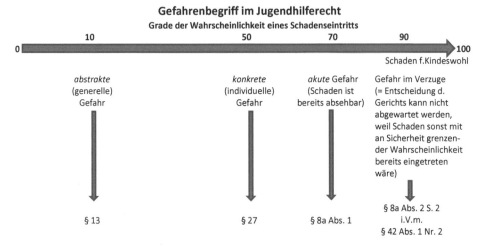

Gefahrenbegriff im Jugendhilferecht

Grade der Wahrscheinlichkeit eines Schadenseintritts

Außerdem:

- *latente Gefahr* (= Gefahr erst bei Hinzutreten weiterer Umstände)
- *Anscheinsgefahr* (= erst nachträglich stellt sich heraus, dass Gefahr nicht vorlag; Handeln deshalb rechtmäßig)
- *Putativgefahr* („ gefühlte Gefahr"= vorwerfbare Fehleinschätzung; Handeln deshalb rechtswidrig)
- *dringende Gefahr* (bezieht sich nicht auf höheren Grad der Wahrscheinlichkeit, sondern auf Inhalt des Schadens als Verletzung eines bedeutenden Rechtsguts = Schaden iSd § 1666 BGB bei Gefährdungseinschätzung nach § 8 a Abs. 1).

Das Jugendamt als „Schaltstelle" des Schutzauftrages nach § 8 a

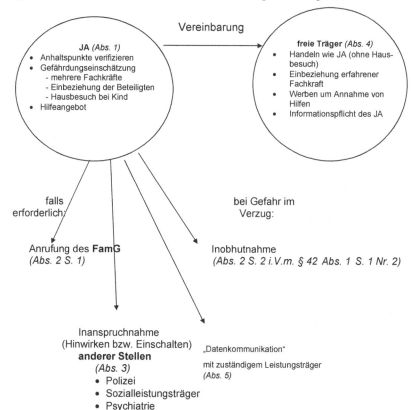

Vereinbarung

JA *(Abs. 1)*
- Anhaltspunkte verifizieren
- Gefährdungseinschätzung
  - mehrere Fachkräfte
  - Einbeziehung der Beteiligten
  - Hausbesuch bei Kind
- Hilfeangebot

freie Träger *(Abs. 4)*
- Handeln wie JA (ohne Hausbesuch)
- Einbeziehung erfahrener Fachkraft
- Werben um Annahme von Hilfen
- Informationspflicht des JA

falls
erforderlich:

Anrufung des **FamG**
(Abs. 2 S. 1)

bei Gefahr im
Verzug:

Inobhutnahme
(Abs. 2 S. 2 i.V.m. § 42 Abs. 1 S. 1 Nr. 2)

Inanspruchnahme
(Hinwirken bzw. Einschalten)
anderer Stellen
(Abs. 3)
- Polizei
- Sozialleistungsträger
- Psychiatrie

„Datenkommunikation"

mit zuständigem Leistungsträger
(Abs. 5)

(1) Das schon bisher in Art. 6 Abs. 2 S. 2 GG geregelte Wächteramt des Staates wird durch § 8 a insoweit konkretisiert, als die Pflichten des Jugendamts als staatlicher Wächter näher beschrieben werden. Andere staatliche Wächter sind andere Behörden wie Sozialamt, Agentur für Arbeit, Schule ebenso wie das Familiengericht; nicht aber freie Träger. Da das Jugendamt aus Verwaltung und Ausschuss besteht (§ 70), sind auch die Mitglieder des Jugendhilfeausschusses staatliche Wächter.

(2) Auslöser für die Einfügung des § 8 a waren die Strafverfahren[10] wegen Begehung einer Straftat durch Unterlassen und die Zivilverfahren wegen Verletzung von Amtspflichten.

   (a) § 13 StGB bestimmt, dass man sich auch durch Unterlassen strafbar machen kann, wenn man eine Garantenstellung hat (s. Schaubild unten). Diese Garantenstellung ergibt sich für den Mitarbeiter des öffentlichen Trägers aus dem staatlichen Wächteramt, für den Mitarbeiter eines freien Trägers aus vertraglicher oder rein tatsächlicher Schutzübernahme für das Kind („Beschützergarant"). Die Garantenstellung hat der für den Fall zuständige Mitarbeiter; dies ist beispielsweise die Mitarbeiterin im Allgemeinen Sozialen Dienst, aber auch der Jugendamtsleiter im Rahmen seiner Fachaufsicht. Unklar war, welche Garantenpflichten der Garant

---

10 Zuletzt ausführlich AG Medebach 4.5.2017 – 6 Ds 411Js 274/16 213/16, juris.

erfüllen muss. Die „Regeln der Kunst" sind nun in § 8 a als Standard beschrieben. Damit sind diese verwaltungsverfahrensrechtlichen Pflichten zugleich strafrechtliche Handlungspflichten. Die strafrechtlichen Garantenpflichten können aber über diese verwaltungsverfahrensrechtlichen Pflichten hinausreichen (zB kann sich aus der strafrechtlichen Garantenpflicht eine Pflicht zur Mitteilung an das Familiengericht oder eine Anzeigepflicht bei der Polizei ergeben). Ebenso können umgekehrt die verfahrensrechtlichen Pflichten nach § 8 a über die strafrechtlichen Garantenpflichten hinausreichen, wenn beispielsweise beim öffentlichen Träger Anhaltspunkte für eine Kindeswohlgefährdung des (nicht in der Einrichtung befindlichen, also keine Garantenpflichten auslösenden) Geschwisterkindes bekannt werden. Befindet sich das Kind dagegen in der Einrichtung eines freien Trägers, muss dieser Anhaltspunkten für eine Gefährdung des Geschwisterkindes nicht nachgehen, da er in den Schutzauftrag nur insoweit einbezogen ist, als er Leistungserbringer, also verantwortlich h für das in der Einrichtung befindliche Kind ist. Strafbar ist das Unterlassen eines Garanten nur dann, wenn ein Rechtsgut verletzt wird, das in einer Strafrechtsnorm geschützt ist (Leben, Gesundheit, sexuelle Selbstbestimmung).

(b) Eine Amtspflichtverletzung (§ 839 BGB) liegt dann vor, wenn ein Beamter im haftungsrechtlichen Sinn (erweitert durch Art. 34 GG auf Angestellte und Arbeiter im öffentlichen Dienst) hoheitlich (also auch bloß schlicht-hoheitlich im Rahmen der Leistungsverwaltung) seine ihm gegenüber einem Dritten obliegende Pflicht verletzt. Auch diese Pflichten sind durch § 8 a Abs. 1 näher konkretisiert worden. Die sich aus § 839 BGB ergebende Schadenersatzpflicht übernimmt die Anstellungskörperschaft nach Art. 34 GG, die aber bei Vorsatz oder grober Fahrlässigkeit Rückgriff beim Beamten nehmen kann.

Prüfschema zur Garantenstellung (§ 13 StGB)

1

Erfolgseintritt

(= Rechtsgutverletzung)

+

2

Pflicht zur Abwendung des Erfolgs

(= Garantenstellung)

+

3

Nichterfüllen von **Garantenpflichten**

(zB solcher aus § 8 a)

+

4

Ursächlichkeit des Unterlassens für Erfolgseintritt

(= Kausalität)

+

5

Vorsatz oder Fahrlässigkeit hinsichtlich des Erfolgseintritts

(= Schuld)

Auch die strafrechtlichen Garantenpflichten sind durch § 8 a näher konkretisiert wor- **52** den. Für Mitarbeiter bei freien Trägern (sie sind nicht Hoheitsträger nach § 839 BGB) ergibt sich eine Schadenersatzpflicht aus § 823 BGB, wenn ein Kind zu Schaden kommt.

(3) Das Verfahren des Schutzauftrages ist dreistufig:
  (1) **Erkennen** von Anhaltspunkten („Aha!");
  (2) **Bewerten** des Gefährdungsrisikos;
  (3) **Handeln** zur Abwendung der Gefährdung (s. Schaubild).

		3
		Handeln
		durch
		– Vermittlung von Hilfen
		– Information des JA
		– Information des Familiengerichts
		– Einschaltung anderer Stellen (zB
		Polizei, Gesundheitsdienste)
	2	– Inobhutnahme
	Bewerten	
	des individuellen	
	Schadensrisikos	
	– Eltern und Kind beteiligen	
	– insoweit erfahrene Fachkraft ein-	
1	beziehen	
Erkennen		
der Anhaltspunkte		
– Eigene Beobachtungen		
– Mitteilungen des Kindes		
– Mitteilungen Dritter		
– Eltern/Verwandte		
– Nachbarn		
– Schule		
– Arzt/Krankenhaus		

(4) „Gewichtige Anhaltspunkte" sind Tatsachen, die – generell – bei ungehindertem Geschehensablauf mit hoher Wahrscheinlichkeit in absehbarer Zeit einen Schaden iSv § 1666 BGB bewirken würden.

Schaden iSd § 1666 BGB ist eine schwerwiegende und nachhaltige Beeinträchtigung des körperlichen, geistigen oder seelischen Wohles des Kindes. Nicht ausreichend sind Tatsachen, die lediglich zu einer Mangelsituation iSv § 27 führen.

„Gewichtig" ist ein Anhaltspunkt dann, wenn er

– aus einer ernst zu nehmenden Quelle stammt,
– plausibel ist und
– sich auf einen Schaden iSd § 1666 BGB bezieht.

Um die Gewichtigkeit feststellen zu können, muss das Jugendamt einen **Hausbesuch** machen, wenn dieser nach seiner fachlichen Einschätzung erforderlich ist (mit dem BKiSchG in § 8 a Abs. 1 S. 2 geregelt); dabei hat es eine (gerichtlich nicht nachprüfbare) Entscheidungsprärogative.

Der Anhaltspunkt kann sein Gewicht auch erst aus der Kumulierung einzelner Anhaltspunkte gewinnen, die für sich allein nicht ausreichend wären (zB schlechte Wohnverhältnisse). Die Justiz (Richter oder Staatsanwalt) ist nach der **MiStra** (Anordnung über Mitteilungen in Strafsachen) in Nr. 35 verpflichtet, dem Jugendamt Tatsachen mitzuteilen, deren Kenntnis zur Abwendung einer erheblichen Gefährdung von Minderjährigen erforderlich ist. Dies ist mit **Art. 2 KJSG** nun in **§ 5 KKG** ausdrücklich geregelt.

Das Jugendamt muss Anhaltspunkte nicht von sich aus aufspüren. Es kann also warten, dass Anhaltspunkte bekannt werden. Teilweise besteht geradezu eine „§ 8a-Hysterie". Die Jugendhilfe wird nur noch durch das Nadelöhr des § 8 a eingefädelt – vielleicht auch wegen der systematischen Stellung dieser Regelung am Anfang des Gesetzes. Die Leistungen der Jugendhilfe müssen aber – losgelöst von § 8 a – wie bisher erbracht werden, da nicht jede Kindeswohlgefährdung oder gar bloß die Notwendigkeit der Förderung des Kindeswohls das Verfahren nach § 8 a auslöst. Ebenso muss die Inobhutnahme nach § 42 unmittelbar erfolgen, auch wenn kein Verfahren nach § 8 a vorausging. Die Funktion des § 8 a ist lediglich die, dass er einen „Noteingang" in das Leistungsgehäuse des SGB VIII ist, daneben aber der „Haupteingang" offen bleibt. § 8 a bewirkt, dass Leistungen gleichsam zu einer Bringschuld werden, während sie außerhalb des § 8 a eine Holschuld sind.

(5) Die Bewertung der Gefährdungssituation hat das Ziel, zu klären, inwieweit – im individuellen Fall – Eigenkräfte des Kindes oder der Eltern (sog. Resilienz), Ressourcen oder schon geleistete Hilfen ausreichen, den Schadenseintritt iSv § 1666 BGB zu verhindern. Reichen diese Kräfte nicht aus, muss außerdem geklärt werden, welche Hilfen (solche nach dem SGB oder andere) notwendig sind, um den Schadenseintritt zu verhindern. **53**

Ergibt die Gefährdungseinschätzung aber, dass ein Schadenseintritt in absehbarer Zeit nicht sehr wahrscheinlich ist, verläuft der weitere Hilfeprozess außerhalb des Verfahrens nach § 8 a (zB durch Anbieten erzieherischer Hilfen oder von Eingliederungshilfe).

(a) Die Bewertung geschieht beim Jugendamt im Zusammenwirken mehrerer Fachkräfte iSd § 72; beim freien Träger aber durch Heranziehung einer **„insoweit erfahrenen Fachkraft"**. Diese unterscheidet sich nicht von jener. In beiden Fällen können auch externe Fachleute als „Gehilfen"(zB ein Arzt) hinzugezogen werden.

Der Begriff der Fachkraft ist relativ zu verstehen, also in Bezug auf die von dieser Kraft wahrzunehmende Aufgabe. Die „insoweit erfahrene Fachkraft" muss also Kenntnisse auf dem Gebiet der Entwicklungspsychologie haben (zB Sozialarbeiter/Sozialpädagogen, Diplompädagoginnen, Heilpädagoginnen, Psychologen, Pädiater, Psychotherapeuten, Psychiater). Die „insoweit erfahrene Fachkraft" nach Abs. 4 muss keine höheren Anforderungen erfüllen als die „Fachkraft" in Abs. 1.

Die Fachkraft kann bei dem Träger selbst tätig sein oder eine überregional tätige Kraft sein. Subsidiär (wegen des Datenschutzes) kann auch auf eine beim Jugendamt beschäftigte Fachkraft zurückgegriffen werden.

„Erfahren" ist die Fachkraft dann, wenn sie aufgrund einer genügenden Zahl von Fallbearbeitungen die Bewertung der Gefährdungssituation vornehmen kann. Da sie bei der Bearbeitung der ersten Fälle noch nicht erfahren sein kann, genügt es, wenn sie davor im weiten Feld der Kinder- und Jugendhilfe tätig war.

„Insoweit erfahrene Fachkraft" ist dagegen nicht, wer sich dafür hält oder dazu bestimmt wird.

(b) Bei der Bewertung der Gefährdungssituation sind Kinder, Personensorgeberechtigte iSv § 7 Abs. 1 Nr. 5 und Erziehungsberechtigte iSv § 7 Abs. 1 Nr. 6 einzubeziehen. Erziehungsberechtigte sind beispielsweise Tagesmutter, Pflegeeltern, Erzieherin, Stiefeltern (nicht aber die Familienhelferin nach § 31). Von ihrer Beteiligung kann und muss aber dann abgesehen werden, wenn sie dazu führt, dass die Bewertung der Gefährdungssituation nicht mehr möglich ist (zB durch Einschüchterung des Kindes).

Sind Personensorge- oder Erziehungsberechtigte nicht bereit oder nicht in der Lage mitzuwirken, muss das Jugendamt das Familiengericht anrufen (§ 8 a Abs. 2).

(c) Kommen die Fachkräfte zu einer unterschiedlichen Bewertung der Gefährdungssituation, hat der die Fachaufsicht führende Vorgesetzte im Jugendamt bzw. beim freien Träger das letzte Wort. Verantwortlich ist nicht die hinzugezogene Fachkraft, sondern die fallzuständige Fachkraft. Bei einer unterschiedlichen Bewertung zwischen Fachkräften des freien Trägers und einer hinzugezogenen Fachkraft des öffentlichen Trägers entscheidet ebenfalls der Vorgesetzte im Jugendamt, weil der öffentliche Träger die Letztverantwortung für den Fall hat (§ 79 Abs. 1 u. 2, § 3 Abs. 2 S. 2).

54 (6) Handlungspflichten

(a) Hat sich bei der Bewertung der Gefährdungssituation ergeben, dass ein Schadenseintritt iSv § 1666 BGB in absehbarer Zeit sehr wahrscheinlich ist, wenn nicht eine Hilfeintervention erfolgt, muss das Jugendamt die notwendigen Hilfen anbieten bzw. vermitteln (Interventionspunkt für das Verfahren des § 8 a). Dies können Hilfen innerhalb oder außerhalb des SGB VIII sein. Bei einer seelischen Krankheit oder Behinderung eines Elternteils kommt beispielsweise die Bestellung eines rechtlichen Betreuers durch das Betreuungsgericht nach § 1896 BGB in Betracht.

(b) Werden die notwendigen Hilfen angenommen, erfolgt die weitere Hilfe außerhalb des § 8 a-Verfahrens. Das Jugendamt muss sich aber im Rahmen der Hilfeplanung nach § 36 vergewissern, ob die Hilfen ausreichend sind.

(c) Werden diese Hilfen nicht angenommen, hat das Jugendamt das Familiengericht anzurufen (§ 8 a Abs. 2 S. 1 1. Hs.); Ermessen besteht nicht (Interventionspunkt für das familiengerichtliche Verfahren). Näher hierzu Rn. 240.

(d) Steht ein Schadenseintritt beim Kind unmittelbar bevor und ist es zeitlich nicht mehr möglich, auf eine Entscheidung des Familiengerichts zur Abwendung dieses Schadens zu warten („Gefahr im Verzuge"), muss das Jugendamt das Kind in Obhut nehmen (§ 8 a Abs. 2 S. 2). Die nähere Ausgestaltung der Inobhutnahme regelt § 42. Muss die Inobhutnahme mit Gewalt geschehen, hat das Jugendamt die Polizei hinzuzuziehen (§ 42 Abs. 6); diese muss dem Jugendamt Amtshilfe leisten (zB § 26 Abs. 2 LKJHG BW).

Das Jugendamt kann auch den freien Träger vertraglich verpflichten, im Rahmen des § 76 Abs. 2 die Aufgabe der Inobhutnahme nach § 42 wahrzunehmen. Damit wird der freie Träger aber nicht beliehener Unternehmer mit der Befugnis, Verwaltungsakte zu erlassen.

55 (7) Besonderheiten für den **freien Träger**

(a) Der freie Träger wird weder durch § 8 a noch durch eine sonstige Regelung des SGB VIII zu irgendetwas verpflichtet. Er hat Pflichten nur dann, wenn sie sich aus einem mit dem öffentlichen Träger abgeschlossenen Vertrag (öffentlich-rechtlicher Vertrag nach § 53 SGB X) ergeben.

(b) Der Inhalt dieser Vereinbarung ist durch § 8 a Abs. 4 vorgegeben – allerdings nicht abschließend („insbesondere"). Vorgegeben ist die Pflicht,

– die *Gefährdungseinschätzung* vorzunehmen und dabei eine Fachkraft (nach festgelegten Qualifikationskriterien) sowie Kind und Erziehungsberechtigte hinzuzuziehen,

– auf die Inanspruchnahme von *Hilfen hinzuwirken*, also für sie zu werben

– das Jugendamt zu *informieren*,

 – falls Hilfen nicht ausreichen oder gar nicht erst angenommen werden

 – oder wenn die Erziehungsberechtigten nicht an der Gefährdungseinschätzung mitwirken (dies folgt aus der Pflicht des Jugendamtes nach § 8 a Abs. 2, in diesem Fall das Familiengericht anzurufen).

Außerdem muss das Jugendamt bei Gefahr im Verzug informiert werden, damit es eine Inobhutnahme durchführen kann. Das Jugendamt kann aber auch den freien Träger an der Aufgabe der Inobhutnahme beteiligen (§ 76). War das Werben für eine Hilfe beim Personensorgeberechtigten erfolgreich, leistet das Jugendamt aber diese Hilfe nicht oder nicht ausreichend oder nicht rechtzeitig, kann der Personensorgeberechtigte sich diese Hilfe selbst beschaffen (§ 36 a Abs. 3).

Der freie Träger kann auch selbst das Familiengericht anrufen (§ 24 FamFG). Dieses muss von Amts wegen tätig werden (§§ 26, 28 FamFG). Die Stellung eines Beteiligten hat der freie Träger damit aber nicht.

(c) Eine Rückmeldung bei vom freien Träger angeregten Hilfen war bisher gesetzlich nicht vorgesehen, aber vertraglich möglich und für eine gute Kooperation auch erforderlich, solange der Fall beim freien Träger weitergeführt wird. Das KJSG begründet eine **Rückmeldepflicht** im Regelfall (**§ 4 Abs. 4 KKG**: „soll") Datenschutzrechtlich ergeben sich aber Grenzen für eine Rückmeldung, soweit sie anvertraute Daten betrifft; solche dürfen nur mit Einwilligung rückgemeldet werden (vgl. hierzu *Rn. 59*).

(d) Es empfiehlt sich zu regeln, wie die Hinzuziehung der insoweit erfahrenen Fachkraft erfolgen soll und wer die Kosten trägt.

Die Kosten können als Fachleistungsstunden abgerechnet werden, wenn Leistungs- und Entgeltverträge nach § 78 a abgeschlossen worden sind. Außerhalb des Anwendungsbereichs des § 78 a (also zB für ambulante Hilfen) können Leistungs- und Entgeltverträge im Rahmen des § 77 abgeschlossen werden.

(e) Zuständig für den Abschluss solcher Verträge ist der öffentliche Träger, in dessen Bereich die Einrichtung liegt (§ 78 e); nicht entscheidend ist der Sitz des Trägers der Einrichtung.

(f) Der Abschluss der Verträge erfolgt nicht mit einzelnen Personen (zB Pflegeeltern oder Tagesmutter), sondern mit den Trägern solcher Dienste, also den Trägern der freien Jugendhilfe oder den privat-gewerblichen Trägern. Beschäftigt das Jugendamt selbst eine Person (zB eine Familienhelferin) als Honorarkraft oder mit einem Dienstleistungsvertrag (sog. Bedarfsverwaltung), ist diese „das Jugendamt" nach § 8 a Abs. 1.

Bei Einrichtungen ist die Vereinbarung mit der einzelnen Einrichtung abzuschließen (nicht mit dem übergeordneten Verband), da sie sich dazu verpflichten muss, das vereinbarte Verfahren einzuhalten; darin kann sie sich nicht vertreten lassen.

(g) Nur mit solchen Einrichtungen und Diensten sind Vereinbarungen abzuschließen, die *Leistungen* iSv § 2 Abs. 2 erbringen, also nicht zB mit Schwangerschaftskonfliktberatungsstellen; ebenso wenig mit freien Trägern, die zB Jugendgerichtshilfe nach § 52 für den öffentlichen Träger leisten.

(h) Beim Abschluss der Verträge ist die Autonomie des freien Trägers (§ 4 Abs. 1) zu beachten. Der freie Träger ist nicht verpflichtet, eine Vereinbarung abzuschließen. Er kann den Schutz der Kinder auch dadurch gewährleisten, dass er eine **Selbstverpflichtungserklärung** (einseitig) abgibt. Konsequenzen für die Erlaubniserteilung nach § 45 (Betriebserlaubnis) können sich dann nicht ergeben, wenn durch die Selbstverpflichtungserklärung der Kinderschutz ausreichend gewährleistet ist.

(i) Legt der freie Träger auf den Abschluss einer Vereinbarung Wert, kann er den öffentlichen Träger auch durch allgemeine Leistungsklage (§ 40 VwGO) vor dem Verwaltungsgericht zum Abschluss der Vereinbarung zwingen.

56 (8) Besonderheiten für den **kommunalen** Träger **ohne** eigenes Jugendamt

Kreisangehörige Gemeinden, die nicht örtlicher Träger der Jugendhilfe sind, können auch Aufgaben der Jugendhilfe nach Landesrecht (zB § 6 LKJHG BW) wahrnehmen. Für sie gelten die für den örtlichen Träger geltenden Vorschriften entsprechend (so für den Datenschutz § 61 Abs. 1 S. 3). Dies sollte dann auch für § 8 a Abs. 1 gelten. Dennoch wird in der Praxis auch auf sie § 8 a Abs. 4 angewandt. Sie so zu behandeln wie freie Träger entspricht aber nicht dem Verständnis der freien Jugendhilfe, da nur sie aufgrund ihrer Autonomie (s. *Rn. 51*) von gesetzlichen Verpflichtungen ausgenommen ist, während dies für Stellen der öffentlichen Verwaltung gerade nicht gilt.

57 (9) **Die Schule**

Auch die Schule ist staatlicher Wächter nach Art. 6 Abs. 2 S. 2 GG[11]. Daher ist sie verpflichtet, bei gewichtigen Anhaltspunkten für eine Kindeswohlgefährdung das Jugendamt zu informieren. § 85 Schulgesetz Baden-Württemberg enthält seit 12.1.2008 eine dementsprechende Verpflichtung.

(10) **Wegzug** der Familie

Verzieht die Familie in einen anderen Zuständigkeitsbereich, hat sich der Schutzauftrag des bislang zuständigen Jugendamts nicht erledigt. Hat es schon Leistungen erbracht, muss es diese fortsetzen, bis der neue zuständige Träger die Leistung erbringt (§ 86 c). Er muss den neu zuständigen Träger über den Umzug informieren (§ 86 c Abs. 2 S. 1). Sind die Eltern aber verzogen, bevor Leistungen gewährt worden sind, verpflichtet das BKiSchG mit § 8 a Abs. 5 zur Übermittlung der „Gefahrdaten".

58 (11) Datenschutz[12] (näher *Rn. 375 ff.*)

Für **Datenerhebung, Datenspeicherung und Datenübermittlung** gilt das Sozialgeheimnis nach § 35 Abs. 1 SGB I iVm § 61 Abs. 1 S. 1 und Art. 6 DSGVO. Auch diese Vorschriften gelten aber nicht für die freien Träger – ebenso wenig wie § 8 a. Der Datenschutz bei ihnen muss deshalb dadurch sichergestellt werden, dass der öffentliche Träger Sicherstellungsvereinbarungen mit den freien Trägern abschließt (§ 61 Abs. 3). An deren Stelle kann aber auch hier – wie bei § 8 a Abs. 4 – eine Selbstverpflichtungserklärung treten. Soweit der kirchliche Datenschutz gilt, ist damit der Datenschutz sichergestellt. *Beispiel: „Der freie Träger verpflichtet sich, den Datenschutz nach § 35 SGB I iVm §§ 68-73 SGB X und nach §§ 61-68 einzuhalten."* Die Datenschutzregelungen nach dem SGB I, X und VIII gelten für den freien Träger lediglich entsprechend, also unter Berücksichtigung der Besonderheiten des freien Trägers. Die Datenerhebung regelt § 62. Nach Abs. 1 dürfen alle Daten erhoben werden, die notwendig sind, um den Schutzauftrag nach § 8 a zu erfüllen. Nach Abs. 2 S. 1 müssen diese Daten bei dem Betroffenen selbst oder mit seiner Einwilligung bei Dritten erhoben werden. Um das Gefährdungsrisiko abschätzen zu können, ist es aber oft erforderlich, Daten bei Dritten ohne diese Einwilligung zu erheben. Dies erlaubt § 62 Abs. 3 Nr. 2 d. *Beispiel: Das Jugendamt erbittet vom Arzt oder vom Gesundheitsamt oder von der Schule oder von der Polizei weitere Informationen, um abschätzen zu können, ob eine Kindeswohlgefährdung iSd § 1666 BGB droht. Die*

---

11 Siehe näher hierzu *Kunkel*, Kinderschutz in der Schule, Diskussionspapier Hs. Kehl 2015 /1 und die „Handreichung für Schulen" des Staatlichen Schulamtes, Stuttgart 2015.

12 *Radewagen*, Vertrauensschutz im Kinderschutz in Datenschutzbroschüre des niedersächsischen Sozialministeriums und des Landesjugendamts (März 2021); *Kepert/Kunkel* in Expertise über Möglichkeiten und Instrumente zur optimierten Gewährleistung eines praktisch wirksamen Kinderschutzes in Baden-Württemberg (2020); *Kepert*, Datenschutz und Kinderschutz, ZKJ 2020, 164.

Datenerhebung kann auch durch einen Hausbesuch erfolgen (§ 21 Abs. 1 Nr. 4 SGB X). Das Jugendamt hat die Pflicht diesen – falls erforderlich – durchzuführen (§ 8 a Abs. 1 S. 2). Eine Pflicht, den Hausbesuch zu dulden, gibt es nicht. Infolgedessen scheiden Zwangsmittel zur Durchsetzung des Hausbesuchs aus. Bestehen Anhaltspunkte dafür, dass ein Elternteil psychisch gestört ist, muss das Gefährdungsrisiko zusammen mit dem Elternteil eingeschätzt werden (§ 8 a Abs. 1 S. 2). Dies wird häufig nur gelingen, wenn ein ärztliches Gutachten zum Ausmaß der Störung eingeholt wird. Ist der betroffene Elternteil damit nicht einverstanden, fehlt es an seiner Mitwirkungsbereitschaft. Dann hat das Jugendamt das Familiengericht anzurufen (§ 8 Abs. 2 S. 1). Der freie Träger muss in solch einem Fall das Jugendamt informieren, wenn dies in der Vereinbarung mit dem Jugendamt so geregelt ist. Auch § 62 SGB VIII ist für den freien Träger entsprechend anwendbar – aber eben nur entsprechend, also unter Berücksichtigung seiner Besonderheiten. Dies bedeutet, dass er keinen Ermittlungsdienst (ASD) unterhält. Selbst wenn man eine Ermittlungsbefugnis annähme, würde ihm kaum ein Dritter Daten auch übermitteln. Zur Klarstellung empfiehlt sich eine Regelung in der Sicherstellungsvereinbarung. *Beispiel: „Der freie Träger ist nicht verpflichtet, bei Dritten ohne Einwilligung des Betroffenen Informationen einzuholen."*

Eine Datenübermittlung ist nach § 35 Abs. 2 SGB I iVm § 69 Abs. 1 Nr. 1 SGB X zulässig, wenn damit die Aufgabe nach § 8 a erfüllt wird. Die Erfüllung der in den Vereinbarungen nach § 8 a Abs. 4 geregelten Pflichten, das Jugendamt zu informieren, ist daher datenschutzrechtlich zulässig. Da die Datenschutzregelungen auf den freien Träger lediglich entsprechend anzuwenden sind, ist die Erfüllung der vertraglichen Pflichten der gesetzlichen Aufgabenerfüllung gleichzustellen. *Beispiel: Die Einrichtung informiert das Jugendamt darüber, dass die Eltern eine angebotene Hilfe nicht annehmen.* Ebenso ist es zulässig, der hinzuzuziehenden erfahrenen Fachkraft Daten zu übermitteln. Diese müssen aber pseudonymisiert (erfundener Name) oder anonymisiert (ohne Namen) sein, allerdings nur dann, wenn die Aufgabenerfüllung dies zulässt (§ 64 Abs. 2 a). *Beispiel: Keine Anonymisierung ist notwendig, wenn die von der Einrichtung hinzugezogene Fachkraft in der Psychologischen Beratungsstelle des Jugendamtes den Fall bereits kennt. Ebenso wenig ist eine Anonymisierung notwendig, wenn die Anonymisierung zu viel Zeit kostet und der Fall keinen zeitlichen Aufschub duldet.* Ist die hinzuzuziehende erfahrene Fachkraft in derselben Einrichtung tätig, handelt es sich nicht um eine Datenübermittlung, sondern um eine Datennutzung, die nach § 64 Abs. 1 oder nach § 67 c Abs. 2 SGB X zulässig ist. Mit der Zulässigkeit der Datenübermittlung ist aber die datenschutzrechtliche Prüfung noch nicht abgeschlossen. Die Zulässigkeit der Übermittlung nach § 69 SGB X steht unter dem Vorbehalt, dass die Übermittlung nicht eine Leistungsbeziehung „kaputt macht" (§ 64 Abs. 2). *Beispiel: Es besteht die ernsthafte Gefahr, dass Eltern die weitere Zusammenarbeit mit dem freien Träger aufkündigen, wenn eine Fachkraft des Jugendamts hinzugezogen wird.*

Hinzu kommt ein weiterer Vorbehalt für die Datenübermittlung. Die Übermittlung ist nur **59** zulässig, wenn sie auch eine zulässige **Weitergabe nach § 65** ist. Diese Datenweitergabe ist nur unter erschwerten Voraussetzungen möglich. § 65 ist dann anwendbar, wenn Daten zum Zweck der persönlichen oder erzieherischen Hilfe anvertraut worden sind. Anvertraut wurde ein Datum nur dann, wenn es im Vertrauen auf die persönliche Verschwiegenheit des Mitarbeiters preisgegeben wurde. § 65 ist also nicht anwendbar, wenn lediglich bekannt gewordene Anhaltspunkte weitergegeben werden. Teilt ein Dritter die Beobachtung einer Kindesmisshandlung mit, handelt es sich nicht um ein Datum, das im Rahmen persönlicher Hilfe anvertraut worden ist.[13] Die Vertrauensperson kann ein Mitarbeiter ei-

---

13 AA LG Aurich 15.4.2011 – ZKJ 2011, 437.

nes öffentlichen oder (bei Sicherstellungsvereinbarung oder -erklärung) eines freien Trägers sein. *Beispiel: Ein Nachbar ruft beim Jugendamt an, in der Familie eines Hausbewohners werde ein Kind misshandelt. Die Mitteilung der Kindesmisshandlung ist kein von den Eltern anvertrautes Datum. Ebenso wenig ist die Tatsache der Mitteilung ein Datum iSd § 65, weil die Mitteilung nicht im Rahmen einer persönlichen oder erzieherischen Hilfe erfolgt ist. Erstattet die beschuldigte Familie Anzeige gegen Unbekannt wegen Verleumdung, darf das Jugendamt aber Name und Adresse des Nachbarn nicht nach § 68 SGB X der Polizei oder Staatsanwaltschaft mitteilen, weil damit zugleich mitgeteilt würde, dass der Nachbar eine Kindesmisshandlung mitgeteilt hat, also ein Datum, das nicht im Übermittlungskatalog des § 68 Abs. 1 aufgeführt ist. Besteht auch kein Grund zur Annahme, dass der Nachbar ein Denunziant ist, würden durch die Übermittlung auch seine schutzwürdigen Interessen beeinträchtigt (§ 68 Abs. 1 S. 1 SGB X).* Sind Daten besonders anvertraut worden, dürfen sie nur mit der Einwilligung des Betroffenen weitergegeben werden (Nr. 1); diese kann auch stillschweigend erfolgen, zB dadurch, dass der Klient zu Beginn eines Beratungsgesprächs über das Verfahren informiert wird, den Fall im Team oder mit Supervision zu besprechen. Da die Einwilligung keine rechtsgeschäftliche Erklärung ist, können auch Minderjährige die Einwilligung abgeben, wenn sie die Tragweite der Einwilligung erkennen können. Auch ohne Einwilligung dürfen Daten an die hinzugezogenen Fachkräfte weitergegeben werden (Nr. 4). Dabei ist aber zu berücksichtigen, dass auch (erst recht) die anvertrauten Daten zu anonymisieren sind, wenn es sich um eine externe Fachkraft handelt (§ 64 Abs. 2 a). Auch beim Wechsel der Fallzuständigkeit dürfen die anvertrauten Daten weitergegeben werden (Nr. 3). Bei einer gegenwärtigen Gefahr für Leib oder Leben des Kindes dürfen die Daten im Rahmen des rechtfertigenden Notstandes (§ 34 StGB) ebenfalls weitergegeben werden (Nr. 5). Ein Fall des § 8 a ist immer auch ein Fall des rechtfertigenden Notstands. *Beispiel: Einer Beraterin in einer Beratungsstelle eines freien oder kommunalen Trägers teilt die Mutter eines Mädchens mit, dass der Vater die Tochter sexuell missbraucht. Die Beraterin darf diese Information an den ASD weitergeben.* Will ein Mitarbeiter des freien Trägers im Rahmen des § 8 a Abs. 4 zur Erfüllung der sich daraus ergebenen vertraglichen Pflichten anvertraute Daten an das Jugendamt weitergeben, erlaubt § 65 seinem Wortlaut nach diese Weitergabe nicht, da er an Mitarbeiter im Jugendamt adressiert ist. Für Mitarbeiter beim freien Träger ist § 65 aber entsprechend anzuwenden (§ 61 Abs. 3), also unter Berücksichtigung der für den freien Träger geltenden Besonderheiten. Daraus folgt, dass auch der Mitarbeiter des freien Trägers anvertraute Daten dem Jugendamt weitergeben darf, wenn das Jugendamt diese Daten braucht, um seine Pflicht, das Familiengericht anzurufen (§ 8 a Abs. 2), erfüllen zu können. Die bloße Mitteilung, dass die Personensorgeberechtigten eine Hilfe nicht angenommen haben oder dass eine Hilfe nicht ausreichend ist, ist aber ohnehin kein anvertrautes Datum, das die zusätzliche Weitergabebefugnis nach § 65 benötigte. *Beispiel: In der Vereinbarung zwischen Jugendamt und Einrichtung ist die Pflicht der Einrichtung geregelt, das Jugendamt zu verständigen, wenn Eltern eine angebotene Hilfe nicht annehmen. Die Eltern lehnen eine Sozialpädagogische Familienhilfe ab. Die Einrichtung kann und muss diese Information an das Jugendamt weitergeben.* Entsprechend § 65 Abs. 1 S. 1 Nr. 3 können anvertraute Daten bei einem Wechsel des Kindes von einer Einrichtung in eine andere („Einrichtungshopping") der neuen Einrichtung mitgeteilt werden. *Beispiel: In einer Einrichtung werden Spuren einer Kindesmisshandlung wahrgenommen. Als die Erzieherin darüber mit den Eltern sprechen will, wechseln sie die Einrichtung. Die bisherige Einrichtung kann der neuen Einrichtung die Beobachtungen schon deshalb mitteilen, weil es sich nicht um anvertraute Daten handelt. Selbst wenn sie aber vom Kind der Erzieherin anvertraut worden wären, könnten sie der neuen Einrichtung übermittelt werden. Das „Einrichtungshopping" erhöht noch die Wahrscheinlichkeit einer Kindeswohlgefährdung.* Hat ein freier Träger im Rahmen der Sicherstellungsvereinbarung nach § 8 a Abs. 4 das Jugendamt davon verständigt, dass Hilfen nicht angenommen wurden oder nicht ausreichend sind, kann (soweit vertraglich vereinbart: muss) das Jugendamt dem freien Träger **rückmelden,** was es in dem Fall weiter veranlasst hat. Nur dann kann der freie Träger nämlich entscheiden, ob weitere Maßnahmen zur Erfüllung der Garantenpflicht seiner Mitarbeiter erforderlich sind (zB Anrufung des Familiengerichts). Die Erfüllung der strafrechtlichen Garantenpflicht durch den Mitarbeiter ist zugleich die Erfüllung der vertraglichen Pflicht der Einrichtung. Bei der Rückmeldung werden keine anvertrauten Daten an die meldende Einrichtung weitergegeben, sondern lediglich das Ergebnis der Bewertung des Gefährdungsrisikos durch das Jugendamt mitgeteilt. Mit Art. 2 **KJSG wird in § 4 KKG** eine Rückmeldepflicht geregelt (siehe oben *Rn. 55) Beispiel: Die Eltern lehnen vom freien Träger angebotene Hilfe ab. Der freie Träger teilt dies dem Jugendamt mit. Das Jugendamt will dennoch nicht das Familiengericht anrufen. Da der Fall weiterhin ein Fall des freien Trägers ist, muss er alles tun, was nach seiner Gefährdungsabschätzung notwendig ist, um das Kind vor Schaden zu bewahren. Daher muss der freie Träger darüber informiert werden, was das Jugendamt tut oder nicht tut. Hält der freie Träger die Anrufung des Familiengerichts für erforderlich, das Jugendamt aber nicht, kann er selbst das Familiengericht anrufen.*

Eine **Pflicht zur Anzeige** einer Straftat gibt er weder für den öffentlichen noch für den **60** freien Träger. § 138 StGB verpflichtet lediglich dazu, geplante Straftaten, die dort besonders aufgeführt sind (also nicht Kindesmisshandlung oder Kindesmissbrauch), anzuzeigen. Eine Befugnis zur Strafanzeige kann sich aber aus § 69 Abs. 1 Nr. 2 SGB X ergeben, wenn die Strafanzeige notwendig ist, um eine weitere Gefährdung des Kindes zu verhindern. Aus § 73 SGB X dagegen ergibt sich eine solche Befugnis nicht; dort ist nur geregelt, dass nach Anordnung durch den Richter Daten an das Gericht zur Durchführung eines Strafverfahrens übermittelt werden dürfen. Ebenso wenig ergibt sich eine Anzeigebefugnis aus § 68 SGB X, da dort ein Ersuchen der Staatsanwaltschaft vorausgesetzt wird und nur der dort benannte Datensatz übermittelt werden darf. *Beispiel: Eine Mitarbeiterin im Jugendamt oder bei einem freien Träger will einen Vater anzeigen, der seine Tochter sexuell missbraucht. Mit der Anzeige beginnt das Ermittlungsverfahren, das im Zusammenhang mit der vorangegangenen Tätigkeit des Jugendamtes oder des freien Trägers steht. Damit ist die mit der Anzeige verbundene Übermittlung der Daten zulässig. Ist von dritter Seite eine Anzeige bei der Polizei oder Staatsanwaltschaft erfolgt und will die Polizei vom Jugendamt oder der Einrichtung in dieser Sache Informationen, besteht keine Auskunftspflicht, soweit nicht eine Übermittlungsbefugnis besteht (§ 35 Abs. 3 SGB I). Eine Übermittlungsbefugnis aber ergäbe sich nur, wenn der Mitarbeiter des Jugendamtes oder des freien Trägers eine Anzeige selbst für sinnvoll hält. Dann hätte er eine Übermittlungsbefugnis nach § 69 Abs. 1 Nr. 2 SGB X und damit auch eine Auskunftspflicht gegenüber Polizei und Staatsanwaltschaft – sonst nicht.* Auch bei anvertrauten Daten ergibt sich eine Befugnis zur Anzeige; sie kann aus § 65 Abs. 1 S. 1 Nr. 5 abgeleitet werden, wenn die Voraussetzungen des rechtfertigenden Notstandes (§ 34 StGB) vorliegen, also die Anzeige ultima ratio ist, um das Kind zu schützen. Dabei ist auch zu berücksichtigen, welche Auswirkungen eine Anzeige oder das Unterlassen einer Anzeige für das Kind haben kann. Für eine Anzeige kann sprechen, dass der Täter von weiteren Handlungen abgehalten wird, gegen eine Anzeige kann sprechen, dass das familiäre Beziehungssystem irreparabel geschädigt wird. Die für das Vorliegen des rechtfertigenden Notstandes erforderliche „gegenwärtige Gefahr" liegt dann vor, wenn alsbald ein Schaden einzutreten droht. Von vergangenen Misshandlungen kann nicht ohne Weiteres auf weitere Misshandlungen geschlossen werden. Wird eine Person aber regelmäßig unter Alkoholeinfluss gewalttätig, besteht eine Dauergefahr; ebenso ist **sexueller Missbrauch** (die Begriffsänderung „sexuelle Gewalt" ist unscharf, da sie gewaltlose Handlungen, wie z.B. Kinderpornographie einschließt) ein Delikt, das nicht nur einmalig auftritt.[14][15]

61 Unter die Schweigepflicht nach § 203 Abs. 1 StGB (vgl. Schaubild 14 im Anhang unter 2. Anlage *14*) fallen nur die Personen, die zu den dort genannten Berufsgruppen zählen, also insbesondere Berater in Beratungsstellen (Nr. 4), Psychologen (Nr. 2), Sozialarbeiter/ Sozialpädagogen (Nr. 5). Nicht dagegen: Erzieherinnen, Heilpädagoginnen, Diplompädagoginnen, es sei denn, in ihrer Funktion als Beraterinnen in einer Beratungsstelle (Nr. 4). Die in § 203 Abs. 1 StGB genannten Personen haben nur dann eine (strafrechtliche) Offenbarungsbefugnis, wenn eine (auch nur stillschweigende) Einwilligung vorliegt oder wenn die Voraussetzungen des rechtfertigenden Notstandes (§ 34 StGB), die deckungsgleich mit den Voraussetzungen des § 8a sind, vorliegen. Unter diesen Voraussetzungen dürfen auch sie anvertraute Daten dem Jugendamt mitteilen oder Strafanzeige erstatten. Haben diese Personen (zB der Arzt aus Behandlungsvertrag) eine Garantenstellung für das Kind, kann sich daraus eine Anzeigepflicht ergeben. Dies ist dann der Fall, wenn der Arzt mit den Eltern des Kindes über seine Feststellungen gesprochen hat, ihnen Hilfemöglichkeiten aufgezeigt hat, diese aber ungenutzt bleiben und er sie für diesen Fall darauf hingewiesen hat, das Jugendamt zu verständigen. Wechseln die Eltern den Arzt daraufhin („Ärztehopping") besteht erst recht die Pflicht, Jugendamt oder Polizei zu verständigen, weil sich dadurch die Gefahr für das Kind noch vergrößert hat. Das Landeskinderschutzgesetz Rheinland-Pfalz vom 7.3.2008 enthält in § 12 ausdrücklich eine derartige Regelung für die Offenbarungsbefugnis des Arztes. Ebenso § 1 Abs. 5 Landeskinderschutzgesetz Baden-Württemberg vom 3.5.2009. Als Landesrecht können sie nur deklaratorische Regelungen sein, also Regelungen, die das Bundesrecht in § 203 StGB lediglich bestätigen. *Beispiel: Ein Arzt stellt fest, dass ein Kind misshandelt worden ist. Er spricht mit den Eltern darüber und weist auf Hilfen einer Beratungsstelle hin. Die Eltern weisen den Verdacht oder die Hilfen zurück. Der Arzt ist – als strafrechtlicher Garant – verpflichtet, das Jugendamt zu verständigen.*

Das BKiSchG hat mit Art. 1 § 4 KKG eine gesetzliche Übermittlungsbefugnis für Berufsgeheimnisträger geregelt, wonach Mitteilungen an das Jugendamt zulässig sind, wenn ein dreistufiges Verfahren beachtet wird. Mit dem durch das KJSG in Art. 2 neu eingefügten **§ 5 KKG** werden auch Strafrechtsbehörden verpflichtet, dem Jugendamt eine Kindeswohlgefährdung iSd § 5 Abs. 2 KKG mitzuteilen.

---

14 Experten der WHO gehen davon aus, dass eine Million Kinder in Deutschland Missbrauch erlebt haben oder erleben - das sind pro Schulklasse ein bis zwei betroffene Kinder. Das Amt des Unabhängigen Beauftragten und sein etwa 20-köpfiger Arbeitsstab, der Betroffenenrat, der „Nationale Rat gegen sexuelle Gewalt an Kindern und Jugendlichen" und die Aufarbeitungskommission bilden die Struktur im Kampf gegen Kindesmissbrauch Weitere Informationen unter:https://beauftragter-missbrauch.de/betroffenenrat/der-betroffenenrat-2. Für Kinder ist eine „Nummer gegen Kummer „eingerichtet: 0800/1110333.

15 Nach am 26.5.2021 vorgelegten Zahlen des Bundeskriminalamts sind im Jahr 2020 durch Gewalt 152 Kinder zu Tode gekommen; davon 115 noch vor ihrem 6. Lebensjahr. Auch bei im nicht tödlichen Gewaltdelikten an Kindern verzeichnet die Kriminalstatistik 2020 so hohe Opferzahlen wie seit vielen Jahren nicht mehr.16921 Kinder unter 14 Jahren wurden demnach sexuell missbraucht, fast 1000 mehr als im Vorjahr und 3000 mehr als drei Jahre zuvor. Hinzu kommen 4497 Kinder, die ohne sexuelles Motiv misshandelt wurden., das waren elf Prozent mehr als 2019. Nur zu vermuten ist, dass dies an den Lockdowns in der Corona-Pandemie gelegen haben könnte. Darstellungen sexueller Gewalt im Internet haben dramatisch zugenommen mit 18761 Fällen im Jahr 2020. Das bedeutet eine Verdreifachung in nur vier Jahren. Das Statistische Bundesamt teilte am 21.7.2021 mit, dass im Corona-Jahr 2020 bei den Jugendämtern 194.500 Fälle von Kindeswohlgefährdung gemeldet worden sind, das sind 12 Prozent mehr als im Vorjahr, wobei sich jeder dritte Verdacht bestätigte. 60.000 Kinder wurden zu Hause vernachlässigt oder misshandelt mit körperlicher, psychischer und sexueller Gewalt. Das sind 9 Prozent mehr als im Vorjahr. Da Kitas und Schulen monatelang geschlossen waren, kamen von dort keine Hinweise , sodass die tatsächlichen Zahlen höher lagen. In 27 Prozent der Fälle kamen die Hinweise von Verwandten, Nachbarschaft oder anonym, ebenfalls zu 27 Prozent von Polizei und Justiz.

§ 4 KKG: Offenbarungsbefugnis von Geheimnisträgern in 3-stufigem Verfahren   **62**

		− Hinweis auf Einschalten des JA − Offenbaren an JA
	Gefährdungseinschätzung mit Einholen von Fachberatung*	**3** **(Abs. 3)**
Erörterung m. Kind u. PSB/Hinwirk. auf Hilfe	**2** **(Abs. 2)**	
1 **(Abs. 1)**		

* Anspruch auf Fachberatung durch insoweit erfahrene Fachkraft (auch beim ASD, aber pseudonymisiert).

Will die **Schule**[16] Informationen über eine Kindeswohlgefährdung dem Jugendamt mitteilen, gilt für sie nicht der Sozialdatenschutz, sondern das Landesdatenschutzgesetz. Danach ist eine Übermittlung im öffentlichen Bereich zulässig zur Aufgabenerfüllung der öffentlichen Stelle, also des Jugendamtes. § 85 Abs. 3 Schulgesetz Baden-Württemberg regelt, dass bei Anhaltspunkten für eine Kindeswohlgefährdung die Schule zunächst mit den Eltern sprechen muss, bei fruchtlosem Bemühen dann aber das Jugendamt verständigen soll. Da auch die Schule das staatliche Wächteramt aus Art. 6 Abs. 2 S. 2 GG auszufüllen hat, hat der Lehrer eine daraus abgeleitete Garantenstellung, die ihn dazu verpflichtet, alles Notwendige zu tun, um Schaden vom Kind abzuwehren, also auch das Jugendamt zu verständigen. Ebenso kann er das Familiengericht anrufen. *Beispiel: Ein Schüler schwänzt wiederholt die Schule. Ein Gespräch mit den Eltern blieb erfolglos. Der Lehrer kann das Familiengericht anrufen, um ein Gebot des Familienrichters an die Eltern zu erreichen, für die Einhaltung der Schulpflicht zu sorgen (so § 1666 Abs. 3 BGB, in der Neufassung, die seit 12.7.2008 gilt).*

Die personenbezogenen Daten müssen wieder **gelöscht** werden, wenn sie zur Aufgaben- **63** erfüllung nicht mehr benötigt werden (§ 63). In Fällen des § 8 a kann aber fraglich sein, wann dies der Fall ist. *Beispiel: Im Kindergarten werden Anhaltspunkte beobachtet, die auf eine Kindeswohlgefährdung schließen lassen. Die Eltern melden nun das Kind ab. Mit der Abmeldung ist die Aufgabe nach § 8 a aber nicht abgeschlossen (vgl. hierzu das Beispiel oben Rn. 55). In der Vereinbarung nach § 8 a Abs. 4 sollte daher auch eine Regelung darüber getroffen werden, wie lange die Daten noch zu speichern sind. Unabhängig von einer solchen Regelung sollten die Daten so lange gespeichert bleiben, wie sie erforderlich sind, um nachzuweisen, was die Fachkraft in Erfüllung ihrer Garantenpflichten aus § 13 StGB getan hat.*

Vgl. zum Datenschutz den Anhang 3 a.

---

16   Zur Schulsozialarbeit siehe *Rn. 67.*

64 Zusammengefasst:

Das Wächteramt in der Jugendhilfe (Schutzauftrag des Jugendamtes)

Rechtsquelle:	*für den Staat allgemein aus Art. 6 Abs. 2 S. 2 GG*
	für das JA speziell aus § 1 Abs. 2 S. 2
Adressat:	öffentlicher Träger der Jugendhilfe
Inhalt:	(Wächter-)Amtspflichten über elterliches Erziehungsrecht
Voraussetzungen:	Überschreiten der Gefährdungsschwelle (§ 1666 BGB)
Mittel:	Siehe nachfolgendes Bild

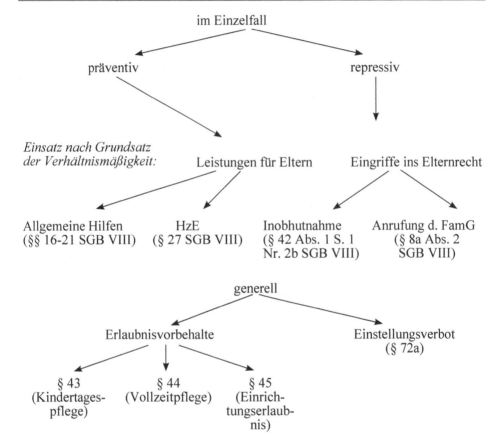

65 Beim **Versorgungsamt**[17] kann ein misshandeltes Kind eine Rente nach dem Opferent-schädigungsgesetz und dem SGB XIV beantragen (s. Informationsblatt in Anhang 4).

---

17 Zur Kostenerstattung zwischen dem Träger der Jugendhilfe und der Kriegsopferfürsorge s. das Informations-schreiben des BMFSFJ, abgedruckt in JAmt 2008, 135.

2.2 Beratung vor Eingriff

2.2.1 Beratungspflichten. Das SGB VIII enthält eine Fülle von Beratungspflichten, die **66** nachfolgend im Überblick dargestellt sind .Das KJSG hat die Beratungspflichten noch erweitert.[18]

Hinzu kommt die Beratungspflicht nach § 14 SGB I, die für alle Sozialleistungsträger, also auch das Jugendamt – vorbehaltlos (§ 37 S. 2 SGB I) – gilt. Danach muss das Jugendamt über alle Rechte und Pflichten nach allen Büchern des SGB (vgl. Rn. 32) beraten. Als Rehaträger hat das JA umfassende Beratungspflichten über die Leistungen nach dem SGB IX (§ 12 Abs. 1 Nr. 3 SGB IX). Die Beratungspflichten sind für das Jugendamt Amtspflichten iSv § 839 BGB. Werden sie schuldhaft verletzt, entsteht eine Schadenersatzpflicht für den Amtsträger, die vom Anstellungsträger gem. Art. 34 GG übernommen wird.

Die Fülle – ja geradezu Inflation – von Beratungsvorschriften lässt erkennen, dass der Gesetzgeber das Ziel verfolgt, Eingriffe zu vermeiden in der Hoffnung, durch Beratung lasse sich das Kindeswohl sichern. Mit Zunahme der Beratungsliteratur wachsen auch die Zweifel der Ratlosen und mit diesen wächst wiederum die Beratungsliteratur. Wie sehr der Gesetzgeber auf die Beratungskarte setzt, ergibt sich auch aus zahlreichen Verpflichtungen des Familiengerichts, die Eltern auf die Beratung durch Träger der Jugendhilfe hinzuweisen (vgl. hierzu Rn. 234). Ob die Beratungskarte sticht, ist allerdings in vielen Fällen zweifelhaft. Denn „gesagt ist nicht gehört, gehört ist nicht verstanden, verstanden ist nicht einverstanden, einverstanden ist nicht durchgeführt, durchgeführt ist nicht beibehalten" (*Konrad Lorenz*). Eine Allzweckwaffe ist die Beratung daher sicher nicht. Damit „ gehört auch verstanden" ist, fordert das Gesetz an vielen Stellen (§ 8 Abs. 4; § 10 a Abs. 1; § 36 Abs. 1 S. 2; § 41 a Abs. 1; § 42 Abs. 2 S. 1, Abs. 3 S. 1), dass die Beratung „in **verständlicher**, nachvollziehbarer und wahrnehmbarer **Form**" erfolgen muss. Das wird nur gelingen, wenn sie auf die Person im Einzelfall individuell eingeht. Dies verlangt Beratung durch qualifiziertes Personal, also auch finanziellen Aufwand, der nach § 79 Abs. 3 zu leisten ist. Floskeln sollten vermieden werden (z.B.: „nachhaltig", „zeitnah", „im Fokus", „es macht Sinn", „gleiche Augenhöhe", „Achtsamkeit", „was macht das mit Dir", „gut aufgestellt", „das geht gar nicht", „Herausforderung", „Wertschätzung", „klare Kante", „definitiv", „emotional", „gefühlt", „hart arbeiten", „alles gut", „kein Problem", „Geld in die Hand nehmen", „aufschlagen", „unsere Philosophie ist"); Fachausdrücke müssen erklärt werden (z.B. „Widerspruch"). Die Sätze sollten kurz[19] sein und ihr Inhalt in Varianten wiederholt werden. Zu empfehlen ist, das wesentliche Ergebnis der Beratung als Kurzprotokoll schriftlich zu geben. Das hat den Vorteil, dass damit zugleich die Anhörungspflicht nach § 24 SGB X erfüllt ist (siehe Rn. 349). Behördenmitarbeiter können sich meist nicht vorstellen, dass viele der sogenannten Kunden eine schlaflose Nacht vor einem Behördengang verbringen und daher oft abgeschreckt werden, eine Leistung in Anspruch zu nehmen.

---

18   Zu deren Inkrafttreten siehe Rn. 40-41.
19   Freiherr von Knigge in „Über den Umgang mit Menschen" (1788) in Kap. 21 treffend: „Rede nicht zu viel und nicht langweilig! Habe acht auf Dich, daß Du in Deinen Unterredungen, durch einen wäßrigen, weitschweifigen Vortrag nicht ermüdest! Ein gewisser Lakonismus sage ich, das heißt: die Gabe, mit wenig kernigen Worten viel zu sagen." Dazu näher das Arbeitshandbuch des Bundesverwaltungsamts „Bürgernahe Verwaltungssprache".

Übersicht: Spezifische Beratungspflichten des Jugendamts nach dem SGB VIII

Rechts-quelle	Inhalt	Adressat	Verpflichtungs-grad
§ 8 Abs. 3, 4	Not- und Konfliktberatung[20]	Minderjährige	Mussleistung mit Rechtsanspruch
§ 8 b Abs. 1	Einschätzung der Kindeswohlgefährdung	Kontaktpersonen	Mussleistung mit Rechtsanspruch
§ 9 a	Ombudsstelle	Junge Menschen und Familien	Mussleistung mit Rechtsanspruch
§ 10 a	Wegweiser zur Wahrnehmung der Rechte nach SGB VIII	Alle Leistungsbe-rechtigte	Mussleistung mit Rechtsanspruch
§ 10 b[21]	Verfahrenslotse bei Eingliederungshilfe	Leistungsberechtig-te und Eltern	Mussleistung mit Rechtsanspruch
§ 11 Abs. 3 Nr. 6	Jugendberatung bei persönlichen, sozialen oder beruflichen Konflikten	Junge Menschen	Mussleistung oh-ne Rechtsan-spruch
§ 16 Abs. 2 Nr. 2, Abs. 3	Stärkung der Erziehungskompetenz	Erzb. u. junge Men-schen (werdende) Mütter und Väter	Sollleistung* ohne Rechtsanspruch
§ 17 Abs. 1	Beratung in Fragen der Partnerschaft, bei Konflikten in der Familie, zur Wahrnehmung der Elternverantwortung bei Trennung oder Scheidung	Mütter und Väter	Mussleistung mit Rechtsanspruch
§ 18 Abs. 1	Beratung bei Ausübung der Personensorge (einschließl. der Geltendmachung von Unterhaltsansprüchen des Kindes und seiner Mutter)	Alleinerziehende	Mussleistung mit Rechtsanspruch
§ 18 Abs. 2	Beratung über Abgabe einer Erklärung der gemeinsamen Sorge	nicht miteinander verheiratete Mütter und Väter	Mussleistung mit Rechtsanspruch
§ 18 Abs. 3	Beratung bei Ausübung (Inanspruchnahme) des Umgangs-rechts	Kind, Umgangsbe-rechtigte und Dritte	Mussleistung mit Rechtsanspruch
§ 18 Abs. 4	Beratung bei Geltendmachung von Unterhaltsansprüchen	Junger Vollj. bis 21 J.	Mussleistung mit Rechtsanspruch
§ 21	Beratung bei Unterbringung eines Kindes zur Erfüllung der Schulpflicht wegen ständigen Ortswechsels der Eltern in-folge beruflicher Tätigkeit	Personensorgebe-rechtigte	Mussleistung mit Rechtsanspruch
§ 23 Abs. 4	Beratung in allen Fragen der Kindertagespflege	Pflegepersonen u. Erzb.	Mussleistung mit Rechtsanspruch
§ 24 Abs. 4	Beratung bei Auswahl der Einrichtung	Eltern	Mussleistung mit Rechtsanspruch

---

20 Mit dem KJSG wird auf diese Voraussetzung verzichtet, was mit dem Elternrecht kaum zu vereinbaren ist. Unter der Telefonnummer 0800/1110333 ist die „Nummer gegen Kummer" eingerichtet, bei der sich Kinder, aber auch Eltern Tag und Nacht anonym und kostenlos Rat und Hilfe holen können. Ebenso un-ter 11611151.
21 Inkrafttreten am 1.1.2024.

Rechts-quelle	Inhalt	Adressat	Verpflichtungs-grad
§ 25	Beratung zur selbstorganisierten Förderung von Kindern	Erziehungsberechtigte	Sollleistung* ohne Rechtsanspruch
§ 28	Erziehungsberatung bei individuellen Problemen, bei Erziehungsfragen und bei Trennung und Scheidung	Minderjährige u. Erzb.	Mussleistung mit Rechtsanspruch des PSB im Rahmen des § 27
§ 34	Beratung in der Heimerziehung bei Fragen der Lebensführung, der Ausbildung und Beschäftigung	Jugendliche	Sollleistung* ohne Rechtsanspruch
§ 36 Abs. 1	Beratung vor Inanspruchnahme einer Hilfe zur Erziehung oder einer Eingliederungshilfe	Minderjähriger u. PSB	Mussleistung mit Rechtsanspruch
§ 37 Abs. 1	Beratung zur Stärkung der Erziehungskraft der Herkunftsfamilie und zur Einbeziehung des Kindes in diese	Herkunftsfamilie	Mussleistung mit Rechtsanspruch
§ 37 a	Beratung vor Aufnahme des Kindes in Vollzeitpflege	Pflegeperson	Mussleistung mit Rechtsanspruch
§ 41 Abs. 1 + 2 iVm § 28	Beratung zur Persönlichkeitsentwicklung	Junger Volljähriger	Mussleistung mit Rechtsanspruch
§ 41 a3	Beratung nach Ende der Hilfe zur Verselbständigung	Junger Volljähriger	Mussleistung mit Rechtsanspruch
§ 42 Abs. 2	Beratung über weitere Hilfen nach Inobhutnahme	Minderjähriger	Mussleistung mit Rechtsanspruch
§ 43 Abs. 4	Beratung in allen Fragen der Kindertagespflege	Erziehungsberechtigte und Kindertagespflegepersonen	Mussleistung mit Rechtsanspruch
§ 51 Abs. 2	Beratung im Adoptionsverfahren vor Ersetzung der Einwilligung über Hilfen zur Erziehung des Kindes in der eigenen Familie	Elternteil, dessen Einwilligung ersetzt werden soll	Sollleistung* mit Rechtsanspruch
§ 51 Abs. 3	Beratung im Adoptionsverfahren über die Rechte des Vaters zur Einwilligung und Sorgeübertragung	Vater, der mit Mutter des Kindes nicht verheiratet ist	Mussleistung mit Rechtsanspruch
§ 52 a	Angebot der Beratung bei der Vaterschaftsfeststellung und der Geltendmachung von Unterhaltsansprüchen des Kindes (wie § 18 Abs. 1)	Alleinerziehende Mutter	Mussleistung mit Rechtsanspruch
§ 53 Abs. 2	Beratung bei Ausübung der Personensorge	Pfleger und Vormünder	Mussleistung mit Rechtsanspruch
§ 53 Abs. 3	Beratung zur Behebung von Mängeln bei Erziehung des Kindes	Pfleger und Vormünder	Mussleistung mit Rechtsanspruch
§ 73	Beratung bei ehrenamtlicher Tätigkeit	Ehrenamtlich tätige Personen	Sollleistung* mit Rechtsanspruch

* Sollleistung ist Mussleistung im Regelfall, Kannleistung nur bei Vorliegen atypischer Umstände im Einzelfall

67 Das Beratungshilfegesetz[22] ermöglicht kostenlose Beratung durch den Rechtspfleger beim Amtsgericht oder einem Rechtsanwalt (bei ihm sind 10 EUR zu bezahlen) auch in jugendhilferechtlichen Fragen. Die Beratungshilfe nach diesem Gesetz umfasst Auskunft, Rat und außergerichtliche Vertretung. Die Einkommensgrenzen, die für dieses Gesetz gelten, bestimmen sich nach den Vorschriften über die Prozesskostenhilfe (§§ 114 ff. ZPO). Danach ist das Netto-Einkommen erst nach weiteren Abzügen einzusetzen, insbes. von Freibeträgen nach § 82 Abs. 2 SGB XII.[23]

Kostenlose Rechtsberatung für junge Menschen wird z.B. im „Haus des Rechts"[24] angeboten, wo Rechtsanwälte in einer offenen Sprechstunde (ohne Voranmeldung) zur Verfügung stehen. Sie führen ehrenamtlich kostenlose Erstberatung durch, erteilen Auskünfte, geben Hilfestellungen und Empfehlungen in rechtlichen Fragen.

68 **2.2.2 Grenzen der Beratung.** Eine rechtliche Grenze für die Beratungstätigkeit ist das **Rechtsdienstleistungsgesetz (RDG)**, das seit 1.7.2008 an die Stelle des früheren Rechtsberatungsgesetzes getreten ist. Es will den Rechtsverkehr vor unqualifizierten (außergerichtlichen) Rechtsdienstleistungen schützen (§ 1 RDG). Rechtsdienstleistung ist jede rechtliche Prüfung in einem konkreten Einzelfall (§ 2 RDG). Diese Tätigkeit ist nur zulässig, wenn sie im RDG oder einem anderen Gesetz erlaubt wird (§ 3 RDG). Dies ist für die Beratungspflichten des Jugendamtes nach dem SGB VIII der Fall; ebenso für die dort geregelten Unterstützungspflichten (zB nach § 18). Die Grenze der Unterstützung ist noch nicht überschritten, wenn dem Leistungsberechtigten Hilfe bei der Korrespondenz geleistet wird, sondern erst mit der förmlichen gerichtlichen und außergerichtlichen Vertretung. Auch wenn die Rechtsdienstleistung unentgeltlich erfolgt (beispielsweise durch einen freien Träger) muss sie durch einen Juristen oder zumindest unter dessen Anleitung (Anweisung, Fortbildung und Mitwirkung im Einzelfall) erfolgen (§ 6 RDG). Ausdrücklich erlaubt (§ 8 Abs. 1 Nr. 2 RDG) ist die Rechtsdienstleistung durch Behörden, wenn diese im Rahmen ihres Aufgabenbereiches handeln, also Jugendämter eine Aufgabe nach § 2 wahrnehmen. Dasselbe gilt für freie Träger (§ 8 Abs. 1 Nr. 5 RDG). Dies ist aber nur eine scheinbare Gleichstellung, denn § 8 Abs. 2 RDG schüttet kräftig Wasser in den Wein, indem (ganz unauffällig) auf § 7 Abs. 2 RDG verwiesen wird. Danach muss der freie Träger über eine ausreichende personelle, sachliche und finanzielle Ausstattung für die Rechtsdienstleistung verfügen und außerdem sicherstellen, dass sie in der „Steuerungsverantwortung" eines Juristen erfolgt. Ist dies nicht der Fall, kann dem freien Träger die Rechtsdienstleistung untersagt werden (§ 9 RDG).

2.3 Vorrang und Nachrang der Jugendhilfe

69 **2.3.1 Die Rangregelung in § 10.** „Leistungskonkurrenz setzt Leistungskongruenz voraus". Im Einzelnen sind folgende Prüfungsschritte notwendig:

(1) Ist der Anwendungsbereich beider konkurrierender Gesetze eröffnet?
(2) Liegen die Tatbestandsvoraussetzungen beider Leistungsnormen vor?
(3) Ist der Leistungsempfänger[25] in beiden Leistungsnormen identisch („persönliche Kongruenz")?

---

22 Mit Entscheidung des BVerfG vom 14.10.2008 (nur) insoweit für verfassungswidrig erklärt, als das Steuerrecht von der Beratungshilfe ausgenommen wird.
23 Siehe hierzu die Prozesskostenhilfebekanntmachung 2021 vom 20.12.2019.
24 So z.B. in Offenburg.
25 BVerwG 19.10.2011 – JAmt 2011, 539: es genügt, wenn die Leistungsempfänger identisch sind, auch wenn sie nicht Leistungsberechtigte sind.

(4) Ergeben sich nach beiden Leistungsnormen die gleichen Rechtsfolgen für den Leistungsberechtigten („sachliche Kongruenz")?

Gleiche Rechtsfolgen ergeben sich, wenn Inhalt und Zweck[26] der konkurrierenden Leistungen übereinstimmen. Dabei genügt es, wenn eine nur partielle Übereinstimmung vorliegt, da eine vollständige Übereinstimmung der Leistungsinhalte und Leistungszwecke in zwei verschiedenen Gesetzen nahezu ausgeschlossen ist, jedenfalls im Verhältnis zum SGB VIII, das einen spezifischen Charakter als Erziehungsgesetz hat und wirtschaftliche Leistungen („wirtschaftliche Jugendhilfe") nur als Annexleistungen (§§ 39, 40 oder § 23 Abs. 2) kennt. Verkürzt lässt sich formulieren: „Leistungskonkurrenz nur bei Leistungskongruenz".

Schaubild: Leistungskonkurrenz bei Leistungskongruenz

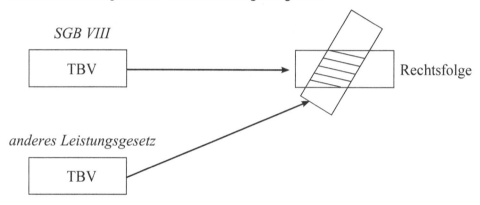

2.3.2 Jugendhilfe und Leistungen nach dem SGB II

2.3.2.1 Tatbestandsvoraussetzungen konkurrierender Leistungen

(1) Tatbestandsvoraussetzungen des § 13

a. **Alter der Normadressaten**   70

Normadressat sind junge Menschen, also 0- bis 26-Jährige (§ 7 Abs. 1 Nr. 4).

b. **Spezifische Merkmale der Normadressaten**

Die jungen Menschen müssen aufgrund ihrer Zugehörigkeit zu einer sozialen Gruppe (zB Ausländer[27], Aussiedler, Bewohner sozialer Brennpunkte) Benachteiligungen erfahren, also relativ zurückgesetzt, dh nicht genügend integriert sein (zB infolge fehlender Schul- oder Ausbildungsabschlüsse, Arbeitslosigkeit).

---

26 BVerwGE 109, 325.
27 In weichgespültem Amtsdeutsch „Personen mit Migrationshintergrund".

Alternativ hierzu kann es sich aber auch um junge Menschen handeln, die aufgrund von Persönlichkeitsmerkmalen beeinträchtigt sind (zB infolge einer körperlichen, geistigen oder seelischen Behinderung[28]).

c. **Erhöhter Unterstützungsbedarf**

Während es Aufgabe der Jugendarbeit ist, allgemeine arbeitswelt- und schulbezogene Angebote zu machen (§ 11 Abs. 3 Nr. 3), müssen die Angebote der Jugendsozialarbeit darüber hinausreichen, nämlich auf die spezifische Mangelsituation gerade dieser jungen Menschen (soziale Benachteiligung oder individuelle Beeinträchtigung) zugeschnitten sein.

70a **(2) Tatbestandsvoraussetzungen einer Leistung nach dem SGB II.** Das SGB II unterscheidet zwischen Leistungen zur Eingliederung in Arbeit (§§ 14 bis 18 a) und Leistungen zur Sicherung des Lebensunterhalts (§§ 19 bis 35). § 3 SGB II ist daher keine Leistungsnorm. Wie sich aus seiner systematischen Stellung und seiner Überschrift ergibt, enthält er lediglich Leistungsgrundsätze. § 3 Abs. 2 SGB II enthält einen Leistungsgrundsatz, der für die Leistungen zur Eingliederung in Arbeit gilt, wenn diese von einer bestimmten Personengruppe („U 25") beantragt werden. Leistungsnormen sind also §§ 16, 16 a[29] iVm § 3 Abs. 2 SGB II.

Ausgeschlossen vom Anwendungsbereich dieser Leistungsnorm sind Personen, die stationär untergebracht und nicht mindestens 15 Stunden wöchentlich erwerbstätig sind (§ 7 Abs. 4 S. 3 Nr. 2 SGB II). Ausgeschlossen von allen Leistungen nach dem SGB II sind daher junge Menschen, die sich in einem Heim oder in einer betreuten Wohnform (nicht aber in Familienpflege) befinden, wenn der Einrichtungsträger im Rahmen eines Hilfekonzepts die Verantwortung für die tägliche Lebensführung übernommen hat. Dies kann auch bei betreutem Einzelwohnen der Fall sein. In der Jugendhilfe kann eine derartige Unterbringung erfolgen nach den §§ 19 oder 21 oder im Rahmen einer Hilfe zur Erziehung nach § 27 iVm §§ 34 oder 35 oder im Rahmen einer Eingliederungshilfe nach § 35 a oder im Rahmen einer Hilfe für junge Volljährige nach § 41.

a. **Altersgruppe**

Normadressat sind 15- bis 24-Jährige (§ 7 Abs. 1 S. 1 Nr. 1 und § 3 Abs. 2 S. 1 SGB II).

b. **Erwerbsfähigkeit**

Erwerbsfähig ist, wer täglich 3 Stunden arbeiten kann (§ 8 Abs. 1 SGB II). Auch wenn er dies wegen Krankheit oder Behinderung auf absehbare Zeit (bis zu 6 Monaten) nicht kann, gilt er als erwerbsfähig.

c. **Hilfebedürftigkeit**

Hilfebedürftig für eine Leistung zur Eingliederung in Arbeit ist, wer diese Eingliederung nicht selbst bewerkstelligen kann und die erforderliche Hilfe auch nicht von Trägern anderer Sozialleistungen erhält (§ 9 Abs. 1 SGB II). Der Jugendhilfeträger ist zwar ein Träger anderer Sozialleistungen (§ 27 SGB I), der ihm durch § 9 SGB II zugewiesene Vorrang wird aber durch § 10 Abs. 3 S. 2 aufgehoben.

Auf Hilfebedürftigkeit in finanzieller Hinsicht kommt es in diesem Zusammenhang nur an, wenn bei Unterbringung in einem Wohnheim, Alg II oder Sozialgeld zu leisten ist.

---

28 Aus der systematischen Stellung zwischen § 12 und § 14 folgt, dass in § 13 nur Gruppenangebote erfolgen sollen, nicht aber individuelle Hilfe zu leisten ist; diese ist – für Behinderte – mit der Eingliederungshilfe nach § 35 a bzw. § 53 SGB XII gesondert geregelt. § 13 enthält daher kein subjektives öffentliches Recht, also keinen Anspruch auf Hilfe (aA *Münder/Schruth*, ZfJ 2002, 125), was allerdings in dem hier behandelten Zusammenhang ohne Bedeutung ist.

29 Mit dem BKiSchG wurde § 10 Abs. 3 S. 2 geändert: „§§ 14 bis 16g". §§ 16 b bis 16 g SGB II enthalten aber keine mit der Jugendhilfe kongruente Leistungen.

Unterhaltsgewährung im Rahmen des § 16 SGB II scheidet aus (vgl. hierzu unten II.2.c.).

Für die Förderung der Berufsausbildung und Beschäftigung nach § 240 SGB III ist nicht der Hilfebedürftige Leistungsadressat, sondern der Träger einer Einrichtung. § 240 SGB III ist daher nicht in § 16 SGB II in Bezug genommen.

2.3.2.2 Leistungskongruenz. (1) Leistungen nach § 13. Auf der Rechtsfolgeseite der **71** Norm sind in den Abs. 1 bis 3 des § 13 verschiedenartige Leistungen vorgesehen.

a. **§ 13 Abs. 1**

Als Leistungen sollen sozialpädagogische Hilfen angeboten werden, deren Ziel es ist,
– die schulische und berufliche Ausbildung,
– die Eingliederung in die Arbeitswelt,
– die soziale Integration
zu fördern.

b. **§ 13 Abs. 2**

Der Träger der Jugendhilfe kann selbst sozialpädagogisch begleitete Ausbildungs- und Beschäftigungsmaßnahmen anbieten, die diesem Personenkreis gerecht werden. Die Nachrangigkeit dieses Angebots gegenüber den Maßnahmen der Agentur für Arbeit ist schon in § 13 Abs. 2 selbst geregelt, es kommt aber dann zum Zuge, wenn der vorrangige Träger keine Maßnahmen bereit hält; insoweit hätte es der Regelung des § 10 Abs. 3 S. 2 nicht bedurft.

c. **§ 13 Abs. 3**

Der Jugendhilfeträger kann Unterkunft in sozialpädagogisch begleiteten Wohnformen anbieten, um dadurch die Teilnahme an schulischen oder beruflichen Bildungsmaß- nahmen oder bei der beruflichen Eingliederung zu sichern. Während der Unterbrin- gung soll auch der notwendige Lebensunterhalt sichergestellt werden.

d Mit dem KJSG wurde **§ 13 a** neu eingefügt[30], mit dem die Zuständigkeit von Ju- gendhilfe und Schule abgegrenzt wird.

(2) Leistungen nach §§ 16, 16a iVm § 3 Abs. 2 SGB II. Es werden hier nur die Leistun- **71a** gen betrachtet, die in Zusammenhang mit den Leistungen nach § 13 stehen.

a. **§§ 48, 49 SGB III**

Arbeit- und Ausbildungsuchende können zur Beratung und Vermittlung unterstützen- de Leistungen erhalten (§ 45 SGB III).

Zur Verbesserung der Eingliederungsaussichten in die Arbeitswelt können Maßnah- men der Eignungsfeststellung und Trainingsmaßnahmen gefördert werden (§ 16 SGB II iVm §§ 48, 49 SGB III). Soweit erforderlich, kann darüber hinaus psychosoziale Betreuung erfolgen (§ 16 a Nr. 3 SGB II). Die psychosoziale Betreuung ist dann erfor- derlich, wenn der Hilfesuchende in erhöhtem Maße auf Unterstützung angewiesen ist.

Leistungen zur Förderung der Berufsausbildung nach §§ 59 ff. SGB III können dage- gen nicht im Rahmen des § 16 SGB II erfolgen, da sie im Fünften Abschnitt des Vier- ten Kapitels des SGB III enthalten sind und damit nicht in die Verweisungsreihe des § 16 Abs. 1 S. 1 SGB II aufgenommen sind.

---

30 Siehe hierzu die Expertise von *Kunkel* für die GEW in Broschüre vom 8.11.2017 mit der Formulierung eines § 13 a.

b. **Leistungen nach § 35 SGB III**

Hier ist die am weitesten gehende Leistung der Agentur für Arbeit geregelt. Nach § 16 Abs. 1 S. 1 SGB II iVm § 35 Abs. 1 S. 1 SGB III hat sie Ausbildungsuchenden und Arbeitsuchenden Ausbildungsvermittlung und Arbeitsvermittlung anzubieten. Diese Vermittlung muss noch verstärkt werden bei Arbeitslosen und Ausbildungsuchenden, deren berufliche Eingliederung erschwert ist (§ 35 Abs. 1 S. 3 SGB III). Nach § 35 Abs. 2 S. 1 SGB III hat die Agentur darauf hinzuwirken, dass der Ausbildungsuchende eine Ausbildungsstelle, der Arbeitsuchende eine Arbeitsstelle erhält. Nach § 35 Abs. 2 S. 2 SGB III ist insbesondere die Leistungsfähigkeit des Ausbildungsuchenden und des Arbeitsuchenden zu berücksichtigen. Eine weitere Steigerung der Pflicht enthält § 3 Abs. 2 SGB II, indem aus der „dienstvertraglichen" Hinwirkungspflicht eine „werkvertragliche" Erfolgspflicht wird. Die Leistung ist erst erbracht, wenn die Arbeits- oder Ausbildungsstelle erfolgreich und dazu noch unverzüglich vermittelt worden ist. Auch hier ist zur Verbesserung der Erfolgsaussichten psychosoziale Betreuung nach § 16 a Nr. 3 SGB II zu leisten. Nur wenn trotz all dieser Anstrengung eine Arbeitsstelle nicht vermittelt werden kann, muss zumindest eine Arbeitsgelegenheit vermittelt werden (§ 3 Abs. 2 S. 1 SGB II).

c. **Leistungen nach §§ 65, 66 SGB III**

Die in §§ 65 Abs. 3, 66 Abs. 3 SGB III vorgesehene Unterbringung in einem Wohnheim ist in der Verweisungskette des § 16 SGB II nicht enthalten und kann daher nicht als Leistung nach dem SGB II erfolgen.

d. **Leistungen nach §§ 16 a SGB II**

72 **2.3.2.2.3 Leistungskonkurrenz.** Aus der unter II. beschriebenen Leistungskongruenz ergibt sich, dass eine Leistungskonkurrenz zwischen § 13 Abs. 1 und §§ 16, 16 a, 3 Abs. 2 SGB II iVm §§ 48, 49 SGB III insoweit besteht, als in beiden Leistungsgesetzen Hilfen zur Eingliederung in die Arbeitswelt einschließlich der psychosozialen Komponente vorgesehen sind. Die psychosoziale Betreuung iSd § 16 a Nr. 3 SGB II ist inhaltlich bei jungen Menschen eine sozialpädagogische Begleitung iSd § 13. Vorrangig ist daher die Leistung nach dem SGB II.

Ferner besteht eine Konkurrenz der Leistungen nach § 13 Abs. 2 einerseits und der Leistung nach §§ 16, 3 Abs. 2 SGB II iVm § 35 SGB III andererseits insoweit, als eine Vermittlung in Ausbildung, Arbeit oder Arbeitsgelegenheit erfolgen muss. Diese Leistung nach dem SGB II hat den Vorrang.

Ist ein junger Mensch während einer Ausbildungs- oder Beschäftigungsmaßnahme in einem Wohnheim untergebracht, besteht ein Konkurrenzverhältnis nur bezüglich der Unterhaltsleistung nach § 13 *Abs. 3* einerseits und der Leistung von Alg II nach § 19 SGB II andererseits. Da es sich nicht um eine Leistung nach den §§ 14–16 a SGB II handelt, hat die Leistung nach § 13 gem. § 10 Abs. 3 S. 1 Vorrang vor der Leistung nach § 19 SGB II.

73 **2.3.2.2.4 Vorrang der Leistung nach dem SGB II.** Im Bereich der oben beschriebenen Leistungskongruenz zwischen SGB II und § 13 ist die Leistung der Träger der Grundsicherung nach dem SGB II vorrangig (§ 10 Abs. 3 S. 2). Dies bedeutet aber nicht, dass die Verpflichtung des Jugendhilfeträgers untergegangen wäre. Vielmehr muss der Jugendhilfeträger seine Leistungspflicht erfüllen, wenn der vorrangig zuständige SGB II-Leistungsträger seiner Leistungspflicht nicht nachkommt, dem Leistungsberechtigten also keine „bereiten Mittel" zur Verfügung stehen. Dies ist dann der Fall, wenn der Leistungsberechtigte erfolglos versucht hat, die Leistung vom vorrangig verpflichteten Leistungsträger rechtzeitig – auch durch Erlass einer einstweiligen Anordnung nach § 86 b Abs. 2 SGG –

zu erlangen. Der Träger der Grundsicherung ist eindringlich darauf hinzuweisen, dass er die Leistung unverzüglich zu erbringen hat (§ 3 Abs. 2 S. 1 SGB II).

Ist zwischen Jugendhilfeträger und dem Träger der Grundsicherung strittig, ob der junge Mensch erwerbsfähig iSv § 8 SGB II ist, muss der Träger der Grundsicherung bis zu einer Entscheidung der Einigungsstelle die Leistung erbringen (§ 44 a S. 3 SGB II). Hat die Einigungsstelle entschieden, dass der junge Mensch nicht erwerbsfähig war, hat der Träger der Grundsicherung einen Erstattungsanspruch gegen den Träger der Jugendhilfe aus § 105 SGB X. Zu beachten ist dann aber § 105 Abs. 3 SGB X, wonach die Erstattungspflicht erst von dem Zeitpunkt ab gilt, zu dem Jugendhilfeträger bekannt war, dass die Voraussetzungen seiner Leistungspflicht vorlagen, das ist in diesem Zusammenhang die Tatsache der vollen Erwerbsminderung, die aber erst durch die Entscheidung der Einigungsstelle bekannt wird.

Die Voraussetzungen der Erstattungspflicht nach § 102 SGB X liegen nicht vor, weil die Leistung nach § 44 a S. 3 SGB II nicht vorläufig erbracht worden ist. Die Erstattungspflicht nach § 102 SGB X besteht aber dann, wenn die Leistungspflicht aus anderen Gründen als dem der Erwerbsfähigkeit zwischen den Leistungsträgern strittig ist, und der zuerst angegangene Leistungsträger vorläufig Leistungen nach § 43 SGB I erbracht hat.

Leistungen der Jugendberufshilfe im Überschneidungsbereich zwischen Jugendhilfe (SGB VIII) und Grundsicherung für Arbeitsuchende (SGB II)

Leistungen	Jugendhilfe (SGB VIII)	Grundsicherung (SGB II)	Vorrang/ Nachrang
1. Sozialpädagogische *Hilfen* zur *beruflichen Ausbildung* und Eingliederung in die *Arbeitswelt*	§ 13 Abs. 1	– § 16 Abs. 1 und § 3 Abs. 2 SGB II iVm §§ 45; 48, 49 SGB III (Leistungen zur Eingliederung in Ausbildung und Arbeit) – § 16 a Nr. 3 und § 3 Abs. 2 SGB II (psychosoziale Betreuung)	Nachrang der Jugendhilfe bezügl. der Leistungen nach §§ 16, 16 a SGB II (§ 10 Abs. 3 S. 2)
2. Sozialpädagogisch begleitete *Ausbildungs-* und *Beschäftigungsmaßnahmen*	§ 13 Abs. 2	– § 16 Abs. 1 und § 3 Abs. 2 SGB II iVm § 35 SGB III (Vermittlung in eine Ausbildungs- oder Arbeitsstelle oder in Arbeitsgelegenheit) – § 16 a Nr. 3 und § 3 Abs. 2 SGB II (psychosoziale Betreuung)	Nachrang der Jugendhilfe bezügl. der Leistungen nach §§ 16, 16 a SGB II (§ 10 Abs. 3 S. 2)
3. *Unterkunft* in sozialpädagogisch begleiteter Wohnform	§ 13 Abs. 3	§ 19 SGB II (Alg II)	Vorrang der Jugendhilfe gegenüber anderen Leistungen nach dem SGB II (§ 10 Abs. 3 S. 1)

2.3.2.5 Was bleibt von § 13 für den Jugendhilfeträger?

1. Die *Schulsozialarbeit* in § 13 a bleibt unberührt. **74**
2. Hilfen zur *schulischen Ausbildung* bleiben unberührt.
3. Für die Altersgruppe der *25- und 26-Jährigen* bleibt die Jugendhilfe zuständig.

4. *Ausländische* junge Menschen, die keine Arbeitserlaubnis haben und auch keine erhalten können oder die Arbeitsuchende sind (§ 7 Abs. 1 S. 2 SGB II), fallen nicht in den Anwendungsbereich des SGB II (§ 8 Abs. 2 SGB II).

5. Junge Menschen, die *nicht erwerbsfähig* sind, fallen ebenfalls nicht in den Anwendungsbereich des SGB II.

6. Junge Menschen, die *stationär* untergebracht sind – gleichgültig, auf welcher Rechtsgrundlage (zB SGB VIII, SGB XII, Psychiatriegesetz, Strafvollzugsgesetz) – und nicht mindestens 15 Stunden wöchentlich erwerbstätig sind, fallen nicht in den Anwendungsbereich des SGB II. Dies gilt auch, wenn sie Wochenend-Heimfahrer sind.

7. Ausbildungs- und Beschäftigungsmaßnahmen iSd § 13 Abs. 2, die im Rahmen einer *Hilfe zur Erziehung* nach § 27 Abs. 3 S. 2 iVm mit einer der Hilfearten nach §§ 32 bis 35 stattfinden, sind keine Leistung nach § 13, sondern nach § 27. Nach Änderung des § 10 durch das KICK zum 1.10.2005 gilt aber der Vorrang des § 16 SGB II auch gegenüber der HzE (§ 10 Abs. 3 S. 2).

8. Dasselbe gilt, wenn im Rahmen einer *Hilfe für junge Volljährige* nach § 41 über § 41 Abs. 2 iVm § 27 Abs. 3 Maßnahmen nach § 13 Abs. 2 erfolgen.

9. Wird *Eingliederungshilfe für seelisch behinderte* junge Menschen geleistet (§ 35 a), wird deren berufliche Integration über § 35 a Abs. 3 iVm § 54 SGB XII sichergestellt und nicht über § 13. Das dann vorliegende Konkurrenzverhältnis wird ebenfalls durch § 10 Abs. 3 S. 2 geregelt, wonach die Leistungen der Jugendhilfe gegenüber den Leistungen nach § 16 SGB II nachrangig sind.

10. Stellt ein junger Mensch *keinen Antrag* auf Leistungen nach dem SGB II, sind Leistungen nach § 13 dennoch „gesperrt".[31] Es liegt nicht in der Dispositionsfreiheit des Leistungsberechtigten, sich über gesetzliche Zuständigkeitsregeln hinwegzusetzen. Das Gesetz kennt kein Wahlrecht zwischen Leistungen nach dem SGB VIII und dem SGB II.

11. Werden Leistungen nach dem SGB II wegen *fehlender Mitwirkung* nach § 31 Abs. 5 SGB II gestrichen, führt dies nicht[32] dazu, dass Leistungen der Jugendhilfe eröffnet wären, weil sonst die Sanktion ohne Wirkung bliebe. Die Sanktion nach § 31 Abs. 5 SGB II bezieht sich ohnehin nur auf die Leistung von Alg II, also nur auf den Fall einer Unterbringung in einer sozialpädagogisch begleiteten Wohnform nach § 13 Abs. 3, wenn dort der Unterhalt zu übernehmen ist. Die Jugendhilfe sollte aber für den kommunalen Träger aus pädagogischen Gründen sowohl bei der Eingliederungsvereinbarung nach § 15 SGB II als auch bei der Entscheidung über eine Sanktion nach § 31 Abs. 1 S. 1 Nr. 1 b SGB II mitwirken.

12. Für die *Unterkunft* in sozialpädagogisch begleiteter Wohnform bleibt nach § 13 Abs. 3 der Jugendhilfeträger zuständig, da eine kongruente Leistung im SGB II nicht vorgesehen ist. Auch für die Sicherung des Lebensunterhalts ist vorrangig die Jugendhilfe gem. § 10 Abs. 3 S. 1 zuständig.

13. Das *Abstimmungsgebot* nach § 13 Abs. 4 hat der Jugendhilfeträger nur dann zu beachten, wenn er Leistungen erbringt, für die er weiterhin zuständig bleibt, weil sie nicht vom Vorrang der Agentur für Arbeit erfasst werden.

14. Für Maßnahmen der *psychosozialen Betreuung* nach § 16 a Nr. 3 SGB II ist der kommunale Träger zuständig (§ 6 Abs. 1 S. 1 Nr. 2 SGB II). Der kommunale Träger kann innerdienstlich bestimmen, dass diese Leistung (weiterhin) vom Jugendamt erbracht wird. Es handelt sich dann aber nicht um eine Jugendhilfeleistung – beispielsweise mit der Konsequenz der Zuständigkeit des Jugendhilfeausschusses –, sondern

---

31 AA *Schruth*, ZfJ 2005, 223.
32 AA *Schruth*, ZfJ 2005, 223.

um eine SGB II-Leistung, die das Jugendamt nach den Regeln des SGB II – insoweit auch als Selbstverwaltungsangelegenheit – erbringt.

15. Der Jugendhilfeträger muss schließlich dann leisten, wenn der Träger der Grundsicherung seiner Leistungspflicht nicht nachkommt, also keine „bereiten Mittel" zur Verfügung stehen. Das ist dann der Fall, wenn der Leistungsberechtigte erfolglos versucht hat, die Leistung rechtzeitig – auch durch Erlass einer einstweiligen Anordnung gem. § 86 b Abs. 2 SGG – zu erlangen.

2.3.2.6 Tagesbetreuung (§§ 22 bis 27). Für die U 25 gilt der Vorrang des § 16 a Nr. 1 **75** SGB II (§ 10 Abs. 3 S. 2). Der Vorrang erstreckt sich nur auf den Überschneidungsbereich zwischen SGB VIII und SGB II, betrifft also lediglich die Vermittlung eines Platzes in einer Tageseinrichtung oder in Kindertagespflege (vgl. Rn. 142); nicht dagegen die Bereitstellung von Plätzen dort. Für diese ist der öffentliche Jugendhilfeträger verantwortlich (§ 79 Abs. 1). Die Übernahme bzw. der Erlass der Kostenbeiträge liegt dagegen wieder in der Schnittstelle zwischen SGB VIII (§ 90 Abs. 3) und SGB II (§ 16 a Nr. 1). Daher sind die Kostenbeiträge vorrangig vom kommunalen Träger zu übernehmen (§ 10 Abs. 3 S. 2). Da Land- und Stadtkreise sowohl kommunale Träger nach dem SGB II als auch Jugendhilfeträger sind, ist dies lediglich eine Buchungsverschiebung. Infolge der Übernahme des Kostenbeitrags entfällt die Möglichkeit, ihn vom Einkommen nach § 11 Abs. 2 Nr. 5 SGB II abzusetzen.

2.3.2.7 Bildungs- und Teilhabepaket. Von den in §§ 19 Abs. 2 iVm 28 SGB II genannten **76** Leistungen ist allenfalls das gemeinsame Mittagessen in Kindertageseinrichtung oder -pflege (§ 28 Abs. 6 S. 1 Nr. 2 SGB II) eine mit der Jugendhilfe (§ 24) kongruente Leistung. Es muss von der BA übernommen werden.[33]

2.3.2.8 Verfahren. Das Verfahren zur beruflichen Eingliederung ist sowohl im SGB VIII als **76a** auch im SGB II geregelt.

(1) Hilfeplanungsverfahren nach § 36. Für gewisse Leistungen der Jugendhilfe ist ein **77** Hilfeplanungsverfahren in § 36 vorgeschrieben. Dies sind die Hilfe zur Erziehung nach § 27, die Eingliederungshilfe für seelisch behinderte Kinder und Jugendliche nach § 35 a und die Hilfe für junge Volljährige nach § 41, die über § 41 Abs. 2 (entgegen der Überschrift im Dritten Unterabschnitt, also gleichsam durch die Hintertür) ebenfalls in das Hilfeplanungsverfahren einbezogen ist.[34] Die Leistung der Jugendsozialarbeit nach § 13 erfolgt dagegen ohne ein verpflichtendes Hilfeplanungsverfahren, obwohl § 36 Abs. 3 S. 2 ausdrücklich Maßnahmen der beruflichen Eingliederung nennt und solche in § 13 Abs. 1 als Ziel der Jugendsozialarbeit aufgeführt sind. Bei der Aufstellung des Hilfeplans (als Teil des Hilfeplanungsverfahrens) nach § 36 Abs. 2 sollen die Agenturen für Arbeit (AgfA) beteiligt werden, wenn Maßnahmen der beruflichen Eingliederung erforderlich sind (§ 36 Abs. 3 S. 2). Dies können im Anwendungsbereich des § 36 nur Maßnahmen im Rahmen einer Hilfe zur Erziehung nach § 27 oder im Rahmen einer Hilfe für seelisch behinderte Kinder/Jugendliche nach § 35 a oder für junge Volljährige nach § 41 sein. Die Beteiligung der AgfA ist im Regelfall zwingend; nur bei atypischen Umständen im Einzelfall besteht Ermessen, sie zu beteiligen. Die Beteiligung verlangt, dass die AgfA bei der Aufstellung des Hilfeplans Maßnahmen der beruflichen Eingliederung vorschlägt oder ihre Geeignetheit und Notwendigkeit beurteilt, wenn sie vom Jugendamt vorgeschlagen werden. Ein Einvernehmen mit der AgfA ist nicht erforderlich; vielmehr hat das Jugendamt die alleinige Verantwortung (Steuerungsverantwortung nach § 36 a Abs. 1) für die zu gewährenden Leistungen, soweit sie als Jugendhilfeleistungen zu erbringen sind. Ergibt sich aber

---

33 Vgl. *Lenze*, ZKJ 2011, 17.
34 Vgl. hierzu *Kunkel/Kepert*, LPK-SGB VIII, § 36 Rn. 24.

bei Anwendung der Konkurrenzregelung des § 10, dass der Träger der Grundsicherung nach SGB II oder der Träger der Arbeitsförderung nach SGB III für die Maßnahme der beruflichen Eingliederung vorrangig zuständig ist, haben diese Träger die Verantwortlichkeit für die Leistungserbringung. Sinn ihrer Beteiligung im Hilfeplanungsverfahren ist deshalb auch, die gegenseitige Verantwortlichkeit zu klären. In der meist etwas bemüht modern klingenden Sprache der AgfA: Das Hilfeplanverfahren ist ein Clearingverfahren.

78 **(2) Eingliederungsvereinbarung nach § 15 SGB II.** Während das Hilfeplanungsverfahren nach § 36 lediglich der Vorbereitung eines VA dient, also selbst keine Regelung ist, ist die Eingliederungsvereinbarung nach § 15 SGB II ein öffentlich-rechtlicher Vertrag über die Gewährung einer Sozialleistung nach § 53 SGB X. Mit Vollendung des 15. Lebensjahres ist der Minderjährige selbst für diese Sozialleistung handlungsfähig (§ 36 Abs. 1 S. 1 SGB I). Der Leistungsträger muss den gesetzlichen Vertreter aber idR darüber unterrichten, dass mit dem Minderjährigen eine Eingliederungsvereinbarung abgeschlossen wird (§ 36 Abs. 1 S. 2 SGB I). Der gesetzliche Vertreter kann dann die Handlungsfähigkeit des Minderjährigen einschränken (§ 36 Abs. 2 S. 1 SGB I). Stimmt der gesetzliche Vertreter (das sind beide Elternteile nach § 1626 BGB) der Eingliederungsvereinbarung nicht zu, sollen die entsprechenden Regelungen durch VA erfolgen (§ 15 Abs. 1 S. 6 SGB II). Dies gilt auch, wenn sich der Minderjährige und sein gesetzlicher Vertreter nicht einigen. In diesen Fällen knüpft sich an den VA nicht die Sanktion des § 31 Abs. 1 S. 1 Nr. 1 a SGB II. Dagegen trifft den Minderjährigen die Schadenersatzpflicht nach § 15 Abs. 3 SGB II, wenn er in der Eingliederungsvereinbarung einer Bildungsmaßnahme zugestimmt hat und diese vorzeitig abbricht.[35]

Die Eingliederungsvereinbarung kommt nur zustande, wenn die AgfA[36] das Einvernehmen mit dem kommunalen Träger eingeholt hat (§ 15 Abs. 1 S. 1 SGB II). Die Beteiligung des kommunalen Trägers nach § 15 SGB II hat also einen höheren Verpflichtungsgrad als die Beteiligung der AgfA im Hilfeplanverfahren nach § 36. Kommunaler Träger sind die kreisfreien Städte und die Landkreise (§ 6 Abs. 1 S. 1 Nr. 2 SGB II). Örtliche Träger der öffentlichen Jugendhilfe sind ebenfalls die Landkreise und die kreisfreien Städte (§ 69 Abs. 1 S. 1). Es empfiehlt sich daher, im Jugendhilfeausschuss einen Grundsatzbeschluss nach § 71 Abs. 2 und 3 zu fassen, wonach die Beteiligung beim Abschluss einer Eingliederungsvereinbarung durch einen Mitarbeiter des Jugendamtes wahrgenommen wird. Als Konsequenz dieser Beteiligung beim Abschluss der Eingliederungsvereinbarung sollte das Jugendamt auch bei der Verhängung von Sanktionen wegen Verletzung der Eingliederungsvereinbarung nach § 31 SGB II beteiligt sein. Dies müsste zwischen der AgfA und dem Jugendamt vereinbart werden. Bei den nach § 6 a SGB II zugelassenen kommunalen Trägern genügt zur Wahrnehmung der Beteiligung eine Organisationsverfügung des Landrats oder Oberbürgermeisters. Haben die Leistungsträger eine ARGE nach § 44 b SGB II[37] errichtet, muss die Wahrnehmung der Beteiligung vertraglich erfolgen.

79 **(3) Zusammenarbeit zwischen JA und AgfA.** Da die Leistungen nach § 13 (Jugendsozialarbeit) nicht dem Hilfeplanungsverfahren nach § 36 unterliegen, ist in § 13 Abs. 4 eigens bestimmt, dass der Jugendhilfeträger seine Angebote mit den Maßnahmen der AgfA abstimmen muss. Ein allgemeines Gebot zur Zusammenarbeit mit der AgfA enthält darüber hinaus § 81 Nr. 4. Diese Zusammenarbeit wird dadurch konkretisiert, dass Vertreter der AgfA dem Jugendhilfeausschuss als beratende Mitglieder angehören (§ 71 Abs. 5 iVm

---

35 In den Empfehlungen der Bundesagentur für Arbeit und der AGJ (2005) wird aber geraten, bei Minderjährigen von der Schadenersatzpflicht abzusehen.

36 „Jobcenter" bezeichnet den Ort der Aufgabenwahrnehmung. Zu diesem Begriff amüsant das Urt. des VG Gießen vom 24.2.2014, juris.

37 Mit Entscheidung des BVerfG vom 20.12.2007 für verfassungswidrig erklärt, aber anwendbar bis 31.12.2010, jetzt im Einklang mit dem GG (Art. 91 e).

Landesrecht). Wirkungsvoller aber ist die Bildung einer Arbeitsgemeinschaft nach § 78 (vgl. Rn. 334), in der Vertreter der AgfA mitarbeiten. Die AG ist weniger schwerfällig als der Jugendhilfeausschuss und kann sich gezielt mit der beruflichen Eingliederung junger Menschen befassen.

2.3.3 Jugendhilfe und Leistungen nach dem SGB III. Die im Schaubild aufgeführten **80** Leistungen nach dem SGB III erhalten Ausbildungsuchende und Arbeitsuchende (§ 15 SGB III) unabhängig von einem Versicherungspflichtverhältnis (§ 24 SGB III). In diesem Zusammenhang nicht zu berücksichtigen sind Förderleistungen zur sozialpädagogischen Begleitung, die an Träger von Maßnahmen und Einrichtungen nach §§ 240 bis 251 SGB III erbracht werden, und die Förderung von Jugendwohnheimen nach §§ 252, 253 SGB III.

Eine Leistungskongruenz und in deren Folge eine Leistungskonkurrenz kann in den aus dem Schaubild ersichtlichen Fällen auftreten. Das Konkurrenzverhältnis wird aus dem Blickwinkel der Jugendhilfe nach § 10 Abs. 1 aufgelöst, wonach die SGB III-Leistungen vorrangig sind. Aus dem Blickwinkel des SGB III aber sind gem. § 22 Abs. 1 SGB III die Jugendhilfeleistungen – scheinbar – vorrangig. Scheinbar deshalb, weil nur gleichartige Leistungen anderer Leistungsträger vorrangig sein sollen. Die Leistungen nach dem SGB VIII sind aber als Jugendhilfeleistungen nicht gleichartig mit den Leistungen nach dem SGB III, weil sie ihrer Art nach keine arbeitsmarktspezifischen, sondern erzieherische Leistungen sind. Auch wenn sie zum Ziel haben, dem jungen Menschen Ausbildung und Eingliederung in die Arbeitswelt zu ermöglichen, handelt es sich immer um sozialpädagogisch begleitete Hilfen. Dies bedeutet, dass im Kongruenzbereich die SGB III-Leistung Vorrang hat[38] (§ 10 Abs. 1), während die sozialpädagogische Begleitung die alleinige Aufgabe des Jugendhilfeträgers ist.

Bei Unterbringung in einem Wohnheim zur Förderung der Berufsausbildung ist der Bedarf für den Lebensunterhalt nach §§ 65 Abs. 3 und 66 Abs. 3 SGB III als SGB III-Leistung zu erbringen. Die sozialpädagogische Begleitung bleibt dagegen Aufgabe des Jugendhilfeträgers. Ebenso ist Aufgabe des Jugendhilfeträgers die Unterbringung, die nicht zur beruflichen Ausbildung, sondern zur beruflichen Eingliederung erfolgt.

2.3.4 Schule vor Jugendhilfe. Schule wie Jugendhilfe hat die Aufgabe, zur Erziehung **81** des jungen Menschen beizutragen. Während der Schule aber eine eigene Erziehungskompetenz – neben den Eltern – zukommt (Art. 7 GG), hat die Jugendhilfe lediglich eine von den Eltern abgeleitete Kompetenz. Die Schulgesetze der Länder und das SGB VIII sind miteinander auf vielfältige Weise verbunden.

Die *Schulgesetze* der Länder regeln, dass

- bei einem Schulausschluss das Jugendamt mitzuwirken hat;
- Sonderschulpflichtige mit Zustimmung der Erziehungsberechtigten in einem Heim oder in Familienpflege untergebracht werden können. Die Entscheidung hierüber trifft die Schulaufsichtsbehörde im Einvernehmen mit dem Jugendhilfeträger;
- die Schule die Verantwortung der Jugendhilfe zu berücksichtigen hat.

Das *SGB VIII* regelt, dass

- die Verpflichtung der Schule durch das SGB VIII nicht berührt wird (§ 10 Abs. 1);
- schulbezogene Jugendarbeit ein Schwerpunkt der Jugendarbeit ist (§ 11 Abs. 3 Nr. 3);
- jungen Menschen sozialpädagogische Hilfen angeboten werden sollen, um die schulische Ausbildung zu fördern („**Schulsozialarbeit**"; § 13 a);

---

38 Im Ergebnis ebenso DIJuF-Rechtsgutachten vom 6.4.2004, JAmt 2004, 236.

- bei alleinerziehenden Elternteilen, die in der Wohnform nach § 19 untergebracht sind, Jugendhilfe darauf hinwirkt, dass sie eine schulische Ausbildung aufnehmen oder fortführen;
- die Tageseinrichtungen zusammen mit den Schulen einen guten Übergang sichern (§ 22 a Abs. 2 S. 1 Nr. 3);
- Träger der öffentlichen Jugendhilfe mit Schulen und Stellen der Schulverwaltung zusammenzuarbeiten haben (§ 81 Nr. 1).

82 In der Einrichtung des **Horts** wird die Zusammenarbeit von Schule und Jugendhilfe augenfällig. Schon bei der Planung von Hortplätzen ist der Jugendhilfeträger auf die Zusammenarbeit mit der Schule angewiesen, weil der Bedarf an Hortplätzen von der Entwicklung im Schulbereich abhängt. Je nachdem, ob Ganztagsschulen ausgebaut werden oder auch außerunterrichtliche Betreuung in den Schulen selbst erfolgt, ist der Bedarf an Hortplätzen unterschiedlich. Die Zusammenarbeit mit der Schule wird häufig dadurch erschwert, dass die Schule den Hort als ihren verlängerten Arm ansieht und von ihm Zuarbeit erwartet, insbesondere bei der Bewältigung der Hausaufgaben. Da aber der Hort im Wesentlichen der Freizeitgestaltung der Kinder dient, kann dies nicht ein Schwerpunkt der Hortarbeit sein. Die Zusammenarbeit mit der Schule kommt vielmehr darin zum Ausdruck, dass den Kindern die für ihre jeweilige schulische Situation notwendigen sozialpädagogischen Hilfen im Hort gegeben werden. Der Hort an der Schule ist keine Einrichtung der Jugendhilfe, sondern der Schule (vgl. *hierzu Rn. 155*).

Übersicht über Betreuungsangebote für schulpflichtige Kinder

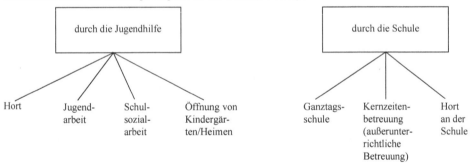

Abstimmungsnotwendigkeiten ergeben sich auch für die **Schulsozialarbeit**[39]. Zweck der Schulsozialarbeit nach § 13 a kann es nicht sein, die Schule aus ihrer Verantwortung für die Erziehung der Schüler zu entlassen – weder der generellen Erziehungsverantwortung noch der speziellen für erzieherisch gefährdete Schüler –, sondern zusammen mit der Schule, aber auch den Eltern, den jungen Menschen Hilfe zu leisten.

Über diesen engeren Aufgabenkreis hinaus muss Jugendhilfe in Wahrnehmung ihrer **Anwaltsfunktion** (vgl. *Rn. 46*) für das Kind auch auf die Schule einwirken, um dort auftretenden Gefahren für die Entwicklung des Kindes frühzeitig zu begegnen: Weite Einzugsbereiche und damit lange Schulwege entfernen die Schüler zu früh aus ihrem eigenen Wohnumfeld und damit aus dem für sie überschaubaren Lebensbereich. Große Schulsysteme führen zur Anonymität des einzelnen, dessen Halt durch den Wegfall der Klassengemeinschaft (zB Kurssysteme) weiter verringert wird. Auch die notwendige Mitwirkung der El-

---

39 Zu dieser ausführlich *Kunkel*, Soziale Arbeit an der Schule, Diskussionspapiere der Hs. Kehl 2014/6 und Expertise für die GEW „Gesetzliche Verankerung der Schulsozialarbeit" (2017) BAG LJÄ: „Positionspapier zur sozialen Arbeit an der Schule" (2014); Deutscher Verein „Diskussionspapier zur Schulsozialarbeit" vom 30.9.2014.

tern bleibt Theorie, je größer und unüberschaubarer die Systeme werden. Schließlich sinken zugleich Arbeitsfreude und Erfolgschance der Lehrer. Auch die veränderte soziale Wirklichkeit wird in Schulen spürbar. Berufstätigkeit beider Elternteile oder alleinerziehende Väter und Mütter machen Hilfen im schulischen Bereich, zB die „verlässliche Grundschule" oder Ganztagsangebote, nötig. Hinzu kommt, dass junge Menschen nicht selten wegen zu hoher Erwartungshaltung der Eltern Schulen durchlaufen, die sie überfordern, die ihrerseits infolge des Massenandrangs auf ein Mittelmaß zurückfallen und weder begabten Schülern die nötige Förderung noch entwicklungsverzögerten Jugendlichen eine ausreichende Zuwendung bieten können bei einer Orientierung am Durchschnitt, der zur Norm erhoben wird. Eltern erwarten zu Recht von der Schule eine solide Wissensvermittlung als Grundlage für anschließende oder begleitende Ausbildungsgänge. Daneben werden von der Schule – ebenfalls zu Recht – auch Erziehungsleistungen erwartet. Aber angesichts eines in unserer Gesellschaft bestehenden Mangels an Konsens über einen allgemeinen Wertekanon (vgl. *Rn. 159*), der jungen Menschen vermittelt werden kann und soll, sind Lehrer und Schule oft verunsichert und überfordert. Gewalt in der Schule ist lediglich ein Symptom für die Schwächung der traditionellen Autorität von Familie, Kirche und Schule als sinnstiftenden Institutionen. Wenn Werte nicht in der Familie vermittelt und vorgelebt werden (vgl. *Rn. 160*), können Eltern nicht von der Schule Wertvermittlung erwarten. Dies umso weniger, als „heimliche Miterzieher" wie Medien, Moden, Musikgruppen und soziale Netzwerke erheblichen Einfluss auf die Entwicklung junger Menschen nehmen (vgl. *Rn. 141*). Wenn Kinder mehr Zeit am PC als mit ihrem Vater verbringen, wird der PC zum „zweiten Elternteil". Unrealistische Anforderungen an die Schule werden in allen möglichen Problemfeldern gestellt: Schule soll Einsichten in die Notwendigkeit rücksichtsvollen Verhaltens im öffentlichen Straßenverkehr vermitteln, sie soll zukünftigen Eltern Einsichten in Grundlagen der Erziehungslehre ermöglichen, Sexualaufklärung betreiben, Gesundheitserziehung zu ihrer Sache machen, Dämme gegen Drogenmissbrauch und Jugendsekten errichten und politische Radikalität verhindern helfen.

Hier müssen auch die Kommunen ihre Handlungsspielräume als Schulträger nutzen und

- die überschaubare Schule wohnortnah anbieten,
- wo geboten, auch Ganztagseinrichtungen bereithalten,
- alle Ansätze zur freiwilligen Übernahme von Verantwortung innerhalb und außerhalb der Schulgemeinschaft fördern (zB Mithilfe in Rettungsdiensten, Streitschlichtung, Hilfe für Bedürftige und Kranke, usw),
- über die intellektuelle Entwicklung hinaus die musisch-kulturelle Bildung der jungen Menschen fördern,
- die Eltern zur notwendigen Mitwirkung anregen und zur Mitgestaltung, aber auch Kontrolle der vermittelten Inhalte ermutigen,
- engere Kontakte zwischen Jugendhilfe und Schule herstellen.

FAZ
Freitag, 18. November 2005, Nr. 269 / Seite 33

Die Kinder sind schuld

Nein, die Killerspiele sind es nicht. Die Wissenschaft hat's nachgewiesen, oder besser: kann's nicht nachweisen. Nein, vier, fünf Stunden Fernsehen am Tag sind es auch nicht. Die Dauerpopbeschallung aus Kopfhörern? Wer wollte behaupten, daran liege es? Das sind doch auch nur fiktionale Welten. Dass Zwölfjährige in Filme für Achtzehnjährige gehen, das heißt: gelassen werden – was soll das schon ausmachen? Dass sie umfangreich telefonieren – 1,6 Millionen Mobiltelefone waren 2004 im Besitz deutscher Kinder -, downloaden, surfen, das ist eben modern. So ist das nun mal, sie gehen etwa 10.000 Stunden ihres Lebens zur Schule und konsumieren währenddessen im Durchschnitt 12.000 Stunden lang Bildmedien und Musik. Das ist doch bloß gelebte Binnenkonjunktur, wenn die Hälfte von ihnen einen eigenen Fernseher hat. Da muss doch eigentlich nur noch Medienkompetenz her, am besten von den Medienwissenschaftlern, die sich bei den Killerspielen – was für ein gemeiner Name für so ein Gesamtkunstwerk – oder in der Horrorfilmfolgenentwarnungsforschung auskennen. Apropos Kompetenz: Siebzig Prozent der Kinder zwischen sechs und dreizehn entscheiden selber, was sie anziehen. Und wenn ihre Mode sich dann an der Popwelt und diese sich an Praktiken aus der Exklusionszone – Tätowieren, Piercen, Gefangenenhosen, Animierkostüme – orientiert, was wäre denn harmloser? Sie wollen doch nur spielen. Das war doch schon immer so. Und an dem bisschen Alkohol bei Feiern, daran kann es ja nun wirklich nicht liegen, wie sollten denn ausgerechnet Eltern daran Anstoß nehmen, die selbst gehascht haben? Und, hat es ihnen geschadet? Spaß muss sein. Und wenn sie nun einmal nicht gern frühstücken. Und mit sieben eben um Pokémon quengeln. Und mit zwölf stundenlang auf virtuelle Puppen ballern. Und es mit vierzehn uncool finden, vor Mitternacht wiederzukommen. Und wenn sie dann beim stillen Lesen nervös werden, weil das Buch selbst nicht flimmert. Und darum das Lesen einstellen, bis hinauf ins Studium. Und andere sich folgerichtig auch beim Sprechen auf die paar Signale einschränken, mit denen man durchkommt, ey Alter, du verstehst schon. Wenn überhaupt alles entweder gleich passiert oder blöd ist. Und wenn sie darum glauben, am Besten sei es, wenn einem das gute Leben in Form von Geld und Bräuten senkrecht vor die Füße fällt wie dem Popstar, weil es ja eh nur einen Kick weit entfernt ist. Und denken, Erfolg sei eine Funktion von Reaktionsgeschwindigkeit. Und Kopieren praktischer finden als Nachlagen, -lesen, -denken. Und wenn die Wirklichkeit für sie ein Glücksspiel ist, mit ein paar Drahtziehern hinter der Benutzeroberfläche, auf der weder Naturgesetze gelten noch andere. Wenn das alles geschieht – und jeder Lehrer weiß, dass es geschieht -, dann sind sie es alle nicht gewesen: McDonald's und Nintendo nicht, die Eltern nicht, die Schulen nicht und nicht die Universitäten, das Fernsehen nicht und nicht die Pop- und nicht die Filmindustrie, weder die Erziehungs- noch die Medienwissenschaftler, weder die Gewaltspielehersteller noch die Gewaltspieleforscher, deren Forschung dem Horror nicht nachsteht, den sie erkunden, noch auch die Gewaltglücksspielpophorrorbildwelt-Hermeneuten, denen zu jeder elektro-blutigen Reizreaktionsdroge sofort wie auf Mausklick, ein ästhetisches Zitat und ein kultursemiotischer Scharfsinnsgedanke einfallen. Niemand von ihnen ist's gewesen, und alles ist ganz normal. Ballern ist folgenlos, Fernsehen auch, und die nervösen Kinder und die Schulabbrecher und die Jugendgewalt und die leseunfähigen Fünfzehnjährigen, die bringt der Storch.   kau

Auch in der Einzelfallhilfe kommt es bei Teilleistungsstörungen (**Legasthenie, Dyskalkulie**) zu Überschneidungen zwischen Jugendhilfe und Schule, wenn sie eine seelische Behinderung sind und daher Eingliederungshilfe nach § 35 a zu leisten ist (vgl. *hierzu Rn. 208*). Den Kindern Lesen, Schreiben und Rechnen beizubringen, ist aber ureigenste Aufgabe der Schule. Schwächen in diesen Fächern muss sie mit besonderer Förderung begegnen und nicht mit Verweis an die Jugendhilfe. Mit dem KICK wurde der Schule in § 10 Abs. 1 ausdrücklich ihre vorrangige Verantwortung ins „Klassenbuch" geschrieben. Kommt die Schule ihrer Verantwortung aber nicht oder nicht ausreichend nach, muss die Jugendhilfe doch als „Ausfallbürge" eintreten. Über § 95 kann sie dann versuchen, den Nachrang nachträglich wiederherzustellen, indem sie den Anspruch des Kindes auf Förderung, der sich auch aus Richtlinien iVm der Selbstbindung der Verwaltung über Art. 3 GG ableiten lässt, auf sich überleitet.[40]

2.3.5 Krankenkasse vor Jugendhilfe. Bei seelischer Behinderung eines Kindes, Jugendlichen und (über § 41 Abs. 2) jungen Volljährigen muss die Jugendhilfe Eingliederungshilfe nach § 35 a leisten, die auch medizinische Rehabilitation nach § 26 SGB IX einschließt, weil der Jugendhilfeträger zugleich Reha-Träger nach § 6 Abs. 1 Nr. 6 SGB IX ist[41]. **83**

Dies gilt aber auch für die Krankenkassen (§ 11 Abs. 2 SGB V iVm §§ 6 Abs. 1 Nr. 1, 26 SGB IX). Im Bereich kongruenter Leistungen sind die Kassen als Sozialleistungsträger vorrangig verpflichtet.

---

40 Vgl. hierzu die Literaturhinweise im Anhang zu Vorrang/Nachrang.
41 Näher hierzu *Kunkel*, ZfF 2018, 25.

Medizinische Rehabilitation für seelisch behinderte junge Menschen im Überschneidungsbereich zwischen Jugendhilfe (SGB VIII) und Krankenversicherung (SGB V)

Leistungen	Kranken-versicherung (§ 11 Abs. 2 SGB V)	Jugendhilfe (§ 35a Abs. 3 SGB VIII)	Vorrang/ Nachrang

1. Reha-Leistungen
  a. ambulant
  b. ambulant in
    – Rehaeinrichtungen
    – wohnortnahen Einrichtungen
  c. stationär in Rehaeinrichtungen
	§ 27 Abs. 1 Nr. 6 SGB V
	§ 40 SGB V
		§ 54 Abs. 1 S. 2 SGB XII
		
		+
		
		§ 26 Abs. 2 Nr. 1 SGB IX	

2. Psychotherapie	§ 27 Abs. 1 Nr. 1 SGB V	§ 54 Abs. 1 S. 2 SGB XII + § 26 Abs. 2 Nr. 5 SGB IX	
3. Nichtärztliche sozialpädiatrische, psychologische, heilpädagogische, psychosoziale Leistungen	§ 43a SGB V	§ 54 Abs. 1 S. 2 SGB XII + § 30 Abs. 1 S. 1 Nr. 2 SGB IX i.V.m. § 5 Abs. 1 Nr. 2 FrühV	Vorrang d. Kranken-versicherung (§ 10 Abs. 1 SGB VIII)

a. unter ärztl. Verantwortung zur Früherkennung u. Frühförderung*
    oder
  b. in interdisziplinären Frühförderstellen*
    oder
		§ 54 Abs. 1 S. 2 SGB XII
		+
		§ 30 Abs. 2 SGB IX i.V.m. § 3 FrühV	

c. in sozialpädiatrischen Zentren	§ 119 SGB V	§ 54 Abs. 1 S. 2 SGB XII + § 30 Abs. 1 S. 1 Nr. 1 SGB IX i.V.m. § 4 FrühV	
4. Heilmittel	§ 27 Abs. 1 Nr. 3 SGB V	§ 54 Abs. 1 S. 2 SGB XII + § 26 Abs. 2 Nr. 4 SGB IX i.V.m. § 5 Abs. 1 Nr. 3 FrühV	

*   In einigen Bundesländern (z.B. Baden-Württemberg, Bayern, Hessen, Rheinland-Pfalz, Sachsen ist die Frühförderung (0-6 J.) Aufgabe des Sozialhilfeträgers

2.3.6 Jugendhilfe vor Sozialhilfe. Gemäß § 10 Abs. 5 S. 1 hat die Jugendhilfe Vorrang **84** vor der Sozialhilfe. Zur Abgrenzung vgl. die *nachfolgende Übersicht.*

Übersicht: Überschneidungsbereich Jugendhilfe-Sozialhilfe

Sozialhilfe/ Jugendhilfe \ Bedarfslage	Sozialhilfe (SGB XII)	Jugendhilfe (SGB VIII)	Abgrenzung (SGB VIII)
Unterhalt a) Regelunterhalt	Hilfe zum Lebensunterhalt (§§ 27, 28)	Unterhalt (§ 39) im Rahmen der – Hilfe der Erziehung (§§ 32-35) – Eingliederungshilfe (§ 35 a Abs. 2) – Hilfe für junge Volljährige (§ 41 Abs. 2) – Jugendsozialarbeit (§ 13 Abs. 3) – Hilfe n. § 19 Abs. 3 – Hilfe nach § 21.	Vorrang der Jugendhilfe (§ 10 Abs. 5 S. 1)
b) Kindergartenbeitrag	Sonderbedarf im Rahmen der HLU (§§ 27, 27 a)	Übernahme bzw. Erlass: § 90 Abs. 3 iVm § 22 a	
c) Mittagessen	Teilhabepaket im Rahmen der HLU(§§ 27, 34 Abs. 6)	Geldleistung (§ 23 Abs. 2)	Vorrang der Jugendhilfe (§ 10 Abs. 5 S. 1)
Krankheit	Hilfen zur Gesundheit (§§ 47-52)	Krankenhilfe (§ 40) im Rahmen der – Hilfe zur Erziehung (§§ 33-35) – Eingliederungshilfe (§ 35 a Abs. 2) – Hilfe für junge Volljährige (§ 41 Abs. 2) – Jugendsozialarbeit (§ 13 Abs. 3) – Hilfe n. § 19 Abs. 3 – Hilfe nach § 21.	Vorrang der Jugendhilfe (§ 10 Abs. 5 S. 1)
Weiterführung des Haushalts	Hilfe zur Weiterführung des Haushalts (§ 70)	Betreuung und Versorgung des Kindes in Notsituationen (§ 20)	Vorrang der Jugendhilfe (§ 10 Abs. 5 S. 1)
Verhaltensstörungen bei jungen Volljährigen	Hilfe zur Überwindung besonderer sozialer Schwierigkeiten (§ 67)	Hilfe für junge Volljährige (§ 41)	Vorrang der Jugendhilfe (§ 10 Abs. 5 S. 1)

Sozialhilfe/ Jugendhilfe / Bedarfslage	Sozialhilfe (SGB XII)	Jugendhilfe (SGB VIII)	Abgrenzung (SGB VIII)
Behinderung *(siehe nachfolgende Extra-Übersicht)*	Eingliederungshilfe (bisher §§ 53-60 SGB XII; jetzt in SGB IX)	Eingliederungshilfe für seelisch behinderte Kinder u. Jugendliche (§ 35 a)	Vorrang der Jugendhilfe (§ 10 Abs. 4 S. 1). Vorrang der Eingliederungshilfe nach SGB IX für körperlich oder geistig behinderte Kinder und Jugendliche (§ 10 Abs. 4 S. 2). Ab 1.1.2028 Vorrang der Jugendhilfe auch für körperlich und geistig Behinderte (§ 10 Abs. 4)

Übersicht: Zuordnung der Hilfen für behinderte junge Menschen

	SGB VIII	SGB XII/ SGB IX
1. Körperlich behinderte j. M. a) wesentlich b) nicht wesentlich c) von Behinderung bedrohte	Leistungen der Jugendhilfe (außer § 35 a) nur soweit, wie nicht behindertenspezifischer Bedarf vorliegt, der schon durch Eingliederungshilfe nach SGB XII gedeckt ist.	Sozialhilfe mit Eingliederungshilfe (bisher §§ 53-60 SGB XII; Eingliederungshilfe-VO; jetzt §§ 90, 91 SGB IX). Nachrangproblem taucht nicht auf. Ab 1.1.2028 Zuordnung zur Jugendhilfe (inklusive Lösung)
2. Geistig behinderte j. M. a) wesentlich b) nicht wesentlich c) von Behinderung bedrohte	wie oben unter 1.	wie oben unter 1.
3. seelisch behinderte j. M. a) Kinder und Jugendliche aa) wesentlich bb) nicht wesentlich cc) von Behinderung bedrohte b) junge Volljährige	Jugendhilfe* mit (1) Eingliederungshilfe nach §§ 35 a, 36-40 iVm SGB XII iVm SGB IX vorrangig vor Sozialhilfe (§ 10 Abs. 4 S. 1), (2) zusätzlich Hilfe zur Erziehung, wenn auch deren Voraussetzungen nach § 27 Abs. 1 vorliegen (3) sonstigen Leistungen nach SGB VIII Jugendhilfe mit Eingliederungshilfe wie für Kinder und Jugendliche (§ 41 Abs. 2)	Sozialhilfe nur insoweit, wie nicht behindertenspezifischer Bedarf vorliegt. wie oben
4. Art der Behinderung ist nicht eindeutig feststellbar	vorläufige Hilfe des zuerst angegangenen Trägers (§ 43 SGB I) oder Weiterleitung nach § 14 Abs. 1 SGB IX	vorläufige Hilfe des zuerst angegangenen Trägers (§ 43 SGB I) oder Weiterleitung nach § 14 Abs. 1 SGB IX
5. Mehrfachbehinderung	Jugendhilfe wegen der seelischen Behinderung nachrangig gegenüber der Sozialhilfe wegen der körperlichen oder geistigen Behinderung (§ 10 Abs. 4 S. 2)	Vorrangig Eingliederungshilfe nach SGB IX wegen der körperlichen oder geistigen Behinderung, nachrangig Jugendhilfe wegen der seelischen Behinderung

	SGB VIII	SGB XII/ SGB IX
6. Lernbehinderung	Jugendhilfe nur soweit, wie nicht behindertenspezifischer Bedarf vorliegt, der nach SGB IX zu decken ist.	Eingliederungshilfe nach SGB IX als Kann-Leistung (§ 53 Abs. 1 S. 2 SGB XII), da nicht wesentliche geistige Behinderung. Kann-Leistung darf nicht unter Berufung auf § 10 Abs. 1 S. 2 versagt werden, da keine entsprechende Leistung nach dem SGB VIII vorgesehen ist.
7. Bei Leistungsstörungen (Legasthenie, Dyskalkulie) oder ADS	Jugendhilfe mit Eingliederungshilfe, soweit nicht lediglich Störung, sondern (auch nur drohende) seelische Behinderung vorliegt. Vorrangig vor Sozialhilfe (§ 10 Abs. 4 S. 1).	Sozialhilfe mit Eingliederungshilfe soweit geistige oder körperliche Behinderung; soweit auch seelische Behinderung (als Folge) vorrangig Sozialhilfe (§ 10 Abs. 4 S. 2).

* Landesrecht kann für *Frühförderung* andere Regelung treffen (§ 10 Abs. 4 S. 3; zB § 29 LKJHG Baden-Württemberg; Art. 64 Abs. 2 AGSG Bayern; § 23 Abs. 2 HKJGB Hessen; § 27 Erstes AG KJHG NRW; § 38 Erstes AG KJHG Saarl; § 22 LJHG Sachsen; § 57 a JuFöG Schleswig-H.; § 26 KJHAG Thüringen).

2.4 Das Subsidiaritätsprinzip

Das Subsidiaritätsprinzip – ursprünglich von der katholischen Soziallehre als Konsequenz **85** des Solidaritätsprinzips entwickelt, heute als Rechtsprinzip ausdrücklich in Art. 23 Abs. 1 GG formuliert – gebietet einerseits das Zurücktreten größerer hinter kleinere Gemeinschaften und den einzelnen („passive Subsidiarität") und andererseits hilfreichen Beistand für diese kleineren Gemeinschaften („aktive Subsidiarität"). In Bezug auf die Familie findet es in Art. 6 Abs. 2 GG und in § 1 Abs. 2 seinen rechtlichen Niederschlag, in Bezug auf freie Träger in § 4.[42] In der Auslegung des Bundesverfassungsgerichts[43] bedeutet dieses Prinzip für die Jugendhilfe, dass das Jugendamt zunächst im Rahmen der Jugendhilfeplanung (vgl. *Rn. 354*) prüfen muss, welche Einrichtungen und Veranstaltungen nach den örtlichen Verhältnissen erforderlich sind und ob sie ausreichend zur Verfügung stehen. Das Jugendamt soll aber nur dann selbst Einrichtungen schaffen und Veranstaltungen vorsehen, wenn seine Anregungen und Fördermaßnahmen bei den Trägern der freien Jugendhilfe nicht zum Ziel führen; letzteres ist auch dann der Fall, wenn der freie Träger keine angemessene Eigenleistung (vgl. *Rn. 350*) aufbringen kann oder wenn die Einrichtung des freien Trägers deshalb für die öffentlichen Bedürfnisse nicht als ausreichend angesehen werden kann, weil sie zB von einem Bekenntnis geprägt ist, dem in der Gemeinde nur eine Minderheit angehört. Wo geeignete Einrichtungen der öffentlichen Jugendhilfe ausreichend zur Verfügung stehen, kann von den freien Trägern weder eine Förderung neuer Einrichtungen verlangt werden noch eine Schließung bereits vorhandener öffentlicher Einrichtungen zugunsten freier Einrichtungen, die erst noch geschaffen werden müssten. Derselbe Grundsatz des sinnvollen Einsatzes finanzieller Mittel und der Zusammenarbeit verbietet es aber auch, von den öffentlichen Trägern zu verlangen, dass sie von einem mit bescheidenen Mitteln möglichen Ausbau vorhandener eigener Einrichtungen absehen und stattdessen mit erheblich höherem Aufwand die Schaffung einer neuen Einrichtung eines Trägers der freien Jugendhilfe fördern. Umgekehrt soll das Jugendamt dort, wo geeignete Einrichtungen der Träger der freien Jugendhilfe bereits vorhanden sind, die schon allein gewährleisten, dass die für die Wohlfahrt der Jugend erforderlichen

---

42 Vom Subsidiaritätsprinzip zu unterscheiden ist das Nachrangprinzip aus § 10.
43 BVerfGE 22, 180, 202.

Einrichtungen ausreichend zur Verfügung stehen, keine Mittel für die Schaffung eigener Einrichtungen einsetzen, sondern seine Mittel für die Förderung der freien Einrichtungen verwenden.

86 § 4 Abs. 3 normiert „aktive Subsidiarität", indem der Träger öffentlicher Jugendhilfe verpflichtet wird („soll"), die freie Jugendhilfe zu fördern und damit die verschiedenen Formen der Selbsthilfe, beispielsweise Zusammenschlüsse von Eltern oder Jugendlichen, zu stärken.

Die Voraussetzungen der Förderung sind in § 74 näher dargestellt.

Vgl. hierzu unter 4.3 Rn. 338.

Überblick über die Leistungs- und Handlungspflichten des Trägers öffentlicher Jugendhilfe gegenüber dem Träger freier Jugendhilfe

87

Rechtsquelle	Inhalt	Sachliche Voraussetzungen	Rechtsfolge
§ 4 Abs. 1 S. 1	Gebot der Zusammenarbeit	-----	Soll-Regelung
§ 4 Abs. 2	Funktionsschutz	geeignete Einrichtungen, Dienste, Veranstaltungen müssen vorhanden sein oder rechtzeitig geschaffen werden können	Träger öffentlicher Jugendhilfe soll von eigenen Maßnahmen absehen
§ 4 Abs. 3	Förderungsverpflichtung	nach Maßgabe des § 74	Der Träger öffentlicher Jugendhilfe soll den Träger freier Jugendhilfe fördern
§§ 74, 74 a	Förderungsverpflichtung	*Vergleiche die Extra-Übersicht**	*Vergleiche die Extra-Übersicht**
§ 12 Abs. 1	Förderung der Jugendverbände	Maßgabe des § 74	Die Tätigkeit ist zu fördern
§ 75	Anerkennung als Träger	*Vergleiche die Extra-Übersicht***	*Vergleiche die Extra-Übersicht***
§ 80 Abs. 3	Beteiligung bei Jugendhilfeplanung	Anerkannte Träger	Rechtspflicht zur Beteiligung durch Anhörung im Jugendhilfeausschuss

* bei Rn. 318
** bei Rn. 326

88 Sinn des Subsidiaritätsprinzips ist es auch, die ehrenamtliche[44] Tätigkeit der Bürger zu stärken, um damit schwerfälliger Bürokratisierung, besserwisserischer Professionalisierung und ideenloser Verkrustung entgegenzuwirken – einer Gefahr, der sowohl öffentliche als auch freie Träger ausgesetzt sind. § 73 verpflichtet zur Anleitung, Beratung und Unterstützung der Ehrenamtlichen. Alter Wein in neuen Schläuchen sind daher das neuerdings propagierte **„Bürgerschaftliche Engagement"** und die „Lokale Agenda 21" (vgl. Rn. 357).

89 Aus dem Sinn des Subsidiaritätsprinzips ebenso wie aus dem Wortlaut des Gesetzes (§ 78 e Abs. 3) folgt, dass freie Träger nur gemeinnützige Personenvereinigungen, nicht aber **privatgewerbliche** Unternehmer sein können. Das Subsidiaritätsprinzip ist weltan-

---

44 Vgl. hierzu die Arbeitshilfe „Ehrenamtlichkeit im sozialen Bereich", hrsg. von der Konrad-Adenauer-Stiftung, Recklinghausen 1985.

schaulich orientiert. Es schützt solidarisches, nicht marktwirtschaftliches Handeln. Dennoch stellt das KiföG mit der Änderung des § 74 a privatgewerbliche den gemeinnützigen Trägern gleich, wenn auch dieser „Sündenfall" beschränkt ist auf die Förderung von Kindertageseinrichtungen, damit „auf Teufel komm raus" der Rechtsanspruch auf einen Platz eingelöst werden kann (vgl. *auch Rn. 152*).

Übersicht über die Leistungserbringer in der Jugendhilfe

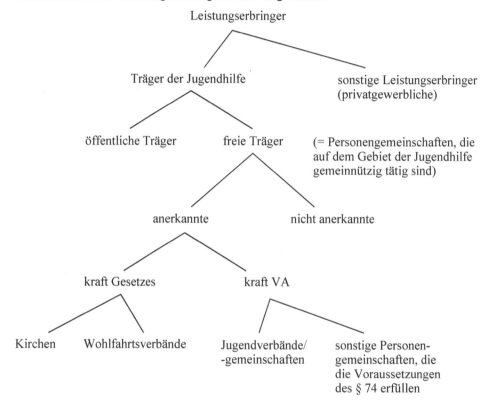

Das Subsidiaritätsprinzip ist schließlich Voraussetzung für das in § 5 geregelte Wunsch- **90** und Wahlrecht der Leistungsberechtigten. Das Jugendamt hat die Bürger ausdrücklich auf dieses Wunsch- und Wahlrecht hinzuweisen.

2.5 Wunsch- und Wahlrecht

„Die Würde des Menschen besteht in der Wahl" *(Max Frisch)* **91**

Übersicht über das Wunsch- und Wahlrecht:

Rechtsquelle:	§§ 5, 36 Abs. 1 S. 3; § 33 S. 2 iVm § 37 S. 2 SGB I.
Inhalt des Wahlrechts:	Recht, zwischen Einrichtungen und Diensten der verschiedenen Träger der Jugendhilfe (§ 3 Abs. 1) zu wählen.
Adressaten:	Das Wahlrecht steht den Leistungsbeteiligten zu, das sind junge Menschen und Personensorgeberechtigte als Adressaten der Leistungen oder als Anspruchsberechtigte (vgl. *Rn. 14*).
Inhalt des Wunschrechts:	Recht, Wünsche zur Gestaltung der Hilfe zu äußern. Inhaber des Wunschrechts sind ebenfalls die Leistungsbeteiligten (s. o.).
Rechtsfolge:	Dem Wunsch und der Wahl soll (= muss, es sei denn, es liegt ein atypischer Einzelfall vor) entsprochen werden. Bei der Hilfe zur Erziehung muss dem Wunsch entsprochen werden (§ 36 Abs. 1 S. 3 ist lex specialis).
Grenze:	(1) Angemessenheit des Wunsches. Diese Grenze ergibt sich aus § 33 S. 2 SGB I iVm § 37 S. 2 SGB I.
	(2) Unverhältnismäßige Mehrkosten (§ 5 Abs. 2 S. 1). Die Unverhältnismäßigkeit der Mehrkosten ergibt sich aus dem Verhältnis zwischen der Bedeutung des Wunsches einerseits und den über dem Durchschnitt liegenden Kosten andererseits. Die durchschnittlichen Kosten sind dabei nicht nur im örtlichen, sondern auch im überörtlichen Bereich zu ermitteln, damit keine Fixierung auf den örtlichen status quo eintritt.
	(3) Entgeltvereinbarung bei stationärer und teilstationärer Hilfe (§ 5 Abs. 2 S. 2 iVm § 78 b Abs. 1).
Hinweispflicht:	Auf das Wunsch- und Wahlrecht sind die Leistungsbeteiligten hinzuweisen (§ 5 Abs. 1 S. 3).

92   Aus dem inhaltlichen und systematischen Zusammenhang des Wunsch- und Wahlrechts mit dem Subsidiaritätsprinzip folgt, dass es sich nur auf die Wahl freier gemeinnütziger, nicht aber **privatgewerblicher** Träger bezieht.[45] Das Wunsch- und Wahlrecht bezieht sich ferner weder auf die Tatbestandsvoraussetzungen noch auf die Rechtsfolge einer Norm. Vielmehr setzt es erst ein, wenn die Voraussetzungen einer Hilfe vorliegen und sie dem Grunde nach vom Leistungsträger bewilligt ist und nur der Erbringer der Leistung, ihre Art oder Form noch disponibel sind. Aus ihm folgt daher auch nicht ein **Selbstbeschaffungsrecht.**

2.6 Steuerungsverantwortung/Selbstbeschaffung

93   § 91 Abs. 5 bestimmt, dass der öffentliche Träger die Kosten der Hilfe trägt und danach den leistungsberechtigten Kostenpflichtigen gem. §§ 91–94 zu den Kosten heranzieht (sog. erweiterte Hilfe). § 36 a **Abs. 1** modifiziert aber § 91 Abs. 5 insoweit, als der öffentliche Träger die Kosten nur dann trägt, wenn der Leistungsberechtigte den Beschaffungsweg nach § 36 a Abs. 1 beschritten hat. Dieser Beschaffungsweg ist so ausgestaltet, dass der Leistungsberechtigte eine Leistung nur aufgrund einer Entscheidung des Leistungsträgers erhält. Die Entscheidung des Leistungsträgers ergeht in einem Verwaltungsverfahren gem. § 8 SGB X, das mit einem Bescheid (VA nach § 31 SGB X) oder einem öffentlich-

---

45   AA die wohl überwiegende Meinung in der Literatur, zB *Wiesner*, SGB VIII, § 5 Rn. 9; wie hier aber in der Rechtsprechung Hamburg. OVG v. 22.4.2008, SozR aktuell 2008, 238-244 mAnm *Meysen* (244) und Niedersächs. OVG v. 13.3.2006, JAmt 2006, 250-254.

rechtlichen Vertrag (§ 53 SGB X) endet. Weitere formelle Voraussetzung für die Entscheidung sind die Aufstellung eines Hilfeplans nach § 36 Abs. 2 und die Beachtung des Wunsch- und Wahlrechts nach § 36 Abs. 1 S. 4 und 5. Dieser Beschaffungsweg entspricht der Verantwortlichkeit des öffentlichen Trägers für die Rechtmäßigkeit der Aufgabenerfüllung (Gewährleistungspflicht nach § 79 Abs. 2). Insoweit ist § 36 a Abs. 1 lediglich eine deklaratorische (klarstellende) Regelung, die mit dem neuen Etikett **„Steuerungsverantwortung"** versehen ist.[46] Konsequenz der Steuerungsverantwortung ist, dass der öffentliche Träger das Hilfeplanungsverfahren auch dann steuert, wenn die Leistung von einem freien Träger erbracht wird.

Konstitutive (rechtsbegründende) Wirkung hat dagegen die Steuerungsverantwortung für **94** vom **Gericht** angeordnete Hilfen. Das Familiengericht kann gem. § 1666 BGB Eltern verpflichten, eine HzE zu beantragen. Das Jugendgericht kann den Jugendlichen oder Heranwachsenden nach § 12 JGG verpflichten, HzE in Anspruch zu nehmen. Bisher war strittig, ob das Gericht eine derartige Anordnungskompetenz gegenüber dem JA hat und ob die Justiz die Kosten dieser Hilfe zu tragen hat *(vgl. Rn. 266)*. Mit § 36 a Abs. 1 ist nun Klarheit geschaffen, dass das JA „Kuckuckseier im Nest der Jugendhilfe" nicht mehr ausbrüten muss, sondern eine HzE nur dann leisten muss, wenn es sie durch eine eigene Entscheidung „legitimiert" hat. Dann – und nur dann – muss es aber auch die Kosten der Hilfe tragen.

Selbstbeschaffung liegt dann vor, wenn der Leistungsberechtigte sich die Leistung „auf **95** eigene Faust" bei einem Leistungserbringer beschafft, ohne den (steinigen) Beschaffungsweg des Verwaltungsverfahrens gegangen zu sein. Eine derartige Selbstbeschaffung ist nur dann zulässig, wenn der Leistungsberechtigte auf die Hilfe nicht warten kann. § 36 a **Abs. 3** verlangt, dass drei Voraussetzungen (kumulativ) vorliegen müssen:

(1) Der Leistungsberechtigte selbst (also nicht der Leistungserbringer) muss das JA vor der Bedarfsdeckung über den Bedarf informiert haben („angemeldeter Bedarf").
(2) Die materiellen Tatbestandsvoraussetzungen der Leistungsnorm und die formelle Voraussetzung der Zuständigkeit des Leistungsträgers müssen vorliegen.
(3) Die Bedarfsdeckung muss unaufschiebbar gewesen sein, dh, dass der Bedarf bei weiterem Zuwarten auf eine Entscheidung des JA nicht mehr oder nicht ausreichend hätte gedeckt werden können.

Im Unterschied zu voll- und teilstationären Hilfen sind ambulante Hilfen *(vgl. Rn. 185 mit* **96** *Schaubild)* leichter verfügbar. Sie sollen **niedrigschwellig** in Anspruch genommen werden können. Niedrigschwellig ist eine Hilfe aber nur dann, wenn der Leistungsberechtigte Zugang zu ihr hat, ohne den „langen Marsch" auf dem Beschaffungsweg des Verwaltungsverfahrens antreten zu müssen. Die Niedrigschwelligkeit einer Hilfe hängt sowohl von gesetzlichen als auch von behördlichen Voraussetzungen ab. Der Gesetzgeber hat für Niedrigschwelligkeit gesorgt, indem er in den Vorschriften über die Kostenbeteiligung (§§ 90–95) ambulante Hilfen als „Lockvogelangebot" kostenfrei lässt. Auch durch den Verzicht auf ein Hilfeplanungsverfahren bei Hilfen, die voraussichtlich nicht für längere Zeit zu leisten sind (§ 36 Abs. 2), schafft der Gesetzgeber Niedrigschwelligkeit. Um die Schwelle für eine Inanspruchnahme der Hilfe noch weiter zu senken, verpflichtet der Gesetzgeber das JA in § 36 a **Abs. 2** dazu, bei – allen – ambulanten Hilfen die Selbstbeschaffung zuzulassen. Dazu muss das JA mit den Leistungserbringern Verträge schließen, in denen geregelt ist, unter welchen Voraussetzungen welche Leistung zu welchem Preis zu haben ist. Mit dem **KJSG** wird in Abs. 2 bestimmt, dass in der Vereinbarung der **Sozialraum** zu berücksichtigen ist. Im Unterschied zur Selbstbeschaffung nach Abs. 3

---

46   Die Regelung entspricht dem Urt. des BVerwG, ZfJ 2001, 310.

muss das JA die Selbstbeschaffung nach Abs. 2 gleichsam erst freischalten. Damit wird ein genereller Zugriff auf die Leistung ermöglicht („abstrakt-generelle Steuerung"), während die Selbstbeschaffung nach Abs. 3 von den Umständen des Einzelfalls abhängt („konkret-individuelle Steuerung").

97 Aus der systematischen Stellung des § 36 a im Dritten Unterabschnitt folgt, dass die Regelung der Selbstbeschaffung nur für die Hilfe zur Erziehung, die Eingliederungshilfe und (über § 41 Abs. 2) die Hilfe für junge Volljährige gilt. Ein Platz in einer Tageseinrichtung oder in Kindertagespflege kann unmittelbar in Anspruch genommen werden, wie aus § 24 Abs. 4 S. 2 folgt[47]. Nur wenn Landesrecht dies bestimmt, müssen Eltern das JA von der beabsichtigten Inanspruchnahme informieren.

2.7 Beteiligungsrechte[48]

98 Übersicht über Beteiligungsrechte von Kindern und Jugendlichen

1. aus § 8:
   - Pflicht zur Beteiligung an allen sie betreffenden Entscheidungen (§ 8 Abs. 1 S. 1; spezielle Regelung in § 17 Abs. 2);
   - Hinweispflicht auf Rechte im Verwaltungs- und Gerichtsverfahren (§ 8 Abs. 1 S. 2), also auch auf die Bestellung eines Verfahrensbeistands („Anwalts des Kindes") nach § 158 FamFG (vgl. Rn. 288), also nur in Verfahren vor dem Familiengericht und nicht etwa im Hilfeplanverfahren, oder auf das Anhörungsrecht nach § 159 FamFG;
   - in Not- und Konfliktsituationen[49] können sie auch ohne Kenntnis des Personensorgeberechtigten beraten werden (§ 8 Abs. 3; vgl. Rn. 66).
2. aus § 36:
   - sie sind vor Inanspruchnahme einer Hilfe zur Erziehung (und bei deren Änderung) zu beraten und auf die Folgen hinzuweisen (§ 36 Abs. 1 S. 1)
   - bei Hilfe zur Erziehung außerhalb der eigenen Familie sind sie bei der Auswahl der Einrichtung/Pflegestelle zu beteiligen (§ 36 Abs. 1 S. 3)
   - bei der Aufstellung des Hilfeplans sind sie zu beteiligen (§ 36 Abs. 2 S. 2).
3. aus § 36 SGB I:
   Handlungsfähigkeit für Verfahrenshandlungen (Anhörung, Antrag, Bekanntgabe) ab 15 Jahren. Beantragen können sie auch solche Leistungen, für die sie selbst nicht anspruchsberechtigt sind, also zB Hilfe zur Erziehung. Da sie sich nach § 8 Abs. 2 an das Jugendamt wenden können, kann dieses von Amts wegen tätig werden (§ 20 SGB X) vgl. *Rn. 183.*
4. Die UN-Konvention über die Rechte des Kindes (vgl. Rechtsquellenübersicht im Anhang unter 3.) enthält keine darüber hinausreichenden Rechte.[50]

---

47 BVerwG 12.9.2013 – in JAmt 2014, 41: Eine unmittelbare Anwendung des § 36 a Abs. 3 auf Fälle der Selbstbeschaffung von Kindergartenplätzen scheidet aus. Die Bestimmung ist aber entsprechend anzuwenden.

48 Vgl. zum Thema die Broschüre des Sächsischen Landesjugendamts: Beteiligung von Kindern, Jugendlichen und Familien (2005).

49 Mit dem KJSG auch ohne diese Voraussetzung.

50 Zu Kinderrechten im Grundgesetz ausführlich BT-Drs. 17/3938 v. 25.11.2010. Der Koalitionsvertrag der Großen Koalition (2018) sah vor, Kinderrechte einschl. Beteiligungsrechten im GG zu verankern – ein unsinniges Unterfangen, weil die Kinderrechte in den Menschenrechten des GG bereits enthalten sind und die Beteiligungsrechte in § 8. Die Pläne der Bundesregierung, Kinderrechte explizit im Grundgesetz zu verankern, sind am 8.6.2021 endgültig gescheitert. Trotz zahlreicher Verhandlungsrunden konnten sich die Fraktionen von Union, SPD, Grünen und FDP am Ende nicht auf eine gemeinsame Formulierung einigen. Für eine Verfassungsänderung aber wäre eine Zwei-Drittel-Mehrheit im Bundestag und Bundesrat notwendig gewesen.

5. Mit dem BKiSchG wurde für Einrichtungen in § 45 Abs. 2 Nr. 3 ein Beteiligungs- und Beschwerdeverfahren [51]vorgeschrieben.

Beachte:

Von diesen Beteiligungsrechten zu unterscheiden ist die Stellung als Beteiligter in einem Verwaltungsverfahren (vgl. *Rn. 366*). Diese Stellung hat idR nur der Personensorgeberechtigte (vgl. *Rn. 370*).

Formen der Beteiligung junger Menschen

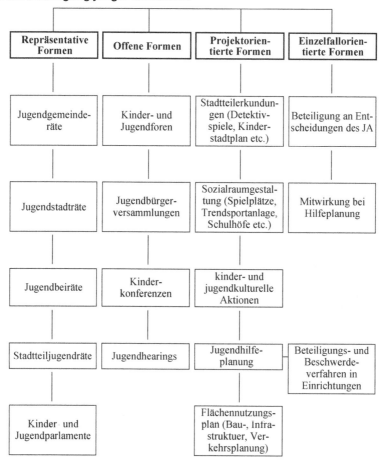

2.8 Jugendhilfe für junge Ausländer

Vgl. die Rechtsquellensynopse im Anhang 3 als Anlage 3

Während § 1 Abs. 1 sich „kosmopolitisch" allen jungen Menschen öffnet und damit die **99** Jugendhilfe wie ein Menschenrecht formuliert, verengt § 6 Abs. 2 diese Sichtweise und

---

51 Vgl. hierzu Rechtsgutachten *Wiesner* Februar 2012 www.brj-berlin.de und Expertise *Urban-Stahl* www.fruehe-hilfen.de.

beschränkt die Gewährung von Leistungen an Ausländer aus finanz- und ordnungspoliti-schen Gründen[52]. Werden diese Leistungen von Ausländern[53] in Anspruch genommen, ermöglicht § 55 AufenthG ihre Ausweisung. Auf den ersten Blick erscheint dies wie ein Widerspruch zwischen zwei Gesetzen (Antinomie), ja sogar wie ein Hinterhalt, in den Aus-länder gelockt werden. Der Widerspruch entpuppt sich aber bei näherer Betrachtung als ein nur scheinbarer, weil europäisches und internationales Recht das „Schisma" überwin-det.

Zusätzlichen Zündstoff liefert das Datenschutzrecht. Die üppige Ausstattung mit Daten-schutzregelungen im SGB VIII erscheint merkwürdig abgemagert, wenn § 87 AufenthG die Jugendämter kategorisch verpflichtet, personenbezogene Daten den Ausländerbehör-den zu übermitteln. Auch dieser „Paragrafenbrei" wird aber nicht so heiß gegessen, wie er gekocht worden ist.

100 **2.8.1 Ausländer als Leistungsberechtigte. 2.8.1.1 Gewähren und Beanspru-chen.** Während § 6 Abs. 1 und 3 das „Gewähren" von Leistungen regeln, bestimmt Abs. 2, dass Ausländer Leistungen „nur beanspruchen können, wenn …". Diese Abwei-chung im Wortlaut führt zu Missverständnissen. Beabsichtigt ist mit der Wortwahl eine Einschränkung gegenüber der Regelung in Abs. 1. „Beanspruchen" bedeutet hier so viel wie „rechtens in Anspruch nehmen", „verlangen".[54] Das Wort „können" bedeutet nicht et-wa, dass Leistungen an Ausländer im Ermessen der Behörde stünden, denn es heißt nicht „Ausländern können Leistungen nur gewährt werden, wenn …". Genauso wenig be-deutet die Formulierung, dass Ausländer einen Rechtsanspruch iS eines subjektiven öf-fentlichen Rechtes auf alle Leistungen hätten. Damit hätten sie eine bessere Rechtsposit-on als Deutsche. Ein Anspruch auf Leistungen besteht nämlich nur dann, wenn die Leis-tungsnorm ein subjektives öffentliches Recht enthält; dies ist aber nicht bei allen Leistun-gen der Fall (zB nicht bei Jugendarbeit; § 12 oder Jugendsozialarbeit; § 13)). Ein Rechts-anspruch kann auch bei Ermessensleistungen bestehen, allerdings nur auf den fehlerfrei-en Gebrauch des Ermessens (§ 39 SGB I). Liegen bei einem Ausländer die leistungsbe-schränkenden Voraussetzungen (kein gewöhnlicher oder kein rechtmäßiger Aufenthalt oder keine Duldung) vor, kann er die Leistung dennoch als Ermessensleistung[55] erhalten; auf die Ausübung fehlerfreien Ermessens hat er einen Rechtsanspruch. Ein Leistungsaus-schluss, wie er für Leistungen nach dem SGB XII (§ 23 Abs. 3) oder nach SGB II (§ 7 Abs. 1) gilt, besteht für die Jugendhilfeleistung nicht. Die dort genannten Ausschlussgrün-de sind bereits mit den einschränkenden Voraussetzungen des § 6 Abs. 2 erfasst.

101 Die Formulierung „Ausländer können … beanspruchen" lässt offen, ob es auf die Auslän-dereigenschaft des Kindes oder die der Eltern[56] ankommt. Nach dem Wortlaut liegt es näher, auf die Ausländereigenschaft des Anspruchsberechtigten, bei Hilfe zur Erziehung also auf die der Eltern abzustellen. Schon wegen des zweifelhaften Begriffs des „Bean-spruchen", aber auch wegen der untragbaren Ergebnisse einer Auslegung nach dem Wortlaut, verbietet sich diese. Stattdessen ist eine teleologische Auslegung geboten. Das deutsche Kind ausländischer Eltern wäre im Vergleich zu anderen deutschen Kindern oh-ne sachlichen Grund benachteiligt. Stellt man umgekehrt auf die Ausländereigenschaft des Kindes ab, würden seine deutschen Eltern die Leistung nicht erhalten, die gerade in

---

52 Vgl. die RegBegr. zu § 5, BT-Drs. 11/5948/1989.
53 Aus sozialpädagogischem Feingefühl wird der Begriff „Ausländer" teilweise geächtet, bürokratische Sprach-pädagogik ersetzt ihn durch „Personen mit Migrationshintergrund". Hier wird der Begriff aber beibehalten, weil er so in Art. 116 GG und in § 2 Abs. 1 AufenthG verwendet wird.
54 So *Jans/Happe/Saurbier/Maas*, Kinder- und Jugendhilferecht, § 6 Rn. 8.
55 Ebenso *Oberloskamp* in *Wiesner*, SGB VIII, § 6 Rn. 15; *Fasselt* in *Kunkel*, LPK-SGB VIII, § 6 Rn. 6; *Bieritz-Harder* in *Hauck/Noftz*, SGB VIII, § 6 Rn. 11; *Schellhorn ua*, SGB VIII, § 6 Rn. 18; *Münder ua*, SGB VIII, § 6 Rn. 30.
56 So *Mrozynski*, SGB VIII, § 6 Rn. 8.

diesem Fall oftmals besonders notwendig wäre. Dem Zweck des Abs. 2 entspricht es vielmehr, seine Einschränkung nur dann anzuwenden, wenn Eltern und Kind Ausländer sind[57]. Ist also Leistungsempfänger (Kind) oder Leistungsberechtigter (Eltern) Deutscher, gilt Abs. 1. Zu einem anderen Ergebnis kommt man, wenn eine Leistung an unbegleitete minderjährige Flüchtlinge gewährt werden soll. Leistungen, für die Kinder oder Jugendliche anspruchsberechtigt sind (zB Tagesbetreuung oder Eingliederungshilfe) sind nach Abs. 1 zu gewähren, wenn Kind oder Eltern Deutsche sind. Für alle Leistungen nach dem SGB VIII gilt, dass Leistungsadressat immer das Kind ist. Daher müssen diese Leistungen auch beim Kind ankommen. Dies folgt auch aus dem Rechtsgedanken des § 6 Abs. 1 S. 3. Bei Leistungen an unbegleitete minderjährige Flüchtlinge entspricht es dem Normzweck, nur auf die Ausländereigenschaft des Kindes oder Jugendlichen abzustellen, auch wenn es/er einen deutschen Vormund hat. Das Minderjährigenschutzabkommen, das nach Abs. 4 vorrangig gilt, verleiht diesen Minderjährigen aber ohnehin dieselbe Rechtsposition wie deutschen.

2.8.1.2 Die Unterscheidung nach Leistung und anderer Aufgabe. § 6 folgt der Unter- **102** teilung der Jugendhilfe in Leistungen und andere Aufgaben (§ 2 Abs. 1). Leistungen sind nur die in § 2 Abs. 2 genannten Hilfen. Andere Aufgaben sind die in § 2 Abs. 3 aufgezählten und zwar auch dann, wenn sie Leistungscharakter haben, wie zB die Beratung nach § 2 Abs. 3 Nr. 9, aber auch die Inobhutnahme nach Nr. 1. Sie werden dann nach § 6 Abs. 1 S. 2 auch für Ausländer erfüllt, ohne die für eine Leistung geltenden Beschränkungen nach Abs. 2. § 6 Abs. 2 S. 2 regelt dies ausdrücklich[58].

Die Erfüllung des Schutzauftrages in § 8 a ist keine Aufgabe iSd § 2. § 8 a ist lediglich eine Verfahrensvorschrift, die regelt, wie bei einer Kindeswohlgefährdung Leistungen und andere Aufgaben miteinander verknüpft werden müssen, also insbes. Inobhutnahme nach § 42 und Familiengerichtshilfe nach § 50 mit der Hilfe zur Erziehung nach § 27. Für ausländische Kinder und Jugendliche gilt dabei nichts anderes als für deutsche. Allerdings können evtl. Dolmetscher notwendig sein, um den Eltern die Hilfen zu erläutern und sie zu beraten; dann sind die Kosten als Hilfekosten zu übernehmen.

2.8.1.3 Die „Leistungssperre" für Ausländer. Will der Ausländer eine Leistung in An- **103** spruch nehmen, muss er zwei Hürden überwinden:

- er benötigt einen gewöhnlichen Aufenthalt in Deutschland und
- der gewöhnliche Aufenthalt muss entweder rechtmäßig sein oder aufgrund ausländerrechtlicher Duldung bestehen.

(1) Gewöhnlicher Aufenthalt. Der Begriff des „gewöhnlichen Aufenthalts" wird in § 30 **104** Abs. 3 S. 2 SGB I definiert und gilt damit auch für das SGB VIII, soweit sich aus diesem keine Besonderheiten ergeben (§ 37 S. 1 SGB I). Den gewöhnlichen Aufenthalt hat jemand also dort, wo er sich uU aufhält, die erkennen lassen, dass er an diesem Ort nicht nur vorübergehend weilt. Der Begriff hat damit ein objektives und ein subjektives Moment.

a) Objektives Moment

Der Mittelpunkt der Lebensbeziehung setzt keinen ständigen Aufenthalt voraus, sondern bestimmt sich nach dem Schwerpunkt der sozialen, insbes. familiären Bindungen. Er lässt sich als Ort kennzeichnen, an dem man nicht nur vorübergehend wohnt und schläft. Er ist keine feste, absolute Größe, sondern kann je nach Lebensführung

---

57 *Krug* in *Krug/Riehle*, SGB VIII, § 6 Erl. III stellt auf das Kind ab, ebenso DIJuF-Rechtsgutachten, JAmt 2005, 297-298.

58 Unverständlich insoweit *Oberloskamp* in *Wiesner*, SGB VIII, § 6 Rn. 14 unter Berufung auf ein DIJuF-Rechtsgutachten, JAmt 2002 S. 122: „Im Hinblick auf die systematische Stellung im Gesetz ist die Beratung nach § 52 als andere Aufgabe anzusehen". Gemeint ist wohl die Beratung nach § 52 a; diese ist aber nicht als andere Aufgabe anzusehen, sondern **ist** eine andere Aufgabe.

und -einstellung auch in Abständen wechseln. Er darf allerdings nicht von vornherein nur befristeter, zB besuchsweiser, Natur sein. Er stellt auf ein Verweilen von gewisser Dauer ab.

b) Subjektives Moment

Subjektiv muss der tatsächliche Wille zum nicht nur vorübergehenden Verweilen zu dem objektiven Element hinzukommen. Auch an ihn dürfen keine überhöhten Anforderungen gestellt werden. Insbesondere bedarf es für die Begründung des gewöhnlichen Aufenthalts keiner Willenserklärung; auf einen rechtsgeschäftlichen Willen des Inhabers kommt es nicht an. Gewöhnlicher Aufenthalt eines Kindes oder Jugendlichen ist idR der Ort, an dem es/er seine Erziehung erhält. Damit wird ggf. auch in Pflegestellen und Heimen, in denen sich Minderjährige zur Erziehung aufhalten, ein gA begründet. Grundsätzlich bestimmt für Kinder und Jugendliche der Personensorgeberechtigte den gA; dazu ist er nach § 1631 Abs. 1 BGB berechtigt. In der Regel legen die Eltern oder ein allein personensorgeberechtigter Elternteil den gA des Kindes an ihrem eigenen gewöhnlichen Aufenthaltsort fest. Lässt ein personensorgeberechtigter Elternteil den nicht nur vorübergehenden Aufenthalt des Kindes bei dem geschiedenen Ehepartner zu oder besteht er nicht beharrlich auf Rückkehr des Kindes zu ihm, kann der gA auch beim nichtsorgeberechtigten Elternteil angenommen werden. Auch Vormünder und Pfleger von Kindern und Jugendlichen können aufenthaltsbestimmungsberechtigt sein.

c) Gewöhnlicher Aufenthalt bei Asylbewerbern

105 Trotz ihres unsicheren rechtlichen Status können auch Asylbewerber einen gewöhnlichen Aufenthalt begründen. Dies folgt schon aus § 86 Abs. 7, der andernfalls ins Leere ginge. Auch § 10 Abs. 3 AsylbLG[59] regelt ausdrücklich, dass Asylbewerber in Deutschland einen gA begründen können. Dies gilt jedenfalls dann, wenn ihr Aufenthalt zukunftsoffen ist, dh solange ein Ende des Aufenthalts in Deutschland für die Zeit der Jugendhilfeleistung nicht abzusehen ist. Steht aber von vornherein fest, dass eine Duldung längstens für 6 Monate erteilt wird (§ 60 a Abs. 1 AufenthG) oder wird eine Aufenthaltserlaubnis nur für einen zeitlich befristeten Zweck nicht länger als 6 Monate oder wird nur ein Visum für diesen Zeitraum erteilt, kann ein gA nicht begründet werden. Um den gA zu begründen, muss nicht schon eine Aufenthaltsdauer von mehr als 6 Monaten vorliegen; es genügt vielmehr die Prognose, dass der Aufenthalt länger als 6 Monate dauern wird. Der Ausländer muss sich aber bereits tatsächlich in Deutschland aufhalten, die bloße Absicht eines Aufenthalts oder Vorbereitungshandlungen genügen nicht. Der tatsächliche Aufenthalt in Deutschland muss auf jeden Fall vorliegen, der gA muss hinzukommen. Das folgt aus § 6 Abs. 1, wonach selbst für Deutsche der tatsächliche Aufenthalt Anspruchsvoraussetzung ist.

106 (2) Rechtmäßiger Aufenthalt. Rechtmäßig hält sich ein Ausländer in Deutschland dann auf, wenn er einen Titel nach dem Aufenthaltsgesetz hat oder freizügigkeitsberechtigter Unionsbürger ist oder als Asylbewerber eine Aufenthaltsgestattung hat.

a) Aufenthaltitel nach dem Aufenthaltsgesetz (§ 4)

Der Titel wird erteilt[60] als Visum (§ 6), Aufenthaltserlaubnis (§ 7), Niederlassungserlaubnis (§ 9) oder Erlaubnis zum Daueraufenthalt-EU (§ 9 a).

---

59 Vom BVerfG am 18.7.2012 lediglich wegen der unzureichenden Regelleistungen für verfassungswidrig erklärt.
60 Zu den Voraussetzungen im Einzelnen vgl. *Hofmann/Hoffmann*, Ausländerrecht. 2008.

b) EU-Aufenthaltsrechte nach dem EU-Freizügigkeitsgesetz

Unionsbürger haben ein Aufenthaltsrecht unmittelbar nach dem einheitlichen EU-Recht. Die Regelungen im Freizügigkeitsgesetz/EU sind lediglich deklaratorischer Natur. Gemeinschaftsrechtlich freizügigkeitsberechtigt sind die in § 2 Abs. 2 FreizügG/EU aufgeführten Personengruppen. Sie bedürfen keiner Aufenthaltserlaubnis nach dem AufenthG. Sie erhalten lediglich eine Bescheinigung über ihr Aufenthaltsrecht-EU (§ 5 Abs. 1 FreizügG/EU), das nach 5 Jahren Aufenthalt zu einem Daueraufenthaltsrecht (§ 4 a FreizügG/EU) wird. Ihre Familienangehörigen, die als Nichtunionsbürger freizügigkeitsberechtigt sind, erhalten eine Aufenthaltskarte (§ 5 Abs. 2 und 6 FreizügG/EU). Nicht erwerbstätige Unionsbürger, deren Aufenthalt länger als 3 Monate dauert, sind nur dann freizügigkeitsberechtigt, wenn sie über ausreichenden Krankenversicherungsschutz und ausreichende Existenzmittel verfügen (§ 2 Abs. 2 Nr. 5 FreizügG/EU iVm § 4 FreizügG/EU). Dies gilt auch für Familienangehörige und Lebenspartner.

Unionsbürger, deren Aufenthaltsrecht sich allein aus dem Zweck der Arbeitsuche ergibt, können nach der Richtlinie 204/38/EG vom 29.4.2004 von der Freizügigkeit ausgeschlossen werden. Mit Gesetz vom 20.7.2007 wurde diese Richtlinie mit Wirkung zum 1.11.2007 in nationales Recht umgesetzt. Danach sind Unionsbürger lediglich von Leistungen nach dem SGB II (§ 7 Abs. 1 S. 2 Nr. 2) und SGB XII (§ 23 Abs. 3 S. 1) ausgeschlossen, nicht aber von Jugendhilfeleistungen. Erweitert wird der Anwendungsbereich des FreizügG/EU durch § 12, wonach die Regelungen dieses Gesetzes auch für Staatsangehörige der EWR und ihre Familienangehörigen gelten. Dies sind Island, Liechtenstein und Norwegen. Eingeschränkt gelten die Regelungen des FreizügG/EU nach § 13 für Angehörige der Staaten, die mit Vertrag vom 16.4.2003 der EU beigetreten sind. Ihre Freizügigkeit ist davon abhängig, ob ihre Beschäftigung in Deutschland durch die Bundesagentur für Arbeit gem. § 284 Abs. 1 SGB III genehmigt wurde. Ist dies nicht der Fall, werden sie wie Drittstaatsangehörige nach dem AufenthG behandelt, bedürfen also zur Rechtmäßigkeit ihres Aufenthalts eines Aufenthaltstitels.

c) Aufenthaltsgestattung gemäß Asylgesetz

Rechtmäßig ist ein Aufenthalt auch ohne Aufenthaltstitel, wenn ein Aufenthaltsrecht **107** verliehen wird. Dies geschieht durch die Aufenthaltsgestattung zur Durchführung des Asylverfahrens (§ 55 Abs. 1 AsylG). Über die Aufenthaltsgestattung wird eine Bescheinigung ausgestellt (§ 63 AsylG). Minderjährige ab 16 Jahren können[61] selbst einen Asylantrag stellen (§ 12 AsylG). Für unbegleitete minderjährige Flüchtlinge unter 16 Jahren muss ihr Vormund oder Pfleger einen Asylantrag stellen (§ 42 Abs. 2 S. 5). Da für sie aber das Minderjährigenschutzabkommen (MSA)[62] gilt, das Vorrang vor § 6 hat, erhalten sie alle Hilfen unabhängig von der Rechtmäßigkeit ihres Aufenthalts, also auch ohne Gestattung.

(3) Ausländerrechtliche Duldung. Neben den Formen des legalen Aufenthalts ist auch **108** der nicht rechtmäßige Aufenthalt als legitimer Aufenthalt für die Gewährung von Leistungen an Ausländer akzeptiert. Duldung bedeutet, dass wegen des nicht rechtmäßigen Aufenthalts zwar eine Ausreisepflicht besteht, diese aber nicht zwangsweise durch unmittelbaren Zwang (die Abschiebung) vollstreckt wird. Die Abschiebung wird vorübergehend ausgesetzt (§ 60 a AufenthG). Die Duldung lässt die Ausreisepflicht des Ausländers unberührt (§ 60 a Abs. 3). Der Ausländer erhält eine Bescheinigung über die Duldung (§ 60 a Abs. 4). Neben der Duldung als vorübergehender Aussetzung der Abschiebung gibt es

---

61 Das Gesetz zur besseren Durchsetzung der Ausreisepflicht v. 20.7.2017 (BGBl. I 2780). verpflichtet das JA zur Stellung des Asylantrags; vgl. hierzu *Kepert*, ZFSH/SGB 2017, 503.
62 Abgelöst durch das Kinderschutzübereinkommen (KSÜ).

ein Abschiebungsverbot nach § 60 AufenthG. In den dort geregelten Fällen wird aber eine Aufenthaltserlaubnis nach den §§ 24, 25 AufenthG erteilt, so dass in diesen Fällen ein rechtmäßiger Aufenthalt vorliegt.

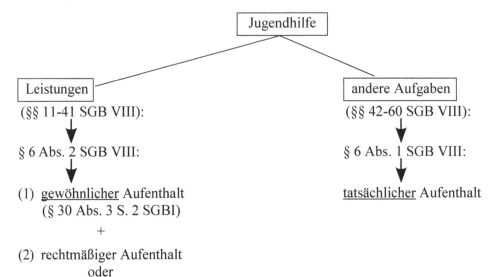

| Jugendhilfe |

Leistungen
(§§ 11-41 SGB VIII):

§ 6 Abs. 2 SGB VIII:

(1) gewöhnlicher Aufenthalt
   (§ 30 Abs. 3 S. 2 SGBI)
         +

(2) rechtmäßiger Aufenthalt
         oder
      Duldung

andere Aufgaben
(§§ 42-60 SGB VIII):

§ 6 Abs. 1 SGB VIII:

tatsächlicher Aufenthalt

vorrangig gilt (§ 6 Abs. 4 SGB VIII):
1. zwischenstaatliches Recht
   a) Minderjährigenschutzabkommen
   b) Europäisches Fürsorgeabkommen

2. überstaatliches Recht:
   EG-Recht (Art. 7 Abs. 2 VO Nr. 1612/68)

109 **2.8.1.4 Überwindung der Leistungssperre durch über- und zwischenstaatliches Recht.** Gem. § 6 Abs. 4 haben über- und zwischenstaatliches Recht Vorrang vor der Regelung sowohl des § 6 Abs. 2 als auch der des § 6 Abs. 1. Im Verhältnis von über- und zwischenstaatlichem Recht hat das überstaatliche Recht Vorrang. Innerhalb des zwischenstaatlichen Rechts gehen bilaterale Regelungen multilateralen Abkommen vor. Im Verhältnis der multilateralen Abkommen zueinander können sich in diesen Abkommen Vorrangregelungen finden.

109a **(1) Überstaatliches Recht.** Überstaatliches Recht ist das EU-Recht, das sich aus Primärrecht (EG-Vertrag) und dem von den Gemeinschaftsorganen gesetzten Recht (Sekundärrecht: Verordnungen, Richtlinien und Entscheidungen) zusammensetzt. In der Jugendhilfe ist vor allem die Verordnung Nr. 1612/68 vom 15.10.1968 von Bedeutung. Art. 7 Abs. 2 der Verordnung gewährt den EU-Ausländern die gleichen sozialen Vergünstigungen wie den Inländern. Zu den sozialen Vergünstigungen gehört auch die Jugendhilfe. Soweit Unionsbürger und ihre Familienangehörigen freizügigkeitsberechtigt sind, ist ihnen daher Jugendhilfe (Leistungen und andere Aufgaben) ohne die Leistungssperre nach § 6 Abs. 2 zu gewähren.

Für unbegleitete minderjährige Flüchtlinge regelt Art. 17 Abs. 1 Aufnahmerichtlinie 2003/9/EG vom 27.1.2003 (ABl. L 31/18) deren besonderen Schutz.[63] Die Brüssel IIa Verordnung vom 27.11.2003 gilt für alle Minderjährigen, die ihren gewöhnlichen Aufenthalt in einem Mitgliedsstaat haben. Die Verordnung bezieht sich nach Art. 2 ua auf das Sorge- und Umgangsrecht, Vormundschaft und Pflegschaft sowie die Unterbringung eines Kindes in einer Pflegefamilie oder in einem Heim. Zu dieser Unterbringung regelt Art. 56 Näheres. Die VO kann auch auf Drittstaatsangehörige Anwendung finden, wenn eine hinreichend enge Verbindung zu einem Mitgliedsstaat besteht[64].

(a) Bilaterale Abkommen

Die Deutsch-Schweizerische Fürsorgevereinbarung ist zum 31.3.2006 gekündigt worden. Es gilt nun das Freizügigkeitsabkommen zwischen der Schweiz und der EG vom 21.6.1999, das seit 1.6.2002 in Kraft ist. **110**

Das Deutsch-Österreichische Fürsorgeabkommen vom 28.12.1968 regelt, dass jungen Menschen im Vertragsstaat die gleichen Rechte gewährt werden wie im Heimatstaat.

(aa) Europäisches Fürsorgeabkommen (EFA)

Das EFA vom 11.12.1953 enthält die Verpflichtung, den bedürftigen Staatsangehörigen aller Vertragschließenden, die sich im Unterzeichnerland „erlaubt aufhalten", in gleichem Umfange wie eigenen Staatsangehörigen „Fürsorge", damit auch Jugendhilfe, zu gewähren; das schließt auch die Hilfe für junge Volljährige ein. Erlaubt hält sich eine Person in Deutschland dann auf, wenn sie sich rechtmäßig hier aufhält; dies schließt die Aufenthaltsgestattung ein. Nach Art. 18 EFA gehen andere internationale Abkommen vor, wenn sie für den Beteiligten, hier den jungen Menschen, günstiger sind. **110a**

(bb) Haager Minderjährigenschutzabkommen (MSA)

Dem MSA hat die Bundesrepublik durch Gesetz vom 30.4.1971 zugestimmt. Das MSA hat anders als die oben dargestellten Abkommen speziell den „Schutz von Minderjährigen" zum Gegenstand; als Minderjähriger ist iSv Art. 12 MSA anzusehen, wer nach den innerstaatlichen Rechten sowohl des Staates, dem er angehört, als auch des Staates des gewöhnlichen Aufenthalts minderjährig ist. Das ist vom Sinn der Vorschrift her eine Status-, keine bloße Altersfrage. Wer nach dem Recht seines Heimatstaates den Status der Volljährigkeit vorzeitig erlangt, ist daher nicht als minderjährig zu behandeln und damit durch das MSA nicht geschützt. Bestehen Zweifel an der Minderjährigkeit, kann die Hilfegewährung davon abhängig gemacht werden, dass der Hilfesuchende sich einer wissenschaftlichen Untersuchung zur Altersbestimmung[65] unterzieht (§ 62 SGB I). Dies könnte auch durch einen Handwurzeltest in Form der Röntgendiagnostik erfolgen, ist aber nicht üblich. **111**

---

63 Siehe im Anhang 3 die Rechtsquellensynopse.
64 So die Erwägung 8 Brüssel IIa-VO. Der KVJS Baden-Württemberg erläutert mit Rundschreiben vom 13.9.2007 diesen Art. und hat auch ein Verfahrensschema bei der Unterbringung eines Kindes – sowohl eines deutschen in einem Heim eines Mitgliedsstaates als auch eines ausländischen in einem deutschen Heim – mit Stand vom 17.7.2008 entwickelt.
65 Zur Altersbestimmung s. OVG Hamburg 9.2.2011 – JAmt 2011, 472.

Die Erfüllung des Schutzauftrages nach § 8 a auch für ausländische Minderjährige ergibt sich schon aus dem MSA selbst. Die erforderlichen Hilfen können auch vom Träger der freien Jugendhilfe erbracht werden. Dem MSA verpflichtet sind zwar Gerichte oder Verwaltungsbehörden, dies ist aber auch im SGB VIII so geregelt (§ 3 Abs. 2 S. 2). Die Behörde – als Organ des öffentlichen Trägers – ist lediglich letztverantwortlich; sie muss aber die Leistung nicht selbst erbringen. Unbeschadet von Differenzierungen und Komplikationen geht das MSA damit einerseits – in seinem zwischenstaatlichen Geltungsbereich – weiter als das EFA, indem es Kinder und Jugendliche aus allen Ländern einzieht, bleibt aber andererseits – im altersgemäßen Geltungsbereich – hinter diesem zurück, weil es für junge Volljährige nicht anwendbar ist.

Das Haager Übereinkommen über den Schutz der Kinder **(KSÜ)**[66] hat mit Wirkung zum 1.1.2011 das MSA abgelöst.

(c) UN-Übereinkommen über die Rechte des Kindes

112 Die UN-Kinderkonvention ist in der Bundesrepublik am 5.4.1992 in Kraft getreten. Die Bundesregierung hat einen Vorbehalt erklärt: „Die Bundesrepublik Deutschland erklärt zugleich, dass das Übereinkommen innerstaatlich keine unmittelbare Anwendung findet. Es begründet völkerrechtliche Staatenverpflichtungen, die die Bundesrepublik Deutschland nach näherer Bestimmung ihres mit dem Übereinkommen übereinstimmenden innerstaatlichen Rechts erfüllt." Dieser Vorbehalt wurde 2010 zurückgenommen.[67].

Die Rangfolge der Rechtsgrundlagen für Leistungen an ausländische junge Menschen ergibt sich aus der folgenden Übersicht:

Übersicht: Rangfolge der Rechtsgrundlagen

Unionsbürger (bzw. Türken und Schweizer)		Drittstaatsangehörige		
①	②	③	④	⑤
EU-Recht	Bilaterale Abkommen	MSA	EFA	§ 6 Abs. 2 SGB VIII
a) VO Nr. 1612/68 Freizügigkeitsberechtigte Unionsbürger und ihre Familienangehörigen (bzw. Türken nach Assoziationsabkommen und Schweizer) b) Brüssel IIa VO – Minderjährige – gA im Mitgliedstaat	Österreich und Schweiz	– Minderjährige – tatsächlicher und (zusätzlich) gA – in Notfällen nur tatsächlicher Aufenthalt – für Angehörige aller Staaten	– junge Menschen – erlaubter (= rechtmäßiger) Aufenthalt – nur für Angehörige der Mitgliedstaaten oder der Europäischen Sozialcharta	– gA und – rechtmäßiger oder geduldeter Aufenthalt

113 2.8.1.5 Hilfen für unbegleitete minderjährige Ausländer (UMA)[68] Der Anwendungsbereich des § 6 Abs. 2 für Leistungen an junge Ausländer schrumpft durch den Vorrang

---

66 Zum KSÜ ausführlich Schwarz in JAmt 2011, 438 – 442.
67 Ausführlich zur UN- Kinderkonvention BT-Drs. 17/3938 v. 25.11.2010.
68 Siehe auch die „Handlungsempfehlungen zum Umgang mit minderjährigen unbegleiteten Flüchtlingen" der BAG LJÄ (2014). Zum Verteilverfahren in BW siehe Rundschreiben der Kommunalverbände v. 25.2.2015.

über- und zwischenstaatlichen Rechts auf null. Für Minderjährige aus allen Ländern gilt das Minderjährigenschutzabkommen (MSA), für junge Volljährige aus den Vertragsstaaten zudem das Europäische Fürsorgeabkommen (EFA). Die in diesen Abkommen vorgesehenen Hilfen haben den Vorrang auch vor der Erfüllung anderer Aufgaben nach § 6 Abs. 1. Das Minderjährigenschutzabkommen (MSA)[69] verpflichtet zu allen Hilfen für Minderjährige aus allen Staaten, wenn sie in Deutschland einen gewöhnlichen Aufenthalt (zukunftsoffener Verbleib) haben (Art. 1). Es genügt aber auch schon der tatsächliche Aufenthalt, wenn Notmaßnahmen erforderlich sind (Art. 9). Auf die Hilfen hat der Minderjährige selbst einen Anspruch. Hilfen sind auch nach dem Europäischen Fürsorgeabkommen (EFA) zu gewähren, wenn der Minderjährige aus einem Mitgliedsstaat kommt und sich hier erlaubt, also rechtmäßig und nicht nur geduldet aufhält. Die UN-Kinderrechtskonvention verpflichtet in Art. 22 zur Betreuung und angemessenen Unterbringung.

Nach Einreise hat das Jugendamt den Minderjährigen – unabhängig von seinem Alter – in Obhut zu nehmen (§ 42 Abs. 1 S. 1 Nr. 3 und § 42 a). Die Unterbringung muss in einer für den Jugendlichen geeigneten Einrichtung erfolgen; dies kann auch die Aufnahmeeinrichtung sein, wenn die Unterbringung dort altersgerecht erfolgt. Ist sie aber dem Wohl des Kindes abträglich, muss das Jugendamt den Minderjährigen dort herausnehmen. Das Jugendamt ermittelt die Identität und die Herkunft sowie die Lebenssituation des Minderjährigen und klärt die weitere Versorgung und Betreuung im „Clearingverfahren". Es veranlasst unverzüglich, dh innerhalb weniger Tage die Bestellung eines Vormunds oder Pflegers (§ 42 Abs. 3 S. 4); möglich ist auch die Bestellung eines Ergänzungspflegers für ausländerrechtliche Fragen. Der Vormund/Pfleger (möglicherweise das Jugendamt als Amtsvormund/Amtspfleger) beantragt Asyl, wenn der Minderjährige unter 16 Jahren ist. Ist er 16 Jahre alt, ist er selbst handlungsfähig (§ 12 AsylG) und muss den Asylantrag bei der Außenstelle des Bundesamtes (in jeder Zentralen Aufnahmeeinrichtung) stellen. Er muss dann längstens 3 Monate in einer Aufnahmeeinrichtung wohnen (§ 47 Abs. 1 AsylG). Die Aufnahmeeinrichtung unterliegt nicht der Heimaufsicht der Jugendhilfe (§ 44 Abs. 3 AsylG). Ist der Minderjährige dagegen noch nicht 16 Jahre, muss der Vormund/ Pfleger den Asylantrag beim Bundesamt selbst stellen (§ 14 Abs. 2 S. 1 Nr. 3 AsylG). Die Unterbringung erfolgt dann idR in einer Gemeinschaftsunterkunft (§ 53 Abs. 1 AsylG); diese ist von der Heimaufsicht nicht ausgenommen (s. *Rn. 225*).[70] Auch der Schutz aus Art. 56 Brüssel IIa-VO ist zu berücksichtigen, ebenso der Schutz aus Art. 22 UN-Kinderrechtskonvention. Außerdem regelt Art. 17 Abs. 1 Aufnahmerichtlinie 2003/9/EG für unbegleitete minderjährige Flüchtlinge deren besonderen Schutz.[71]

Unabhängig vom Alter des Minderjährigen hat das Jugendamt Hilfe zur Erziehung (§ 27) zu gewähren, wenn der Vormund/Pfleger dies in einem Hilfeplanungsverfahren (§ 36 Abs. 1) beantragt. Die Inobhutnahme endet erst, wenn eine Entscheidung über diesen Antrag gefallen ist (§ 42 Abs. 4 Nr. 2). Der Bedarf an Inobhutnahme endet nicht allein deshalb, weil ein Vormund bestellt wurde. Umgekehrt kann nicht schon aufgrund der typischerweise schwierigen äußeren Situation des Jugendlichen zwingend ein erzieherischer Bedarf für eine Hilfe zur Erziehung angenommen werden. Die örtliche Zuständigkeit des Jugendamts richtet sich für die Inobhutnahme nach § 87, für die Amtsvormundschaft/ Amtspflegschaft nach § 87 c Abs. 3, für die Hilfe zur Erziehung nach § 86 Abs. 7 und außerdem nach § 88 a.

---

69 Seit 1.1.2011 abgelöst durch das KSÜ (s. *Rn. 111*).
70 Vgl. hierzu VG Berlin 18.4.2011 – Az. 20 L 331.10.
71 Ausführlich und kritisch zur Unterbringung der minderjährigen Flüchtlinge in der Aufnahmeeinrichtung *E. Peter*, Verfahrensbeschleunigungsmaxime versus Kindeswohl – zur Ausgrenzung unbegleiteter ausländischer Minderjähriger aus der Jugendhilfe, ZfJ 2003, 81–89 sowie JAmt 2006, 60; *ders.*, Unbegleitete Minderjährige im Lichte des Zuwanderungsgesetzes und der EU-Asylrechtsharmonisierung, ZAR 2005, 11).

114 2.8.2 Ausweisung. Nahezu zeitgleich wurden das KJHG und das Ausländergesetz vom 9.7.1990 verabschiedet. Während nach dem Jugendhilferecht Ausländer in den Genuss von Leistungen kommen sollten, waren nach dem Ausländerrecht diese Leistungen „ungenießbar", weil Ausweisung die Folge sein konnte. Schon nach § 10 Abs. 1 Nr. 3 AuslG vom 28.4.1965 war die im Heim durchgeführte Fürsorgeerziehung ausdrücklich Ausweisungsgrund; das war eine ausschließlich durch Gerichte – Vormundschaftsgericht nach § 64 JWG oder Jugendgericht nach §§ 9, 12 JGG aF – angeordnete „Erziehungsmaßnahme".

Diese Vorschrift wurde, der Forderung der Träger der Erziehungshilfe entsprechend, durch Art. 9 Abs. 5 KJHG gestrichen; dies sollte iS der Jugendhilfepraxis eine ersatzlose Streichung sein. Obwohl der Bundesrat sich hinter diese Forderung gestellt hatte (s. Mat. zu Art. 9 Abs. 5), kam es im neuen Ausländergesetz umgekehrt zu der im Grundtatbestand noch weitergehenden Ausweisungsvorschrift des § 46 Nr. 7 AuslG, die auf Hilfe zur Erziehung außerhalb der eigenen Familie und Hilfe für junge Volljährige abstellte. Diese Ausweisungsvorschrift wurde im Aufenthaltsgesetz vom 30.7.2004 mit § 55 Abs. 2 Nr. 7 übernommen, ist aber dadurch eingeschränkt worden, dass der Ausweisungsgrund nicht für mit den Eltern zusammenlebende Kinder gilt. Damit wurde Bedenken des Bundesrats entsprochen, die Integration von Ausländern nicht durch aufenthaltsbezogene Maßnahmen zu vereiteln.[72]

115 2.8.2.1 Ausweisungsgrund. Nach zahlreichen Änderungen des AufenthG wurde die Ausweisung in §§ 53 bis 55 neu geregelt. Danach gibt es keine einzelnen Ausweisungsgründe mehr, sondern nur eine „Abwägungsausweisung", bei der die Ausweisungsinteressen mit den Bleibeinteressen abgewogen werden müssen.

116 2.8.2.2 Rechtsfolge. Bei Überwiegen des Ausweisungsinteresses muss die Ausweisung erfolgen: Ermessen besteht nicht (§ 53 Abs. 1 S. 1 „wird ausgewiesen").

117 2.8.2.3 Ausweisungsschutz. Über- und zwischenstaatliches Recht. Bei EU-Ausländern (Unionsbürgern) ist eine Ausweisung wegen des Bezugs von Jugendhilfe ausgeschlossen (§ 6 Abs. 1 FreizügG/EU); zudem bestimmt § 6 Abs. 6 FreizügG/EU, dass wirtschaftliche Zwecke, also beispielsweise die Entlastung öffentlicher Kassen, eine Ausweisung nicht rechtfertigen. Dieser Ausweisungsschutz kann aber nur für freizügigkeitsberechtigte Unionsbürger gelten. Bei nicht erwerbstätigen Unionsbürgern ist dies nur der Fall, wenn sie über ausreichende Existenzmittel und Krankenversicherungsschutz verfügen. Ist ein junger Mensch im Heim untergebracht, ohne dass er oder seine Eltern die Heimkosten durch einen Kostenbeitrag weitgehend selbst finanzieren, ist ein Ausweisungsgrund nach § 6 FreizügG/EU nicht anzunehmen. Ein Ausländer aus einem EFA-Vertragsstaat darf nach dem Bezug von Jugendhilfe nicht „zurückgeschafft" werden (Art. 6 EFA). Das Minderjährigenschutzabkommen (MSA) enthält dagegen keine Schutzbestimmungen gegen eine Ausweisung. Nach dem deutsch-österreichischen Fürsorgeabkommen (s. Anhang Rechtsquellensynopse unter 3.3) kann ein österreichischer Staatsangehöriger nicht wegen des Bezugs von Jugendhilfe „rückgeschafft" werden, außer wenn er kürzer als 1 Jahr in Deutschland gelebt hat (Art. 8 Abs. 1).

118 2.8.3 Aufenthaltstitel. Gem. § 5 Abs. 1 Nr. 1 AufenthG darf die Erteilung eines Titels versagt werden, wenn der Lebensunterhalt nicht gesichert ist. Dies ist bei Leistung von Jugendhilfe dann der Fall, wenn auch „wirtschaftliche Jugendhilfe" (Unterhalt) geleistet wird, also eine Hilfe nach §§ 13 Abs. 3, 19, 21, 27, 35a, 41 jeweils iVm §§ 39, 40. Gem. § 5 Abs. 1 Nr. 2 AufenthG kann die Erteilung eines Titels ferner nur bei einem Ausweisungsgrund versagt werden. Da ein Ausweisungsgrund nur in den dort genannten Fällen

---

72 Vgl. BT-Drs. 11/6995/1989.

vorliegt, kann auch die Erteilung der Aufenthaltserlaubnis oder die Verlängerung der Aufenthaltserlaubnis (§ 8 AufenthG) nur ganz selten verweigert werden. Wenn ein Ausweisungsgrund besteht, aber Ausweisungsschutz vorliegt, erstreckt sich dessen Wirkung nicht auf die Erteilung oder Verlängerung bestehender Aufenthaltsrechte[73]

Dagegen ist es für die Erteilung oder Verlängerung des Aufenthaltstitels von Belang, ob der Ausweisungsgrund noch aktuell ist. Wenn bspw. zum Zeitpunkt der Entscheidung über die Erteilung oder Verlängerung des Aufenthaltstitels keine Jugendhilfe mehr bezogen wird, liegt keine erhebliche Beeinträchtigung der Interessen der Bundesrepublik mehr vor, da die öffentlichen Kassen nicht mehr belastet werden[74]. Die Erteilungs- und Verlängerungsvoraussetzungen des Aufenthaltsgesetzes sind nicht anwendbar, wenn eine Aufenthaltsgestattung nach § 55 AsylG vorliegt, weil diese zur Durchführung des Asylverfahrens erteilt wird.

2.8.4 Datenschutz. Zusätzliche Problematik ergibt sich in Bezug auf die Weitergabe von **119** Sozialdaten nach §§ 61-68 als personenbezogene Daten iSv §§ 86-88 AufenthG an die Ausländerbehörden. Hier sind schon durch das AuslG zur gleichen Zeit, in welcher der Sozialdatenschutz nach § 35 SGB I, §§ 67 ff. SGB X durch §§ 61-68 noch verstärkt worden ist, zusätzliche Übermittlungspflichten eingeführt worden. Da die beiden Gesetze in ihrer letzten Gesetzgebungsphase zeitgleich parallel zustande gekommen sind, hat es leider an angemessener Abstimmung gefehlt und ist umso mehr sorgfältige Auslegung erforderlich: Wo die Bestimmungen – anscheinend, teilweise auch nur scheinbar – kollidieren, müssen insbes. tragende Grundsätze des KJHG gewahrt werden. § 71 SGB X ist nicht an die Neuregelung der §§ 53 bis 55 AufenthG angepasst worden.

2.8.4.1 Datenerhebung durch Ausländerbehörden. Den Ausländerbehörden ist nach **120** § 86 AufenthG gestattet, personenbezogene Daten zu erheben, sowie dies zur Erfüllung der ihnen vom Gesetz gestellten Aufgaben erforderlich ist. Wenn der Weg der Datenerhebung beim Betroffenen nicht weiterführt, dürfen die Daten auch ohne Mitwirkung des Betroffenen bei öffentlichen und nichtöffentlichen Stellen erhoben werden.

Für das Asylverfahren gelten mit § 7 AsylG entspr. Regeln.

2.8.4.2 Mitteilungspflichten. a) Rechtliche Grundlagen. Die Frage der Verpflichtung **121** der Jugendhilfeträger zur Mitteilung an die Ausländerbehörden ist nach dem AufenthG, jedoch unter Beachtung der Grundsätze und Regeln des KJHG sowie des Geheimnis- und Datenschutzrechtes nach §§ 35 SGB I und 67-85 SGB X zu beantworten. Nach § 87 **Abs. 1** AufenthG müssen personenbezogene Daten mitgeteilt werden, wenn die Ausländerbehörde ein entsprechendes **Ersuchen** an das Jugendamt richtet. Auch ohne Ersuchen muss das Jugendamt Daten gem. § 87 **Abs. 2** mitteilen, wenn es Kenntnis von einem Ausweisungsgrund hat (euphemistisch „Spontanmitteilung"). Die zusätzlich gem. § 99 Abs. 1 Nr. 14 d AufenthG dem Jugendamt aufzuerlegende Mitteilungspflicht wird erst durch eine Rechtsverordnung des BMI konstituiert. Die AufenthaltsVO vom 25.11.2004[75], „verschont" aber das Jugendamt.

Die Kollision zwischen Mitteilungspflichten einerseits und der Geheimhaltungspflicht nach § 35 SGB I andererseits wird durch **§ 35 Abs. 3** SGB I aufgelöst, der bestimmt, dass keine Auskunfts-, also auch keine Mitteilungspflicht besteht, soweit eine Übermittlung nicht zulässig ist. Ob eine Übermittlung zulässig ist, richtet sich nach § 71 Abs. 2 SGB X. Liegt danach eine Übermittlungsbefugnis vor, wird sie durch § 87 AufenthG zu einer Übermittlungspflicht. Gleichzeitig schränkt das Aufenthaltsgesetz selbst die Mitteilungspflicht ein,

---

73 So Anwendungsempfehlungen BMI Nr. 5.0.4.
74 Ebenso die Anwendungsempfehlungen BMI Nr. 5.1.2.2.
75 Siehe Anhang 3 als Anlagen 8 und 10.3.3.

indem § 88 AufenthG sie durch besondere gesetzliche Verwendungsregelungen begrenzt; die Vorschriften des Sozialdatenschutzes sind solche.

b) Öffentliche Stellen. Die Übermittlungspflicht betrifft nur „öffentliche Stellen". Dies sind Stellen, die Aufgaben der öffentlichen Verwaltung wahrnehmen (§ 1 Abs. 2 VwVfG, für die Sozialverwaltung § 1 Abs. 2 SGB X). Dies sind die Jugendämter, aber auch (strittig) Einrichtungen der Jugendhilfe in kommunaler Trägerschaft (zB Kindergärten)[76]. Die Streitfrage ist nur von theoretischer Bedeutung: Wenn die Leitung einer Einrichtung des öffentlichen örtlichen Trägers eine Übermittlungspflicht annimmt, so ist ihr Adressat das Jugendamt. Dieses hat über die weitere Übermittlung an die Ausländerbehörde zu entscheiden.

Träger und Einrichtungen der freien Jugendhilfe wie Jugendverbände, Wohlfahrtsverbände und Kirchen sind keine öffentlichen Stellen.[77] Eine Ausnahme kann nur für solche Träger der freien Jugendhilfe angenommen werden, die öffentlich-rechtlichen Status haben, wie bspw. der Bayerische Landesjugendring.

122 c) Übermittlungsbefugnisse und -pflichten.

aa) § 71 Abs. 2 S. 1 Nr. 1 SGB X. Die Übermittlung von Daten ist begrenzt auf die in den Buchstaben a und b benannten Zwecke und Datensätze. Aus dem mit dem 2. SGB-ÄndG 1994 erfolgten Wegfall des Wortes „auch" in § 71 Abs. 2 S. 1 Nr. 1 b SGB X ergibt sich für die Jugendhilfe eine bedeutsame Änderung, die weder in den Materialien zur Neuregelung noch in der Kommentarliteratur erwähnt wird: Aus dem Wegfall folgt nämlich, dass das Jugendamt im Rahmen eines Ersuchens nach § 87 Abs. 1 AufenthG nur noch die in § 71 Abs. 2 S. 2 Nr. 1 b SGB X geforderte Sozialprognose abzugeben hat, dagegen nicht mehr Daten nach lit. a-c zu liefern, also nicht die Gewährung von Jugendhilfeleistungen mitzuteilen hat. Auch diese Sozialprognose hat ein Jugendamt aber nur dann mitzuteilen, wenn ein Ausweisungsgrund vorliegt. Da es einen Ausweisungsgrund nach der Neuregelung in §§ 53 bis 55 AufenthG nicht mehr gibt, bleibt eine Mitteilungspflicht nach § 87 Abs. 1 AufenthG inhaltsleer.

bb) § 71 Abs. 2 S. 1 Nr. 2 SGB X. Auch ohne Ersuchen der Ausländerbehörde besteht eine Übermittlungspflicht, wenn

■ **ein Ausweisungsgrund** vorliegt (siehe oben: gibt es nicht mehr)

Keine Einschränkung der Übermittlungsbefugnis ergibt sich aus **§ 64 Abs. 2**, da er sich nur auf Übermittlungen nach § 69 SGB X bezieht, also nicht auf solche nach § 71 SGB X. Dagegen folgt aus **§ 65** eine solche, soweit dem Mitarbeiter eines öffentlichen oder freien Trägers Daten anvertraut worden sind, wenn er erzieherische Hilfe leistet oder berät. Die Weitergabe solcher Daten ist nur zulässig, wenn eine Weitergabebefugnis nach einer der Nummern des § 65 vorliegt. Dies ist bei Mitteilungen an die Ausländerbehörde nicht der Fall, so dass die anvertrauten Daten dieser nicht übermittelt werden dürfen. Allein die Mitteilung, dass Hilfe zur Erziehung im Heim geleistet wurde, ist nicht Mitteilung eines anvertrauten Datums, ist also zulässig.

■ **(Tatsachen für ein behördliches Anfechtungsrecht der Vaterschaft** vorliegen).

Hat ein Vater die Vaterschaft nach § 1592 Nr. 2 BGB anerkannt, kann die nach Landesrecht zuständige Behörde (das RP zB in B.-W.) die Vaterschaftsanerkennung anfechten

---

76 AA für die Einrichtungen *Maas*, NDV 1990, 419; *Wiesner/Mörsberger*, SGB VIII, § 71 SGB X Rn. 11; *Mörsberger/ Dembowski* NDV 1991, 157, weil diese Einrichtungen nicht Adressaten der Amtshilfepflicht seien. Dem ist entgegenzuhalten, dass Adressat der Amtshilfe nach § 3 Abs. 1 SGB X die Behörde ist, zu der auch ihre Einrichtungen zählen.

77 Insoweit aA *Huber* NDV 1991, 189.

(§ 1600 Abs. 1 Nr. 5 BGB), wenn zwischen dem Kind und dem (vorgeblichen) Vater keine sozial-familiäre Beziehung besteht (§ 1600 Abs. 3 BGB)[78].

d) Prüfungskompetenz des Jugendamtes. Weil das Jugendamt gem. § 67 d Abs. 1 S. 1 **123** SGB X[79] für die Zulässigkeit der Übermittlung verantwortlich ist, muss es prüfen, ob die Übermittlungsvoraussetzungen nach § 71 Abs. 2 SGB X vorliegen. Dazu gehört die Prüfung einer Mitteilungspflicht nach § 87 AufenthG, (einschl.[80] der Prüfung des § 56 AufenthG) ferner, ob die Mitteilung für die aufenthaltsrechtliche Maßnahme erforderlich ist. Sie ist nicht erforderlich, wenn keine Ausweisung erfolgen kann. Dagegen kann das Jugendamt nicht die Ermessensausübung des Ausländeramtes bezüglich einer Ausweisung antizipieren (das Jugendamt ist nicht ein „Ersatz-Ausländeramt").

e) Übermittlungskompetenz im Jugendamt. Da die Mitteilungspflicht nach § 87 Abs. 1 **124** AufenthG ein Unterfall der Amtshilfepflicht ist, ist in derselben Hierarchieebene wie bei § 68 Abs. 2 SGB X zu entscheiden, ob Daten an die Ausländerbehörde übermittelt werden. Dies obliegt dann sowohl für die Übermittlung nach § 71 Abs. 2 S. 1 Nr. 1 SGB X als auch nach Nr. 2 dem Sozialdezernenten.

f) Folgen einer unzulässigen Übermittlung. Daten, die dem Ausländeramt unzulässig **125** übermittelt worden sind, dürfen von ihm nicht verwendet werden (§ 78 Abs. 1 S. 1 SGB X). Eine auf solche Daten gestützte Entscheidung der Ausländerbehörde ist als rechtswidrig zurückzunehmen.[81] Außerdem liegt eine Ordnungswidrigkeit sowohl des Jugendamts als auch des Ausländeramts vor, die nach § 85 a SGB X[82] mit Bußgeld geahndet wird. Hat eine in § 203 Abs. 1 StGB aufgeführte Person (zB Sozialarbeiter, Sozialpädagoge, Psychologe oder Berater in einer Beratungsstelle) ein personenbezogenes Datum weitergegeben, macht diese Person sich zudem strafbar.

Zum Datenschutz vgl. *das Prüfschema im Anhang 3 a als Anlage 10*

---

78 Das behördliche Anfechtungsrecht ist vom BVerfG am 17.12.2013, FamRZ 2014, 449 für verfassungswidrig erklärt worden. Jetzt gilt § 1600 BGB.
79 Nach Neuregelung als Folge der EU-DSGVO ab 25.5.2018.
80 AA *Mrozynski*, SGB VIII § 64 Rn. 11.
81 Ebenso VG Bremen 19.10.2011 – JAmt 2012, 109.
82 Nach Neuregelung als Folge der EU-DSGVO ab 25.5.2018.

3. Die Tätigkeitsfelder der Jugendhilfe

3.1 Die Leistungen der Jugendhilfe

126 Die Leistungen der Jugendhilfe sollen die Erziehung in der Familie unterstützen, ergänzen und – mit ihrem Einverständnis – notfalls auch ersetzen *(vgl. hierzu Schaubild zu Rn. 148)*.

Kindern, Jugendlichen und Eltern sollen Hilfen nicht erst dann zur Verfügung stehen, wenn die Erziehung in der Familie ernsthaft gefährdet ist. Die Leistungen der Jugendhilfe sollen vielmehr dazu beitragen, Gefährdungen zu vermeiden. Bei allen Maßnahmen der Jugendhilfe muss die Autonomie der Familie (vgl. *Rn. 44*) beachtet werden. Ein **Rechtsanspruch** besteht nur, wenn die Leistungsnorm ein **subjektives öffentliches Recht** enthält. Dafür müssen 2 Voraussetzungen vorliegen. Zunächst muss die Norm den Leistungsträger zu einem bestimmten Tun verpflichten („hat", „ist", „muss"), außerdem aber muss die Norm, was häufig übersehen wird[1], den Schutz des Einzelnen bezwecken (Schutzzwecktheorie). Dies bringt für die Sozialhilfe § 17 Abs. 1 S. 1 SGB XII klar zum Ausdruck. Für die Muss-Leistungen des SGB VIII fehlt eine entsprechende Bestimmung, so dass sie dann ein subjektives öffentliches Recht enthalten, wenn das Gesetz als Rechtsfolge einen Anspruch formuliert (vgl. *die zusammenfassende Übersicht unter 3.1.5)*. Ist dies nicht der Fall, kann sich aus der Norm in Verbindung mit § 38 SGB I ein subjektives öffentliches Recht ergeben, wenn die Norm individualisierbare Tatbestandsvoraussetzungen enthält. Diese fehlen zB in §§ 11, 13, 14, 16. Bei Kann-Leistungen besteht nur dann ein Rechtsanspruch auf Ausübung fehlerfreien Ermessens gem. § 39 SGB I, wenn die Ermessensnorm den Schutz des einzelnen bezweckt. Soll-Leistungen sind regelmäßig wie Muss-Leistungen zu behandeln, nur bei atypischen Umständen des Einzelfalles besteht Ermessen. Eine schlechte Finanzlage des öffentlichen Trägers ist kein atypischer, sondern eher ein typischer Umstand.

Zum Rechtsanspruch auf Leistungen vgl. die nachfolgende Übersicht.

---

1 Etwa von *Münder*, ZfJ 1991, 285; dogmatisch klar dagegen *Grube*, ZfJ 1997, 364. Vgl. hierzu ferner *Preis/Steffan*, FuR 1993, 185.

Muss-Leistung		Soll-Leistung[106]		Kann-Leistung	
mit Rechtsanspruch	ohne Rechtsanspruch	mit Rechtsanspruch	ohne Rechtsanspruch	mit Rechtsanspruch	ohne Rechtsanspruch[107]
1. Partnerschafts- und Trennungsberatung (§ 17) 2. Beratung/Unterstützung Alleinerziehender (§ 18) a) bei Ausübung der Personensorge (Abs. 1) b) Unterhaltsanspruch des Kindes (Abs. 1) c) Unterhaltsanspruch der Mutter (Abs. 2) d) Ausübung des Umgangsrechts (Abs. 3) e) Unterhaltsanspruch des jungen Volljährigen (Abs. 4) 3. gemeinsame Wohnformen für Mütter/Väter und Kinder (§ 19) a) Betreuung und Unterkunft b) Unterhalt und Krankenhilfe 4. Beratung bei Unterbringung zur Erfüllung der Schulpflicht (§ 21) 5. Kindergartenplatz (§ 24) 6. Beratung in Fragen der Tagespflege (§ 23 Abs. 2) 7. Hilfe zur Erziehung (§ 27) a) Erziehungsberatung (§ 28) b) soziale Gruppenarbeit (§ 29) c) Erziehungsbeistand/ Betreuungshelfer (§ 30) d) Sozialpädagogische Familienhilfe (§ 31) e) Erziehung in Tagesgruppen (§ 32) f) Vollzeitpflege (§ 33) g) Heimerziehung (§ 34) h) Intensivbetreuung (§ 35) 8. Eingliederungshilfe für seelisch behinderte Kinder und Jugendliche (§ 35a)	1. Jugendarbeit (§ 11) 2. Krippe[105] (§ 24) 3. Hort (§ 24) 4. Tagespflege (§ 24)	1. Betreuung und Versorgung des Kindes in Notsituationen (§ 20) 2. Aufwendungsersatz für die Tagespflegeperson (§ 23 Abs. 3) 3. Hilfe für junge Volljährige (§ 41)	1. Jugendsozialarbeit (§ 13) a) sozialpädagogische Hilfen (Abs. 1) b) Unterhalt und Krankenhilfe (Abs. 3, S. 2) 2. erzieherischer Kinder- und Jugendschutz (§ 14) 3. allgemeine Förderung der Familie (§ 16) a) Familienbildung (Abs. 2 Nr. 1) b) Familienberatung (Abs. 2 Nr. 2, Abs. 3) c) Familienerholung (Abs. 2 Nr. 3)	1. Vermittlung oder Feststellung der Eignung einer Tagespflegeperson (§ 23 Abs. 3) 2. Unterstützung bei Unterbringung zur Erfüllung der Schulpflicht (§ 21) für Kosten der Unterbringung (einschließlich Unterhalt und Krankenhilfe Abs. 2)	Jugendsozialarbeit (§ 13) a) Ausbildungs- und Beschäftigungsmaßnahmen (Abs. 2) b) Unterkunftsgewährung (Abs. 3, S. 1)

2 3 4

---

2 Ab 1.8.2013: mit Rechtsanspruch.
3 Soll-Leistung ist eine Muss-Leistung, nur in atypischen Fällen (also in Einzelfällen) besteht Ermessen.
4 Auf Ausübung fehlerfreien Ermessens.

127 **3.1.1 Förderung der Erziehung in der Familie. 3.1.1.1 Allgemeine Förderung.** Ziel der allgemeinen Förderung der Familie ist es, Mütter, Väter und andere Erziehungsberechtigte bei der Wahrnehmung ihrer Erziehungsverantwortung zu unterstützen. Die Jugendämter sind gesetzlich dazu verpflichtet, entsprechende Leistungen zu erbringen. Dies sind beispielsweise Familienfreizeiten und Erholungsmöglichkeiten, vor allem aber Familienbildung und Familienberatung. Während Familienbildung vorwiegend durch abstrakt-generelle Angebote geschieht, zB in Kursen, Vorträgen und Publikationen, ist Familienberatung konkret-individuell auf den Einzelfall ausgerichtet. Alle Angebote müssen darauf abzielen, die natürliche Erziehungsfähigkeit der Eltern und ihr Selbstvertrauen zu stärken, nicht aber erziehungswissenschaftliche Theorien zu verbreiten. „Diplom-Väter/Mütter" sind nicht etwa bessere Erzieher. Die Familie ist nicht grundsätzlich hilfe- oder therapiebedürftig. Ein gewisses Maß an Mängeln und Unsicherheit gehört hier – wie überall – zur Normalität menschlichen Lebens.

Familienbildung und -beratung beginnen besonders wirksam mit Beratungs- und Begleitangeboten während der Schwangerschaft – vor allem beim ersten Kind –, die nicht nur in Konfliktsituationen sinnvoll sind und über den bisher vielfach gegebenen engen Rahmen rein medizinischer Beratung weit hinaus gehen sollten. Dass für die ersten Lebensjahre die dauerhafte und verlässliche Betreuung der Kinder von ausschlaggebender Bedeutung und jede andere Lösung weniger gut, jeder Wechsel mit Gefahren verbunden ist (vgl. *Rn. 141*), sollten Eltern nicht erst erfahren, wenn sie ihr Kind im Kindergarten anmelden. Es bieten sich dazu frühere Gelegenheiten, zB in der Schwangerschaftsgymnastik oder in den Säuglingspflegekursen. Mit dem BKiSchG wurde in Art. 2 § 2 KKG im Rahmen der Frühen Hilfen eine Beratungspflicht („Willkommensbesuch") schon während der Schwangerschaft eingeführt; ebenso mit § 16 Abs. 3.

Dass Eltern heute – und dies nicht selten in Schichten gerade der niedrigsten Einkommensstufen und der Sozialhilfeempfänger – vielfach die einfachsten Kenntnisse für sparsame Haushaltsführung und wirtschaftlichen Umgang mit Geld und Gütern fehlen, und zB junge alleinerziehende Mütter in große Schwierigkeiten kommen, ist ebenfalls ein Problem, das in der Elternbildung und -beratung größere Beachtung finden sollte. Hier sind Hilfen erforderlich, die möglichst bei der Familie zu Hause anschauliche und praktische Anweisungen vermitteln, einschließlich der Ernährungs-, Verbraucher- und Schuldnerberatung.

128 Das Gesetz zur Ächtung der Gewalt in der Erziehung hat mit Wirkung zum 8.11.2000 § 16 Abs. 1 ergänzt um die Pflicht des Jugendamts, Lösungen aufzuzeigen, wie Konflikte in der Erziehung gewaltfrei gelöst werden können[5]. *Zum Gewaltverbot vgl. Rn. 260.*

---

5 *Vgl.* hierzu die Broschüre des BMFSFJ und des BMJ „Gewaltfreie Erziehung"(2003).

Schaubild:

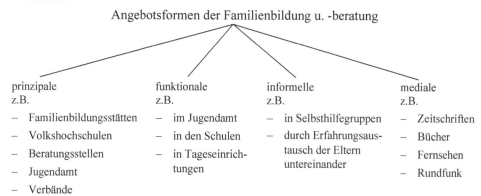

Angebotsformen der Familienbildung u. -beratung

prinzipale z.B.	funktionale z.B.	informelle z.B.	mediale z.B.
– Familienbildungsstätten	– im Jugendamt	– in Selbsthilfegruppen	– Zeitschriften
– Volkshochschulen	– in den Schulen	– durch Erfahrungsaustausch der Eltern untereinander	– Bücher
– Beratungsstellen	– in Tageseinrichtungen		– Fernsehen
– Jugendamt			– Rundfunk
– Verbände			

Sie reichen von schriftlichen Informationen und Ratschlägen, zB in den Elternbriefen, **129** über Filmvorführungen und Kursangebote bis hin zu Gruppen- und Einzelberatung oder einem Verbund dieser Formen. Soweit möglich, sollten Familienbildung und -beratung dezentral dort eingerichtet werden, wo Eltern ohnehin zusammentreffen (Kindergarten uä). In sozial schwachen Schichten ist daneben eine aufsuchende Familienarbeit unerlässlich, da Erziehungsratschläge per Brief oder über andere Medien vorrangig die Mittelschicht erreichen.

Die organisatorische Trennung in nebeneinander arbeitende Erziehungs-, Ehe-, Familie-, **130** Jugend-, Bildungs-, Gesundheits- und Sexualberatung sowie Schulpsychologische Dienste bei gleicher Trägerschaft sollte überprüft werden. Integrierte Beratungsstellen sollten dezentral arbeiten, soweit nicht spezialisierte Angebote erforderlich sind. Unter den verschiedenen Trägern ist enge Kooperation und die Zusammenarbeit mit allen beteiligten Stellen (Jugendamt, Wohlfahrtsverbände, Sozialamt, Volkshochschulen, Agentur für Arbeit etc) anzustreben. Mit dem BKiSchG wird in § 3 KKG ein entsprechendes Netzwerk, in dem auch Familienhebammen (s. *Rn. 127*) beteiligt sind, vorgeschrieben.

Für die Inanspruchnahme von Angeboten können Teilnahme- oder Kostenbeiträge erhoben werden, allerdings nicht für die Beratung (§ 90), damit nicht eine zusätzliche Zugangsbarriere geschaffen wird (vgl. *Rn. 395*).

3.1.1.2 Hilfen für Familien in besonderen Lebenslagen. Neben die Angebote, die für alle gelten, treten differenzierte Hilfen für Familien in Problemsituationen. Für spezifische Lebenslagen sind spezifische Formen der Beratung und Hilfe vorgesehen (*vgl. hierzu das nachstehende Schaubild*).

(1) Beratung in Fragen der Partnerschaft, Trennung und Scheidung. Die Zahl der **131** Scheidungen[6] betrug 2020: 143.800. Von diesen Scheidungen waren 119.106 Kinder unter 18 Jahren betroffen. Für sie ist es besonders schwer, die Entscheidung ihrer Eltern zu verkraften. Häufig entwickeln sich daraus Persönlichkeitsstörungen, wie der hohe Anteil von Kindern alleinerziehender geschiedener Eltern an Heim- und Pflegekindern beweist.

§ 17 (unter den Voraussetzungen des § 27 kommt auch Beratung nach § 28 in Betracht, vgl. *Rn. 187*) verpflichtet das Jugendamt, die Eltern – unter Beteiligung des Kindes – dabei zu beraten, wie sie die Krise in ihrer Partnerschaft bewältigen und ihre Lebensgemeinschaft fortführen können. Ist dennoch eine Trennung erfolgt, müssen möglichst günstige

---

6 Eingetragene Lebenspartnerschaften wurden 1.141 geschieden.

Bedingungen dafür geschaffen werden, dass beide Elternteile auch nach der Scheidung ihrer fortbestehenden elterlichen Verantwortung gerecht werden können. Es muss die Grundeinsicht vermittelt werden, dass die Elternschaft bestehen bleibt, auch wenn die Partnerschaft zerbricht. § 17 Abs. 2 verpflichtet das Jugendamt dazu, Eltern dabei zu unterstützen, zu einem einvernehmlichen Konzept für die Wahrnehmung der elterlichen Sorge zu gelangen, das dem Kindeswohl am besten dient, realistischer formuliert: dem Kindeswohl am wenigsten schadet. Da nach der Kindschaftsrechtsreform die gemeinsame elterliche Sorge nach Scheidung der Regelfall ist, ist eine Entscheidung des Familiengerichts nur noch notwendig, wenn ein Elternteil Alleinsorge beantragt (§ 1671 BGB)[7]. Auch für diesen Fall muss das JA behilflich sein, ein einvernehmliches Konzept zu erarbeiten, das dem Familienrichter als Grundlage seiner Entscheidung dienen kann (vgl. *Rn. 238*). Damit soll eine möglichst gemeinsame Elternverantwortung für das Kind auch nach einer Trennung gesichert werden. Die richterliche Entscheidung im Fall der Alleinsorge legt lediglich die rechtlichen Bedingungen fest, unter denen die familialen Beziehungen neu geordnet werden müssen. In manchen Fällen leitet sie sogar eine neue Phase möglicher Auseinandersetzungen zwischen den Eltern ein. Die Eltern müssen lernen, neue Formen des Umgangs miteinander und mit den Kindern unter erschwerten Bedingungen zu entwickeln.

132 Die geringere zeitliche Verfügbarkeit der Eltern, andauernde Konflikte zwischen ihnen und die mit der Scheidung veränderten Rahmenbedingungen (neue Wohnverhältnisse, finanzielle Belastungen, Berufstätigkeit des sorgeberechtigten Elternteils etc) erschweren häufig eine Neuordnung der Beziehungen zwischen Kindern und Eltern. Die vermittelnde Hilfe wird häufig in Form der **Mediation**[8] geleistet. Das Familiengericht soll auf diese Hilfe hinweisen (§ 156 Abs. 1 S. 3 FamFG S. 3).

---

7   Zum Antrag auf gemeinsame Sorge *vgl. Rn. 275.*
8   Zu Begriff und Verfahren vgl. das Mediationsgesetz v. 21.7.2012 (BGBl. I 1577).

Schaubild: Förderung der Erziehung in der Familie (§§ 16–21)

Rechtsquelle	Allgemeine Förderung der Erziehung in der Familie § 16	Beratung in Fragen der Partnerschaft, Trennung und Scheidung § 17	Beratung und Unterstützung bei der Ausübung der Personensorge § 18	Gemeinsame Wohnformen für Mütter/Väter und Kinder § 19	Betreuung und Versorgung des Kindes in Notsituationen § 20	Unterstützung bei notwendiger Unterbringung zur Erfüllung der Schulpflicht § 21
ZIEL:	Stärkung der Erziehungskraft	– Aufbau partnerschaftlichen Zusammenlebens – Krisenbewältigung – Wahrnehmung der Elternverantwortung bei Trennung und Scheidung	Hilfe bei der Ausübung der Personensorge	– Unterstützung der Pflege und Erziehung des Kindes – Hinwirken auf schulische oder berufliche Ausbildung und auf Aufnahme einer beruflichen Tätigkeit	Sicherstellung des Kindeswohl bei familiärer Notsituation	Erfüllung der Schulpflicht
ADRESSATEN:	– (werdende) Mütter und Väter – andere Erziehungsberechtigte – junge Menschen	Mütter und Väter	– alleinerziehende Mütter und Väter – Kinder – junge Volljährige	– alleinsorgeberechtigte Mütter und Väter mit Kindern unter 6 Jahre – Schwangere schon vor Geburt des Kindes	Elternteil	Personensorgeberechtigte mit beruflich bedingtem ständigen Ortswechsel
LEISTUNGEN:	– Familienbildung – Familienberatung – Familienfreizeit/ Familienerholung	– Beratung – Unterstützung bei Entwicklung eines einvernehmlichen Konzepts für die Wahrnehmung der elterlichen Sorge bei Trennung oder Scheidung	– Beratung und Unterstützung bei Personensorge (einschließlich der Geltendmachung von Unterhaltsansprüchen) – Unterstützung bei Ausübung des Umgangsrechts	– Betreuung und Unterkunft gemeinsam mit dem Kind in geeigneter Wohnform – Gewährung von Unterhalt und Krankenhilfe – Unterstützung der schulischen oder beruflichen Ausbildung des Vaters oder der Mutter	– Unterstützung bei Betreuung und Versorgung des Kindes – Betreuung und Versorgung des Kindes, wenn beide Elternteile oder Alleinerziehender Elternteil ausfallen	– Beratung und Unterstützung bei anderweitiger Unterbringung des Kindes – Übernahme der Kosten der Unterbringung (einschließlich Unterhalt und Krankenhilfe)
RECHTLICHE VERBINDLICHKEIT:	– Soll-Leistung – ohne Rechtsanspruch	– Muss-Leistung – Rechtsanspruch	– Beratung und Unterstützung als Muss-Leistung – mit Rechtsanspruch	– Soll-Leistung – mit Rechtsanspruch	– Soll-Leistung – mit Rechtsanspruch	– Beratung und Unterstützung als Muss-Leistung – Übernahme der Kosten als Kann-Leistung – Rechtsanspruch
KOSTENBETEILIGUNG:	Kostenbeitrag möglich (§ 90 Abs. 1 Satz 1 Nr. 2 SGB VIII) für – allgemeine Förderung – Familienbildung – Familienfreizeit und -erholung. Kein Kostenbeitrag möglich für Beratungsangebote	nein	nein	Kostenbeteiligung obligatorisch bei stationärer Unterbringung (§ 91 Abs. 1 Nr. 2 SGB VIII)	Kostenbeteiligung obligatorisch (§ 91 Abs. 1 Nr. 3, Abs. 2 Nr. 1 SGB VIII)	Kostenbeteiligung obligatorisch (§ 91 Abs. 1 Nr. 4 SGB VIII)

133 **(2) Beratung und Unterstützung bei der Ausübung der Personensorge und des Umgangsrechts.** § 18 **Abs. 1** gibt alleinerziehenden Müttern und Vätern einen Rechtsanspruch gegen das Jugendamt auf Beratung und Unterstützung in allen Fragen der **Personensorge** (vgl. *Rn. 273, 275*). Alleinerziehende sind sowohl sorgeberechtigte Mütter und Väter als auch tatsächlich für ein Kind sorgende Elternteile, die nicht sorgeberechtigt sind. Alleinsorgeberechtigt ist die Mutter eines Kindes, mit dessen Vater sie nicht verheiratet ist, wenn Vater und Mutter keine gemeinsamen Sorgeerklärungen abgegeben haben (§ 1626 a Abs. 1 Nr. 1 BGB). Seit 19.5.2013 kann das Familiengericht auf Antrag die gemeinsame Sorge übertragen (§ 1626 a Abs. 1 Nr. 3, Abs. 2 BGB). Außerdem alleinsorgeberechtigt ist ein Elternteil nach Scheidung, wenn ihm auf seinen Antrag die alleinige Sorge übertragen worden ist (§ 1671 Abs. 1 BGB). Da Gegenstand der Beratung und Unterstützung alle Fragen der Personensorge sind, besteht der Anspruch auch für die Vaterschaftsfeststellung und die Unterhaltssicherung. Diese Fragen sind identisch mit dem Aufgabenkreis der Beistandschaft nach § 1712 BGB. § 18 Abs. 1 ist daher eine **„kleine Beistandschaft"**, da sie sich von dieser (vgl. *Rn. 287*) nur durch die fehlende gesetzliche Vertretung des Kindes unterscheidet.

Die Mutter selbst hat einen Anspruch auf Beratung über ihre eigenen Unterhaltsansprüche gegen den Vater des Kindes (§ 1615 l BGB; vgl. *Rn. 285*).

§ 18 **Abs. 2** gibt Müttern und Vätern – seit der Neuregelung durch das KICK – einen Anspruch auf Beratung über die Abgabe einer gemeinsamen Sorgeerklärung nach § 1626 a Abs. 1 Nr. 1 BGB; vgl. *Rn. 283* HS.

§ 18 **Abs. 4** gibt auch **jungen Volljährigen** (vgl. *Rn. 284*) einen Anspruch auf Beratung und Unterstützung zur Geltendmachung ihrer Unterhaltsansprüche (§§ 1601 ff. BGB).

134 Mit der Neuregelung des Umgangsrechts (vgl. *Rn. 263*) wurde § 18 **Abs. 3** neu gefasst, der das Jugendamt verpflichtet, in allen Fragen des **Umgangsrechts** zu beraten und zu unterstützen. Dabei kann es für personensorgeberechtigte Elternteile nur um Fragen bei der Ausübung des Umgangsrechts gehen, nicht um Fragen seiner Gewährung, da dieses aus der Personensorge folgt, also schon mit § 18 Abs. 1 geregelt ist.

■ **Umgangsberechtigte**

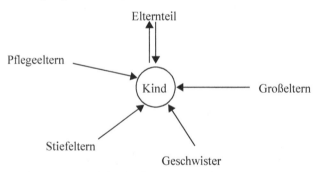

Nur die angeführten Personen haben ein eigenes Umgangsrecht mit dem Kind (§§ 1684, 1685 BGB). Den Umgang mit anderen Personen (zB Tante, Onkel) muss der Personensorgeberechtigte im Rahmen seines Sorgerechts ermöglichen und fördern. Das Kind selbst hat ein eigenes Recht auf Umgang nur mit jedem Elternteil (§ 1684 Abs. 1 BGB). Die Eltern haben ein Recht auf Umgang mit ihrem Kind schon aufgrund ihres Personensorgerechts. Nur soweit ein Elternteil kein Personensorgerecht hat, ist er auf das Umgangsrecht aus § 1684 Abs. 1 BGB angewiesen. § 1684 Abs. 1 BGB berechtigt den Elternteil nicht nur zum Umgang mit dem Kind, sondern verpflichtet ihn auch dazu. Will zB ein Vater sein Kind nicht mehr sehen, muss das Jugendamt nach § 18 Abs. 3 S. 2 mit dem Vater Kontakt aufnehmen und ihn auf die Bedeutung des Umgangsrechts für das Kind nachdrücklich hinweisen. Das Kind kann beim Familiengericht beantragen (durch seinen gesetzlichen Vertreter), dass der Familienrichter mit dem Vater das Umgangsrecht erörtern soll (§ 165 Abs. 3 FamFG). Das Familiengericht kann auch – mit Unterstützung durch das Jugendamt (§ 88 Abs. 2 FamFG) – Zwangsmittel (gem. § 35 FamFG), Zwangsgeld oder Zwangshaft sowie unmittelbaren Zwang (§ 90 FamFG) als Beugemittel und außerdem Ordnungsgeld und Ordnungshaft nach § 89 FamFG als Sanktionsmittel einsetzen[9]. Eine Gewaltanwendung gegen das Kind ist dagegen nicht möglich, wenn der Umgangsberechtigte sein Umgangsrecht ausüben will, das Kind aber den Umgang nicht will (§ 90 Abs. 2 FamFG). Es ist Pflicht des Elternteils, bei dem das Kind lebt, erzieherisch auf das Kind einzuwirken, den Kontakt zu Umgangsberechtigten zu pflegen. Der Umgangsberechtigte kann vom Jugendamt Unterstützung nach § 18 Abs. 3 S. 3 verlangen, um entsprechend auf Kind und Elternteil einzuwirken. Auch hier kann das Familiengericht nach § 156 FamFG angerufen werden, um den Umgang zu ermöglichen.

■ **Inhalt** des Umgangsrechts ist der Kontakt zum Kind durch Besuche, Telefonate oder Briefe. Der Anspruch auf Auskunft über das Kind (§ 1686 BGB) ergänzt das Umgangsrecht. Die Ausgestaltung des Umgangs im Einzelnen überlässt das Gesetz den Beteiligten. Auch hierbei hat das Jugendamt zu beraten und zu unterstützen (§ 18 Abs. 3 S. 3). **135**

■ **Grenze** des Umgangsrechts ist das Wohl des Kindes. Alle Umgangsregelungen sind an dieser „Kompassnadel" auszurichten. Für die Eltern wirkt das Wohl des Kindes anspruchsbeschränkend, wenn der Umgang das Wohl des Kindes gefährdet (§ 1684 Abs. 4 BGB). Für die anderen Umgangsberechtigten wirkt das Wohl des Kindes anspruchsbegründend (§ 1685 Abs. 1 BGB), weil deren Umgangsrecht nur besteht, wenn es dem Wohl des Kindes *dient*.

■ „Sabotiert" ein Elternteil die Ausübung des Umgangsrechts (PAS-Parental Alienation Syndrome), kann das FamG eine **Umgangspflegschaft** anordnen (§ 1684 Abs. 3 BGB; *s. Rn. 284*).

■ **Beschützter Umgang**. Wenn zu befürchten ist, dass die Ausübung des Umgangsrechts das Wohl des Kindes gefährden würde, kann das Familiengericht anordnen, dass der Umgang nur in Gegenwart eines Dritten stattfinden darf (§ 1684 Abs. 4 S. 3 BGB). Auch der Einsatz von Videotechnik zur Überwachung des Umgangs ist möglich. Auch hier muss das Jugendamt Hilfestellung leisten (§ 18 Abs. 3 S. 4). Das Familiengericht kann auch das Jugendamt bitten, bei Ausübung des Umgangs anwesend zu sein; verpflichten kann das Familiengericht das Jugendamt allerdings nicht (nur das Verwaltungsgericht auf Antrag eines Elternteils). Kosten hierfür kann das Jugendamt nicht bei den Beteiligten geltend machen, da §§ 90, 91 dies nicht vorsehen (vgl. *Rn. 395*). **136**

(3) Gemeinsame Wohnformen für Mütter/Väter und Kinder. § 19 verpflichtet das Jugendamt, alleinsorgeberechtigte oder tatsächlich allein sorgende (vgl. *Rn. 237 ff.*) Mütter oder Väter mit einem Kind unter sechs Jahren in einer geeigneten Wohnform gemeinsam mit dem Kind (und seinen Geschwistern) zu betreuen, wenn dies aufgrund ihrer Persönlichkeitsentwicklung notwendig ist. Dies betrifft vor allem minderjährige Mütter, die ihre Schul- oder Berufsausbildung noch nicht abgeschlossen haben. Sie sind durch die Geburt eines Kindes überfordert. Die Hilfe kann auch schon vor der Geburt eines Kindes einsetzen. Durch eine Unterbringung in besonderen Wohnformen können sie Schule und **137**

---

9 Vgl. hierzu BVerfG 1.4.2008 – FamRZ 2008, 845.

Berufsausbildung abschließen und sich auf das gemeinsame Leben mit einem Kind einstellen. Dabei haben sich Wohngruppen gegenüber traditionellen Mutter-Kind-Heimen als vorteilhaft erwiesen, da sie keine Vollversorgung anbieten, sondern unter realitätsnahen Alltagsbedingungen die Verselbständigung fördern.

138 **(4) Betreuung und Versorgung des Kindes in Notsituationen.** § 20 (neu gefasst und erweitert durch das **KJSG**) verpflichtet das Jugendamt, in Fällen Hilfe zu leisten, in denen der das Kind betreuende Elternteil verstorben ist oder sich infolge Krankheit, Erholungskur oder aus ähnlichen Gründen außerhalb des Haushalts aufhält oder – trotz Anwesenheit – seine familialen Aufgaben im Haushalt nicht erfüllen kann, so dass der andere Elternteil mangels anderer Ersatzlösungen meist gezwungen ist, während dieser Zeit entweder seine Erwerbstätigkeit aufzugeben und Alg II in Anspruch zu nehmen, um die Kinder zu betreuen, oder sie während der berufsbedingten Abwesenheit in einer Einrichtung der Jugendhilfe unterzubringen, obwohl keine erzieherischen Gründe dafür gegeben sind. Eine derartige Hilfe kommt auch für den Haushalt eines alleinerziehenden Elternteils in Betracht. Die niedrigschwellige Inanspruchnahme nach § 36 a Abs. 2 gilt entsprechend (§ 20 Abs. 3) (*s. das Schema im Anhang unter 2.*).

139 **(5) Unterstützung bei notwendiger Unterbringung zur Erfüllung der Schulpflicht.** Bestimmte berufliche Tätigkeiten als Schausteller, Binnenschiffer, Artisten etc bedingen einen ständigen Ortswechsel. Häufig sind gerade bei kleineren Unternehmen beide Elternteile den überwiegenden Teil des Jahres auf Reisen. Diese berufliche Tätigkeit erschwert vielfach die Sicherstellung des Erziehungsanspruchs des Kindes, insbesondere die Erfüllung der Schulpflicht während der Reisetätigkeit. § 21 gibt ihnen einen Anspruch auf Beratung und Unterstützung. Unterstützung bedeutet, dass auch die organisatorischen Hilfen für eine Unterbringung – beispielsweise in einem Internat – geleistet werden, jedoch nicht, dass die anderweitige Unterbringung etwa als Sachleistung zur Verfügung gestellt wird. Eine Form der Unterstützung kann auch die Übernahme der Kosten der Unterbringung einschließlich des Unterhalts und der Krankenhilfe sein. Diese Kostenübernahme steht im Ermessen und setzt einen „geeigneten Fall" voraus. Ein solcher liegt dann vor, wenn beide Elternteile der mit ständigem Ortswechsel verbundenen Berufstätigkeit nachgehen müssen, um den Familienunterhalt zu sichern; ferner, dass die anderweitige Unterbringung zur Erfüllung der Schulpflicht notwendig ist. Wenn und soweit Eltern und Kind eine Übernahme der Kosten zumutbar ist, liegen die tatbestandsmäßigen Voraussetzungen für eine Übernahme der Kosten durch den Jugendhilfeträger im Ermessenswege nicht vor.

140 **3.1.2 Förderung von Kindern in Tageseinrichtungen und in Kindertagespflege.** Die Betreuung von Kindern tagsüber in Tageseinrichtungen ist die wohl bedeutsamste Aufgabe des Jugendamts – nicht nur wegen der enormen finanziellen Belastung, sondern vor allem wegen der erzieherischen Bedeutung. Diese liegt vor allem darin, dass sich die Spiel- und Erfahrungsräume von Kindern immer weiter verengen und ferner darin, dass die Kinderbetreuung für viele Familien eine entscheidende Voraussetzung ist, Familie und Beruf miteinander in Einklang bringen zu können.

Zum *ersten*: Eine Folge der industriellen Entwicklung ist es, dass im Bewusstsein der Menschen Nützlichkeit, Verwertbarkeit, Planbarkeit und Störungsfreiheit einen hohen Rang haben. Die „Maschinenförmigkeit" des Menschen gilt gleichsam als Markenzeichen der Industriegesellschaft (vgl. *Rn. 47*). In einer so auf Effizienz ausgerichteten Welt können Kinder ebenso wie alte und behinderte Menschen als Störfaktor wirken. Es besteht daher die Tendenz, sie in Reservate zu verdrängen. Für Jugendliche ist es schwer, Abenteuer in einer Welt zu erleben, in der sie auf Abenteuerspielplätze angewiesen sind, die in Bauleitplänen normiert und vom TÜV geprüft sind. Die Suche nach Abenteuern endet daher häufig in Sachbeschädigung, Ruhestörung[10] oder Diebstahl. Die Anlage von Spielplätzen ist ebenso Zeichen einer Verengung von Spielräumen wie das Anwachsen von Spielzeugmüll in Kinderzimmern.

Die Erlebniswelt eines Kindes ist ferner erheblich eingeschränkt, wenn es ohne Geschwister aufwächst. Onkel, Tante, Vetter und Cousine werden in vielen Familien zu Begriffen, die man nicht mehr erlebt, sondern nur aus Büchern und Erzählungen kennt. Eltern von Einzelkindern erliegen oftmals der Gefahr, mit einer Häufung materieller Güter den Mangel an menschlichen Beziehungen ausgleichen zu wollen. Dabei kann nur ein Mehr an Zuwendung in dieser Lage eine Hilfe sein. Hinzu kommt, dass die Lebensräume der Generationen[11] heute stärker voneinander getrennt, oft sogar gegeneinander isoliert sind. Familie, Schule, Beruf und Freizeit erscheinen wie Räume, deren Verbindungstüren zueinander geschlossen sind. In jedem dieser Räume spricht man eine andere Sprache, gelten unterschiedliche Spiel- und Lebensregeln, gibt es unterschiedliche Wertvorstellungen. Jede Generation lebt fast in einem Ghetto der Gleichaltrigkeit. Nicht nur das Wissen über andere nimmt damit ab, sondern auch das Verständnis füreinander. Das Gespräch zwischen den Generationen verstummt häufig, und die Weitergabe religiöser, geistiger und politischer Erfahrungen, Einsichten und Werte wird schwieriger. Schließlich wird der Erfahrungsraum eines Kindes auch dadurch eingeengt, dass Lebensprüfungen wie Krankheit, Alter oder Tod sich nicht mehr in der realen Umgebung des Kindes abspielen, sondern mehr und mehr in eigens dafür bestimmten Institutionen bewältigt werden, während dem Kind Probleme und Leid der ganzen Welt als Erlebnis aus zweiter Hand über die Medien und „Selfies" zugemutet werden.

Unter diesen Bedingungen sind die Kinder auf Orte wie Tageseinrichtungen angewiesen, um in Gruppen elementare Sozialerfahrungen machen zu können. Hier können Kinder andere Kinder treffen und Erfahrungen gewinnen, die sich frühere Generationen außerhalb der Aufsicht von Erwachsenen in der Geschwistergruppe, in der Nachbarschaft, auf der Straße erschlossen. Auch hierfür war die Corona-Krise eindrucksvoller Beleg. Eine „Corona Frucht" ist das **Home-Office**, das zur besseren Vereinbarkeit von Beruf und Familie führen kann.

Zum *zweiten*: Die traditionellen Muster des Zusammenlebens mit Kindern verlieren an **141** Verbindlichkeit. In deutschen Haushalten leben mittlerweile mehr Ehepaare ohne Kinder als mit Kindern, in Europa hat Deutschland den geringsten Anteil an Haushalten mit Kindern. Sogar weltweit einmalig ist es, dass ein Drittel der Frauen und Männer eines Jahrgangs kinderlos bleiben[12]. Beliebt ist die Erklärung, es fehlten Plätze für Tagesbetreuung. Daher wird allenthalben deren Ausbau verlangt und mit dem TAG und dem KiföG (vgl. *Rn. 34 – 36*) auch versucht. Dass dies eine Lösung des Problems ist, muss bezweifelt werden, wie schon ein Blick auf die neuen Bundesländer zeigt, wo die Tagesbetreuung ausgebaut ist, ohne dass die Kinderzahl höher liegt als in den alten Bundesländern. Die Wurzel des Übels liegt wohl eher darin, dass Unsicherheit, Zweifel und Angst die deutsche Mentalität bestimmen: Zweifel an der Verlässlichkeit des Partners, an der Sicherheit des Arbeitsplatzes, am Auskommen mit dem Einkommen, an der Sicherheit in der Welt und nicht zuletzt am Klimaschutz. Zweifel an der Verlässlichkeit eines („Lebens")Partners werden auch durch qualifizierte Betreuung von Kindern in Kitas nicht verhindert – eher im Gegenteil: wenn sich bei Kindern kein **Urvertrauen durch Bindung an eine feste Bezugsperson** bilden kann, weil sie schon als Säuglinge in Fremdbetreuung (horribile dictu;

---

10 *Vgl. hierzu Rn. 46, Fn. 3.*

11 Mehrgenerationenhäuser (sog. Cluster) sollen dem entgegenwirken. Mit dem **KJSG** wurde in § 81 die **Nr. 13** eingefügt, die ausdrücklich zur Zusammenarbeit mit Mehrgenerationenhäusern verpflichtet.

12 So der „Familienreport 2005" der Konrad-Adenauer-Stiftung, der am 29.12.2005 veröffentlicht wurde.

der Begriff ist ehrlich, aber politisch nicht korrekt) abgegeben werden[13]. Wenn der Ausbau der Tagesbetreuung (Fremdbetreuung) auch noch als kinderfreundliche Maßnahme gepriesen wird, ist das eine Verhöhnung des Kindeswohls, wie jeder erkennt, der ein Kind (erst recht ein Enkelkind) hat. Kindeswohl und volle Erwerbstätigkeit beider Eltern schließen sich in der Regel aus, zumindest in den beiden ersten Lebensjahren. Auch frühkindliche Bildung ist kein Argument für Fremdbetreuung, da sie nach den Erkenntnissen der Hirnforschung erst einsetzen kann, wenn das Kind eine feste Bindung zu einer Bezugsperson entwickelt hat.

Trotz weniger Kindern in der Familie wachsen die Belastungen (vgl. *Rn. 42*). Heutige Erziehungsstandards setzen einen Anspruch an Eltern (und insbesondere an Mütter), den es in früheren Generationen nicht gab.[14] **Heimliche Miterzieher** (insbesondere die Medien) sind oftmals einflussreicher als die natürlichen Erzieher (vgl. *Rn. 178*). Freizeitinteressen dominieren häufig nicht nur das Arbeits-, sondern auch das Familienleben, wobei erschwerend hinzukommt, dass die Mehrheit der Väter sich nach wie vor wenig Zeit für Familienaufgaben nimmt. Ist somit schon für die Durchschnittsfamilie die Tagesbetreuung von Kindern von erheblicher Bedeutung, ist sie dies erst recht für Familien, in denen Kinder Einzelkinder sind, für Alleinerziehende, für Familien mit behinderten Kindern und für Ausländerfamilien.

Zu Begriff und Formen der Tagesbetreuung und zu den Arten der Tageseinrichtungen vgl. *nachfolgende Schaubilder*.

---

13 Nach Angaben des Statistischen Bundesamtes (2021) verbringen Kleinkinder (unter 3 J.) durchschnittlich 38 Stunden pro Woche in der Kita (im Saarland sogar 45 Stunden, in Bayern nur 31), also den gleichen Zeitraum wie die normale Arbeitswoche eines Erwachsenen. Damit wird Erziehung weitgehend „outgesourced". In den neuen Ländern werden 53 % der Kleinkinder in dieser Altersgruppe in die Krippe abgegeben, in Bayern und NRW 29%.

14 So Achter Jugendbericht (BT-Drs. 11/6576), 94.

Schaubild: Begriff und Formen der Tagesbetreuung

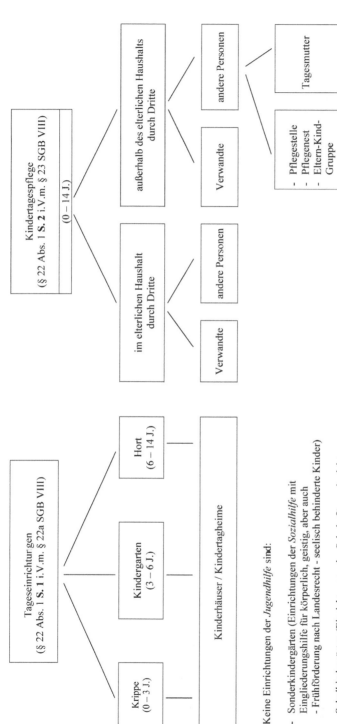

Keine Einrichtungen der *Jugendhilfe* sind:

- Sonderkindergärten (Einrichtungen der *Sozialhilfe* mit Eingliederungshilfe für körperlich, geistig, aber auch
  - Frühförderung nach Landesrecht - seelisch behinderte Kinder)

- Schulkindergärten (Einrichtungen der Schule für noch nicht schulreife Kinder im schulpflichtigen Alter)

Schaubild: Gestufter Verpflichtungsgrad für Tagesbetreuung

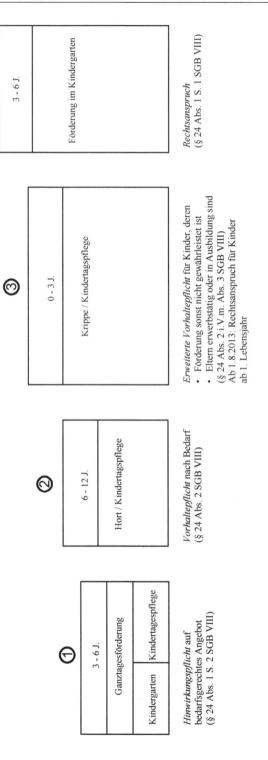

① 3 - 6 J.

Kindergarten | Kindertagespflege
Ganztagsförderung

Hinwirkungspflicht auf bedarfsgerechtes Angebot (§ 24 Abs. 1 S. 2 SGB VIII)

② 6 - 12 J.

Hort / Kindertagspflege

Vorhaltepflicht nach Bedarf (§ 24 Abs. 2 SGB VIII)

③ 0 - 3 J.

Krippe / Kindertagspflege

Erweiterte Vorhaltepflicht für Kinder, deren
• Förderung sonst nicht gewährleistet ist
• Eltern erwerbstätig oder in Ausbildung sind (§ 24 Abs. 2 i.V.m. Abs. 3 SGB VIII)
Ab 1.8.2013: Rechtsanspruch für Kinder ab 1. Lebensjahr

④ 3 - 6 J.

Förderung im Kindergarten

Rechtsanspruch (§ 24 Abs. 1 S. 1 SGB VIII)

3.1.2.1 Tagesbetreuung für Kleinkinder[15] Die Bedürfnisse der Kinder im Kleinkindalter **142** sicherzustellen, ist unbestreitbar Aufgabe der Familie, die dazu in der Regel auch die besten Voraussetzungen bietet (vgl. *Rn. 127*).

Angebote der Jugendhilfe richten sich in dieser Altersstufe auf die vorübergehende, stundenweise Betreuung von Kindern durch Nachbarschaftshilfe, Tagespflegestellen, altersgemischte Gruppen in Tageseinrichtungen und in Krippen und Krabbelstuben. Das Einvernehmen mit den Eltern und die Kontinuität der Erziehungsabläufe sind von besonderer Wichtigkeit, damit dem Kind die in diesem Alter noch schwierige Einstellung auf mehrere Bezugspersonen erleichtert wird.

All diese Angebote müssen gegenüber der Betreuung und der Versorgung durch die eige- **143** nen Eltern eine Lösung bleiben, die, wenn nicht als Notlösung, so doch als Lösung im Notfall anzusehen ist. Das Angebot derartiger Plätze sollte daher begrenzt bleiben, dies ua durch eine spürbare Kostenbeteiligung (vgl. *Rn. 400*) der Eltern, deren finanzielle Verhältnisse entsprechend gesichert sind. Es entspricht nicht der Subsidiarität der Jugendhilfe (vgl. *Rn. 44*), auf Kosten der Gemeinschaft Aufgaben zu übernehmen, die der einzelne entweder selbst bewältigen oder selbst bezahlen kann. Ein bewusst begrenztes Angebot würde auch deutlich machen, dass die Selbstverwirklichung der Eltern dort ihre Grenzen hat, wo das Wohl des Kindes eine verlässliche Bezugsperson in den ersten Lebensjahren erfordert. Ist dies aus zwingenden Gründen nicht möglich, sollte keinesfalls eine getrennte Betreuung von Säuglingen und Kleinkindern in Krippen erfolgen, sondern in altersgemischten Gruppen für Kinder von 4 bis 6 Monaten bis zu 6 Jahren (zB in Kinderhäusern; „Kita"). Dadurch wird den Kindern eine an Entwicklungsreizen reichere Umgebung und in kleinen Gruppen ein höheres Maß an individueller Zuwendung geboten. Die älteren Kinder lernen in natürlichen Situationen Hilfsbereitschaft und Eingehen auf andere sowie erste Ansätze von Verantwortungsbewusstsein. Die jüngeren Kinder empfangen durch die älteren mehr Zuwendung und auch Trost, als dies in altershomogenen Gruppen möglich ist und lernen so frühzeitig gewisse Regeln des sozialen Umgangs miteinander.

Als Alternative (vgl. *Schaubild nach Rn. 141*) zur Betreuung in Einrichtungen ist in den **144** letzten Jahren die familiale Form der Tagesbetreuung, die **Kindertagespflege** entwickelt und mit dem Kifög ausgebaut worden; am bekanntesten ist die Form der „Tagesmutter". Gemäß § 22 Abs. 1 S. 2 kann die Kindertagespflege nicht nur im Haushalt der Tagespflegeperson, sondern auch im Haushalt des Personensorgeberechtigten erfolgen. Voraussetzung ist in jedem Fall die Betreuung durch eine nicht der Familie angehörende Person, wobei das SGB VIII von dem Begriff der Kleinfamilie ausgeht, also Großeltern und andere Verwandte Tagespflegepersonen sein können[16]. Für die Kindertagespflege muss das JA gem. § 23 Abs. 1 und 2 ein Pflegegeld, einen Erziehungsbeitrag sowie angemessene Unfall- und (hälftige) Kranken – und Pflegeversicherung sowie Alterssicherung bezahlen. Außerdem hat das JA die Pflicht, eine geeignete Tagespflegeperson zu vermitteln. Die Kriterien der Geeignetheit nennt § 23 Abs. 3. Als 1 Euro-Job nach § 16 d SGB II kommt daher nicht für jede Arbeitsuchende die Tagespflege in Frage. Da seit 1.8.2013 ein Rechtsanspruch auf Tagesbetreuung für Kinder von 1 bis 3 Jahren besteht, besteht auch ein Rechtsanspruch auf Vermittlung einer Tagespflegeperson und auf die Geldleistung. Empfänger der Geldleistung ist – nach Änderung des § 23 Abs. 1 durch das KiföG – die Tagespflegeperson. Von den Eltern wird ein Kostenbeitrag erhoben. Für Kinder unter 1 Jahr be-

---

15 Näheres im „Handbuch Kindertagespflege" des BMFSFJ.
16 Vgl. BVerwG, ZfJ 1997, 381.

steht unter den Voraussetzungen der Bedarfskriterien nach § 24 Abs. 1 Nr. 1 oder Nr. 2 lediglich eine Förderpflicht, aber kein Rechtsanspruch.

Zur Erhebung eines Elternbeitrags und dessen Erlass vgl. Rn. 400.

145 Die *Höhe* des Tagespflegegeldes sollte unterhalb der Sätze für die Vollzeitpflege[17] liegen, jedoch so festgelegt werden, dass ein Anreiz zur Tagespflege gegeben ist. Durchschnittlich werden bei 8 Betreuungsstunden täglich 5 EUR pro Stunde (für den sachlichen Aufwand und für die erzieherische Leistung)[18] bezahlt: Hinzu kommt die hälftige Erstattung der Kosten für Versicherungen (s. *Rn. 144*). Seit Januar 2009 müssen die Einkünfte der Tagespflegeperson versteuert werden, wenn das zu versteuernde Gesamteinkommen die Grundfreibetragsgrenze von 7.834 EUR bei Ledigen (bei Verheirateten 15.668 EUR) überschreitet. Die geleisteten Erstattungen für die Versicherungen sind steuerfrei.

146 Mit dem KICK ist auch die Kindertagespflege *erlaubnispflichtig* geworden (§ 43; vgl. *Rn. 243*), um den Schutzauftrag (vgl. *Rn. 49*) des JA umfassend erfüllen zu können. Mit dem BKiSchG wurde die Pflicht zur Vorlage eines erweiterten polizeilichen Führungszeugnisses eingeführt (§ 43 Abs. 2 S. 4 iVm § 72 a).

147 Schaubild*:

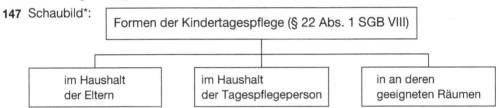

Geeignete Tagespflegeperson (§ 23 Abs. 3 und § 43 Abs. 2)

- Persönlichkeit
- Sachkompetenz
- Kooperationsbereitschaft
- kindgerechte Räumlichkeiten
- vertiefte Kenntnisse hinsichtlich der Anforderungen
- weitere Grundlagen für die Eignungsprüfung
  - Führungszeugnis
  - ärztliches Gesundheitszeugnis
  - Hausbesuche

Erlaubnis zur Kindertagespflege (§ 43)

Voraussetzungen:
- Geeignetheit der Tagespflegeperson
- Betreuung der Kinder außerhalb der Herkunftswohnung
- während des Tages
- mehr als 15 Stunden wöchentlich (aller zu betreuenden Kinder)
- gegen Entgelt
- länger als 3 Monate

---

17 Siehe unten Rn. 196.
18 Nach Qualifizierungsmaßnahmen werden bis zu 6 EUR bezahlt; in Verwandtenpflege weniger. Zur (unzureichenden) Höhe des Pflegegelds s. VG Aachen 13.3.2012 – Az. 2 K 1781/11.

Zusammenfassender Überblick über die Kindertagespflege: **148**

Rechtsquelle:	§ 23
Begriff:	Betreuung eines Kindes tagsüber im elterlichen oder fremden Haushalt
Ziel:	Förderung der Entwicklung des Kindes
Formen:	Betreuung kann erfolgen:
	– ganztags oder
	– für einen Teil des Tages (oder auch nur nachts)
	– im Haushalt der Pflegeperson oder
	– im Haushalt des Personensorgeberechtigten
Leistungen:	– Vermittlung einer Tagespflegeperson
	– Beratung der Tagespflegeperson und des Erziehungsberechtigten in Fragen der Kindertagespflege
	– Ersatz der Aufwendungen einschl. der Kosten der Erziehung und (hälftig) Kranken-, Pflege- u./Alterssicherung sowie angemessene Unfallversicherung
	– Beratung und Unterstützung der Zusammenschlüsse von Tagespflegepersonen
Voraussetzungen:	– für Förderung der Entwicklung des Kindes notwendig; bei Erziehungsdefizit ist HzE zu leisten
	– Erwerbstätigkeit oder Ausbildung oder Arbeitssuche oder Eingliederung nach SGB II beider oder des alleinerziehenden Erziehungsberechtigten
Rechtliche Verbindlichkeit:	(1) Förderpflicht für Kinder unter 1 J. ist bei Vorliegen der Kriterien eine Muss-Leistung (ohne Rechtsanspruch). Kinder von 1 bis 3 J. haben (seit 1.8.2013) einen Rechtsanspruch auf einen Platz
	(2) Ebenso auf die Vermittlung einer geeigneten Pflegeperson
	(3) Die Pflegeperson hat einen Rechtsanspruch auf die Geldleistung
	(4) Beratung der Tagespflegeperson und des Erziehungsberechtigten ist Muss-Leistung mit Rechtsanspruch
	(5) Beratung und Unterstützung der Zusammenschlüsse von Tagespflegepersonen ist Soll-Leistung ohne Rechtsanspruch
Kostenbeteiligung:	Kosten- oder Teilnahmebeitrag nach § 90; Erlass bzw. Übernahme soll auf Antrag ganz oder teilweise erfolgen (§ 90 Abs. 3)

149 Überblick: Pflegegeld bei Tagespflege (§ 23) (wird vom JA festgelegt; vgl. *Rn. 145*)

(1) Umfang und Höhe

149a (1) Laufende Geldleistung (monatlich) für Sachaufwand und Betreuung
(2) *Betrag für Altersversorgung* (ab 4 Stunden Betreuung): hälftige nachgewiesene Aufwendungen
(3) *Betrag für Unfallversicherung:* nachgewiesene Aufwendungen (bei Beschäftigung im Haushalt der Eltern besteht gesetzl. Unfallversicherung mit einem Beitrag v. 36 EUR jährlich bei Betreuung bis 10 Std. wöchentlich, darüber: 72 EUR)

(2) Voraussetzungen

149b (1) Persönliche Eignung der Pflegeperson
(2) Sachliche Eignung der Tagespflege als für das Kindeswohl erforderliche Hilfe; bei Erziehungsdefizit ist HzE zu leisten
(3) Persönliche Voraussetzungen des Erziehungsberechtigten (wenn Kind unter 1 J.)
   – Alleinerziehung und Schule oder berufliche qualifizierende Erstausbildung,
   – Alleinerziehung und Berufstätigkeit,
   – Alleinerziehung und Teilnahme an Eingliederungsmaßnahmen nach SGB II,
   – Studium oder Ausbildung (beider Elternteile),
   – Berufstätigkeit (beider Elternteile).

150 Überblick: Kindertagespflege und Vollzeitpflege im Vergleich

	Tagespflege	Vollzeitpflege
1. Rechtsgrundlage	§ 23	§ 33
2. Begriff	Tagesbetreuung neben der Hilfe in Tageseinrichtungen (§ 22)	Art der Hilfe zur Erziehung (§ 27)
3. Ziel	– Erziehung, Bildung, Betreuung des Kindes – Ermöglichen der Erwerbstätigkeit der Eltern	befristete Erziehungshilfe oder neue Lebensform
4. Alter	i.d.R. 0–3 (aber auch älter)	Kinder, Jugendliche, junge Volljährige
5. Art	teilstationär oder ambulant	vollstationär
6. Form	a) ganztags oder Teil des Tages (oder nur nachts) b) im eigenen Haushalt oder im Haushalt der Pflegeperson	a) zeitlich befristet oder auf Dauer angelegt b) Ergänzungsfamilie (Rückkehroption) oder Ersatzfamilie c) heilpädagogische Pflegestelle oder „normale" Pflegefamilie d) auch als Tagesgruppe möglich (§ 32 S. 2)
7. Rechtliche Verbindlichkeit	Rechtsanspruch (seit 1.8.2013) für Kinder von 1 bis 3 J.	Rechtsanspruch auf die Hilfe

	Tagespflege	Vollzeitpflege
8. Pflegekinderaufsicht	a) Pflegeerlaubnis notwendig, wenn – über 15 Std. wöchentlich und – entgeltlich und – über 3 Monate	a) Pflegeerlaubnis notwendig, außer wenn – Vermittlung durch das JA – Verwandtenpflege – Kurzpflege – Adoptionspflege – bei Vormund/Pfleger – Schüleraustausch
	b) beschränkt auf 5 Kinder (nach Landesrecht auch weniger) und befristet auf 5 Jahre;	b) Überwachung
	c) Informationspflicht	c) Informationspflicht

Zur steuer- und sozialversicherungsrechtlichen Stellung der Tagesmutter siehe Übersicht im Anhang 2)

3.1.2.2 Erziehung im Kindergarten. Unter den Angeboten der Jugendhilfe ist der Kin- **151** dergarten die Einrichtung, die mit Abstand die meisten Kinder aufnimmt. Nirgends sonst, außerhalb der eigenen Familie, sind die Lernanregungen so erfolgreich, der soziale Kontakt zu anderen so problemlos und der Austausch mit Eltern so leicht möglich wie im Kindergarten. Die allgemeine Bedeutung der Kindergartenerziehung für Kinder vom vollendeten dritten Lebensjahr bis zum Schuleintritt ist heute unbestritten (vgl. *Rn. 140*). Kinder dieser Altersstufen bedürfen eines ganzheitlich orientierten familienergänzenden (vgl. *Schaubild nach Rn. 146*) Bildungs-, Betreuungs- und Erziehungsangebots, das

■ zur Entfaltung der geistigen Fähigkeiten beiträgt,
■ Erfahrungsmöglichkeiten eröffnet, um eigene Entdeckungen zu machen und mit Schwierigkeiten selbst fertig zu werden und damit Selbstwertgefühl und Selbstvertrauen zu entwickeln,
■ emotionale Kräfte aufbaut und schöpferische Fähigkeiten fördert,
■ im Umgang mit der Gruppe soziale Fähigkeiten („soziale Kompetenz") entwickelt.

Nach der Pisa-Studie wird besonders der Bildungsauftrag betont.[19] Das darf aber nicht dazu führen, den Kindergarten wieder als Vorschule zu verstehen und ihn der Kultusverwaltung zuzuordnen.[20]

Die familiennahe Gestaltung des Kindergartenlebens soll der Ausgrenzung von Kindern in spezialisierten Institutionen entgegenwirken, den Kindergarten für die Familie und seine Umwelt öffnen und die Teilhabe der Kinder am Leben in der Gemeinde sichern sowie durch die Abstimmung mit den Eltern Brüche im Erziehungsverhalten vermeiden.

Unbestritten ist daher, dass jedes Kind dieser Altersgruppe die Möglichkeit haben sollte, einen Kindergarten zu besuchen, dh je nach seiner individuellen Situation halbtags, am Vormittag und am Nachmittag oder tagsüber an einem qualifizierten Betreuungs-, Bildungs- und Erziehungsangebot teilnehmen können sollte. Diesem individuellen Bedarf wird aber trotz einer scheinbar befriedigenden durchschnittlichen Versorgungsquote nicht entsprochen. Dies liegt an den Öffnungszeiten der Kindergärten, die nicht mehr zu den vielfältiger gewordenen Bedürfnissen von Kindern und Familien passen, an dem unter-

---

19 Vgl. den Beschluss der Kultusministerkonferenz v. 4.6.2004 „Gemeinsamer Rahmen der Länder für die frühe Bildung in Kindertageseirichtungen".
20 Ebenso der 11. Kinder- und Jugendbericht, S. 160.

schiedlichen Platzangebot in einzelnen Stadtteilen, an einer oftmals zu großen Entfernung[21] zwischen Wohnung und Kindergarten, an der finanziellen Belastung durch Elternbeiträge und an der vergleichsweise geringeren Inanspruchnahme durch Kinder ausländischer Familien.

Zur Zulässigkeit von Kindertageseinrichtungen auch in Wohngebieten vgl. *Rn. 46, Fn. 3.*

152 Damit ein diesem Bedarf entsprechender Ausbau der Kindergartenplätze erfolgt, hat das Schwangeren- und Familienhilfegesetz vom 27.7.1992 den Trägern der öffentlichen Jugendhilfe und den kreisangehörigen Gemeinden ohne Jugendamt die Rechtspflicht auferlegt, für jedes Kind vom vollendeten dritten Lebensjahr an bis zum Schuleintritt einen Platz im Kindergarten zur Verfügung zu stellen (für die kreisangehörigen Gemeinden ohne Jugendamt hat das Erste Gesetz zur Änderung des Achten Buches Sozialgesetzbuch vom 16.2.1993 diese Pflicht wieder gestrichen). Zur Durchsetzung dieser Pflicht hat das Schwangeren- und Familienhilfegesetz dem Kind einen Rechtsanspruch auf den Besuch eines Kindergartens eingeräumt (§ 24 Abs. 1 S. 1). Er ist nur erfüllt, wenn nicht irgendein Kindergartenplatz irgendwo angeboten wird, sondern nur durch ein Angebot, das die Voraussetzungen des § 79 Abs. 2 erfüllt (vgl. *Rn. 335*), also geeignet ist, den Zweck des § 22 Abs. 2 zu erreichen, nämlich auch zu ermöglichen, dass eine Mutter erwerbstätig sein kann. Allerdings besteht kein Rechtsanspruch auch auf einen Ganztagsplatz; § 24 Abs. 1 S. 2 verpflichtet das JA lediglich dazu, darauf hinzuwirken, dass solche von kommunalen oder freien Trägern angeboten werden oder ein Platz in Tagespflege zur Verfügung gestellt wird.

Wird der Rechtsanspruch nicht erfüllt, ist Schadensersatz wegen **Amtspflichtverletzung** (§ 839 BGB) zu leisten oder es sind die Aufwendungen für selbstbeschaffte Tagespflege zu übernehmen (§ 36 a Abs. 3).[22]

153 Die Integration[23] **behinderter** Kinder[24] ist nirgendwo so erfolgreich möglich wie im Kindergarten. Dabei sind für die gemeinsame Betreuung von behinderten und nicht behinderten Kindern zwei Grundformen möglich: die integrative Kindergruppe und die Einzelintegration im Regelkindergarten. Die integrative Gruppe hat einen fachpädagogisch hohen Standard und ist damit der Sondereinrichtung (Schulkindergarten) ebenbürtig. Ihre Schwäche liegt in ihrem Sonderstatus und in ihrem überregionalen Standort, der es schwer macht, Kontakte der Kinder in wohngebietsnahen Lebenszusammenhängen zu fördern. Die Integration im Regelkindergarten hat demgegenüber den Vorteil der Wohnortnähe, die den Eltern zeitaufwendige Fahrtwege erspart und Kinder nicht nur in die Kindergruppe, sondern in lokale Lebenszusammenhänge hineinwachsen lässt. § 22 a Abs. 4 – und ebenso § 4 Abs. 3 SGB IX[25] – formuliert als Ziel (ohne Rechtsanspruch) die gemeinsame Betreuung. Auf die dazu notwendige Hilfe (zB zusätzlicher sachlicher oder personeller Aufwand, wie beispielsweise durch einen Integrationshelfer) besteht aber ein Rechtsanspruch des Kindes aus § 35 a bei seelischer, aus §§ 53, 54 SGB XII bei geistiger oder körperlicher Behinderung, jeweils iVm §§ 55, 58 SGB IX (vgl. *hierzu Rn. 208*).

154 Eine Sonderform der Betreuung ist die **betriebsnahe** Kindertagesstätte, bei der die Kinderbetreuung in oder zusammen mit Betrieben erfolgt.

---

21 Näher hierzu OVG NRW v. 30.12.2014 und HessVGH v.19.9.2013, juris.
22 Vgl. hierzu VG Mainz v. 10.5.2012; VG Stuttgart v. 28.11.2014 und 6.2.2015 sowie Sächs. OVG v. 24.11.2014, jeweils in juris. Zum Schadensersatz bei Verdienstausfall LG Leipzig v. 2.2.2015 und BGH v. 20.10.2016, juris.
23 Neuerdings: „Inklusion"; vgl. hierzu die UN- Konvention über die Rechte von Menschen mit Behinderungen, in Deutschland in Kraft seit 1.2.2009.
24 Näher hierzu „Leitfaden für Teilhabe von Kindern mit Behinderungen in Kitas", erarbeitet vom Bezirk Oberbayern und dem Landkreis Bad Tölz-Wolfratshausen (2015).
25 Seit 1.1.2018 gilt das neue SGB IX Teil 1 als Art. 1 des BTHG.

Übersicht: Betrieblich unterstützte Kinderbetreuung in Tageseinrichtungen

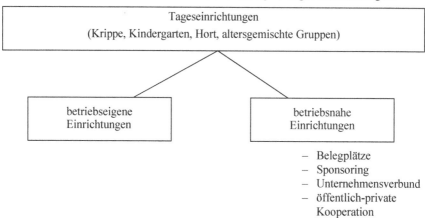

— Belegplätze
— Sponsoring
— Unternehmensverbund
— öffentlich-private
Kooperation

3.1.2.3 Erziehung im Hort. Betreuung, Bildung und Erziehung von Kindern im Schulalter **155** geschieht typischerweise im Hort als einer Einrichtung der Jugendhilfe (vgl. *Rn. 82*). Daneben gibt es aber auch Angebote der Schule mit dem Ausbau von Ganztagsschulen[26], unterrichtsbegleitender Betreuung und dem Hort an der Schule. In Baden-Württemberg werden im Rahmen eines Modellprojekts Horte an der Schule als Einrichtung der Jugendhilfe vom Kultusministerium gefördert, wenn bestimmte Voraussetzungen erfüllt sind (Mindestgruppengröße von 15 Schülern, Öffnung von montags bis freitags täglich mindestens 5 Stunden, Pflicht des Trägers zu Gebührenermäßigung bzw. Gebührenerlass nach sozialen Gesichtspunkten). Der Hort an der Schule wird wesentlich von der engen Kooperation mit der Schule geprägt, so dass eine Zusammenführung mit herkömmlichen Horten im Rahmen einer Gesamtkonzeption nicht sinnvoll erscheint.

Das Ganztagsförderungsgesetz (GaFöG)[27] gibt allen Grundschulkindern zunächst ab der Klassenstufe 1 einen Rechtsanspruch auf Ganztagsbetreuung im Umfang von 8 Stunden täglich, der in den Folgejahren um je eine Klassenstufe ausgedehnt wird, sodass ab August 2029 jedes Kind von Klassenstufe 1 bis 4 den Rechtsanspruch hat. §§ 7 Abs. 3, 24, 24 a SGB VIII sind mit diesem Gesetz entsprechend geändert worden.

Die Jugendhilfe unterbreitet neben dem Hort weitere Angebote für schulpflichtige Kinder, **156** indem sie ihre Einrichtungen (beispielsweise Kindergärten und Heime) für Schulkinder öffnet und auch in der Jugendarbeit (beispielsweise mit Jugendfreizeitstätten, betreuten Spielplätzen, Jugendfarmen, Schülertreffs) Schulkinder anspricht.

Ziel der Hortarbeit ist es, den Kindern auch dann Beaufsichtigung, Versorgung und pädagogische Betreuung während der schulfreien Zeit anzubieten, wenn ihre Herkunftsfamilie teilweise ausfällt, weil

■ beide Elternteile (oder der Alleinerziehende) außerhäuslich erwerbstätig sind,

■ die Erziehungssituation in der Familie besonders belastet ist (zB durch Krankheit, soziale Benachteiligung),

■ das Kind in einem anregungsarmen Milieu lebt.

---

26 Der Regierungsentwurf eines Ganztagsförderungsgesetzes (siehe Rn. 43) ist aber gescheitert.
27 Der Bundestag hat am 7.9.2021 dem Vorschlag des Vermittlungsausschusses zugestimmt, der Bundesrat am 10. 9.2021.

Damit ist der Hort weder Ersatz für Ganztagsschulen noch verlängerter Arm der Schule, der vornehmlich Schulaufgabenhilfe zu leisten hätte. Der Hort wird von den betreuten Kindern (zumindest zunächst) weniger aus eigenem Antrieb aufgesucht als auf Initiative der Eltern. Die Verpflichtung zur Anwesenheit aber ist für Kinder, die am Vormittag schon die Schule hinter sich gebracht haben, vielfach etwas, was sie als Belastung empfinden, dies umso mehr, als die Mehrzahl der anderen Kinder dieser Pflicht nicht unterliegt. Eine weitere Schwierigkeit ergibt sich für den Hort aus seiner Aufgabenstellung: er nimmt Kinder auf in einem Lebensabschnitt, in dem es für sie entwicklungsnotwendig ist, ihr soziales Leben in den freien Stunden des Nachmittags weitgehend selbst und ohne institutionelle Kontrolle zu entfalten. Für viele Kinder ergibt sich dabei aber die Gefahr, den Verlockungen der Freizeit- und Unterhaltungsindustrie (vgl. *Rn. 177*) zu erliegen. Diese Gefahr besteht dann, wenn Eltern sich nicht ausreichend um ihre Kinder in der schulfreien Zeit kümmern oder kümmern können, wenn Jugendverbände und Vereine nicht in der Lage sind, Kinder für ihre Ziele zu begeistern, wenn offene Jugendhilfeangebote nicht angenommen werden. Dann allerdings bliebe nur der Weg, einer Vielzahl von Kindern einen Hortplatz zur Verfügung zu stellen, um so unter Aufsicht von professionellen Erziehern ihre Freizeit zu verbringen. Fraglich ist aber, ob nicht der doppelte Zwang von Schule und Hort erst recht dazu verführt, auszubrechen. Erforderlich ist in jedem Fall eine intensive Elternarbeit, die die Mitverantwortung der Eltern deutlich macht.

157 Das Schwangeren- und Familienhilfegesetz vom 27.7.1992 hat durch Änderung des § 24 (jetzt § 24 Abs. 4) den Trägern der öffentlichen Jugendhilfe und den kreisangehörigen Gemeinden ohne Jugendamt die Rechtspflicht auferlegt, für Kinder im schulpflichtigen Alter nach Bedarf Plätze in Tageseinrichtungen vorzuhalten (mit dem Ersten Gesetz zur Änderung des Achten Buches Sozialgesetzbuch ist die Pflicht der kreisangehörigen Gemeinden ohne Jugendamt wieder gestrichen worden). Im Unterschied zur Vorhaltepflicht von Plätzen für Kinder unter 1 J. nennt § 24 Abs. 4 aber keine Bedarfskriterien. Sie ergeben sich aus den unter *Rn. 156* genannten Zielen des Horts. Ein Rechtsanspruch auf einen Platz besteht nicht (vgl. *Schaubild nach Rn. 141*).

158 *Zu Tageseinrichtungen für schulpflichtige Kinder siehe die Übersicht im Anhang 2*

159 **3.1.3 Jugendarbeit.** Ein Schwerpunkt des Leistungssystems in der Jugendhilfe ist der 1. Abschnitt des 2. Kap. unter der Überschrift „Jugendarbeit, Jugendsozialarbeit, erzieherischer Kinder- und Jugendschutz". Die Neuregelung erfolgte in einer Zeit, in der präventive Angebote von besonderer Bedeutung sind angesichts besorgniserregender Entwicklungen:

- Brutalität und Aggression in Fußballstadien, Schulen, auf U- und S-Bahnhöfen oder auf der Straße, die kulminiert in Gewalttaten gegen Asylbewerber, aber auch Ausländer, die schon lange hier wohnen, gegen Behinderte, Obdachlose und andere Randgruppen.
- Gewalt und sexueller Missbrauch auch in Familien,
- Medien, die ohne Rücksicht auf Niveau alles vermitteln, was Abnehmer findet und dabei nicht vor Brutalisierung, Sexismus, Kinderpornographie zurückschrecken.
- Killerspiele im Internet
- Suchtgefährdungen durch Alkohol („Komasaufen"), illegale Rauschmittel, Medikamente; aber auch durch soziale Medien wie WhatsApp und Instagram[28]
- Totalitäre Jugendsekten und destruktive Kulte.

---

28 Nach einer am 1.3.2018 von der Drogenbeauftragten der Bundesregierung vorgelegten Studie sind 2,6 % der 12-bis 17-Jährigen süchtig.

Diese gefährlichen Entwicklungen sind überwiegend Folge von Orientierungslosigkeit junger Menschen (vgl. *Rn. 44, 140*). Verursacht durch den Zusammenbruch alter Werte, wie sie in den alten Bundesländern durch sinnstiftende Institutionen in Kirche[29], Schule und Familie vermittelt, in der DDR durch die Partei dem sozialistischen Kollektiv verordnet wurden. Daher ist eine gemeinsame und verbindliche Orientierung auf zentrale Werte notwendig. Keineswegs kann Pluralismus dahin missverstanden werden, dass als einziger Wert die Wertneutralität Allgemeingültigkeit beanspruchen könne. Die Pluralität der Werte beginnt erst jenseits der Allgemeinverbindlichkeit der Grundwerte. Diese ergeben sich aus den Grundrechten des Grundgesetzes, also aus Art. 1 bis 19 GG, aus den Staatszielen (Art. 20, 28 GG) und den entsprechenden Bestimmungen in den Landesverfassungen. Die Vermittlung dieser Werte ist zwar in erster Linie Aufgabe der Familie, diese ergänzend auch der freien Träger, aber auch des Staates. Er hat eine Garantenstellung für die sich aus dem Grundgesetz ergebende wertbestimmte Ordnung der Gesellschaft.[30]

160 Daher können sich auch die Träger der öffentlichen Jugendhilfe nicht damit begnügen, dass in der Jugendhilfe „etwas läuft" – egal wohin, vielmehr müssen sich auch ihre Angebote an den zentralen Werten orientieren. Die Aufgabenfelder der Jugendarbeit, der Jugendsozialarbeit und des erzieherischen Kinder- und Jugendschutzes sind hierfür besonders geeignet. Wenn hier jungen Menschen nicht Gelegenheit gegeben wird, Energien und Engagement konstruktiv auszuleben, werden sich diese destruktiv entladen. Wer durch Arbeitslosigkeit in seinem Selbstwertgefühl gebrochen ist, gerät leicht in Versuchung, dieses in Gewaltanwendung gegen Schwächere wiederzufinden. Die Angebote von Jugendarbeit, Jugendsozialarbeit und Jugendschutz müssen darauf gerichtet sein,

- dem Leben einen Sinn zu geben, auch durch neue Leitbilder;
- junge Menschen in ihrer Entwicklung vor neuen Gefährdungen zu schützen und Heranwachsende zu immunisieren;
- zu Solidarität und Toleranz in einer multikulturellen Gesellschaft zu erziehen;
- vor allem aber Teilhabe zu ermöglichen in Einrichtungen der Jugendhilfe und durch eine Berufstätigkeit, die eine aktive Rolle ermöglicht.

Insbesondere ist es erforderlich, Jugendlichen Selbsthilfe zu ermöglichen, nicht nur Spiel-, sondern auch Handlungsräume zu eröffnen, die über Jugendvertretung, Schülermitverwaltung und Heimbeirat im Jugendhaus hinausreichen. Jugendliche wollen kein eigenes „Parlament", sondern bei Entscheidungen über Zukunftsthemen beteiligt sein.[31]

Werte lassen sich jungen Menschen aber nur vermitteln, wenn Reden und Handeln der Erwachsenen miteinander im Einklang stehen. Eltern, Lehrer und die in der Jugendhilfe tätigen Fachkräfte dürfen an junge Menschen keine Anforderungen stellen, die sie selbst nicht erfüllen – sie sind gleichsam vorleistungspflichtig. Nur das Vorbild ermöglicht dem Kind die Wertorientierung. **„Für Kinder gibt es keine andere Sittenlehre als das Beispiel"** (*Jean Paul*).

161 Gemäß § 11 Abs. 1 S. 1 haben die Träger der öffentlichen Jugendhilfe die Pflicht, alle erforderlichen Angebote der Jugendarbeit zur Verfügung zu stellen. Ein dieser Pflicht korrespondierender Rechtsanspruch des jungen Menschen besteht allerdings nicht. *Vgl. hierzu die Schaubilder nach Rn. 126.* Kennzeichnend für die Jugendarbeit ist:

---

29 Zu Kirche auch Rn. 178.
30 Dies hat das Bundesverfassungsgericht in seinem Urt. v. 28.5.1993 (NJW 1993, 1751 ff.) zu § 218 ausdrücklich hervorgehoben, wenn es eine an den Werten des Grundgesetzes orientierte Beratung fordert.
31 So *Gernert*, Jugendhilfe, S. 20 und 44.

■ die Freiwilligkeit der Teilnahme an den einzelnen Veranstaltungen,
■ die Vielfalt der Träger, der Methoden und der Inhalte,
■ die altersspezifische Gliederung.

Mit dem Anspruch der Jugendarbeit, ein eigenständiges Erziehungs- und Bildungsfeld für junge Menschen neben Elternhaus, Schule und Beruf zu sein, kann die Praxis oftmals nicht Schritt halten: sei es, dass sie als Abklatsch kommerzieller Freizeitangebote betrieben wird, sei es, dass sie sich neben einem blühenden Vereinsleben kaum entfalten kann, sei es, dass sie (zu Unrecht) als freiwillige Aufgabe bezeichnet wird oder dass theorielastige Mitarbeiter ohne praktische Erfahrung am Werke sind. Oft fehlt es auch an Leitbildern und an einer klaren Zielvorgabe durch die Anstellungsträger. So gerät aus dem Blick, dass es Ziel der Jugendarbeit ist, jungen Menschen Angebote zu machen, die ihre personale und soziale Entwicklung fördern, indem sie Möglichkeiten zur Selbstbestimmung und Selbstfindung, zur Erholung und Entspannung, zu Gesprächen, Kontakten und Partnerschaften bieten. Hierdurch sollen sie in die Lage versetzt werden, Lebensperspektiven und Ziele zu entwickeln, sich auf bevorstehende Lebensabschnitte und Entscheidungen vorzubereiten, sich differenziert mit Problemen auseinanderzusetzen, eigene Positionen zu entwickeln und soziales wie politisches Engagement zu üben. Dabei sind auch geschlechtsspezifische Angebote (§ 9 Nr. 3) notwendig, da sie der junge Mensch in bestimmten Altersphasen braucht, um seine Identität zu finden.

162 Angebote der Jugendarbeit sind vorrangig Aufgabe der **Jugendverbände**. Ihre religiös, weltanschaulich oder politisch begründete Ausrichtung ermöglicht es ihnen, Werte und Ziele anzubieten, die jungen Menschen Antwort auf die Fragen nach dem Sinn des Lebens geben. Dass sie wesentlich auf ehrenamtliche Tätigkeit angewiesen sind, erleichtert es ihnen, Jugendlichen Gelegenheit zur Übernahme von Aufgaben und Verantwortung zu geben. Das Angebot der Jugendverbände wird ergänzt durch Initiativen, Interessengruppen, Clubs und Vereine. Ihre Aktivitäten sind zu unterstützen, wenn sie die og Ziele der Jugendarbeit verfolgen, das Engagement junger Menschen fördern und ihre Tätigkeit mit den Grundwerten der demokratischen Ordnung in Einklang steht.

163 Ergänzt wird die Jugendverbandsarbeit auch durch **kommunale Angebote** offener Jugendarbeit, insbesondere in Jugendhäusern und Offenen Türen. Diese sind vor allem in den letzten Jahrzehnten erheblich erweitert worden; die Angebote werden fast ausschließlich von hauptberuflich tätigen Fachkräften (Jugendpflegern, Jugendbildungsvertretern) vermittelt. Inzwischen hat sich gezeigt, dass zentrale und aufwendige Jugendhäuser, in denen überwiegend Großveranstaltungen und Programme ablaufen, weniger geeignet sind, dies ua deshalb, weil sie die Bildung von Bindungen und Freundschaften erschweren. Man kann die Aufgaben der Jugendarbeit am besten im überschaubaren Bereich erfüllen. Angebote der Jugendarbeit sollten daher möglichst dezentral und ortsnah erfolgen. Anstelle aufwendiger Häuser können Räumlichkeiten wie stillgelegte Bahnhöfe oder Fabriken, ausgediente Eisenbahnwaggons und Busse, nicht mehr benötigte Schulen, Kasernen, sonstige leere Räume genutzt und von Jugendlichen selbst gestaltet werden.

164 Bei der personellen Ausstattung ist die Zusammenarbeit hauptberuflicher und ehrenamtlicher Kräfte von besonderer Bedeutung: Die Vielgestaltigkeit des Besucherkreises, die Vielfalt der Angebote, die Intensität der persönlichen Beanspruchung, die gesteigerten Ansprüche und die Kontinuität der Arbeit machen professionelle Helfer erforderlich. Neue Ideen, Phantasie, Kreativität, Einsatzbereitschaft und soziales Engagement, aber auch beschränkte finanzielle Mittel machen den ehrenamtlichen Helfer unerlässlich. In kleinen Gemeinden sind hauptamtliche Kräfte oft nicht zu finanzieren; hier sollte ehrenamtliche öffentliche Verantwortung mit überörtlicher hauptamtlicher Fachverantwortung kombiniert

werden. „Mobile Jugendpfleger" des Kreises können ehrenamtliche Helfer in den Gemeinden anleiten und fördern, ohne dort ständig präsent zu sein. „Mobile Jugendarbeit" wendet sich vor allem an suchtgefährdete, aggressive Jugendliche, gewalttätige Fußballfans, Citygangs, Jugendliche mit neonazistischer Orientierung. Entstanden aus der gemeinwesenorientierten Arbeit geht die mobile Jugendarbeit auf die Lebenswelt der Jugendlichen zu (street work): An Straßenecken, Bahnhöfen, in Fußgängerzonen, in Stadtparks, in bestimmten Kneipen oder Diskos. Diese aufsuchende Tätigkeit ist notwendig, um Kontakte herzustellen, Vertrauen zu gewinnen und Veränderungsprozesse einleiten zu können.

Bedeutung und Wirksamkeit der Jugendarbeit hängen weniger von Formen und Methoden ab als von Inhalten. Inhaltliche Schwerpunkte sollten sein:

Angebote zur *Selbstfindung*: **165**

■ Veranstaltungen, die zum Nachdenken über den Sinn des Lebens und über die Verantwortung des Menschen für den Nächsten und die Mitwelt anregen, sowie Möglichkeiten der praktischen Wahrnehmung vermitteln;

■ Vorbereitung auf Ehe und Familie durch die Vermittlung des Wertes der Familie und ihrer Bedeutung für ein sinnerfülltes Leben sowie durch Verdeutlichung der Risiken einer unverbindlichen Partnerschaft;

■ Förderung der moralischen Urteilsbildung und der Bereitschaft zu Selbstdisziplin und ihrer Einübung;

■ Eröffnung von Freiräumen für Muße und Besinnung.

Angebote zur Förderung der *sozialen Bildung*:

■ gemeinsame Unternehmungen, bei denen man lernen kann, eigene Fähigkeiten und Schwächen sowie die anderer zu erkennen, sich gegenseitig zu ergänzen, Zuwendung oder auch Distanz zu üben;

■ Übungsfelder für soziales Engagement, mit dem zugleich die Grenze zwischen den Generationen durchlässiger wird, zB Besuche bei alten, einsamen und kranken Menschen,

■ organisierte Einkäufe per Mofa; Ausgänge mit behinderten Menschen; Hilfsdienste bei pflegerischen Aufgaben; Besuchsdienste im Krankenhaus; Kinderbetreuung in Familien; Gestaltung und Betreuung von Kinderspielplätzen; Patenschaften für Aussiedler; Patenschaften für ausländische Familien und evtl. Hausaufgabenhilfe;

■ Säuberungsaktionen im Rahmen des Umweltschutzes.

Die Kommunen können solche sozialen Aktivitäten durch Wettbewerbe wie „Jugend hilft" ähnlich dem Wettbewerb „Jugend forscht" – anregen.

Angebote zur Förderung der *politischen Bildung*:

■ Erweiterung von Handlungsspielräumen in einer Welt, die sich dem Jugendlichen als durchnormiert, bereits fertig und nicht veränderbar darstellt; zB durch

Übersicht über Anbieter und Adressaten der Jugendarbeit

166

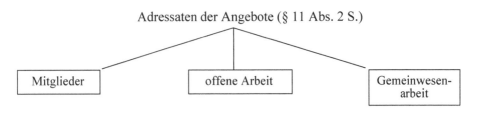

Anbieter der Jugendarbeit (§ 11 Abs. 2)

| – Verbände
– Gruppen
– Initiativen der
  Jugend | andere Träger
der Jugendarbeit

(z.B. freie Vereinigungen der
Jugendhilfe; jur. Personen, die
Jugendhilfe fördern; Kirchen
und sonst. Religionsgemein-
schaften) | Träger der
öff. Jugendhilfe |

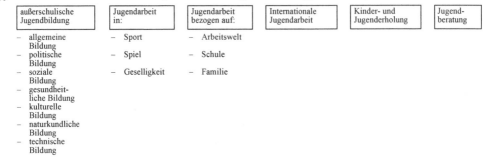

Adressaten der Angebote (§ 11 Abs. 2 S.)

| Mitglieder | offene Arbeit | Gemeinwesen-
arbeit |

167 **Übersicht über die Schwerpunkte der Jugendarbeit (§ 11 Abs. 3)**

außerschulische Jugendbildung	Jugendarbeit in:	Jugendarbeit bezogen auf:	Internationale Jugendarbeit	Kinder- und Jugenderholung	Jugend- beratung

– allgemeine
  Bildung
– politische
  Bildung
– soziale
  Bildung
– gesundheit-
  liche Bildung
– kulturelle
  Bildung
– naturkundliche
  Bildung
– technische
  Bildung
	– Sport
	
	– Spiel
	
	– Geselligkeit
		– Arbeitswelt
		
		– Schule
		
		– Familie			

Mitwirkung in Jugendparlamenten; Anregung von Aktivitäten außerhalb der Vertretungs-
körperschaften in Bürgerinitiativen und Aktionsgruppen (vgl. *Rn. 94*);

■ Übernahme von Verantwortung für überschaubare Teilbereiche der Jugendarbeit ohne
Überforderung beispielsweise durch volle Selbstverwaltung von Jugendhäusern.

Angebote zur Förderung der kulturellen *Bildung*:

■ Hinführung zum Verständnis der Bedeutung kultureller Werte des In- und Auslandes
durch Lesekreise, Theaterbesuche, Filmvorführungen etc.

■ Bücher, Bücher, Bücher (vorrangig vor PC[32]); "Digitalisierung second"!)

---

32 Zum unsinnigen Einsatz digitaler Medien vgl. *Spitzer*: Digitale Demenz. Wie wir uns und unsere Kinder um den
    Verstand bringen (2012) und *Bleckmann*: Heute mal bildschirmfrei (2018) mit praktischen Hinweisen.

- Wiederbelebung des eigenen kulturellen Erbes, das in der (notwendigen) Auseinandersetzung mit der jüngsten Vergangenheit aus dem Blick zu geraten droht und vergessen wird, wie zB Volkslieder, Märchen etc;
- Förderung eigener Neigungen und Anregung zu aktivem Tun, ggf. Hinführung zu Spezialeinrichtungen wie Musikschulen, Malschulen etc.

Angebote zur Förderung der *körperlichen Leistungsfähigkeit* und *handwerklicher* Fähigkeiten:

- Anleitung zu sportlicher Betätigung, insbesondere im Freien, als Ausgleich für mangelnde Bewegungsmöglichkeiten im Wohnumfeld;
- Veranstaltung von Wanderungen, Radtouren, Spielen und sportlichen Wettkämpfen;
- Förderung handwerklicher Fähigkeiten als Möglichkeit einer befriedigenden Freizeitbeschäftigung.

Angebote zu sinnvoller Nutzung *der Ferien*:

- vermehrte Angebote der Stadtranderholung, um Kinder die Natur erleben und ihrem Bewegungsbedürfnis freien Lauf zu lassen;
- Begegnung mit jungen Menschen anderer Nationen im Ausland als eine wichtige Erfahrung: sie ist aber erst dann sinnvoll, wenn junge Menschen zu einer gewissen Reife gelangt und sich ihrer eigenen Nationalität bewusst sind – andernfalls überfordern sie die Jugendlichen. Ein aufwendiger Jugendtourismus sollte weder angeregt noch aus öffentlichen Mitteln bezuschusst werden.

Jugendarbeit muss zielgruppenorientiert sein. Dazu ist eine verstärkte Arbeit mit Mädchen notwendig, mit ausländischen Kindern und Jugendlichen und mit Jugendlichen im ländlichen Raum.

Mädchenarbeit   **168**

Gezielte Mädchenarbeit ist notwendig, um auch mit den Mitteln der Jugendhilfe die Gleichberechtigung der Frau verwirklichen zu können. Noch immer nutzen Mädchen die Angebote der Jugendarbeit weniger als Jungen. Auch gibt es weit mehr Mitarbeiter als Mitarbeiterinnen in der Jugendarbeit. In koedukativen und in geschlechtshomogenen Ansätzen sind Mädchen darin zu unterstützen, dass sie sich als stark, eigenständig und kompetent erleben können.

Jugendarbeit mit *ausländischen*[33] Kindern und Jugendlichen   **169**

Auch wenn sich viele Jugendverbände für die Interessen ausländischer Kinder und Jugendlicher einsetzen und Aktionen gegen Ausländerfeindlichkeit mittragen – eine Integration ausländischer Jugendlicher hat noch nicht stattgefunden. Interkulturelle Ansätze in der Jugendarbeit, die Aufnahme einzelner ausländischer Jugendgruppen in Stadtjugendringe und die Bildung einiger deutsch-ausländischer Jugendvereine sind Ausnahmen geblieben.

Vgl. hierzu Rn. 99.

Jugendarbeit im *ländlichen Raum*   **170**

Jugendliche auf dem Land haben besondere Orientierungsprobleme: Abwandern oder Bleiben in der Region, Entfaltungsmöglichkeiten im Dorf, Chancen der Berufsfindung und der Erreichbarkeit von Ausbildungs- und Arbeitsplätzen, mangelnde Freizeitangebote im Radius zumutbarer Mobilität. Dabei haben Mädchen noch weniger Entfaltungsmöglichkeiten als Jungen, da auf dem Land die Geschlechterrollen traditionell festgelegt sind, die soziale Kontrolle wirksamer ist, der ländliche Arbeitsmarkt ebenso wie die öffentlichen

---

33 Im weichgespülten Bürokratendeutsch nun: „Personen mit Migrationshintergrund".

Räume von Jungen dominiert werden. Eine jugendkulturelle Szene im ländlichen Raum bedarf der gezielten jugendpolitischen Förderung, damit sie sich nicht in motorisierter Mobilität, Konsum, wechselnden Treffpunkten und sporadischen Veranstaltungen erschöpft.

171 Zusammenfassende Übersicht über die Jugendarbeit

Rechtsquelle:	§ 11
Adressaten:	grundsätzlich junge Menschen bis 27 Jahre; ausnahmsweise auch darüber (§ 11 Abs. 4)
Ziele:	– Förderung der Entwicklung – Befähigung zur Selbstbestimmung – Anregung gesellschaftlicher Mitverantwortung und sozialen Engagements – Förderung der Gleichberechtigung von Mädchen und Jungen (§ 9 Nr. 3)
Merkmale:	– Freiwilligkeit – Orientierung an den Interessen – Partizipation – Vielfalt von Trägern, Inhalten und Methoden
Rechtsverbindlichkeit:	– Muss-Leistung (über 27 Jahre Kann-Leistung) für – erforderliche Angebote (unbestimmter Rechtsbegriff ohne Beurteilungsspielraum; kein Ermessen) – ohne Rechtsanspruch
Kostenbeteiligung:	Kostenbeitrag bzw. Teilnahmebeitrag möglich (§ 90 Abs. 1 Nr. 1), der auf Antrag erlassen bzw. übernommen werden kann (§ 90 Abs. 2).

3.1.4 Jugendsozialarbeit / Schulsozialarbeit

3.1.4.1 Jugendsozialarbeit

172 Schaubild: Jugendsozialarbeit im Kooperationsfeld

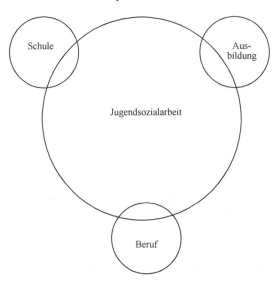

Schaubild: Normstruktur der Jugendsozialarbeit (§ 13)

| **Tatbestandsvoraussetzungen** | → | **Rechtsfolge** |

① junge Menschen (bis 27 J.) mit

↓

② sozialen Benachteiligungen
oder
individuellen Beeinträchtigungen

↓

③ und dadurch bedingtem erhöhtem Unterstützungsbedarf

Pflicht des JA

↓

sozialpädagogische Hilfen
zur Förderung von

Ausbildung   Arbeit   soziale
Integration

Nach *Ermessen*

↓

sozialpädagogisch begleitete
- Ausbildungs- und
Beschäftigungsmaßnahmen
(subsidiär)
- unterstützende Unterkunft
einschl.
• Unterhalt
• Krankenhilfe

Beachte:
(1) Ein Rechtsanspruch besteht nicht.
(2) Die Leistungen sind nachrangig
gegenüber solchen nach §§ 14-16a
i.V.m. § 3 Abs. 2 SGB II (§ 10
Abs. 3 S. 2 SGB VIII).

§ 13 Abs. 1 verpflichtet die öffentlichen Träger der Jugendhilfe dazu, sozialpädagogische Hilfen im Rahmen der Jugendsozialarbeit anzubieten. Diese Pflicht besteht allerdings nur im Regelfall („sollen"), in atypischen Einzelfällen reduziert sie sich zu einer Kann-Leistung. Ein Rechtsanspruch besteht nicht – weder auf die Muss-Leistung noch auf Ausübung fehlerfreien Ermessens bei der Kann-Leistung[34] (vgl. *hierzu Rn. 126*). Die sozialpädagogischen Hilfen zielen darauf ab, soziale Benachteiligungen auszugleichen oder individuelle Beeinträchtigungen zu überwinden. Dies geschieht durch Förderung der schulischen und beruflichen Ausbildung, der Eingliederung in die Arbeitswelt und der sozialen Integration. Angebote der Schulsozialarbeit (vgl. *Rn. 174*) sind in besonderem Maße geeignet, bereits in allgemeinbildenden Schulen zu einem reibungslosen Übergang Jugendlicher von der Schule in ein Ausbildungsverhältnis beizutragen.

---

34 AA *Münder/Schruth*, ZfJ 2002, 125.

173 Insbesondere im Hinblick auf den weiterhin schwierigen Zugang benachteiligter junger Menschen zu Ausbildung und Beschäftigung hat die Jugendsozialarbeit an Bedeutung gewonnen. Auf Jugendberufshilfe sind in erhöhtem Maße Jugendliche angewiesen, die keinen Hauptschulabschluss haben, in sozialen Brennpunkten leben, Ausländer sind oder an Behinderungen leiden. Soweit deren Ausbildung nicht gesichert ist, kann das Jugendamt selbst Ausbildungs- und Beschäftigungsmaßnahmen anbieten (§ 13 Abs. 2). Zur Unterstützung der Ausbildung oder der beruflichen Eingliederung kann das Jugendamt auch Wohnmöglichkeiten bieten (Jugendwohnheime, Jugendwohngemeinschaften, sozialpädagogisch begleitetes Jugendwohnen; § 13 Abs. 3). Alle Hilfeprogramme müssen abgestimmt sein vor allem mit der Schule, der Agentur für Arbeit, den Gewerkschaften und den Arbeitgebern (§ 13 Abs. 4). Als Organisationsform bietet sich hierfür die Arbeitsgemeinschaft nach § 78 an (vgl. *Rn. 79*). Wegen des Nachrangs der Jugendhilfe gem. § 10 Abs. 3 S. 2 gegenüber der Eingliederungsleistung für die unter 25-Jährigen nach §§ 16, 16a SGB II bleibt für die Jugendberufshilfe nur noch ein beschränkter Anwendungsbereich *(vgl. hierzu Rn. 74)*.

Auch im Rahmen der **Hilfe zur Erziehung** können Ausbildungs- und Beschäftigungsmaßnahmen angeboten werden (§ 27 Abs. 3 S. 2); auf sie besteht dann ein Rechtsanspruch.

3.1.4.2 Schulsozialarbeit[35]

174 Schaubild

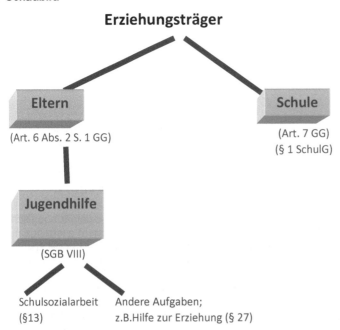

Erziehungsträger

Eltern
(Art. 6 Abs. 2 S. 1 GG)

Schule
(Art. 7 GG)
(§ 1 SchulG)

Jugendhilfe
(SGB VIII)

Schulsozialarbeit
(§13)

Andere Aufgaben;
z.B. Hilfe zur Erziehung (§ 27)

---

35 Ausführlich siehe *Kunkel*, Expertise der GEW „Gesetzliche Verankerung von Schulsozialarbeit" 2016 (broschueren@gew.de).

Schulsozialarbeit war bisher als Unterfall der Jugendsozialarbeit in § 13 geregelt (Abs. 1: „sozialpädagogische Hilfen, die ihre schulische … Ausbildung … und ihre soziale Integration fördern"). Die Entwicklung der SSA in der Praxis hat sich von der gesetzlichen Regelung weit entfernt (siehe Übersicht unten)). Dies widersprach dem rechtsstaatlichen Grundsatz der Gesetzmäßigkeit der Verwaltung und dem Gebot der Rechtssicherheit. Damit SSA nicht weiterhin (rechtswidrig) in einem **rechtsfreien Raum** stattfindet, ist **mit § 13 a eine neue Rechtsgrundlage** zur Regelung der SSA geschaffen worden („normative Kraft des Faktischen").

Juristisch ist Schulsozialarbeit gleichsam ein **Phantombegriff**. Im SGB VIII[36] wird weder **175** in § 13 noch in sonstigen Bestimmungen[37] der Begriff „Schulsozialarbeit" verwendet. In den Landesausführungsgesetzen findet sich der Begriff nur in § 3 Abs. 2 Jugendförderungsgesetz Rheinland-Pfalz. Vereinzelt[38] wird der Begriff „schulbezogene Jugendsozialarbeit" gebraucht oder „Jugendsozialarbeit an der Schule (JaS)". Inhaltlich unterscheiden sich diese Begriffe nicht. Gemeint ist immer die Förderung der schulischen Ausbildung durch sozialpädagogische Angebote.[39]

Schulsozialarbeit ist die kontinuierliche[40] Tätigkeit sozialpädagogischer[41] Fachkräfte[42] an **175a** der Schule in Zusammenarbeit mit Lehrkräften mit dem Ziel, Schüler in ihrer individuellen, sozialen und schulischen[43] Entwicklung zu fördern, Bildungsbenachteiligungen zu vermeiden und abzubauen, Eltern und Lehrer bei der Erziehung zu beraten und bei Konflikten im Einzelfall zu helfen. In jugendhilferechtlichem Zusammenhang ist sie damit **schulbezogener Teil der Jugendsozialarbeit** nach § 13, aber beschränkt auf Angebote an der Schule. Hinzu kommen weitere Tätigkeiten sozialer Arbeit an der Schule im Rahmen der Jugendhilfe (zB schulbezogene Jugendarbeit, schulbezogene Gruppenarbeit, Schulassistenz im Rahmen der Eingliederungshilfe). Für schulbezogene Angebote außerhalb der Schule bleiben §§ 11 und 13 unberührt.

Aus den Schulgesetzen der Länder ergibt sich, dass auch die Schule einen Auftrag zu Erziehung und Bildung hat. Der **Kernbereich pädagogischer Arbeit** ist durch das jeweilige Schulgesetz zu bestimmen. In allen Schulgesetzen finden sich Bezüge nicht nur zu sonderpädagogischer, sondern auch zu sozialpädagogischer Tätigkeit bis hin zur ausdrücklichen Benennung der SSA. Jugendhilfe ist nicht etwa „Monopolist" der SSA.

Die schulischen Angebote haben nach § 10 Abs. 1 den Vorrang vor den Angeboten der **175b** Jugendhilfe. Werden sie von der Schule aber (als sog. bereite Mittel) tatsächlich nicht zur Verfügung gestellt, muss die **Jugendhilfe als „Ausfallbürge"** leisten, kann aber Ersatz ihrer Aufwendungen verlangen.

---

36 Anders als in den Schulgesetzen der Länder (zB § 17 Abs. 2 SchulG Sachsen; § 6 Abs. 6 SchulG Schlesw.-H.).
37 Lediglich in der Begründung des Gesetzentwurfs (BT-Drs. 11/5948, S. 55) taucht der Begriff auf: „Die Vorschrift bezieht aber auch Angebote und Maßnahmen der Schulsozialarbeit ein. Sie sind in besonderem Maße geeignet, bereits in allgemeinbildenden Schulen zu einem reibungsloseren Übergang Jugendlicher von der Schule in ein Ausbildungsverhältnis beizutragen."
38 § 14 Abs. 2 AGKJHG Berlin; § 3 Abs. 2 Kinder- und Jugendförderungsgesetz Mecklenburg-Vorpommern; § 12 Abs. 1 Jugendförderungsgesetz Schleswig-Holstein; so auch im 12. KJB, S. 407.
39 So zB OVG NRW 28.8.2007- 1120/07.
40 Also nicht abhängig von befristeten Förderprogrammen.
41 Also nicht sonderpädagogischer.
42 Absolventen einer Hochschule mit dem Studiengang Sozialarbeit/Sozialpädagogik (so auch DV, Diskussionspapier 2014 S. 0 u. BAG EJSA unter 6. sowie Fachliche Empfehlung Thüringen unter 7.3) oder Erziehungswissenschaften. Nach dem 14. KJB, S. 329 sind 62 % Dipl. SA/SP und 12 % Dipl.Päd. Zur Ausbildung ausführlich *Pötter/Segel*, Profession Schulsozialarbeit (2009) und Kooperationsverbund Schulsozialarbeit: Anforderungsprofil (2015).
43 Also nicht auch der beruflichen; diese bleibt der Jugendberufshilfe vorbehalten.

175c Der Träger der öffentlichen Jugendhilfe hat eine Gewährleistungspflicht nach § 79 auch für die Leistung der SSA nach § 13 – unabhängig davon, ob ein Rechtsanspruch auf die Leistung besteht.

Die Gewährleistungspflicht des öffentlichen Trägers kann auch dadurch erfüllt werden, dass **freie Träger** SSA leisten und zwar vorrangig nach § 4 Abs. 2.

175d **Kreisangehörige Gemeinden,** die weder Träger der Jugendhilfe sind noch die Aufgabe der SSA vom Landkreis übertragen bekommen haben, können SSA als freiwillige Aufgabe (außerhalb des SGB VIII, aber unter Beachtung von dessen fachlichen Grundsätzen) leisten.

175e Aus der gemeinsamen Aufgabenverantwortung von Jugendhilfe und Schule für die SSA folgt die gemeinsame **Finanzierungsverantwortung**. Die Finanzierung ist – vorwiegend in Richtlinien – bislang buchstäblich nur sehr zurückhaltend geregelt.

175f Diese **Rechtsgrundlage** konnte entweder im Schulrecht oder im **Jugendhilferecht** gelegt werden. Für letzteres sprach vor allem, dass

- die Dienst- und Fachaufsicht von Fachkräften der Jugendhilfe ausgeübt wird
- die SSA in der Struktur des SGB VIII wirkungsvoller geleistet werden kann, ohne dass dies zu einer höheren Kostenbelastung für den öffentlichen Träger führte
- der Datenschutz nach dem SGB gilt.

Durch Landesgesetz kann eine gemeinsame Trägerschaft von Schule und Jugendhilfe für die SSA durch **Kooperationsvereinbarung** (§ 53 SGB X) begründet werden.

Übersicht: Faktische Bedeutung der Schulsozialarbeit

175g Die Bedeutung der Schulsozialarbeit ist in den letzten Jahren rasant gestiegen. Einige Gründe sind:

- Sozialisationsdefizite in der Familie,
- volle Berufstätigkeit beider Elternteile hat teilweise dazu geführt, dass die Erziehung „outgesourct " wird,
- mehr als die Hälfte aller Schulen sind inzwischen Ganztagsschulen und damit zum „Lebensort Schule" geworden,
- die hohe Rate der Verhaltensauffälligkeiten,
- der Anstieg gesundheitlicher Belastungen bei Kindern im Schulalter,
- erhöhte Leistungsanforderungen der Schule und an die Schule
- die Beschleunigung schulischer Ausbildung, die schon mit der frühen Einschulung ab 5 Jahren beginnen und mit dem Abitur im Alter von 17 Jahren enden kann; die „beschleunigte Bildungsbiografie" ist vor allem bei Kindern aus bildungsfernen Schichten festzustellen,
- Schulabsentismus[44],
- der Zugang zu beruflicher Ausbildung ist vornehmlich bei Schülern mit sog. Migrationshintergrund[45] erschwert,
- unkontrollierter Gebrauch des Internet,
- Gewalt, Fremdenfeindlichkeit, Rechtsradikalismus, Kriminalität und Drogenhandel an vielen Schulen,
- dramatische Ereignisse an Schulen wie in Erfurt und Winnenden,
- die neue Herausforderung der schulischen Integration von Flüchtlingskindern.

---

44 Psychologisch weichgespült auch „Schuldistante" oder „Schulmüde"; vulgo: Schulschwänzer.
45 Soziologisch weichgespült; juristisch exakt: Ausländer.

Übersicht: Tätigkeiten des Schulsozialarbeiters   **175h**

1. Individuelle Beratung und Hilfe für Schüler
   a. Einzelfallberatung
   b. Schutzauftrag bei Kindeswohlgefährdung
      - Gefährdungseinschätzung (§ 8 a Abs. 1 und 4)
      - Beratung als Fachkraft (§ 8 b)
2. Zusammenarbeit mit Jugendamt und anderen Stellen
   a. Beteiligung an Hilfeplangesprächen (§ 36)
   b. Beteiligung an Feststellung des Hilfebedarfs außerhalb eines Hilfeplans
   c. Kooperation mit anderen Fachdiensten
3. Beratung von Lehrern
   a. in Problemlagen bei einzelnen Schülern
   b. Mitwirkung bei Feststellung eines sonderpädagogischen Bedarfs.
4. Beratung von Erziehungsberechtigten
   a. bei Erziehungsproblemen im Einzelfall (Erziehungsberatung nach § 28)
   b. mit Elternbildung (§ 16) in
      - themenzentrierten Elternabenden
      - Veranstaltungen zu Erziehungsfragen
      - Seminaren
   c. in Jugendschutzfragen (§ 14), zB.
   - Sucht
   - Gewalt
   - Internet
5. Beratung von Betreuungskräften im außerunterrichtlichen Bereich von Ganztagsschulen
6. Gruppenarbeit mit Schülern, zB.
   - Sozialverhalten
   - Gewaltprävention
   - Streitschlichtung.
7. Offene Freizeitangebot (§ 11 Abs. 3)

3.1.5 Erzieherischer Kinder- und Jugendschutz

176

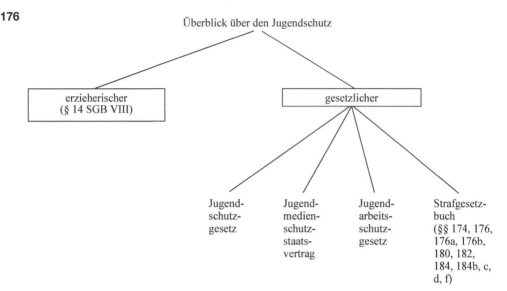

§ 14 Abs. 1 verpflichtet („sollen", also in der Regel Muss-Leistung, nur in atypischen Einzelfällen Kann-Leistung) die Träger der öffentlichen Jugendhilfe dazu, Angebote des erzieherischen Kinder- und Jugendschutzes zu machen. Dieses normative Gebot ist notwendig, haftet doch dem Jugendschutz das Odium an, Instrument moralinsaurer Unterdrückung zu sein, das nicht zu emanzipatorischer Pädagogik passe.

Die Angst vor AIDS, die Zahl der Drogentoten, das Umsichgreifen von Jugendsekten und Okkultismusbewegungen, die gewalttätigen und rechtsradikalen Gruppierungen Jugendlicher, die rasante Entwicklung der visuellen Medien, die Spielsucht oder ganz allgemein: ungezügelter Konsum („Konsumismus"), aber auch die zunehmende Erkenntnis über Gewalt und sexuellen Missbrauch in Familien haben Jugendschutz wieder „salonfähig" gemacht. Ziel des Jugendschutzes ist es:

■ „Flankenschutz" zu geben bei der freien Entfaltung der Persönlichkeit des jungen Menschen, indem er Gefahren und Störungen auf dem Weg vom Kind zum Erwachsenen abwehrt (*gesetzlicher* Jugendschutz);

■ die Verantwortung der Erwachsenen für eine gesunde Entwicklung des jungen Menschen zu wecken und zu stärken sowie dem Jugendlichen selbst Hilfe zu geben, Gefahren zu vermeiden und zu bestehen (*erzieherischer* Jugendschutz).

177 Auf dem Gebiet des gesetzlichen Jugendschutzes müssen die Träger der Jugendhilfe mehr als bisher den zuständigen Behörden (BPS, Gewerbeaufsicht, Ordnungsamt, Polizei, Staatsanwaltschaft) Anstöße und Anregungen sowie pädagogische Begleithilfen geben, um diese Bestimmungen voll auszuschöpfen. 9- bis 17-jährige sind täglich im Schnitt 2,4 Stunden online[46]. Wenn Kinder und Jugendliche im Netz surfen, dann tun sie das weit überwiegend auf ausländischen Plattformen. Über 40 % der 10- bis 18-Jährigen haben im Internet bereits negative Erfahrungen gemacht; über 1 Million von ihnen haben etwas gesehen, das sie geängstigt hat. 800.000 der 10- bis 18-Jährigen wurden bereits

---

46 Nach jugendschutz.net 2021.

im Netz beleidigt oder gemobbt. 250.000 Kinder wurden von Erwachsenen mit dem Ziel sexuellen Missbrauchs kontaktiert. 70 % der Mädchen und Frauen sind bei der Nutzung sozialer Medien von digitaler Gewalt betroffen. Das **neue Jugendschutzgesetz**[47] verbessert den Schutz der Kinder und Jugendlichen. Die bisherige Bundesprüfstelle für jugendgefährdende Medien wird zu einer modernen Bundeszentrale für Kinder- und Jugendmedienschutz ausgebaut. Die Bundeszentrale ist dafür zuständig, sicherzustellen, dass die vom Gesetz erfassten Plattformen ihren systemischen Vorsorgepflichten (z.B. sichere Voreinstellungen, Beschwerde- und Hilfesystem) nachkommen. Sie ahndet Verstöße auch gegenüber ausländischen Anbietern. Mit der Bundeszentrale werden klare Strukturen im Kinder- und Jugendmedienschutz geschaffen. Die Länder bleiben für die inhaltsbezogenen Maßnahmen im Einzelfall zuständig, der Bund ist für das Massenphänomen Interaktionsrisiken und eine systemische Vorsorge zuständig.

Gefährdende Einflüsse können mit repressiven Maßnahmen allein nicht ausgeschaltet **178** werden; die Jugendhilfeträger müssen attraktive Alternativen zur Gestaltung der Freizeit bieten, zB Jugenddiskos ohne Drogen, Kneipen ohne Alkohol, gemütliche Teestuben; Tele- und Computerspielen, die zur Verrohung und Abstumpfung verleiten, müssen Spiele entgegengesetzt werden, die ebenfalls Geschicklichkeit und Reaktionsvermögen erfordern. Gewalt- und Sexprogramme in Kinos und Internet sind mit spannenden Filmen, etwa in kommunalen Kinos zu schlagen. Der Zulauf zu Jugendsekten ist nur zu stoppen, wenn die **Kirchen** Jugendlichen Geborgenheit und Wärme bei ihren Veranstaltungen vermitteln, ohne sie mit Salbaderigkeit und Betulichkeit zu langweilen. Nach den erschreckend vielen Fällen des Kindesmissbrauchs hilft nur Wahrheit und Klarheit, um wieder Vertrauen zu gewinnen.

Wo Abenteuer wieder im täglichen Spiel gefunden werden können, ist die Versuchung nicht so groß, aus Öde und Monotonie des Wohnumfeldes in Rauschzustände zu flüchten. In **Medien**werkstätten der Jugendarbeit könnten Jugendliche angeleitet werden, positiven Zugang zu Videos zu finden, indem sie lernen, diese selbst herzustellen. Wettbewerbe, die das beste Video prämieren etc, könnten Anreize dazu liefern. Entscheidend ist, dass junge Menschen statt des passiven Konsums und der Erlebnisse aus zweiter Hand, wie sie die Medien bieten, originäre Erlebnisse finden und es lernen, sich geistig oder handwerklich selbst zu beschäftigen und an solchem Tun Freude zu erfahren. Wird dies nicht geübt, so bleibt nur – worauf schon *Salzmann*, Pädagoge im 18. Jahrhundert, hingewiesen hat – die **„Unterhaltung" als Ersatz**. Wieviel mehr gilt dies heute!

Erzieherischer Jugendschutz fasst alle Gebiete der Jugendhilfe in dem Ziel zusammen, Kindern und Jugendlichen eine ungefährdete Entwicklung zu ermöglichen. Kindern muss die Kindheit erhalten bleiben. Sie brauchen Märchen und nicht nur Information. Fernsehen und Internet liefern Informationen zu allen Themen einschließlich Sex, Gewalt und Tod, so dass es keine dunklen, unangreifbaren Geheimnisse mehr gibt, die die Erwachsenen den Kindern zunächst vorenthalten und sie später, wenn sie es für angebracht halten, offenbaren. Ohne Geheimnisse aber gibt es keine Kindheit. Kinder werden aus dem Paradiesgarten der Kindheit vertrieben, wenn man ihnen die Frucht des Erwachsenenwissens zugänglich macht.

Auch in anderen Bereichen ist die Kindheit in Gefahr: spontane, selbstorganisierte Kinderspiele schwinden; im Vereinssport stehen Kinder unter Wettbewerbsdruck; in der Schule (vgl. *Rn. 78*) unter dem Erwartungsdruck von Eltern („Helikoptereltern"). Wenn Kinder nicht mehr als Kinder begriffen werden, sondern als kleine Erwachsene, die rational handeln müssen, kann dieses Unverständnis in Kindesmisshandlungen kulminieren.

---

47 BGBl. vom 9.4.2021; in Kraft seit 1.5.2021.

Im erzieherischen Jugendschutz muss nicht nur über Gefahren informiert, sondern rechtzeitig dazu erzogen werden, Verzicht zu üben und diesen Verzicht auch vorzuleben. Die **Corona-Zeit** hat diesen Verzicht erlebbar gemacht. Ohne Kontrolle der Triebe kann es keine Kultur geben. Die Vermittlung einer Wertehaltung (vgl. *Rn. 141, 159, 160, 176*), die das Wartenkönnen als Tugend begreift, ist wichtiger als technische Hilfen zum Schutz vor Gefahren wie beispielsweise die Propagierung von Kondomen.[48]

179 Überwachender, pädagogisch begleitender und erzieherischer Jugendschutz müssen als Teil der Jugendhilfe in kommunale Jugendhilfeplanung (vgl. *hierzu 4.4 Rn. 354*). einfließen. Für diese umfangreiche Aufgabe ist bei jeder Kommune eine Fachkraft als Ansprechpartner und Koordinator unerlässlich. In kommunalen Jugendschutzberichten sollten die aktuellen Probleme aufgezeigt und Konzepte des Jugendschutzes sowie Perspektiven der Arbeit dargestellt werden.

180 **Zusammenfassender Überblick über den erzieherischen Kinder- und Jugendschutz:**

Rechtsquelle:	§ 14
Adressaten:	– junge Menschen bis 27 Jahre – Erziehungsberechtigte
Ziele:	– Befähigung junger Menschen, sich vor Gefahren zu schützen – Befähigung von Erziehungsberechtigten, die Kinder vor Gefahren zu schützen
Rechtsverbindlichkeit:	– Soll-Leistung ohne Rechtsanspruch

Maßnahmen und Formen:

gefährdende Einflüsse:	Maßnahmen:	Organisationsformen:
– Alkoholmissbrauch – Medien – Drogen – gewaltbereite Gruppen – Jugendsekten	– pädagogisch orientierte Informationsveranstaltungen – Öffentlichkeitsarbeit – Fortbildung – schriftliche Informationen – jugendkulturelle Angebote – erzieherische Einzelfallhilfen – Streetwork an jugendgefährdenden Orten – Jugendhilfe in sozialen Brennpunkten – offene Jugendarbeit in Jugendhäusern	– Einrichtungen von Arbeitskreisen auf kommunaler Ebene – zu bestimmten Themen Unterausschuss des Jugendhilfeausschusses (vgl. *Rn. 298*)

Zu den einzelnen Aufgaben des erzieherischen Jugendschutzes vgl. *die Übersicht im Anhang 2 . als Anlage 3.*[49]

181 **3.1.6 Hilfe zur Erziehung/ Hilfearten/Hilfeplanung. 3.1.6.1 Grundsatz.** Die HzE ist von zentraler Bedeutung in Gesetz und Praxis. Auf sie besteht ein Rechtsanspruch, soweit die Leistungsnormen subjektive öffentliche Rechte[50] enthalten (vgl. *hierzu Rn. 95.*). Dies ist der Fall für die Hilfe zur Erziehung gem. § 27 und für die Eingliederungshilfe gem. § 35 a. Auf die Hilfe für junge Volljährige gem. § 41 besteht ein Rechtsanspruch im Regel-

---

48 So plakatiert die BZgA den Slogan *„Nur das Eine im Kopf? Benutzt Kondome"*. Vielleicht sollte dann aber eher auf den Kopf eingewirkt werden?

49 Ferner die Broschüre „Kinder- und Jugendschutz & Medienerziehung im Freistaat Sachsen" (2005); hrsg. v. Landesjugendamt.

50 Vgl. hierzu *Kunkel*, ZfJ 1991, 145 einerseits und *Münder*, ZfJ 1991, 285 andererseits. Ferner *Fieseler*, ZfJ 1995, 194; *Grube*, ZfJ 1997, 364.

fall. Die „Soll"-Formulierungen in den §§ 28–35 sind lediglich Beschreibungen des Zwecks der verschiedenen Hilfearten und lassen die Anspruchsnorm des § 27 unberührt.

Schaubild: Normstruktur der Hilfe zur Erziehung (§ 27)

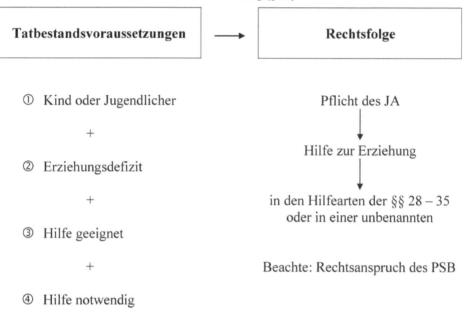

Schaubild: Normstruktur der Eingliederungshilfe (§ 35 a)*

| **Tatbestandsvoraussetzungen** → | **Rechtsfolge** |

① Kind oder Jugendlicher*

② (*Drohende*) seelische Behinderung

=

(1) seelische Gesundheit

(2) weicht ab vom alterstypischen
    Zustand
    (a) mit hoher Wahrscheinlichkeit
    (b) länger als 6 Monate

(3) Abweichung ist kausal für
    (*mit hoher Wahrscheinlichkeit zu
    erwartende*) Beeinträchtigung der
    Teilhabe am Leben in der
    Gesellschaft

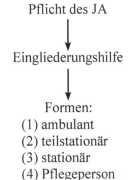

Pflicht des JA

Eingliederungshilfe

Formen:
(1) ambulant
(2) teilstationär
(3) stationär
(4) Pflegeperson

Umfang:
(1) Persönliches Budget (§ 29 SGB IX)
(2) Ergänzende unabhängige
    Teilhabeberatung (§ 32 SGB IX)
(3) Leistungen auch zu Teilhabe an
    Bildung und zu sozialer Teilhabe
    (§§ 112-116 SGB IX)

Beachte: Rechtsanspruch des jungen
            Menschen

> Beachte: Hilfeplanungsverfahren (§ 36 SGB VIII) und Teilhabeplan
> (§ 19 SGB IX) notwendig, Selbstbeschaffung nur nach § 36a Abs. 2 oder
> 3 SGB VIII möglich (nicht nach § 16 SGB IX wegen Abs.6)

---

* Über § 41 Abs. 2 auch für junge Volljährige.

Schaubild: Normstruktur der Hilfe für junge Volljährige (§ 41)

Tatbestandsvoraussetzungen	→	Rechtsfolge

① junger Volljähriger (18 - 26 J.)   (Regel-)Pflicht des JA

②

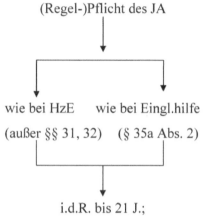

- Entwicklungsdefizit (im Hinblick auf eigenverantwortliche Lebensführung)

  oder

- seelische Behinderung

wie bei HzE   wie bei Eingl.hilfe
(außer §§ 31, 32)   (§ 35a Abs. 2)

i.d.R. bis 21 J.;

ausnahmsweise darüber hinaus, wenn:

③ Hilfe geeignet

- fortgesetzte Hilfe
- in begründetem Einzelfall
- für begrenzten Zeitraum

④ Hilfe notwendig

Beachte: Rechtsanspruch des jungen Volljährigen

Beachte: Hilfeplanungsverfahren (§ 36 SGB VIII) notwendig,
Selbstbeschaffung nur nach § 36a Abs. 2 oder 3 SGB VIII möglich

182 Grundsätze bei der Gewährung von Hilfe zur Erziehung

Einzelfallorientierung:	Art und Umfang der Hilfe zur Erziehung richten sich nach dem erzieherischen Bedarf im Einzelfall (§ 27 Abs. 2)
Lebensweltorientierung:	Das engere soziale Umfeld des Kindes oder des Jugendlichen soll dabei einbezogen werden (§ 27 Abs. 2)
Information:	Beratung des Betroffenen vor und während der Inanspruchnahme einer Hilfe zur Erziehung (§ 36 Abs. 1)
Mitwirkung:	Beteiligung des Betroffenen bei der Auswahl einer Einrichtung oder Pflegestelle im Falle einer Hilfe zur Erziehung außerhalb der eigenen Familie (§ 36 Abs. 1)
Planung/Kooperation:	Aufstellen eines Hilfeplans im Team zusammen mit den Betroffenen, wenn Hilfe zur Erziehung voraussichtlich für längere Zeit zu leisten ist (§ 36 Abs. zu 3)
Kontrolle:	Regelmäßige Prüfung, ob die gewählte Hilfeart weiterhin geeignet und notwendig ist (§ 36 Abs. 2)
Adoption:	Vor und während einer langfristig zu leistenden Hilfe zur Erziehung außerhalb der eigenen Familie ist zu prüfen, ob die Annahme als Kind in Betracht kommt (§ 37 c Abs. 2 S. 3)
Elternarbeit:	Bei der Erziehung in einer Tagesgruppe (§ 32), der Vollzeitpflege (§ 33), der Heimerziehung oder in einer sonstigen betreuten Wohnform (§ 34) sollen die Erziehungsbedingungen in der Herkunftsfamilie so weit verbessert werden, dass sie das Kind oder den Jugendlichen wieder selbst erziehen kann (§ 37 Abs. 1)
Andere Lebensperspektiven:	Ist dies innerhalb eines vertretbaren Zeitraums nicht erreichbar, soll eine andere, auf Dauer angelegte Lebensperspektive für das Kind erarbeitet werden (§ 37 Abs. 1).

183 Auf Hilfe zur Erziehung hat der Personensorgeberechtigte (das sind in der Regel die Eltern als Inhaber der Personensorge (vgl. *Rn. 273*), ausnahmsweise Vormund oder Pfleger[51]) einen Rechtsanspruch. Damit wird die Zielbestimmung des § 1 Abs. 3 verwirklicht, die der Jugendhilfe die Rolle zuweist, die Eltern bei der Einlösung des an sie gerichteten Anspruchs des Kindes auf Erziehung zu unterstützen („Elternhilfegesetz"). Gegen den Willen der Eltern oder auch nur eines Elternteils kann die Hilfe nicht geleistet werden. Damit ähnelt diese Hilfe der Rechtsfigur des Vertrags zugunsten Dritter. Das durch die Hilfe begünstigte Kind hat lediglich ein Beteiligungsrecht (vgl. *Rn. 98*), indem es diese Hilfe initiieren kann (§ 8 Abs. 2) und bei der Entscheidung über die Hilfe und Weitergewährung mitwirkt (§§ 8 Abs. 1, 36 Abs. 1, 2).

184 Tatbestandliche Voraussetzung für die Rechtfolge eines Rechtsanspruches ist gemäß § 27 Abs. 1, dass

- eine dem Wohl des Kindes entsprechende Erziehung nicht gewährleistet ist und
- die Hilfe für seine Entwicklung geeignet und notwendig ist.

Bei diesen Voraussetzungen handelt es sich um unbestimmte Rechtsbegriffe, die der Auslegung bedürfen; dabei besteht kein Ermessen, da Ermessen immer Rechtsfolgeer-

---

51 Wenn ihm neben dem Aufenthaltsbestimmungsrecht die Verfahrensrechte aus § 36 übertragen worden sind; vgl. hierzu auch das Gutachten des Deutschen Vereins in NDV 1995, 168 und *Fricke*, ZfJ 1993, 284 sowie *Röchling*, Jugendhilfe 1999, 335, *ferner die Rechtsprechung im Anhang unter 6. und* https://www.nomos-shop.de/nomos/titel/jugendhilferecht-id-89400/,"Service zum Buch" bei § 36.

messen ist; auch kein Beurteilungsspielraum[52], weil keine der Fallgruppen vorliegt (vgl. *Rn. 333*). Ein Beurteilungsspielraum wird von der Rechtsprechung aber angenommen für den „kooperativen pädagogischen Entscheidungsfindungsprozess"[53] im Hilfeplanverfahren. Es kann also verwaltungsgerichtlich nicht nachgeprüft werden, ob die einzelne („ausgehandelte") Hilfeart geeignet ist.[54] Eine dem Wohl des Kindes entsprechende Erziehung ist nicht gewährleistet, wenn die individuelle oder soziale Entwicklung des Kindes derart gefährdet ist, dass ohne Hilfeleistung eine körperliche, geistige oder seelische Störung der Persönlichkeit einzutreten droht oder die Persönlichkeitsentwicklung schon gestört ist. Ein derartiges sog. Erziehungsdefizit ist also eine Mangellage in der Erziehung, aber nicht notwendig schon ein Mangel in der Persönlichkeitsentwicklung des Erzogenen und erst recht nicht ein Mangel in der Person des Erziehers. Es genügt ein objektiver Ausfall von Erziehungsleistung (bspw. durch Krankheit oder Berufstätigkeit beider Elternteile oder des alleinerziehenden), ohne dass das Verhalten der Eltern vorwerfbar sein müsste.

Maßstab für ein Erziehungsdefizit: Die Grundbedürfnisse des Kindes (das Kindeswohl)*

1	2	3	4	5
Liebe, Zuwendung, Akzeptanz	stabile Bindung	Versorgung, Körperpflege, Gesundheitsfürsorge	Schutz vor Gefahren	geistige und soziale Bildung

* abgeleitet aus der UN-Kinderkonvention (vgl. *Anhang 3.4*).

3.1.6.2 Arten und Formen der Hilfe. Der erzieherische Bedarf im Einzelfall ist maßgebend für Art, Form und Umfang (Rn. *201*) der Hilfe zur Erziehung (es gibt keine „Hilfen zur Erziehung", sondern nur einzelne Arten der Hilfe zur Erziehung). **185**

Liegen die tatbestandlichen Voraussetzungen einer Hilfe zur Erziehung gem. § 27 Abs. 1 vor, kommt eine der in §§ 28 bis 35 genannten **Arten** der Hilfe zur Erziehung in Betracht. Sie umfassen ambulante, teilstationäre und stationäre Hilfe. *Ambulant* ist eine Hilfe, die auf die Betreuung idR in der Familie (im Fall des § 35 auch außerhalb möglich) gerichtet ist und die von außen beratend und unterstützend geleistet wird, entweder ständig oder in gewissen, regelmäßigen Abständen. *Teilstationäre* Hilfen sind **Hilfeformen**, die die ambulanten mit den Möglichkeiten stationärer Hilfen verbinden. Sie belassen das Kind oder den Jugendlichen in seiner Familie, geben ihm aber außerhalb qualifizierte Förderung (zB im Kindergarten oder im Anschluss an die Schule) sowie pädagogische und therapeutische Hilfe unter Einbeziehung der Eltern. *Stationäre* Hilfen sind solche, die über Tag und Nacht in einer fremden Familie oder in einer Einrichtung (Heim, betreute Wohnform) geleistet werden.

Vgl. die nachfolgende zusammenfassende Übersicht im Schaubild.

---

52 Wie hier *Ollmann*, ZfJ 1995, 45; aA *Münder*, ZfJ 1991, 292 und *Maas*, RsDE Heft 25 (1994), 20 für den Prognoseteil der Entscheidung, weitergehend *Wiesner*, SGB VIII, § 36 Rn. 63 ff. für den gesamten Entscheidungsprozeß. Zu §§ 5, 6 JWG nahm der VGH BW (11.4.1990, FEVS 39, 472) ein „Bewertungsvorrecht als Teil der Ermessensermächtigung" an.
53 Wohl ein neuer Begriff für den „Aushandlungsprozess".
54 *S. Rechtsprechungsübersicht im Anhang unter 6.*

Schaubild: Die Hilfe zur Erziehung in ihren...

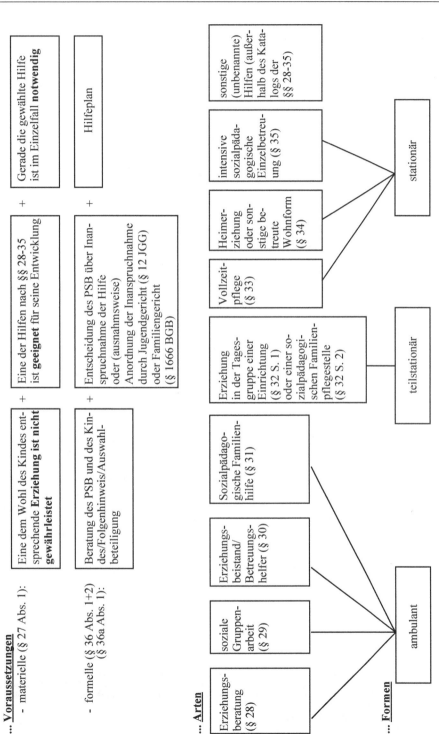

...Voraussetzungen

- materielle (§ 27 Abs. 1):

  Eine dem Wohl des Kindes entsprechende Erziehung ist nicht gewährleistet
  + Eine der Hilfen nach §§ 28-35 ist geeignet für seine Entwicklung
  + Gerade die gewählte Hilfe ist im Einzelfall notwendig

- formelle (§ 36 Abs. 1+2) (§ 36a Abs. 1):

  Beratung des PSB und des Kindes/Folgenhinweis/Auswahlbeteiligung
  + Entscheidung des PSB über Inanspruchnahme der Hilfe oder (ausnahmsweise) Anordnung der Inanspruchnahme durch Jugendgericht (§ 12 JGG) oder Familiengericht (§ 1666 BGB)
  + Hilfeplan

...Arten

- Erziehungsberatung (§ 28)
- soziale Gruppenarbeit (§ 29)
- Erziehungsbeistand/Betreuungshelfer (§ 30)
- Sozialpädagogische Familienhilfe (§ 31)
- Erziehung in der Tagesgruppe einer Einrichtung (§ 32 S. 1) oder einer sozialpädagogischen Familienpflegestelle (§ 32 S. 2)
- Vollzeitpflege (§ 33)
- Heimerziehung oder sonstige betreute Wohnform (§ 34)
- intensive sozialpädagogische Einzelbetreuung (§ 35)
- sonstige (unbenannte) Hilfen (außerhalb des Katalogs der §§ 28-35)

...Formen

- ambulant
- teilstationär
- stationär

Zum **Umfang** der Hilfe zur Erziehung *vgl. die Übersicht bei Rn. 170.*

Die gesetzliche Reihenfolge der Hilfearten nach den §§ 28–35 orientiert sich an der pädagogischen Intensität der einzelnen Hilfeart, nicht an dem Ausmaß der Störung der Persönlichkeitsentwicklung des Kindes. Alle Hilfearten sind grundsätzlich gleichrangig. Zu gewähren ist die Hilfe, die im einzelnen Fall geeignet und notwendig ist. Geeignet ist sie dann, wenn sie tauglich dafür ist, das Erziehungsdefizit zu beseitigen; notwendig ist sie, wenn dieser Zweck nicht auch mit einer weniger einschneidenden Hilfe erreicht werden kann, die Hilfe also nicht „überdosiert" ist. Je nach Hilfefall kann auch die Heimerziehung von vornherein die geeignete und notwendige Hilfe sein (zB für ältere Kinder und Jugendliche), ohne dass zuvor alle anderen Hilfen „ausprobiert" worden sein müssten („Untermaßverbot").

Die in §§ 28 bis 35 geregelten Hilfearten sind exemplarisch genannt und stellen keinen **186** abschließenden Katalog dar. § 27 Abs. 2 ist eine Öffnungsklausel für die Entwicklung neuartiger Hilfen. Strittig ist[55], ob durch diese Öffnung auch Leistungen als Hilfe zur Erziehung gewährt werden können, die an anderer Stelle des SGB VIII schon geregelt sind (beispielsweise die Kindertagespflege oder die Erziehung in einer Tageseinrichtung). Dagegen spricht, dass der Gesetzgeber solche anderen Leistungen an andere Voraussetzungen geknüpft hat. Darüber hinaus hat er auch ein spezifisches Verfahren (§§ 36 ff.) für die Gewährung der Hilfe zur Erziehung entwickelt, das für die Förderangebote der §§ 22-24 nicht passt. Schließlich ist die Regelung der Kostenbeteiligung unterschiedlich für die Hilfe zur Erziehung einerseits (§ 91) und für Förderangebote andererseits (§ 90). Mit diesem gegliederten System wäre ein Einbruch gesetzlich benannter Leistungen in die Öffnung des § 27 Abs. 2 nicht vereinbar. Dagegen wäre zB das Hinwirken auf einen Täter-Opfer-Ausgleich eine mögliche unbenannte Leistung der Hilfe zur Erziehung (vgl. *Rn. 264*), ebenso die Mutter-Kind-Einrichtung des Strafvollzugs[56]. Auch kann neben der Tagesbetreuung Hilfe zur Erziehung geleistet werden (§ 24 Abs. 3 S. 1 Nr. 2 Hs. 2). Das KJSG hat lediglich die Kombination unterschiedlicher **Hilfearten** (also innerhalb der HzE) ausdrücklich zugelassen (§ 27 Abs. 2 S. 3).

Die Hilfen sind in der Regel im Inland zu erbringen, Im **Ausland** dürfen sie nur ausnahmsweise unter den Voraussetzungen des neu gefassten **§ 38** erbracht werden.

Hilfe zur Erziehung kann auch von Trägern der freien Jugendhilfe originär oder derivativ geleistet werden (*s. u. 4.1 Rn. 298*). Zur Selbstbeschaffung vgl. Rn. 93.

3.1.6.3 Hilfearten. (1) Erziehungsberatung (§ 28). Beratungsstellen unterstützen Kin- **187** der, Jugendliche und Eltern bei der Klärung und Bewältigung individueller und familiärer Probleme. Bei der Beratung wirken Fachkräfte verschiedener Fachrichtungen zusammen. Darin unterscheidet sich die Erziehungsberatung als institutionelle Beratung von der funktionellen Beratung, die bei Gelegenheit jeder anderen Sozialleistung (§ 14 SGB I) erfolgt. Von der Trennungs- und Scheidungsberatung nach § 17 (vgl. *Rn. 131*) unterscheidet sich die Erziehungsberatung sowohl in den Anspruchsvoraussetzungen als auch im formalisierten Verfahren nach § 36, auch wenn dieses gem. § 36 a Abs. 2 niedrigschwellig gestaltet werden soll (vgl. Rn. 93). Es besteht ein uneingeschränkter Rechtsanspruch auf Erziehungsberatung bei Vorliegen der Voraussetzungen nach § 27 Abs. 1; die Formulierung „sollen" in § 28 relativiert diesen Rechtsanspruch nicht, sondern bezieht sich auf die Aufgabenstellung der Beratungsstellen. § 8 Abs. 3 (vgl. Rn. 66) in seiner Neufassung ermöglicht Kindern und Jugendlichen, nunmehr auch „hinter dem Rücken" des Personensorgeberechtigten beraten zu werden. Um niemand aus finanziellen Gründen daran zu hindern, eine Beratungsstelle aufzusuchen, ist eine Kostenbeteiligung ausgeschlossen (§§ 90, 91).

---

55 *Vgl.* hierzu die Entscheidungen in der *Rechtsprechungsübersicht im Anhang unter 6. und* https://www.nomos-shop.de/nomos/titel/jugendhilferecht-id-89400/,"Service zum Buch" bei §§ 27–35.
56 So BVerwGE 117, 261.

Zu Aufgabe und Arbeitsweise der Erziehungsberatung vgl. *die Hinweise im Anhang unter 4. als Anlage 1,* zum Datenschutz vgl. *die Ausführungen unter Rn. 375.*

Zusammenfassender Überblick:

Adressaten:	Kinder, Jugendliche, Eltern und andere Erziehungsberechtigte
Ziele:	– Unterstützung bei Klärung und Bewältigung individueller und familienbezogener Probleme – Unterstützung bei der Lösung von Erziehungsfragen – Unterstützung bei Trennung und Scheidung
Methoden:	Zusammenwirken verschiedener Fachrichtungen unterschiedlicher methodischer Ansätze
Leistungen:	Beratung und Therapie
Voraussetzungen:	§ 27 Abs. 1
Rechtliche Verbindlichkeit:	– Muss-Leistung – Rechtsanspruch des Personensorgeberechtigten
Kostenbeteiligung:	nein

188 **(2) Soziale Gruppenarbeit (§ 29).** Soziale Gruppenarbeit ist für ältere Kinder und Jugendliche gedacht, bei denen bereits Entwicklungsstörungen und Verhaltensprobleme vorliegen. Nach modellhaften Erprobungen von Erziehungskursen im Rahmen der Jugendhilfe sowie als Weisung im Rahmen des Jugendgerichtsgesetzes (vgl. *Rn. 262*) kann der fördernde Einfluss solcher erzieherisch gestalteter Gruppenarbeit auf die Entwicklung junger Menschen als gesichert gelten. Eine Kostenbeteiligung an dieser Hilfe ist gesetzlich nicht zugelassen (§ 91).

Zusammenfassender Überblick:

Adressaten:	ältere Kinder und Jugendliche
Ziel:	Überwindung von Entwicklungsschwierigkeiten und Verhaltensproblemen
Methoden:	soziales Lernen in der Gruppe
Leistungen:	Angebote sozialer Gruppenarbeit
Voraussetzungen:	§ 27 Abs. 1
Rechtliche Verbindlichkeit:	– Muss-Leistung – Rechtsanspruch des Personensorgeberechtigten
Kostenbeteiligung:	nein

189 **(3) Erziehungsbeistand/Betreuungshelfer (§ 30).** Der Erziehungsbeistand (eine Übernahme aus dem JWG = Schutzaufsicht) oder der Betreuungshelfer (eine Übernahme aus dem Jugendgerichtsgesetz) wird von Fachkräften der freien oder der öffentlichen Jugendhilfe gestellt und soll mit dem Kind oder dem Jugendlichen zusammen in dessen gewohntem Umfeld versuchen, unterstützende Hilfen bei der Bewältigung von Entwicklungsproblemen zu geben (§ 30). Auch für diese Hilfe ist eine Kostenbeteiligung unzulässig (§ 91).

Zusammenfassender Überblick:

Adressaten:	Kind oder Jugendlicher
Ziele:	– Unterstützung bei Bewältigung von Entwicklungsproblemen – Förderung der Verselbständigung
Methoden:	Einbeziehung des sozialen Umfelds
Leistungen:	Dienste durch Erziehungsbeistand und Betreuungshelfer
Voraussetzungen:	§ 27 Abs. 1
Rechtliche Verbindlichkeit:	– Muss-Leistung – Rechtsanspruch des Personensorgeberechtigten
Kostenbeteiligung:	nein

(4) Sozialpädagogische Familienhilfe (§ 31). Sie ist die intensivste Form ambulanter 190 Hilfe, weil sie – meist über längere Zeit – in den Innenraum der Familie hineinreicht und häufig mit einem Bündel von Schwierigkeiten und Problemen sowohl der Kinder als auch der Elternteile konfrontiert wird. Durch den rechtzeitigen Einsatz dieser Hilfe kann in vielen Fällen das Selbsthilfepotential einer Familie gestärkt werden. Die Hilfe kommt dann in Betracht, wenn ein junger Mensch oder eine Familie die erzieherischen, persönlichen und sozialen Schwierigkeiten von sich aus nicht bewältigt, die ambulanten Hilfen der sozialen Dienste und der Beratungsstellen nicht ausreichen (z.B. bei Corona) und Erziehungshilfe in der Pflegefamilie oder im Heim nicht oder nicht mehr erforderlich ist. Für diese Aufgabe kommen Sozialarbeiter, Sozialpädagogen, Erzieher, Haus- und Familienpflegerinnen oder spezifisch ausgebildete ehrenamtliche Kräfte in Frage. Auch bei dieser Hilfe ist eine Kostenbeteiligung nicht zulässig (§ 91).

Vgl. hierzu näher die Richtlinien im Anhang unter 4. als Anlage 2.

Zusammenfassender Überblick:

Adressaten:	Familien
Ziele:	– Unterstützung bei Erziehungsaufgaben – Unterstützung bei Bewältigung von Alltagsproblemen – Unterstützung bei Lösung von Konflikten und Krisen – Unterstützung bei Kontakten mit Ämtern und Institutionen – Hilfe zur Selbsthilfe
Methoden:	– intensive Betreuung und Begleitung – Mitarbeit der Familie
Dauer:	mindestens 1 Jahr, höchstens 2 1/2 Jahre
Leistungen:	Dienste der Sozialpädagogischen Familienhilfe
Voraussetzungen:	§ 27 Abs. 1
Rechtliche Verbindlichkeit:	– Muss-Leistung – Rechtsanspruch des Personensorgeberechtigten
Kostenbeteiligung:	nein

(5) Erziehung in der Tagesgruppe einer Einrichtung oder in qualifizierter Familien- 191 **pflege (§ 32).** Schaubild: **Erziehung in einer Tagesgruppe:** zwischen ambulanter und stationärer Hilfe zur Erziehung

Soziales Lernen in der Gruppe	Begleitung der schulischen Förderung	Elternarbeit
– Struktur und Regeln – Alltag erleben – Erlernen der Sozialkompetenzen / -fähigkeiten – Selbstwahrnehmung und Frustrationstoleranz	– Hausaufgabenbetreuung – Förderung der Lese-, Schreib- und Rechenfähigkeiten – Lerndidaktik	– Elterngespräche – Beratungen – Therapien – Gemeinsame Freizeitgestaltung – Familienarbeit in deren Haushalt

Elisa Schäfer, HS Kehl

Die Hilfe wird teilstationär (vgl. *Rn. 184*) geleistet, nämlich tagsüber in einer Gruppe; sie hat das Ziel, den Verbleib in der Familie zu sichern, also eine stationäre Hilfe zu vermeiden. Einerseits können die personellen und fachlichen Möglichkeiten einer Einrichtung genutzt werden, andererseits wird das Kind nicht aus seiner Familie und aus seinem sonstigen sozialen Umfeld herausgerissen. Die Hilfe kommt in Betracht für junge Menschen, die

■ nicht ausreichend versorgt sind, Verhaltensauffälligkeiten aufweisen und einer familienergänzenden Betreuung bedürfen und

■ deren Eltern in der Lage sind, die Erziehung selbst zu übernehmen, jedoch dabei Unterstützung benötigen.

Dazu gehören auch Kinder, die Schulen für Lernbehinderte besuchen, parallel zum Unterricht jedoch keine sozialpädagogischen Hilfen erhalten, obwohl dies erforderlich wäre. Die Kinder werden regelmäßig in konstanten Gruppen sozialpädagogisch betreut. Die Arbeit beinhaltet schwerpunktmäßig soziales Lernen, Hausaufgabenbetreuung, Zusammenarbeit mit den Eltern und der Schule sowie Einbeziehung des Lebensfeldes des Kindes. Die Intensität der Förderung liegt zwischen den offenen Angeboten der Jugendarbeit und der Beratungsstellen sowie Hortbetreuung einerseits und der intensiven Betreuung im Rahmen der Heimerziehung andererseits.

§ 32 S. 1 regelt die Hilfe zur Erziehung in Tagesgruppen, die im Heimbereich oder unabhängig von Heimen im unmittelbaren Lebensumfeld der Kinder angesiedelt sind. Mindestens zwei sozialpädagogische Fachkräfte (Dipl.-Sozialpädagogen, Heilpädagogen, Jugend- und Heimerzieher) sind für eine Gruppe von acht bis zehn Kindern ab 4 Jahren oder Jugendlichen bis 16 Jahre verantwortlich.

§ 32 S. 2 öffnet diese Art der Erziehung für die Familienpflege. Im Gegensatz zur Tagespflege nach § 23 muss es sich aber um besonders qualifizierte Pflegefamilien handeln (sozialpädagogische Familienpflege; heilpädagogische Pflegestelle; Erziehungsstelle), in denen gezielte pädagogische Arbeit von Pflegeeltern mit einer geeigneten Fachausbildung geleistet wird. Aus der gesetzlichen Bezeichnung dieser Hilfe als „Erziehung in einer Tagesgruppe" und der gesetzlich vorgegebenen Methode des sozialen Lernens in der Gruppe folgt, dass es sich um eine Familienpflegestelle handeln muss, in der schon Kinder vorhanden sind.

Für diese Art der Hilfe zur Erziehung schreibt das Gesetz Kostenbeteiligung vor (§ 91 Abs. 2 Nr. 2).

Zusammenfassender Überblick:

Adressaten:	Kind oder Jugendlicher
Ziel:	Unterstützung der Entwicklung des Kindes oder des Jugendlichen
Methoden:	– soziales Lernen in der Gruppe – Begleitung der schulischen Förderung – Elternarbeit
Formen:	– Tagesgruppe eines Heims – Familienpflegestelle mit mehreren Kindern – sonstige Gruppe
Leistungen:	– Angebote einer Tagesgruppe – Angebote der Familienpflege
Voraussetzungen:	§ 27 Abs. 1
Rechtliche Verbindlichkeit:	– Muss-Leistung – Rechtsanspruch des Personensorgeberechtigten
Kostenbeteiligung:	Kostenbeitrag obligatorisch (§ 91 Abs. 2 Nr. 2)

(6) Vollzeitpflege (§ 33). Die Erziehung von Kindern in Pflegefamilien gehört zum klassi- **192** schen Hilferepertoire der Jugendhilfe. Unter Vollzeitpflege im Sinne von § 33 wird im Gegensatz zur Tagespflege (§ 23; vgl. *Rn. 144*) die Unterbringung und Erziehung des Kindes oder des Jugendlichen bei Tag und Nacht außerhalb des Elternhauses verstanden; sie kann – je nach Erfordernissen des Einzelfalls – auf Kurzzeit (Wochenpflege zB als Bereitschaftspflegestelle nach einer Maßnahme gem. § 42; vgl. *Rn. 220*) oder auf Dauer angelegt sein. Auch die Familienpflege bei – auch unterhaltsverpflichteten –[57] Großeltern (siehe § 39 Abs. 4 S. 4; *bei Tagespflege s. Rn. 144*) oder anderen Verwandten sowie bei Verschwägerten ist eine Hilfe zur Erziehung, wenn die Voraussetzungen hierfür nach § 27 Abs. 1 vorliegen. Auch die Erziehung in der Familie des Vormunds oder Pflegers als Inhaber der elterlichen Sorge ist Erziehung außerhalb des Elternhauses. Der Amtsvormund oder der bestellte Amtspfleger werden in der Regel aber HzE in einer Pflegefamilie beantragen. *Vgl. nachfolgendes Schaubild.*

Die Vollzeitpflege kommt vor allem für solche Kinder und Jugendlichen in Betracht, die nicht mehr über familienunterstützende Hilfen, vor allem über die Sozialpädagogische Familienhilfe, erreicht werden können. Damit kommen auf Pflegeeltern zusätzliche Belastungen zu, die immer mehr auch eine fachliche Qualifikation erfordern. Den besonderen Bedürfnissen verhaltens- und entwicklungsgestörter Kinder und Jugendlicher wird mit besonderen Formen der Familienpflege entsprochen (heil- oder sonderpädagogische Pflegestellen, Sonderpflegestellen).[58] Die Pflegeperson hat vor der Aufnahme des Kindes und während der Dauer der Pflege Anspruch auf Beratung und Unterstützung (§ 37 a). Diese ist ortsnah sicherzustellen, also bei Wechsel an einen anderen Pflegeort durch das örtlich zuständig gebliebene Jugendamt (§ 37 a S. 3). Es besteht dann ein besonderer Erstattungsanspruch für das im Weg der Amtshilfe in Anspruch genommene Jugendamt (§ 37 a S. 4).

Keine HzE ist die Adoptionspflege gem. § 8 AdVermiG.

---

57 Mit dem KICK wurde die Rechtsprechung des BVerwG, NJW 1997, 86 korrigiert. Näher zur Verwandtenpflege s. die Empfehlungen des DV vom 17.6.2014.
58 Ein Anspruch auf höheres Pflegegeld ergibt sich daraus nicht; vgl. VG Sigmaringen Beschl. v. 26.4.1994 – 4 K 943/93.

Zur Pflegeerlaubnis vgl. Rn. 243.

Schaubild: Das Jugendamt als (bestellter) Amtspfleger/Amtsvormund bei Hilfe zur Erziehung durch Vollzeitpflege

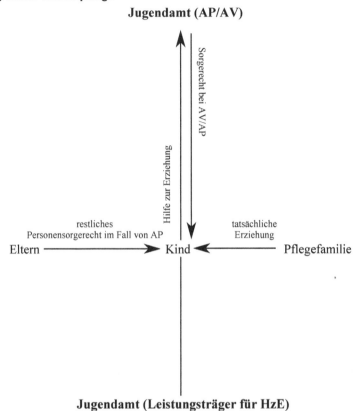

Schaubild*:   **Hilfe zur Erziehung in Vollzeitpflege**   **193**
               (§ 27 i. V. m. § 33 SGB VIII)

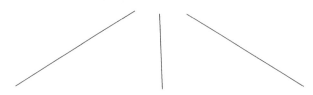

Zeitlich befristete Hilfe	Auf Dauer angelegte Hilfe	Sonderpflegestellen
• Rückkehroption in die Herkunftsfamilie besteht	• keine Verbesserungsmöglichkeiten in der Herkunftsfamilie	• für besonders entwicklungsbeeinträchtigte Kinder und Jugendliche
• vorübergehender, absehbarer Ausfall der Eltern	• langfristiger, völliger Ausfall der Eltern	• mindestens ein Pflegeelternteil verfügt über eine entsprechende Fachausbildung
	• Ablehnung der Eltern	

* Sabine Hoppe, HS Kehl

Überblick über die Vollzeitpflege: **194**

I. *Rechtsansprüche unter den Voraussetzungen des § 27 Abs. 1*
    1. des Personensorgeberechtigten
        a) auf pädagogische Hilfe für das Kind in einer Pflegestelle
        b) auf Pflegegeld
            aa) Annex-Anspruch (§ 39 Abs. 1 S. 1)
            bb) Umfang nach § 39 Abs. 2 – Abs. 6:
                aaa) laufende Leistungen
                    –   gesamter Lebensbedarf, einschl. Kosten der Erziehung und Taschengeld für das Kind
                    –   zu ermitteln auf der Grundlage der tatsächlichen Kosten
                    –   Gewährung durch monatlichen Pauschbetrag
                    –   unter (anteiliger) Anrechnung von Kindergeld
                bbb) einmalige Beihilfen
        c) auf Krankenhilfe
            aa) Annex-Anspruch (§ 40)
            bb) Umfang: § § 47-52 SGB XII (Gesundheitshilfe)
    2. der Pflegeperson auf Beratung (§ 37 a)
        –   vor und während der Pflege
        –   auch wenn Hilfe zur Erziehung nicht gewährt wurde, weil § 27 nicht vorliegt
        –   auch wenn Pflegeerlaubnis nicht notwendig ist (zB bei Verwandtenpflege)

195 II. *Leistungspflichten*
1. Pflicht zur Beteiligung von Kindern und Eltern
   - Beratung vor Entscheidung über Hilfe (§ 36 Abs. 1 S. 1)
   - Beteiligung bei der Auswahl der Pflegeperson (§ 37 c Abs. 3 S. 1)
   - Wünschen ist zu entsprechen (§ 37 c Abs. 3 S. 2 Abs. 1 S. 4)
   - auf die Folgen der Hilfe zur Erziehung für die Entwicklung des Kindes ist hinzuweisen (§ 37 c Abs. 1, 2)
   - Kinder sind auf ihr Verfahrensrecht hinzuweisen (§ 8 Abs. 1)
   - das Kind und die Personensorgeberechtigten sollen zusammen mit den Fachkräften einen Hilfeplan aufstellen (§ 36 Abs. 2)
2. Pflicht zur Beratung und Unterstützung der Herkunftsfamilie
   - zur Stärkung der Herkunftsfamilie (§ 37 Abs. 1)
   - Erarbeitung einer anderen Lebensperspektive, wenn „Sanierung" der Herkunftsfamilien nicht erreichbar ist (§ 37 Abs. 1 S. 3)

III. *Formen*:
   - zeitliche befristete Erziehungshilfe in einer anderen Familie
   - auf Dauer angelegte Lebensform
   - sonderpädagogische Pflegestelle für besonders entwicklungsbeeinträchtigte Kinder und Jugendliche

IV. *Kostenbeteiligung*:
   obligatorisch (§ 91 Abs. 1 Nr. 5 a)

196 Der Personensorgeberechtigte sollte bereits vor der Inpflegegabe bestimmen, welchem Ziel sie dienen soll. Gelingt es nicht, durch Beratung und Unterstützung die Erziehungsbedingungen in der Herkunftsfamilie soweit zu verbessern, dass das Kind wieder in die Familie zurückkehren kann, muss die Pflegestelle auf Dauer angelegte Perspektive sein (§ 37 Abs. 1). Damit das Wohl des Kindes in der Pflegestelle gewährleistet ist, soll das Jugendamt an Ort und Stelle überprüfen, ob die Pflegeperson eine entsprechende Erziehung leistet; die Pflegeperson hat das Jugendamt über wichtige Ereignisse zu unterrichten (§ 37 Abs. 1).

Die Regelung des Rechtsverhältnisses zwischen Jugendamt, Pflegeperson und Personensorgeberechtigtem geschieht am besten durch einen § 1688 Abs. 1 BGB ergänzenden Pflegevertrag. *Vgl. hierzu das Muster im Anhang unter 4. als Anlage 3 und das nachfolgende Schaubild.*

Schaubild: Dreiecksverhältnis bei Vollzeitpflege (§ 33)

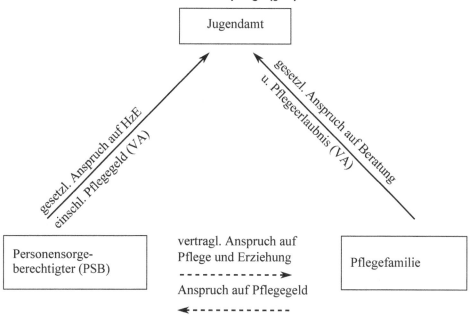

Vgl. auch die Übersicht zur Abgrenzung: Vollzeitpflege – Tagespflege unter Rn. 150.

Übersicht: Umfang und Höhe des Pflegegeldes bei Vollzeitpflege (§ 39)

Umfang:

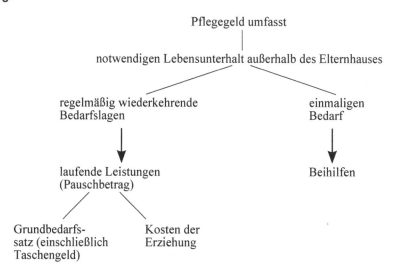

Höhe (wird nach Landesrecht[59] festgelegt)

Pflegegeld

Es ist in drei Stufen nach dem Alter des Pflegekindes gestaffelt und setzt sich aus dem Grundbedarfssatz und den Kosten der Erziehung zusammen. Der Grundbedarfssatz deckt in der Regel den gesamten Lebensunterhalt des Pflegekindes ab. Die Kosten der Pflege und Erziehung sind der „Anerkennungsbetrag" für die Erziehungsleistung der Pflegeeltern. Pflegeeltern haben einen Anspruch auf die hälftige Erstattung nachgewiesener Aufwendungen zu einer angemessenen Altersvorsorge. Ausgehend vom Mindestbeitragssatz der gesetzlichen Rentenversicherung beträgt die hälftige Erstattung derzeit 43 EUR je Kind.

Pflegeeltern, die ein Kind während der ersten 36 Monate nach Ablauf des Monats der Geburt erziehen, haben einen Anspruch auf Anrechnung der Kindererziehungszeiten für die Rentenversicherung, wenn sie mit dem Pflegekind durch ein auf längere Dauer angelegtes Pflegeverhältnis mit häuslicher Gemeinschaft wie Eltern und Kinder verbunden sind.

Freiwilliger Zuschuss zur Altersvorsorge von bis zu 120 EUR monatlich.

Diese Leistung wird unabhängig von der Gesamtzahl der betreuten Kinder an die Pflegeperson gewährt, welche die Erziehung und Versorgung des Pflegekindes beziehungsweise der Pflegekinder überwiegend leistet. Die Anlage des Betrages durch entsprechende Altersvorsorgeverträge muss nachgewiesen werden.

Das Pflegegeld beträgt seit dem 1.1.2021:

Alter des Pflegekindes (von … bis unter … Jahren)	Kosten für den Sachaufwand	Kosten der Pflege und Erziehung	Pflegegeld
0 bis 6	571 EUR	282 EUR	853 EUR
7 bis 12	657 EUR	282 EUR	939 EUR
13 bis 18	722 EUR	282 EUR	1.004 EUR

Erhöhtes Pflegegeld bei besonders entwicklungsbeeinträchtigten Kindern

Bei besonders entwicklungsbeeinträchtigten Kindern kann sich ein erhöhter Bedarf sowohl beim Sachaufwand als auch im Hinblick auf die Kosten für Pflege und Erziehung wegen eines erhöhten erzieherischen Bedarfs ergeben. Wenn dieser Bedarf durch die Pflegeperson selbst erfüllt wird, ist das Pflegegeld entsprechend dem Mehraufwand der Pflegeperson zu erhöhen. Die Notwendigkeit für ein erhöhtes Pflegegeld ist nach den Erfordernissen des Einzelfalles im Rahmen der Hilfeplanung festzustellen.

Annexleistungen in der Vollzeitpflege

Ergibt sich bei Pflegekindern ein individueller Förderbedarf des Kindes oder ein Unterstützungs- und/oder Entlastungsbedarf der Pflegeperson, der nicht durch die Pflegeperson selbst oder die Fachdienste der Jugendbehörde geleistet werden können, so kann dieser Bedarf durch externe Leistungserbringer als Annexleistung der Vollzeitpflege im Rahmen der Jugend- oder Eingliederungshilfe gewährt werden. Die Vorrangigkeit[60] anderer Leistungsträger ist dabei zu berücksichtigen. Pflegepersonen, welche Vollzeit- oder Bereitschaftspflegekinder aufgrund ihres Alters (unter drei Jahren) oder ihres Entwicklungsstandes oder aus Mangel an einem Betreuungsplatz "rund um die Uhr" (24 Stunden) ohne Inanspruchnahme einer Kindertagesbetreuung innerhalb ihrer Vollzeit- oder Bereit-

---

59 Meist in Anlehnung an die Empfehlungen des Deutschen Vereins und des Landesjugendamts.
60 Zu dieser ausführlich *Rn. 69 ff.*

schaftspflegefamilie betreuen, erhalten den "Betreuungszuschlag 24" in Höhe von 300 EUR monatlich bei Vollzeitpflege, beziehungsweise 10 EUR täglich bei Bereitschaftspflege.

Einmalige Beihilfen oder Zuschüsse

Neben dem monatlichen Pflegegeld können einmalige Beihilfen oder Zuschüsse insbesondere zur Erstausstattung einer Pflegefamilie, bei wichtigen persönlichen Anlässen sowie für Urlaubs- und Ferienreisen des Pflegekindes gewährt werden.

Altersvorsorge für Pflegeeltern

Pflegeeltern haben einen Anspruch auf die hälftige Erstattung nachgewiesener Aufwendungen zu einer angemessenen Altersvorsorge.

Ausgehend vom Mindestbeitragssatz der gesetzlichen Rentenversicherung beträgt die hälftige Erstattung derzeit 43 EUR je Kind.

Pflegeeltern, die ein Kind während der ersten 36 Monaten nach Ablauf des Monats der Geburt erziehen, haben einen Anspruch auf Anrechnung der Kindererziehungszeiten für die Rentenversicherung, wenn sie mit dem Pflegekind durch ein auf längere Dauer angelegtes Pflegeverhältnis mit häuslicher Gemeinschaft wie Eltern und Kinder verbunden sind.

Der Träger kann Vollzeit- und Bereitschaftspflegepersonen einen freiwilligen Zuschuss zur Altersvorsorge von bis zu 120 EUR monatlich gewähren. Diese Leistung wird unabhängig von der Gesamtzahl der betreuten Kinder an die Pflegeperson gewährt, welche die Erziehung und Versorgung des Pflegekindes beziehungsweise der Pflegekinder überwiegend leistet. Die Anlage des Betrages durch entsprechende Altersvorsorgeverträge muss nachgewiesen werden.

Übernahme der Kosten für Kindertagesbetreuung

Im Rahmen des Rechtsanspruches auf den Besuch einer Tageseinrichtung [61] für Kinder bis zum Schuleintritt werden die Kosten der Kinderbetreuung beim Besuch einer Tageseinrichtung erstattet. Nach dem Schuleintritt wird über die Erstattung der Kosten für den Besuch einer Kindertageseinrichtung von Pflegekindern in Vollzeitpflege im Rahmen der Hilfeplanung[62] entschieden.

Kindergeld

Pflegeeltern, die ein Kind in Vollzeitpflege aufgenommen haben, sind in den meisten Fällen vorrangig vor den Eltern kindergeldberechtigt. Es wird ein Kindergeldanteil als Einkommen der Pflegekinder auf das Pflegegeld angerechnet. Ist das Pflegekind das älteste Kind in der Pflegefamilie, so wird die Hälfte des Kindergeldes angerechnet. Ist das Pflegkind nicht das älteste Kind, so wird ein Viertel des Kindergeldes angerechnet (§ 39 Abs. 6).

Kindergeld 2018: 1.+2. Kind = 194 EUR; 3. Kind = 200 EUR; ab 4. Kind = 225 EUR.

Steuerpflicht

Das vom Jugendamt gezahlte Pflegegeld ist steuerfrei. Wenn das Pflegegeld von privater Seite bezahlt wird, muss es grundsätzlich versteuert werden; es können jedoch bestimmte Beträge als "Betriebsausgaben" abgesetzt werden. Die Eintragung des Pflegekindes auf der Steuerkarte der Pflegeperson ist möglich und wirkt sich bei der Kirchensteuer und dem Solidaritätszuschlag begünstigend aus.

---

61 Zu dieser oben *Rn. 141*.
62 Zu dieser unten *Rn. 204*.

Krankenversicherung

Das Pflegekind ist bei seinen leiblichen Eltern mitversichert, kann aber auch mit dem Einverständnis der Sorgeberechtigten bei den Pflegeeltern familienversichert werden.

Unfallversicherung

Vollzeitpflegepersonen unterliegen nicht der gesetzlichen Unfallversicherungspflicht. Dennoch haben sie einen Anspruch auf die Erstattung nachgewiesener Aufwendungen für eine private Unfallversicherung durch das Jugendamt. Entsprechend den Landesrichtlinien erfolgt eine Orientierung am Mindestbeitrag zur gesetzlichen Unfallversicherung (im Jahr 2021: 175,78 EUR).

Haftung

Pflegeeltern müssen bei der Erziehung eines Pflegekindes die gleichen Sorgfaltspflichten wie bei der Erziehung eines eigenen Kindes erfüllen. Sie sind verpflichtet, das Kind altersgemäß zu beaufsichtigen. Über das Jugendamt besteht eine Sammelhaftpflichtversicherung für Pflegeeltern, die in der Regel eintritt, wenn das Pflegekind Schäden gegenüber Dritten verursacht oder Pflegeeltern und Pflegekind sich gegenseitig Schäden zufügen.

197 **(7) Heimerziehung/Sonstige betreute Wohnform (§ 34).** Heimerziehung ist heute im Allgemeinen nicht mehr als „lebenslange" Hilfe, also als Hilfe bis zur Volljährigkeit angelegt. Sie wird zunehmend als eine zeitlich befristete Hilfeform ausgestaltet, die vor allem für ältere Kinder und Jugendliche in Betracht kommt, und die in eine der drei in § 34 genannten Alternativen (erstens Rückkehr in die Herkunftsfamilie oder zweitens Erziehung in einer anderen Familie oder drittens Verselbständigung des Jugendlichen) mündet. Diese Hilfe kann nicht nur im Heim (Erziehungsheim, heilpädagogisches oder therapeutisches Heim, Kinderdorf, Kinderhaus, Behindertenheim), sondern auch in selbstständigen, pädagogisch betreuten Jugendwohngemeinschaften, in Wohngruppen (teilweise auch als Außengruppen von Heimen entwickelt) geleistet werden oder als betreutes Einzelwohnen. Voraussetzung hierfür ist, dass eine geeignete fachliche Betreuung gesichert ist und nicht nur ein reines Wohnplatzangebot vorliegt.

198 Für strafunmündige Kinder sollten bei wiederholter Begehung von Straftaten auch Plätze in **geschlossenen** Einrichtungen zur Verfügung stehen (in Deutschland gibt es 160 solcher Plätze), weil sie in manchen Fällen erst ermöglichen, dass Erziehungsprozesse in Gang kommen. Der intensive pädagogisch-therapeutische Einsatz (zB in Rodalben, Rheinland-Pfalz: 8 Betreuer für 9 Jugendliche oder in Rummelsberger Anstalten in Nürnberg oder für Mädchen im Caritas-Heim in Gauting) hat seinen Preis; ein Platz kostet pro Tag durchschnittlich 280 EUR. Auch wenn die Unterbringung im Rahmen der Aufenthaltsbestimmung durch den Personensorgeberechtigten erfolgt, ist sie eine Freiheitsentziehung, für die eine Genehmigung des Familiengerichts erforderlich ist (§ 1631 b BGB, § 151 Nr. 6 FamFG). Eine Freiheitsentziehung ist – im Unterschied zur bloßen Freiheitsbeschränkung – die Unterbringung in einem abgeschlossenen Raum gegen (oder ohne) den Willen der Person, mit der ihr die Bewegungsfreiheit entzogen wird (vgl. § 415 Abs. 2 FamFG).

Die Entscheidung über diese Hilfe soll im Zusammenwirken mehrerer Fachkräfte getroffen werden und auf der Grundlage eines Hilfeplans (vgl. *Rn. 204*) erfolgen, der Sicherstellungen über den erzieherischen Bedarf, die zu gewährende Art der Hilfe sowie die notwendigen Leistungen enthält und der zusammen mit dem Personensorgeberechtigten und dem Jugendlichen erarbeitet worden ist (§ 36 Abs. 2). Der Hilfeplan ist zu unterscheiden von einem Behandlungs- und Therapieplan, der von den Verantwortlichen des Heimes oder der Wohnform für die Dauer der dortigen Unterbringung erstellt wird. Vor und während einer Hilfe ist außerdem zu prüfen, ob die Annahme als Kind in Betracht kommt (§ 37 c Abs. 2 S. 3, Abs. 1 S. 3).

Schaubild: Das Dreiecksverhältnis bei Hilfegewährung

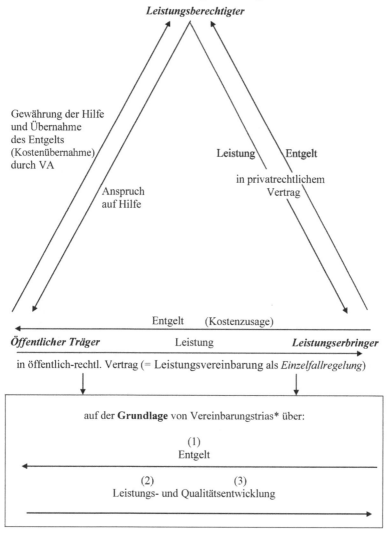

in öffentlich-rechtl. Vertrag (= Vereinbarungen als *generelle Regelung*)

* im Anwendungsbereich des § 78a SGB VIII; ansonsten Kostenvereinbarung nach § 77 SGB VIII

Seit 1.1.1999 ist der Rechtsanspruch des Personensorgeberechtigten auf Hilfe zur Erziehung durch Übernahme des Entgelts (früher: Pflegesatz) bedingt durch Abschluss einer qualifizierten Vereinbarung zwischen dem Träger der Jugendhilfe und dem Träger der Einrichtung (§ 78 b). Ohne eine solche ist nur noch ausnahmsweise (§ 78 b Abs. 3) die Kostenübernahme möglich. Die Vereinbarung ist für einen künftigen Zeitraum zu schließen (§ 78 d).

199 Zusammenfassender Überblick:

Adressaten:	Kinder und Jugendliche
Ziele:	– Förderung der Entwicklung von Kindern und Jugendlichen – Rückkehr in die Familie – Vorbereitung der Erziehung in einer anderen Familie – Förderung und Begleitung der Verselbständigung des Jugendlichen
Methoden:	Verbindung von Alltagserleben und pädagogischen und therapeutischen Angeboten
Leistungen:	– Angebote von Einrichtungen über Tag und Nacht – Angebote von sonstigen betreuten Wohnformen – Beratung und Unterstützung in Fragen der Lebensführung, der Ausbildung und Beschäftigung
Voraussetzungen:	§ 27 Abs. 1
Rechtliche Verbindlichkeit:	– Muss-Leistung – Rechtsanspruch des Personensorgeberechtigten
Kostenbeteiligung:	Kostenbeitrag obligatorisch (§ 91 Abs. 1 Nr. 5 b)

200 **(8) Intensive sozialpädagogische Einzelbetreuung (§ 35).** Diese Hilfe ist für Jugendliche in besonders gefährdeten Lebenssituationen gedacht (zB im Punker-, Prostituierten-, Drogen- oder Nichtsesshaften-Milieu). Wenn sie sich allen anderen Hilfeangeboten entziehen (was auch in einer geschlossenen Einrichtung möglich ist; vgl. *Rn. 198*), kann häufig nur noch eine intensive Einzelbetreuung helfen, wenn die Gesellschaft diese jungen Menschen nicht völlig aufgeben will. Die Tätigkeit des Betreuers erfordert eine intensive Hilfeleistung bei persönlichen Problemen und Notlagen rund um die Uhr, aber auch Hilfen bei der Beschaffung und dem Erhalt einer geeigneten Wohnmöglichkeit, bei der Vermittlung einer geeigneten schulischen oder beruflichen Ausbildung bzw. der Arbeitsaufnahme. Schon vor Inkrafttreten des KJHG wurde diese (auch ambulante) Einzelbetreuung modellhaft durchgeführt (Schutzhelfer, Aufsichtshelfer, Jugendhelfer, Jugendberater, heilpädagogische intensive Betreuung, mobile Betreuung). Bei hoher Intensität des Betreuungsverhältnisses kommen auf einen Betreuer zwei betreute Jugendliche. Geringere Intensität des Betreuungsverhältnisses ist bei Jugendlichen angezeigt, die schon einen hohen Selbständigkeitsgrad erreicht haben und nur noch gelegentlich Hilfe benötigen; für diese kommt Hilfe zur Erziehung in einer betreuten Wohnform nach Heimerziehung (§ 34) in Betracht. Die Einzelbetreuung kann nur von qualifizierten Fachkräften (Sozialarbeiter/Sozialpädagogen) mit entsprechender Eignung und Erfahrung geleistet werden. Begleitend muss Supervision für die Fachkräfte hinzukommen.

Zusammenfassender Überblick:

Adressaten:	Jugendliche (14–17 Jahre)
Ziele:	– soziale Integration – eigenverantwortliche Lebensführung
Leistungen:	Angebote der Einzelbetreuung
Form:	ambulant
Voraussetzungen:	§ 27 Abs. 1
Rechtliche Verbindlichkeit:	– Muss-Leistung – Rechtsanspruch des Personensorgeberechtigten
Kostenbeteiligung:	Kostenbeitrag obligatorisch (§ 91 Abs. 1 Nr. 5 c).

3.1.6.4 Umfang der Hilfe

■ **Regelumfang**

Gemäß § 27 Abs. 3 umfasst die Hilfe zur Erziehung im Rahmen der einzelnen Hilfeart **201** (§§ 28–35) zu erbringende pädagogische und damit verbundene (also nicht isolierte, zB bei Legasthenie[63]) therapeutische Leistungen, bei Bedarf auch Ausbildungs- und Beschäftigungsmaßnahmen. *Vgl. hierzu das nachfolgende Schaubild.*

■ **Leistungen zum Unterhalt (Pflegegeld oder Entgelt im Heim)**

Bei bestimmten Arten der Hilfe zur Erziehung (§§ 32 bis 35) werden als Annex (akzess- **202** orisch) Leistungen zum Unterhalt („Wirtschaftliche Jugendhilfe", vgl. *Rn. 395*) gewährt (§ 39). Sie umfassen den notwendigen Unterhalt des Kindes außerhalb des Elternhauses und die Kosten der Erziehung. Voraussetzung für diese wirtschaftliche Hilfe ist lediglich, dass das Jugendamt gemäß § 27 Abs. 1 Hilfe zur Erziehung leistet, unabhängig davon, ob das Kind von einem Verwandten oder anderen Personen, die keiner Pflegeerlaubnis (vgl. *Rn. 223*) bedürfen, betreut wird. Damit ist klargestellt, dass auch die Erziehung durch Großeltern (vgl. *Rn. 191*) und weitere Verwandte eine Hilfe außerhalb der Familie ist (39 Abs. 1 S. 1: „außerhalb des Elternhauses", wobei bei unterhaltsverpflichteten Großeltern der Betrag gekürzt werden kann; § 39 Abs. 4 S. 4). Während bei einer Heimunterbringung die Kosten für den Lebensunterhalt unmittelbar an die Einrichtung gezahlt werden (Entgeltvertrag) und dem Jugendlichen daher nur noch nach Altersgruppen gestaffeltes Taschengeld zur persönlichen Verfügung zu zahlen ist (§ 39 Abs. 2), ist bei Vollzeitpflege der notwendige Unterhalt dadurch sicherzustellen, dass das Jugendamt den gesamten Lebensbedarf, einschließlich der Kosten der Erziehung bezahlt. Dies geschieht durch laufende Leistungen für den gesamten regelmäßig wiederkehrenden Bedarf (Pflegegeld) und durch einmalige Leistungen (Beihilfe oder Zuschüsse; § 39 Abs. 3). Die laufenden Leistungen werden pauschaliert gewährt (§ 39 Abs. 4 S. 2). Ihre Höhe wird durch die nach Landesrecht zuständigen Behörden festgesetzt (§ 39 Abs. 5). Kindergeld gem. §§ 31, 62 EStG ist auf diese Leistungen in Höhe der Hälfte des Erstkindergeldes anzurechnen (§ 39 Abs. 6). Die Pflegegeldgewährung ist Bestandteil des HzE-Bescheids (VA) an den Personensorgeberechtigten.

---

63 *Vgl.* aber die Rechtsprechung des VGH BW im *Anhang unter 6. und auf* https://www.nomos-shop.de/nomos/titel/jugendhilferecht-id-89400/,"Service zum Buch" zu §§ 27 und 35.

Die Auszahlung des Pflegegelds erfolgt aber an die Pflegeeltern aufgrund von § 1688 BGB (vgl. *Rn. 206*) oder Vertrag.

Vgl. zu Umfang und Höhe des Pflegegeldes die Übersicht nach Rn. 195.

■ **Krankenhilfe**

203   Zu gewissen Arten der Hilfe zur Erziehung (§§ 33–35) werden ebenfalls als Annex-Leistungen Krankenhilfe nach dem SGB XII gewährt (§ 40). Sie umfassen vorbeugende Gesundheitshilfe (§ 47 SGB XII), Krankenhilfe[64] (§ 48 SGB XII) Hilfe zur Familienplanung, wobei „die Pille" nach ärztlicher Verordnung übernommen wird (§ 49 SGB XII), Hilfe bei Schwangerschaft und Mutterschaft (§ 50 SGB XII), Hilfe bei Sterilisation (§ 51 SGB XII) nicht aber bei Abtreibung, deren Kosten bei nicht rechtswürdiger Abtreibung von der Krankenkasse übernommen (§ 24 b SGB V), anderenfalls mit den Land abgerechnet werden.

Schaubild: Leistungen (Umfang) der Hilfe zur Erziehung (vgl. auch Schaubild zu Rn. 202)

Pädagogische und therapeutische Leistungen (§ 27 Abs. 3 S. 1)	Ausbildungs- und Beschäftigungsmaßnahmen (§ 27 Abs. 3 iVm § 13 Abs. 2)	Unterhaltsleistungen (bei Hilfen nach §§ 32-35 iVm § 39)	Krankenhilfe (bei Hilfen nach §§ 33-35 iVm § 40 iVm §§ 47-51 SGB XII)
Rechtliche Verbindlichkeit:	– Muss-Leistung (Soll-Leistung für Ausbildungs- und Beschäftigungsmaßnahmen) – Rechtsanspruch des Personenberechtigten im Rahmen der HzE		
Kostenbeteiligung:	– Kostenbeitrag obligatorisch für Hilfen nach §§ 32-35		

204   **3.1.6.5 Verfahren der Hilfe.** Für alle Arten der Hilfe zur Erziehung ist in § 36, für die Hilfearten nach §§ 32–34 zusätzlich in §§ 37, 37 c ein bestimmtes Verfahren vorgeschrieben: das Hilfeplanungsverfahren. Teil davon ist das **Hilfeplanverfahren** (§ 36 Abs. 2), das dokumentiert wird im Hilfeplan. Im Hilfeplanungsverfahren hat der Träger der öffentlichen Jugendhilfe umfassende Pflichten (für den Träger der freien Jugendhilfe gelten diese entsprechend, wenn er Hilfe zur Erziehung leistet):

■ Personensorgeberechtigter (PSB) und Kind sind umfassend zu *beraten*.

■ Personensorgeberechtigter und Kind sind auf die Folgen einer Hilfegewährung *hinzuweisen*.

■ Es ist zu prüfen, ob die *Annahme als Kind* in Betracht kommt.

■ Personensorgeberechtigter und Kind sind bei der Auswahl einer Einrichtung oder Pflegestelle zu *beteiligen*.

■ Personensorgeberechtigter und Kind haben ein *Wunsch- und Wahlrecht (vgl. oben 2.5 Rn. 87)*.

■ Zusammen mit dem Personensorgeberechtigten und dem Kind ist ein *Hilfeplan* aufzustellen.

■ Nach dem KJSG (§ 36 Abs. 2 S. 3) ist die Geschwisterbeziehung dabei besonders zu berücksichtigen

■ Bei Hilfen außerhalb der eigenen Familie ist mit der *Herkunftsfamilie* zusammenzuarbeiten.

---

64   Praxisgebühr und Zuzahlungen werden übernommen, wie § 40 S. 3 nach dem KICK klarstellt.

Nicht vorgeschrieben ist ein Antrag des PSB;[65] vielmehr ermittelt das Jugendamt die Voraussetzungen der Hilfe von Amts wegen gem. § 20 SGB X. Das notwendige Einverständnis des PSB (also beider Elternteile vgl. *Rn. 273-275*) wird aber zweckmäßigerweise in die Form eines Antrags gekleidet. Das Familiengericht kann im Rahmen der §§ 1666, 1666 a BGB eine Hilfe zur Erziehung anordnen, ebenso das Jugendgericht im Rahmen des § 12 JGG (vgl. *Rn. 243* – allerdings nicht mit Wirkung gegenüber dem JA[66], was nach dem KICK in § 36 a Abs. 1 S. 1 Hs. 2 klargestellt wurde.

Vgl. die Ablaufdarstellung im Anhang unter 2. als Anlage 7.

Zu empfehlen ist die folgende

Checkliste[67] für die planvolle Hilfegestaltung 205

1. Prüfung der Voraussetzungen des § 27 Abs. 1 bezogen auf
   - den jungen Menschen (ua Auffälligkeiten, Defizite, Stärken),
   - seine Familie (ua Beziehungsgeflecht, Dynamik, Eigenkräfte),
   - das soziale Umfeld (zB Schule, Kindergarten, Ausbildungsplatz).
2. Umfassende Beratung gemäß § 14 SGB I und § 36 Abs. 1 über
   - die Leistungspalette der Jugendhilfe (§§ 11–41);
   - die internen Abläufe;
   - die Möglichkeiten und Grenzen der Ausübung der Personensorge (§ 1688 BGB, § 38[68], Rn. 40-41);
   - die Kostenbeitragsregelungen (§§ 91–95);
   - die Mitwirkungsrechte und -pflichten (§ 60 SGB I; § 36);
   - das Wunsch- und Wahlrecht der Betroffenen (§ 5);
   - die Beteiligungsrechte von Kindern und Jugendlichen (§ 8);
   - die Beachtung der Grundrichtung der Erziehung (§ 9);
   - die Beteiligungsrechte der Betroffenen bei der Erstellung und Fortschreibung des Hilfeplans (§ 36);
   - die datenschutzrechtlichen Bestimmungen (§§ 61–68);
   - die möglichen Folgen für die Entwicklung des Kindes/Jugendlichen.
3. Hilfeplan gemäß § 36 Abs. 2
   3.1 Feststellung des Hilfebedarfs auf der Grundlage der dokumentierten Darstellung des leistungserheblichen Sachverhalts. Bei langfristiger Fremdunterbringung prüfen, ob eine Annahme als Kind in Betracht kommt.
   3.2 Feststellungen über die Art der zu gewährenden Hilfe nach den Kriterien
   - geeignet und
   - notwendig,
   - gegebenenfalls im Zusammenwirken mehrerer Fachkräfte.
   3.3 Ziele der Hilfe
   3.4 Notwendige und geeignete Leistungen
   3.5 Absprache der Aufgabenverteilung
   3.6 Zeitliche Vorgaben
   3.7 Fortschreibung nach vereinbarter Frist und Form

Zum Rechtscharakter des Hilfeplans vgl. *das Schaubild zu Rn. 368.* Sein Inhalt ist ein ver- **206** waltungsrechtliches Kaleidoskop: Nicht nur, dass er die Begründung nach § 35 Abs. 1 SGB X ersetzt oder sie zumindest nach § 35 Abs. 2 Nr. 2 SGB X entbehrlich macht, son-

---

65 Anders aber BVerwG, ZfJ 2001, 310.
66 *Vgl. Rn. 40-41.*
67 Vgl. ferner die Empfehlungen des Deutschen Vereins und die der Landesjugendämter (Nachweise im *Anhang unter 4. und auf* https://www.nomos-shop.de/nomos/titel/jugendhilferecht-id-89400/,"Service zum Buch").
68 Ab 10.6.2021 gestrichen und durch § 10 ersetzt.

dern er ersetzt auch die Anhörung nach § 24 Abs. 1 SGB X. Außerdem enthält er die Beteiligung nach § 8 Abs. 1 und ist zudem betriebswirtschaftlich als Steuerungsinstrument nutzbar für Controlling und Produktbeschreibung (vgl. *hierzu Rn. 365*). Schließlich wird er auch noch als Dokument verstanden, das den Prozess der „Aushandlung" der Hilfe zur Erziehung wiedergebe. Letzterem ist entgegenzuhalten, dass „Aushandlung" eine Mode (im Zuge der Political Correctness gibt es schon die „ausgehandelte Sexualität"), ist, aber keine Rechtsfigur. Die Hilfe zur Erziehung ist nicht verhandelbar, sondern dann zu gewähren, wenn die Tatbestandsvoraussetzungen nach § 27 vorliegen. Es besteht weder Beurteilungsspielraum (vgl. *Rn. 333*) noch Ermessen. Vertragliches Handeln im Bereich der Hilfe zur Erziehung verbietet § 53 Abs. 2 SGB X ausdrücklich. Schließlich kann der Hilfeplan auch noch den **Heimbericht** ersetzen: Durch die Beteiligung der Einrichtung, in der die Hilfe zur Erziehung durchgeführt wird, bei der Hilfeplanung (§ 36 Abs. 2 S. 3) ist deren Entwicklungsbericht (Heimbericht) dann entbehrlich, wenn der Hilfeplan darüber Aufschluss gibt, ob die gewählte Hilfe zur Erziehung in dieser Form (noch) geeignet und erforderlich ist. Gemäß § 60 SGB I ist der PSB verpflichtet, seine Einwilligung zur Übermittlung zu geben.

Was immer der Hilfeplan an Inhalten enthält – ein Argument dafür, dass die Hilfe zur Erziehung ein Verwaltungsverfahren iSv § 8 SGB X und damit eine Tätigkeit des öffentlichen Trägers voraussetze,[69] liefert er nicht. Alle mit der Hilfeplanung geforderten Tätigkeiten nach § 36 Abs. 2 können vom freien Träger ebenso wie vom öffentlichen Träger durchgeführt werden. Wird die Hilfe zur Erziehung vom öffentlichen Träger geleistet, sind einige dieser Tätigkeiten (Anhörung, Begründung) zugleich Teile des Verwaltungsverfahrens, wird Hilfe zur Erziehung dagegen vom freien Träger geleistet, sind diese Tätigkeiten Teile des privatrechtlichen (vertraglichen) Verfahrens im Verhältnis zwischen freiem Träger und Bürger (vgl. *Rn. 296*). Die Steuerungsverantwortung des JA nach § 36a Abs. 1 (vgl. *Rn. 93)* verlangt aber, dass der öffentliche Träger im Hilfeplanungsverfahren „am Steuer sitzt".

Personensorgerechtliche Befugnisse von Pflegeeltern und Heimerziehern

207 Pflegeeltern und Heimerzieher nehmen im Rahmen ihrer Tätigkeit Angelegenheiten der elterlichen Sorge (§ 1626 BGB) wahr, die dem Personensorgeberechtigten (Eltern bzw. Vormund oder Pfleger) obliegen. Das Personensorgerecht (vgl. *Rn. 273*) ist nicht übertragbar. Möglich ist allerdings eine Beteiligung Dritter an der Ausübung. § 1688 Abs. 1 BGB stellt eine gesetzliche Vermutung (durch Erklärung des Personensorgeberechtigten widerlegbar, zB im Pflegevertrag) auf, dass Teile der Personensorge bei Unterbringung außerhalb des Elternhauses (allerdings nur in den Fällen der Familienpflege, § 33 und der Heimerziehung/sonstige Wohnform, § 34) auf dort tätige Erzieher/Pflegepersonen zur Ausübung übertragen worden sind. Bei Streitigkeiten vermittelt das JA gem. § 37 Abs. 3.

Sowohl die gesetzliche Vertretung als auch die tatsächliche Sorge im Rahmen der Personensorge und der Vermögenssorge (vgl. *Schaubild Rn. 275*) werden gemäß § 1688 Abs. 1 BGB von der Pflegeperson/den Erziehern wahrgenommen.

Unberührt von der Regelung des § 1688 BGB bleibt die Möglichkeit einer Übertragung von Angelegenheiten der elterlichen Sorge auf die Pflegeperson durch das Familiengericht auf Antrag der Eltern (§ 1630 Abs. 3 BGB) oder die Übertragung der Personensorge ganz oder in Teilen auf einen Personensorgerechtspfleger durch das Familiengericht auf Antrag des Jugendamtes aufgrund des § 8a Abs. 2 in Verbindung mit § 1666 BGB.

---

69 So aber *Maas*, NDV 1996, 28; vgl. näher *Kunkel*, ZfJ 1998, 205.

3.1.7 Eingliederungshilfe für seelisch behinderte Kinder und Jugendliche[70][71] See-   **208**
lisch behinderte Kinder und Jugendliche (auch junge Volljährige über § 41 Abs. 2 – „ver-
kleidet" als Hilfe für junge Volljährige) haben einen Rechtsanspruch auf Eingliederungshilfe nach § 35 a, der für den Umfang der Hilfe auf das SGB IX verweist. Hilfen im Ausland
dürfen nach der Neufassung des § 38 nur in Ausnahmefällen erbracht werden. Der Träger
der Jugendhilfe ist zugleich – gleichsam als „Amphibie" – Rehabilitationsträger nach § 6
Abs. 1 Nr. 6 SGB IX. Die Eingliederungshilfe ist unabhängig vom Vorliegen der Voraussetzungen einer Hilfe zur Erziehung nach § 27 Abs. 1, die zusätzlich geleistet werden kann
(§ 35 a Abs. 4). Im Unterschied zur Hilfe zur Erziehung haben die Kinder und Jugendlichen
selbst den Rechtsanspruch auf Eingliederungshilfe und nicht der Personensorgeberechtigte, weil diese Hilfe nicht mit Einschränkungen des elterlichen Erziehungsrechts verbunden ist. Zum Inhalt dieser Hilfe zählen ambulante Hilfe, Hilfen in Kindertageseinrichtungen
oder in anderen teilstationären Einrichtungen, in stationären Einrichtungen und bei geeigneten Pflegepersonen (§ 35 a Abs. 2).

3.1.7.1 Zusammenhang zwischen BTHG und SGB VIII[72] Die Schnittstelle zwischen der   **209**
sozialhilferechtlichen Eingliederungshilfe (im SGB IX) und der jugendhilferechtlichen Eingliederungshilfe in § 35 a wird durch das Bundesteilhabegesetz vom 23.12.2016[73] nicht
berührt. Das Bundesteilhabegesetz (BTHG) nimmt keine Änderungen an dieser Verteilung
vor. Die Zusammenführung der Leistungen für alle behinderten Kinder und Jugendliche
im Recht der Kinder- und Jugendhilfe im SGB VIII wird als „Große Lösung" seit Jahren
diskutiert. In einem Arbeitsentwurf vom 23.8.2016 zur Novellierung des SGB VIII ist sogar
eine „Größte Lösung" vorgesehen, die Leistungen für behinderte Kinder und Jugendliche
als Teilhabeleistungen mit der Hilfe zur Erziehung in einem Leistungstatbestand zusam-
menfasst. Im **KJSG** hat sich die „Große Lösung" als **inklusive** Lösung durchgesetzt – allerdings schonend in einzelnen zeitlichen Stufen.

---

70 Vgl. die ausgezeichnete Arbeitshilfe von LWL und LVR zu § 35 a , 2.Aufl.2015; ergänzt durch Rundschreiben
    des LVR vom 22.12.2017 zu den Auswirkungen des BTHG.
71 Zu empfehlen ist auch die Publikation des Bayerischen Landesjugendamtes, Eingliederungshilfe (2005).
72 Hierzu *Kunkel,* ZfF 2018, 25-30.; kritisch zum BTHG *Mrozynski*, ZFSH/SGB 2017, 450 -463.
73 BGBl. 2016 I S. 3234.

Übersicht : **Bundesteilhabegesetz**

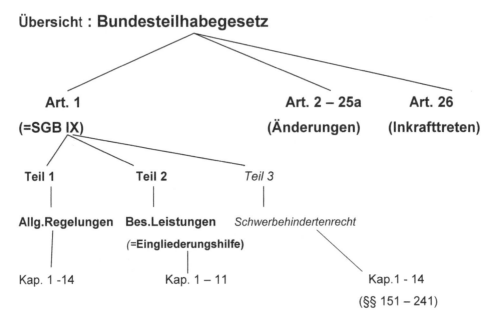

Allgemeines

1. Das BTHG trifft keine Regelung zur „Großen Lösung". Unabhängig von "großer oder kleiner Lösung" gilt das BTHG.
2. Das BTHG ist im Wesentlichen (Art. 1) eine *Neuregelung des SGB IX.*
3. Das SGB IX umfasst 3 Teile:
   - 1.Teil: Allgemeine Regelungen für Menschen mit Behinderungen
   - 2. Teil: Besondere Leistungen (Eingliederungshilfe)
   - 3. Teil: (Schwerbehindertenrecht).
4. Die Eingliederungshilfe wird mit
   a) den Fachleistungen aus dem SGB XII entfernt
   b) den Leistungen zum Lebensunterhalt im SGB XII belassen.
5. Das *SGB VIII* wird geändert (Art. 9 BTHG):
   a) In § 35 a Abs. 3 wird die Verweisung auf das SGB XII ersetzt durch die Verweisung auf das SGB IX Teil 2 ab 1.1.2020.
   b) In § 10 Abs. 4 S. 1 und 2 wird die Verweisung auf das SGB XII ersetzt durch die Verweisung auf das SGB IX.
   c)
6. Das Gesetz zur Kooperation und Information im Kinderschutz *(KKG)* ist nicht Teil des SGB VIII[74]. Das BTHG ändert es in Art. 20 mit Streichung der Gemeinsamen Servicestellen in § 3 Abs. 1 KKG.

---

74 Ausführlich hierzu *Kunkel,* ZKJ 2012, 288.

Besonderes

1. *Begriff* der Behinderung (§ 2 SGB IX; § 7 Abs. 2)
   a) Erweiterung um Sinnesbehinderung
   b) Teilhabebeeinträchtigung wird neu formuliert („in Wechselwirkung mit einstellungs- und umweltbedingten Barrieren")
   c) Inhaltlich ändert sich nichts an der Zweistufigkeit des Begriffs.
2. Die Leistungen zur Teilhabe werden in fünf *Leistungsgruppen* eingeteilt (§ 5).
3. Die sieben Träger dieser Leistungsgruppen (Reha-Träger) nennt § 6 Abs. 1, in Nr. 6 die *Jugendhilfeträger* für Leistungen zur
   a) medizinischen Reha
   b) Teilhabe am Arbeitsleben
   c) Teilhabe an Bildung
   d) sozialen Teilhabe.
4. § 7 bestimmt eine Rangfolge der Regelungen *(„Ampel")*:
   a) zunächst (relativer) Vorrang für Teil 1;
   b) aber Vorrang vor Teil 1 haben Abweichungen in den spezifischen Leistungsgesetzen der Reha-Träger, also im SGB VIII oder in Teil 2 des SGB IX mit der Eingliederungshilfe;
   c) Vorrang vor Teil 1 haben ferner Regelungen der
      – Zuständigkeit und
      – Tatbestandsvoraussetzungen in einer Leistungsnorm;
   d) absoluten Vorrang haben Kapitel 2, 3, 4 in Teil 1 SGB IX mit den Regelungen zur
      – Einleitung der Reha von Amts wegen (§§ 9 bis 11 SGB IX)
      – Bedarfsermittlung (§§ 12, 13 SGB IX)
      – Koordinierung (§§ 14 bis 24 SGB IX);
   e) das bedeutet für die Jugendhilfe:
      – der *Begriff* der Behinderung gilt nach SGB VIII
      – die *Tatbestandsvoraussetzungen* einer Teilhabeleistung sind dem SGB VIII zu entnehmen (§ 35 a);
      – es gilt die *Zuständigkeit* nach §§ 85, 86, 86 a, 86 b, 86 c, 86 d, 88
      – das *Wunsch und Wahlrecht* richtet sich nach § 5
      – für die Einleitung der Reha *von Amts wegen* gelten §§ 9 bis 11 SGB IX; das bedeutet aber nicht, dass die Teilhabeleistung selbst von Amts wegen zu erbringen wäre, sondern nur deren Prüfung;
      – für das *Hilfeplanungsverfahren* gilt zusätzlich § 21 SGB IX;
      – bei der Bedarfsermittlung (nach § 36 Abs. 2) müssen zusätzlich §§ 12 und 13 SGB IX berücksichtigt werden;
      – für den Hilfeplan nach § 36 Abs. 2 ist zusätzlich § 19 SGB IX zu beachten;
      – für die Hilfeplankonferenz nach § 36 Abs. 2 gilt zusätzlich § 20 SGB IX;
      – bei der Beteiligung Dritter nach § 36 Abs. 2 ist auch § 22
      – SGB IX zu beachten;
      – die Begutachtung richtet sich nach § 17 SGB IX;
      – die *Selbstbeschaffung* würde sich zwar nach § 18 SGB IX richten, § 18 Abs. 6 SGB IX „verschont" aber den Jugendhilfeträger, so dass sie sich nach § 36 a richtet;
      – für den *Datenschutz* gilt - ergänzend zu § 61 Abs. 1 iVm § 67 Abs. 9 SGB X - § 23 SGB IX;
      – für vorläufige Leistungen gilt vorrangig § 86 d, weil § 24 SGB IX vom Vorrang zurücktritt;
      – für das *Persönliche Budget* gilt § 29 SGB IX;

- es ist zusätzlich zur Beratung nach § 36 Abs. 1 die ergänzende *unabhängige Teilhabeberatung* nach § 32 SGB IX durchzuführen;
- für die *Schulassistenz* gilt § 75 SGB IX;
- für die *Alltagsassistenz* gilt § 78 SGB IX;
- für *Wohnraummaßnahmen* gilt § 77 SGB IX.

Inkrafttreten

Art. 26 „stückelt" gleichsam das Inkrafttreten des Inkrafttretens des SGB IX (Art. 1 BTHG) und der dementsprechenden Änderungen in anderen Gesetzen (Art. 2- 25 a BTHG) in 5 Zeiträume von 2016 bis 2023.

Inkrafttreten des BTHG in Stufen

30.12.2016	1.1.2017	1.1.2018	1.1.2020	1.1.2023
(Art.26 Abs.2)	(Art.26 Abs.3)	(Art.26 Abs.1)	(Art.26 Abs.4)	(Art.26 Abs.5)
1. Art.2 mit Änd. des SGB IX zur Gestaltung des Übergangs-rechts 2017. 2.Art.7 m. Änd. im SGB VI 3.Art.18 m. Änd. i. Zusammen-hang mit d. Änd. in Art.2 4. Art.22 (Werkstatt-MVO) 5.Art.25 Abs.2 (Um-setzungs-Begleitung)	Art.11 mit Änd. des 1. SGB XII z. • Vermögen (§§ 60a, 66a) • Führungs-Zeugnis (§ 75) 2.UmsatzstG	1. BTHG tritt in Kraft (außer Einglh), SGB IX u. Budget-VO treten außer Kraft. 2.Gesamtplanun g im SGB XII mit Art.12. 3.Vertragsrecht (§§ 75-81 SGB XII) 4. Frühförd.VO neu mit Art.23. 5. EinglhilfeVO neu mit Art.21 6.Anpassungen im SGB VIII (§§ 10 Abs.4, 35a Abs.3, 45 Abs.6) 7.Anpassungen im SGB I (§§ 28a,29) durch Art.3.	1.Aus Art.1 Teil 2 Eingliederungs-hilferecht (außer Vertragsrecht in Kap.8) 2.Wegfall der Einglhilfe nach SGB XII mit Art.13. 3.Aus Art.6 Anpassungen im SGB V. 4. Aus Art.10 Anpassungen im SGB XI. 5. Art.13: Änd.d. SGB XII u.a.: Vertragsrecht (§§ 75 -81); Beschränkung d.Einkommens-Einsatzes (§ 92). 6.Art.15 m.Anpass.im BVG. 7. Art. 20 m. Anpass. u. a.im - SGG - SGB X (§§ 64-116) -AsylbLG (§ 2 Abs.1) - KKG (§ 3 Abs.2) 8.Außerkraft-setzung der EinglhilfeVO	Art.25a mit d.Bestimmung d. Leistungsberechtigt-en in § 99 SGB IX.

Umfang der Leistungen zur Teilhabe für seelisch behinderte Kinder/Jugendliche (§ 35 a) und junge Volljährige (§ 41)

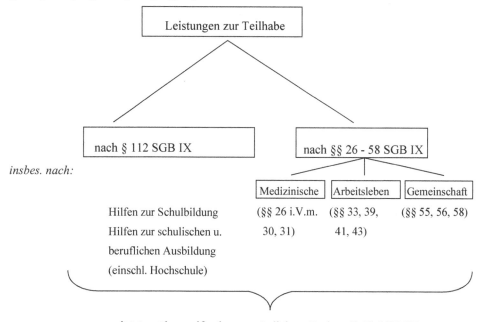

mit trägerübergreifendem persönlichem Budget (§ 29 SGB IX)

Der Begriff der seelischen Behinderung ist 2-stufig (§ 35 a Abs. 1; § 7 Abs. 2). Die Feststellungen auf der 1. Stufe trifft ein Arzt oder ein Psychotherapeut, der die Voraussetzungen nach § 35 a Abs. 1 a erfüllt. Das Vorliegen der 2. Stufe obliegt der Fachkraft des ASD. Verantwortlich für beide Stufen ist aber die fallzuständige Fachkraft im JA, die sich selbst den (bloßen) Stellungnahmen der „Gehilfen" anschließen muss und vom Verwaltungsgericht voll (ohne Beurteilungsspielraum) überprüft wird. Der Diagnostiker darf – zur Erhöhung der Glaubwürdigkeit seiner Diagnose – nicht zugleich als Therapeut für das Kind tätig werden (§ 35 a Abs. 1 a S. 4 SGB VII).

Begriff der seelischen Behinderung

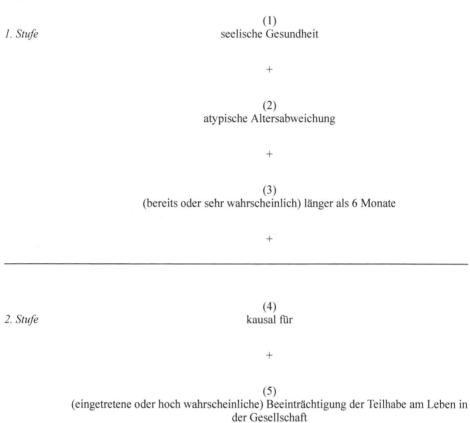

1. Stufe

(1)
seelische Gesundheit

+

(2)
atypische Altersabweichung

+

(3)
(bereits oder sehr wahrscheinlich) länger als 6 Monate

+

---

2. Stufe

(4)
kausal für

+

(5)
(eingetretene oder hoch wahrscheinliche) Beeinträchtigung der Teilhabe am Leben in
der Gesellschaft

„Katalog" seelischer Störungen bei Kindern und Jugendlichen*

körperlich nicht begründbare *Psychosen*	seelische Störungen als *Folge von Krankheiten* u. Verletzungen des *Gehirns*, von Anfallsleiden oder v. anderen Krankheiten oder *körperlichen Beeinträchtigungen*	*Suchkrankheiten*	*Neurosen*	*Persönlichkeitsstörungen*	seelische Störungen als *drohende* Behinderung

– Schizophrenien und wahnhafte Störungen
– affektive Störungen
	– organische Funktionsstörungen des Gehirns
	– sekundäre Neurotisierungen nach Körperbehinderungen
		psychische und Verhaltensstörungen durch psychotrope Substanzen
		– flüchtige Lösungsmittel ("Schnüffeln")
		– Partydrogen (zB Ecstasy)
			– emotionale Störungen des Kindesalters (zB Schulphobien)
			– frühe Bindungsstörungen (zB Hospitalismus ua Deprivationsfolgen bei Fehlen einer festen Bezugsperson)
			– Angst- und Panikstörungen (zB Klaustrophobie)
			– Zwangsneurosen (zB Waschzwang)
			– Hysterien
				– dissoziale (zB durch fortwährende Missachtung sozialer Normen)
				– emotional instabile
					– Essstörungen (zB Bulimie)
					– Entwicklungsstörungen
					  – Autismus
					  – autistische Psychopathie (zB "Asperger-Syndrom")
					  – Sprachentwicklungsstörung
					  – Teilleistungsstörung (zB Dyskalkulie oder Legasthenie)
					– posttraumatische Belastungsstörungen (zB nach sexuellem Missbrauch)
					– hyperkinetische Störungen (zB ADS; motorische Hyperaktivität)
					– Störungen des Sozialverhaltens
					  – im familiären Rahmen
					  – bei fehlenden sozialen Bindungen (Dissozialität als Einzelgänger oder als Teil einer delinquenten Subkultur)
					– Einnässen, Einkoten
					– "Ticks"

* In Anlehnung an die "Internationale Klassifikation der Schädigungen, Fähigkeitsstörungen und Beeinträchtigungen" (ICIDH), die im Mai 2001 von der WHO weiterentwickelt wurde zur "Internationalen Klassifikation der Funktionsfähigkeit, Behinderung und Gesundheit" (ICF = International Classification of Functioning, Disability and Health).

209a Die Einschränkungen durch die **Corona- Pandemie** bedrücken viele Kinder und Jugendliche sehr. Viele Kinder ziehen sich zurück, kommen nicht mehr aus dem Bett, sind bedrückt und traurig, Ängste und Sorgen nehmen zu und über allem liegt eine diffuse Bedrohung. Dadurch kann eine negative Spirale entstehen, die zu einer Angststörung oder Depression führen kann. Auch Essstörungen und Zwangsgedanken können auftreten.[75] Die Zahl der seelischen Erkrankungen bei ihnen hat deutlich zugenommen. Nach einer Studie der DAK-Gesundheit von 2021 ist die Lebenszufriedenheit im Schnitt aller befragten Kinder um 20 % im Vergleich zu dem Jahr vor Corona gesunken. 23% hatten Symptome depressiver Störungen, im Vorjahr waren es 18 %. Die Bundesregierung hat am 5.5.2021 ein Aktionsprogramm "Corona Aufhol Paket für Kinder und Jugendliche" mit einem Volumen von 2 Milliarden Euro beschlossen, mit dem 2021 und 2022 Bildungs- und Freizeitangebote gefördert werden sollen. Dass ein Zusammenhang zwischen den Lockdowns in der Corona-Pandemie und der Zunahme von Gewalttaten an Kindern besteht, kann nur vermutet werden (siehe hierzu *Rn. 61 Fn. 14,15*).

Zusammenfassender Überblick:

Adressaten:	Kinder und Jugendliche (junge Volljährige über § 41 Abs. 2), die seelisch[76] behindert oder von einer solchen Behinderung bedroht sind.
Ziel:	– Verhütung einer drohenden Behinderung – Beseitigung der Folgen einer vorhandenen Behinderung – Eingliederung in die Gesellschaft
Voraussetzungen:	Tatbestandsvoraussetzung der seelischen Behinderung muss auf zwei Stufen vorliegen
Leistungen:	– Eingliederungshilfen nach §§ 26, 33, 41, 55 SGB IX – Wirtschaftliche Hilfen nach §§ 39, 40 – Hilfen nach § 27, wenn auch dessen Voraussetzungen vorliegen
Hilfeformen:	– ambulant – teilstationär – stationär – Pflegeperson
Hilfeverfahren:	Hilfeplanungsverfahren nach § 36 unter Beteiligung des diagnostizierenden Arztes oder Psychotherapeuten
Rechtliche Verbindlichkeit:	– Muss-Leistung – Rechtsanspruch des Kindes oder Jugendlichen
Abgrenzungen:	– Jugendhilfe vor Sozialhilfe – Krankenkasse vor Jugendamt (vgl. *jeweils oben zu § 10 Rn. 60*)
Kostenbeteiligung:	Kostenbeitrag obligatorisch für alle nicht ambulanten Hilfearten (§ 91 Abs. 1 Nr. 6, Abs. 2 Nr. 3).

---

75 So der Kinderpsychiater *Fleischhaker* von der Uniklinik in Freiburg in Badische Zeitung vom 22.5.2021. Direkt an Kinder wendet sich das Infoportal zur psychischen Gesundheit für Kinder und Jugendliche der Kinder und Jugendpsychiatrie des LMU Klinikums München unter der Überschrift „ Corona und Du". Dort gibt es auch gute Tipps , wie man mit Stress und Angst umgehen kann und heiter bleibt.
76 Ab 1.1.2024 auch für körperlich und geistig behinderte.

3.1.7.2 Das Verfahren zur Gewährung einer Hilfe nach § 35 a

(1) Anwendbarkeit des § 14 SGB IX

Nach Eingang des Antrags beim Jugendamt ist innerhalb von zwei Wochen zu prüfen, ob **210** es örtlich nach § 86 zuständig wäre, wenn seine sachliche Zuständigkeit (§ 85 Abs. 1) vorläge. Sachlich zuständig ist das Jugendamt nur, wenn die Voraussetzungen nach § 35 a vorliegen. Die sachliche Zuständigkeit ist unabhängig davon, ob ein anderer Träger nach § 10 vorrangig zuständig ist. Eine Zuständigkeitsklärung nach § 14 SGB IX ist nur dann notwendig, wenn die sachliche Zuständigkeit auch eines anderen Trägers in Betracht kommt. Im Bereich des § 35 a können dies Schule, Sozialhilfeträger, Krankenkasse oder die Agentur für Arbeit sein. § 14 SGB IX ist keine Zuständigkeitsvorschrift, sondern eine Vorschrift, die lediglich das Verfahren regelt, in dem entschieden wird, wenn die Zuständigkeit auch eines anderen Trägers in Betracht kommt. Nur dann gelten die dort genannten Fristen und das dort genannte Wahlrecht für die Gutachter. Auch bei Anwendbarkeit des § 14 SGB IX gelten seine Regelungen aber nur insoweit, als sich aus dem SGB VIII (insbesondere aus § 36) nichts Abweichendes ergibt (§ 7 S. 1 SGB IX). Unabhängig von einer (direkten) Anwendung des § 14 SGB IX sind die dort genannten Fristen entsprechend anzuwenden, soweit Abweichungen aus dem SGB VIII nicht entgegenstehen. Da im SGB VIII keine Fristen für das Verfahren genannt sind, kann sich eine Abweichung aus dem Jugendhilferecht nur aus dessen Strukturprinzipien ergeben, insbesondere aus der Notwendigkeit, die Personenberechtigten im Hilfeplanungsverfahren nach § 36 zu beteiligen.

(2) Prüfung der Voraussetzungen der Hilfe nach § 35 a

Ein Anspruch (Rechtsfolge) des Kindes oder Jugendlichen, aber über § 41 Abs. 2 auch **211** des jungen Volljährigen (dann allerdings als Hilfe nach § 41) besteht nur, wenn die Tatbestandsvoraussetzungen des § 35 a vorliegen. Diese sind zweistufig. Auf der ersten Stufe ist die *Abweichung* der seelischen Gesundheit vom alterstypischen Zustand zu prüfen (§ 35 a Abs. 1 S. 1 Nr. 1); auf der zweiten Stufe ist zu prüfen, ob infolge dieser Abweichung die *Teilhabe* am Leben in der Gesellschaft *beeinträchtigt* ist oder eine solche Beeinträchtigung droht (§ 35 a Abs. 1 S. 1 Nr. 2). Mit der Prüfung der ersten Voraussetzung muss das Jugendamt spätestens innerhalb von zwei Wochen nach Antragseingang beginnen. Es muss also innerhalb von zwei Wochen die Stellungnahme einer in § 35 a Abs. 1 a S. 1 Nr. 1-3 bezeichneten Person einholen. Diese Person muss ihre Stellungnahme innerhalb von zwei Wochen abgeben (§ 14 Abs. 5 S. 5 SGB IX entsprechend). Erst nach Vorliegen dieser Stellungnahme kann darüber befunden werden, ob die Abweichung auch zu einer Teilhabebeeinträchtigung geführt hat oder voraussichtlich führen wird (Kausalitätsprüfung).

Während das Gesetz dem Jugendamt vorschreibt, welcher Profession der Gutachter zur Abweichung angehören muss (numerus clausus), lässt es offen, wer die Feststellung über die Beeinträchtigung der Teilhabe zu treffen hat. Hierfür gilt die allgemeine Regelung des § 72. Danach muss die Feststellung von einer Fachkraft getroffen werden, die eine Ausbildung erhalten hat, die sie dafür befähigt, diese Feststellung treffen zu können. Dies sind insbesondere Sozialarbeiter/Sozialpädagogen, Diplompädagogen, Heilpädagogen, Psychologen. Fachkraft in diesem Sinne können aber auch die Personen sein, die die Abweichung festgestellt haben (Arzt/Psychotherapeut). Diese Personen müssten dann ihr Gutachten zweistufig formulieren. Eine Delegation auf andere Fachkräfte können die in § 35 a Abs. 1 a S. 1 Nr. 1-3 genannten Personen nicht vornehmen. Hervorzuheben ist, dass die von der fallzuständigen Fachkraft herangezogenen Personen lediglich die Abweichung bzw. die Teilhabebeeinträchtigung feststellen können, ohne dass dies für die fallzuständige Fachkraft bindend wäre. Nur die fallzuständige Fachkraft hat die Verantwortung dafür, dass die Tatbestandsvoraussetzungen der Leistungsnorm vorliegen. Schon gar nicht können diese Beteiligten darüber befinden, ob eine seelische Behinderung vorliegt oder nicht; auch dies ist allein Aufgabe der fallzuständigen Fachkraft. Die Gutachten müssen wegen ihrer dienenden Funktion daher auch sprachlich so gefasst sein, dass die fallzuständige Fachkraft die Feststellungen nachvollziehen kann. Sie entscheidet, ob eine Abweichung vorliegt, eine Teilhabebeeinträchtigung anzunehmen ist und ob die Abweichung kausal ist für die Teilhabebeeinträchtigung, also nicht auf anderen Gründen beruht als in der Störung der seelischen Gesundheit. Ist die Teilhabebeeinträchtigung die Folge eines erzieherischen Defizits, ist nicht die Hilfe nach § 35 a, sondern Hilfe zur Erziehung nach § 27 zu leisten. Beruht die Teilhabebeeinträchtigung sowohl auf einem Erziehungsdefizit als auch auf einer seelischen Störung, sind beide Hilfen nebeneinander zu gewähren, wie aus § 35 a Abs. 4 folgt.

Für die Fachkraft muss nachprüfbar sein, ob (erstens) eine Störung vorliegt, (zweitens) ob diese Störung eine Störungskategorie nach ICD-10 zugeordnet werden kann und ob (drittens) eine geistige oder körperliche Störung auszuschließen ist. Insbesondere müssen Feststellungen über Breite, Tiefe und Dauer der Störung getroffen worden sein. Die Störung muss entweder schon sechs Monate andauern oder es muss hoch wahrscheinlich sein, dass sie länger als sechs Monate dauern wird. Sie muss also schon vorhanden sein. Ist die Störung nach Breite, Tiefe und Dauer festgestellt, wird sie „kategorisch" einer Störungskategorie nach ICD-10 zugeordnet. In der Kategorie der umschriebenen Leistungsstörungen sind dort als Teilleistungsstörungen beispielsweise die Legasthenie und die Dyskalkulie aufgeführt. Daher sind sie eine seelische Störung und können nicht bloß zu einer solchen führen. Dagegen ist offen, ob sie auch zu einer seelischen Behinderung führen. Dies kann erst nach Prüfung der Teilhabebeeinträchtigung auf der zweiten Stufe festgestellt werden. Diese muss innerhalb von zwei Wochen nach Diagnose der Störung erfolgen (§ 14 Abs. 2 S. 4 SGB IX entsprechend).

Keineswegs ist mit der Feststellung einer Abweichung gleichsam automatisch die Beeinträchtigung der Teilhabe verbunden. Diese muss vielmehr eigens festgestellt sein in Richtung Familie, Schule, Freizeit, wobei es ausreicht, dass die Beeinträchtigung in einer dieser Richtungen vorliegt. Liegt die Beeinträchtigung noch nicht vor, ist eine Prognose anzustellen, ob sie mit hoher Wahrscheinlichkeit eintritt. Bei dieser Prognose sind sowohl Schutz- als auch Risikofaktoren zu berücksichtigen. Bei genügend eigenen Ressourcen wird trotz der Abweichung keine Beeinträchtigung zu erwarten sein. Da die Beeinträchtigung mit hoher Wahrscheinlichkeit zu erwarten sein muss, kann sich die Prognose nur auf einen überschaubaren Zeitraum beziehen. Je länger der Prognosezeitraum gewählt wird, umso unsicherer ist die Prognose. Die Prognose darf sich nicht auf generelle Anhaltspunkte stützen (zB Statistik nach PISA-Studie für schulische Misserfolge nach Legasthenie/Dyskalkulie), sondern muss individuelle Anhaltspunkte zugrunde legen, also Anhaltspunkte, die sich aus der Persönlichkeit des Kindes ergeben. Das Nichterreichen eines schulischen Abschlusses beispielsweise kann für das eine Kind eine Teilhabebeeinträchtigung sein, für das andere Kind aber nicht. Nicht nur die persönlichen Ressourcen des Kindes spielen dabei eine Rolle, sondern auch der persönliche Leidensdruck.

Eine „hohe Wahrscheinlichkeit" ist dann anzunehmen, wenn die Beeinträchtigung mehr als nur wahrscheinlich, aber weniger als sicher ist. Auf einer gedachten Wahrscheinlichkeitsskala zwischen 0 (unwahrscheinlich) bis 100 (absolute Sicherheit der Beeinträchtigung) beginnt die hohe Wahrscheinlichkeit bei 75.

Schema zur Prüfung der seelischen Behinderung 212

I. Abweichung der seelischen Gesundheit vom alterstypischen Zustand[*]
1. Störung?
   Breite, *Tiefe* und *Dauer* der Störung müssen festgestellt werden.
   a) Wie hoch ist der Ausprägungsgrad der Störung (Intensität)?
   b) Wie häufig zeigt sich das problematische Erleben und Verhalten (Frequenz)?
   c) Wie stark belastet ist der Betroffene objektiv und subjektiv (Leidensdruck)?
   d) Wie stark belastet ist sein Umfeld (Außenwirkung)?
   e) Unter welchen äußeren und inneren Bedingungen tritt es auf oder verbessert/ verschlechtert es sich (Provokations- und Verminderungsökologie)?
   f) Seit wann besteht die Abweichung (Dauer)?
   g) Wie hat sie sich seither entwickelt (Verlaufsform)?
   h) Hat sie weitere Schädigungen nach sich gezogen (Effekte)?
   i) Was wurde bisher zur Behandlung getan mit welchem Erfolg (Beeinflussbarkeit)?
   j) Wie wird sie sich voraussichtlich weiterhin entwickeln (Prognose)?
   k) Welche Auswirkungen auf die weitere Persönlichkeitsentwicklung des Kindes oder Jugendlichen sind vorauszusehen (Gefahrenpotenzial)?
2. Zuordnung zu einer Störungskategorie nach ICD-10
3. Ausschluss einer geistigen oder körperlichen Störung

Ergebnis (Gutachter): Abweichung der seelischen Gesundheit liegt vor/nicht vor. Bei Vorliegen weiter mit II.

II. (Drohende) Beeinträchtigung der Teilhabe am Leben in der Gesellschaft[77]
Beurteilung nach der 6. Achse „Globalbeurteilung der psychosozialen Anpassung" des „Multiaxialen Klassifikationsschemas für psychische Störungen des Kindes- und Jugendalters" (MAS):
1. Beziehungen zu Familienangehörigen, Gleichaltrigen und Erwachsenen außerhalb der Familie,
2. Bewältigung von sozialen Situationen (allgemeine Selbstständigkeit, lebenspraktische Fähigkeiten, persönliche Hygiene und Ordnung),
3. schulische und berufliche Anpassung,
4. Interessen und Freizeitaktivitäten.

   Eine Beeinträchtigung muss nicht (kumulativ) in allen vier Bereichen vorliegen; es genügt, wenn in einem der Bereiche die Teilhabe ausgeschlossen ist.

Für die Prognose sind sowohl besondere *Schutzfaktoren* (Resilienz) als auch Risikofaktoren zu berücksichtigen. Schutzfaktoren können vorliegen

- beim Kind selbst (zB umgängliches Temperament, soziale Fertigkeiten, höhere Intelligenz, Schulerfolg, realistische Bildungsziele, gute Gesundheit, angemessenes Selbstwertgefühl),
- in der Familie (zB Familienzusammenhalt, emotionale Wärme und Harmonie, gegenseitige Unterstützung, Regulierung der Rollen, gehobene Bildung und gute finanzielle Ressourcen),
- außerhalb der Familie (zB Unterstützungssysteme wie Verwandte, Freunde, Vereine, Gruppen).

---

[*] In Anlehnung an *Beck* in *Jans/Happe/Saurbier/Maas*, Kinder- und Jugendhilferecht, § 35 a.
[77] § 99 Abs. 4 SGB IX (in Kraft seit 1.1.2023) enthält eine Aufzählung der beeinträchtigten Lebensbereiche.

Ergebnis (Fachkraft): Beeinträchtigung liegt vor oder ist mit hoher Wahrscheinlichkeit zu erwarten.

III. Entscheidung der fallzuständigen Fachkraft

(1) Abweichung liegt vor
(2) Beeinträchtigung liegt vor oder droht
(3) Abweichung ist kausal für (drohende) Beeinträchtigung

Ergebnis: Seelische Behinderung liegt vor.

(3) Das weitere Verfahren nach Vorliegen der Voraussetzungen

213   Nach Eingang der Stellungnahmen zu Abweichung und Teilhabebeeinträchtigung hat die fallzuständige Fachkraft unverzüglich zu entscheiden, ob eine seelische Behinderung vorliegt. Zugleich mit ihrer Entscheidung hat sie die *Hilfeplanung* nach § 36 einzuleiten. Davon zu unterscheiden ist der *Hilfeplan*, der nach § 36 Abs. 2 nur aufzustellen ist, wenn die Hilfe voraussichtlich für längere Zeit zu leisten ist. Auch hierfür ist eine Prognose erforderlich, die von der fallzuständigen Fachkraft alleine anzustellen ist. Nur wenn diese Prognose einen länger als sechs Monate dauernden Hilfebedarf ergibt, ist ein Hilfeplan aufzustellen und das Zusammenwirken mit mehreren Fachkräften erforderlich (§ 36 Abs. 2 S. 1). Muss danach ein Hilfeplan aufgestellt werden, sind daran Eltern, Kind, Leistungserbringer und dieselbe (also nicht die gleiche) Person zu beteiligen, die die Stellungnahme zur Abweichung abgegeben hat (§ 36 Abs. 3 S. 1). Die Dauer dieses Hilfeplanverfahrens hängt auch davon ab, ob die Eltern sich kooperativ zeigen. In der Regel wird ein Zeitraum von zwei Wochen aber ausreichen. In diesem Zeitraum ist auch durch Beteiligung der wirtschaftlichen Jugendhilfe zu klären, ob bei teilstationären oder stationären Maßnahmen ein Kostenbeitrag zu entrichten ist. Bei ambulanten Maßnahmen erübrigt sich die Beteiligung der wirtschaftlichen Jugendhilfe (§ 91).
Unverzüglich nach Protokollierung des Hilfeplans ist der Bescheid (Verwaltungsakt nach § 31 SGB X) zu erlassen und bekannt zu geben (§ 37 SGB X). In ihm ist die Dauer der Hilfegewährung zu bezeichnen. Diese richtet sich nach dem im Hilfeplan festgestellten Bedarf. Die Dauer der Hilfegewährung kann also nicht pauschal für eine bestimmte Stundenzahl festgelegt werden. Stellt sich nach Ablauf des gewählten Bedarfszeitraumes heraus, dass der Hilfebedarf weiterhin besteht, ist die Hilfegewährung fortzusetzen, ohne dass es eines neuen Verwaltungsakts bedürfte. Stellt sich heraus, dass der Bedarf gedeckt werden konnte, ist ebenfalls kein neuer Verwaltungsakt zur Einstellung der Hilfe notwendig; vielmehr hat sich der Verwaltungsakt dann erledigt.
Der Hilfeplan ist regelmäßig daraufhin zu überprüfen, ob die gewählte Hilfeart weiterhin geeignet und notwendig ist, um den Bedarf zu decken (§ 36 Abs. 2 S. 2). Der Zeitpunkt der Erfolgskontrolle richtet sich nach den Umständen des einzelnen Falles. Bei einem jüngeren Kind kann der Zeitfaktor eine andere Rolle spielen als bei einem älteren Jugendlichen. Die Überprüfung sollte daher je nach Alter des Kindes nach drei bis sechs Monaten, spätestens aber nach einem Jahr stattfinden. **Hilfen im Ausland** dürfen nach der Neufassung des § 38 nur unter den dort geregelten Voraussetzungen erbracht werden.

Ablaufschema für das Verfahren einer Hilfegewährung nach § 35 a

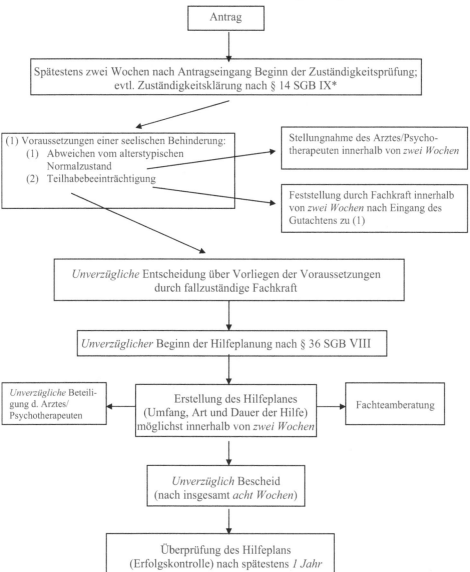

* Diese *Zwei-Wochen-Frist* ergibt sich unmittelbar aus § 14 SGB IX; die weiteren hier genannten Fristen nur in entsprechender Anwendung des § 14 SGB IX, weil § 14 SGB IX nur das Verfahren zwischen mehreren Reha-Trägern regelt, während es beim Verfahren nach § 35 a lediglich um den Jugendhilfeträger als Reha-Träger geht.

(4) Selbstbeschaffung einer Eingliederungshilfe

214 Eine Selbstbeschaffung ist nach § 36 a Abs. 3 (vgl. *Rn. 91*) nur dann möglich, wenn der Leistungsträger seine Pflichten verletzt hat („Systemversagen"). Zu seinen Pflichten gehört es aber, die materiellen und formellen Voraussetzungen der Hilfe zu prüfen und dabei das gesetzlich vorgeschriebene Verfahren einzuhalten. Der Leistungsberechtigte muss dem Jugendhilfeträger die Gelegenheit geben, das gesetzlich vorgeschriebene Verfahren einzuhalten. Wird das Verfahren innerhalb der og Fristen durchgeführt, besteht deshalb kein Recht zur Selbstbeschaffung.

(5) „Große Lösung"

215 Um die Schwierigkeiten der Abgrenzung von seelischer, körperlicher und geistiger Behinderung und damit auch der verschiedenen Zuständigkeiten zu vermeiden, hat das **KJSG die inklusive Lösung** im Rahmen der Jugendhilfe in zeitlichen Stufen geregelt (siehe Rn. 39 a) Die Weichenstellung wird in **§ 10 Abs. 4**[78] vorgenommen, begleitet von Nebenregelungen in **§ 7 Abs. 2** mit der Definition der Behinderung (wie § 2 SGB IX) , in **§ 10 b**[79] mit dem Verfahrenslotsen und in **§ 36 b Abs. 2** für den Zuständigkeitsübergang.[80]Die Eingliederungshilfe als Jugendhilfe unterscheidet sich von der sozialhilferechtlichen Eingliederungshilfe nach SGB IX[81] in den nachfolgend dargestellten Punkten.

Übersicht: Eingliederungshilfe nach SGB VIII und SGB IX

Unterscheidungsmerkmale		SGB VIII*	SGB IX
1.	Leistungsberechtigter („Normadressat")	§ 35 a: Minderjähriger;* Handlungsfähigkeit ab 15 J. (§ 36 SGB I: „teilweise Teilmündigkeit")	§ 99
2.	Begriff	§ 35a--	§ 2 Abs. 1
3.	Kostenbeteiligung a. Kostenbeitrag	§ 91 Abs. 1 Nr. 6: bei vollstationärer Hilfe § 91 Abs. 2 Nr. 3: bei teilstationärer Hilfe	§ 92
	b. Kostenpflichtiger	§ 92 Abs. 1 Nr. 1: Minderjähriger (nur für vollstationäre Hilfe) nachrangig (§ 94 Abs. 1 S. 3) § 92 Abs. 1 Nr. 5: Eltern (auch für teilstationäre Hilfe bei Zusammenleben mit Kind)	§ 142

---

78 Ab 1.1.2028.
79 Ab 1.1.2024 bis 1.1.2028.
80 Ab 10.6.2021.
81 Sie gilt noch bis 1.1.2028.
* jeweils iVm SGB IX nach Maßgabe von § 7 SGB IX.

Unterscheidungsmerkmale	SGB VIII*	SGB IX
c. Umfang	– nur aus Einkommen (§ 92 Abs. 1, 1 a) – Vermögen zwar einzusetzen, aber geschont (§ 90 Abs. 1 u. Abs. 3) – „in angemessenem Umfang" (§ 94 Abs. 1 S. 1) – Eltern nach VO mit Tabelle: bei teil- oder vollstationären Leistungen, mindestens Kindergeld (§ 7 VO), höchstens BGB-Unterhaltsbetrag	– §§ 135 - 142
4. Zuständigkeit a. sachliche	örtlicher Träger (§ 85 Abs. 1)	§ 94
b. örtliche	g.A. der Eltern (§ 86 Abs. 1)	§ 98
c. Zuständigkeitsklärung	§ 14 SGB IX	§ 14 SGB IX
5. Hilfe im Ausland	§ 38	§ 101
6. Persönliches Budget	auf Antrag (§ 35 a Abs. 3 iVm § 57 SGB XII iVm §§ 17 Abs. 2, 159 Abs. 5 SGB IX)	§§ 17 Abs. 2, 29, 159 Abs. 5
7. Wunsch- und Wahlrecht	§ 5	§ 8 a
8. Selbstbeschaffung	§ 36 a Abs. 3	§ 18
9. Hilfeplanung	§ 36	§§ 19 -22
10. Schutzauftrag	bei gewichtigen Anhaltspunkten für eine Kindeswohlgefährdung umfassende Pflichten (§ 8 a)	
11. Kostenersatz		
für zu Unrecht erbrachte Leistungen	(§ 50 SGB X)	
12. Kostenerstattung a. Fälle	§§ 89 -89 e	
b. Umfang	Bagatellgrenze: 1000 EUR (§ 89 f Abs. 29	
c. Verjährung	(§ 113 SGB X)	
13. Statistik	§§ 98 – 103	§§ 143 -148
14. Rechtsschutz Rechtsweg	Verwaltungsgericht (§ 40 VwGO)	Sozialgericht (§ 51 Abs. 1 Nr. 6 a SGG)
15. Datenschutz	§§ 61 – 68 iVm § 35 SGB I iVm §§ 67 – 85 a SGB X: zusätzlich besonderer Vertrauensschutz (§ 65)	§ 23
16. Freie Träger a. Subsidiarität	§ 4	§ 124
b. Teil des Amtes	mit Jugendhilfeausschuss Teil des Jugendamts (§§ 70, 71)	--

Unterscheidungsmerkmale	SGB VIII*	SGB IX
17. Fachlichkeit	Fachkraftgebot (§ 72)	§ 97
18. Gewährleistungspflicht	alle zur Erfüllung der Aufgabe der Eingliederungshilfe erforderlichen und geeigneten Einrichtungen und Dienste müssen rechtzeitig, ausreichend und plural zur Verfügung gestellt werden – mit Bindung für den Haushaltsplan (§ 79 Abs. 2)	§ 95
19. Unabhängige Beratung	Ombudsstelle(§ 9 a)	§ 32
20. Unabhängige Beratung		§ 108

3.1.8 Hilfe für junge Volljährige/Nachbetreuung

216 **Schaubild*: Hilfe für junge Volljährige (§ 41)**

Abs. 1		Abs. 3
S. 1; S. 2, Hs. 1	S. 2, Hs. 2	
Regelfall '	Fortsetzungshilfe	Nachbetreuungshilfe
18. - 21. Lebensjahr	21. - 27. Lebensjahr	18. - 27. Lebensjahr
—▶ Persönlichkeitsentwicklung		
—▶ Eigenverantwortliche Lebensführung		
Individuelle Situation	Begründeter Einzelfall	Beratungsleistungen
	Begrenzter Zeitraum	Unterstützungsleistungen
		—▶ Verselbständigung

Abs. 2	Ausgestaltung der Hilfe
§ 27 Abs. 3	Pädagogische und therapeutische Leistungen, Ausbildungs- und Beschäftigungsmaßnahmen
Im Einzelnen	
§ 28	Erziehungsberatung
§ 29	Soziale Gruppenarbeit
§ 33	Vollzeitpflege
§ 34	Heimerziehung, sonstige betreute Wohnform
§ 35	Intensive sozialpädagogische Einzelbetreuung
und	
§ 35a	Eingliederungshilfe
mit	
§ 36	Mitwirkung, Hilfeplan
§ 36a	Steuerungsverantwortung, Selbstbeschaffung
Umfang	
§ 39	Leistungen zum Unterhalt
§ 40	Krankenhilfe
§ 27 Abs. 4	auch für Kinder des Hilfeempfängers

Stefanie Hofer, HS Kehl

Mit der Volljährigkeit endet zwar die Hilfe zur Erziehung, aber nicht die Jugendhilfe. Alle in den §§ 28–35 a genannten Hilfen sind idR (Verpflichtung mit Rechtsanspruch) als Hilfen für die Persönlichkeitsentwicklung auch jungen Volljährigen zu gewähren, solange diese Hilfen aufgrund der individuellen Situation notwendig sind. In der Regel werden sie nur bis zur Vollendung des 21. Lebensjahres gewährt; in begründeten Einzelfällen sollen sie auch darüber hinaus fortgesetzt werden[82]. Altersgrenze ist in jedem Fall das Erreichen des 27. Lebensjahres, also der Vorabend des 27. Geburtstags.

Der junge Volljährige ist an den Kosten der Hilfe zu beteiligen (§ 91 Abs. 2 Nr. 2). Zu beachten ist aber auch hier § 92 Abs. 5, wonach von der Erhebung eines Kostenbeitrags abgesehen werden soll, wenn dadurch der Zweck der Leistung gefährdet würde oder sich eine *besondere* Härte ergäbe.

Nach Beendigung der Hilfe soll der junge Volljährige nach dem KJSG in § 41 a eine Nach- **217** betreuung erfahren durch Beratung und Unterstützung (zB bei der Suche nach einer Wohnung oder Arbeit). Voraussetzung der Nachbetreuung ist eine vorangegangene Hilfe nach § 41 Abs. 1.

Außerdem hat er einen Rechtsanspruch auf Unterstützung bei Geltendmachung seiner Unterhaltsansprüche gem. § 18 Abs. 4 (vgl. Rn. *133*).

Ist er seelisch behindert, erhält er Eingliederungshilfe nach § 35 a „im Gewand" der Hilfe für junge Volljährige nach § 41 (vgl. *Schaubild nach Rn. 181*).

---

82 *Vgl.* die *Rechtsprechung* zum Lehrbuch unter https://www.nomos-shop.de/nomos/titel/jugendhilferecht-id-89400/,"Service zum Buch" bei § 41.

Zusammenfassender Überblick:

Adressaten:	grundsätzlich nur 18- bis 20-jährige; nur ausnahmsweise darüber hinaus, längstens bis zum Beginn des 27. Lebensjahres (= 26 Jahre)
Ziel:	– Persönlichkeitsentwicklung – eigenverantwortliche Lebensführung
Leistungen:	– pädagogische und therapeutische Leistungen – Ausbildungs- und Beschäftigungsmaßnahmen im Sinne von § 13 Abs. 2 – Maßnahmen der Eingliederungshilfe nach § 35 a – Unterhaltsleistungen bei Hilfen nach §§ 32–35, 35 a – Krankenhilfe bei Hilfen nach §§ 33–35, 35 a – Beratung und Unterstützung nach Beendigung der Hilfe (Nachbetreuung)
Hilfearten:	– Erziehungsberatung – soziale Gruppenarbeit – Erziehungsbeistand/Betreuungshelfer – Vollzeitpflege – Heimerziehung – intensive sozialpädagogische Einzelbetreuung
Rechtliche Verbindlichkeit:	Soll-Leistung für 18- bis 20-jährige; darüber hinaus Soll-Leistung nur in begründeten Einzelfällen als fortgesetzte Hilfe
Abgrenzung:	– Vorrang vor Sozialhilfe nach § 67, 68 SGB XII – Nachrang gegenüber Eingliederungsleistung nach §§ 16, 16 a SGB II (§ 10 Abs. 3 S. 2)
Kostenbeteiligung:	Kostenbeitrag obligatorisch (§ 91 Abs. 1 Nr. 8, Abs. 2 Nr. 4)

3.1.9 Zusammenfassende Übersicht über die Leistungen nach §§ 11-41

Übersicht: Leistungspflichten und Rechtsansprüche nach dem SGB VIII

Rechts-quelle	Inhalt	sachliche Voraus-setzungen	persönliche Vor-aussetzungen	Rechtsfolge	Rechtsanspruch/ Anspruchsberechtigter	Kostenbeteili-gung	Landesrecht
§ 11	Jugendarbeit	Förderung der Ent-wicklung junger Menschen	Grundsätzlich jun-ge Menschen bis 27 Jahre; aus-nahmsweise auch darüber (§ 11 Abs. 4)	– Erforderliche Angebote (unbestimmter Rechtsbe-griff ohne Beurteilungs-spielraum; kein Ermes-sen) – Muss-Leistung (für Per-sonen über 27 Jahre Kann-Leistung)	nein	Kosten- oder Teilnahmebei-trag (§ 90 Abs. 1 Nr. 1)	regelt Inhalt und Umfang (zB durch Jugendbil-dungsgesetz)
§ 13 § 13 a	Jugendsozial-arbeit Schulsozialar-beit	Ausgleich sozialer Benachteiligungen oder Überwindung individueller Beein-trächtigungen Sozialpädagogische Angebote an der Schule	Junge Menschen bis 27 Jahr Junge Menschen bis 27 Jahre	1. Sozialpädagogische Hil-fen zur Förderung der schulischen und berufli-chen Ausbildung und der Eingliederung in die Arbeitswelt als Soll-Leistung* (§ 13 Abs. 1)	nein	Kostenbeitrag nur für die Leis-tung nach § 13 Abs. 3 (§ 91 Abs. 1 Nr. 1)	regelt Inhalt und Umfang
§ 14	Erzieheri-scher Kinder- und Jugend-schutz	Schutz vor gefähr-denden Einflüssen	Junge Menschen bis 27 Jahre und Erziehungsberech-tigte	Angebote als Soll-Leistung*	nein	nein	regelt Inhalt und Umfang

Rechtsquelle	Inhalt	sachliche Voraussetzungen	persönliche Voraussetzungen	Rechtsfolge	Rechtsanspruch/ Anspruchsberechtigter	Kostenbeteiligung	Landesrecht
§ 16	Allgemeine Förderung der Erziehung in der Familie durch – Familienbildung – Familienberatung – Familienerholung	Stärkung der Erziehungskraft	Junge Menschen und Erziehungsberechtigte, auch werdende Mütter und Väter	Angebote als Soll-Leistung*	nein	Kosten oder Teilnahmebeinahme (§ 90 Abs. 1 Nr. 2) außer Beratung	regelt Inhalt und Umfang
§ 17	Partnerschafts- und Trennungsberatung	Hilfe bei – partnerschaftlichem Zusammenleben – Bewältigung von Konflikten – Wahrnehmung der Elternverantwortung zum Wohle des Kindes bei Trennung oder Scheidung	Mütter und Väter	Beratungsangebote als Muss-Leistung	ja/Mütter und Väter	nein	nein
§ 18	Beratung und Unterstützung alleinerziehender Elternteile	Unterstützungsbedürftigkeit bei Ausübung der Personensorge	Mütter oder Väter oder junger Volljähriger oder Kinder	Beratung und Unterstützung als Muss-Leistung	1. Rechtsanspruch auf Beratung und Unterstützung bei der Ausübung der Personensorge 2. Rechtsanspruch der Mutter auf Beratung und Unterstützung bei der Geltendmachung ihres Unterhaltsanspruchs	nein	nein

Rechts-quelle	Inhalt	sachliche Voraussetzungen	persönliche Voraussetzungen	Rechtsfolge	Rechtsanspruch/ Anspruchsberechtigter	Kostenbeteiligung	Landesrecht
§ 19	gemeinsame Wohnformen für Mutter, Vater und Kind	Alleinige Personensorge für ein Kind unter 6 Jahren und Unterstützungsbedürftigkeit aufgrund der Persönlichkeitsentwicklung von Mutter o. Vater	Mutter oder Vater	Betreuung, Unterkunft, Unterhalt und Krankenhilfe als Soll-Leistung*	ja/Mutter oder Vater	Kostenbeitrag (§ 91 Abs. 1 Nr. 2) nur bei vollstationärer Unterbringung	nein
§ 20	Betreuung und Versorgung des Kindes in Notsituationen	Ausfall eines Elternteils, der das Kind überwiegend betreut hat, aus gesundheitlichen oder anderen zwingenden Gründen	Mutter oder Vater	Unterstützung des anderen Elternteils bei Betreuung und Versorgung des Kindes im eigenen Haushalt als Soll-Leistung*	ja/Elternteil	Kostenbeitrag (§ 91 Abs. 1 Nr. 3, Abs. 2 Nr. 1)	nein
§ 21	Unterstützung bei notwendiger Unterbringung zur Erfüllung der Schulpflicht	– Erfüllung der Schulpflicht des Kindes ist wegen beruflich bedingten ständigen Ortswechsels nicht sichergestellt und	Personensorgeberechtigter	Beratung und Unterstützung als Muss-Leistung, Übernahme der Kosten der Unterbringung einschließlich des notwendigen Unterhalts sowie Krankenhilfe als Kann-Leistung	Rechtsanspruch des Personensorgeberechtigten auf Beratung und Unterstützung. Für die übrigen Leistungen besteht ein Anspruch auf fehlerfreie Ermessensausübung	Kostenbeitrag (§ 91 Abs. 1 Nr. 4)	nein

Rechtsquelle	Inhalt	sachliche Voraussetzungen	persönliche Voraussetzungen	Rechtsfolge	Rechtsanspruch/ Anspruchsberechtigter	Kostenbeteiligung	Landesrecht
		– anderweitige Unterbringung des Kindes ist notwendig					
§§ 22, 22 a, 24,	Förderung der Erziehung in Tageseinrichtungen (Kindergarten, Hort, Krippe)	Bedarf	Kind	Muss-Leistung	Rechtsanspruch des Kindes ab 3 Jahre auf Kindergartenplatz, seit 2013 vom 1. Lebensjahr an auf Platz in Tagesbetreuung (§ 24 , Abs. 3)	Kostenbeitrag (§ 90 Abs. 1 Nr. 3	Regelung von Inhalt und Umfang der Leistung (§ 26). Kostenbeitrag (§ 90 Abs. 1 S. 2)
§§ 22, 23, 24,	Kindertagespflege	Förderung der Entwicklung des Kindes im ersten Lebensjahr	Kind	Muss-Leistung(§ 24 Abs. 1), wenn Nr. 1: für das Wohl des Kindes erforderlich oder Nr. 2: bei Beruf und Ausbildung:	– Erziehungsberechtigte haben Rechtsanspruch auf Beratung (§ 25)	Kostenbeitrag (§ 90 Abs. 1 Nr. 3)	Inhalt und Umfang (§ 26) Gestaltung des Kostenbeitrags (§ 90 Abs. 1 S. 2)
§ 27	Hilfe zur Erziehung	1. Verhaltensauffälligkeit/ Entwicklungsstörung des Kindes	Personensorgeberechtigter	Muss-Leistung, die umfasst: – pädagogische und therapeutische Leistungen	Rechtsanspruch des Personensorgeberechtigten im Umfang der Muss-Leistung	Kostenbeitrag für Hilfearten nach §§ 32–35 (§ 91 Abs. 1 Nr. 5, Abs. 2 Nr. 2)	nein

Rechts-quelle	Inhalt	sachliche Vorausset-zungen	persönliche Vor-aussetzungen	Rechtsfolge	Rechtsanspruch/ Anspruchsberechtigter	Kostenbeteili-gung	Landesrecht
		2. Die vorgesehene Hilfeart muss geeignet und notwendig sein		– Ausbildungs- und Beschäftigungsmaßnahmen nach § 13 Abs. 2 – Pflegegeld und Krankenhilfe im Falle der Hilfearten nach §§ 32-35			
Für die einzelnen Arten der Hilfe zur Erziehung gilt:							
§ 28	Erziehungsberatung	Unterstützung bei der Lösung von Erziehungsfragen und bei Trennung und Scheidung	Minderjährige, Erziehungsberechtigte	Muss-Leistung	wie oben zu § 27	nein	nein
§ 29	Soziale Gruppenarbeit	Überwindung von Entwicklungsschwierigkeiten und Verhaltensproblemen	ältere Kinder und Jugendliche	Muss-Leistung	wie oben zu § 27	nein	nein
§ 30	Erziehungsbeistand/ Betreuungshelfer	Bewältigung von Erziehungsproblemen	Kind oder Jugendlicher	Muss-Leistung	wie oben zu § 27	nein	nein
§ 31	Sozialpädagogische Familienhilfe	Unterstützung der Familie in Erziehungsaufgaben und Alltagsproblemen	Mitarbeit der Familie	Muss-Leistung	Rechtsanspruch des Personensorgeberechtigten unter den Voraussetzungen des § 27 Abs. 1	nein	nein
§ 32	Erziehung in Tagesgruppe	Sicherung des Verbleibs des Minderjährigen in seiner Familie durch soziales Lernen. Begleitung der schulischen Förderung und Elternarbeit	Verbleib des Kindes in der Familie ist gefährdet	Muss-Leistung	Rechtsanspruch des Personensorgeberechtigten unter den Voraussetzungen des § 27 Abs. 1	Kostenbeitrag nach § 91 Abs. 2 Nr. 2	nein

Rechts-quelle	Inhalt	sachliche Voraussetzungen	persönliche Voraussetzungen	Rechtsfolge	Rechtsanspruch/ Anspruchsberechtigter	Kostenbeteili-gung	Landesrecht
§ 33	Vollzeitpflege	Zeitlich begrenzte oder dauerhafte Herausnahme des Minderjährigen aus der Herkunftsfamilie in eine andere Familie, wenn Stärkung der Erziehungskraft der Herkunftsfamilie nicht ausreicht, persönliche Bindungen des Kindes nicht entgegenstehen, die Herausnahme dem Alter und Entwicklungsstand des Kindes entsprechen	Persönliche Voraussetzungen des Kindes sind Alter, Entwicklungsstand und persönliche Bindungen des Kindes	Muss-Leistung	Rechtsanspruch des Personensorgeberechtigten im Rahmen des § 27 Abs. 1	Kostenbeitrag nach § 91 Abs. 1 Nr. 5 a	nein
§ 34	Heimerziehung	Herausnahme des Kindes aus der Herkunftsfamilie, wenn deren Erziehungskraft nicht ausreichend gestärkt werden kann, um Kinder in ihrer Entwicklung so zu fördern, dass ihre Rückkehr in die Familie ermöglicht oder die Erziehung in einer anderen Familie vorbereitet oder die Verselbständigung des Jugendlichen gefördert wird.	Alter und Entwicklungsstand des Minderjährigen	Muss-Leistung	Rechtsanspruch des Personensorgeberechtigten unter den Voraussetzungen des § 27 Abs. 1	Kostenbeitrag nach § 91 Abs. 1 Nr. 5 b	nein

Rechts-quelle	Inhalt	sachliche Voraussetzungen	persönliche Voraussetzungen	Rechtsfolge	Rechtsanspruch/ Anspruchsberechtigter	Kostenbeteiligung	Landesrecht
§ 35	Intensive sozialpädagogische Einzelbetreuung	Auf längere Zeit angelegte intensive Unterstützung der sozialen Integration und der eigenverantwortlichen Lebensführung	Minderjähriger ab 14 Jahren	Muss-Leistung	Rechtsanspruch des Personensorgeberechtigten unter den Voraussetzungen des § 27 Abs. 1	Kostenbeitrag nach § 91 Abs. 1 Nr. 5 c	nein
§ 35 a	Eingliederungshilfe für seelisch[83] behinderte Kinder und Jugendliche	seelische Behinderung oder drohende seelische Behinderung	Kinder oder Jugendliche	Muss-Leistung	Rechtsanspruch des Kindes oder des Jugendlichen	Kostenbeitrag nach § 91 Abs. 1 Nr. 6, Abs. 2 Nr. 3	Frühförderung (§ 10 Abs. 4 S. 3 SGB VIII)
§ 41	Hilfe für junge Volljährige	Die individuelle Situation des jungen Menschen gebietet eine Hilfe für Persönlichkeitsentwicklung und eigenverantwortliche Lebensführung	18- bis 27-jähriger	Soll-Leistung* für 18- bis 20-jährige; für 21- bis 26-jährige Soll-Leistung* nur in begründeten Einzelfällen für begrenzten Zeitraum als fortgesetzte Hilfe. Die Hilfe umfasst auch die Eingliederungshilfe. Nach Beendigung der Hilfe besteht Pflicht zur Beratung und Unterstützung (§ 41 Abs. 3)	ja/junger Volljähriger	Kostenbeitrag nach § 91 Abs. 1 Nr. 8, Abs. 2 Nr. 4	nein

* "Soll" = "Muss" im Regelfall; "Kann" nur bei atypischen Umständen im Einzelfall.

3.2 Die anderen Aufgaben der Jugendhilfe

218 Die anderen Aufgaben der Jugendhilfe sind in § 2 Abs. 3 enumerativ aufgeführt. *Vgl. hierzu das Schaubild nach Rn. 32 a.*

Darüber hinaus nimmt der Träger der Jugendhilfe weitere andere Aufgaben wahr, bei denen er aber nicht unmittelbar zugunsten junger Menschen und ihrer Familien tätig wird. Dies sind: die Befassung des Jugendhilfeausschusses mit allen Angelegenheiten der Jugendhilfe (§ 71 Abs. 2), die Förderung der freien Jugendhilfe (§ 74), die Anerkennung als freier Träger der Jugendhilfe (§ 75), die Jugendhilfeplanung (§ 80), die Kostenerstattung (§§ 89 bis 89 h), die Erhebung von Kostenbeiträgen (§§ 90 bis 94), die Überleitung von Ansprüchen (§ 95), die Feststellung von Sozialleistungen (§ 97), die statistischen Erhebungen (§§ 98 bis 103). All dies sind keine eigenständigen Aufgaben, sondern lediglich **Aufgabenannexe.** § 8 a ist ebenfalls keine selbstständige Aufgabennorm iSd § 2, sondern lediglich eine Aufgabenbündelung, kombiniert mit einer Verfahrensregelung.

Eine wichtige Aufgabe des Jugendamts ist schließlich die **Adoptionsvermittlung und die Adoptionshilfe**, die aber im Adoptionsvermittlungsgesetz und im Adoptionshilfegesetz[84] gesondert geregelt und daher keine Aufgabe nach dem SGB VIII sind, aber eine Aufgabe nach dem SGB (§ 68 Nr. 12 SGB I); ebenso die Leistungen der Unterhaltsvorschusskasse nach dem UhVorSchG – früher UVG – (§ 68 Nr. 14 SGB I). **Aufgaben des JA außerhalb des SGB** sind: Wahl der Jugendschöffen nach dem JGG; Stellungnahmen nach dem NamensändG, dem BauGB (§ 4 Abs. 1 zur Bauleitplanung; vgl. *Rn. 368)*, dem StrafvollzugsG (§ 80 bei Mutter-Kind-Unterbringung)[85]; Anordnungen nach dem Jugendschutzgesetz (§ 9) und die Aufgaben nach dem KKG (vgl. *Rn. 38).*

219 Gemeinsames Kennzeichen der anderen Aufgaben im Sinne von § 2 Abs. 3 ist, dass sie weder soziale Rechte im Sinne von § 2 iVm § 8 SGB I noch Sozialleistungen im Sinne von § 11 iVm § 27 SGB I sind. Sie sind zwar keine Eingriffe, aber schaffen Voraussetzungen für gerichtliche Eingriffe (vgl. *Rn. 44-49).* Ihr Zweck ist es, Kinder und Jugendliche vor Gefahren für ihr Wohl zu schützen (§ 1 Abs. 3 Nr. 3). Von den Leistungen der Jugendhilfe unterscheiden sie sich ferner dadurch, dass für sie nicht der Grundsatz der Freiwilligkeit, das Wunsch- und Wahlrecht und das Mitwirkungsrecht gelten. Die Träger der freien Jugendhilfe haben auf diesem Feld kein originäres Betätigungsrecht, sondern nur ein vom Träger der öffentlichen Jugendhilfe abgeleitetes (§ 76); vgl. *hierzu Rn. 297.* Fremdkörper in der Reihe der anderen Aufgaben nach Abs. 3 sind die Hilfe nach § 52 a (Nr. 9) und die Beistandschaft (Nr. 11), weil sie ihrem Inhalt nach typische Leistungen sind.

220 **3.2.1 Vorläufige Maßnahmen zum Schutz von Kindern und Jugendlichen. 3.2.1.1 Die Inobhutnahme.** Die Inobhutnahme ist geregelt in §§ 42, 42 a. Sie ist die vorläufige Unterbringung eines Kindes oder Jugendlichen bei einer geeigneten Person oder in einer Einrichtung oder sonstigen betreuten Wohnform (Jugendschutzstelle, Bereitschaftsheim, Bereitschaftspflegefamilie; vgl. *Rn. 192).*

Voraussetzung der Inobhutnahme ist entweder die Bitte des Jugendlichen selbst („Selbstmelder"; § 42 Abs. 1 S. 1 **Nr. 1**) oder eine dringende Gefahr für das Wohl des Jugendlichen (§ 42 Abs. 1 S. 1 **Nr. 2**). „Dringende Gefahr" ist eine Gefahr für besonders wichtige Rechtsgüter oder eine Gefahr, die Schäden in besonders großem Umfang befürchten lässt. Ein besonders hoher Grad der Wahrscheinlichkeit des Schadenseintrittes

---

83 Ab 1.1.2028 auch für körperlich und geistig behinderte.
84 Neu; siehe im Anhang 3.
85 *Vgl.* Urteil des BVerwG v. 12.12.2002 in *Rechtsprechungsübersicht zum Lehrbuch* unter www.nomos-shop.de/ nomos/titel/jugendhilferecht-id-89400/,"Service zum Buch" zu § 27.

oder eine besondere zeitliche Nähe sind dagegen nicht Voraussetzung. Zum Gefahrenbegriff siehe Schaubild bei Rn. 49.

Im Fall der Nr. 2 ist nicht nur das Jugendamt zur Inobhutnahme verpflichtet, sondern auch die Polizei nach § 8 JuSchG. Danach zuständige Stelle ist aufgrund landesrechtlicher Regelung (zB § 27 LKJHG Baden-Württemberg) der Polizeivollzugsdienst. Bei Inobhutnahme durch das Jugendamt leistet die Polizei Vollzugshilfe (vgl. bspw. § 26 Abs. 2 LKJHG Baden-Württemberg). Nach Änderung durch das KICK ist mit Nr. 2 iVm S. 2 jetzt auch eine Ermächtigungsgrundlage für die Herausnahme eines Kindes aus der eigenen Familie geschaffen worden, allerdings fehlt jetzt eine Ermächtigungsgrundlage für die Herausnahme aus einer Einrichtung.

Durch das KICK eingefügt wurde die Inobhutnahme unbegleiteter ausländischer Minder- **221** jähriger (§ 42 Abs. 1 S. 1 **Nr. 3**). Gemeint sind damit – entgegen dem Wortlaut – nicht etwa Jugendliche in Jugendherbergen, sondern Flüchtlinge (vgl. *Rn. 113*).

Rechtsfolge des § 42 ist die Verpflichtung des Jugendamtes zu umfangreichen sozialpädagogischen Hilfen, die der Vielfalt der Probleme des Hilfesuchenden (Ausreißer, Trebegänger, junge Nichtsesshafte und Obdachlose, unbegleitete minderjährige Asylbewerber, vgl. *Rn. 113*) gerecht werden. Es müssen die Ursache des Sich-Entfernens aus dem Elternhaus gefunden und mögliche Perspektiven entwickelt werden, wobei eine intensive Zusammenarbeit mit den sozialen Diensten und den Eltern notwendig ist. Da häufig ein Konflikt mit den Eltern der Grund für das Weglaufen ist, ist dem Kind zunächst Gelegenheit zu geben, eine Person seines Vertrauens (Lehrer, Nachbar, Freund, Verwandter, Pfarrer) zu benachrichtigen (Abs. 2). Das Jugendamt hat den Erziehungsberechtigten unverzüglich von der Inobhutnahme zu unterrichten (Abs. 3). Widerspricht er der Inobhutnahme, hat das Jugendamt das Kind zu übergeben oder (wenn es darin keine Problemlösung sieht) beim Familiengericht eine Entscheidung nach § 1666 BGB herbeizuführen. Da nicht bei allen Amtsgerichten gewährleistet ist, dass der Familienrichter zu jeder Tages- und Nachtzeit erreichbar ist, muss das Jugendamt vorläufig die notwendigen Maßnahmen treffen (§ 8 a Abs. 2 S. 2). Dies setzt einen Bereitschaftsdienst bei den Jugendämtern voraus.

Freiheitsentziehung[86], also eine geschlossene Unterbringung (vgl. *Rn. 198*), kommt nur dann in Betracht, wenn sie erforderlich ist, um Gefahren für Leib und Leben des Kindes/ Jugendlichen oder Dritter abzuwenden. Gem. Art. 104 Abs. 2 GG ist unverzüglich eine richterliche Entscheidung herbeizuführen, auch dann, wenn der Personensorgeberechtigte zustimmt (§ 1631 b BGB). Ist diese binnen eines Tages nach der freiheitsentziehenden Maßnahme nicht ergangen, muss die Freiheitsentziehung beendet werden (§ 42 Abs. 5), andernfalls liegt eine Freiheitsberaubung (§ 239 StGB) vor (Bsp.: Ist eine Unterbringung am Montag um 18 Uhr erfolgt, muss sie bis Dienstag, 24 Uhr beendet sein). Für das Verfahren gelten §§ 151 Nr. 6, 167, 312 Nr. 1 FamFG.

Die Inobhutnahme ist ein Verwaltungsakt (§ 31 SGB X; vgl. *Rn. 366*) und bedarf zu ihrer **222** Wirksamkeit der Bekanntgabe (§ 39 SGB X) an den Personensorgeberechtigten. Zu seiner Rechtmäßigkeit bedarf der Verwaltungsakt der Anhörung (§ 24 SGB X), außer bei Gefahr im Verzug (§ 24 Abs. 2 Nr. 1 SGB X), der Begründung (§ 35 SGB X) und der Rechtsbehelfsbelehrung (§ 36 SGB X). Der Tenor des Bescheids muss inhaltlich bestimmt sein (§ 33 Abs. 1 SGB X), also bestimmen, wo, bei wem, wie lange der Jugendliche vorläufig untergebracht wird. Muss der VA im Fall der Inobhutnahme nach § 42 Abs. 1 S. 1 Nr. 2 vollstreckt werden, ist unmittelbarer Zwang notwendig (vgl. *Rn. 374*); dafür muss die Polizei zugezogen werden (§ 42 Abs. 6 iVm Landesrecht).

---

86 Jetzt definiert in § 415 Abs. 2 FamFG.

223 Wird das Kind nicht an seine Eltern übergeben, endet die Inobhutnahme mit der Entscheidung des JA im Hilfeplanungsverfahren, HzE zu gewähren. Dies ist auch für die Kostenerstattung nach § 89 b von Bedeutung (vgl. *Rn. 406*), weil nur die bis zu diesem Zeitpunkt entstandenen Kosten solche der Inobhutnahme sind. Wird das Hilfeplanungsverfahren nicht unverzüglich eingeleitet (§ 42 Abs. 3 S. 5), sind die durch die Verzögerung entstandenen Kosten nicht erstattungsfähig (§ 89 f Abs. 1).

Schaubild: Inobhutnahme nach § 42

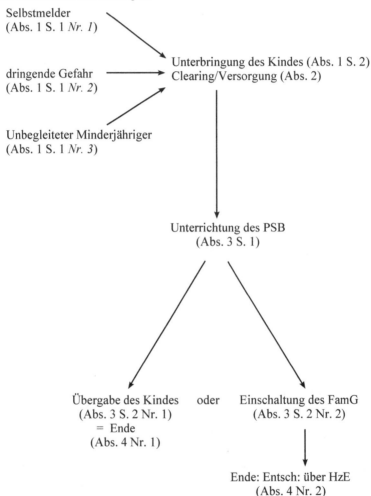

Selbstmelder
(Abs. 1 S. 1 *Nr. 1*)

dringende Gefahr
(Abs. 1 S. 1 *Nr. 2*)

Unbegleiteter Minderjähriger
(Abs. 1 S. 1 *Nr. 3*)

Unterbringung des Kindes (Abs. 1 S. 2)
Clearing/Versorgung (Abs. 2)

Unterrichtung des PSB
(Abs. 3 S. 1)

Übergabe des Kindes   oder   Einschaltung des FamG
(Abs. 3 S. 2 Nr. 1)   (Abs. 3 S. 2 Nr. 2)
= Ende
(Abs. 4 Nr. 1)

Ende: Entsch: über HzE
(Abs. 4 Nr. 2)

Zusammenfassender Überblick: Inobhutnahme (§ 42)

Begriff:	Vorläufige Unterbringung eines Minderjährigen – bei einer geeigneten Person – in einer Einrichtung oder – in einer sonstigen betreuten Wohnform (zB Jugendschutzstelle etc) und Wegnahme von einer anderen Person
Zweck:	Vorläufige Krisenintervention zum Schutz des Minderjährigen
Gesetzliche Grundlage:	§ 42
Voraussetzungen (Abs. 1):	– Nr. 1: Bitte des Minderjährigen um Obhut („Selbstmelder") – Nr. 2: Dringende Gefahr für das Wohl des Minderjährigen + kein Widerspruch des PSB oder keine rechtzeitige Entscheidung des FamFG – Nr. 3: unbegleiteter minderjähriger Flüchtling
Rechtliche Verbindlichkeit:	Pflicht des JA zur und Recht des Mj. auf Inobhutnahme
Nebenpflichten (Abs. 2):	– Unverzügliche Möglichkeit zur Benachrichtigung einer Person des Vertrauens – Beaufsichtigung, Erziehung und Aufenthaltsbestimmung – Sicherstellung von Unterhalt und Krankenhilfe – Hilfe und Unterstützung
Beteiligung des Personensorgeberechtigten (Abs. 3):	Den Personensorge- oder Erziehungsberechtigten muss die Inobhutnahme unverzüglich mitgeteilt und das Gefährdungsrisiko mit ihnen eingeschätzt werden. Bei Widerspruch: – Unverzügliche Übergabe des Minderjährigen oder – Entscheidung des Familiengerichts Wenn kein Widerspruch: – Unverzügliche Einleitung eines Hilfeplanverfahrens (§ 36 Abs. 2) Wenn Personensorge- oder Erziehungsberechtigte nicht erreichbar: Entscheidung des Familiengerichts
Ende der Inobhutnahme (Abs. 4):	– Übergabe des Kindes oder Jugendlichen an die Personensorge- oder Erziehungsberechtigten oder – Entscheidung über die Gewährung von Hilfen nach dem SGB VIII
Freiheitsentziehende Maßnahmen (Abs. 5):	Unterbringung in geschlossener Einrichtung ist nur möglich, um Gefahr für Leib und Leben abzuwenden: – Mit Genehmigung des FamG oder unverzüglicher Nachholung (§ 1631 b BGB) – Unverzügliche Herbeiführung einer familiengerichtlichen Entscheidung im Verfahren nach §§ 167, 312 FamFG – Beendigung der Freiheitsentziehung nach 24 Stunden ohne gerichtliche Entscheidung
Vollzugshilfe (Abs. 6):	Pflicht der Polizei, dem JA mit unmittelbarem Zwang zu helfen.
Örtl. Zuständigkeit:	JA des tats. Aufenthalts des Mj. (§ 87)
Kosten der Inobhutnahme:	Kostenübernahme zunächst durch das örtlich zuständige JA (§ 91); Kostenbeitrag kann aber von den Eltern des Mj. (§ 92) und Kostenerstattung vom JA des g.A. gefordert werden (§ 89 b)

3.2.1.2 Vorläufige Inobhutnahme von unbegleiteten minderjährigen Ausländern (UMA). (1) Tatbestandsvoraussetzungen. Die vorläufige Inobhutnahme nach neuem Recht (§ 42 a) geht der (endgültigen) Inobhutnahme nach bisherigem (unveränderten) 224

Recht (§ 42) voraus. Mit ihr wird über eine Anmeldung zur Verteilung des Minderjährigen entschieden („Verteilungsinobhutnahme").

225 Tatbestandsvoraussetzung des § 42 a ist die **„unbegleitete Einreise** (Abs. 1)[87]. Diese liegt auch dann vor, wenn sich Personensorge- oder Erziehungsberechtigte (§ 7 Abs. 1 Nr. 5 und 6 in Deutschland aufhalten. Aufgabe des Jugendamts ist es dann, auf eine Familienzusammenführung hinzuwirken. Gelingt diese, ist die vorläufige Inobhutnahme beendet (§ 42 a Abs. 6). Ist sie aber nicht möglich, geht das Verfahren weiter bis zu einer Entscheidung über die Verteilung des Minderjährigen auf ein Jugendamt in Deutschland. Mit Erreichen der Volljährigkeit entfällt die Tatbestandsvoraussetzung „Kind " oder „Jugendlicher" (§ 7 Abs. 1 Nr. 1 und 2). Die Inobhutnahme ist damit beendet. Daran anschließen kann sich aber eine Hilfe für junge Volljährige nach § 41 (auch als „verkappte Eingliederungshilfe" nach § 41 Abs. 2 bei Vorliegen der Voraussetzungen nach § 35 a). Asylverfahrensrechtliche Vorschriften zur Unterbringung und Betreuung gelten auch dann aber nicht, es sei denn, der Ausländer stellt erstmalig einen Asylantrag (so ausdrücklich § 4 FlüAG BW).

226 **(2) Rechtsfolge.** Das Jugendamt hat die Pflicht, die vorläufige Inobhutnahme durchzuführen (§ 42 a Abs. 1 S. 1). Der Minderjährige hat darauf einen Rechtsanspruch. Das Jugendamt kann freie Träger der Jugendhilfe an der Wahrnehmung der Aufgabe beteiligen; verantwortlich bleibt das Jugendamt (§ 76 Abs. 1 und Abs. 2).

Der Minderjährige ist mit der Inobhutnahme verpflichtet, sich in der Einrichtung aufzuhalten. Das Jugendamt sollte dies durch Verwaltungsakt anordnen; die VA- Befugnis ergibt sich aus § 42 Abs. 1 S. 2 iVm § 42 a Abs. 1 S. 2. Der VA kann mit unmittelbarem Zwang nach dem Verwaltungsvollstreckungsgesetz des Landes vollstreckt werden.

227 **(3) Betreuung.** Das Jugendamt hat im Rahmen der Inobhutnahme den Unterhalt und die Krankenhilfe für den Minderjährigen sicherzustellen (§ 42 a Abs. 1 S. 2 iVm § 42 Abs. 2 S. 3). Ferner hat das Jugendamt auf eine Familienzusammenführung hinzuwirken (§ 42 a Abs. 5 S. 2). Schließlich muss das Jugendamt - nach einer Entscheidung über die Verteilung durch das LJA - für eine „begleitete Übergabe" des Minderjährigen an das Jugendamt der (endgültigen) Inobhutnahme sorgen (§ 42 a Abs. 5 S. 1 Nr. 1). Da das Jugendamt alle Rechtshandlungen für das Kind vornehmen muss (§ 42 a Abs. 3 S. 1) hat es beim Familiengericht die Feststellung zu erwirken, dass die elterliche Sorge ruht (§ 1674 BGB) und daher (§ 1773 BGB) ein Vormund/Pfleger – auch schon bei der vorläufigen Inobhutnahme[88] - zu bestellen ist.[89] Dies muss unverzüglich geschehen, das heißt regelmäßig innerhalb von 3 Tagen[90] (nicht Werktagen). Das Familiengericht kann das Jugendamt als Amtspfleger/Amtsvormund (§ 55) bestellen. Bis dahin vertritt das Jugendamt den Minderjährigen (§ 42 a Abs. 3 S. 1). Das Jugendamt (nicht mehr der Minderjährige[91]) entscheidet auch über die Stellung eines Asylantrags.[92]

Leistungen der Jugendhilfe nach dem SGB VIII (zB Hilfe für junge Volljährige nach Ende der Inobhutnahme) haben Vorrang vor Leistungen nach dem AsylbLG.[93]

---

87 Auch wenn Minderjährige verheiratet sind, wie das Gesetz zur Bekämpfung von Kinderehen v. 21.7.2017 (BGBl. I 2429) klarstellt.
88 In § 42 a Abs. 1 S. 2 fehlt zwar ein Verweis auch auf § 42 Abs. 3 S. 4; aus § 88 a Abs. 4 Nr. 1 folgt aber, dass auch schon während der vorläufigen Inobhutnahme Vormundschaft/Pflegschaft zu veranlassen ist.
89 In § 42 a Abs. 1 S. 2 fehlt zwar ein Verweis auch auf § 42 Abs. 3 S. 4; aus § 88 a Abs. 4 Nr. 1 folgt aber, dass auch schon während der vorläufigen Inobhutnahme Vormundschaft/Pflegschaft zu veranlassen ist.
90 So BVerwG, Urt. v. 24.6.1999, 5 C 24/98, ZfJ 2000, 31.
91 Nach § 12 AsylG ist der Jugendliche ab 16 J. handlungsfähig.
92 Das Gesetz zur besseren Durchsetzung der Ausreisepflicht v. 20.7.2017 (BGBl. I 2780) verpflichtet das JA zur Stellung des Asylantrags; vgl. hierzu *Kepert*, ZFSH/SGB 2017, 503.
93 Ausführlich hierzu *Kunkel*, NVwZ 1994, 352.

(4) Einschätzungsverfahren. Das Jugendamt muss mit einem Einschätzungsverfahren **228** (§ 42 a Abs. 2 S. 1) prüfen, ob es den Minderjährigen zur Verteilung anmeldet oder ob es die Verteilung ausschließt (§ 42 a Abs. 2 S. 2). Die Verteilung ist ausgeschlossen, wenn im Gesetz[94] genannte Gründe dafür vorliegen. Ein Grund kann die Möglichkeit einer Familienzusammenführung oder das Zusammenleben mit Geschwistern oder Freunden sein. Ein anderer, dass der Gesundheitszustand (zB eine Traumatisierung) nach ärztlicher Feststellung die Verteilung in den nächsten 14 Werktagen (§ 7 Abs. 3) verbietet. Ganz allgemein darf das Wohl des Kindes durch eine Verteilung nicht gefährdet sein. Dabei ist dieser unbestimmte Rechtsbegriff wie bei Wahrnehmung des Schutzauftrags (§ 8 a) auszulegen.[95] Ermessen besteht nicht. Es muss also eine tiefgehende und nachhaltige Störung der leiblichen, seelischen oder geistigen Entwicklung des Minderjährigen durch die Verteilung wahrscheinlich sein. Im Einschätzungsverfahren muss das Jugendamt den Minderjährigen beteiligen (§ 42 a Abs. 2 S. 1). Dies ergibt sich aber schon aus § 8 Abs. 1. Nach Abschluss des Einschätzungsverfahrens muss das Jugendamt eine Entscheidung darüber treffen, ob es den Minderjährigen zur Verteilung anmeldet (§ 42 a Abs. 2 S. 2). Diese Entscheidung ist kein Verwaltungsakt nach § 31 SGB X[96], sondern (lediglich) eine die Verteilung vorbereitende Regelung (sog. schlichtes Handeln). Dies folgt auch daraus, dass eine Regelung über den Ausschluss der aufschiebenden Wirkung eines Widerspruchs gegen diese Entscheidung fehlt.[97]

(5) Mitteilungspflichten. (Erstens) muss das Jugendamt seine (positive wie negative) **229** Entscheidung über die Anmeldung der Verteilungsstelle mitteilen (§ 42 a Abs. 4 S. 1). Diese wird durch Landesrecht (§ 42 a Abs. 4 S. 1 und 2) bestimmt, in der Regel ist es das Landesjugendamt[98]. Die Mitteilung muss binnen 7 Werktagen erfolgen (§ 42 b Abs. 3 S. 3). Werktage sind Montag bis Freitag (§ 7 Abs. 3). (Zweitens) muss die Verteilungsstelle innerhalb von 3 Werktagen dem Bundesverwaltungsamt (BVA) den Minderjährigen zur Verteilung anmelden oder den Ausschluss der Verteilung anzeigen (§ 42 a Abs. 4 S. 3) und zwar unabhängig davon, ob die Landesquote schon erfüllt ist, wie aus § 42 b Abs. 2 S. 2 folgt. Dabei handelt es sich lediglich um die Weitergabe der Meldung des Jugendamts („Briefkastenfunktion"), aber nicht um eine eigene Entscheidung, also nicht um eine eigene Regelung und daher nicht um einen Verwaltungsakt. Die Verteilerstelle trifft nicht etwa eine eigene Entscheidung über den Ausschluss der Verteilung nach § 42 b Abs. 4, sondern gibt eine Entscheidung des Jugendamts über den Ausschluss weiter, die das Jugendamt auf der Grundlage des § 42 a Abs. 2 getroffen hat.

Entscheidet sich das Jugendamt nach dem Einschätzungsverfahren für eine Anmeldung zur Verteilung, muss es (drittens) dem nach der Verteilung für die endgültige Inobhutnahme ausgewählten Jugendamt die Sozialdaten des Minderjährigen mitteilen (§ 42 a Abs. 5 S. 1 Nr. 2). Daher muss die Verteilungsstelle dem Jugendamt der vorläufigen Inobhutnahme mitteilen, welches Jugendamt für die endgültige Inobhutnahme ausgewählt worden ist (§ 42 b Abs. 3 S. 1).

---

94 Nämlich die nach § 42 a Abs. 2 S. 1 Nr. 1 bis 4; die in § 42 b Abs. 4 genannten Gründe gelten nur für das Verteilungsverfahren nach § 42 b.
95 Ebenso *Kepert*, ZKJ 2016, 12.
96 Ebenso (und ausführlich zum Ganzen) *Kepert* in LPK-SGB VIII, 7. Aufl. 2018, § 42 a Rn. 27.
97 Im Unterschied zu § 42 b Abs. 7 S. 1 und § 42 f Abs. 3 S. 1, der nur gilt, wenn das Jugendamt die Inobhutnahme ablehnt oder beendet, weil die Tatbestandsvoraussetzung der Minderjährigkeit nicht vorliegt.
98 So zB in NRW durch das Fünfte Ausführungsgesetz zum KJHG vom 8.12.2015 (GVBl. NRW S. 832); in Bayern aber durch Verordnung dem Beauftragten für die Aufnahme und Verteilung ausländischer Flüchtlinge (LABEA) zugewiesen.

230 (6) Datenschutz. Art. 1 2.DAVG ändert das AZRG in folgenden für das Jugendamt einschlägigen Paragrafen:

1. § 1 Abs. 2 AZRG i. V. m. der Anlage zur DVO in Spalte D erlaubt die Übermittlung bei der Registerbehörde gespeicherter Daten an das Jugendamt zur Erfüllung seiner Aufgaben nach §§ 42,42 a, f SGB VIII. Nach § 2 Abs. 2 AZRG ist die Speicherung zulässig zur Inobhutnahme. Gleichzeitig wird dabei auch der Begriff der „Inobhutnahme" gemäß § 42 SGB VIII, der sich in den Polizeigesetzen und ergänzenden Dienstvorschriften nicht wiederfindet, an dieser Stelle ergänzt, um eine für die Ausländerbehörden und die sonstigen nichtpolizeilichen Behörden im Hinblick auf Minderjährige eindeutige und vertraute Begrifflichkeit zu verwenden. Die neue Regelung dient vor allem auch dem Schutz vermisster ausländischer Kinder und Jugendlicher, um diese der Obhut des Jugendamtes zuzuführen.
2. Nach § 6 AZRG hat das Jugendamt keine Übermittlungspflicht an die Registerbehörde. Eine solche hat es aber jetzt mit § 42 a Abs. 3 a SGB VIII. Damit ist die Datenübermittlung datenschutzrechtlich zulässig nach Art. 6 Abs. 1 c DSGVO i.V.m. § 69 Abs. 1 Nr. 1 SGB X.
3. § 10 Abs. 4 Satz 2 Nr. 3 AZRG erlaubt die Übermittlung der AZR-Nummer zwischen leistungsgewährenden Behörden, wobei ausdrücklich Leistungen auch nach SGB VIII genannt sind. Die AZR-Nummer ist in § 3 Abs. 2 Nr. 1 DVO als Geschäftsnummer definiert
4. Eine weitere Änderung erfolgte mit § 17 Nr. 12 AZRG zum 01.11.2019. Seit diesem Zeitpunkt darf das zuständige Jugendamt auch dem Zollkriminalamt mitgeteilt werden, sofern es darum ersucht.
5. Nach § 22 Abs. 1 Nr. 8 c AZRG sind auch Jugendämter zum Abruf von Daten aus dem Ausländerzentralregister im automatisierten Verfahren zugelassen. Die Zulassung muss schriftlich bei der Registerbehörde beantragt werden. Registerbehörde ist nach § 2 AZRG- DVO das BAMF, für das das Bundesverwaltungsamt handelt.
6. Die statistische Aufbereitung der Daten nach § 23 AZRG wird erweitert. Die Registerbehörde übermittelt durch das Bundesverwaltungsamt dem Statistischen Bundesamt für die jährliche Statistik das Jugendamt der vorläufigen Inobhutnahme sowie das endgültig zuständige Jugendamt.

Zusammengefasst: Die Identitätsfeststellung ist eine Aufgabe des Jugendamts. Damit ist eine Übermittlung zur Erfüllung dieser Aufgabe nach § 69 Abs. 1 Nr. 1 SGB X zulässig. Die Identitätsfeststellung erfordert erkennungsdienstliche Maßnahmen.

231 (7) Zuständigkeit. Für die vorläufige Inobhutnahme örtlich zuständig ist das Jugendamt, in dessen Bereich sich der Minderjährige vor der vorläufigen Inobhutnahme tatsächlich (also rein körperlich) aufhält (§ 88 a Abs. 1). Dieser Aufenthalt beginnt mit der Feststellung der Einreise durch eine Behörde, also idR durch Aufgriff oder Selbstmeldung. Für die (endgültige) Inobhutnahme ist das zugewiesene Jugendamt örtlich zuständig (§ 87 S. 2 iVm § 88 a Abs. 2). Für Leistungen (nach beendeter Inobhutnahme) ist das Jugendamt örtlich zuständig, in dessen Bereich sich der Minderjährige vor Beginn der Leistung tatsächlich aufgehalten hat (§ 88 Abs. 3)[99]. Bei Bestellung einer Vormundschaft/Pflegschaft durch das Familiengericht richtet sich die örtliche Zuständigkeit des Jugendamts als Amtsvormund/Amtspfleger nach dem Ort der vorläufigen Inobhutnahme[100].

232 (8) Kostenbeteiligung/Kostenerstattung. Eine Kostenbeteiligung ist für die vorläufige Inobhutnahme ausgeschlossen – im Unterschied zur endgültigen (§ 91 Abs. 1 Nr. 7). Das

---

99 Näher hierzu *Kepert,* ZFSH/SGB 2016, 12.
100 Also nicht nach § 87 c Abs. 3, sondern nach § 88 a Abs. 4 Nr. 1.

Land hat dem Jugendamt die Kosten der vorläufigen Inobhutnahme zu erstatten (§ 89 d Abs. 1 iVm § 88 a Abs. 1). Dolmetscherkosten sind als Auslagen zu erstatten.[101]

(9) Altersfeststellung (§ 42 f). Altersfeststellung ist die Ermittlung der Minderjährigkeit **233** des unbegleiteten Ausländers durch das Jugendamt.

(a) Minderjährigkeit nach deutschem Recht. Mit der Altersfeststellung soll die Tatbe- **234** standsvoraussetzung der Minderjährigkeit festgestellt werden. Diese besteht nach deutschem Recht bis zur Vollendung des 18. Lbj. (§ 2 BGB).

Das Heimatrecht des Ausländers kann dies anders regeln. Entscheidend ist dann das deutsche Recht[102].

(b) Verfahren zur Feststellung der Minderjährigkeit. Das Jugendamt ermittelt den **235** Sachverhalt von Amts wegen (§ 20 SGB X). Es bedient sich dabei der in § 21 SGB X genannten Beweismittel nach Ermessen. Das Ermessen ist aber durch die gesetzlich festgelegte Rangfolge begrenzt. Das Verfahren zur Feststellung der Minderjährigkeit ist seit dem 1.11.2015 in § 42 f Abs. 1 und 2 ausdrücklich gesetzlich normiert. Danach ist die Minderjährigkeit (erstens) durch Einsichtnahme in die Ausweispapiere festzustellen (§ 42 f Abs. 1 S. 1 1. Alt.). In vielen Herkunftsländern[103] besitzt das Geburtsdatum keine besondere Bedeutung und wird deshalb auch nicht in Geburtsregistern erfasst. Zudem kommen ca. 80 % der Jugendlichen ohne gültige Papiere nach Europa. Sind aussagekräftige Ausweispapiere nicht vorhanden, ist im Rahmen der qualifizierten Inaugenscheinnahme (zweitens) die Selbstauskunft des Betroffenen einzuholen ("Primat der Selbstauskunft"). Unter Hinzuziehung eines Dolmetschers muss in jedem Fall eine Befragung des Betroffen erfolgen, in der in dieser mit Zweifeln an seinen Angaben zu konfrontieren und ihm Gelegenheit zu geben ist, diese Zweifel auszuräumen. Gegebenenfalls sind weitere Unterlagen (zB der Ausländerbehörde; Auskunft nach dem AZR-Gesetz) beizuziehen. Die im Gespräch gewonnenen Informationen zum Entwicklungsstand sind im Einzelnen zu bewerten. Begegnet die Selbstauskunft Zweifeln, ist im Rahmen der qualifizierten Inaugenscheinnahme (§ 42 f Abs. 1 S. 1 2. Alt.) weiter (drittens) das äußere Erscheinungsbild (zB Bartwuchs, nicht aber Geschlechtsorgane[104]) nach nachvollziehbaren Kriterien zu würdigen. Maßgeblich ist der Gesamteindruck, der neben dem äußeren Erscheinungsbild insbesondere die Bewertung der im Gespräch gewonnenen Informationen zum Entwicklungsstand umfasst. Das Verfahren ist stets nach dem Vier- Augen-Prinzip von mindestens zwei beruflich erfahrenen Mitarbeitern des Jugendamts durchzuführen. Bleiben auch danach noch Zweifel, ist auf Antrag des Betroffenen bzw. seines Vertreters oder von Amts wegen durch das Jugendamt (viertens) eine ärztliche Untersuchung zur Altersbestimmung zu veranlassen (§ 42 f Abs. 2 S. 1).[105] Zunächst muss das Jugendamt den Betroffenen über Methoden (zB Röntgenuntersuchung der Hand und Schlüsselbeine, zahnärztliche Untersuchung, sexuelle Reifezeichen, altersrelevante Entwicklungsstörungen)[106] und medizinische, aber auch rechtliche Folgen bei Weigerung aufklären (§ 42 f Abs. 2 S. 2 und S. 3). Die Untersuchung darf nur mit Einwilligung des Minderjährigen und (zusätzlich) seines (gesetzlichen) Vertreters (Vormund) erfolgen (§ 42 f Abs. 2 S. 3 Halbsatz 2). Diese sind nicht verpflichtet, die Einwilligung zu geben. Die Untersuchung kann also nicht mit Zwangsmitteln durchgesetzt werden. Bei fehlender Einwilligung kann das Jugendamt le-

---

101 *Kunkel/Pattar*, LPK-SGB VIII, § 89 f. Rn. 14.
102 Ausführlich hierzu *Kunkel/Leonhardt*, LPK -SGB VIII § 55 Rn. 5.
103 ZB bietet das afghanische Personenstandswesen keine Gewähr für die Richtigkeit des in einer sog. Tazkira angegebenen *Geburtsdatums*.
104 So BT-Drs. 18/6392, S. 19.
105 So auch OVG Bremen, Beschl. v. 18.11.2015, 2 B 221/15.2 PA-223/15.
106 So BayVGH, Beschl. v. 23.9.2014, 12 CE 141865, JAmt 2014, 233 mAnm S. 533.

diglich seine Ermittlung der Minderjährigkeit einstellen und damit die vorläufige Inobhutnahme verweigern. Für das Vorliegen dieser Tatbestandsvoraussetzung hat der Minderjährige die Darlegungs- und Beweislast. Es handelt sich also nicht um eine Pflicht zur Mitwirkung, sondern um eine bloße Obliegenheit (§§ 62, 65 SGB I und Art. 25 EU-RL).[107]

Es sind jeweils gebundene Entscheidungen in diesem „abgeschichteten Verfahren " zu treffen; Ermessen besteht nicht. Ob ein „Zweifelsfall" vorliegt, unterliegt als unbestimmter Rechtsbegriff (ohne Beurteilungsspielraum) umfassender verwaltungsgerichtlicher Kontrolle. Dies schließt eine Einschätzungsprärogative oder gar ein Ermessen des Jugendamts aus. Das Ergebnis der Alterseinschätzung ist nicht Voraussetzung für eine vorläufige Inobhutnahme, vielmehr ist die Alterseinschätzung selbst erst Aufgabe im Rahmen der vorläufigen Inobhutnahme. Eine vorläufige Inobhutnahme ist deshalb bereits dann möglich und geboten, wenn das Alter des jungen Menschen noch nicht sicher festgestellt ist. Das Ergebnis dieses Verfahrens ist in nachvollziehbarer und überprüfbarer Weise zu dokumentieren, insbesondere muss die Gesamtwürdigung in ihren einzelnen Begründungsschritten transparent sein.

Zweifel" bestehen immer dann, wenn nicht mit Sicherheit ausgeschlossen werden kann, dass ein fachärztliches Gutachten zu dem Ergebnis kommen wird, der Betroffene sei noch minderjährig. Ausgehend von der Tatsache, dass eine exakte Bestimmung des Lebensalters weder auf medizinischem, psychologischem, pädagogischem oder anderem Wege möglich ist und alle bekannten Verfahren lediglich Näherungswerte liefern können, kann eine qualifizierte Inaugenscheinnahme durch Mitarbeiter eines Jugendamts (§ 42 f Abs. 1 S. 2 2. Alt.) allenfalls dann als zur Altersfeststellung geeignet angesehen werden, wenn es darum geht, für jedermann ohne Weiteres erkennbare (offensichtliche), gleichsam auf der Hand liegende, über jeden vernünftigen Zweifel erhabene Fälle eindeutiger Volljährigkeit auszuscheiden. In allen anderen Fällen ist hingegen vom Vorliegen eines Zweifelsfalls auszugehen, der zur Veranlassung einer ärztlichen Untersuchung gemäß § 42 f Abs. 2 S. 1 zwingt.[108]

Bleiben auch nach der 4. Stufe Restzweifel, ist Minderjährigkeit anzunehmen, weil Art. 25 Abs. 5 Abs. 1 S. 2 RL 2013/32/EU gebietet, bei nicht ausräumbaren Zweifeln vom Vorliegen der Minderjährigkeit auszugehen („in dubio pro puero"). Entgegen verbreiteter Praxis ist nicht der 1.1. des Jahres für das geschätzte Alter anzusetzen, sondern der 31.12.[109]

---

107 § 66 SGB I ist nach § 42 f Abs. 2 S. 4 (lediglich) entsprechend anzuwenden, also auch für die vorläufige Inobhutnahme, so dass dahingestellt bleiben kann, ob diese eine Sozialleistung iSd § 11 SGB I ist.

108 Die Gesetzesbegründung zu § 42 f (BT-Drs. 18/6392 S. 20) nimmt ausdrücklich auf die „Handlungsempfehlungen der BAG LJÄ zum Umgang mit unbegleiteten minderjährigen Flüchtlingen" (2014) Bezug.

109 So BVerwG, Urt. v. 31.7.1984 – 9 C 156/83, NJW 1985, 57; AG Mosbach, Beschl. v. 10.12.2015.

5-Stufen-Modell zur Altersfeststellung nach § 42 f

1

| Einsicht in die Ausweispapiere |

↓

2

| Selbstauskunft |

↓

3

| Qualifizierte Inaugenscheinnahme |

↓

4

| Medizinische Untersuchung |

↓

5

| EU-Zweifelsregel |

EU-RL 32/2013 [110]

Art. 25 Garantien für unbegleitete Minderjährige

(1) ... ((4)

(5) Die Mitgliedstaaten können im Rahmen der Prüfung eines Antrags auf internationalen Schutz ärztliche Untersuchungen zur Bestimmung des Alters unbegleiteter Minderjähriger durchführen lassen, wenn aufgrund allgemeiner Aussagen oder anderer einschlägiger Hinweise Zweifel bezüglich des Alters des Antragstellers bestehen. *Bestehen diese Zweifel bezüglich des Alters des Antragstellers danach fort, so gehen die Mitgliedstaaten davon aus, dass der Antragsteller minderjährig ist.*

Die ärztliche Untersuchung wird unter uneingeschränkter Achtung der Würde der Person und mit den schonendsten Methoden von qualifizierten medizinischen Fachkräften, die so weit wie möglich ein

zuverlässiges Ergebnis gewährleisten, durchgeführt.

Bei ärztlichen Untersuchungen stellen die Mitgliedstaaten sicher, dass

a) unbegleitete Minderjährige vor der Prüfung ihres Antrags auf internationalen Schutz in einer Sprache, die sie verstehen oder von der vernünftigerweise angenommen werden darf, dass sie sie verstehen, über die Möglichkeit der Altersbestimmung im Wege einer

---

110   DE 29.6.2013 Amtsblatt der Europäischen Union L 180/75; in Kraft seit 21.7.2015.

ärztlichen Untersuchung informiert werden. Diese Information umfasst eine Aufklärung über die Untersuchungsmethode, über die möglichen Folgen des Untersuchungsergebnisses für die Prüfung des Antrags auf internationalen Schutz sowie über die Folgen der Weigerung des unbegleiteten Minderjährigen, sich der ärztlichen Untersuchung zu unterziehen;

b) unbegleitete Minderjährige und/oder deren Vertreter in die Durchführung einer ärztlichen Untersuchung zur Altersbestimmung der betroffenen Minderjährigen einwilligen und

c) die Entscheidung, den Antrag auf internationalen Schutz eines unbegleiteten Minderjährigen abzulehnen, der eine ärztliche Untersuchung verweigert hat, nicht ausschließlich in dieser Weigerung begründet ist.

Die Tatsache, dass ein unbegleiteter Minderjähriger eine ärztliche Untersuchung verweigert hat, hindert die Asylbehörde nicht daran, über den Antrag auf internationalen Schutz zu entscheiden.

236 (c) Datenschutz. Die Altersfeststellung ist eine Datenerhebung (§ 62 Abs. 1; iVm Art. 4 Nr. 2 EU-DSGVO), 2 EU-DSGVO), also ein Eingriff in das Sozialgeheimnis aus § 35 SGB I. Dieser ist nach § 35 Abs. 2 SGB I iVm § 62 zulässig, wenn er zur Erfüllung der Aufgabe nach § 42 f erforderlich ist. Werden bei der Altersfeststellung Dritte beteiligt (zB Mitarbeiter der Ausländer- oder der Aufnahmebehörde), liegt damit auch eine Übermittlung (Art. 4 Nr. 2 EU-DSGVO) von Daten vor. Diese ist nur insoweit zulässig, als diese Dritten im Rahmen der qualifizierten Inaugenscheinnahme zur Altersfeststellung beitragen können, nur dann ist die Datenübermittlung nach § 69 Abs. 1 Nr. 1 SGB X erforderlich.

Mitteilungen an das Landeskriminalamt sind unzulässige Übermittlungen, weil sie ohne gesetzliche Übermittlungsbefugnis erfolgen (§ 35 Abs. 2 und 3 SGB I; Art. 6 EU-DSGVO).

237 (d) Rechtsschutz. Die Altersfeststellung ist kein Verwaltungsakt iSd § 31 SGB X, sondern lediglich Vorbereitung der Entscheidung über die vorläufige Inobhutnahme. Nur gegen diese Entscheidung sind daher Widerspruch und Klage zulässig (§§ 42, 68 VwGO). Eine Entscheidung des Jugendamts über die (endgültige) Inobhutnahme nach § 42 Abs. 1 S. 1 Nr. 3 erfolgt nicht, da das Jugendamt die Inobhutnahme aufgrund der Zuweisung durch das Landesjugendamt (§ 42 b Abs. 3 S. 1) vorzunehmen hat. § 42 f Abs. 3 S. 1 mit dem Verweis auf § 42 kann auch nicht so zu verstehen sein, dass damit ein Widerspruch gegen die Zuweisungsentscheidung gemeint ist, denn für diese gilt § 42 b Abs. 7. Der Verweis kann sich daher nur darauf beziehen, dass auch für ein schon vor dem 1.11.2015 eingeleitetes Verfahren Widerspruch und Klage *keine aufschiebende Wirkung* haben[111].

Landesrecht kann bestimmen, dass ein *Widerspruchsverfahren_*entfällt (§ 80 VwGO). Demgegenüber bestimmt § 42 b Abs. 7 S. 1 unmittelbar, dass gegen die Verteilungsentscheidungen[112] kein Widerspruchsverfahren stattfindet.

238 (e) Verteilung (§ 42 b). Verteilung ist die Zuweisung eines unbegleiteten minderjährigen Ausländers innerhalb Deutschlands auf ein Land durch das Bundesverwaltungsamt und innerhalb eines Landes auf ein Jugendamt durch eine Verteilerstelle (idR das Landesjugendamt).

239 (f) Verfahren. Innerhalb von 2 Tagen nach Anmeldung zur Verteilung durch das Jugendamt bei der Landesstelle nach § 42 a Abs. 4 muss das Bundesverwaltungsamt das Land benennen, das zur Aufnahme verpflichtet wird (§ 42 b Abs. 1). Welches das ist, richtet sich nach der Aufnahmequote, die bislang nach dem Königsteiner Schlüssel bestimmt wird

---

111 So im Ergebnis OVG Bremen, Beschl. v. 18.11.2015, 2 B 221/15 2 PA.
112 Nach § 42 b; für die des Jugendamts gilt § 42 f Abs. 3 S. 1.

(§ 42 c Abs. 1). Im Rahmen dieser Aufnahmequote gilt eine Rangregelung: Zuerst wird das Land benannt, zu dem das Jugendamt gehört, das die vorläufige Inobhutnahme durchgeführt hat. Wenn dieses Land seine Aufnahmequote aber bereits erfüllt hat, wird das nächstgelegene Nachbarland benannt (§ 42 b Abs. 2 S. 1 und S. 2). Damit soll eine möglichst kontinuierliche Unterbringung erreicht werden.

Innerhalb des benannten Landes tritt wiederum die *Landesstelle* (nach § 42 b Abs. 3 S. 3 idR das Landesjugendamt[113]) in Aktion und weist den Minderjährigen innerhalb kürzester Frist (2 Werktage iSd § 7 Abs. 3) einem Jugendamt zu. Entscheidend für dessen Auswahl ist das individuelle Schutzbedürfnis des Minderjährigen. Dabei kann es zu einem „Bumerang- Effekt" kommen, wenn das für die vorläufige Inobhutnahme zuständige Jugendamt gewählt wird. Ein Wunsch- und Wahlrecht nach § 5 besteht nicht, da dieses nur für Leistungen iSv § 2 Abs. 2 gilt, nicht aber für die sog. anderen Aufgaben iSv § 2 Abs. 3. Das Verteilungsverfahren ist ausgeschlossen, wenn das Kindeswohl gefährdet wird oder sonstige Gründe nach § 42 b Abs. 4 Nr. 2 bis 4 vorliegen.

(g) Rechtsschutz. Die Entscheidungen des Bundesverwaltungsamts und der Landes- **240** stelle zur Verteilung sind Verwaltungsakte (§ 31 SGB X), wobei die Außenwirkung bei zwischenbehördlichen Maßnahmen nur angenommen werden kann, wenn die Behörde in einem eigenen Rechtskreis betroffen ist; dies ist für das Jugendamt die Selbstverwaltung, für die Landesstelle das föderale Prinzip. Daher gelten die Regeln des Verwaltungsverfahrens, insbes. zur Anhörung (§ 24 Abs. 1 SGB X, wobei die Ausnahme nach Abs. 2 Nr. 2 bei Fristgefährdung greifen kann), Begründung (§ 35 SGB X) und Rechtsbehelfsbelehrung (§ 36 SGB X). Wirksam wird die Entscheidung erst nach Bekanntgabe (§ 39 SGB X). Adressat der Bekanntgabe ist die Landesstelle für den Bescheid des Bundesamtes, das Jugendamt sowie der Minderjährige (nach § 36 SGB I bis zum 15. Lbj. zu Händen seines gesetzlichen Vertreters) für die Zuweisungsentscheidung der Landesstelle. Während erstere nur auf eine Zahl von Fällen bezogen ist, ist letztere personenbezogen und ist daher auch dem Minderjährigen (bis zum 15. Lbj. zu Händen seines gesetzlichen Vertreters) bekannt zu geben. Ist das Jugendamt schon als Amtsvormund/-pfleger bestellt, muss die Zustellung an ihn erfolgen; anderenfalls an das Jugendamt wegen § 42 a Abs. 3 S. 1. Dem Jugendamt am Ort der vorläufigen Inobhutnahme ist die Zuweisungsentscheidung lediglich mitzuteilen (§ 42 b Abs. 3 S. 1; sog. Schlichtes Handeln, also kein Verwaltungsakt). Das Widerspruchsverfahren ist ausgeschlossen; eine Klage hat – abweichend von § 80 Abs. 1 VwGO, aber in Übereinstimmung mit § 80 Abs. 2 Nr. 3 keine aufschiebende Wirkung (§ 42 b Abs. 7). Dies gilt auch für schon vor dem 1.11.2015 eingeleitete Verfahren.[114]

(h) Zuständigkeit. Für die bundesweite Verteilung ist das Bundesverwaltungsamt zu- **241** ständig (§ 42 b Abs. 1). Es hat seinen Sitz in Köln und an einigen Außenstellen. Für die landesweite Verteilung ist idR das Landesjugendamt sachlich zuständig (§ 42 b Abs. 3 S. 3). Die örtliche Zuständigkeit richtet sich bei mehreren Landesjugendämtern (nur NRW) nach Landesrecht[115]. Für die (endgültige) Inobhutnahme nach § 42 Abs. 1 S. 1 Nr. 3 ist sachlich und örtlich das Jugendamt zuständig (§ 88 a Abs. 2 iVm § 87 S. 2), das durch die Zuweisungsentscheidung des Landesjugendamts (§ 42 b Abs. 3 S. 1) bestimmt wird.

---

113 In NRW mit dem Fünften Gesetz zur Ausführung des KJHG vom 8.12.2015 (GV S. 832) ausdrücklich; in Bayern durch VO der
Beauftragte für die Aufnahme und Verteilung ausländischer Flüchtlinge (LABEA).
114 So OVG Bremen, Beschl. v. 18.11.2015, 2 B 221/15.
115 In NRW nach dem Fünften AG-KJHG vom 8.12.2015 (GV S. 832).

**Vorläufige Inobhutnahme
(§ 42a SGB VIII)**

JA (am Aufgreifensort)

Entscheidung über Anmeldung zur Verteilung[a]
(nach Einschätzungsverfahren)

7 Werktage[b]

LJA
(Weitergabe der Entscheidung)[c]

3 Werktage

BVA
(Benennung des Landes)[d]

2 Werktage

Land
(LJA)
(Zuweisung)[e]

2 Werktage

JA (am Zuweisungsort)

**(Endgültige) Inobhutnahme
(§ 42 Abs. 1 S. 1 Nr. 3 SGB VIII)**

unverzüglich[f]

Ende der Inobhutnahme durch Entscheidung[g] über Hilfegewährung

a § 42a Abs. 2 S. 2 SGB VIII.
b § 7 Abs. 3 SGB VIII.
c § 42a Abs. 4 S. 3 SGB VIII.
d § 42b Abs. 1 SGB VIII.
e § 42b Abs. 3 S. 1 SGB VIII.
f § 42 Abs. 3 S. 4 SGB VIII.
g Die Entscheidung erfolgt mit Erlass des Hilfebescheids, also nicht schon mit Einleitung des
  Hilfeplanverfahrens nach § 36 SGB VIII.

242 **3.2.2 Schutz von Kindern und Jugendlichen in Tages- und Familienpflege (Pflegekinderschutz) und in Einrichtungen (Heimaufsicht).** Die *schlicht* hoheitlichen Aufgaben
der Kindertagespflege und der Vollzeitpflege werden ergänzt durch die *echt* hoheitlichen
(vgl. *Schaubild Rn. 299*). Aufgaben der Aufsicht über Pflegestellen und Einrichtungen.
Diese wird ausgeübt durch Erlaubniserteilung, Überwachung und Beratung.

3.2.2.1 Pflegeerlaubnis. Die Erteilung der Pflegeerlaubnis ist für die Kindertagespflege in **243** § 43 (neu durch das KICK) und für die Vollzeitpflege in § 44 geregelt. Zu den unterschiedlichen Voraussetzungen vgl. *den Überblick bei Rn. 150.* Die Erlaubnis zur Kindertagespflege wird von der mystischen Ziffer 5 beherrscht: nicht mehr als 5 Kinder, nur für 5 Jahre, nur bei mehr als 15 Stunden Betreuung wöchentlich.

Erteilung oder Nichterteilung der Erlaubnis steht nicht im Ermessen des Jugendamts; vielmehr ist die Erlaubnis bei Vollzeitpflege zu versagen, wenn das Kindeswohl nicht gewährleistet ist (§ 44 Abs. 2) und zu erteilen, wenn das Kindeswohl gewährleistet ist; bei Tagespflege, wenn die Pflegeperson nicht bzw. geeignet ist (§ 43 Abs. 2). Dann besteht ein Rechtsanspruch auf die Erlaubniserteilung. Versagung und Erteilung der Erlaubnis sind Verwaltungsakte (§ 31 SGB X). Zu seiner Wirksamkeit bedarf der Verwaltungsakt der Bekanntgabe (§ 39 SGB X). Adressat der Bekanntgabe ist die Pflegeperson (§ 37 SGB X). Zu seiner Rechtmäßigkeit bedarf der Verwaltungsakt der Anhörung der Pflegeperson (§ 24 SGB X), der Begründung (§ 35 SGB X), bei Versagung auch der Rechtsbehelfsbelehrung (§ 36 SGB X). Auf den privatrechtlichen Pflegevertrag zwischen dem Personensorgeberechtigten und der Pflegeperson hat die Pflegeerlaubnis keine Auswirkungen.

Vgl. dazu das Schaubild oben bei Hilfe zur Erziehung in Vollzeitpflege (Rn. 196).

Zusammenfassender Überblick über die Kriterien für die Pflegeerlaubnis: **244**

Bei der *persönlichen* Eignung der Pflegeperson nach § 43 sind die in Abs. 2 genannten, bei der nach § 44 die folgenden Kriterien[116] zu berücksichtigen:

- Der Altersunterschied zwischen Pflegeperson und Kind oder Jugendlichem sollte in etwa dem Eltern-Kind-Verhältnis entsprechen,
- die Pflegeperson muss sich der besonderen Verantwortung ihrer Aufgabe bewusst sein,
- Motiv für die Aufnahme eines Kindes oder Jugendlichen müssen Uneigennützigkeit, Hilfsbereitschaft und Zugewandtheit zum Kind oder Jugendlichen sein,
- charakterlich muss die Pflegeperson eine ausgeglichene, gleichmäßige und zielgerichtete Betreuung und Erziehung gewährleisten,
- die sittliche Eignung der Pflegeperson muss gegeben sein,
- die Pflegeperson muss gesund sein,
- sie muss die pädagogische Fähigkeit besitzen, auf das Kind oder den Jugendlichen entsprechend seinem Entwicklungsstand und seiner Eigenart einzugehen und Einfluss zu nehmen,
- die wirtschaftlichen Verhältnisse der Pflegeperson müssen geordnet und ausreichend sein,
- das religiöse Bekenntnis oder die Weltanschauung von Pflegeperson und Kind oder Jugendlichem ist entsprechend dem Gesetz über die religiöse Kindererziehung zu berücksichtigen.

Hinzutreten zur persönlichen Eignung der Pflegeperson müssen geordnete *häusliche* Verhältnisse (ausreichender Wohnraum, ausreichende Ausstattung, aber auch Nichtraucherschutz[117]).

Mit dem BKiSchG wurde geregelt, dass die Pflegeperson in beiden Fällen ein erweitertes polizeiliches *Führungszeugnis* (§ 72 a) beibringen muss *(s. Rn. 321).*

---

116 Diese Zusammenstellung folgt der Regelung des § 17 AG-KJGH Nordrhein-Westfalen und der Kommentierung von *Krug/Riehle* zu § 44 SGB VIII.
117 Zu diesem näher *Schellhorn/Fischer/Mann/Kern,* SGB VIII, § 43 Rn. 11.

245 Stellt das Jugendamt später bei Überprüfung der Pflegestelle fest, dass das Kindeswohl nicht gewährleistet ist, muss es bei Vollzeitpflege die Erlaubnis gem. § 44 Abs. 3 S. 2 zurücknehmen (wenn die Gefährdung des Kindeswohls schon bei Erlaubniserteilung bestanden hat) oder widerrufen (wenn die Gefährdung erst nach Erlaubniserteilung eingetreten ist). Bei Tagespflege erfolgen Rücknahme und Widerruf nach § 48 SGB X, wenn sich die Pflegeperson[118] oder die Räume nachträglich als ungeeignet erweisen. Waren sie schon bei Erteilung der Erlaubnis ungeeignet, ohne dass das JA dies bemerkt hat, erfolgt eine Rücknahme nach § 45 SGB X. Nach 5 Jahren wird die Erlaubnis auf jeden Fall unwirksam (§ 39 Abs. 2 SGB X iVm § 43 Abs. 3 S. 4). Um dem Jugendamt seine Überwachungsaufgabe zu ermöglichen, muss die Pflegeperson das Jugendamt gem. § 44 Abs. 4 bzw. § 43 Abs. 3 S. 3 über wichtige Ereignisse unterrichten (zB Wohnungswechsel, schwere Krankheiten).

Hat eine Pflegeperson die notwendige Pflegeerlaubnis nicht eingeholt, begeht sie eine Ordnungswidrigkeit, die mit einer Geldbuße bis zu 500 EUR geahndet werden kann (§ 104).

246 **3.2.2.2 Betriebserlaubnis.** Die Erlaubniserteilung ist in den §§ 45 bis 49 geregelt. Für die Erlaubnis von Einrichtungen (Verbindung sachlicher und personeller Mittel mit Betreuungskonzept) gilt § 45, für sonstige betreute Wohnformen (Wohngemeinschaften, betreutes Einzelwohnen ohne organisatorische Anbindung an eine Einrichtung) § 48 a iVm § 45, für Erziehungsstellen gilt § 44.[119] Das **KJSG** hat mit **§ 45 a** den Begriff der **Einrichtung** definiert. Für die Erlaubnispflichtigkeit kommt es grundsätzlich nur darauf an, dass in der Einrichtung bzw. Wohnform Kinder / Jugendliche leben, auf eine Unterbringung im Rahmen der Jugendhilfe kommt es nicht an. Die Erlaubnispflicht entfällt aber, wenn dann eine andere gesetzliche Aufsicht besteht, zB für Jugendliche in Jugendstrafanstalten (§ 92 JGG). Für die richterlich angeordnete einstweilige Unterbringung in einem Heim der Jugendhilfe nach § 71 oder § 72 JGG gilt die Aufsicht nach §§ 45–49. Für Schullandheime, Jugendherbergen, Reiterhöfe uä entfällt die Heimaufsicht (§ 45 Abs. 1 Nr. 1 u. 2). Für Aufnahmeeinrichtungen für Asylbewerber (vgl. Rn. 109) erklärt § 44 Abs. 3 AsylVfG den § 45 für nicht anwendbar, ohne dass sich aus § 45 die Zulässigkeit dieser Ausnahme ergäbe. Das Rangverhältnis der beiden (bundesgesetzlichen) Normen wird auch durch § 10 nicht geklärt.

Maßstab für die Erlaubniserteilung ist allein das Kindeswohl; Bedarfskriterien dürfen dabei keine Rolle spielen. Möglichen Gefahren für das Wohl des betreuten Minderjährigen soll bereits im Rahmen des Erlaubniserteilungsverfahrens, im Übrigen durch die Überprüfung der Einrichtung begegnet werden. Träger von Einrichtungen sind bereits während der Planung, später während der Betriebsführung zu beraten.

247 Mit dem BKiSchG in § 45 Abs. 2 Nr. 3 neu eingeführt wurde die Pflicht, in der Einrichtung (also auch schon in der Kinderkrippe) Verfahren zur Beteiligung und zur Beschwerde anzuwenden. Dazu haben die Einrichtungen einen Anspruch auf Beratung gegenüber dem Landesjugendamt (§ 8 b Abs. 2). Ferner (Abs. 3) müssen sie ein Konzept zur Qualitätsentwicklung (vgl. hierzu Rn. 335) vorlegen und sich polizeiliche Führungszeugnisse (§ 72 a; hierzu Rn. 321) vorlegen lassen. Mit dem **KJSG** wird zur Sicherung des Kindeswohls ein **Schutzkonzept** vorgeschrieben (§ 45 Abs. 2 S. 2 Nr. 4).

248 Die Erlaubniserteilung und ihre Versagung sind Verwaltungsakte (§ 31 SGB X); die Erlaubnis kann – im Unterschied zur Pflegeerlaubnis – mit Nebenbestimmungen versehen werden (§ 45 Abs. 4). Die Nebenbestimmungen sind in § 32 Abs. 2 SGB X definiert. Befris-

---

118   Zur Mitgliedschaft bei Scientology vgl. BayVGH 31.5.2010 – Az. 12 BV 09.2400.
119   BVerwG 1.9.2011, JAmt 2011, 605.

tung, Bedingung, Widerrufsvorbehalt und Auflagenvorbehalt sind sog. integrierende Bestandteile der Erlaubnis, während die Auflage ein eigenständiger Verwaltungsakt ist. Die Erlaubnis ist zu versagen, wenn das Wohl der Kinder in der Einrichtung nicht gewährleistet ist, umgekehrt ist sie zu erteilen, wenn das Wohl der Kinder gewährleistet ist (§ 45 Abs. 2). Auf die Erteilung der Erlaubnis besteht dann ein Rechtsanspruch (aus Art. 12 GG). Mit dem **KJSG** wird in § 45 Abs. 7 die **Aufhebung** der Erlaubnis geregelt. Mit dem **KJSG** wurde in § 46 geregelt , dass zu prüfen ist, ob die Voraussetzungen der Erlaubnis noch vorliegen, auch durch unangemeldete Kontrollen.

Sachlich zuständig ist der überörtliche Träger (§ 85 Abs. 2 Nr. 6).

Zusammenfassender Überblick: Erlaubnis für den Betrieb einer Einrichtung oder sonstigen betreuten Wohnform (§§ 45–49)

Begriff der Einrichtung:	Jede auf gewisse Dauer angelegte Verbindung von sachlichen und personellen Mitteln zu einem jugendhilfebezogenen Zweck unter der Verantwortung eines Trägers.	**249**
Notwendigkeit der Betriebserlaubnis:	Kinder oder Jugendliche erhalten in der Einrichtung ganztägig oder einen Teil des Tages Betreuung oder Unterkunft.	
Einrichtungsformen:	Heime für Kinder und Jugendliche, Wohngemeinschaften, Jugendwohnheime, Kleinsteinrichtungen, Kinderhäuser, Jugendaufnahmeheime mit Jugendschutzstellen, Internate, Kindererholungsheime, Kinderkrippen, Kinderkrabbelstuben, Kindergärten, Kindertagesstätten, Kindertagesheime, teilstationäre Gruppen in Heimen, Horten, Sonderkindergärten, Bewahrstuben.	
Keine Erlaubnispflicht:	Für – Jugendfreizeiteinrichtungen, Jugendbildungseinrichtungen, Jugendherbergen, Schullandheime, Reiterhöfe, Jugendhotels, Schülerheime; – Einrichtungen, die außerhalb der Jugendhilfe liegende Zwecke verfolgen (zB Kinderkliniken); Außerdem: – Asylbewerberheime (§ 44 Abs. 3 AsylVfG).	
Versagungspflicht:	Wenn Wohl des Kindes/Jugendlichen in der Einrichtung nicht gewährleistet ist.	
Anspruch auf Erteilung der Erlaubnis:	Wenn Kindeswohl gewährleistet ist.	
Einrichtungsaufsicht:	– Örtliche Prüfung (§ 46); – Meldepflichten (§ 47); – Tätigkeitsuntersagung (§ 48); – Im Eilfall Herausnahme und Inobhutnahme (§ 42 Abs. 1 S. 1 Nr. 2 analog; vgl. *Rn. 220*).	
Rechtsform:	Erteilung und Versagung der Erlaubnis sind Verwaltungsakte (§ 31 SGB X).	
Sachliche Zuständigkeit:	Überörtlicher Träger (§ 85 Abs. 2 Nr. 6).	
Örtliche Zuständigkeit:	Der überörtliche Träger, in dessen Bereich die Einrichtung liegt (§ 87 a Abs. 2).	
Sanktion:	Betrieb ohne Erlaubnis und Verletzung der Meldepflicht sind Ordnungswidrigkeiten, die mit Bußgeld bis zu 15.000 EUR geahndet werden können (§ 104).	

3.2.3 Mitwirkung in gerichtlichen Verfahren. Das Jugendamt kann als Teil der öffentli- **250** chen Verwaltung im gewaltenteilenden Staat – außerhalb der Rechtsschutzgarantie nach

Art. 19 Abs. 4 GG – nicht durch ein Gericht zum Tätigwerden ermächtigt oder verpflichtet werden (vgl. *Rn.* 94). Es ist aber auch nicht frei, den Umfang seiner Mitwirkung im gerichtlichen Verfahren selbst zu bestimmen – auch wenn es sich dabei von vermeintlichen oder tatsächlichen fachwissenschaftlichen Erkenntnissen leiten lässt –, sondern es ist wegen des Grundsatzes des Gesetzmäßigkeit der Verwaltung (Art. 20, 28 GG) an den gesetzlichen Auftrag gebunden. Nur in dem gesetzlich vorgegebenen Rahmen kann das Gericht vom Jugendamt die Erfüllung der Aufgaben der Gerichtshilfe einfordern. § 50 verpflichtet das Jugendamt zur Mitwirkung in Verfahren vor dem Familiengericht, § 52 regelt die Pflicht zur Mitwirkung im Strafverfahren vor dem Jugendgericht, für die das Jugendgerichtsgesetz (JGG) gilt. Darüber hinaus regelt § 51 Belehrungs- und Beratungspflichten des Jugendamts gegenüber Eltern im Adoptionsverfahren.

251 Das Verfahren des Jugendamts richtet sich nicht nach den für das Gericht geltenden Verfahrensregeln in FamFG, ZPO und StPO, sondern nach den für das Jugendamt geltenden Verfahrensbestimmungen. Dies folgt daraus, dass die Mitwirkung dem Jugendamt als eigene Aufgabe durch § 50 zugewiesen ist, also nicht die Erfüllung einer gerichtlichen Aufgabe darstellt. Die Verfahrensregelungen sind also dem SGB I und dem SGB X zu entnehmen. Es gelten die Vorschriften über die Amtshilfepflicht gemäß §§ 3 bis 7 SGB X, da Amtshilfe auch dort vorliegt, wo Verwaltungsbehörden Gerichte unterstützen („sachverständige Amtshilfe"). Das Jugendamt ist als ersuchte Behörde für die Durchführung der Amtshilfe verantwortlich (§ 6 Abs. 2 S. 2 SGB X). Das Gericht kann somit das Jugendamt nicht anweisen, in bestimmter Weise tätig zu werden. Es kann nicht bestimmen, dass ein Mitarbeiter zu einem festgesetzten Termin vor Gericht erscheint; es kann ebenso wenig bestimmen, durch wen die Stellungnahme des Jugendamts abgegeben werden soll. Vielmehr bestimmt der Behördenleiter, wie und durch wen die Amtshilfe geleistet wird. Bei Streit über Vorliegen oder Umfang der Amtshilfepflicht entscheidet gemäß § 4 Abs. 5 SGB X das Regierungspräsidium/die Bezirksregierung/die Landesdirektion als Aufsichtsbehörde über das Jugendamt. Will das Gericht einen bestimmten Sachbearbeiter hören, so kann es ihn nur als Zeugen vernehmen. Dazu bedürfte er aber einer Aussagegenehmigung gemäß § 29 Abs. 2 FamFG in Verbindung mit § 376 ZPO in Verbindung mit den einschlägigen Vorschriften des Landesbeamtengesetzes (zB § 80 LBG Baden-Württemberg oder nach § 80 Abs. 3 BeamtStG). *Zum Zeugnisverweigerungsrecht vgl. das Kapitel zum Datenschutz (unten 5.2 Rn. 382).*

Übersicht: Mitwirkungspflichten des Jugendamts/Landesjugendamts in gerichtlichen Verfahren 252

Familiengericht	Jugendgericht
1. Nach § 50 Abs. 1 S. 2 iVm FamFG:	Nach § 52 iVm §§ 38 und 50 Abs. 3 S. 2 JGG:
(1)Anhörung des JA in	Pflicht des JA zur *Mitwirkung* im jugendrichterlichen Verfahren.
a) Kindschaftssachen (§ 162 Abs. 1 iVm § 151; §§ 155 Abs. 2 S. 3, 156 Abs. 3 S. 1, 157 Abs. 1 S. 2 FamFG) insbes. bei	
− Übertragung von Angelegenheiten der elterlichen Sorge auf die Pflegeperson (§ 1630 Abs. 3 BGB)	
− Unterstützung der Eltern bei der Ausübung der Personensorge (§ 1631 Abs. 3 BGB)	
− Unterbringung, die mit Freiheitsentziehung verbunden ist (§§ 1631 b, 1800, 1915 BGB)	
− Herausgabe des Kindes, Wegnahme von der Pflegeperson (§ 1632 BGB) oder vom Umgangsberechtigten (§ 1682 BGB)	
− Umgang mit dem Kind (§ 1632 Abs. 2, §§ 1684, 1685 BGB)	
− Gefährdung des Kindeswohls (§ 1666 BGB)	
− elterliche Sorge bei Getrenntleben der Eltern (§§ 1671, 1672 Abs. 1 BGB)	
− Ruhen der elterlichen Sorge (§ 1678 Abs. 2 BGB)	
− Entziehung der elterlichen Sorge (§ 1680 Abs. 3 BGB)	
− elterliche Sorge nach Tod eines Elternteils (§§ 1680 Abs. 2, 1681 BGB).	
b) Abstammungssachen (§ 176 FamFG iVm § 1600 BGB: Vaterschaftsanfechtung)	
c) Adoptionssachen (§§ 194 [JA], 195 FamFG [LJA bei Auslandsadoption])	
d) Ehewohnungssachen (§ 205 Abs. 1 iVm § 200 Abs. 1 FamFG)	
e) Gewaltschutzsachen (§§ 213 Abs. 1 FamFG)	
(2) Beteiligung des JA (§§ 162 Abs. 2; 172 Abs. 2; 188 Abs. 2; 204 Abs. 2; 212 FamFG)	
(3)Fachliche Äußerung des JA (§ 189 FamFG)	
(4) Vollstreckungshilfe (§ 88 Abs. 2 FamFG)	
2. Nach § 50 Abs. 2 S. 2: *Information* des Gerichts über Beratungsprozess	
3. Nach § 8 a Abs. 2: Pflicht des JA zur *Anrufung* des Familiengerichts.	
4. Nach § 18 Abs. 3 S. 4: *Hilfe* bei Ausführung gerichtlicher Umgangsregelungen.	
5. Unterstützung des Familiengerichts nach § 9 Internationales FamilienrechtsverfahrensG bei Rückführung des Kindes nach dem Haager Übereinkommen	

3.2.3.1 Familiengerichtshilfe

253

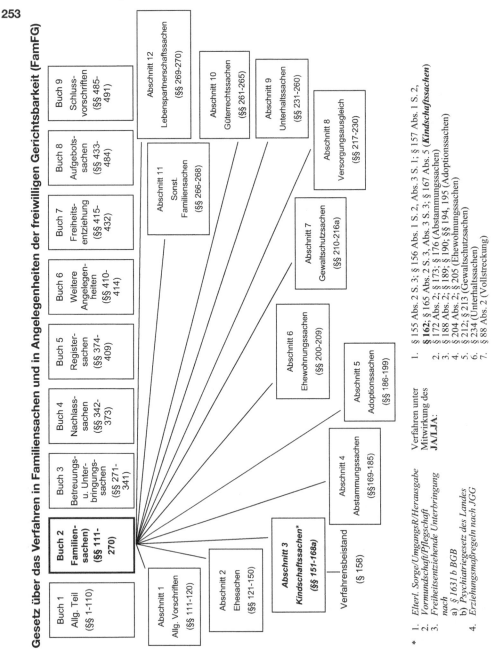

Das „Gesetz zur Reform des Verfahrens in Familiensachen und in Angelegenheiten der freiwilligen Gerichtsbarkeit (FGG-Reformgesetz- FGG-RG)" hat mit Wirkung zum 1.9.2009 das „Gesetz über die Angelegenheiten der freiwilligen Gerichtsbarkeit (FGG)", aber auch Buch 6 der ZPO[120] aufgehoben und durch das „Gesetz über das Verfahren in Familiensachen und in den Angelegenheiten der freiwilligen Gerichtsbarkeit (FamFG[121])" ersetzt. Auch das SGB VIII wurde geändert, vor allem § 50.

§ 50 Abs. 1 S. 1 erlegt dem Jugendamt eine **Unterstützungspflicht** des Familiengerichts **254** auf. S. 2 der Vorschrift stellt klar, dass die Unterstützungspflicht die Mitwirkungspflicht im Verfahren in den wichtigsten Familiensachen (§ 111 FamFG), insbes. in den Kindschaftssachen[122] (§ 151 FamFG) umfasst. Die Pflicht des Jugendamts zur Mitwirkung ist deckungsgleich mit der Pflicht des Gerichts, das Jugendamt zu beteiligen („Echo-Effekt"). Der Inhalt der Mitwirkungspflicht ergibt sich aus der Bezugnahme in § 50 Abs. 1 S. 2 auf die dort genannten §§ des FamFG, der Umfang der Mitwirkungspflicht wird durch § 50 Abs. 2 S. 1 und 2 konkretisiert. In allen Kindschaftssachen iSd § 151 FamFG muss das Familiengericht das Jugendamt anhören, wenn es um die Person (also nicht das Vermögen) des Kindes geht. Das Jugendamt muss sich dabei äußern. Das Gericht muss dem JA seine Entscheidungen dann bekannt machen. Die Endentscheidung ergeht durch Beschluss (§ 38 Abs. 1 FamFG); gegen diesen kann das JA Beschwerde einlegen (§ 162 Abs. 3 S. 2 iVm §§ 58 ff. FamFG). Das JA kann aber auch in die Stellung eines Beteiligten (§ 7 FamFG) aufrücken („upgraden"), wenn es das beantragt (§ 162 Abs. 2 FamFG); es hat dann alle Verfahrensrechte, zB das Akteneinsichtsrecht (§ 13 FamFG), aber auch die Kostenlast nach § 81 FamFG.

Zu der Mitwirkungspflicht kommt noch die **Anrufungspflicht** des Gerichts bei Gefähr- **255** dung des Kindeswohls, die nach der Neuregelung durch das KICK und das BKiSchG nun § 8 a Abs. 2 regelt (vgl. *Rn. 239*). Eine weitere Unterstützungspflicht regelt § 18 Abs. 3 S. 4, wonach das Jugendamt dem Familiengericht bei der Ausführung gerichtlicher Umgangsregelungen helfen soll. Schließlich ist auch die umfangreiche Beratungstätigkeit des Jugendamts in vielen Fällen Hilfe für das Familiengericht, wie sich insbesondere für die Beratung nach § 17 Abs. 3 aus § 156 Abs. 1 FamFG ergibt. Dies unterstreicht der mit dem KJSG neu eingefügte § 50 Abs. 2 S. 2, der dem JA eine Informationspflicht auferlegt. Auf Anforderung durch das Gericht ist auch der **Hilfeplan** vorzulegen. Es muss das Gericht im beschleunigten Verfahren nach § 155 FamFG über den aktuellen Stand der Beratung auf dem Laufenden halten. Zu den Beratungspflichten vgl. die Übersicht bei 2.2 nach Rn. 66 allgemein sowie die nachfolgende spezielle Übersicht zu den Beratungspflichten im Hinblick auf das familiengerichtliche Verfahren. Zu Unrecht wird häufig versucht, einen kontradiktorischen Gegensatz zwischen der Hilfe für das Kind und seine Eltern einerseits und der Hilfe für das Gericht andererseits zu behaupten. Dies erscheint ideologisch konstruiert, da sich sowohl die Tätigkeit des Jugendamts als auch die des Gerichts an der „**Kompassnadel Kindeswohl**" ausrichten. Ihre Tätigkeiten ergänzen sich zum Wohl des Kindes. Die Hilfe des Jugendamts für das Gericht ist in diesem Verständnis nichts anderes als über das Gericht vermittelte Hilfe für das **Kind** (vgl. Rn. 48).

---

120 Daher hätte auch § 17 Abs. 3 geändert werden müssen; dort müsste es § 128 Abs. 2 FamFG heißen (statt: § 622 ZPO).

121 Warum das „F" groß geschrieben ist, ist unerfindlich.

122 Zu den Kindschaftssachen gehören auch die Aufgaben des Familiengerichts nach § 53 JGG, wonach der Familienrichter Erziehungsmaßregeln anordnen kann, wenn der Jugendrichter ihm das überlassen hat.

Übersicht: Hinwirkungspflichten des Familiengerichts auf Beratung durch die Jugendhilfe

Pflicht des Gerichts zu	Rechtsquelle aus	Gegenstand der Hinwirkungspflicht	Beratungspflicht des Jugendamts aus
Hinweis auf Beratung	§ 156 Abs. 1 FamFG	Beratung bei der Entwicklung eines einvernehmlichen Konzepts für die Wahrnehmung der elterlichen Sorge nach Trennung und Scheidung (sowohl bei gemeinsamer Sorge als auch bei Alleinsorge)	§ 17 Abs. 2
Mittelung der Rechtshängigkeit einer Scheidungssache	§ 17 Abs. 3 iVm § 128 FamFG	Unterrichtung der Eltern über das Beratungsangebot bei Entwicklung eines einvernehmlichen Konzepts zur Wahrnehmung der elterlichen Sorge	§ 17 Abs. 2
Hinweis auf Beratung	§ 165 Abs. 3 S. 3 FamFG	Beratung des sorgeberechtigten und des umgangsberechtigten Elternteils über die Ausübung des Umgangsrechts	§ 18 Abs. 1 und 3

256 *Die Tätigkeit des Jugendamts im* **Adoptionsverfahren** ist ebenfalls Unterstützung des Familien (früher: Vormundschafts)gerichts in Familiensachen. Falls keine Adoptionsvermittlungsstelle tätig geworden ist, gibt das Jugendamt eine fachliche (das ist idR gutachtliche) Äußerung darüber ab, ob Kind und Familie für die Adoption geeignet sind (§ 189 FamFG). Hat das Jugendamt keine fachliche Äußerung abgegeben, muss das Familiengericht das Jugendamt vor dem Beschluss über die Annahme als Kind anhören (§ 194 FamFG), ebenso in allen anderen Adoptionssachen wie bei der Aufhebung des Annahmeverhältnisses (§§ 1760, 1763 BGB) und bei der Rückübertragung der elterlichen Sorge (§§ 1751 Abs. 3, 1764 Abs. 4 BGB). Zusätzlich ist bei Auslandsadoptionen (§ 11 Abs. 1 Nr. 2 u. 3 AdVermiG) das Landesjugendamt anzuhören (§ 195 FamFG). JA und LJA können ihre Stellung im gerichtlichen Verfahren verbessern, wenn sie beantragen (§ 188 Abs. 2 FamFG), als Beteiligte mitwirken zu können (vgl. *Rn. 254*).

Außerhalb des gerichtlichen Verfahrens hat das Jugendamt Aufgaben nach dem Adoptionsvermittlungsgesetz: und dem Adoptionshilfegesetz (siehe oben Rn. 218) es hat zunächst die Adoption vorzubereiten, die Vorprüfung bei dem Kind, seiner Familie und den Adoptionsbewerbern durchzuführen, den Beginn der Adoptionspflege festzulegen, vor und nach dem Ausspruch der Annahme Adoptionshilfe zu leisten (§§ 7, 8, 9 AdVermiG). Weitere Aufgaben des Jugendamtes ergeben sich aus dem SGB VIII:

■ Im Verfahren zur Ersetzung der Einwilligung eines Elternteils (§ 1748 BGB) hat es den Elternteil über die Möglichkeit der Ersetzung der Einwilligung aufzuklären und ihn über Hilfen zu beraten, die die Erziehung des Kindes in der eigenen Familie ermöglichen (§ 51 Abs. 1 und 2).

■ Sind die Eltern des Kindes nicht miteinander verheiratet, hat es den Vater rechtzeitig zu beraten und dabei zu klären, ob er seine Einwilligung zur Adoption gibt (§ 1747 Abs. 1 BGB) oder die Übertragung der elterlichen Sorge nach § 1672 Abs. 1 BGB wünscht (§ 51 Abs. 3).

■ Vor und während einer langfristig zu leistenden Hilfe zur Erziehung außerhalb der eigenen Familie ist zu prüfen, ob die Annahme als Kind in Betracht kommt (§ 36 Abs. 1 S. 2 SGB VIII).[123]

Die Unterstützungspflicht des Familiengerichts besteht in der Abgabe einer **fachlichen** **257** **Stellungnahme**[124]. Zweck der Anhörungspflicht und damit auch der Mitwirkungspflicht ist, dem Gericht die sachgerechte Entscheidung über die elterliche Sorge zu ermöglichen. Dieser Zweck wird nur erreicht, wenn das Jugendamt sich als Fachbehörde dazu äußert, welche Regelung dem Wohl des Kindes am besten dient. Dies ist nichts anderes als eine **gutachtliche, wertende** Stellungnahme[125]. Die gutachtliche Stellungnahme ist auch dann erforderlich, wenn die Eltern sich auf einen gemeinsamen Vorschlag zur Übertragung der Alleinsorge geeinigt haben. Dieser Vorschlag begründet nicht eine gleichsam unwiderlegbare Vermutung dafür, dass er dem Wohl des Kindes wirklich dient. Ob er dies tut, muss das Gericht selbst beurteilen (§ 1671 Abs. 2 und 3 BGB); erst die fachliche Stellungnahme des Jugendamts befähigt das Gericht dazu. Ohne die fachliche Stellungnahme ist die **Mitwirkung ohne Wirkung**[126].

§ 50 Abs. 2 nennt die notwendigen Bestandteile der Stellungnahme. Auch hieraus ergibt **258** sich, dass das Jugendamt notwendigerweise eine Wertung treffen muss, denn anders lässt sich die Prognoseentscheidung über die „erzieherische und soziale Entwicklung des Kindes" nicht treffen. Die Prognoseentscheidung muss fachlich fundiert erfolgen, bedarf also einer ausreichenden Begründung. Zweckmäßigerweise (Selbstkontrolle, Klarheit, Beweissicherung) erfolgt die Begründung schriftlich, auch wenn das rechtlich nicht geboten ist. Aus Begriff und Funktion des Gutachtens folgt, dass es mit einem Entscheidungsvorschlag abschließt. Dies gilt auch dann, wenn die Familiengerichtshilfe beide Elternteile für gleichermaßen erziehungsfähig oder erziehungsunfähig hält, denn gerade dann ist das Familiengericht auf einen Vorschlag der Fachbehörde angewiesen.[127] Auch wenn das Gesetz (§ 1671 Abs. 2 Nr. 2 BGB) – euphemistisch – eine Entscheidung verlangt, die dem Wohl des Kindes am meisten entspricht, ist es wohl realistischer, eine Entscheidung zu verlangen, die dem Wohl des Kindes am wenigsten schadet.

Die Aufgabe des Jugendamts, dem Familiengericht einen Entscheidungsvorschlag für die **259** Wahrnehmung der elterlichen Sorge zu unterbreiten, hängt eng zusammen mit der Aufgabe nach § 17 Abs. 2, die Eltern dabei zu unterstützen, ein einvernehmliches Konzept für die Wahrnehmung der elterlichen Sorge zu entwickeln, das – im Falle der Alleinsorge – Grundlage der gerichtlichen Entscheidung sein kann. Eine personell getrennte Wahrnehmung der Aufgaben nach § 17 und nach § 50 ist deshalb nicht sinnvoll. Sozialarbeiter/ Sozialpädagogen im Allgemeinen Sozialen Dienst (ASD) sind qualifiziert, beide Aufgaben wahrzunehmen. Eine personelle Trennung beider Aufgaben wäre in verschiedenen Varianten möglich: ASD und Erziehungsberatungsstelle könnten sich die Aufgaben teilen; innerhalb des ASD könnten jeweils verschiedene Mitarbeiter die Aufgaben getrennt wahrneh-

---

123 *Vgl.* hierzu die Arbeitshilfen der einzelnen Landesjugendämter, zB des Bayerischen LJA, Adoptions- und Pflegestellenvermittlung, 2008, sowie die „Empfehlungen zur Adoptionsvermittlung" der Bundesarbeitsgemeinschaft der Landesjugendämter und überörtlichen Erziehungsbehörden, 7. Aufl.2014.

124 Ausführlich (und nach wie vor einmalig): *Oberloskamp/Borg-Laufs/Mutke*, Gutachtliche Stellungnahmen in der sozialen Arbeit, 7. Aufl. 2009.

125 Die neue Formulierung" fachliche Äußerung" in § 189 FamFG ist eine fachliche Entäußerung und Ausdruck legislativer Hasenfüßigkeit.

126 Näher hierzu *Kunkel* in FamRZ 1993, 505.

127 Vgl. hierzu aber die teilweise anders lautenden Empfehlungen des Deutschen Vereins (1992) zur „Beratung in Fragen der Trennung und Scheidung und zur Mitwirkung der Jugendgerichtshilfe im familiengerichtlichen Verfahren". Als Mittel komme lediglich in Betracht eine bloße Mitteilung des elterlichen Vorschlags an das Gericht, wenn die Eltern sich über die elterliche Sorge geeinigt haben; haben sie sich aber nicht geeinigt, genüge die Mitteilung hiervon an das Gericht (NDV 1992, 148).

men; der Träger der öffentlichen Jugendhilfe kann sich mit einem Träger der freien Jugendhilfe die Aufgaben teilen. Eine derartige Teilung wird aus datenschutzrechtlichen Gründen immer wieder gefordert, ist aber keineswegs geboten. Den datenschutzrechtlichen Regelungen der §§ 64 Abs. 2 und 65 (vgl. *Rn. 390 ff.*) kann dadurch entsprochen werden, dass im Beratungsgespräch deutlich gemacht wird, dass die Beratung und die Stellungnahme gegenüber dem Familiengericht dasselbe Ziel verfolgen, nämlich das Wohl des Kindes. Legt der Mitarbeiter seinen Arbeitsauftrag im Beratungsgespräch offen, hindern weder Datenschutz noch Fachlichkeit den Mitarbeiter an der Wahrnehmung beider Aufgaben.

Zum Problem vgl. ferner die im Anhang unter 4. abgedruckte Vereinbarung der Stadt Frankfurt/Main mit dem Familiengericht und die Empfehlungen der Landesjugendämter[128] sowie das Schema zur Datenübermittlung im Anhang unter 2.

260 Bei einer Gefährdung des Wohls des Kindes hat das Jugendamt das Familiengericht anzurufen, um eine Entscheidung nach § 1666 BGB herbeizuführen (§ 8 a Abs. 2; vgl. *die Übersicht bei Rn. 51*). Diese **Anrufungspflicht** im Rahmen des **Schutzauftrages** (s. *Rn. 234*) besteht dann, wenn das Jugendamt einen gerichtlichen Eingriff für erforderlich hält. Dies ist anzunehmen, wenn Eltern Leistungen der Jugendhilfe abblocken, aber auch schon dann, wenn sie sich bei Abschätzung des Gefährdungsrisikos nicht aktiv beteiligen. Bei dieser Entscheidung hat das Jugendamt kein Ermessen, aber eine gesetzliche Einschätzungsprärogative (Form des Beurteilungsspielraums, vgl. *Rn. 333*), die nur beschränkt gerichtlich nachprüfbar ist. Aus § 1 Abs. 2 S. 2 (= Art. 6 Abs. 2 S. 2 GG) ergibt sich eine Pflicht zum Tätigwerden des JA bei Gefährdungen eines Kindes, aus der sich die (strafrechtliche) Garantenstellung des Mitarbeiters ergibt; vgl. *Rn. 51*). Sie bleibt bestehen, auch wenn der öffentliche Träger die Aufgabe einem freien Träger übertragen hat (zB die SPFH); dies ergibt sich aus seiner Gesamtverantwortung.[129]

261 **Zusammenfassung eines Fachgesprächs**[130] **im Kreisjugendamt Emmendingen mit Familienrichtern**

I. Übersicht

Ziel der Mitwirkung ist die Unterstützung des Familiengerichts (§ 50 Abs. 1 S. 1). Zur Erreichung dieses Zieles hört das Familiengericht das Jugendamt an (§ 162 Abs. 1 S. 1 FamFG). Das Jugendamt ist verpflichtet, sich zu äußern (§ 50 Abs. 1 S. 2). Die Äußerung geschieht idR in Form eines Berichts. Inhalt des Berichts sind insbesondere (§ 50 Abs. 2 S. 1):

- Unterrichtung des Gerichts über angebotene und erbrachte Leistungen
- Prognose zur Entwicklung des Kindes in erzieherischer und sozialer Hinsicht
- Hinweis auf weitere Möglichkeiten der Hilfe
- Information des Gerichts über den Stand des Beratungsprozesses mit den Eltern (§ 50 Abs. 2 S. 2).

---

128 ZB des Bayerischen Landesjugendamts, Trennung und Scheidung (2004).
129 Vgl. *Rn. 329, 93* und *Rechtsprechungsübersicht im Anhang unter 5. auf* https://www.nomos-shop.de/nomos/titel/jugendhilferecht-id-89400/,"Service zum Buch" *zu § 1.* – Zur Hinweispflicht des freien Trägers vgl. Vertragsmuster im Anhang unter 4. als Anlage 13.
130 Am 4.5.2012.

II. Stellung des Jugendamts im Verfahren zur Regelung der elterlichen Sorge oder des Umgangs

1. Amtshilfe (Rechtshilfe)

Das Gericht kann das Jugendamt unter den Voraussetzungen des § 4 SGB X um Rechtshilfe ersuchen.

2. Bericht des Jugendamts

Die im Rahmen der Anhörung erfolgende Äußerungspflicht des Jugendamts erfolgt zweckmäßigerweise in einem schriftlichen Bericht an das Familiengericht. In diesem Bericht müssen die *Anknüpfungstatsachen* für eine Sorgerechtsübertragung oder für die Regelung des Umgangs dargestellt werden. Es genügt also nicht, einen Elternteil als „gänzlich ungeeignet" zu bezeichnen.

Nicht notwendig ist es, im Bericht eine Empfehlung abzugeben, dass ein Elternteil besser geeignet sei. Im *Umgangsverfahren* sollte dagegen ein Vorschlag erfolgen (zB „Wochenende mit Übernachtung"). Aus der Unterstützungspflicht des Jugendamts für das Familiengericht folgt, dass das Jugendamt als sachverständige Behörde Fragen des Richters zu einer kindeswohlverträglichen Lösung sowohl bei einer Sorgerechtsübertragung als auch im Umgangsverfahren beantworten muss. Der Bericht ist für den Richter die Grundlage für seine Fragen. Der Richter hat dabei die Gesprächsführung.

Tatsachen, die auf eine Kindeswohlgefährdung iSd § 1666 BGB hinweisen, muss das Jugendamt auch ungefragt mitteilen.

3. Antrag auf Beteiligung des Jugendamts (§ 162 Abs. 2 FamFG).

Der Vorteil einer Beteiligung besteht für das Jugendamt darin, dass das Jugendamt alle schriftlichen Äußerungen im Verfahren mitgeteilt bekommt (also nicht nur den Beschluss). Damit hat das Jugendamt größere Einflussmöglichkeiten im Verfahren (zB auf Gutachten). Das Jugendamt kann eigene Beweisanträge stellen, das Verfahren also mitgestalten.

Das Risiko einer Kostentragung besteht nur theoretisch; Sachverständigenkosten sind Gerichtskosten.

Vertritt das Jugendamt eine konträre Position gegenüber dem Gericht, empfiehlt sich eine parteiische Rolle durch Beteiligung. Die parteiische Rolle kann aber in Widerspruch zur sachverständigen Rolle geraten und eventuell auch den Beratungsprozess mit den Eltern torpedieren.

4. Verfahrensbeistand (§ 158 FamFG)

Ein Konkurrenzverhältnis zwischen Verfahrensbeistand und Jugendamt besteht nicht, da der Verfahrensbeistand lediglich die Interessen des Kindes darzustellen hat, also als „Sprachrohr des Kindes" fungiert.

III. Gefährdungsmitteilung nach § 8 a Abs. 2

Die Gefährdungsmitteilung nach § 8 a Abs. 2 setzt voraus, dass die Voraussetzungen des § 8 a Abs. 1 erfüllt sind.

1. Die gewichtigen Anhaltspunkte für eine Kindeswohlgefährdung müssen *benannt* werden (zB die Suchtabhängigkeit eines Elternteils).

2. Die Gefährdungslage darf nicht lediglich abstrakt und generell sein, sondern muss *konkret und individuell* bestehen (zB muss dargestellt werden, warum aus der Suchtabhängigkeit des Elternteils im konkreten Fall eine Gefahr für das Kind folgt). Die Gefährdungseinschätzung muss mit *Pro- und Contra*-Argumenten wiedergegeben werden.

3. Wirken die Erziehungsberechtigten bei der Gefährdungseinschätzung nicht mit, hat das Jugendamt schon (und allein) *zur Herbeiführung der Mitwirkung* der Eltern das Familiengericht anzurufen – unabhängig davon, ob später eine Gefährdungsmitteilung erforderlich ist.
4. Das Jugendamt muss darstellen, *welche Maßnahmen* es zur Abwendung der Gefahr getroffen hat.
5. Der *Zeitpunkt* für die Anrufung des Familiengerichts durch die Gefährdungsmitteilung ist (erst, aber auch spätestens) dann gekommen, wenn die erforderliche Mitwirkung der Erziehungsberechtigten nicht wirksam wird, weil sie zB nicht ernsthaft betrieben wird.
6. Zu beachten ist, dass die konkrete Gefahr für das *Kindeswohl iSd § 1666 BGB* nur dann vorliegt, wenn wahrscheinlich ist, dass das Kind einen *erheblichen* Schaden erleidet. Dies ist dann der Fall, wenn das körperliche, geistige oder seelische Wohl des Kindes
    – massiv (tiefgehend) und
    – nachhaltig (auf Dauer) und
    – in absehbarer Zeit
    geschädigt zu werden droht.

262 **3.2.3.2 Jugendgerichtshilfe.** Jugendgerichtshilfe ist die Mitwirkung des Jugendamts im Verfahren nach dem Jugendgerichtsgesetz (JGG), die § 52 Abs. 1 als Aufgabe des Jugendamts normiert. Inhalt und Umfang der Mitwirkung richten sich nach den §§ 38 und 50 Abs. 2 S. 3 JGG. Gemäß § 38 Abs. 2 S. 2 JGG hat die Jugendgerichtshilfe die Pflicht, das Jugendgericht (Jugendrichter, Jugendschöffengericht, Jugendkammer) und den Jugendstaatsanwalt zu unterstützen. Die Unterstützung geschieht durch Ermittlungshilfe, Sanktionsvorschlag, Sanktionsüberwachung und Betreuung. *Vgl. hierzu das nachfolgende Schaubild.*

Übersicht: Die Aufgaben der Jugendgerichtshilfe

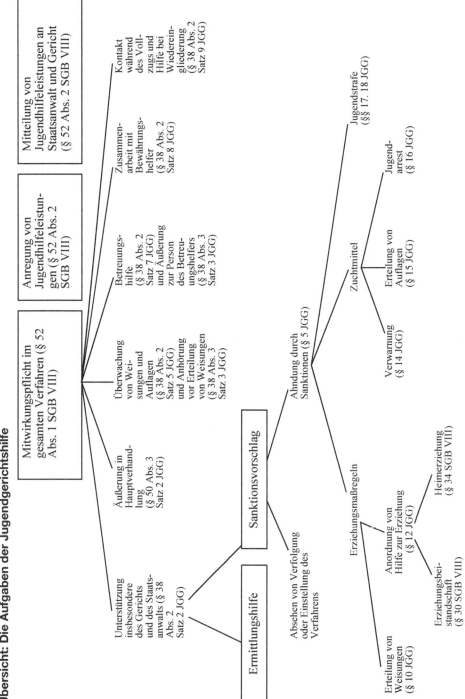

Mitteilung von Jugendhilfeleistungen an Staatsanwalt und Gericht (§ 52 Abs. 2 SGB VIII)

Anregung von Jugendhilfeleistungen (§ 52 Abs. 2 SGB VIII)

Mitwirkungspflicht im gesamten Verfahren (§ 52 Abs. 1 SGB VIII)

Kontakt während des Vollzugs und Hilfe bei Wiedereingliederung (§ 38 Abs. 2 Satz 9 JGG)

Zusammenarbeit mit Bewährungshelfer (§ 38 Abs. 2 Satz 8 JGG)

Betreuungshilfe (§ 38 Abs. 2 Satz 7 JGG) und Äußerung zur Person des Betreuungshelfers (§ 38 Abs. 3 Satz 3 JGG)

Überwachung von Weisungen und Auflagen (§ 38 Abs. 2 Satz 5 JGG) und Anhörung vor Erteilung von Weisungen (§ 38 Abs. 3 Satz 3 JGG)

Äußerung in Hauptverhandlung (§ 50 Abs. 3 Satz 2 JGG)

Unterstützung insbesondere des Gerichts und des Staatsanwalts (§ 38 Abs. 2 Satz 2 JGG)

Sanktionsvorschlag

Ermittlungshilfe

Absehen von Verfolgung oder Einstellung des Verfahrens

Ahndung durch Sanktionen (§ 5 JGG)

Erziehungsmaßregeln

Zuchtmittel

Jugendstrafe (§§ 17. 18 JGG)

Jugendarrest (§ 16 JGG)

Erteilung von Auflagen (§ 15 JGG)

Verwarnung (§ 14 JGG)

Anordnung von Hilfe zur Erziehung (§ 12 JGG)

Heimerziehung (§ 34 SGB VIII)

Erziehungsbeistandschaft (§ 30 SGB VIII)

Erteilung von Weisungen (§ 10 JGG)

263 Die Ermittlungshilfe wird nach § 38 Abs. 2 S. 2 JGG geleistet, also als Hilfsorgan der Justiz für die Ermittlungen im Vorverfahren nach § 43 JGG. Die Ermittlungshilfe geschieht dadurch, dass die Jugendgerichtshilfe die Persönlichkeit des Jugendlichen oder Heranwachsenden, seine Entwicklung und sein Umfeld erforscht (§ 38 Abs. 2 S. 2 JGG). Diese Ermittlungshilfe ist auch dann zu leisten, wenn es zu einer „Umleitung" um die Hauptverhandlung kommt (**Diversion**). Zu einer Hauptverhandlung kommt es dann nicht, wenn der Richter im Hauptverfahren, also nach Einreichung der Anklage, das Verfahren einstellt (§ 47 JGG) oder wenn der Staatsanwalt im Vorverfahren von der Verfolgung absieht (§ 45 JGG). Damit eine Diversion möglich ist, muss die Jugendgerichtshilfe prüfen, ob Leistungen der Jugendhilfe (zB ein sozialer Trainingskurs im Rahmen des § 29)[131] in Betracht kommen. Davon hat sie den Staatsanwalt oder Richter zu unterrichten (§ 52 Abs. 2).

264 Die Pflicht zu einem Sanktionsvorschlag ergibt sich aus § 38 Abs. 2 S. 2 JGG. Dabei kann die Jugendgerichtshilfe auch vorschlagen, von einer Verfolgung abzusehen. Dies ist dann möglich, wenn es sich um Bagatellsachen handelt (§ 45 Abs. 1 JGG), wenn erzieherische Maßnahmen möglich sind (§ 45 Abs. 2 JGG) oder bei richterlicher Erteilung von Mahnung, Weisung, Auflage (§ 45 Abs. 3 JGG). Als Erziehungsmaßregeln kommen Weisungen (§ 10 JGG) und die Anordnung von Hilfe zur Erziehung (§ 12 JGG) in Betracht. Der Richter kann nach Anhörung des Jugendamts den Jugendlichen verpflichten, Erziehungsbeistandschaft (§ 30) oder Heimerziehung (§ 34) in Anspruch zu nehmen. Die Anhörung des Jugendamts ist an die Stelle des Einvernehmens getreten, so dass der Richter die Hilfe zur Erziehung auch dann anordnen kann (allerdings nicht mit Wirkung gegenüber dem JA, wie sich aus § 36a Abs. 1 S. 1 Hs. 2 ergibt; vgl. Rn. 90), wenn das Jugendamt sie nicht für erzieherisch sinnvoll hält. Konsequenz hieraus ist, dass die Kosten der Hilfe Justizkosten sind (str.).[132] Erst recht gilt dies für Weisungen des Jugendgerichts nach § 10 JGG, zB für den Täter-Opfer-Ausgleich oder einen sozialen Trainingskurs, wenn das Jugendamt diese Leistungen nicht von sich aus (in Steuerungsverantwortung; s. Rn. 93) als Hilfe zur Erziehung (s. Rn. 186) erbringen will

Die in § 60 BZRG aufgeführten Entscheidungen des Jugend- oder Familienrichters werden in das Erziehungsregister eingetragen. Sie dürfen den Jugendämtern für die Wahrnehmung von Erziehungsaufgaben mitgeteilt werden (§ 61 Abs. 1 Nr. 3 BZRG).

---

131 Auch das Hinwirken des Jugendamtes auf einen Täter-Opfer-Ausgleich (TOA) kann eine Leistung im Rahmen der Hilfe zur Erziehung sein (*vgl.* Rechtsprechungsübersicht zum Lehrbuch unter https://www.nomos-shop.de/nomos/titel/jugendhilferecht-id-89400/,"Service zum Buch". zu § 27).

132 Zur Zusammenarbeit von Justiz und JGH *vgl.* die Broschüre der Landeshauptstadt Dresden und die Empfehlungen des Landesjugendamtes Rh.-Pf. v. Febr.2009.

Mitteilungspflichten in Strafsachen ergeben sich aus der Anordnung der Justizverwaltung (MiStra) vom 19.5.2008:

Ziffer 32

Mitteilungen an die Jugendgerichtshilfe in Strafsachen gegen Jugendliche und Heranwachsende (§§ 38, 50, 70 S. 1, §§ 72 a, 107, 109 Abs. 1 JGG)

In Strafsachen gegen Jugendliche und Heranwachsende sind der Jugendgerichtshilfe mitzuteilen

1. die Einleitung des Verfahrens,
2. vorläufige Anordnungen über die Erziehung,
3. der Erlass und der Vollzug eines Haft- oder Unterbringungsbefehls sowie die Unterbringung zur Beobachtung,
4. die Erhebung der öffentlichen Klage,
5. Ort und Zeit der Hauptverhandlung,
6. die Urteile,
7. der Ausgang des Verfahrens,
8. der Name und die Anschrift der Bewährungshelferin oder des Bewährungshelfers, die nachträgliche Entscheidungen, die sich auf Weisungen oder Auflagen beziehen oder eine Aussetzung der Vollstreckung einer Jugendstrafe oder des Restes einer Jugendstrafe zur Bewährung, eine Aussetzung der Verhängung der Jugendstrafe oder die Führungsaufsicht betreffen.

§ 52 Abs. 3 enthält eine Verpflichtung zur **Organisation** der Jugendgerichtshilfe derart, **265** dass derselbe Mitarbeiter, der den Jugendlichen schon im Rahmen der Ermittlungshilfe betreut hat, ihn auch während des gesamten Verfahrens begleitet (Ausschluss von sogenannten Gerichtsgängern). Das Verfahren umfasst das Jugendstrafverfahren (Vorverfahren, Hauptverfahren), die Vollstreckung und den Vollzug. In einzelnen Städten (zB Stuttgart) gibt es Jugendgerichtshäuser[133], in denen Jugendgericht, Staatsanwaltschaft, Polizei, Jugendgerichtshilfe und Bewährungshilfe Tür an Tür arbeiten. Dadurch werden die Sanktionen beschleunigt und die Zusammenarbeit verbessert, was zu wirksamer Spezial- und Generalprävention beiträgt.

Auch das **Familiengericht** kann nach dem JGG tätig werden, allerdings nur auf Initiative **266** des Jugendgerichts. Wenn der Jugendrichter dem Familienrichter Anordnung und Auswahl von Erziehungsmaßregeln (§ 9 JGG) überlässt, muss dieser tätig werden (§ 53 JGG). Das weitere Verfahren richtet sich dann nach dem FamFG, weil es sich um eine Kindschaftssache handelt (§ 151 Nr. 8 FamFG).

3.2.4 Vormundschaftswesen. 3.2.4.1 Beistandschaft, Pflegschaft und Vormund- 267 schaft[134] Im Vormundschaftswesen weisen die §§ 53, 56, 57 dem Jugendamt Pflichten zu, die es gegenüber dem Familien (früher: Vormundschafts)gericht zu erfüllen hat; § 53 Abs. 2 und 3 SGB (ab 1.2023[135]: § 53 Abs. 1 und 2) weist ihm Pflichten zu, die es gegenüber dem Pfleger und Vormund zu erfüllen hat. §§ 55, 56 schließlich regeln Eintritt und Führung einer Amtsbeistandschaft[136]/Amtspflegschaft/Amtsvormundschaft. Das Vor-

---

133 Nicht zu verwechseln mit den Jugendrechtshäusern, die sozialpädagogische Einrichtungen sind.
134 Ausführlich hierzu *Kunkel* §§ 15–18 in *Oberloskamp* , Vormundschaft, Pflegschaft, Beistandschaft, 4. Aufl. 2017.
135 Ab Geltung des Reformgesetzes für Betreuung und Vormundschaft; siehe dazu oben Rn. 42.
136 Der Begriff der Amtsbeistandschaft wird im Gesetz nicht gebraucht, was inkonsequent ist, da es auch Vereinsbeistandschaften (*s. Rn. 247*) geben kann.

mundschaftsverfahren ist ein Verfahren in Kindschaftssachen und daher dem Familiengericht zugewiesen (§ 151 Nr. 4 FamFG).

Vgl. nachfolgendes Schaubild hinter Rn. 272.

268 Das Jugendamt hat dem Familiengericht Personen und Vereine[137] vorzuschlagen, die sich zum Pfleger oder Vormund eignen. Ein Verein bedarf zur Übernahme einer Pflegschaft oder Vormundschaft der Erlaubnis des Landesjugendamtes (§ 54 Abs. 1 S. 1). Auch eine Beistandschaft kann von einem Verein übernommen werden, wenn dies das Landesrecht ermöglicht (§ 54 Abs. 1 S. 2, Art. 144 EGBGB[138]). Im Unterschied zur Beteiligung eines freien Trägers an der Aufgabenwahrnehmung nach § 76 Abs. 1 (vgl. *Rn. 299*) wird dem Verein die Aufgabe der Beistandschaft nicht lediglich zur Ausführung, sondern als solche übertragen. Die Übertragung geschieht durch einen Verwaltungsakt des Jugendamts; somit wird der Verein zum beliehenen Unternehmer, dh er übt öffentliche Gewalt aus. Neben der Amtsbeistandschaft gibt es also auch eine Vereinsbeistandschaft in den Ländern, in denen Landesrecht dies vorsieht. (bisher nur in Bayern: Art. 61 AGSG).

Pfleger und Vormünder haben einen Anspruch auf regelmäßige, bedarfsgerechte Beratung und Unterstützung durch das Jugendamt (§ 53 Abs. 2[139]; vgl. *Übersicht bei Rn. 67*). Es muss beratend darauf achten, dass Pfleger und Vormünder für die Person des Mündels Sorge tragen und dass Mängel behoben werden.

269 Für **Volljährige** gibt es keine Vormundschaft, sondern das Rechtsinstitut der **Betreuung** (§§ 1896 bis 1908 i BGB). Die Zuständigkeit regelt sich nach dem Betreuungsbehördengesetz und dem jeweiligen Landesrecht, das Verfahren nach §§ 271-311 FamFG beim Betreuungs (früher Vormundschafts)gericht Das Jugendamt ist für die Betreuung nicht zuständig, sondern die Stadt- und Landkreise als örtliche Betreuungsbehörden neben überörtlichen Betreuungsbehörden.

270 Für Minderjährige wird das Jugendamt selbst Pfleger oder Vormund in den durch das BGB vorgesehenen Fällen. Kraft Gesetzes (§ 1791 c BGB) wird das Jugendamt **Amtsvormund** mit Geburt eines Kindes, dessen Eltern nicht miteinander verheiratet sind, wenn die Mutter noch minderjährig ist. Kraft Bestellung (§ 1791 b BGB) wird das Jugendamt Amtsvormund, wenn ein Kind einen Vormund benötigt (zB weil die Eltern gestorben sind oder weil ihnen das Sorgerecht gem. § 1666 BGB entzogen worden ist) und ein Einzel oder Vereinsvormund nicht bestellt werden kann. Die gesetzliche Amtspflegschaft ist durch das Beistandschaftsgesetz abgeschafft (vgl. *Rn. 266*). Eine **bestellte Amtspflegschaft** des Jugendamts ist aber weiterhin möglich in den Fällen, in denen das Familiengericht den Eltern nur bestimmte Teilbereiche der elterlichen Sorge (zB das Aufenthaltsbestimmungsrecht oder die Vermögenssorge) entzieht und auf das Jugendamt als Amtspfleger überträgt. Da das Sorgerecht der Eltern im Übrigen bestehen bleibt, spricht man von Ergänzungspflegschaft (§ 1909 BGB). Im Umfang der Übertragung hat der Pfleger das Personensorgerecht (vgl. *Rn. 252*).

271 Als Konsequenz aus dem „Fall Kevin" (vgl. *Rn. 45*) hat das BMJ am 2.9.2009 einen Bericht vorgelegt, demzufolge eine Fachkraft im JA derzeit 60-120 Vormundschaften führt; anzustreben sei ein Verhältnis 1:50 als Obergrenze.[140] Mit dem Gesetz zur Reform des Vormundschaftsrechts[141][142] wurde diese Obergrenze in § 55 Abs. 2 mit Wirkung zum

---

137 Ab 1.1.2023 nur Personen.
138 Ab 1.1.2023: § 54 Abs. 3.
139 Ab 1.1.2023: § 53 a Abs. 1.
140 Näher hierzu *Sünderhauf*, JAmt 2010, 405.
141 Ebenso mit dem Reformgesetz für Betreuung und Vormundschaft vom 4.5.2021.
142 Zu diesem näher *Hoffmann*, FamRZ 2011, 1185.

5.7.2012 fixiert. Außerdem verpflichtet § 55 Abs. 3[143] zu persönlichem Kontakt. Das Mündel soll zur Auswahl des Vormunds angehört (also nicht erhört) werden[144]. Ein „Vormundschafts-Casting" muss nicht stattfinden, aber Präferenzen zum Geschlecht können berücksichtigt werden.

Beistand wird das Jugendamt auf Antrag (§ 1712 BGB) eines alleinsorgeberechtigten **272** (§ 1713 Abs. 1 S. 1 BGB) oder alleinsorgenden (S. 2) Elternteils. Dies kann die Mutter eines Kindes sein, die mit dem Vater des Kindes nicht verheiratet ist (§ 1626 a BGB) oder ein Elternteil nach Scheidung, wenn ihm die Alleinsorge übertragen worden ist (§ 1671 BGB). Die Beistandschaft umfasst lediglich (im Unterschied zur früheren gesetzlichen Amtspflegschaft) die Aufgabenkreise der Vaterschaftsfeststellung und der Geltendmachung von Unterhaltsansprüchen. Die Beistandschaft schließt Vertretungsmacht für die beiden Aufgabenkreise ein. Die Vertretungsmacht des Elternteils bleibt daneben bestehen (§ 1716 BGB). Achtung: Verwechslungsgefahr! Nicht zu verwechseln ist der Beistand nach § 55 mit dem Erziehungsbeistand nach § 30 (HzE), mit dem Beistand nach § 13 Abs. 4 SGB X (Helfer des Beteiligten im Verwaltungsverfahren) und mit dem Verfahrensbeistand nach § 158 FamFG (Interessenvertreter des Kindes vor dem FamG). Im Unterschied zum Amtspfleger und Amtsvormund (§ 1837 Abs. 2 BGB) unterliegt der Beistand nicht der Aufsicht des Familiengerichts (§ 1716 Abs. 1 S. 2 BGB).

In der Wahrnehmung der Interessen des Kindes sind die beistandschafts-, pflegschafts-, vormundschaftsführenden Beamten und Angestellten (**Real**beistand/-pfleger/-vormund im Unterschied zum Jugendamt als **Legal**beistand/-pfleger/-vormund) keinen Weisungen des Jugendamtleiters oder des Behördenleiters unterworfen.[145]

---

143 Ab 1.1.2023: § 55 Abs. 4 S. 3.
144 Ab 1.1.2023: § 55 Abs. 2 S. 3.
145 Zu Einzelheiten des Weisungsrechts vgl. *Kunkel* § 16 in *Oberloskamp* , Vormundschaft, Pflegschaft und Beistandschaft, 4. Aufl. 2017.

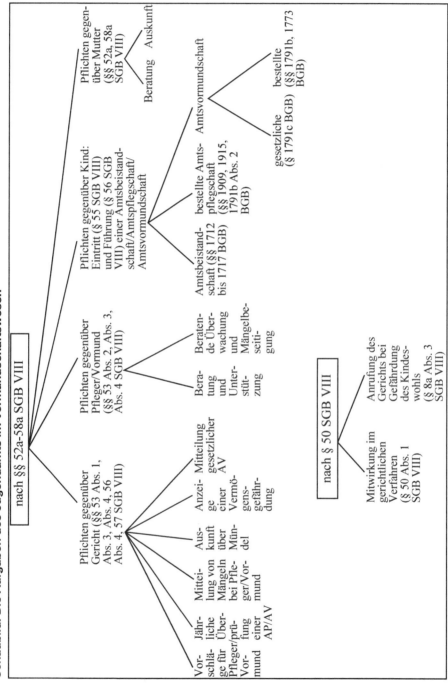

Schaubild: Die Aufgaben des Jugendamts im Vormundschaftswesen

nach §§ 52a-58a SGB VIII

Pflichten gegenüber Gericht (§§ 53 Abs. 1, Abs. 3, Abs. 4, 56 Abs. 4, 57 SGB VIII)
- Vorschläge für Pfleger/Vormund
- Jährliche Überprüfung einer AP/AV
- Mitteilung von Mängeln bei Pfleger/Vormund
- Auskunft über Mündel
- Anzeige einer Vermögensgefährdung
- Mitteilung gesetzlicher AV

Pflichten gegenüber Pfleger/Vormund (§§ 53 Abs. 2, Abs. 3, Abs. 4 SGB VIII)
- Beratung und Unterstützung
- Beratende Überwachung und Mängelbeseitigung

Pflichten gegenüber Kind: Eintritt (§ 55 SGB VIII) und Führung (§ 56 SGB VIII) einer Amtsbeistandschaft/Amtspflegschaft/Amtsvormundschaft
- Amtsbeistandschaft (§§ 1712 bis 1717 BGB)
- bestellte Amtspflegschaft (§§ 1909, 1915, 1791b Abs. 2 BGB)
- Amtsvormundschaft
  - gesetzliche (§ 1791c BGB)
  - bestellte (§§ 1791b, 1773 BGB)

Pflichten gegenüber Mutter (§§ 52a, 58a SGB VIII)
- Beratung
- Auskunft

nach § 50 SGB VIII
- Mitwirkung im gerichtlichen Verfahren (§ 50 Abs. 1 SGB VIII)
- Anrufung des Gerichts bei Gefährdung des Kindeswohls (§ 8a Abs. 3 SGB VIII)

Personensorgeberechtigter ist, wer allein oder zusammen mit einer anderen Person die **273** Personensorge hat (§ 7 Abs. 1 Nr. 5). Dies sind in der Regel die Eltern (§ 1626 BGB). Sind Vater und Mutter des Kindes nicht miteinander verheiratet, können sie gemeinsame elterliche Sorge haben (s. Rn. 133); ansonsten hat die Mutter die alleinige elterliche Sorge (§ 1626a Abs. 3 BGB). Nach Trennung oder Scheidung bleibt es – im Unterschied zur alten Rechtslage – bei der gemeinsamen elterlichen Sorge, es sei denn, ein Elternteil beantragte beim Familiengericht die Übertragung der Alleinsorge (§ 1671 BGB).

An der Ausübung der Personensorge kann der Personensorgeberechtigte aber Dritte be- **274** teiligen (als **Erziehungsberechtigte**, zB Pflegepersonen, Heimerzieher; § 1688 BGB bestimmt den Umfang ihres Vertretungsrechts, § 38[146] verpflichtet das Jugendamt zur Streitvermittlung; vgl. *Rn. 202*). Auf Antrag der Pflegeperson oder der Eltern kann das Familiengericht (mit Zustimmung der Eltern) Angelegenheiten der elterlichen Sorge nicht nur zur Ausübung, sondern als solche auf die Pflegeperson übertragen (§ 1630 Abs. 3 BGB). In diesem Umfang ist die Pflegeperson dann Personensorgeberechtigter. Personensorgeberechtigter ist auch der Vormund oder Pfleger, auf den die elterliche Sorge insgesamt bzw. beim Pfleger) teilweise gerichtlich übertragen, zB im Fall des Missbrauchs der elterlichen Sorge (§ 1666 BGB) oder gesetzlich übergegangen ist (Amtsvormund). Im Umfang seines Aufgabenkreises ist auch der Beistand personensorgeberechtigt(neben dem Elternteil). Einer minderjährigen Mutter steht die Personensorge neben dem Amtsvormund zu (§ 1673 Abs. 2 S. 2 BGB).

Vgl. hierzu die nachfolgenden Schaubilder:

---

146 Ab 10.6.2021 gestrichen und durch § 10a ersetzt.

Schaubild: Inhalt der elterlichen Sorge

275

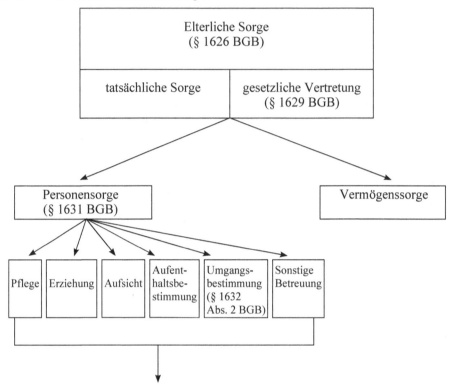

- gerichtet auf das leibliche, geistige und seelische Wohl des Kindes
- immanent begrenzt durch wachsende Autonomie des Kindes
  (1626 Abs. 2 BGB)
- durch staatlichen Eingriff begrenzt erst ab Gefährdungsschwelle
  (1666 BGB; vgl. *Rn 49*)

Die elterliche Sorge obliegt beiden Elternteilen gemeinschaftlich. Es ist also bei Willenser-klärungen des Kindes stets die Zustimmung beider erforderlich. Allerdings wird man bei einverständlicher Aufgabenverteilung der Eltern idR eine mutmaßliche Zustimmung oder eine Duldungsvollmacht des anderen annehmen können. Bei Meinungsverschiedenheiten zwischen den Eltern kann jeder nach § 1628 BGB das Familiengericht anrufen.

Schaubild: Inhaber der elterlichen Sorge

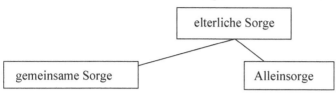

wenn
(1) Eltern verheiratet (§ 1626 BGB)
(2) Eltern getrennt/geschieden (§ 1626 BGB)
(3) Eltern nicht verheiratet, aber gemeinsame Sorgeerklärungen vorliegen (§ 1626a Abs. 1 BGB)
 vgl. Rn 184b, 185b.

wenn
(1) Eltern nicht verheiratet und keine gemeinsame Sorgeerklärungen vorliegen, dann bei
 – Mutter (§ 1626a Abs. 2 BGB) oder
 – Vater auf seinen Antrag und mit Zustimmung der Mutter (§ 1672 BGB)
(2) Eltern getrennt/geschieden nach Antrag auf Alleinsorge (§ 1671 BGB)

Schaubild: Inhaber des Personensorgerechts

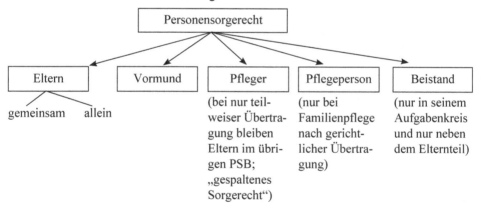

Eltern
gemeinsam allein

Pfleger
(bei nur teilweiser Übertragung bleiben Eltern im übrigen PSB; „gespaltenes Sorgerecht")

Pflegeperson
(nur bei Familienpflege nach gerichtlicher Übertragung)

Beistand
(nur in seinem Aufgabenkreis und nur neben dem Elternteil)

Schaubild: Amtsvormundschaft

276

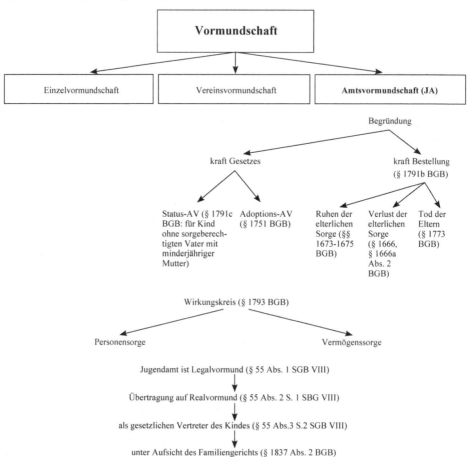

Gegenvormundschaft:

Die Gegenvormundschaft wird zum 1.1.2023 abgeschafft.

Schaubild: Amtspflegschaft

Begründung   **277**

kraft Gesetzes	kraft Bestellung
(durch Beistandschaftsgesetz abgeschafft)	(§ 1915 i.V.m. § 1791b BGB): Wenn Eltern in Personen- oder Vermögenssorge beschränkt sind und Einzelpfleger oder Verein nicht vorhanden ist

Wirkungskreis (§ 1909 BGB)

für die Angelegenheiten der Personen-
und Vermögenssorge, an deren Besorgung die Eltern verhindert sind (Ergänzungspflegschaft)

Jugendamt ist Legalpfleger
(§ 55 Abs. 1 SGB VIII)

Übertragung auf Realpfleger
(§ 55 Abs. 2 S. 1 SGB VIII)

als gesetzlichen Vertreter des Kindes im
Rahmen der Übertragung (§ 55 Abs. 2 S. 3
SGB VIII)

unter Aufsicht des Familiengerichts
(§§ 1915, 1837 Abs. 2 BGB)

Schaubilder: Amtsbeistandschaft

278

Begründung

nach Geburt eines Kindes
ohne Sorgerecht des
Vaters (§ 1626a Abs. 2 BGB)

Antrag des alleinsorgenden Elternteils
(§§ 1712, 1713 BGB)

nach Scheidung auf
Antrag (§ 1671 BGB)

Wirkungskreis

gesetzliche Vertretung neben dem Elternteil
(§§ 1716, 1915, 1793 BGB)
im Aufgabenkreis

Feststellung der Vaterschaft   Unterhaltssicherung
(§ 1712 Abs. 1 Nr. 1 BGB)   (§ 1712 Abs. 1 Nr. 2 BGB)

ohne Aufsicht durch das Familiengericht
(§ 1716 S. 2 BGB)

Beendigung

Verlangen des Antragstellers   Entfallen einer Voraussetzung
(§ 1715 Abs. 1 BGB)   (§ 1715 Abs. 2 BGB), z.B. Kind
                                       wird volljährig oder aus Alleinsorge
                                       wird gemeinsame Sorge

Pränatale Beistandschaft im Überblick

§ 1713 BGB	Wirkung	Voraussetzungen	Beginn	Ende
Abs. 1 S. 1 Alt. 2	endgültig (=postnatal fortgesetzt)	– (hypothetische) Alleinsorge der Mutter – schriftl. Antrag – (hypothetischer) g.A. des Kindes im Inland	Schon vor Geburt ab Antragseingang	– jederzeit auf schriftl. Verlangen – Verlust der Alleinsorge – Kind wird nicht geboren – Kind wird volljährig – g.A. des Kindes im Ausland – Erledigung der Aufgabe

Abs. 2	vorläufig (=postnatal nicht fortgesetzt)	– (hypothetische Vormundschaft für Kind (insbes. Minderjährigkeit der Mutter noch bei Geburt des Kindes)
		– Antrag
		  – schriftlich
		  – höchstpersönlich (außer bei Geisteskrankheit)
		– (hypothetischer) g.A. des Kindes im Inland
			Vor Geburt ab Antragseingang	– mit Geburt des Kindes; aber schon vorher, wenn
				– Kind nicht geboren
				– g.A. – Hypothese sich ändert
				– schriftl. Verlangen
				– Erledigung der Aufgabe

3.2.4.2 Hilfen für die alleinsorgeberechtigte Mutter

3stufiges Verfahren des Jugendamts		§ 55	279
		Beistandschaft	
	§ 18		
	Beratung		
§ 52 a			
Angebot der Beratung			

Wird ein Kind geboren, dessen Eltern nicht miteinander verheiratet sind *(vgl. Rn. 276*, hat der Standesbeamte die Geburt des Kindes dem Jugendamt anzuzeigen (§ 21 b PStG). Das Jugendamt hat dann unverzüglich Hilfe nach § 52 a anzubieten (auch schon vor Geburt des Kindes).

(1) § 52 a: Hilfeangebote

- Angebot des JA an die Mutter, Beratung und Unterstützung insbesondere bei der Vaterschaftsfeststellung und der Geltendmachung von Unterhaltsansprüchen des Kindes zu leisten — **279a**
- Hinweise auf
  1. Bedeutung der Vaterschaftsfeststellung
  2. Möglichkeiten der Vaterschaftsfeststellung/Stellen, bei denen die Vaterschaft anerkannt werden kann (§ 59 Abs. 1 S. 1 Nr. 1)

　　3. Möglichkeit der Beurkundung der Unterhaltsverpflichtung beim JA (§ 59 Abs. 1 S. 1 Nr. 3)

　　4. Möglichkeit, Beistandschaft zu beantragen + Hinweis auf die Rechtsfolgen

　　5. Möglichkeit der gemeinsamen elterlichen Sorge

- Angebot persönlichen Gesprächs

　　(auf Wunsch: idR Hausbesuch)

280　§ 18 Abs. 1 verpflichtet das Jugendamt zur Beratung in Fragen der Vaterschaftsfeststellung und der Geltendmachung von Unterhaltsansprüchen (vgl. zu diesen *Rn. 265*); von der Beistandschaft unterscheidet sich die Beratung nach § 18 lediglich dadurch, dass sie keine gesetzliche Vertretung ermöglicht (vgl. *Rn. 133*).

281　**(2) § 58 a (ab 1.1.2023: § 58): Auskunft über Alleinsorge aus dem Sorgeregister.** Im Regelfall hat die Mutter eines Kindes, die mit dessen Vater nicht verheiratet ist, die alleinige elterliche Sorge (§ 1626 a Abs. 2 BGB; *s.* aber Rn. 133). Da sie durch eine Sorgeerklärung nach § 1626 a Abs. 1 Nr. 1 BGB auch die Sorge gemeinsam mit dem Vater übernehmen kann, muss im Rechtsverkehr nachgewiesen werden können, wer die elterliche Sorge innehat, wenn die Eltern des Kindes nicht verheiratet sind. § 58 a gibt der Mutter daher einen Anspruch gegen das Jugendamt, ihr eine Negativbestätigung über die Nichtabgabe einer Sorgeerklärung auszuhändigen. Dazu muss sie Angaben über den Geburtsort des Kindes und seinen Namen machen.

Für die Auskunft örtlich zuständig ist gem. § 87 c Abs. 6 S. 1 das Jugendamt, in dessen Bereich die Mutter ihren gewöhnlichen Aufenthalt hat (Wohnsitz-Jugendamt). Bei diesem ist die Abgabe der Sorgeerklärung aber nur registriert, wenn es die Sorgeerklärung beurkundet hat.

Für die Beurkundung ist jedes Jugendamt gem. § 87 e örtlich zuständig. Die Beurkundung kann also auch bei einem anderen Jugendamt erfolgt sein. § 1626 d Abs. 2 BGB verpflichtet daher die beurkundende Stelle (Jugendamt oder Notar), die Abgabe der Sorgeerklärung dem Jugendamt am Geburtsort des Kindes (Geburts-Jugendamt) mitzuteilen. Das für die Negativbescheinigung zuständige Wohnsitz-Jugendamt muss deshalb beim Geburts-Jugendamt nachfragen, ob dort eine Sorgeerklärung vorliegt. Das Geburts-Jugendamt muss daraufhin dem Wohnsitz-Jugendamt eine entsprechende Mitteilung machen (§ 87 c Abs. 6 S. 3).

282　**3.2.5 Kindschaftsrecht in Grundzügen**[147]　**3.2.5.1 Abstammungsrecht.** „Eheliche" und „nichteheliche" Abstammung:

Im alten Recht wurde schon sprachlich und im Gesetzesaufbau streng zwischen ehelichen und nichtehelichen[148] Kindern unterschieden. Seit 1998 ist diese begriffliche Unterscheidung entfallen. Der Anteil nichtehelicher Kinder liegt in den neuen Bundesländern bei 45 %, in den alten bei 14 %.

Ehelichkeitsvermutung nach Scheidung:

Ein Kind, das innerhalb von 302 Tagen nach einer Scheidung geboren wird, galt nach altem Recht grundsätzlich noch als Kind des geschiedenen Ehemannes der Mutter Heute wird nicht mehr vermutet, dass ein nach Rechtskraft der Scheidung geborenes Kind vom früheren Ehemann der Mutter abstammt. Falls ausnahmsweise doch der geschiedene Ehemann der Vater des Kindes ist, kann er die Vaterschaft anerkennen (§ 1599 BGB).

147　Vgl. die Broschüre des BMJ „Das Kindschaftsrecht" (2008).

148　Heute: „Kinder, bei deren Geburt die Eltern nicht miteinander verheiratet sind" (§ 1626 a Abs. 1 BGB); früher: „uneheliche Kinder" (so jetzt noch Art. 6 Abs. 5 GG); noch früher: „Bastard", „Bangert".

Vaterschaftsanfechtung durch die Mutter:

Nach altem Recht hatte die Mutter eines ehelichen Kindes kein eigenes Recht, die Vaterschaft anzufechten, obwohl sie am besten wissen muss, von wem das Kind abstammt. Heute ist auch die Mutter berechtigt, die Vaterschaft anzufechten (§ 1600 BGB). Sie unterliegt hierbei allerdings im Interesse des Kindes bestimmten Einschränkungen (§ 1600 b BGB).

Recht des Kindes auf Kenntnis der eigenen Abstammung:

Nach altem Recht waren die Möglichkeiten der Abstammungsklärung für das Kind sehr beschränkt. So war unter Umständen die Vaterschaftsanfechtung ganz ausgeschlossen, wenn das Kind erst nach seinem 20. Lebensjahr erfuhr, dass es nicht von dem Mann abstammt, den es bislang für seinen Vater gehalten hat. Diese Einschränkungen sind vom Bundesverfassungsgericht, das das Recht auf Kenntnis der eigenen Abstammung betont hat[149], beanstandet worden.

Jetzt ist durch Verbesserungen bei der Abstammungsklärung, insbesondere durch erweiterte Möglichkeiten der Vaterschaftsanfechtung (§ 1600 BGB), der Forderung des Bundesverfassungsgerichts teilweise Rechnung getragen worden. Der Wegfall der gesetzlichen Amtspflegschaft erschwert allerdings die Abstammungsklärung. Am 1.4.2008 ist das Gesetz zur Klärung der Vaterschaft in Kraft getreten. Vater, Mutter und Kind haben nun einen Anspruch gegeneinander auf Einwilligung in eine genetische Abstammungsuntersuchung (§ 1598 a BGB).

3.2.5.2 Gemeinsame elterliche Sorge. Nach altem Recht gab es ohne Heirat keine ge- **283** meinsame elterliche Sorge. Jetzt haben Eltern, die nicht miteinander verheiratet sind, die gemeinsame elterliche Sorge inne, wenn sie dahin gehend übereinstimmende Erklärungen abgeben (sog. Sorgeerklärungen gem. § 1626 a Abs. 1 Nr. 1 BGB) oder das Familiengericht ihnen auf Antrag die gemeinsame Sorge übertragen hat (§ 1626 a Abs. 1 Nr. 3, Abs. 2 BGB; s. auch Rn. 133).[150]

Die Sorgeerklärungen können schon vor der Geburt des Kindes abgegeben werden (§ 1626 b Abs. 2 BGB). Die gemeinsame Sorge für das Kind besteht dann von dessen Geburt an.

Die gemeinsame Sorge nicht miteinander verheirateter Eltern hängt nicht davon ab, dass die Eltern zusammenleben. Sie ist auch nicht von einer vorherigen gerichtlichen Prüfung abhängig. Leben die Eltern des Kindes nicht nur vorübergehend getrennt, ist eine Regelung nicht nur für die Fälle erfolgt, in denen Eltern mit minderjährigen Kindern sich trennen oder scheiden lassen, sondern auch für die Fälle, in denen bei nicht miteinander verheirateten Eltern die gemeinsame Sorge beendet werden soll. Danach entfällt die zwingende gerichtliche Prüfung und Entscheidung im Rahmen der Ehescheidung, da die gemeinsame Sorge bestehen bleibt. Ein Verfahren über die elterliche Sorge – von Fällen der Kindeswohlgefährdung abgesehen – gibt es nur noch in den Fällen, in denen ein Elternteil einen Antrag auf Zuweisung der Alleinsorge stellt (§ 1671 BGB). Einem solchen Antrag ist stattzugeben, wenn zu erwarten ist, dass die Aufhebung der gemeinsamen Sorge und die Übertragung auf den Antragsteller dem Wohle des Kindes am besten entspricht. Dem Antrag auf Übertragung der gemeinsamen Sorge ist dagegen schon stattzugeben, wenn die Übertragung dem Kindeswohl nicht widerspricht.

---

149 Zuletzt mit Beschl. v. 6.5.1997, ZfJ 1997, 330, abgeleitet aus Art. 1 Abs. 1 iVm Art. 2 Abs. 1 GG. Bei einem Auskunftsanspruch des Kindes gegen seine Mutter aus § 1618 a BGB ist aber eine Abwägung dieses Grundrechts gegen das seiner Mutter auf Wahrung ihrer Intimsphäre notwendig.

150 § 1626 a BGB aF wurde vom EGMR am 3.12.2009 für unvereinbar mit Art. 8 EMRK und vom BVerfG am 21.7.2010 für verfassungswidrig erklärt.

Das Gesetz (§ 1687 BGB) gibt dem Elternteil, bei dem das Kind üblicherweise lebt, sofern nach Trennung oder Scheidung die gemeinsame Sorge fortbesteht, eine Alleinentscheidungsbefugnis für alle Angelegenheiten des täglichen Lebens. Dies bedeutet, dass sich dieser Elternteil nur noch über Fragen von grundsätzlicher Bedeutung mit dem anderen Elternteil verständigen muss (zB Schul- und Berufswahl, schwerwiegende medizinische Eingriffe, Wohnortwechsel).

284 **3.2.5.3 Umgangsrecht.** Nach altem Recht hatte der Vater eines nichtehelichen Kindes im Vergleich mit dem geschiedenen Vater ein deutlich schwächer ausgestaltetes Umgangsrecht (Besuchsrecht). Gegen den Willen der Mutter waren in vielen Fällen keinerlei Kontakte zwischen Vater und Kind möglich.

Heute ist gesetzlich klargestellt, dass der Umgang mit beiden Elternteilen und anderen wichtigen Bezugspersonen zum Wohl des Kindes gehört. Er kann auch mit Zwangsmitteln durchgesetzt werden (§§ 35, 120 FamFG), allerdings nicht mit unmittelbarem Zwang gegen das Kind.[151]

Das Umgangsrecht von Vätern ehelicher und nichtehelicher Kinder ist darüber hinaus vereinheitlicht worden. Beiden ist ein Umgangsrecht zugestanden, das nur eingeschränkt oder ausgeschlossen werden kann, soweit dies zum Wohle des Kindes erforderlich ist (§ 1684 Abs. 4 BGB). Bei Uneinigkeit der Eltern über den Umfang des Umgangsrechts entscheidet das Familiengericht (§ 1684 Abs. 3 BGB).

Auch Großeltern, Geschwister, Stiefelternteile und frühere Pflegeeltern haben ein Umgangsrecht (§ 1685 BGB), wenn dies dem Wohl des Kindes dient (vgl. *Rn. 134*).

Durch Verbesserungen im Verfahrensrecht (§ 156 FamFG) sind die Voraussetzungen dafür geschaffen worden, dass öfter als bisher Streitigkeiten zwischen den Eltern über den Umgang mit dem Kind gütlich beigelegt werden. In schweren Konfliktfällen kann das FamG seit 1.9.2009 eine Umgangspflegschaft anordnen (vgl. *Rn. 267*)

285 **3.2.5.4 Betreuungsunterhalt.** Der Vater eines nichtehelichen Kindes ist nach dem Schwangeren- und Familienhilfeänderungsgesetz (1995) verpflichtet, der Mutter in den ersten drei Jahren nach der Geburt Betreuungsunterhalt zu zahlen (§ 1615l Abs. 2 S. 3 BGB); die Mutter braucht in den ersten drei Jahren nach der Geburt des Kindes keiner Erwerbstätigkeit nachzugehen. Der Betreuungsunterhalt wird auch über die Dreijahresgrenze hinaus gewährt (§ 1615l Abs. 2 S. 4 BGB), nämlich dann, wenn eine Beendigung nach Ablauf von drei Jahren – insbesondere unter Berücksichtigung der Belange des Kindes – grob unbillig wäre. Zu denken ist etwa daran, dass das Kind behindert und deshalb auch auf eine intensivere und längere Betreuung durch die Mutter angewiesen ist (vgl. *Rn. 133*).

286 **3.2.5.5 Kindesunterhalt.** Auch im Unterhaltsrecht sind eheliche und nichteheliche Kinder gleichgestellt (§ 1615a BGB): Die Vorteile des bisher nur für nichteheliche Kinder geltenden Regelunterhaltssystems kommen auch den ehelichen Kindern zugute. Kinder nicht verheirateter Eltern ebenso wie Scheidungskinder können Unterhalt dynamisiert nach Regelbeträgen oder Individualunterhalt als statischen Unterhalt fordern. Das Verfahren ist in §§ 249-260 FamFG geregelt. Der Mindestunterhalt ergibt sich aus § 1612a BGB und ist seit 1.1.2021 auf der ersten Altersstufe (bis 6 J.) 393 EUR, auf der zweiten (7-12 J.) 451 EUR, auf der dritten 528 EUR. Die Regelbetrag-VO wurde 2008 außer Kraft gesetzt. Mit der am 1.1.2008 in Kraft getretenen Unterhaltsrechtsreform wurde der Vorrang für alle Unterhaltsansprüche von minderjährigen Kindern gegenüber anderen Unterhaltsansprüchen gesichert.

151　Vgl. BVerfG 1.4.2008 – FamRZ 2008, 845 zur Frage, ob gegen den Vater Zwang angewendet werden kann.

3.2.5.6 Beistandschaft statt Amtspflegschaft. Die Mutter eines nichtehelichen Kindes **287** hatte nur in den neuen Bundesländern die volle elterliche Sorge. In den alten Bundesländern trat mit der Geburt des Kindes eine sog. gesetzliche Amtspflegschaft des Jugendamtes ein. Vor allem bei der Feststellung der Vaterschaft und der Sicherung des Kindesunterhalts konnte die Mutter die Rechte des Kindes nicht selbst geltend machen. Seit 1.7.1998 ist die gesetzliche Amtspflegschaft durch eine in ganz Deutschland geltende freiwillige Beistandschaft des Jugendamtes ersetzt worden (vgl. *Rn. 251*).

3.2.5.7 „Anwalt des Kindes" (Verfahrensbeistand)[152] Das Verfahrensrecht berücksich- **288** tigt die besonderen Aspekte des Kindeswohls, insbesondere mit seiner Anhörung – auch schon bei Kindern unter 14 Jahren (§ 159 FamFG), und der des Jugendamts (§ 162) sowie dem Beschwerderecht des Kindes über 14 Jahre (§ 60 FamFG). Hinzu kam bisher in schwierigen Fällen die Bestellung eines Verfahrenspflegers („Anwalt des Kindes") Mit dem FamFG[153] (§ 158) wurde er in **„Verfahrensbeistand"** umbenannt,[154] womit zum Ausdruck gebracht wird, dass er erweiterte Befugnisse hat. Er hat nicht nur die Interessen des Kindes (die nicht mit dem Kindeswohl identisch sein müssen) zu ermitteln und dem Gericht vorzutragen („Sprachrohr des Kindes"), sondern kann – allerdings nur, wenn das Gericht ihn damit zusätzlich beauftragt – Gespräche mit Eltern und anderen Bezugspersonen führen und sich daran beteiligen, einvernehmliche Lösungen herbeizuführen. Mitwirkungsrechte im Hilfeplanungsverfahren nach § 36 hat er nicht. Da er nicht gesetzlicher Vertreter des Kindes ist (§ 158 Abs. 4 S. 6 FamFG), ist das Elternrecht aus Art. 6 Abs. 2 S. 1 GG nicht eingeschränkt.

Das Gericht muss den Verfahrensbeistand in Kindschaftssachen bestellen, wenn dies zur Wahrnehmung der Interessen des Kindes erforderlich ist (§ 158 Abs. 1 FamFG). Das Gesetz nennt die Regelfälle der Erforderlichkeit (Abs. 2 Nr. 1-5), insbes. Trennung des Kindes von seinen Eltern, Entziehung der Personensorge, Ausschluss des Umgangsrechts, Verbleibensanordnung bei den Pflegeeltern. Auch in Adoptionssachen ist ein Verfahrensbeistand zu bestellen, wenn dies zur Wahrnehmung der Interessen des Kindes erforderlich ist (§ 174 FamFG). Wenn das Gericht in diesen Fällen von der Regelbestellung abweichen will, muss es das ausdrücklich begründen.

Vom Verfahrensbeistand zu unterscheiden ist der **Umgangspfleger**, der zum 1.9.2009 in das BGB (§ 1684 Abs. 3) aufgenommen worden ist. Er hat personensorgerechtliche Befugnisse und ist deshalb der alte Ergänzungspfleger (s. Rn. 206) in neuem Gewand. Das Familiengericht kann eine Umgangspflegschaft nur anordnen, wenn schwerwiegende Umgangskonflikte die Schwelle des § 1666 BGB erreicht haben (§ 1685 Abs. 3 S. 2 BGB).

Der Verfahrensbeistand erhält 350 EUR pro Fall, bei Erfüllung der zusätzlichen Aufgaben 550 EUR (§ 158 Abs. 7 FamFG). Der nicht berufsmäßige Verfahrensbeistand erhält keine Vergütung, sondern nur Aufwendungsersatz (Fahrten, Telefon, Kopien). Als geeignete Verfahrensbeistände kommen nicht nur Anwälte, Sozialarbeiter, Psychologen, Pädagogen, sondern auch Verwandte des Kindes in Betracht.

3.2.5.8 Erbrechtsgleichstellung. Das alte Recht verwehrte nichtehelichen Kindern die **289** Mitgliedschaft in einer Erbengemeinschaft, also die Stellung als Mitberechtigter und Mitverwalter des Nachlasses neben überlebenden Ehegatten und ehelichen Kindern des Erblassers. Stattdessen gewährte es lediglich einen Erbersatzanspruch, also einen bloßen Geldanspruch in der Höhe des Erbteils, der dem nichtehelichen Kind an sich zu-

---

152 Ausführlich *Röchling*, Handbuch Anwalt des Kindes, 2. Aufl. 2009.
153 Vgl. zu diesem *Rn. 193*.
154 Der Verfahrenspfleger lebt aber weiter im Verfahren in Betreuungssachen (§ 276 FamFG) und in Unterbringungssachen (§ 317 FamFG).

stand. Außerdem konnte das nichteheliche Kind von seinem Vater bisher einen vorgezogenen Erbausgleich in Geld verlangen. Diese erbrechtlichen Sonderregelungen wurden beseitigt. Eheliche und nichteheliche Kinder sind seit 1998 gleichgestellt. Das Recht der DDR hatte die nichtehelichen Kinder bereits den ehelichen Kindern gleichgestellt; der Einigungsvertrag hatte diese Rechtsstellung den Betroffenen auch erhalten.

290 3.2.5.9 Misshandlungsverbot. Seit 8.11.2000 wird in § 1631 Abs. 2 BGB jede Art von Gewalt in der Erziehung verboten. S. 2 stellt klar, dass hierunter auch die Ohrfeige fällt[155]. Sie erfüllt zudem den Tatbestand der Körperverletzung (§ 223 StGB). Familienrechtlich bestimmt die Wertung des § 1631 BGB den Begriff der Kindeswohlgefährdung in § 1666 BGB, kann also zu einem Eingriff des Familiengerichts führen (vgl. die Übersicht in Rn. 45).[156]

291 3.2.5.10 Eheschließungsrecht. Das Eheschließungsrecht wurde durch Aufhebung des Ehegesetzes in das BGB zurückgeführt. § 1303 Abs. 2 BGB ermöglicht die Eheschließung, wenn ein Partner 16 Jahre alt ist und das Familiengericht Befreiung vom Erfordernis der Volljährigkeit erteilt hat. Widerspricht der gesetzliche Vertreter des Minderjährigen dem Antrag auf Befreiung, kann das Familiengericht die Befreiung nur erteilen, wenn der Widerspruch nicht auf triftigen Gründen beruht (§ 1303 Abs. 3 BGB). Eine Einwilligung des gesetzlichen Vertreters zur Eheschließung ist nicht mehr erforderlich (§ 1303 Abs. 4 BGB).

292 3.2.6 Beurkundung[157]/vollstreckbare Urkunden. Jedes Jugendamt muss Beamte oder Angestellte zu Urkundspersonen bestellen (§ 59 Abs. 3). Die Urkundspersonen müssen für ihre Tätigkeit geeignet sein, dh gründliche Kenntnisse des Familienrechts, des Beurkundungsrechts und des internationalen Privatrechts haben. Die Ausbildung zum gehobenen oder höheren Verwaltungsdienst ist dafür nicht zwingende Voraussetzung.

Die Fälle der Beurkundung sind in § 59 Abs. 1 S. 1 Nr. 1–9 aufgezählt (insbes. Anerkennung von Vaterschaft und Mutterschaft, Unterhaltsverpflichtung, Erklärungen im Adoptionsverfahren und Sorgeerklärungen). Bei ihrer Tätigkeit müssen die Urkundspersonen die Formvorschriften des Beurkundungsgesetzes beachten.

293 § 60 regelt die Zwangsvollstreckung aus den Unterhaltsverpflichtungsurkunden des § 59 Abs. 1 S. 1 Nr. 3 und 4. Sie sind Vollstreckungstitel und bilden für die Zwangsvollstreckung eine Vollstreckungsklausel (§ 725 ZPO). Die Vollstreckungsklausel wird auf einer Ausfertigung des Vollstreckungstitels (vollstreckbare Ausfertigung, § 724 ZPO) angebracht. Diese vollstreckbare Ausfertigung wird von den Urkundsbeamten erteilt. Für den Beginn der Zwangsvollstreckung ferner notwendig ist die Zustellung. Diese kann dadurch vollzogen werden, dass die Urkundsperson dem Schuldner eine beglaubigte Abschrift der Urkunde aushändigt, die Urkundsperson setzt auf die für den Gläubiger bestimmte Ausfertigung die Vollstreckungsklausel, fertigt von dieser vollstreckbaren Ausfertigung eine beglaubigte Abschrift und händigt diese dem Schuldner aus. Lehnt die Urkundsperson die Erteilung einer Vollstreckungsklausel ab, ist dagegen der Rechtsweg zu den ordentlichen Gerichten eröffnet.

Die Tätigkeit des Jugendamts nach §§ 59, 60 ist kostenfrei, so dass beispielsweise die Anerkennung der Vaterschaft beim Jugendamt ein „Schnäppchen" ist, beim Standesamt (§ 29 a PStG) oder Notar dagegen nicht nur Überwindung kostet.

---

155 Anderer Ansicht aber wohl Papst Franziskus in Generalaudienz am 4.2.2015. Nach einer Forsa-Umfrage (2015) geben 40% der Eltern in Deutschland dem Kind einen „Klaps auf den Po", 11% eine Ohrfeige.
156 *Vgl.* die Broschüre des BMJ „Das Kindschaftsrecht".
157 Seit dem Kindschaftsreformgesetz (2008) ist die Beglaubigung keine Aufgabe des Jugendamts mehr.

Schaubild*: Beurkundung

294

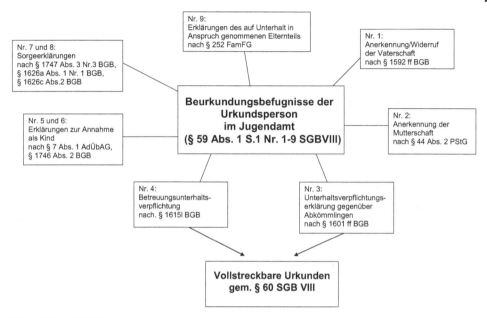

Nr. 9:
Erklärungen des auf Unterhalt in
Anspruch genommenen Elternteils
nach § 252 FamFG

Nr. 7 und 8:
Sorgeerklärungen
nach § 1747 Abs. 3 Nr.3 BGB,
§ 1626a Abs. 1 Nr. 1 BGB,
§ 1626c Abs.2 BGB

Nr. 1:
Anerkennung/Widerruf
der Vaterschaft
nach § 1592 ff BGB

Nr. 5 und 6:
Erklärungen zur Annahme
als Kind
nach § 7 Abs. 1 AdÜbAG,
§ 1746 Abs. 2 BGB

**Beurkundungsbefugnisse der
Urkundsperson
im Jugendamt
(§ 59 Abs. 1 S.1 Nr. 1-9 SGBVIII)**

Nr. 2:
Anerkennung der
Mutterschaft
nach § 44 Abs. 2 PStG

Nr. 4:
Betreuungsunterhalts-
verpflichtung
nach. § 1615l BGB

Nr. 3:
Unterhaltsverpflichtungs-
erklärung gegenüber
Abkömmlingen
nach § 1601 ff BGB

**Vollstreckbare Urkunden
gem. § 60 SGB VIII**

* *Rosa Saleh*, HS Kehl

4. Die Organisation der Jugendhilfe

295 Aus dem Sozialstaatsprinzip (*s. o. Übersicht bei Rn. 8*) folgt, dass Jugendhilfe eine staatliche Aufgabe im Sinne einer Gewährleistung ist. Lange Zeit aber wurde Jugendhilfe ausschließlich oder fast ausschließlich von nichtstaatlichen Organisationen und Verbänden, insbesondere den Kirchen geleistet (*s. o. Rn. 1*). Der Staat kann diese Hilfe weder organisatorisch noch finanziell in ausreichendem Maße allein leisten; dies würde auch sozialpolitisch vom Bürger nicht gewünscht. Das Neben- und Miteinander von freien und öffentlichen Trägern ist daher konstitutiver Bestandteil der Jugendhilfe (vgl. *Rn. 81*).

4.1 Die Träger der freien Jugendhilfe

296 Alle **Leistungen** der Jugendhilfe (§ 2 Abs. 2) werden von den Trägern der freien Jugendhilfe in originärer Zuständigkeit („duales System") erbracht (§ 3 Abs. 2 S. 1); eine Rechtspflicht ergibt sich allerdings für sie nicht. Dagegen können sie die **anderen** Aufgaben der Jugendhilfe (§ 2 Abs. 3) nur wahrnehmen, wenn dies im Gesetz ausdrücklich bestimmt ist (§ 3 Abs. 3). Insoweit üben sie eine vom Träger der öffentlichen Jugendhilfe abgeleitete (derivative) Tätigkeit aus, die eines Übertragungsaktes bedarf (§ 76). Eine solche Übertragung kann nur erfolgen für die in § 76 Abs. 1 genannten Aufgaben (Inobhutnahme eines Kindes, Mitwirkung in, Familien-, Jugendgerichtsverfahren und im Vormundschaftswesen), also nicht für die Urkundstätigkeit und die Pflege- und Einrichtungserlaubnis. Zur Beistandschaft vgl. *Rn. 251.*

297 Außerdem kann der Träger der öffentlichen Jugendhilfe gem. § 77 (vorwiegend im ambulanten Bereich) oder (im stationären Bereich) § 78 a die Einrichtungen und Dienste der Träger der freien Jugendhilfe in Anspruch nehmen, um seine Leistungsaufgaben zu erfüllen; sie werden dann gleichsam als Erfüllungsgehilfen für ihn tätig – nicht im Sinne einer Weisungsabhängigkeit nach § 278 BGB, sondern als Gehilfen bei der Erfüllung der öffentlich-rechtlichen Gewährleistungspflicht nach § 79 Abs. 2. Die abgeleitete (derivative) Tätigkeit der freien Träger setzt ein öffentlich-rechtliches Auftragsverhältnis gemäß §§ 53, 97 Abs. 1 SGB X voraus. § 97 Abs. 2 SGB X ist gem. § 17 Abs. 3 S. 4 SGB I nicht anwendbar. Wegen seiner Gewährleistungspflicht hat der öffentliche Träger eine Art Rechtsaufsicht (vergleichbar der kommunalen Rechtsaufsicht), auch im Hilfeplanungsverfahren. § 36 a Abs. 1 stellt dies klar mit dem Begriff der „Steuerungsverantwortung" (vgl. *Rn. 89*). Fachaufsichtliche Weisungen aber verbietet die Autonomie des freien Trägers (§ 4 Abs. 1 und § 17 Abs. 3 S. 2 SGB I). (*Vgl.* nachfolgende Schaubilder*).

Schaubild: Beschränkte Aufsichtsrechte des öffentlichen gegenüber dem freien Träger bei (derivater) Aufgabenerfüllung

Freie Träger erbringen den größeren – bei Kindergärten, Heimen und anderen Einrichtun- **298** gen für Kinder und Jugendliche sowie bei Heimen für Mutter und Kind ganz überwiegenden – Anteil der Leistungen der Jugendhilfe. Fast zwei Drittel aller Jugendhilfeleistungen werden von freien Trägern erbracht; fast zwei Drittel aller in der Jugendhilfe tätigen Personen sind bei freien Trägern beschäftigt; 63 % aller Einrichtungen sind in freier Trägerschaft.

Freie Träger sind:

- Kirchen und Religionsgemeinschaften des öffentlichen Rechts,
- Verbände der freien Wohlfahrtspflege (Arbeiterwohlfahrt, Caritas, Diakonie, Deutsches Rotes Kreuz, Deutscher Paritätischer Wohlfahrtsverband, Zentralwohlfahrtsstelle der Juden),

▪ Jugendverbände und sonstige Jugendgemeinschaften,

▪ sonstige Personengemeinschaften, die auf dem Gebiet der Jugendhilfe tätig sind.

Keine freien Träger sind die privatgewerblichen Träger (vgl. *Rn. 85*).

Schaubild: Erfüllung der Aufgaben der Jugendhilfe

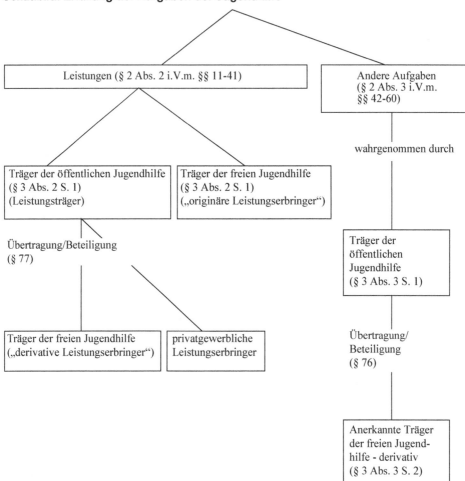

Schaubild: Beteiligung an der Aufgabenwahrnehmung

Aufgaben / Träger	Leistungen nach SGB VIII	Andere Aufgaben nach SGB VIII	Aufgaben nach dem AdoptionsvermittlungsG
öffentliche Jugendhilfe	§§ 11 – 41	§§ 42 – 60	Adoptionsvermittlung und Adoptionshilfe nach §§ 1, 7, 8, 9 AdVermiG und AdoptionshilfeG
freie Jugendhilfe	Privatrechtliche Wahrnehmung der Aufgaben nach §§ 11–41 (§ 3 Abs. 2 S. 1)	Grundsätzlich keine Wahrnehmung der Aufgaben nach den §§ 42–60 (§ 3 Abs. 3 S. 1) aber ausnahmsweise (§ 3 Abs. 3 S. 2) Beteiligung an Wahrnehmung einzelner Aufgaben, nämlich: (1) Inobhutnahme (2) Mitwirkung im gerichtlichen Verfahren (3) Beratung und Überwachung von Einzelvormündern und Einzelpflegern durch: – Beteiligung an Durchführung (§ 76 Abs. 1 1. Alt.) – Übertragung zur Ausführung (§ 76 Abs. 1 2. Alt.). Freie Jugendhilfe wird in öffentlich-rechtlichem, auftragsähnlichem Rechtsverhältnis beteiligt, aber dem Bürger gegenüber privatrechtlich tätig; öffentliche Jugendhilfe bleibt für Erfüllung der Aufgabe verantwortlich (§ 76 Abs. 2). Anders, wenn das JA eine Beistandschaft nach Landesrecht (Art. 144 EGBGB) auf einen Verein überträgt. Der Verein wird dann hoheitlich als beliehener Unternehmer tätig.	Hoheitliche Wahrnehmung der Aufgabe der Adoptionsvermittlung und Adoptionshilfe nach den §§ 1, 7, 8, 9 AdVermiG. Freie Jugendhilfe wird als Beliehener, also öffentlich-rechtlich tätig; Aufgabe wird in eigener Verantwortung wahrgenommen.

299

Schaubild: Rechtsformen der Aufgabenwahrnehmung

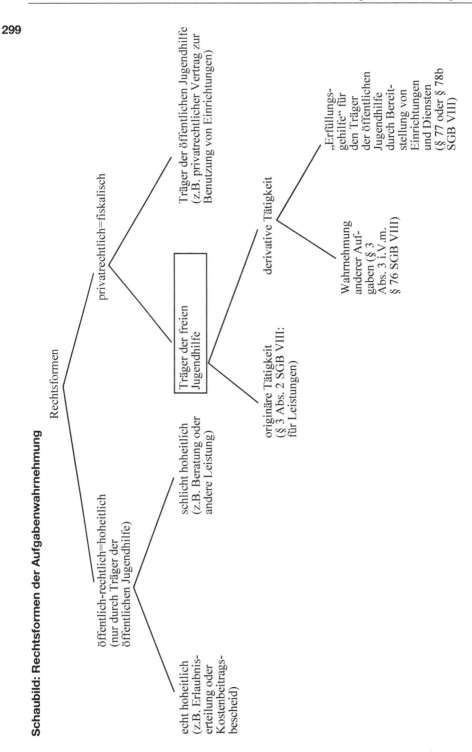

Rechtsformen

öffentlich-rechtlich=hoheitlich
(nur durch Träger der
öffentlichen Jugendhilfe)

echt hoheitlich
(z.B. Erlaubnis-
erteilung oder
Kostenbeitrags-
bescheid)

schlicht hoheitlich
(z.B. Beratung oder
andere Leistung)

privatrechtlich=fiskalisch

Träger der öffentlichen Jugendhilfe
(z.B. privatrechtlicher Vertrag zur
Benutzung von Einrichtungen)

Träger der freien
Jugendhilfe

originäre Tätigkeit
(§ 3 Abs. 2 SGB VIII:
für Leistungen)

derivative Tätigkeit

Wahrnehmung
anderer Auf-
gaben (§ 3
Abs. 3 i.V.m.
§ 76 SGB VIII)

„Erfüllungs-
gehilfe" für
den Träger
der öffentlichen
Jugendhilfe
durch Bereit-
stellung von
Einrichtungen
und Diensten
(§ 77 oder § 78b
SGB VIII)

Während die Kirchen und religiösen Gemeinschaften ebenso wie die Verbände der freien **300** Wohlfahrtspflege kraft Gesetzes (§ 75 Abs. 3) als Träger der freien Jugendhilfe anerkannt sind, bedürfen die übrigen Gruppierungen der Anerkennung durch die nach Landesrecht zuständigen Stellen, um in den Genuss einer auf Dauer angelegten Förderung durch die Träger der öffentlichen Jugendhilfe zu kommen (§ 74 Abs. 1 S. 2). Nach Landesrecht (zB § 11 LKJHG Baden-Württemberg) wird die Anerkennung ausgesprochen vom Jugendamt, vom Landesjugendamt und von der Obersten Landesjugendbehörde je nach regionaler Verbreitung. Voraussetzungen und Verfahren der Anerkennung sind den im *Anhang unter 4.* abgedruckten Richtlinien zu entnehmen.

Unabhängig von der Anerkennung als Träger der freien Jugendhilfe soll die freiwillige Tätigkeit aber auch dann gefördert werden, wenn die Voraussetzungen des § 74 Abs. 1 S. 1 erfüllt werden. Nur eine dauerhafte Förderung setzt eine Anerkennung voraus *(s. Rn. 317)* Ohne diese Einschränkungen werden aber Kindertageseinrichtungen (§ 22 Abs. 1 S. 1) gefördert, und sogar auch solche privatgewerblicher Träger, um den politisch erwünschten (aber keineswegs dem Wohl unter 3 jähriger Kinder dienenden) Ausbau der Tagesbetreuung bis 2013 zu bewerkstelligen *(hierzu Rn. 143).*

4.2 Die Träger der öffentlichen Jugendhilfe

Frucht der Föderalismusreform *(vgl. Rn. 35)* war die Streichung des (alten) § 69 Abs. 1 **301** durch das KiföG. Nun sind die Länder dafür zuständig, zu regeln, wer Träger der öffentlichen Jugendhilfe sein soll. Diese haben es bei der alten Regelung belassen, dass Träger der öffentlichen Jugendhilfe die **örtlichen** und **überörtlichen** Träger sind.[1]

Vgl. Schaubild bei Rn. 277.

4.2.1 Örtliche Träger. Örtliche Träger sind nach landesrechtlicher Bestimmung[2] (wie frü- **302** her nach Bundesrecht) die **Kreise** und die **kreisfreien Städte** (Stadtkreise). Nach Landesrecht[3] können auch (große) kreisangehörige **Gemeinden** auf Antrag mit Zustimmung des Landkreises zu örtlichen Trägern bestimmt werden. Wenn dies geschieht, geht – anders als bei der sog. (unechten) Delegation in der Sozialhilfe – die Zuständigkeit in vollem Umfang vom Landkreis auf die kreisangehörige Gemeinde über; es verbleibt keine irgendwie geartete Restzuständigkeit beim Landkreis (echte Delegation; vgl. *Rn. 309*). Wegen der Bedeutung des Vorgangs wählt das Landesrecht als Übertragungsform die Rechtsverordnung. Inwieweit der Landkreis der kreisangehörigen Gemeinde den Jugendhilfeaufwand ersetzt, wird ebenfalls durch Landesrecht bestimmt. Der Ersatz kann auch durch Vereinbarung geregelt werden.

Landesrecht[4] bestimmt auch, dass kreisangehörige Gemeinden auch einzelne Aufgaben **303** der Jugendhilfe (von sich aus) wahrnehmen, wenn sie nicht örtliche Träger der Jugendhilfe sind, zB in der Jugendarbeit. Dies geschieht durch öffentlich-rechtlichen Vertrag zwischen Landkreis und Gemeinde[5]. Machen Eltern von ihrem Wunsch- und Wahlrecht nach

---

1 So §§ 1, 3 LKJHG Bad.-Württ; Art. 15, 24 AGSG Bayern; § 33 AGKJHG Berlin; §§ 1, 8 AGKJHG Brandenb.; § 1 Abs. 1, 2 AGKJHG Brem.;§ 1 AGKJHG Hamb.;§§ 5, 7 Abs. 2 Hess. KJGB; §§ 1, 8 AGKJHG Meckl. – Vorp.; §§ 1, 9 AGKJHG Nieders.; § 1 AGKJHG NW; §§ 2, 7 AGKJHG RP; §§ 1, 12 AGKJHG Saarl.; §§ 1, 9 LJHG Sachsen; §§ 1, 8 KJHG Sachs.-Anh.; §§ 47, 49 JuFöG Schlesw.-Holstein; §§ 1, 6 KJHAG Thür.
2 Wie oben Fn. 237.
3 Wie oben Fn. 237 außer Sachsen und Thüringen.
4 Wie zB Art. 17 AGSG Bayern; § 2 LKJHG Baden-Württ.
5 So § 6 LKJHG Bad.-Württ.; Art. 30 AGSG Bayern, § 13 AGKJHG Nieders.; unmittelbar durch Gesetz; § 2 AGK-JHG NW Mischform; 3 2 Abs. 4 AGKJHG RP durch RVO. Alle anderen Länder haben hierzu (noch) keine Regelung getroffen.

§ 5 Gebrauch (vgl. *Rn. 87*), kann dies Gemeinden teuer zu stehen kommen, wenn Einrichtungen im Gemeindegebiet von gemeindefremden Kindern besucht werden[6] (zB weil sich dort der Arbeitsort der Eltern oder ein Waldorfkindergarten mit überörtlichem Einzugsbereich befindet). Dann sollte durch Vereinbarung der beteiligten Gemeinden ein gerechter Kostenausgleich geschaffen werden. Verantwortlich für die Erfüllung auch der Aufgabe der Tagesbetreuung und damit auch der Bezuschussung bleibt aber der Landkreis als öffentlicher Träger.[7] Es ist Sache des Landesgesetzgebers, zu regeln, wie der Kostenausgleich erfolgen soll zB durch interkommunalen Kostenausgleich zwischen den Gemeinden.[8]

304 Jeder örtliche Träger (rund 600 in Deutschland) muss für die Wahrnehmung der Aufgaben der Jugendhilfe (wiederum anders als in der Sozialhilfe, wo ein Sozialamt nicht gesetzlich vorgeschrieben ist) ein **Jugendamt** (und eben nicht einen Fachbereich mit klingenden Phantasienamen aus dem Reich der Neuen Steuerung; vgl. *Rn. 344*) errichten (§ 69 Abs. 3). Die Erfüllung von Aufgaben nach dem SGB VIII kann daher nicht einem Allgemeinen Sozialdienst zugewiesen werden, der außerhalb des Jugendamts organisiert ist. Der Leiter des Jugendamtes muss deshalb die Fachaufsicht für die Wahrnehmung aller Aufgaben nach dem SGB auch über den ASD ausüben können. Ebenso muss die Zuständigkeit des Jugendhilfeausschusses für alle Aufgaben nach dem SGB VIII (vgl. *Rn. 216*) gewährleistet sein (*vgl. hierzu auch Rn. 293*).

---

6 Vgl. Urt. des BVerwG v. 14.11.2004 in *Rechtsprechungsübersicht im Anhang unter 6. auf* https://www.nomos-shop.de/nomos/titel/jugendhilferecht-id-89400/,"Service zum Buch" zu § 74.
7 Ebenso Hess. VGH m. Urt. v. 6.9.2005– 10 UE 3025/04.
8 So § 8 a KiTaG Bad.-Württ. oder Gastkinderregelung in Art. 23 BayKiBiG.

Schaubild: Organisationsstruktur der öffentlichen Jugendhilfe

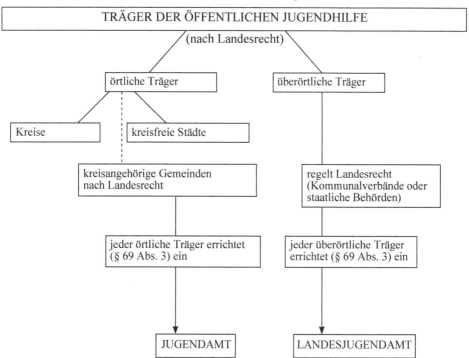

4.2.1.1 Das Jugendamt: Verwaltung und Jugendhilfeausschuss. Gegenüber allen an- **305** deren Ämtern der Kommunalverwaltung weist das Jugendamt eine (*zu weiteren vgl. Rn. 304-306*) Besonderheit auf: es besteht aus der Verwaltung und einem Ausschuss: dem Jugendhilfeausschuss; vgl. nachfolgendes Schaubild. Ob dieser seit 1924 existierende (nur von den Nazis suspendierte; *vgl. Rn. 7*) Ausschuss auch in Zukunft bestehen bleibt, ist nach der Föderalismusreform (*vgl. Rn. 35*) fraglich, da es in die Regelungskompetenz der Länder gestellt wurde, Organisation und Verfahren zu regeln. Bisher hat aber noch kein Bundesland die Axt an den JHA gelegt.

(1) Der Jugendhilfeausschuss...[9] ... im Verhältnis zur Verwaltung des Jugendamts

Der Jugendhilfeausschuss ist ein der Verwaltung übergeordnetes Gremium. Dies ergibt **306** sich aus § 70 Abs. 2, wonach die Verwaltung die Geschäfte im Rahmen der Satzung und der Beschlüsse der Vertretungskörperschaft und des Jugendhilfeausschusses zu führen hat.

---

9 Zu empfehlen ist die Broschüre des Bayerischen Landesjugendamtes, Kleine Rechtskunde für den JHA, 2. Aufl.2009, ferner *Münder/Ottenberg,* Der Jugendhilfeausschuß, 1999. Ferner Urteil des OVG Dresden 2021, siehe Rechtsprechungsübersicht.

Schaubild: Ausschuss und Verwaltung des Jugendamts

Politische Vertretungskörperschaft:
Gemeinderat (Stadtverordnetenversammlung)/Kreistag

Beschlussfassung über grundsätzliche Fagen,
Satzung und Mittel des Jugendamtes

Jugendamt

Jugendhilfeausschuss	Verwaltung des Jugendamtes
Rechte:	Zuständigkeiten:

1. Beschlussrechte (§ 71 Abs. 3)
über
alle Angelegenheiten der Jugendhilfe
– Erörterung aktueller Problemlagen
  junger Menschen und ihrer Familien
– Anregungen und Vorschläge für
  die Weiterentwicklung der Jugend-
  hilfe
– Jugendhilfeplanung
– Förderung der freien Jugendhilfe
– Geschäftsordnung
– Mittelverwendung
jeweils im Rahmen von
2. Anhörungs- und Antragsrecht
(§ 71 Abs. 3)
	1. Ausführung der Beschlüsse der
	  Vertretungskörperschaft und des
	  Jugendhilfeausschusses (§ 70 Abs. 2)
	2. Geschäfte der laufenden Verwaltung
	  (§ 70 Abs. 2)

Mitglieder (§ 71 Abs. 1):

1. stimmberechtigte:
   – Mitglieder der Vertretungskörperschaft
   oder von ihr gewählte, in der Jugendhilfe erfahrene Männer und Frauen
   (3/5)
   – von der Vertretungskörperschaft auf
   Vorschlag der freien Jugendhilfe
   gewählte Männer und Frauen (2/5)
2. beratende (nach Landesrecht), z.B.:
   – Vertreter der Kirchen und der
   jüdischen Kultusgemeinden
   – Vertreter der Schule
   – Arzt des Gesundheitsamtes
   – Familien- oder Jugendrichter
   – der Leiter der Verwaltung des Jugendamtes und der Leiter der Verwaltung
   der Gebietskörperschaft (je nach
   Landesrecht auch mit Stimmrecht)

Personal (§70 Abs. 2 und § 72 Abs. 1 und 2):

   – Leiter der Verwaltung der Gebietskörperschaft (Landrat, Oberbürger-
   meister/Bürgermeister
   oder in seinem Auftrag Leiter der Verwaltung des Jugendamts (Jugendamtsleiter)
   – Sozialpädagogen/Sozialarbeiter
   – Verwaltungsfachkräfte
   (*vgl. Rn 214 und 215*)

Kompetenzpyramide

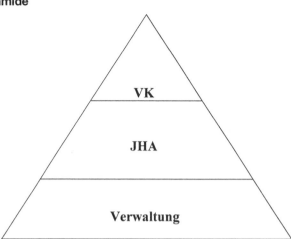

Daraus ergibt sich, dass der Jugendhilfeausschuss für die Erledigung der laufenden Ge- **307** schäfte Richtlinien oder Grundsätze aufstellen kann, an die die Verwaltung des Jugend- amtes gebunden ist. Der Jugendhilfeausschuss kann außerdem in Einzelfällen von grund- sätzlicher Bedeutung Beschlüsse fassen. Für alle grundsätzlichen Angelegenheiten der Jugendhilfe ist ausschließlich der Jugendhilfeausschuss zuständig.

Nach außen tritt dem Bürger gegenüber nur die Verwaltung in Erscheinung. Trifft sie Ent- **308** scheidungen, die die gesetzlich geregelte Zuständigkeit des Jugendhilfeausschusses ver- letzen, sind diese Entscheidungen rechtswidrig als Verstoß gegen die (funktionelle) Zu- ständigkeit, aber heilbar gem. § 41 Abs. 1 Nr. 4 SGB X analog.

Auch wenn die Stellung des Jugendhilfeausschusses in rechtlicher Hinsicht stark ausge- baut ist, hängt sein faktisches Gewicht von der Stärke der Persönlichkeit seiner Mitglie- der ab (vgl. *Rn. 42, 293*).

... im Verhältnis zur Vertretungskörperschaft

Die Ausführungsgesetze der Länder[10] regeln, dass der Jugendhilfeausschuss ein **be-** **309** **schließend**er Ausschuss im Sinne der Kommunalverfassung ist. Daraus ergibt sich ein Vorrang der Vertretungskörperschaft (Kreistag, Gemeinderat / Stadtverordnetenversamm- lung). Der Jugendhilfeausschuss bleibt aber ein Ausschuss *besonderer* Art (vgl. Rn. 304-306), weil er Teil des Amtes ist und weil seine Rechte im Verhältnis zur Vertre- tungskörperschaft bundesgesetzlich (§ 71 Abs. 3) geregelt sind.

§ 71 Abs. 3 räumt ihm ein Beschlussrecht in Angelegenheiten der Jugendhilfe ein, ordnet dieses Beschlussrecht aber der Vertretungskörperschaft unter, indem er es nur gewährt im Rahmen der von der Vertretungskörperschaft bereit gestellten Mittel, der von ihr erlas- senen Satzung und der von ihr gefassten Beschlüsse. Bewegt sich der JHA in diesem Rahmen, besteht kein Rückholrecht der Vertretungskörperschaft von Beschlüssen des JHA.

Außerdem ist die Vertretungskörperschaft verpflichtet ("soll"), den Jugendhilfeausschuss anzuhören in allen Angelegenheiten der Jugendhilfe (vgl. Rn. 293*) und bei Berufung des

---

10   ZB Art. 17 Abs. 1 AGSG Bayern; § 2 LKJHG BW; § 3 LJHG Sachsen.

Jugendamtsleiters (§ 71 Abs. 3). Schließlich hat der Jugendhilfeausschuss das Recht, Anträge an die Vertretungskörperschaft zu stellen.

310 Dem Jugendhilfeausschuss gehören stimmberechtigte und beratende Mitglieder an.

Vgl. hierzu das nachfolgende Schaubild und die Mustersatzung, abgedruckt im Anhang unter 4. als Anlage 7.

Schaubild: Der Jugendhilfeausschuss

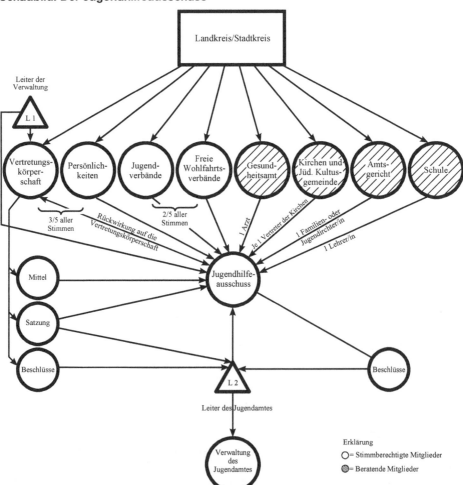

Mitglieder des Jugendhilfeausschusses (§ 71 Abs. 1)

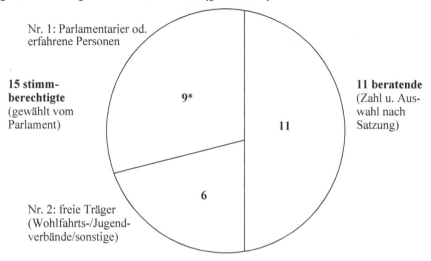

Nr. 1: Parlamentarier od. erfahrene Personen

15 stimm-
berechtigte
(gewählt vom
Parlament)

9*

11

11 beratende
(Zahl u. Aus-
wahl nach
Satzung)

6

Nr. 2: freie Träger
(Wohlfahrts-/Jugend-
verbände/sonstige)

*   einschl. Landrat (OB) oder JA-Leiter,
wenn stimmberechtigt nach Landesrecht

Stimmberechtigte Mitglieder

Die Gruppe der stimmberechtigten Mitglieder wird in § 71 Abs. 1 genannt. Nach Nr. 1 sind **311** drei Fünftel der Mitglieder der Vertretungskörperschaft (Kreistag, Gemeinderat, Stadtverordnetenversammlung) zu wählen aus

- Mitgliedern der Vertretungskörperschaft oder (im Gegensatz zum alten Recht: „und")
- in der Jugendhilfe erfahrenen Frauen und Männern.

Nach § 71 Abs. 1 Nr. 1 können also auch nur Mitglieder der Vertretungskörperschaft oder nur „Externe" gewählt werden; zweckmäßigerweise aber werden die drei Fünftel auf beide Gruppierungen verteilt. Ist nach Kommunalverfassungsrecht (Landkreisordnung, Gemeindeordnung) der Leiter der Verwaltung der Gebietskörperschaft (Landrat, Bürgermeister) Vorsitzender des Ausschusses mit Stimmrecht, ist er bei den Mitgliedern nach Nr. 1 mitzuzählen (§ 71 Abs. 5 S. 3).

Nach Nr. 2 sind zwei Fünftel der Mitglieder von der Vertretungskörperschaft zu wählen nach Vorschlägen der anerkannten Träger der freien Jugendhilfe. Die Aufteilung der zwei Fünftel auf die freien Träger wird der Regelung durch Landesrecht überlassen (zB § 4 Abs. 4 AGKJHG Nordrhein-Westfalen oder § 2 Abs. 4 LKJHG Baden-Württemberg). In der Regel werden ein Fünftel auf Vorschlag der Jugendverbände und ein Fünftel auf Vorschlag der Wohlfahrtsverbände gewählt.

Die Zahl der Mitglieder des Jugendhilfeausschusses wird durch das nicht bestimmt. Lan- **312** desrecht kann die Zahl bestimmen (zB § 4 Abs. 1 AG KJHG Nordrhein-Westfalen: 15 stimmberechtigte Mitglieder) oder es kann die Bestimmung der Zahl einer Regelung durch Satzung überlassen (so § 1 Abs. 2 Nr. 2 LKJHG Baden-Württemberg). Zweckmäßigerweise wird es sich um eine durch 5 teilbare Zahl handeln.

Landesrecht regelt auch die persönlichen Voraussetzungen der Mitgliedschaft, ihr Ende und die Stellvertretung. Die Vollendung des 18. Lebensjahres ist das erforderliche Mindestalter für die Wählbarkeit. Unionsbürger können nach der Änderung des Art. 28 GG wählen und gewählt werden. Die Frage des Wohnsitzes ist unterschiedlich geregelt. In allen Ländern ist ein individuelles Ausscheiden aus dem Jugendhilfeausschuss (Rücktritt, Verzicht) möglich. Auch die Wahl eines Stellvertreters ist unterschiedlich in den Ländern geregelt (zB § 2 Abs. 3 S. 2 LKJHG Baden-Württemberg: für jedes Mitglied ist ein Stellvertreter zu wählen; ebenso § 4 Abs. 3 AG KJHG Nordrhein-Westfalen; Art. 18 Abs. 3 AGSG Bayern).

Beratende Mitglieder

313 Im Gegensatz zum JWG regelt § 71 nicht, dass dem Jugendhilfeausschuss beratende Mitglieder angehören müssen; vielmehr wird dies dem Landesrecht überlassen (§ 71 Abs. 5). Das Landesrecht kann diese Frage selbst regeln (zB § 5 AGKJHG Nordrhein-Westfalen) oder sie der örtlichen Regelung durch Satzung überlassen (so zB § 1 Abs. 2 Nr. 3 LKJHG Baden-Württemberg). In der Regel gehören dem Jugendhilfeausschuss als beratende Mitglieder an: Vertreter der Kirchen und der jüdischen Kultusgemeinde, der Schule, ein Arzt des Gesundheitsamtes, Familien- oder Jugendrichter, ein Vertreter der Arbeitsverwaltung, ein Vertreter der Polizei.

Mit dem KJSG wurde § 71 Abs. 2 eingefügt wonach auch **selbstorganisierte Zusammenschlüsse** beratende Mitglieder sind. Diese sind in § 4 a neu eingefügt und definiert als nicht in berufsständischen Organisationen eingebundene, ehrenamtlich tätige Personen

... seine Aufgaben

314 Der Jugendhilfeausschuss befasst sich mit allen Aufgaben des Jugendamts nach § 2. Die Schwerpunkte seiner Tätigkeit nennt § 71 Abs. 2:

- Erörterung aktueller Problemlagen junger Menschen und ihrer Familien und Vorschläge für die Weiterentwicklung der Jugendhilfe,
- Jugendhilfeplanung,
- Förderung der freien Jugendhilfe.

Der Jugendhilfeausschuss ist somit ein Gremium der Kommunikation, der Verteilung von Zuschüssen, der Planung und der anwaltlichen Vertretung junger Menschen. Er hat die Chance, Dreh- und Angelpunkt der Jugendhilfe zu sein; ob er es tatsächlich ist, hängt von der Initiative seiner Mitglieder ab. Da seine Sitzungen in der Regel öffentlich sind (§ 71 Abs. 3), kann er die Schubkraft der Öffentlichkeit zur Durchsetzung jugendpolitischer Interessen nutzen (vgl. *Rn. 42*). Ein in gleicher Weise wirksames Instrument ist die in § 80 ausdrücklich und ausführlich geregelte Jugendhilfeplanung (*s. hierzu unten 4.4 Rn. 333*).

... sein Verfahren

315 Das Verfahren im Jugendhilfeausschuss richtet sich nach dem kommunalen Verfassungsrecht (Gemeindeordnung, Landkreisordnung). Zusätzlich kann es in einer Geschäftsordnung vom Jugendhilfeausschuss geregelt werden. *Ein Muster ist abgedruckt im Anhang unter 4. als Anlage 8.*

So kann der Vorsitzende des Jugendhilfeausschusses sowohl durch Kommunalverfassungsrecht bestimmt sein (zB der Landrat, Bürgermeister als Leiter der Verwaltung der Gebietskörperschaft) oder er kann gewählt werden durch die Vertretungskörperschaft oder durch den Jugendhilfeausschuss selbst (so zB § 4 Abs. 5 AGKJHG Nordrhein-Westfalen).

Die konstituierende Sitzung wird durch den Leiter der Verwaltung der Gebietskörperschaft (Landrat/OB) einberufen, während die weiteren Ausschusssitzungen nach Einladung durch den Vorsitzenden des Ausschusses erfolgen. Wie oft der Ausschuss zusammentritt, ist im Gesetz nicht geregelt (§ 71 Abs. 3 S. 3: „nach Bedarf"). Auf Antrag von mindestens einem Fünftel der stimmberechtigten Mitglieder ist er einzuberufen (§ 71 Abs. 3 S. 3).

Beschlussfähigkeit liegt vor, wenn die Mitglieder ordnungsgemäß geladen sind und die Mehrheit der Mitglieder anwesend ist. Ist der Jugendhilfeausschuss nicht beschlussfähig, da die erforderliche Anzahl stimmberechtigter Mitglieder nicht anwesend und die Beschlussunfähigkeit vom Vorsitzenden festgestellt ist, können Beschlüsse nicht gefasst werden. Es ist dann zu einer neuen Sitzung einzuladen, wobei in der Einladung darauf hinzuweisen ist, dass bei der letzten Sitzung Beschlussfähigkeit nicht vorlag und bei der nun einberufenen Sitzung der Ausschuss ohne Rücksicht auf die Zahl der erschienenen Mitglieder beschlussfähig ist.

Die Rechte des Jugendhilfeausschusses in Fragen der Jugendhilfe (§ 71 Abs. 2 und 3)

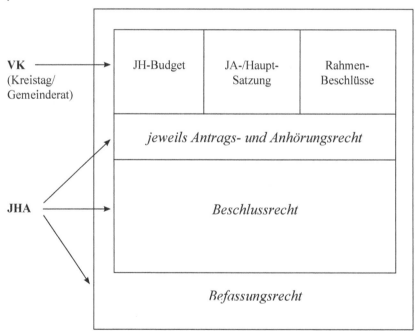

Normenpyramide im Jugendhilferecht

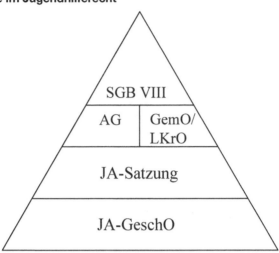

316 Eine Einschränkung der Stimmberechtigung kann sich aus **Befangenheit** ergeben. Wann ein Mitglied befangen ist, richtet sich ebenfalls nach Kommunalverfassungsrecht. Danach liegt Befangenheit dann vor, wenn eine Angelegenheit behandelt wird, die ihm selbst oder einem Angehörigen oder einer von ihm vertretenen (natürlichen oder juristischen) Person einen unmittelbaren Vorteil oder Nachteil bringen kann (zB § 18 Gemeindeordnung Baden-Württemberg). Dies ist bei Verbandsvertretern dann der Fall, wenn es nicht nur um eine Förderung der Verbände allgemein geht, sondern um eine individuelle Leistung an ihren Verband. Zweckmäßigerweise sollte der Verband erst gar keinen Organwalter (Verbandsvertreter nach dem Vereinsrecht) in den JHA entsenden, sondern ein einfaches Mitglied, um alle Klippen der Befangenheit zu umschiffen.

Die **Öffentlichkeit** der Sitzung ist in § 71 Abs. 3 S. 4 ausdrücklich geregelt. Danach ist Öffentlichkeit der Sitzung der Regelfall. Nur ausnahmsweise kann die Öffentlichkeit ausgeschlossen werden, beispielsweise, wenn Einzelfälle behandelt werden, bei denen personenbezogene Daten nach § 35 SGB I in Verbindung mit § 61 (vgl. *Rn. 354*) geschützt sind. Meist wird aber der Personenbezug ohnehin nicht erforderlich sein. Auch Betriebs- und Geschäftsgeheimnisse der freien Träger sind als Sozialgeheimnis geschützt (§ 67 Abs. 1 S. 2 SGB X).

317 Die Bekanntgabe der Beschlüsse an die Mitglieder erfolgt durch Übersendung der Protokolle der entsprechenden Sitzung. Die Öffentlichkeit kann – und sollte – über Beschlüsse informiert werden, soweit die Sitzung öffentlich war.

Inwieweit die Mitglieder des Ausschusses eine Aufwandsentschädigung erhalten, ist teils landesrechtlich teils durch Satzung geregelt. Nach der Kommunalverfassung erhalten sie Ersatz ihrer Auslagen und ihres Verdienstausfalls. Durch Satzung kann dann bestimmt werden, inwieweit ihnen eine Aufwandsentschädigung gewährt wird (so zB § 19 Gemeindeordnung Baden-Württemberg). Die dem öffentlichen Dienst angehörenden Mitglieder erhalten keine Aufwandsentschädigung, sondern nur Reisekostenvergütung, da ihre Mitarbeit zu ihren Dienstaufgaben gehört.

318 Die Bildung von **Unterausschüssen** ist nach satzungsrechtlicher Bestimmung möglich (zB § 6 AG KJHG in Nordrhein-Westfalen). Sie sind beratende Ausschüsse, die der Vorberatung von Angelegenheiten, die im Jugendhilfeausschuss behandelt werden, dienen. Als

beschließende Ausschüsse können sie nur dann fungieren, wenn die Hauptsatzung des Gemeinderats dies bestimmt. Mitglieder des Unterausschusses können auch nicht dem Jugendhilfeausschuss angehörende Personen sein; sie können dann aber auch in einem beschließenden Ausschuss nur beratend teilnehmen. Die Bildung von Unterausschüssen ist sinnvoll für einzelne Aufgaben der Jugendhilfe (zB für Jugendarbeit, Jugendschutz und Jugendsozialarbeit einerseits, für Hilfe zur Erziehung andererseits) oder für einzelne, umfangreiche Projekte wie beispielsweise die Erstellung eines Jugendhilfeplans oder für die Erarbeitung von Richtlinien zur Finanzierung

(2) Die Verwaltung des Jugendamts. ... ihre Aufgabe

Die Geschäfte der laufenden Verwaltung werden vom Leiter der Verwaltung der Gebiets- **319** körperschaft (Landrat/OB) oder in seinem Auftrag vom Jugendamtsleiter geführt (§ 70 Abs. 2): Dabei sind sie nicht frei, sondern unterliegen einer doppelten Bindung: durch Satzung und Beschlüsse der Vertretungskörperschaft (Gemeinderat, Kreistag) und durch Beschlüsse des Jugendhilfeausschusses (vgl. *Schaubild bei Rn. 294*). Hinzu kommt selbstverständlich die Bindung an das Gesetz aufgrund des Grundsatzes der Gesetzmäßigkeit der Verwaltung (Art. 20, 28 GG), also Vorrang und Vorbehalt des Gesetzes.

Laufende Geschäfte der Verwaltung sind solche, die zu einer ungestörten und ununter- **320** brochenen Fortdauer der Verwaltungstätigkeit notwendig sind, es sei denn, dass es sich um einmalige Angelegenheiten oder solche von erheblicher Bedeutung handelt. Die Abgrenzung der Geschäfte der laufenden Verwaltung kann in entsprechender Anwendung der die Zuständigkeit des Bürgermeisters regelnden Vorschrift der Kommunalverfassung erfolgen (zB § 44 Abs. 2 Gemeindeordnung Baden-Württemberg).

§ 72 fordert, dass in den Jugendämtern hauptberuflich nur Personen beschäftigt sein sol- **321** len, die

- sich nach ihrer Persönlichkeit für die Aufgabe eignen[11],
- eine der jeweiligen[12] Aufgabe entsprechende Ausbildung haben oder sich beruflich bewährt haben.

Die in den Sozialdiensten beschäftigten Mitarbeiter sind an Hochschulen für Sozialwesen als Sozialarbeiter/Sozialpädagogen ausgebildet. Außerdem gibt es für Diplompädagogen universitäre Studiengänge. Auch Soziologen und Psychologen nehmen Aufgaben in den Sozialdiensten wahr. In der allgemeinen Verwaltung sind Absolventen der Hochschulen für öffentliche Verwaltung, aber auch Betriebswirte beschäftigt. Auch Berufsakademien (Duale Hochschulen) bilden in einigen Ländern Sozialarbeiter und Verwaltungsfachkräfte aus (zB in Baden-Württemberg).

§ 72 a (neu durch das KICK)[13] fordert zur präventiven Wahrnehmung des Schutzauftrags nach § 8 a (vgl. *Rn. 45*), dass ein erweitertes Führungszeugnis[14] nach dem BundeszentralregisterG vorgelegt werden muss, um zB Pädophilen das Handwerk zu legen (s. auch *Rn. 226*). Es muss nach Aufforderung durch das JA von der zu beschäftigenden Person bei der Meldebehörde beantragt werden und wird dem JA unmittelbar zugeschickt (§§ 30, 30 a BZRG). Bleibt die Aufforderung erfolglos, erhält das JA das erweiterte Führungszeugnis direkt (§ 31 Abs. 2 BZRG). Da §§ 72, 72 a nur an die öffentlichen Träger gerichtet sind, müssen freie Träger durch Vereinbarung (sog. Sicherstellungsvereinbarung

---

11 Charakteristisch für das Jugendamt sind daher Charakterköpfe !
12 Jede Fachkraft ist also eine relative, nicht eine absolute (allenfalls eine resolute).
13 Zuletzt geändert durch das Strafrechtsänderungsgesetz vom 21.1.2015 (BGBl. IS 10).
14 Mit Gesetz v. 16.7 2009 (BGBl. S. 1952), das am 1.5.2010 in Kraft getreten ist, ist ein **erweitertes** Führungszeugnis zur Vorlage nach § 72 a in das BZRG (§ 30 a Abs. 1 Nr. 2 a) aufgenommen worden. Zum Inhalt des erweiterten Führungszeugnisses siehe im Anhang 4 die Anlage 4 zur Anlage 13.

nach § 72 a Abs. 2 und 4) zur Übernahme entsprechender Pflichten veranlasst werden (vgl. Vertragsmuster im *Anhang 4. als Anlage 13*). Zur Gebührenfreiheit *s. im Anhang 4 die Anlage 14.*

Übersicht: Ausschluss einschlägig Vorbestrafter (§ 72 a)

§ 72a SGB VIII			
Hauptamtler		**Nebenamtler/ Ehrenamtler**	
öffentl. Träger	*freier* Träger	*öffentl.* Träger	*freier* Träger
Abs. 1	*Abs. 2* i.V.m. Vereinbarung	*Abs. 3* i.V.m. Entscheidung	*Abs. 4* i.V.m. Vereinbarung
Datenschutz (*Abs. 5*)			

322 Übersicht über Fachkräfte in der Jugendhilfe

Soziale Berufe	Verwaltungsfachkräfte

– Sozialarbeiterinnen/ Sozialpädagoginnen
– Erzieherinnen/Erzieher
  – Heimerzieher
  – Heilerzieher
  – Erzieherinnen in Tageseinrichtungen
– Kinderpflegerinnen
– Pädagogen
  – Diplompädagoginnen
  – Heilpädagoginnen
  – Sonderschulpädagogen
  – Lehrer
– Psychologen
– Soziologen
– Ärzte
  – Pädiater
  – Jugendpsychiater
  – Psychotherapeuten
	– Absolventen der Hochschulen für öffentliche Verwaltung als Beamte im gehobenen Dienst
	– Juristen im höheren Dienst
	– Verwaltungsfachangestellte
	– Betriebswirte

Die Tätigkeiten der Verwaltungsfachkraft umfassen: **323**

■ Leistung wirtschaftlicher Jugendhilfe (Pflegegeld) (vgl. *Rn. 201*)
■ Heranziehung zu den Kosten (vgl. *Rn. 373*)
■ Kostenerstattung (vgl. *Rn. 384*)
■ Statistik
■ Jugendhilfeplanung (vgl. *Rn. 333*)
■ Fort- und Weiterbildung
■ Öffentlichkeitsarbeit
■ Geschäftsführung des Jugendhilfeausschusses (vgl. *Rn. 284*)
■ Beurkundungen, vollstreckbare Urkunden (vgl. *Rn. 271*)
■ Amtsbeistandschaft/Amtspflegschaft/Amtsvormundschaft (vgl. *Rn. 246*)

Einen Gesamtüberblick über die Tätigkeit des Jugendamtes gibt der nachfolgende Muster-Verwaltungsgliederungsplan.

Schaubild: Musterverwaltungsgliederungsplan für die Jugendhilfe

Abt. 5: Jugend, Familie und Sport		
Ref. 50 – Verwaltung des Jugendamts/Einrichtungen der Jugendhilfe	**Ref. 51** – Leistungen der Jugendhilfe	**Ref. 52** – Andere Aufgaben
1. Allgemeine Verwaltung des Jugendamts und Grundsatzangelegenheiten 2. Geschäftsführung des Jugendhilfeausschusses und seiner Unterausschüsse 3. Jugendhilfeplanung 4. Zusammenarbeit mit und Anerkennung von Trägern der freien Jugendhilfe 5. Statistik 6. Amtshilfe 7. Heranziehung zu den Kosten und Kostenerstattung 8. Fortbildung und Praxisberatung 9. Tageseinrichtungen (Kinderkrippe, Kindergarten, Kinderhort) und Einrichtungen der Jugendarbeit (Jugendheime, Zeltlagerplätze) sowie Mutter-/Vater-Kind-Einrichtungen	1. Jugendarbeit/Jugendsozialarbeit/erzieherischer Kinder- und Jugendschutz 2. Förderung der Erziehung in der Familie (Familienbildung, Familienberatung, Familienerholung/Partnerschaftsberatung/Unterstützung bei notwendiger Unterbringung zur Erfüllung der Schulpflicht) 3. Förderung von Kindern in Tageseinrichtungen und in Kindertagespflege 4. Hilfe zur Erziehung (Erziehungsberatung/soziale Gruppenarbeit/Erziehungsbeistand und Betreuungshelfer/sozialpädagogische Familienhilfe/Erziehung in einer Tagesgruppe/Vollzeitpflege/Heimerziehung/intensive sozialpädagogische Einzelbetreuung) 5. Eingliederungshilfe für seelisch behinderte junge Menschen 6. Hilfe für junge Volljährige	1. Vorläufige Maßnahmen zum Schutz von Kindern (Inobhutnahme) 2. Pflegekinderschutz 3. Mitwirkung in gerichtlichen Verfahren (Familiengerichtshilfe/Beratung und Belehrung in Verfahren zur Annahme als Kind/Jugendgerichtshilfe) 4. Beistandschaft, Pflegschaft und Vormundschaft 5. Beurkundung, vollstreckbare Urkunden

Was die Zahl der Mitarbeiter angeht, sind von der Kommunalen Gemeinschaftsstelle für **324** Verwaltungsvereinfachung (KGSt) Richtwerte für die Personalbemessung entwickelt worden (vgl. hierzu den KGSt-Bericht vom Juni 1993). Wegen der Verschiedenheit der Organisation in den einzelnen Ämtern ist aber nur sehr schwer eine allgemeine Aussage zu treffen.

4.2.1.2 Die Sonderstellung des Jugendamtes im Kommunalgefüge. Die Jugendhilfe **325** ist als weisungsfreie Pflichtaufgabe **Selbstverwaltungsangelegenheit** des örtlichen Trägers. Dies bedeutet, dass das Jugendamt nicht der Fachaufsicht übergeordneter Behörden hinsichtlich der Zweckmäßigkeit seiner Maßnahmen unterliegt, sondern lediglich der Rechtsaufsicht hinsichtlich der Rechtmäßigkeit seines Handelns. Die Rechtsaufsicht wird vom Regierungspräsidium/Bezirksregierung/Landesdirektion und dem Innenministerium ausgeübt.

326 Das Jugendamt ist Teil der kommunalen Behörde (Landratsamt, Bürgermeisteramt/ Gemeindeverwaltung). Organisationsrechtlich ist damit das Jugendamt keine eigene Behörde. Funktionsrechtlich ist das Jugendamt aber **Behörde,** weil es eine Stelle ist, die Aufgaben der öffentlichen Verwaltung wahrnimmt (§ 1 Abs. 2 SGB X). Bei Wahrnehmung der Aufgabe der Amtsbeistandschaft/Amtspflegschaft/Amtsvormundschaft (§ 55) handelt das Jugendamt auch nach außen selbstständig, da es vom Gesetz zum Vertreter (§ 1793 BGB) einer natürlichen Person bestellt wird, also wie eine Behörde selbstständiger Träger von Rechten und Pflichten ist.

327 Verglichen mit den anderen Ämtern (Behörden im funktionsrechtlichen Sinn), hat das Jugendamt auch deshalb eine Sonderstellung, weil es eine **Fachbehörde** ist, in der Fachkräfte der Sozialpädagogik, der Verwaltung, der Jugendverbandsarbeit und anderer Gebiete bei der Lösung von Aufgaben zusammenwirken. Außerdem ist das Jugendamt „Interessenvertretung" für Kinder, Jugendliche und Familien (s. Rn. 42). Der wesentliche Unterschied zu den anderen Ämtern besteht darin, dass das Jugendamt **zweigliedrig** organisiert ist, nämlich von Jugendhilfeausschuss und Verwaltung gebildet wird (§ 70 Abs. 1). Im Jugendamt als Teil der Exekutive wirkt die Vertretungskörperschaft durch die Wahl der Mitglieder des Jugendhilfeausschusses bei der Aufgabenerfüllung mit. Die Ursprünge dieser Zweigliedrigkeit des Jugendamtes liegen in den Landesgesetzen Sachsens (1918) und Württembergs (1919), die in das Reichsjugendwohlfahrtsgesetz (1922) mündeten und ein Jugendamt als „kollegiale Behörde" vorsahen. 1953 wurde das Kollegialprinzip dann neu geregelt, nämlich durch Zweiteilung der Behörde in einen Jugendwohlfahrtsausschuss und in die Verwaltung des Jugendamtes. *Vgl. hierzu Rn. 7.*

328 **Schaubild: Jugendhilferecht im Normengefüge**

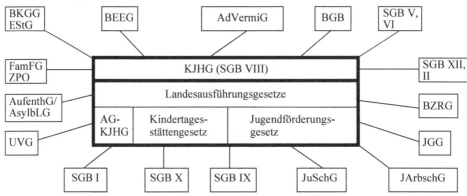

Schaubild: Das Jugendamt als „administrative Schaltstelle" für die Belange des Kindes

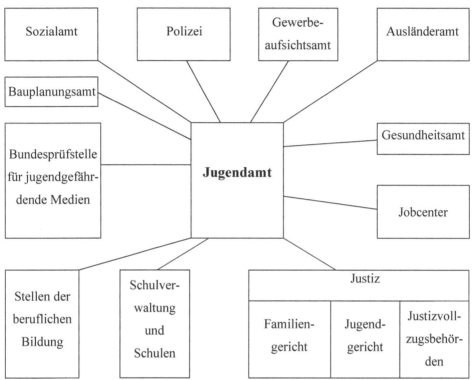

4.2.1.3 Die Gesamtverantwortung des örtlichen Trägers. Verantwortlich für die Erfül- **329** lung der Aufgaben (§ § 11 bis 60) sind die Träger der öffentlichen Jugendhilfe (§ 79 Abs. 1), also nach Landesrecht (*vgl. Rn. 280*), die Landkreise und die kreisfreien Städte (Stadtkreise) als örtliche Träger (§ 69 Abs. 1) sowie die überörtlichen Träger.

Kreisangehörige Gemeinden sind nur dann für die Erfüllung dieser Aufgaben verantwort- **330** lich, wenn sie nach Landesrecht zu örtlichen Trägern bestimmt worden sind). Zu beachten ist der Unterschied zum Sozialhilferecht, wo kreisangehörige Gemeinden lediglich zur Durchführung der Sozialhilfe von den Landkreisen herangezogen werden können (§ 99 Abs. 1 SGB XII), sie aber dadurch nicht zu Trägern der Sozialhilfe werden. Kreisangehörige Gemeinden, die nicht örtliche Träger der Jugendhilfe sind, können zwar für den Träger der öffentlichen Jugendhilfe, also den Landkreis, Aufgaben wahrnehmen (vgl. *Rn. 281*). Das ändert aber nichts an der Gesamtverantwortung des Landkreises als des Trägers der öffentlichen Jugendhilfe (zB Art. 30 Abs. 1 S. 2 AGSG Bayern). Der Landkreis bleibt also verantwortlich dafür, dass in seinem Bereich alle Einrichtungen vorhanden sind, die zur Erfüllung aller Aufgaben nach den §§ 11 bis 60 erforderlich sind. Dies gilt für Häuser der Jugend ebenso wie für Erziehungsberatungsstellen oder für Tageseinrichtungen (vgl. *Rn. 282*).

Dieser Gesamtverantwortung kann sich der Landkreis nicht durch Hinweis auf die Ge- **331** meindeordnung entziehen. Aus der Gemeindeordnung ergeben sich keine Pflichten für die Gemeinde zur Schaffung von Jugendhilfeeinrichtungen. Sie enthält lediglich die Nutzungsrechte der Gemeindebürger für kommunale Einrichtungen, falls solche vorhanden sind (zB § 10 Abs. 2 GemO Baden-Württemberg). Zudem sind die Bestimmungen der Gemeindeordnung nachrangig gegenüber dem SGB VIII (Art. 31 GG). Auch für Kindergärten gilt nichts anderes[15], soweit die Kindergartengesetze der Länder den Gemeinden keine eigene Pflicht zur Schaffung solcher Einrichtungen auferlegen (zB § 8 S. 3 LJHG Sachsen) oder soweit nicht das Kindergartenwesen dem Bildungsbereich (Bayern) zugewiesen ist (§ 26 S. 2).

332 Umfang und Inhalt der Gesamtverantwortung des Trägers der öffentlichen Jugendhilfe werden durch die **Gewährleistungspflicht** nach § 79 Abs. 2 – der **„Königsnorm"**[16] des SGB VIII – bestimmt. Danach hat der Träger der öffentlichen Jugendhilfe zu gewährleisten:

- ■ die (1) rechtzeitige Bereitstellung der (2) erforderlichen und (3) geeigneten Einrichtungen und Dienste in (4) pluraler Breite, deren (5) ausreichende Personalausstattung und deren (6) ausreichende Finanzausstattung.

Diese 6 Faktoren bestimmen die Normqualität der Gewährleistungspflicht; sie sind das Gütesiegel für jede einzelne Dienstleistung der Jugendhilfe. Wird der Qualitätsstandard des § 79 Abs. 2 nicht erreicht, ist die Gewährleistungspflicht nicht erfüllt. Das Jugendamt würde das Jugendhilfevehikel gleichsam ohne TÜV-Plakette fahren. Die Haushaltspläne müssen dieser Norm entsprechen, anderenfalls sind sie rechtswidrig und damit nicht bindend als Rahmen für eine Beschlussfassung im Jugendhilfeausschuss gemäß § 71 Abs. 3. Dies gilt unabhängig von neuer oder alter Steuerung (vgl. *Rn. 344*) durch Budgetierung oder Kameralistik. Die Gewährleistungspflicht besteht auch unabhängig vom Vorliegen eines (formellen) Jugendhilfeplans. Der Plan ist lediglich Instrument zur Erfüllung der Gewährleistungspflicht, aber nicht deren notwendige Voraussetzung.

333 Die Begriffe „erforderlich", „geeignet", „ausreichend" beinhalten kein Ermessen, sondern sie sind unbestimmte Rechtsbegriffe, dh ihr Inhalt ist durch Auslegung zu ermitteln, wobei es nur **ein** richtiges Ergebnis geben kann. Nicht bei der Auslegung, aber bei der Subsumtion des Sachverhalts unter diese gesetzliche Begriffe hat die Rechtsprechung für einzelne Fallgruppen der Verwaltung einen Beurteilungsspielraum[17] eingeräumt, nämlich für (1) Prüfungsentscheidungen der BPS, (2) Prüfungsentscheidungen im Schulrecht, (3) Beurteilungen von Beamten, (4) Entscheidungen wertender Art durch weisungsfreie Sachverständigenausschüsse, (5) Prognoseentscheidungen im Umwelt- und Wirtschaftsrecht, (6) Entscheidungen bezüglich einzelner, dem unbestimmten Rechtsbegriff vorgegebener Faktoren verwaltungspolitischer Art. Keine dieser Fallgruppen liegt hier vor, auch nicht (6), die sich allenfalls auf die vom Jugendhilfeausschuss beschlossene Jugendhilfeplanung beziehen könnte. Eine Erweiterung dieser 6 Fallgruppen ist wegen Art. 19 Abs. 4 Grundgesetz unzulässig. Unberührt bleiben Fälle eines vom Gesetz selbst eingeräumten Beurteilungsspielraums, zB die gesetzliche Einschätzungsprärogative in § 8a Abs. 2 für das Jugendamt (vgl. *Rn. 45 und 183*).

334 Mit dem BKiSchG wurde § 79a eingefügt. Er verpflichtet den öffentlichen Träger zur Qualitätsentwicklung – eine eher modische Attitüde als praktische Notwendigkeit. Der freie Träger wird dazu mittelbar genötigt, weil Betriebserlaubnis (§ 45 Abs. 3 Nr. 1) und Förderung (§ 74 Abs. 1 Nr. 1) an diesen hochtrabenden Flachsinn (*s. Rn. 344*) gekoppelt sind. Die beste Qualität ist zu erreichen, wenn der öffentliche Träger seine Gewährleistungspflicht nach § 79 Abs. 2 erfüllt.

---

15 Ebenso BVerfG, 21.11.2017 – 2 BvR 2177/16, juris.

16 Ebenso BVerfG, 21.11.2017 – 2 BvR 2177/16, juris.

17 Vgl. hierzu ausführlich *Ollmann*, ZfJ 1995, 45 und *oben Rn. 152* sowie die grundlegende Entscheidung BVerfGE 84, 34.

Zusammenfassender Überblick: Die rechtliche Verbindlichkeit der Leistungen 335 (§§ 11–41)

- §§ 11–41 begründen **Pflichtaufgaben.**
- Für die Erfüllung dieser Aufgaben ist der **Träger** der öffentlichen Jugendhilfe **verantwortlich** (§ 79 Abs. 1).
- Träger der **freien** Jugendhilfe können solche Aufgaben wahrnehmen, das ändert aber nichts an der Verantwortlichkeit des Trägers der öffentlichen Jugendhilfe (§ 3 Abs. 2).
- **Kreisangehörige Gemeinden** (die nicht Träger sind) **können** solche Aufgaben wahrnehmen (*vgl. Rn. 282*); das ändert nichts an der Gesamtverantwortung des Trägers der öffentlichen Jugendhilfe.

  Aus der Gemeindeordnung ergeben sich keine Pflichten zur Schaffung von Jugendhilfeeinrichtungen. Zudem sind die Bestimmungen der Gemeindeordnung nachrangig gegenüber dem SGB VIII (Art. 31 GG).
- Die **Verantwortung** des Trägers der öffentlichen Jugendhilfe für die Aufgabenerfüllung bedeutet, dass er eine Gewährleistungspflicht (§ 79 Abs. 2) hat für die:
  - Bereitstellung der erforderlichen Einrichtungen
  - ausreichende Personalausstattung
  - ausreichende Finanzausstattung.

  Die Begriffe „erforderlich" und „ausreichend" beinhalten kein Ermessen, sondern sind *unbestimmte Rechtsbegriffe* ohne Beurteilungsspielraum.
- Auf der Grundlage eines **Jugendhilfeplans** ist die Aufgabenerfüllung zu realisieren (§ 80), weil nur so festgestellt werden kann, welche Einrichtungen, Dienste und Veranstaltungen erforderlich sind.
- Ein **Rechtsanspruch** des Bürgers auf die Erfüllung der Gewährleistungspflicht besteht nicht. Ein Rechtsanspruch auf einzelne Hilfen besteht nur, wenn die entsprechende Hilfenorm ein subjektives öffentliches Recht enthält (vgl. *Rn. 126*), zB der Rechtsanspruch des Personensorgeberechtigten auf Hilfe zur Erziehung nach § 27 iVm den einzelnen Arten (§§ 28–35) der Hilfe und der Rechtsanspruch des seelisch-behinderten Kindes auf Eingliederungshilfe (§ 35 a).
- Der Rechtsanspruch ist erst erfüllt, wenn die **Gewährleistungspflicht** erfüllt ist, also die Leistungen **bedarfsgerecht** zur Verfügung stehen. Instrument der Bedarfsorientierung ist die Jugendhilfeplanung.
- Die **Haushaltsmittel** müssen dem Bedarf entsprechen – nicht umgekehrt. *Vgl. nachfolgendes Schaubild.*

Übersicht: Leistungspflichten und Gewährleistungspflicht (§ 79 Abs. 2) des öffentlichen Trägers

Leistungspflichten	Verpflichtungsgrad			Rechtsanspruch	Gesamtverantwortung	Gewährleistungspflicht
§§ 11–41	Muss 3	Soll 2	Kann 1	auf die Leistung oder auf Ausübung fehlerfreien Ermessens nur, wenn Leistungsnorm subjektiv öffentliches Recht enthält	für Bestand an Einrichtungen, Diensten, Veranstaltungen zur Leistungserbringung (§ 79 Abs. 1)	– für bestimmte Qualität der Einrichtungen, Dienste, Veranstaltungen – geeignet – erforderlich – rechtzeitig – ausreichend – plural – i.d.R. nach Maßgabe des Jugendhilfeplans – **mit Bindung für den Haushaltsplan**

Schema zur Qualitätsentwicklung (§ 79 a)

	Grundsätze	Maßstäbe	Maßnahme
für Qualität von:			

1) Leistungen (§ 2 Abs. 2)
   a) Gewährung
   b) Erbringung			

2) anderen Aufgaben (§ 2 Abs. 3)			
3) Schutzauftragsverfahren (§ 8 a)			
4) „Netzwerken" (§ 81)			
5) „Ombudschaft" (§ 45 Abs. 2 Nr. 3)			

Die Qualität der Erfüllung aller Aufgaben nach § 2 setzt eine Antwort auf 3 Fragen voraus:

(1) Welche Qualitäts-**Grundsätze** gelten für die Aufgabenerfüllung?

(2) Welche Qualitäts-**Maßstäbe** sind dabei anzulegen?

(3) Welche **Maßnahmen** „bürgen" für Qualität?

Gefordert werden Antworten hinsichtlich Ergebnis-, Prozess- und Strukturqualität.

4.2.2 Überörtliche Träger. Wer überörtlicher Träger der öffentlichen Jugendhilfe ist, wird **336** nach Landesrecht bestimmt[18]. In einigen Ländern sind dies Kommunalverbände höherer Ordnung (Landschaftsverbände, Landeswohlfahrtsverbände, Kommunalverband Jugend und Soziales), in anderen staatliche Behörden (zB Landesamt für Soziales, Jugend und Versorgung Rheinland-Pfalz oder Landesamt für Familie und Soziales Sachsen). *Vgl. hierzu die Übersicht im Anhang unter 7.*

Die Aufgabenverteilung zwischen örtlichen Trägern und dem überörtlichen Träger der Ju- **337** gendhilfe regelt § 85: Danach ist grundsätzlich für alle Aufgaben der örtliche Träger zuständig, nur ausnahmsweise für die in § 85 Abs. 2 genannten Aufgaben der überörtliche Träger.

---

18 Siehe oben Fn. 237.

Zusammenfassender Überblick: Sachliche Zuständigkeit

Örtlicher Träger	Überörtlicher Träger
§ 85 Abs. 1:	85 Abs. 2:
1. Gewährung von Leistungen (§§ 11–41) 2. Erfüllung anderer Aufgaben (§§ 42–60) 3. außer den Fällen des § 85 Abs. 2	1. Beratung der Jugendämter und Empfehlungen 2. Förderung der Zusammenarbeit zwischen Jugendämtern und freier Jugendhilfe 3. Anregung und Förderung von überörtlichen Einrichtungen, Diensten und Veranstaltungen 4. Modellvorhaben 5. Beratung des Jugendamts bei der Gewährung von Hilfe nach den §§ 32–35 a 6. Heimaufsicht 7. Einrichtungsberatung 8. Fortbildung 9. Hilfe im Ausland 10. Erlaubnis für Vereinsvormundschaften/-pflegschaften (wohl auch für Vereinsbeistandschaften gem. Art. 144 EGBGB; vgl. *Rn. 247)* 11. Beratung nach § 8 b Abs. 2 Delegationsmöglichkeit auf den örtlichen Träger gem. § 85 Abs. 3 für die Aufgaben unter Nr. 3, 4, 7, 8.

4.3 Die Finanzierung der Träger der freien Jugendhilfe

338 **4.3.1 Förderung durch Subventionierung (§ 74).** Freie Träger können ihre Aufgabe nur sachgerecht wahrnehmen, wenn sie vom öffentlichen Träger angemessen bezuschusst werden. (vgl. *Rn. 81).* § 74 verpflichtet („soll" ist idR „muss") zu dieser Förderung (Pflicht bezüglich des „Ob" der Förderung). § 74 a ist eine Sonderregelung für die Förderung von Kindertageseinrichtungen. (vgl. *Rn. 279).*

Übersicht: Die Förderungsverpflichtung des Trägers der öffentlichen Jugendhilfe gegenüber dem Träger der freien Jugendhilfe (§ 74)

Sachliche Voraussetzungen:	Rechtsfolge:

1. Erfüllen fachlicher Voraussetzungen
2. Gewähr bieten für zweckentsprechende und wirtschaftliche Mittelverwendung
3. Verfolgen gemeinnütziger Ziele
4. Erbringen einer angemessenen Eigenleistung
5. Gewähr bieten für Förderung der Ziele des Grundgesetzes
6. Anerkennung nach § 75 bei dauerhafter Förderung
	– freie Jugendhilfe soll gefördert werden (§ 4 Abs. 3);
	– Jugendverbände sind zu fördern (§ 12 Abs. 1)
	– Ermessen besteht nur bezüglich Art und Höhe der Förderung
	– für den Umfang der Förderung ist geregelt:
	  (1) auch die Fortbildung
	  (2) in der Jugendarbeit auch die Errichtung und Unterhaltung von Freizeit- und Bildungsstätten

Förderungspflicht:	1. Rechtspflicht
	Die Förderungspflicht ist eine Rechtspflicht für den Regelfall. Eine schlechte Haushaltslage begründet keinen Ausnahmefall (sie ist kein atypischer Umstand im Einzelfall, sondern ein typischer Zustand)
	2. Förderungsvoraussetzungen
	Die Rechtspflicht besteht nur, wenn die Voraussetzungen nach Abs. 1 Nr. 1 bis Nr. 5 (kumulativ) erfüllt sind.
	Nr. 4 verlangt eine angemessene Eigenleistung
	– nicht notwendig in Geld; auch ehrenamtliche Arbeit möglich;
	– angemessen ist idR eine Eigenleistung in Höhe von 10 % der entstehenden Gesamtkosten;
	– die Angemessenheit der Eigenleistung (*vgl. Rn. 329*) richtet sich nach
	  – der unterschiedlichen Finanzausstattung freier Träger
	  – Dringlichkeit der Aufgabenwahrnehmung
	Nur eine auf Dauer angelegte Förderung setzt in der Regel die Anerkennung als Träger der freien Jugendhilfe voraus (§ 74 Abs. 1 S. 2).
		339

Rechtsanspruch:	Unter den Voraussetzungen des § 74 Abs. 1 Nr. 1 bis 5 hat der einzelne freie Träger einen Rechtsanspruch auf Förderung dem Grunde nach. Art und Höhe der Förderung stehen aber im Ermessen des Trägers (§ 74 Abs. 3).[19] Auf die Ausübung fehlerfreien Ermessens besteht ein Rechtsanspruch (§ 39 SGB I). Ermessensfehler sind: (1) Ermessensnichtgebrauch (2) Ermessensfehlgebrauch Dieser liegt vor, wenn sachwidrige Erwägungen angestellt werden. Die Berufung auf fehlende Haushaltsmittel ist für sich allein keine sachwidrige Erwägung, kann es aber werden, wenn § 2 Abs. 2 SGB I nicht berücksichtigt wird, also keine Abwägung mit den jugendhilfepolitischen Notwendigkeiten aus § 1 erfolgt. (3) Ermessensüberschreitung – Verletzung des Gleichheitssatzes, insbesondere bei Selbstbindung der Verwaltung – Vertrauensschutz (Vertrauen besteht aber nicht auf Fortdauer der Bewilligung, sondern nur auf Einräumung von Anpassungsfristen) – Verletzung der Gewährleistungspflicht aus § 79 Abs. 2	**340**
Förderungsformen:	(1) Förderungsbescheid als Verwaltungsakt (§ 31 SGB X) (2) Zuwendungsvertrag (§ 53 SGB X) Zu unterscheiden hiervon ist die Leistungsvereinbarung gem. § 77 oder § 78 b iVm §§ 53, 55 SGB X.	**341**

Zusammenhang mit Gewährleistungspflicht: Aus der Gewährleistungspflicht nach § 79 Abs. 2 kann sich eine Förderpflicht ergeben, wenn nur die Bereitstellung der Fördermittel ermöglicht, Einrichtungen, Dienste und Veranstaltungen bedarfsgerecht zur Verfügung zu stellen. Eine nicht bedarfsgerechte Förderung wäre ermessensfehlerhaft. **342**

Förderungskompetenz: Zuständig ist gem. § 71 Abs. 2 Nr. 3 der Jugendhilfeausschuss. **343** Entscheidungen des öffentlichen Trägers ohne vorherige Beschlussfassung des Jugendhilfeausschusses sind rechtswidrig.

EU-Recht: Eine verbotene Diskriminierung (Art. 12 EGV) von gewerblichen Leistungsan- **344** bietern aus dem EU-Ausland liegt nicht vor, da freie Träger nicht als Unternehmer tätig

---

19 So BVerwG 17.7.2009 – 5 C 25/08.

werden und – selbst wenn – ihre Förderung durch die Besonderheit des Subsidiaritätsprinzips (vgl. *Rn. 81*) gerechtfertigt ist.

345 Gleichbehandlung mit öffentlichen Trägern: § 74 Abs. 5 S. 2 verlangt, dass freie Träger nicht schlechter behandelt werden dürfen als öffentliche Träger. Dies bedeutet die Anwendung gleicher Maßstäbe (nicht gleiche Höhe der Zuwendung). Es ist also der gleiche fachliche Standard sicherzustellen. Dies gilt nur für Projektförderung.

Umgekehrt darf der freie Träger nicht bessergestellt werden als der öffentliche Träger (zB bei Entlohnung der Fachkräfte); dies ergibt sich auch aus dem Haushaltsrecht.

346 Klagemöglichkeiten: Gegen einen fehlerhaften Zuwendungsbescheid (insbesondere wegen Ermessensfehlern) kann nach Durchführung eines Widerspruchsverfahrens Klage erhoben werden beim Verwaltungsgericht (§§ 40, 42, 114 VwGO).

347 Übersicht: Die Anerkennung als Träger der freien Jugendhilfe (§ 75)

Sachliche Voraussetzungen:	Rechtsfolge:
1. 1.Tätigkeit auf dem Gebiet der Jugendhilfe 2. 2.Verfolgen gemeinnütziger Ziele 3. 3.günstige Prognose für Aufgabenerfüllung 4. 4.Gewähr bieten für die Förderung der Ziele des Grundgesetzes	– Ermessen – Rechtsanspruch auf Anerkennung nur dann, wenn zusätzlich zu den übrigen sachlichen Voraussetzungen Tätigkeit über 3 Jahre
Zur Anerkennung s. die Empfehlungen im Anhang unter 4	

Schaubild: Finanzierung freier Jugendhilfe

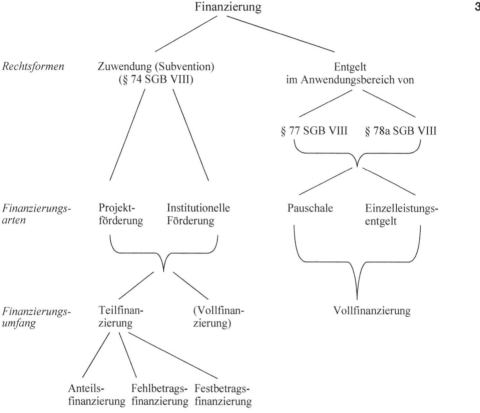

348

Über die Art und Höhe (das „Wie") der Förderung entscheidet der Träger der öffentlichen **349** Jugendhilfe im Rahmen der verfügbaren Haushaltsmittel nach pflichtgemäßem Ermessen (§ 74 Abs. 3). Zu beachten ist, dass der Haushalt Mittel in der Höhe enthalten muss, dass die Gewährleistungspflicht in Normqualität (vgl. *Rn. 311)* erfüllt wird. Zuwendungen können als Darlehen gegeben werden, wenn die Anschaffung bzw. die Herstellung langfristig nutzbarer Güter gefördert werden soll (beispielsweise Baukosten für ein Kinderheim). Für Personalkosten und Einrichtungsgegenstände werden sie in der Regel als Zuschuss gewährt. Soll die Zuwendung die Ausgaben für einzelne abgegrenzte Vorhaben decken (Anschaffung von Einrichtungsgegenständen für ein Jugendzentrum), handelt es sich um eine Projektförderung. Institutionelle Förderung ist gegeben, wenn die Zuwendung die gesamten bzw. einen nicht abgegrenzten Teil der Ausgaben des freien Trägers decken soll. In der Regel wird keine Vollfinanzierung gewährt. Allerdings kann sich, insbesondere wenn Zuwendungen verschiedener öffentlicher Träger zusammentreffen, ein hoher Anteil an öffentlichen Mitteln ergeben. Beispielsweise entstehen einem Träger der freien Jugendhilfe Gesamtkosten für sein Projekt „Sozialpädagogische Familienhilfe" in Höhe von 200.000 EUR. Er erhält von der AgfA 150.000 EUR für Personalkosten (Arbeitsbeschaffungsmaßnahmen) und 50.000 EUR Zuschuss von der Stadt.

Bei der Teilfinanzierung sind zu unterscheiden die Anteilfinanzierung (das Land gewährt zB 25 Prozent der angemessenen Personalkosten für eine Beraterstelle), Fehlbedarfsfinanzierung (die Stadt übernimmt einen Ausgabenrest, der dem freien Träger eines Jugendzentrums entstanden war, der ein leerstehendes Haus angemietet und in Eigenleistung instandgesetzt hatte) und Festbetragsfinanzierung (das Land gewährt pro Tag und Kind im Rahmen von Erholungsmaßnahmen einen Zuschuss).[20]

Träger der freien Jugendhilfe haben erhebliche Probleme mit der Finanzierung von Jugendhilfeangeboten, weil die öffentlichen Mittel für jedes Haushaltsjahr von den Gemeinderäten/Kreistagen neu festgesetzt werden. Obwohl hauptamtliches Personal beschäftigt wird und auch andere langfristige vertragliche Abmachungen eingegangen werden müssen, leben die Träger dieser Jugendhilfeleistungen mit der Sorge, dass im jährlichen Haushalt Streichungen, Kürzungen oder Sperrungen vorgenommen werden. Um solche Unsicherheiten zu vermeiden, sollten die Möglichkeiten des Haushaltsrechts genutzt werden: Zuschüsse können für zwei Jahre bewilligt werden. Verträge über Jugendhilfeleistungen binden die Gemeinderäte/Kreistage bis zum Kündigungszeitpunkt. Durch Beschlüsse des Gemeinderats/Kreistags wird größere Verbindlichkeit erreicht; eine Einschränkung der Förderung könnte dann nur durch einen erneuten Beschluss des Kommunalparlaments festgesetzt werden. Ob die Budgetierung zu mehr Planungsstabilität führt, wird noch in einzelnen Jugendämtern erprobt.

350 Auch das Erfordernis der Eigenleistung kann für freie Träger zum Problem werden. Aufgrund der unterschiedlichen Größe und finanziellen Ausstattung von Jugendhilfeträgern können für den einen zB 20 Prozent Eigenanteil noch verkraftbar sein, während dem anderen Träger 10 Prozent Eigenanteil bereits zu hoch sind, um das Projekt durchzuführen. Bei der vorangeschrittenen Professionalisierung und der Tatsache, dass nicht jeder Träger erhebliche Eigenmittel aufbringen kann, muss man auf den Einzelfall abgestellte flexible Lösungen finden. Es kann durchaus Fälle geben, wo auch 5 Prozent Eigenmittel noch eine angemessene Eigenleistung im Sinne von § 74 Abs. 1 Nr. 4 sind. Auch Dienstleistungen können eine solche Eigenleistung sein.[21] Die Subventionierung nach § 74 kommt für die originäre Tätigkeit (vgl. *Rn. 275*) der freien Träger in Betracht; für die derivative erhalten sie Kostenerstattung und Aufwendungsersatz.

351 **4.3.2 Leistungs- und Entgeltvereinbarung (§ 77 oder § 78 b).** Bedient sich der öffentliche Träger des freien Trägers (*vgl. Rn. 276*), um eine Hilfe im Einzelfall zu leisten, übernimmt er die Kosten, wenn er mit dem freien Träger einen Leistungs- und Entgeltvertrag nach § 78 b bzw. eine Kostenvereinbarung nach § 77 abgeschlossen hat[22] (vgl. *das Schaubild zum Dreiecksverhältnis nach Rn. 197*).

Vgl. hierzu die Vertragsmuster im Anhang unter 4.

---

20 Nach *Papenheim/Baltes/Tiemann*, Verwaltungsrecht für die soziale Praxis, S. 41 ff.
21 Vgl. Rechtsprechungsübersicht im Internet auf https://www.nomos-shop.de/nomos/titel/jugendhilferecht-id-89400/,"Service zum Buch" zu § 74.
22 Näher hierzu *Kepert/Fleckenstein*, JAmt 2014,245.

Bringen bspw. Eltern ihren zehnjährigen Sohn wegen erheblicher Erziehungsschwierigkeiten in dem Kinderheim eines Trägers unter, so geschieht das auf der Grundlage eines privatrechtlichen Betreuungsvertrages zwischen dem freien Träger und den Eltern. Dieser Vertrag verpflichtet die Eltern zur Zahlung einer Vergütung für die Betreuung. Liegen die Voraussetzungen der §§ 27, 34 für die Heimunterbringung vor, haben die Eltern einen Anspruch gegen den Träger der öffentlichen Jugendhilfe auf Übernahme der Kosten, die über ihrem zumutbaren Eigenanteil nach § 94 Abs. 1 liegen (vgl. *Rn. 378*). Zur Vermeidung von Auseinandersetzungen über die Kostenverteilung im Einzelfall werden Leistungs- und Entgeltverträge (§ 78 b) in der Form des § 53 SGB X über das zu erbringende Entgelt für eine beschriebene Leistung zwischen dem öffentlichen und dem freien Träger der Jugendhilfe abgeschlossen, die auch die Qualitätsentwicklung regeln. So ist für Heime der Jugendhilfe festgelegt, dass eine Gruppe aus neun bis zwölf Jugendlichen bestehen soll, dass in aller Regel vier Fachkräfte mit bestimmter beruflicher Qualifikation vorhanden sein müssen, dass eine Auslastung von 80 Prozent vorausgesetzt wird und welche Vergütung für einen Pflegetag berechnet wird (früher: Pflegesatz). Auf den Abschluss derartiger Verträge – dagegen nicht auf Belegung im Einzelfall – hat ein freier Träger einen Rechtsanspruch (§ 78 b Abs. 2 iVm Art. 12 GG- Berufsfreiheit).[23] Bei Streitigkeiten entscheidet eine Schiedsstelle (§ 78 g).

Außerhalb des Anwendungsbereiches des § 78 a, also insbes. im ambulanten Bereich (vgl. *Rn. 184*), werden Vereinbarungen nach § 77 abgeschlossen.

Für die Benutzung von Tageseinrichtungen freier Träger regelt § 90 Abs. 3 die Übernahme **352** des Teilnahmebeitrages durch den öffentlichen Träger (vgl. *Rn. 376*); darauf hat der Benutzer einen Anspruch.[24]

Zuwendungsvertrag und Leistungsvereinbarung im Vergleich		
	Zuwendungsvertrag	**Leistungsvereinbarung**
Rechtsgrundlage:	§ 74 iVm § 53 SGB X	§ 77 iVm §§ 53, 56 SGB X
Vertragspartner:	Öffentlicher und freier Träger	Öffentlicher und freier Träger
Trägervoraussetzungen:	Anforderungen nach § 74 Abs. 1 S. 1 Nr. 1-5	ohne
Gegenstand:	Förderung von Zwecken des freien Trägers	Leistungserbringung für den öffentlichen Träger gegen Zahlung eines Entgelts
Art der Förderung:	Pauschale Zuwendung durch Projektförderung oder institutionelle Förderung (Anteils-, Fehlbedarfs-, Festbetragsfinanzierung)	Entgelt als Pauschale oder Einzelleistungsentgelt
Zahlungsweise:	Endabrechnung (Übertragbarkeit, Deckungsfähigkeit, Rücklagenbildung)	nach Vereinbarung (jährliche Pauschale)
Nachweise:	Verwendungsnachweis	Leistungsnachweis
Eigenleistung notwendig:	ja	nein

23 Vgl. OVG Hamburg Beschl. v. 10.11.2004 – s. Rechtsprechungsübersicht im Anhang unter 6. auf https://www.nomos-shop.de/nomos/titel/jugendhilferecht-id-89400/,"Service zum Buch" zu §§ 77, 78.
24 Vgl. Rechtsprechungsübersicht im Anhang unter 6. auf https://www.nomos-shop.de/nomos/titel/jugendhilferecht-id-89400/,"Service zum Buch" zu § 90.

Zuwendungsvertrag und Leistungsvereinbarung im Vergleich		
	Zuwendungsvertrag	**Leistungsvereinbarung**
Steuer:	ertrags- und umsatzsteuerfrei	ertragssteuerfrei; evtl. aber umsatzsteuerpflichtig
Ausschreibung:	keine Ausschreibungspflicht	(wohl) keine Ausschreibungspflicht
Zuständigkeit:	für den Inhalt: JHA, für den formellen Abschluss: Verwaltung	für Inhalt und Abschluss: Verwaltung

Zuwendung durch Bescheid und Vertrag im Vergleich		
	Bescheid	**Vertrag**
Rechtsgrundlage:	§ 74 iVm § 31 SGB X	§ 74 iVm §§ 53, 56 SGB X
Rechtsverhältnis	öffentlich-rechtlich	öffentlich-rechtlich
Rangverhältnis	Über-/Unterordnung	Gleichordnung
Rechtsschutz	Anfechtungs- oder Verpflichtungsklage (§ 42 VwGO)	Allgemeine Leistungsklage (§ 40 VwGO)
Aufhebung:	Rücknahme (§ 45 SGB X) oder Widerruf (§ 47 SGB X)	Anpassung oder Kündigung (§ 59 SGB X oder gem. Vereinbarung)

353 4.3.3 Aufwendungsersatz für Geschäftsbesorgung. Überträgt das Jugendamt die Wahrnehmung von anderen Aufgaben der Jugendhilfe (§§ 42, 50–53) auf einen Träger der freien Jugendhilfe (§ 76; vgl. Rn. 276), liegt ein besonderes öffentlich-rechtliches (§ 53 SGB X) Geschäftsbesorgungsverhältnis vor, das den öffentlichen Träger zum Aufwendungsersatz verpflichtet (entsprechend den §§ 670, 675 BGB). Hat beispielsweise ein freier Träger der Jugendhilfe im Rahmen der Familien- oder Jugendgerichtshilfe Aufgaben übernommen, so sind ihm vom Träger des Jugendamtes alle dadurch entstehenden Kosten zu ersetzen, zB die Personalkosten für einen Sozialarbeiter zuzüglich der Sachkosten.

4.4 Jugendhilfeplanung

354 Bestandteil der Gesamtverantwortung des Trägers der öffentlichen Jugendhilfe ist die Planungsverantwortung (§ 79 Abs. 1). Sie ist darauf gerichtet, die Pflichtaufgaben nach den §§ 11 bis 60 optimal zu erfüllen. Als Mittel hierfür schreibt das Gesetz in § 80 Jugendhilfeplanung, aber nicht auch einen Jugendhilfeplan, vor. Planung ist nicht nur gesetzlich vorgeschrieben, sondern auch deshalb sinnvoll, weil sie

- dem Grundsatz der Prävention entspricht,
- gerade in Zeiten knapper öffentlicher Mittel deren rationellen Einsatz möglich macht,
- Prioritätenfestsetzung erlaubt,
- die Belange der Jugendhilfe in benachbarte Bereiche der Fachplanung (zB Bauleitplanung, vgl. *Schaubild hinter Rn. 307*) einbringen kann,
- ein sinnvolles Zusammenwirken von freien und öffentlichen Trägern möglich macht (vgl. *Rn. 51*),
- den Bedarf an Einrichtungen, Diensten und Veranstaltungen transparent macht.

Die Träger der freien Jugendhilfe sind an der Jugendhilfeplanung zu beteiligen. Die Pflicht **355** zur Beteiligung ergibt sich aus § 80 Abs. 3 S. 1, wonach sie frühzeitig und in allen Phasen der Planung einzuschalten sind. Als Form der Beteiligung ist ihre Mitwirkung im Jugendhilfeausschuss die wirksamste Möglichkeit (vgl. *Rn. 289*). Auch **Arbeitsgemeinschaften** nach § 78 können eine angemessene Beteiligung ermöglichen.

Eine Bindungswirkung ergibt sich für den Träger der öffentlichen Jugendhilfe aus seiner **356** Plangewährleistungspflicht; für den Träger der freien Jugendhilfe ist Bindungswirkung über vertragliche Handlungsformen zu erreichen.

Die Jugendhilfeplanung muss abgestimmt sein mit anderen kommunalen Planungen, also **357** der Bauleitplanung (hier ist zu Einrichtungen mit Bezug zur Jugendhilfe, zB Spielplätzen, Freizeiteinrichtungen der Jugendhilfeausschuss zu hören gem. § 71 Abs. 3 S. 2, §§ 1 Abs. 5 S. 2 Nr. 3, 5 Abs. 2 Nr. 2 u. 5, 9 Abs. 1 Nr. 15 u. 22 BauGB) ebenso wie der Planung von Sport und Freizeit sowie der Kultur und der Schulen. *Vgl. hierzu das nachfolgende Schaubild.* Ein neuer Anstoß für diese abgestimmte Planung könnte sich aus der „Lokalen Agenda 21" ergeben. Sie ist als kommunaler Handlungsspielraum zur Sicherung einer zukunftsfähigen Gemeinde im 21. Jhdt. gedacht. Sie soll Ökonomie, Ökologie, soziale Entwicklung, Kultur und Verkehr miteinander vernetzen.

Die Jugendhilfeplanung muss schließlich die Bedürfnisse junger Menschen und ihrer Fa- **358** milien berücksichtigen (§ 80 Abs. 4). Dies geschieht am wirksamsten durch die Planungsbeteiligung der Betroffenen.

Schaubild zu Rn. 240: Jugendhilfeplanung im Planungsverbund

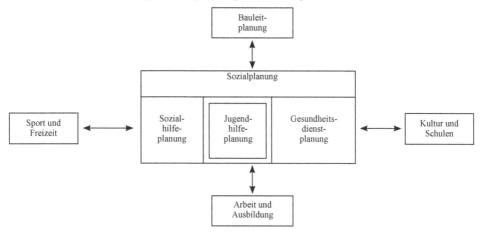

Zusammenfassender Überblick: Jugendhilfeplanung (§ 80)   **359**

1. Pflicht zur Planung:

   Die Träger der öffentlichen Jugendhilfe haben eine Planungsverpflichtung (§ 80 Abs. 1); sie ist Teil ihrer Gesamtverantwortung für die Erfüllung der Aufgaben nach dem SGB VIII (§ 79 Abs. 1).

2. Jugendhilfeplanung als Teil der Gesamtverantwortung (*s. Rn. 308*).

   Die Gesamtverantwortung hat eine Gewährleistungspflicht zur Folge, die darin besteht, dass

   – Einrichtungen, Dienste und Veranstaltungen,
   – die zur Erfüllung der Aufgaben nach dem SGB VIII geeignet und erforderlich sind,

– rechtzeitig und
– ausreichend

zur Verfügung stehen.

Geeignet sind Einrichtungen, Dienste und Veranstaltungen nur dann, wenn sie auch den verschiedenen Grundrichtungen der Erziehung (§ 9 Nr. 1) entsprechen (vgl. *Rn. 87*).

3. Planungsschritte:

Aus der Gewährleistungspflicht folgen die einzelnen Planungsschritte, die § 80 Abs. 1 Nr. 1 bis 3 konkretisiert:

(1) Quantitative und qualitative Bestandsfeststellung von Einrichtungen, Diensten, Veranstaltungen

(2) Zielformulierung unter Berücksichtigung des Wunsch- und Wahlrechts (§ 5) und der Planungsziele aus § 80 Abs. 2 Nr. 1 bis 4

(3) Mittelfristige Bedarfsermittlung durch Vergleich von Bestand und Zielen. An der Zielvorgabe muss gemessen werden, ob der Bestand quantitativ und qualitativ geeignet und ausreichend ist

(4) Bedarfsdeckungsplanung mit Prioritätensetzung zur Befriedigung des ermittelten Bedarfs

(5) Durchführungsplanung zur Regelung der Modalitäten der Bedarfsdeckung durch freie und öffentliche Träger. Wichtigstes Element ist der Finanzierungsplan, der im Haushaltsplan abgesichert werden muss.

(6) Erfolgskontrolle und Planfortschreibung.

4. Beteiligung der Träger der freien Jugendhilfe:

(1) Pflicht zur Beteiligung (§ 80 Abs. 3 S. 1).

Die Träger der freien Jugendhilfe sind
– frühzeitig und
– in allen Phasen der Planung

zu beteiligen

(2) Form der Beteiligung:

Anhörung im Jugendhilfeausschuss.

Durch Landesrecht ist Näheres zu regeln.

Arbeitsgemeinschaften nach § 78 könnten angemessene Beteiligung ermöglichen.

(3) Bindungswirkung:

Für den Träger der öffentlichen Jugendhilfe ergibt sich eine Bindungswirkung aus seiner Plangewährleistungspflicht; für den Träger der freien Jugendhilfe ist Bindungswirkung über vertragliche Handlungsformen zu erreichen.

5. Abstimmung mit anderen Planungen:

Die Jugendhilfeplanung muss abgestimmt sein mit anderen Planungen (§ 80 Abs. 4).

6. Planungsbeteiligung der Betroffenen:

Die Jugendhilfeplanung muss die Bedürfnisse junger Menschen und ihrer Familien berücksichtigen (§ 80 Abs. 4). Dies geschieht am wirkungsvollsten durch ihre Beteiligung.

4.5 Organisation der Dienste

4.5.1 Aufgabenerfüllung in der allgemeinen Verwaltung, in Einrichtungen und mit 360 Diensten. Die Aufgaben der Jugendhilfe werden als Geschäfte der laufenden Verwaltung im Jugendamt erfüllt (vgl. Rn. 298) durch Einrichtungen und Dienste des Trägers der öffentlichen und der Träger der freien Jugendhilfe.

In der allgemeinen Verwaltung des Jugendamtes werden die Aufgaben des Vormundschaftswesens erfüllt, der Beurkundung und Beglaubigung, der Hilfe zur Erziehung durch Leistungsbescheid (einschließlich der wirtschaftlichen Hilfen) und der Bearbeitung von Kostenbeiträgen und Kostenerstattung (vgl. *Rn. 302*).

Einrichtungen der Jugendhilfe (beispielsweise Tageseinrichtungen, Häuser der Jugend, Beratungsstellen) betreibt der Träger der öffentlichen Jugendhilfe in der Regel als unselbstständige Einrichtungen des öffentlichen Rechts, die dem Träger der Jugendhilfe zugeordnet sind, oder er betreibt sie in der Form des Privatrechts als selbstständige Einrichtung (GmbH, AG, Stiftung, eV). Er kann sich aber auch der Einrichtungen der Träger der freien Jugendhilfe bedienen (vgl. *Rn. 276*).

Die Dienste werden im Allgemeinen Sozialen Dienst (ASD)/ KSD oder in sozialpädagogi- **361** schen Sonderdiensten erbracht. Im ASD/KSD werden in der Regel ambulante Formen der Hilfe zur Erziehung, Hilfe zur Erziehung außerhalb der Familie, und die Familiengerichtshilfe wahrgenommen; in sozialpädagogischen Sonderdiensten dagegen das Pflegekinderwesen, die Adoptionsvermittlung, die Jugendgerichtshilfe, die Jugendarbeit und der Jugendschutz.

Vgl. hierzu das nachfolgende Schaubild.

Schaubild: Einrichtungen und Dienste der Jugendhilfe

Einrichtungen

Gemeinsame Wohnformen für Mütter/Väter und Kinder (§ 19)

Tageseinrichtungen (§ 22)		
Krippe/Krabbelstube	Kindergarten	Hort
Kinderhäuser		

Beratungsstellen (§§ 11, 17, 28)	Jugendschutzstellen (§ 42)

Einrichtungen der Jugendarbeit (§ 11)			
Häuser der offenen Tür/ Jugendhäuser	Jugend-zentren	Jugend-verbands-heime	Jugend-bildungs-stätten

Heime	
Jugendwohnheime (§ 13)	Erziehungsheime (§ 34)

Familienbildungsstätten (§ 16)

JA

Dienste

Erzieherische Dienste durch ASD, z.B.			
Erziehungsberatung (§ 28)	Erziehungs-beistandschaft/ Betreuungshilfe (§ 30)	Sozialpädagogische Familienhilfe (§ 31)	Intensive sozialpädagogische Einzelbetreuung (§ 35)

Besondere soziale Dienste, z.B.					
Adoptions-vermittlung (§ 2 AdVermG)	Jugend- und Familien-gerichtshilfe (§§ 50, 52)	Jugendarbeit (§ 11)	Jugend-schutz (§ 14)	Pflege-stellendienste (§§ 23, 33)	Trennungs- und Scheidungs-beratung (§ 17)

Andere Aufgaben, z.B.		
Amtsbeistandschaft/ Amtspflegschaft/ Amtsvormundschaft (§ 55)	Beurkundungen (§ 59)	Wirtschaftliche Jugendhilfe (§§ 39 ff und 90 ff)

**4.5.2 Formen der Dienste. 4.5.2.1 Zusammenfassung von Innen- und Außen- 362
dienst.** Eine Trennung von Innen- und Außendienst derart, dass sich der Außendienst
(von Sozialarbeitern/Sozialpädagogen wahrgenommen) auf den Kontakt mit den Klienten,
die Durchführung von Ermittlungen und die Unterbreitung von Entscheidungsvorschlägen
beschränkt, während der Innendienst (in der Regel von einer Verwaltungskraft wahrgenommen) die Entscheidung über die Hilfegewährung trifft, sollte nicht praktiziert werden.
Die Zusammenfassung von Innen- und Außendienst ist deshalb sinnvoll, weil dadurch

- die Einheitlichkeit des Hilfevollzugs gewährleistet wird,
- die Hilfe schneller geleistet werden kann,
- die Effizienz des Verwaltungshandelns dadurch gesteigert wird, dass zeit- u. arbeits-
  aufwendige Übermittlungsvorgänge zwischen Innen- und Außendienst entfallen,
- das Hilfeverfahren für den Empfänger leichter durchschaubar ist,
- die Hilfe klientennah erfolgt,
- Engagement und Verantwortungsbereitschaft des Mitarbeiters erhöht werden.

4.5.2.2 Allgemeiner Sozialdienst und sozialpädagogische Sonderdienste. Die Ein- 363
richtung eines Allgemeinen Sozialdienstes gewährleistet, dass

- Vielschichtigkeit und Zusammenhang der Probleme erkannt und bei der Hilfeleistung
  berücksichtigt werden,
- die Familie eine feste Bezugsperson hat.

Die Einrichtung besonderer sozialer Dienste ist aber dann zu empfehlen, wenn sie von
der Fallzahl möglich und sachlich geboten ist, weil

- die Hilfeleistung vertieftes Fachwissen erfordert,
- die Hilfeleistung intensive Betreuung erforderlich macht,
- die Hilfeart eine ständige und gründliche Zusammenarbeit mit anderen Stellen voraussetzt.

Die Organisation des Allgemeinen Sozialdienstes kann durch Zuordnung zum Jugend-, 364
Sozial- oder Gesundheitsamt oder in einem selbstständigen Amt erfolgen. Zu empfehlen
ist die Zuordnung zum Jugendamt, soweit der Schwerpunkt der Aufgabenwahrnehmung
im Bereich der Jugendhilfe liegt; insoweit obliegt dem Leiter des Jugendamts die Fachaufsicht (*s. o. Rn. 304*).

4.5.3 „Neues Steuerungsmodell". Unter dem Einfluss der Betriebswirtschaftslehre – die 365
als Wissenschaft einen eher zweifelhaften Ruf hat – wird auch das Jugendamt als Dienst-
leistungsunternehmen definiert, das kundenorientiert (neu) gesteuert werden müsse. Voraussetzung hierfür sei eine „Vision als Innovation zur Optimierung des Verwaltungshandelns für mehr Akzeptanz beim Bürger" – oder so ähnlich. Dies gelänge durch Lean- und
Qualitätsmanagement, noch besser „Quality-Management",[25] das sich noch steigern
lässt zu „Total-Quality-Management" und gekrönt wird mit den Insignien TQM, dem Markenzeichen des NSM. Die Aufgaben der Jugendhilfe müssten als Produkte beschrieben
werden, die in einem Produktplan Produktgruppen und Produktbereichen zuzuordnen
sind, um dann outputorientiert in Fachbereichen (vgl. *Rn. 283*) gesteuert und vom Controlling erfasst werden zu können. Wenn das „Produkt Kindergarten" so mühsam wie bemüht beschrieben wird, wirkt das so komisch wie beispielsweise das Auftreten eines
Transvestiten.

Als ob sich wirtschaftliches Handeln der Verwaltung durch Abkehr von der Kameralistik
und Einführung von Budgetierung nicht auch ohne unternehmerisches Showbiz verwirklichen ließe. Die Produktion von Papier zu diesem Thema (vgl. das Literaturverzeichnis im

---

25 Raider heißt jetzt Twix und Quality-Management heißt jetzt Change-Management.

Anhang*)* steht in keinem Verhältnis zum Nutzen dieses hochtrabenden Flachsinns. Um dem Bürger gerecht zu werden, bedarf es keiner neuen Steuerung, sondern lediglich des Einsatzes zuverlässiger, intelligenter, wertorientierter Steuerleute – Persönlichkeiten iSv § 72 (*vgl. Rn. 300)!*

Auch das „Kontraktmanagement" zwischen der politischen Vertretung (Gemeinderat/ Kreistag) und der Verwaltung, mit dem die Ziele vorgegeben werden, ist für die Jugendhilfe nicht besonders originell, da dies Steuerungsgremium seit 1922 der Jugendwohlfahrts-/Jugendhilfeausschuss ist, wenn er das Instrument der Jugendhilfeplanung nutzt. Damit und mit der Hilfeplanung im Einzelfall ist auch dem Controlling (vgl. *Rn. 205*) Genüge getan.

4.5.4 Ziele in der Jugendhilfe

Übersicht: **365a**

Staatsziel (Art. 20, 28 GG)   Sozialer Rechtsstaat
                                                ↓
                                       Gesetzmäßigkeit der Verwaltung
                                                ↓
                                       Anwendung von SGB I, X und VIII
                                                          ↓
                                                 Jugendamt als Garant des Kindes-
                                                 wohls („Anwalt des Kindes");
                                                 § 1 SGB VIII

Jugendhilfeziele   Kinderfreundliche Umwelt   Erfüllung der Aufgaben
                          (§ 80 Abs. 4 SGB VIII)   des SGB VIII *(§ 2
                                                            SGB VIII)*

„Produkte"   Förderung des Kindes-   Schutz vor   Gerichtshilfen   Beistand-
                    wohls durch Leistungen   Gefahren   *(§§ 50-52   schaft/
                    (§§ 11-41 SGB VIII)   *(§§ 8a,   SGB VIII)*   AP/AV
                                             42-48a   *(§§ 52a-60
                                             SGB VIII)*   SGB VIII)*

„Qualitätssicherung"   Gewährleistungspflicht
                                         (§ 79 Abs. 2 SGB VIII)
                                                ↓
                                       Einrichtungen, Dienste, Veranstaltungen
                                       müssen Hilfe garantieren, die
                                       - geeignet
                                       - ausreichend
                                       - plural
                                       - rechtzeitig ist.
                                                ↓
                                       Dies setzt voraus:
                                                ↓
„Controlling"   Jugendhilfeplanung
                                       (§ 80 SGB VIII);
                                       Unterziel: z.B. Regionalisierung
                                                ↓
                                       für Einzelfallhilfen:
                                       Hilfeplanungsverfahren mit
                                       regelmäßiger Überprüfung
                                       (§ 36 SGB VIII);
                                       und Steuerungsverantwortung
                                       des JA *(§ 36a SGB VIII)*

5. Das Verfahren der Jugendhilfe

5.1 Verwaltungsakt und Verwaltungsverfahren

366 Das Jugendamt nimmt seine Aufgaben in vielfältigen Handlungsformen wahr. Seine Beratungstätigkeit ist schlichtes Handeln; der Hilfeplan nach § 36 Abs. 2 ist ein den Verwaltungsakt vorbereitendes und begleitendes Handeln (strittig, vgl. *Rn. 205*); der Jugendhilfeplan ist als Produkt der Jugendhilfeplanung nach § 80 eine Verwaltungsvorschrift ohne Außenwirkung; die Benutzung von Einrichtungen (zB des Kindergartens) kann durch eine Satzung als Rechtsvorschrift geregelt werden oder durch Abschluss eines privatrechtlichen Vertrages (vgl. *Rn. 374*); Leistungen, die im Ermessen des Jugendhilfeträgers stehen, können auch durch öffentlich-rechtlichen Vertrag gewährt werden (§ 53 SGB X). *Vgl. zu diesen Handlungsformen das nachfolgende Schaubild.*

367 Ein Verwaltungsverfahren liegt nur dann vor, wenn sich die Tätigkeit des Jugendamtes auf den Erlass eines Verwaltungsaktes oder den Abschluss eines öffentlich-rechtlichen Vertrages richtet (§ 8 SGB X). Verwaltungsakte sind alle Entscheidungen des Jugendamtes auf dem Gebiet des öffentlichen Rechts, die eine Regelung eines Einzelfalls sind und Außenwirkung haben (§ 31 SGB X). Verwaltungsakte sind daher die Entscheidungen über die Gewährung einer Leistung, insbesondere über die Hilfe zur Erziehung, die Eingliederungshilfe für seelisch behinderte junge Menschen und die Hilfe für junge Volljährige. Verwaltungsakte sind ferner die Entscheidungen über die Kostenbeteiligung durch Kostenbeitragsbescheid, Überleitungsanzeige, aber auch die Feststellung der Eignung einer Tagespflegeperson. Auf dem Gebiet der sog. anderen Aufgaben erlässt das Jugendamt Verwaltungsakte bei Inobhutnahme (§ 42), bei Pflegeerlaubnis (§§ 43, 44) und Betriebserlaubnis (§ 45). Kein Verwaltungsakt (mangels Außenwirkung) ist dagegen die Anrufung des Familiengerichts gem. § 8 a Abs. 2. Mangels Regelung ist der Adoptionseignungsbericht kein VA. Die Anerkennung eines freien Trägers der Jugendhilfe (§ 75) oder die Entscheidung über seine Bezuschussung (§ 74) sind ebenfalls Verwaltungsakte.

368 Keine Verwaltungsakte sind die Maßnahmen der Träger der freien Jugendhilfe, da sie keine Behörden sind. Für alle Verwaltungsakte gelten die Regelungen über das Verwaltungsverfahren nach den §§ 9–38 SGB X. Nicht anwendbar sind die Bestimmungen des jeweiligen Landesverwaltungsverfahrensgesetzes, weil dessen Geltung sich ausdrücklich (zB § 2 Abs. 2 Nr. 3 LVwVfG Baden-Württemberg) nicht auf die Jugendhilfe erstreckt. Weitere Verfahrensregelungen finden sich im SGB I (zB die Regelung über den Datenschutz in § 35 oder die Regelung über die Handlungsfähigkeit Minderjähriger in § 36 oder die Mitwirkungspflicht in § 60) und im SGB VIII (zB über die Mitwirkung bei Hilfe zur Erziehung in § 36). Weitere Regelungen (zT materieller Art), die für Verwaltungsakte gelten, enthalten die §§ 39–52 SGB X. Die übrigen Vorschriften des SGB X gelten für jegliches Verfahren des Jugendamtes, unabhängig vom Vorliegen eines Verwaltungsakts (zB regeln die §§ 3–7 SGB X die Amtshilfe).

Schaubild: Rechtsformen der Aufgabenwahrnehmung im Jugendamt

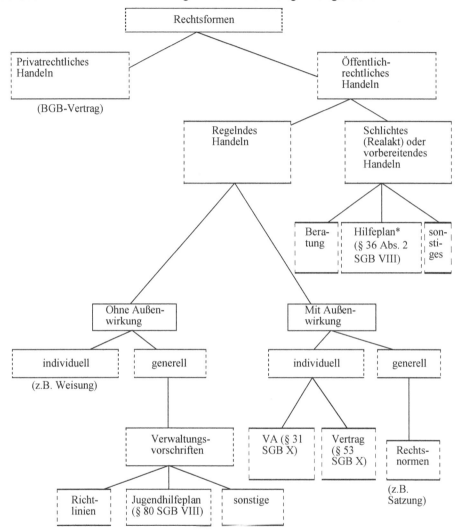

* Die Rechtsnatur des Hilfeplans ist strittig. Er wird auch als Verwaltungsakt oder als Regelung sui generis bezeichnet.

Erlässt das Jugendamt einen Verwaltungsakt, muss es insbesondere die Vorschriften über die Zuständigkeit, das Verfahren und die Form beachten.

5.1.1 Zuständigkeit. Die sachliche Zuständigkeit des Jugendamts richtet sich nach § 85 **369** Abs. 1 (vgl. *Rn. 316*), die örtliche Zuständigkeit nach §§ 86–88. *Vgl. hierzu die nachfolgende Übersicht sowie das Prüfschema im Anhang unter 2.*

Übersicht: Örtliche Zuständigkeit des örtlichen und des überörtlichen Trägers der Jugendhilfe (§§ 86–88)

Anknüpfungsmerkmal	Zuständigkeit	Rechtsquelle
A. Bei Leistungen		
– **vor** Leistungsbeginn		
I. generell		**§ 86**
1. Eltern haben **gA in demselben** Jugendamtsbereich	JA, in dessen Bereich die Eltern ihren gA haben.	Abs. 1 S. 1
Nur ein Elternteil lebt	JA, in dessen Bereich dieser Elternteil seinen gA hat.	S. 3
2. Eltern haben **verschiedene gA**		
a) 1 Elternteil hat das Sorgerecht	JA, in dessen Bereich der sorgeberechtigte Elternteil seinen gA hat.	Abs. 2 S. 1
b) beide Elternteile haben Sorgerecht		
aa) gA vor Leistungsbeginn zuletzt bei 1 Elternteil	JA, in dessen Bereich der Elternteil seinen gA hat, bei dem das Kind vor Leistungsbeginn zuletzt seinen gA hatte.	S. 2
bb) gA vor Leistungsbeginn zuletzt bei beiden Elternteilen	JA, in dessen Bereich der Elternteil seinen gA hat, bei dem das Kind vor Leistungsbeginn zuletzt seinen tatsächlichen Aufenthalt hatte.	S. 3
cc) kein gA bei einem Elternteil während der letzten 6 Monate vor Leistungsbeginn		
(1) gA an anderem Ort	JA, in dessen Bereich das Kind vor Leistungsbeginn seinen gA hatte.	S. 4 HS. 1
(2) ohne gA während der letzten 6 Monate	JA, in dessen Bereich das Kind sich im Zeitpunkt des Leistungsbeginns tatsächlich aufhält.	S. 4 HS. 2
c) kein Elternteil hat Sorgerecht	Zuständigkeit wie 2 b) aa) und cc).	Abs. 3
3. Eltern bzw. maßgeblicher Elternteil haben im Inland keinen gA (oder gA ist nicht feststellbar oder Eltern sind verstorben)		Abs. 4
a) gA des Kindes ist vorhanden	JA, in dessen Bereich das Kind vor Leistungsbeginn seinen gA hat.	S. 1
b) gA des Kindes während der letzten 6 Monate vor Leistungsbeginn ist nicht vorhanden	JA, in dessen Bereich sich das Kind vor Leistungsbeginn tatsächlich aufhält.	S. 2
– **nach** Leistungsbeginn		
4. Eltern trennen sich nach Leistungsbeginn und begründen verschiedene gA		Abs. 5
a) Sorgerecht hat 1 Elternteil	JA, in dessen Bereich der sorgeberechtigte Elternteil seinen gA hat.	S. 1
b) Sorgerecht haben Eltern gemeinsam oder kein Elternteil	JA, das bisher zuständig war, bleibt zuständig.	S. 2
c) Trennung der Eltern nach Leistungsbeginn und Merkmal wie Nr. 3	Zuständigkeit wie Nr. 3 a) und b).	S. 3
5. Kind lebt **über 2 Jahre bei Pflegeperson** mit Dauerperspektive	JA, in dessen Bereich die Pflegeperson ihren gA hat, aber nur so lange, bis Aufenthalt bei Pflegeperson endet.	Abs. 6
6. Leistungen an **Asylbewerber**		Abs. 7
d) nach Zuweisungsentscheidung	JA, in dessen Bereich der Asylbewerber zugewiesen wird.	S. 2
e) vor und ohne Zuweisungsentscheidung	JA, in dessen Bereich der Asylbewerber sich tatsächlich aufhält.	S. 1
f) nach Inobhutnahme	wie § 87	S. 1
g) nach Abschluss des Asylverfahrens	wie bisher	S. 3
II. spezielle Leistungen		**§ 86a**
1. an junge Volljährige		
a) Vorhandener gA außerhalb einer Einrichtung	JA, in dessen Bereich der junge Volljährige vor Leistungsbeginn seinen gA hatte.	Abs. 1
b) Aufenthalt in einer Einrichtung/Wohnform	JA, in dessen Bereich der junge Volljährige vor Aufnahme in die Einrichtung/sonst. Wohnform seinen gA hatte.	Abs. 2

(Fortsetzung)

Anknüpfungsmerkmal	Zuständigkeit	Rechtsquelle
c) kein gA vorhanden	JA, in dessen Bereich der junge Voll-jährige vor Leistungsbeginn seinen tat-sächlichen Aufenthalt hat.	Abs. 3
d) vorherige Gewährung von HzE oder Leistung nach § 13 Abs. 3 oder §§ 19, 21 bis zum Eintritt der Volljährigkeit oder erneute Hilfe für junge Volljährige	JA, das bis zu diesem Zeitpunkt zuständig war.	Abs. 4
2. in gemeinsamen Wohnformen für Mütter/Väter und Kinder		
a) Leistungsberechtigter nach § 19 hat einen gA		§ 86 b
aa) außerhalb der Einrichtung	JA, in dessen Bereich der Leistungsberechtigte zu Beginn der Leistung seinen gA hatte.	Abs. 1 S. 1
bb) in einer Einrichtung/ Wohnform	JA, in dessen Bereich der Leistungsberechtigte vor der Aufnahme in die Einrichtung/ Wohnform seinen gA hatte.	Abs. 1 S. 2
b) Leistungsberechtigter nach § 19 hat keinen gA	JA, in dessen Bereich der Leistungsberechtigte zu Beginn der Leistung seinen tatsächlichen Aufenthalt hatte.	Abs. 2
c) Vorherige Gewährung von HzE oder Leistung nach § 41 oder §§ 13 Abs. 3, 21	JA, das bisher zuständig war (Hilfeunterbrechung von bis zu 3 Monaten bleibt außer Betracht).	Abs. 3
III. Fortdauernde Leistungsverpflichtung beim Zuständigkeitswechsel	JA, das bisher zuständig war, bleibt solange zur Hilfeleistung verpflichtet, bis das nunmehr zuständige JA die Hilfeleistung fortsetzt.	§ 86 c
IV. Bei Verpflichtung zum vor-läufigen Tätigwerden		§ 86 d
1. Örtliche Zuständigkeit steht nicht fest	JA, in dessen Bereich sich das Kind, der junge Volljährige oder der Leistungsberechtigte nach § 19 vor Leistungs-beginn tatsächlich aufhält.	
2. Zuständiger örtlicher Träger wird nicht tätig		
V. im Ausland		§ 88
1. Geburtsort des jungen Menschen liegt im Inland	Überörtlicher Träger, in dessen Bereich der junge Mensch geboren ist.	Abs. 1 S. 1
2. Geburtsort des jungen Menschen liegt im Ausland oder ist nicht zu ermitteln	Land Berlin	Abs. 1 S. 2
3. Jugendhilfe (Leistungen und an-dere Aufgaben) wurde bereits vor der Ausreise gewährt	JA, das bisher schon tätig geworden ist (Eine Unterbrechung der Hilfeleistung von bis zu 3 Monaten bleibt außer Betracht).	Abs. 2
B. *Bei anderen Aufgaben*		
I. Inobhutnahme	JA, in dessen Bereich sich das Kind oder der Jugendliche vor Beginn der Maßnahme tatsächlich aufhält	§ 87
II. Pflege- und Einrichtungsaufsicht	JA, bzw. LJA, in dessen Bereich die Pflege-person ihren gA hat bzw. die Einrichtung gelegen ist	§ 87 a
III. Mitwirkung in gerichtlichen Verfahren		
1. Verfahren nach §§ 50 bis 52	Zuständigkeit wie bei A. I. 1. bis 3. b)	Abs. 1 S. 1
2. Jugendgerichtshilfe, wenn der junge Mensch zu Verfahrensbe-ginn volljährig geworden ist	Zuständigkeit wie bei A. II. a) bis c). Die Zuständigkeit nach B. III. 1. und 2. bleibt bis zum Abschluss des Verfahrens bestehen.	Abs. 2 S. 1
	Hat ein Jugendlicher in einem Jugendgerichts-verfahren die letzten 6 Monate vor Abschluss die Zuständigkeit bis zu einer neuen gA-Be-gründung bestehen, längstens aber bis zum Ablauf von 6 Monaten nach dem Entlassungs-zeitpunkt.	Abs. 2 S. 2
3. örtliche Zuständigkeit steht nicht fest oder der zuständige Träger wird nicht tätig	JA, des tatsächlichen Aufenthalts.	Abs. 3

(Fortsetzung)

Anknüpfungsmerkmal	Zuständigkeit	Rechtsquelle
IV. Bei Amtspflegschaft und Amts- vormundschaft		§ 87 c
1. Eintritt der gesetzlichen AV nach § 1791 c BGB	JA, in dessen Bereich die Mutter ihren gA hat.	Abs. 1 S. 1
2. Beseitigung der Vaterschaft durch Anfechtung	JA, in dessen Bereich die Mutter im Zeitpunkt der Rechtskraft der Entscheidung ihren gA hat.	Abs. 1 S. 2
3. gA der Mutter ist nicht fest- zustellen	JA, in dessen Bereich sich die Mutter tatsächlich aufhält	Abs. 1 S. 3
4. Mutter nimmt bei gesetzl. AV gA im Bereich eines anderen JA	JA, in dessen Bereich die Mutter ihren gA wechselt, übernimmt auf Antrag durch Erklärung AV.	Abs. 2

5. Eintritt der bestellten AP/AV
     a) gA des Kindes ist vorhanden
     b) Kind hat keinen gA
 	
     c) Kind wechselt den gA oder
        sein Wohl erfordert
        Änderung des gA
	
	JA, in dessen Bereich das Kind seinen gA hat.
	JA des tatsächlichen Aufenthalts im Zeitpunkt
	der Bestellung.
	JA hat beim Vormundschaftsgericht Antrag auf
	Entlassung zu stellen.
		
		Abs. 3 S. 1
		Abs. 3 S. 2
		
		Abs. 3 S. 3

6. Vormundschaft im Rahmen eines Adoptionsverfahrens	JA, in dessen Bereich die annehmende Person ihren gA hat.	Abs. 4
V. Bei Beistandschaft und Hilfe nach § 52 a		
1. Eintritt der Beistandschaft/ Beginn der Hilfe	JA, in dessen Bereich der Elternteil seinen gA hat; wenn gA nicht feststellbar: tats. A.	Abs. 5 S. 1
2. Elternteil wechselt gA	JA des neuen gA übernimmt auf Antrag durch Erklärung Beistandschaft.	Abs. 5 S. 2
3. Sorgeerklärungsauskunft	JA, in dessen Bereich die Mutter gA hat.	Abs. 6 S. 1
VI. Bei weiteren Aufgaben im Vormund- schaftswesen		§ 87 d

1. Beratung und Unterstützung von
     Pflegern und Vormündern nach
     § 53
	JA, in dessen Bereich der Pfleger oder
	Vormund seinen gA hat.
		Abs. 1

2. Erlaubniserteilung zur Übernahme durch Verein (§ 54)	Überörtlicher Träger, in dessen Bereich der Verein seinen Sitz hat.	Abs. 2
VII. Bei Beurkundungen nach § 59	Urkundsperson bei jedem JA.	§ 87 e

370 5.1.2 Verfahren. Das Verfahren beginnt von Amts wegen (§ 18 SGB X), es sei denn, dass ein Antrag notwendig ist. Dabei ermittelt die Behörde den Sachverhalt von Amts wegen (Untersuchungsgrundsatz gem. 20 SGB X). Allerdings müssen die Beteiligten mitwirken (§ 21 Abs. 2 SGB X iVm § 60 SGB I). Kommen die Beteiligten dieser Mitwirkungspflichten nicht nach, kann das Jugendamt die Leistung versagen (§ 66 Abs. 1 SGB I). Anträge auf Sozialleistungen allgemein kann schon ein 15jähriger Jugendlicher stellen (§ 36 Abs. 1 SGB I; vgl. *Rn. 94).* Die Anregung von Jugendhilfeleistungen dagegen kann auch von Kindern unabhängig von ihrem Alter ausgehen (§ 8 Abs. 2). Bei der Hilfe zur Erziehung, der Eingliederungshilfe für seelisch behinderte junge Menschen und der Hilfe für junge Volljährige ist ein besonderes Mitwirkungsverfahren nach § 36 vorgeschrieben (*s. o. Rn. 203).* Für belastende Verwaltungsakte (also bspw. Kostenbeitragsbescheide) ist die Anhörung vorgeschrieben (§ 24 SGB X). Besonders zu beachten ist schließlich die für jede Art von Verwaltungstätigkeit geltende Regelung des Datenschutzes (§ 35 SGB I, §§ 67–85 a SGB X iVm §§ 61–68). *Zur Akteneinsicht vgl. nachfolgendes Schema.* Das Informationsfreiheitsgesetz (in Kraft seit 1.1.2006) gilt nur für Bundesbehörden; in den meisten Ländern kann Akteneinsicht nach Landesgesetz verlangt werden.

Prüfschema zur Akteneinsicht beim Jugendamt[1]

Falls Pflicht nach § 25 SGB X besteht oder Akteneinsicht im Weg des Ermessens gewährt wird	⟶	Grenze: Sozialgeheimnis (§ 25 Abs. 3 SGB X iVm § 35 SGB I iVm §§ 61, 65)

Prüfe im Einzelnen

1. Verwaltungsverfahren? (vgl. *Rn. 346*)

   (§ 8 SGB X). Außerhalb eines Verwaltungsverfahrens: Ermessen

2. Einsichtsberechtigter?

   Beteiligter (§ 12 SGB X) (vgl. *Rn. 351*)

3. Gegenstand?

   Alle Akten, die das Verfahren betreffen (auch Nebenakten); nicht: Vorarbeiten

4. Erforderlichkeit?

   Weit auszulegen: Alles, was Interessenvertretung förderlich sein könnte.

5. Grenze: (§ 25 Abs. 3 SGB X) Sozialgeheimnis (vgl. *Rn. 354*)

6. Vermittler?

   Bei gefährlichen Angaben durch „Weichmacher" (§ 25 Abs. 2)

7. Wo?

   Bei Behörde (§ 25 Abs. 4 S. 1 SGB X)

8. Kopien?

   Ja (§ 25 Abs. 5 S. 1 SGB X), aber auf eigene Kosten (§ 25 Abs. 5 S. 1 SGB X)

5.1.3 Form. Ein Verwaltungsakt kann schriftlich oder mündlich oder durch konkludentes **371** Handeln (zB Inobhutnahme) erlassen werden (§ 33 Abs. 2 SGB X). Ein schriftlicher Verwaltungsakt muss *begründet* werden (§ 35 SGB X). Ein schriftlicher Verwaltungsakt, der den Bürger belastet, muss eine *Rechtsbehelfsbelehrung* enthalten (§ 36 SGB X).

5.1.4 Bekanntgabe. Der Verwaltungsakt ist dem Beteiligten bekannt zu geben (§ 37 **372** Abs. 1 SGB X). Beteiligter ist der Adressat des Verwaltungsakts oder der Antragsteller (§ 12 SGB X). Bei Hilfe zur Erziehung ist der Personensorgeberechtigte, also beide Elternteile, Beteiligter, nicht dagegen das Kind und zwar auch nicht als Adressat, weil Adressat als Anspruchsberechtigter ebenfalls der Personensorgeberechtigte ist. Ohne Bekanntgabe wird der Verwaltungsakt nicht wirksam (§ 39 Abs. 1 SGB X), Die Bekanntgabe kann in verschiedenen Formen erfolgen (formlos oder durch einfachen Brief oder förmlich durch Zustellung, die nach dem jeweiligen Landesverwaltungszustellungsgesetz erfolgt, bspw. durch Einschreiben oder Postzustellungsurkunde).

5.1.5 Rechtsschutz. Der Bürger kann gegen die Entscheidung des Jugendamtes Wider- **373** spruch einlegen (§ 62 SGB X iVm §§ 40, 68 VwGO)[2]. Hilft das Jugendamt dem Widerspruch ab, erlässt es einen Abhilfebescheid (§ 72 VwGO), hilft es ihm nicht ab, erlässt ebenfalls das JA einen Widerspruchsbescheid (§ 73 Abs. 1 S. 2 Nr. 3 VwGO, da die Jugendhilfe Selbstverwaltungsangelegenheit ist; vgl. Rn. 259). Gegen den Widerspruchsbescheid kann der Bürger Klage zum Verwaltungsgericht erheben (§ 42 VwGO). Widerspruch und Klage haben aufschiebende Wirkung (§ 80 Abs. 1 VwGO). Diese entfällt aber, wenn das JA sofortige Vollziehung angeordnet hat (§ 80 Abs. 2 S. 1 Nr. 4 VwGO) oder eine

---

1 Hierzu BayVGH 23.11.2011 – 12 ZB 10.482.
2 In einzelnen Ländern entfällt das Widerspruchsverfahren (so § 6 AGVwGO NRW, aber 2015 wieder eingeführt) oder der Bürger kann entweder Widerspruch einlegen oder unmittelbar klagen (so Art. 15 Abs. 1 S. 1 Nr. 4 AG VwGO Bayern).

Überleitungsanzeige erlassen hat (§ 80 Abs. 2 S. 1 Nr. 3 VwGO iVm § 95 Abs. 4). Bei Kostenbescheiden ist zu unterscheiden: ist für die Heranziehung eine individuelle Einkommensermittlung notwendig (zB bei § 94 Abs. 1) hat der Widerspruch aufschiebende Wirkung, erfolgt sie aber nach pauschalierten Sätzen (zB Kostenbeitrag nach § 90 oder § 94 Abs. 5), handelt es sich um eine öffentliche Abgabe iSv § 80 Abs. 2 S. 1 Nr. 1 VwGO, so dass ein Widerspruch keine aufschiebende Wirkung hat.[3] Diese unterschiedliche Rechtswirkung ist vom Gesetzgeber wahrscheinlich gar nicht gesehen oder gar gewollt worden; er sollte klarstellen, dass der Widerspruch in keinem Fall aufschiebende Wirkung hat.

374 **5.1.6 Vollstreckung.** Die Vollstreckung des Verwaltungsaktes richtet sich nach dem jeweiligen Landesverwaltungsvollstreckungsgesetz. Es erlaubt die Androhung, Festsetzung und Anwendung von Zwangsmitteln (Zwangsgeld, Ersatzvornahme oder unmittelbaren Zwang). Anwendung unmittelbaren Zwangs ist – nach landesrechtlicher Regelung – nur durch die Polizei möglich. Für die Inobhutnahme bestimmt dies § 42 Abs. 6 selbst. Voraussetzung für die Vollstreckung ist, dass der VA unanfechtbar geworden oder sofort vollziehbar ist (§ 80 Abs. 2 VwGO).

Vgl. das Prüfungsschema zur Rechtmäßigkeit eines VA im Anhang unter 2.

5.2 Datenschutz und Schweigepflicht

375   „Seit es den Datenschutz gibt, weiß bei uns niemand mehr, was er noch darf. Ich habe beschlossen, auch nicht mehr zu wissen, was ich nicht darf" (*Schlink/Popp*, in „Selbs Justiz").

---

3 *Vgl.* hierzu die uneinheitliche *Rechtsprechung* im *Anhang* unter 6.

Rangordnung der Datenschutznormen

Verfassung: Grundrecht auf informationelle Selbstbestimmung
(Art. 1 Abs. 1 i.V.m. Art. 2 Abs. 1 GG)

EU-Recht: EU-DSGVO
EU-RL (95/46)
EU-Verfassung (Art. I-51, II-68)

Einfach gesetzliche Regelung: Bundesdatenschutzgesetz

Landesdatenschutzgesetz

Bereichsspezifische Regelung: **Sozialgesetzbuch I und X**

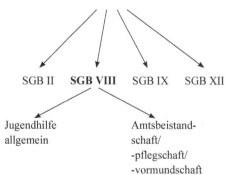

SGB II   **SGB VIII**   SGB IX   SGB XII

Jugendhilfe   Amtsbeistand-
allgemein   schaft/
-pflegschaft/
-vormundschaft

Übersicht: Rechtsquellen des Sozialdatenschutzes in der Jugendhilfe

I.   Es gelten für *alle* personenbezogenen Daten im Sozialleistungsbereich
      (1)   Art. 1 Abs. 1 iVm Art. 2 Abs. 1 GG (Grundrecht auf informationelle Selbstbestimmung)
      (2)   EU-DSGVO
      (3)   § 35 SGB I

---

4   Beamtenstatusgesetz – BeamtStG – vom 17.6.2008 (BGBl. I. S. 1010), zuletzt geändert 8.6.2017 (BGBl. I. S. 1570).
5   Gesetz über die förmliche Verpflichtung nichtbeamteter Personen – VerpflichtG – vom 15.8.1974 (BGBl. I. S. 1942).

(4) §§ 67-85 a SGB X (
(5) Landesdatenschutzgesetz (Kontrolle durch den Landesdatenschutzbeauftragten)
(6) Bundesdatenschutzgesetz: (nur soweit das SGB X ein Fenster zum BDSG öffnet)

II. Hinzutreten in der *Jugendhilfe:*

§§ 61-68.

Ausnahmen:

(1) Für Beistandschaft/Amtsvormundschaft/Amtspflegschaft gilt nur § 68.
(2) Für die Adoptionsvermittlung und -begleitung nach dem AdVermiG gilt § 9 d AdVermiG iVm SGB I u. X, für die Hilfe nach § 51 das SGB VIII.
(3) Für die Eingliederungshilfe gilt außerdem das SGB IX (§§ 10 Abs. 4, 21 Abs. 1, 23 Abs. 4).

III. Als strafrechtliche Sanktionsnormen gelten außerdem:
(1) für alle Beschäftigten im Sozial- oder Jugendamt: § 203 Abs. 2 StGB.
(2) für Sozialarbeiter/Sozialpädagogen, Psychologen und (besondere) Berater: § 203 Abs. 1 StGB iVm § 4 KKG.

IV. Für das Adoptionsgeheimnis gilt außerdem § 1758 BGB.

376 Zusätzlich zu beachten ist die Regelung des Adoptionsgeheimnisses im Bürgerlichen Gesetzbuch (§ 1758 BGB). Weiterhin nicht mitgezählt sind die Regelungen in datenschutzrechtlichen Nebengesetzen, die mit den Übermittlungtatbeständen der §§ 68 bis 71 SGB X notwendig verknüpft sind wie die Abgabenordnung (AO), Infektionsschutzgesetz (IfSG), Aufenthaltsgesetz (AufenthG), Jugendgerichtsgesetz (JGG). Schließlich ist das Jugendamt als Organ eines Trägers der öffentlichen Gewalt auch und in erster Linie an das Grundrecht auf informationelle Selbstbestimmung (Art. 1 Abs. 1 iVm Art. 2 Abs. 1 GG)[6] gebunden.). Und nun auch noch die EU-DSGVO mit 100 Artikeln und 173 EU-Erwägungsgründen[7]. Die EU-DSGVO fordert „Datenminimierung". Vom Gesetzgeber selbst müsste man aber auch „Gesetzesminimierung" verlangen. Er flutet den Datenschutz in der Jugendhilfe mit rund **250 Paragrafen.** Diese Flut spült den Sachbearbeiter vom Schreibtisch und nützt dem Bürger nichts. Mehr Paragrafen zum Datenschutz bewirken nicht mehr Datenschutz! Die EU-DSGVO für den Sozialleistungsbereich wäre daher entbehrlich gewesen. Für den Datenschutz im gewerblichen Bereich ist die DSGVO sicher nötig, für die Behörden und die freien Träger ist sie aber unnötiger Ballast.

Es genügte 1 Paragraf: „Personenbezogene Daten sind als Sozialgeheimnis geschützt. Ihre Verarbeitung ist zulässig, wenn eine Einwilligung oder eine gesetzliche Befugnis vorliegt."

In der DSGVO mischen sich erhabene Grundsätze in lyrischer Form („Recht auf Vergessenwerden") mit Bürokratiemonstern in Beamtenprosa (Verarbeitungsverzeichnis. Jugendämter beklagen, dass die Mitarbeiter im ASD (schon jetzt[8]) zwei Drittel ihrer Arbeitszeit mit Dokumentation verbringen.[9] Mit der DSGVO werden es wohl drei Drittel sein[10].

---

6 Vom Bundesverfassungsgericht 1983 im Volkszählungsurteil entwickelt (BVerfGE 65, 1). Danach bestimmt jeder Bürger selbst, welche Informationen erhoben, gespeichert oder übermittelt werden dürfen. Eingriffe in diesen Schutzbereich bedürfen einer klaren gesetzlichen Grundlage.
7 Wohl im Vertrauen auf die Gaben des Hl.Geistes bei der Anwendung der DSGVO trat sie 5 Tage nach Pfingsten 2018 in Kraft. Agnostiker haben sich in ihrer Not Datenschutzberatern anvertraut, so dass der Hessische Datenschutzbeauftragte vor den Datenschutzberatern ausdrücklich warnen musste (Hessenschau vom 7.5.2018 im Internet-Auftritt des Hess.LDSB).
8 Corona hat die Fixierung auf den Datenschutz aber relativiert.
9 So Studie der Hochschule Koblenz, vorgelegt am 14.5.2018 in Berlin: siehe auch SZ vom 15.5.2018.

Ist der Datenschutz nach der EU-Datenschutzgrundverordnung schon bisher in manchen Bereichen (z.B. für die öffentlichen und freien Träger im Sozialleistungsbereich oder für Vereine) Bürokratiemonster gewesen, wird seine Handhabung durch die Datenschutzbeauftragten erst recht zum Ärgernis, wie sich bei den Widerständen gegen eine wirksame Corona App erweist. Die Datenschutzkontrolle wird wahrgenommen von den Datenschutzbeauftragten auf lokaler Ebene und außerdem von den überörtlichen Aufsichtsbehörden durch die Landesbeauftragten und den Bundesbeauftragten. Deren Aufgaben und Befugnisse sind in Art. 51 bis 62 EU-DSGVO geregelt; in Art. 57 Abs. 1 buchstäblich von A bis Z, nämlich von a) bis v). Hinzu kommen die Regelungen in den Landesdatenschutzgesetzen (§§ 20 bis 27 LDSG BW). Art. 52 Abs. 4 DSGVO garantiert eine üppige personelle, finanzielle und technische Ausstattung der Behörde. Damit werden die **Datenschützer gleichsam zur „vierten Gewalt"** im Staate – zumindest fühlen sich manche so. Quis custodiet custodes (wer schützt vor den Datenschützern)? In keinem anderen Unionsstaat wird die für alle gleich geltende EU-DSGVO so extensiv gehandhabt wie in Deutschland.

Unklar ist die Geltung der DSGVO für die **freien Träger.** Nach Art. 2 Abs. 2 DSGVO gilt **377** die DSGVO auch für nicht-öffentliche Stellen. Nicht-öffentliche Stellen sind in § 67 Abs. 5 SGB X definiert. Darunter fallen auch die freien Träger. Allerdings setzt dies voraus, dass sie sich im (sachlichen) Anwendungsbereich der DSGVO befinden. Das ist dann der Fall, wenn EU-Recht auf sie anwendbar ist (Art. 2 Abs. 2 lit. a DSGVO). Wegen der Besonderheiten der freien Träger gilt das EU-Recht aber nicht.[11] Es wäre dann aber nach § 35 Abs. 2 S. 2 SGB I entsprechend anwendbar. Aber eben nur „entsprechend" d.h. unter Berücksichtigung der Besonderheiten als freie Träger. Wendet man aber (mit der hM) EU-Recht auch auf freie Träger an, fallen sie in den sachlichen Geltungsbereich der DSGVO (Art. 1 Abs. 1). Die DSGVO ist deshalb (direkt oder entsprechend) auf freie Träger **anwendbar.** Sie unterliegen dann dem Datenschutzrecht wie die öffentlichen Träger. In demselben Umfang gilt dann auch für sie ergänzend der Datenschutz nach SGB I, X und VIII, jedenfalls nach Sicherstellungsvereinbarung (§ 61 Abs. 3) oder nach Datenempfang vom öffentlichen Träger (§ 78 SGB X). § 78 SGB X ist von praktischer Bedeutung, wenn der Sozialleistungsträger Daten an Nicht-Sozialleistungsträger übermittelt, zB an freie Träger, Gerichte, Polizei, Pflegepersonen. Mit S. 2 in Abs. 1 wird als zusätzliche Voraussetzung für die Zulässigkeit der Übermittlung und der anschließenden Verarbeitung von Sozialdaten geregelt, dass eine Übermittlung von Sozialdaten an eine nicht-öffentliche Stelle nur zulässig ist, wenn diese sich gegenüber der übermittelnden Stelle verpflichtet hat (Selbstverpflichtung), die zu übermittelnden Sozialdaten entsprechend § 78 Abs. 1 S. 1 nur für den Zweck zu verarbeiten, zu dem sie ihr übermittelt werden (Zweckbindungsgrundsatz). Nach S. 3 rücken sie in die Stellung des Sozialleistungsträgers ein, sind also fiktive Sozialleistungsträger. Ohne diese „Nabelschnur" gilt für sie das BDSG (§ 1 Abs. 1 S. 2 BDSG). Dies ist auch bei der Gewährung von Akteneinsicht nach § 25 SGB X zu beachten, wenn damit die Kenntniserlangung von personenbezogenen Daten Dritter verbunden ist.

Einen **Datenschutzbeauftragten** müssen freie Träger nicht bestellen, weil bei ihnen die Voraussetzungen nach Art. 37 Abs. 1 DSGVO nicht vorliegen. Freiwillig können sie das aber tun), es sei denn, das BDSG oder das LDSG verpflichteten sie dazu (Art. 37 Abs. 4 DSGVO). § 38 BDSG begründet eine solche Pflicht, allerdings nur dann, wenn mindes-

---

10 Bei dieser Fülle von Vorschriften ist der Stoßseufzer eines Jugendamtleiters verständlich, er könne ein Schild an der Eingangstür des Jugendamtes anbringen: „Wegen Datenschutz geschlossen". Zu Unrecht wird diese Tür aber manchmal geöffnet, wenn die Justiz anklopft (vgl. *Rn. 358*).
11 Näher *Kunkel* in LPK-SGB VIII, § 74 Exkurs Rn. 53-59).

tens zehn Personen ständig mit der automatisierten Datenverarbeitung beschäftigt sind. Dies ist bei freien Trägern nicht der Fall, die nur gelegentlich pbD oder nur nicht automatisiert verarbeiten. Auch der „Kelch des **Verarbeitungsverzeichnisses**" (Art. 30 DSGVO) geht an ihnen vorbei, da Abs. 5 Unternehmen oder Einrichtungen mit weniger als 250 Mitarbeitern befreit. Freie Träger sind zwar weder Unternehmen (Art. 4 Nr. 18 DSGVO) noch Einrichtungen, aber für ihre Dienste muss dies erst recht gelten. Die Pflichten eines Verantwortlichen müssen sie aber entsprechend denen des öffentlichen Trägers erfüllen, da sie als freier Träger Verantwortlicher i.S.v. Art. 4 Nr. 7 DSGVO i.V.m. § 67 Abs. 4 S. 1 SGB X sind. Sie sind zwar keine Leistungsträger im Sinne von § 12 SGB I, aber als Träger von Leistungen nach dem SGB VIII entsprechend zu behandeln.

Zu beachten ist, dass freie Träger nicht etwa **Auftragsverarbeiter** nach Art. 4 Nr. 8 sind, da damit nur die technische Verarbeitung von Daten gemeint ist.

Die Kirchen als Träger der freien Jugendhilfe (§ 75 Abs. 3) fallen aus dem Anwendungsbereich des Bundesdatenschutzgesetzes und der einzelnen Landesdatenschutzgesetze und auch aus dem der DSGVO. Sie sind zwar Körperschaften des öffentlichen Rechts, aber wegen Art. 140 GG i.V.m. Art. 137 Weimarer Verfassung nicht staatlichem Recht unterworfen, soweit es um die Regelung ihrer inneren Angelegenheiten geht. Dies ist für das kirchliche Arbeitsrecht anerkannt und muss daher auch für den Datenschutz gelten. Caritas und das Diakonische Werk sind nicht identisch mit der Kirche, da sie in privatrechtlicher Rechtsform als eingetragene Vereine betrieben werden, aber dennoch so zu behandeln wie die Kirchen. Beide nehmen nach kirchlichem Selbstverständnis Aufgaben wahr, die zum Kernbereich kirchlicher Tätigkeit gehören. Ihre Tätigkeit wird von der Autonomie der Kirche mit umfasst. Dasselbe gilt für die Einrichtungen (z.B. Kindergärten) der Kirchen oder von Caritas und Diakonie (z.B. Beratungsstellen), gleichgültig, in welcher Rechtsform sie betrieben werden. Auch das kirchliche Selbstbestimmungsrecht ist aber nicht völlig frei, sondern muss gemäß Art. 137 Abs. 3 WV die grundgesetzliche Ordnung, also auch das Grundrecht auf informationelle Selbstbestimmung, achten, soweit diese Ordnung nicht den Kernbereich kirchlicher Autonomie verletzt. Die Evangelische Kirche in Deutschland (EKD) hat daher ein Kirchengesetz über den Datenschutz (DSG-EKD) erlassen[12]. In den katholischen Bistümern gilt[13] das Kirchliche Datenschutzgesetz (KDG). Die „Anordnung über den Sozialdatenschutz in den Einrichtungen der freien Jugendhilfe" erklärt die Regelungen im SGB I, X und VIII für entsprechend anwendbar. Damit besteht im kirchlichen Bereich das gleiche Datenschutzniveau[14] wie im staatlichen. Einer gesonderten Sicherstellungsvereinbarung nach § 61 Abs. 3 oder im Rahmen von § 8 a bedarf es daher für die kirchlichen Einrichtungen nicht. Auch gemessen am Maßstab der DSGVO, die den Kirchen in Art. 91 Abs. 1 (vgl. EG 165) eine Privilegierung einräumt, sie aber in Abs. 2 einer „unabhängige(n) Aufsichtsbehörde"[15] unterwirft, sind die Regelungen ausreichend[16]. Auch für die Kirchen als abgeleitete Normadressaten gilt zudem § 78 Abs. 1 S. 1, 2 und 3 SGB X).

---

12 Näher hierzu siehe die Kurzpapiere des Datenschutzbeauftragten der EKD im Anhang.
13 Seit Mai 2018; siehe Anhang.
14 Zu Unterschieden näher *Hoeren*, NVwZ 2018, 373 (374).
15 Dies kann auch eine interne Aufsicht durch eine kirchliche Stelle sein (Art. 91 Abs. 2 DSGVO „spezifischer Art"), wenn sie mit der staatlichen Aufsichtsbehörde nach Art. 51 bis 58 DSGVO vergleichbare Befugnisse und Unabhängigkeit hat.
16 Ebenso die Bundesbeauftragte für Datenschutz (BDSB) im Internet abgerufen am 15.5.2018; ebenso *Hoeren*, NVwZ 2018, 373 (374).

Normen / Adressaten	§ 35 SGB I i.V.m. §§ 67-85a SGB X	§ 203 StGB		BDSG	LDSG (z.B. Baden-Württemberg)
		Abs. 1 u. 4	Abs. 2		
Öffentliche Träger und Gemeinden mit JH-Aufgaben	ja	ja, wenn Angehöriger der Berufsgruppe bei öffentlichem Träger beschäftigt ist	ja, für alle Beschäftigte	nein (§ 1 Abs. 2 BDSG). Aber mit mehreren Verweisungen im SGB X.	nein (§ 2 Abs. 4 LDSG). Nur über die Verweisung in § 81 Abs. 2 S. 2 SGB X gilt § 20 LDSG
Freie Träger (außer Kirchen)	nein; nur „abgeleitete" Normadressaten, wenn sie Daten vom öffentlichen Träger empfangen haben (§ 78 SGB X) oder der öffentliche Träger sich ihrer als Erfüllungshilfe bedient (§ 61 Abs. 3 SGB VIII)	ja	nein	nur eingeschränkt, soweit sie Daten in oder aus Dateien verarbeiten oder nutzen (§ 1 Abs. 2 Nr. 3 i.V.m. § 27 BDSG)	nein (§ 2 Abs. 1 LDSG)
Kirchen	nein	ja	nein	nein	nein

Prüfschema für den (gesetzlichen) Datenschutz bei Trägern der freien Jugendhilfe

1. Ist der freie Träger abgeleiteter Normadressat des § 35 SGB I?

   Nur dann, wenn er

   a) Daten vom öffentlichen Träger erhalten hat (§ 78 Abs. 1 S. 3 SGB X) oder
   b) für den öffentlichen Träger JH-Aufgaben erfüllt und der Datenschutz durch einen Rechtsakt (VA oder Vertrag) sichergestellt ist (§ 61 Abs. 3).

   Wenn ja, gilt für seine Übermittlungen:

   – bei nach § 78 SGB X erhaltenen Daten: weiter Übermittlung ist nur gem. § 69 Abs. 1 Nr. 1 SGB X möglich;
   – bei Aufgabenerfüllung nach § 61 Abs. 3: weitere Übermittlungen sind gem. §§ 69, 71 Abs. 1 Nr. 1, 73, 74, 75 SGB X möglich.

   In beiden Fällen gilt:

   – Bei Übermittlungen nach § 69 SGB X ist zusätzlich § 64 Abs. 2, 2 a zu beachten.
   – Bei anvertrauten Daten sind § 76 SGB X und § 65 zu beachten.

   In jedem Fall gilt für den Umfang des Datenschutzes § 35 Abs. 3 SGB I, für die Datensicherung § 35 Abs. 1 SGB I, für die Rechte des Betroffenen auf Auskunft, Löschung, Sperrung und Schadenersatz §§ 81-84 SGB X, für Sanktionen gelten §§ 85, 85 a SGB X.

2. Falls Datenschutz nicht abgeleitet, gilt er aufgrund vertraglicher Nebenpflichten (§§ 241 Abs. 2, 242 BGB iVm Dienst- oder Werkvertrag) oder – bei kirchlichen Trägern – aufgrund kirchlichen Datenschutzes.

3. Gehört ein Mitarbeiter einer der in § 203 Abs. 1StGB genannten Berufsgruppe an, gilt zusätzlich die strafrechtliche Schweigepflicht

378 Von **Bedeutung** sind in der DSGVO:

(1) Es ist ein kommunaler DSB zu bestellen (Art. 37)[17]. Davon zu unterscheiden ist die staatliche Aufsichtsbehörde (Art. 51 iVm LDSG); das ist der Landesbeauftragte für Datenschutz.[18]

(2) Verantwortliche Stelle ist das Jugendamt (Art. 4 Nr. 7 iVm § 67 Abs. 4 S. 2 SGB X)[19].

(3) Das Jugendamt hat zahlreiche Informationspflichten (z. B. die Datenschutzerklärung bei Datenerhebung in Art. 13, 14)[20] und Dokumentationspflichten (z.B. Verarbeitungsverzeichnis in Art. 30)[21].

(4) Die Einwilligung (Art. 4 Nr. 11) ist nur wirksam, wenn eine Vielzahl von Voraussetzungen vorliegt (Art. 7).[22]

Zentrale Norm ist **Art. 6**, der die **Rechtmäßigkeit** aller Verarbeitungsvorgänge iSv Art. 4 Nr. 2 regelt. In der Jugendhilfe ist dies die Einwilligung (Abs. 1 lit. a) oder eine gesetzliche Befugnis (Abs. 1 lit. c oder e), weil die Wahrnehmung einer Aufgabe nach dem SGB VIII sowohl eine rechtliche Verpflichtung ist als auch im öffentlichen Interesse liegt und zudem Ausübung öffentlicher Gewalt ist (sowohl die Eingriffsverwaltung als auch die Leistungsverwaltung ist hoheitliche Tätigkeit). In der Praxis wird vorzugsweise mit der Einwilligung gearbeitet, das ist aber höchst unpraktisch, weil sie unwirksam ist, wenn die zahlreichen Bedingungen aus Art. 7 nicht alle erfüllt sind.

---

17 Siehe hierzu im Anhang 3 a.
18 Siehe hierzu im Anhang 3 a.
19 Siehe hierzu im Anhang 3 a.
20 Siehe hierzu im Anhang 3 a.
21 Siehe hierzu im Anhang 3 a.
22 Siehe hierzu im Anhang 3 a.

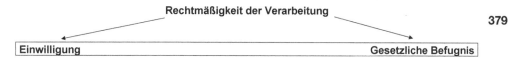

379

(Art. 6 Abs. 1 lit. a iVm Art. 7 lit. f) (Art. 6 Abs. 1 lit. c, e)

Prüfschema für Rechtmäßigkeit der Verarbeitung eines pbD
(1) Eingriff?
Art. 4 Nr. 2 DSGVO
(2) Eingriffsbefugnis?
Art. 6 Abs. 1 DSGVO
a) Einwilligung?
lit. a
b) Sonstige Befugnis?
lit. c oder e
i.V.m. §§ 68 -75 SGB X (insb. § 69 Abs. 1 Nr. 1)
(3) Einschränkung der Eingriffsbefugnis?
§ 65
Zur Prüfstruktur eines Eingriffs siehe im Anhang 3 a.

Die EU-DSGVO gilt (in ihrem Anwendungsbereich) unmittelbar in allen EU-Staaten. Art. 99 **380** Abs. 2 EU-DSGVO bestimmt, dass „diese Verordnung in allen ihren Teilen verbindlich (ist) und unmittelbar in jedem Mitgliedstaat gilt". Hinzu treten die Regelungen im SGB (und vereinzelt auch im BDSG und LDSG), wenn Öffnungsklauseln dies zulassen. Die Öffnungsklauseln in der DSGVO erlauben bereichsspezifische Regelungen. Alle Abweichungen in § 35 SGB I und §§ 67 bis 85 a SGB X[23] sowie im SGB VIII[24] halten sich im Rahmen dieser Öffnungsklauseln. Damit ist der Sozialdatenschutz abschließend (und ausschließend) geregelt. Der Sozialdatenschutz funktioniert somit nach Art eines Reißverschlusses).

Der Datenschutz funktioniert also (konfektionstechnisch betrachtet) nach Art eines Reißverschlusses (**„Reißverschlusssystem"**), wobei DSGVO und SGB ineinandergreifen oder (mathematisch betrachtet) mit der dargestellten **Formel** (frei nach Einstein)

---

23 Im Datenschutz ist man vor Überraschungen nie sicher. Mit dem „Gesetz zur Änderung des Bundesversorgungsgesetzes und anderer Vorschriften" vom 17.7.2017 als einem sog. Omnibusgesetz (eher wohl Sperrmüllwagen) hat sich der Gesetzgeber in einem Höllentempo verschiedenster Lasten entledigt, vom Designgesetz bis zum Fleischwirtschaftsgesetz und Änderungen des SGB I und SGB X aufgrund der EU-DSGVO. Sie gilt (in ihrem Anwendungsbereich) unmittelbar in allen Unionsländern.
24 Durch das Zweite Datenschutzanpassungsgesetz vom 20.11.2019 (BGBl. I S. 1626).

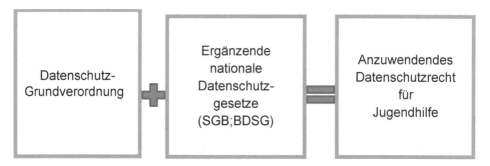

DSGVO und nationale Gesetze müssen also immer im Zusammenhang angewendet werden.

381 Das Sozialgeheimnis umfasst nach § 35 Abs. 1 S. 1, 2 SGB I sowohl den Schutz vor unbefugtem Verarbeiten pbD als auch die Sicherung der pbD. Die „Verletzung des Schutzes personenbezogener Daten" wird in **Art. 4 Nr. 11** DSGVO als „Verletzung der Datensicherheit "definiert.

Beachte: Es ist getrennt zu prüfen, ob (erstens) die Verarbeitung (materiell und formell) rechtmäßig ist und (zweitens), ob die Datensicherheit (technisch) gewährleistet ist. Vgl. hierzu die Übersicht in Anhang 3 a.

So kann eine Übermittlung pbD materiell befugt sein, aber nicht den Sicherheitsanforderungen genügen. Die Form der Übermittlung verlangt eine Datenschutz-Folgenabschätzung (Art. 35 DSGVO). Dafür ist eine Risikoabschätzung („wie groß ist die Gefahr des Offenbarwerdens?") und eine Abwägung mit der Sensitivität des übermittelten Datums („gehört es zur Kategorie besonderer Daten?") notwendig. Dabei kann sich das Risiko je nach technischen Veränderungen verändern (z.B. ist eine Übermittlung mit E-Mail derzeit unsicherer als mit WhatsApp). Für die Jugendhilfe bedeutsam ist insbesondere die Übermittlungsbefugnis nach § 69 Abs. 1 Nr. 1 SGB X, wonach personenbezogene Daten dann weitergegeben werden dürfen, wenn dies erforderlich ist zur Erfüllung einer Aufgabe nach dem SGB entweder durch das Jugendamt selbst oder durch einen anderen Sozialleistungsträger („privilegierte Amtshilfe"). Somit ist – allerdings immer nur im Einzelfall – ein Datenaustausch möglich zwischen Jugendämtern einerseits und Sozialämtern, AgfA, BAföG-Stellen, Wohngeldstellen, Unterhaltsvorschusskassen (vgl. aber Rn. 370), Kindergeldstellen, Erziehungsgeldstellen andererseits, ebenso aber zwischen Jugendamt und freien Trägern mit ihren Einrichtungen. An Polizei und Gericht kann das JA Daten nach § 69 Abs. 1 Nr. 2 SGB X übermitteln, wenn die Übermittlung zwar nicht zur Aufgabenerfüllung des JA notwendig ist (dann Nr. 1), aber mit ihr zusammenhängt (zB Anzeige wegen Betrugs oder Kindesmisshandlung). Die personenbezogenen Daten müssen aber immer das „Nadelöhr" der Erforderlichkeit im Einzelfall passieren (eine komplette Aktenübersendung ist idR nicht erforderlich). Eine weitere wichtige Einschränkung der Datenweitergabe ist § 76 SGB X. Für solche Daten, die das Jugendamt von einem Angehörigen einer in § 203 Abs. 1 StGB genannten Berufsgruppe (Sozialarbeiter/Sozialpädagogen, Psychologen, Berater) erhält, genügt § 69 SGB X als Übermittlungsbefugnis nicht; zusätzlich müssen die strafrechtlichen Voraussetzungen vorliegen, unter denen eine strafrechtliche Offenbarung gem. § 203 StGB möglich wäre, also insbesondere Einwilligung oder – in Fällen von

Kindesmisshandlung von Bedeutung – rechtfertigender Notstand (§ 34 StGB) und § 4 KKG. § 76 SGB X wirkt daher gleichsam als Schranken-Schranke, nämlich als Einschränkung der Schranke (§ 69 SGB X) des Sozialgeheimnisses (§ 35 SGB I).

Der **Schutzumfang** des Sozialgeheimnisses geht soweit, wie sich nicht eine Schranke **382** aus den §§ 68–75 SGB X für einen Eingriff öffnet (§ 35 Abs. 2 SGB I). Bleibt sie geschlossen, bleibt das Sozialgeheimnis auch gegenüber der Justiz verschlossen; es ist „justizfest" (§ 35 Abs. 3 SGB I). Personenbezogene Daten dürfen also an Polizei, Staatsanwaltschaft, Gericht nicht herausgegeben und von diesen auch nicht beschlagnahmt werden, wenn nicht eine Übermittlungsbefugnis nach den §§ 68, 69, 71, 73, 74 SGB X besteht. Vor Gericht besteht dann auch ein Zeugnisverweigerungsrecht, das wegen § 35 Abs. 1 SGB I zur Zeugnisverweigerungspflicht wird – und zwar für jeden Mitarbeiter des Jugendamts. Auf die Erteilung einer Aussagegenehmigung durch den Dienstherrn kommt es daher zunächst nicht an[25]. Diese Regelung des § 35 Abs. 3 SGB I tritt neben das zivilprozessuale Zeugnisverweigerungsrecht aus § 383 Abs. 1 Nr. 6 ZPO und § 29 Abs. 2 FamFG und das strafprozessuale aus § 53 StPO. Das sozialrechtliche Zeugnisverweigerungsrecht ist ein Zeugnisverweigerungsrecht, das „im Verborgenen blüht". Da es aus der Wurzel des § 35 Abs. 1 SGB I erwächst, gilt es (unmittelbar) nicht für Mitarbeiter freier Träger, aber mittelbar nach Vermittlung des Datenschutzes in einer Sicherstellungsvereinbarung nach § 61 Abs. 3.

§ 35 SGB I schützt aber nicht nur vor unbefugter Weitergabe eines Datums, sondern auch **383** vor unbefugter Erhebung und anderen Eingriffen (vgl. *die nachfolgende Übersicht*). Außerdem muss das JA seinen Datenschatz durch Datenschutz sichern, damit Unbefugte nicht zufällig Kenntnis von Daten erhalten (zB bei Aktentransport, im Postverkehr; E-Mailing).

---

25 So aber *Wiesner/Mörsberger*, SGB VIII, Anh. 4 § 35 Rn. 15; *Krahmer*, Sozialdatenschutz, S. 34; *Proksch*, Sozialdatenschutz, S. 190; *Fieseler/Herborth*, aaO, S. 102; offengelassen bei *Papenheim/Baltes/Thiemann*, aaO, S. 192. Dass § 35 SGB I sich an den Leistungsträger als Normadressaten und nicht an den einzelnen Mitarbeiter richtet, ist kein überzeugendes Argument gegen ein individuelles Zeugnisverweigerungsrecht, weil § 35 Abs. 3 SGB I ausdrücklich eine „Zeugnispflicht" ausschließt, die aber nur eine Person, nicht eine Behörde haben kann.

Begriff des Sozialgeheimnisses nach § 35 SGB I

384

```
                    ┌─────────────────────────────────┐
                    │   Wahren des Sozialgeheimnisses  │
                    └─────────────────────────────────┘
                        ↙                        ↘
        ┌─────────────────────┐        ┌─────────────────────┐
        │ Schutz vor Eingriffen│        │      Sichern        │
        │   in Daten durch     │        │     von Daten       │
        └─────────────────────┘        └─────────────────────┘
                    ↓
              ┌──────────────┐
              │  Verarbeiten │
              └──────────────┘
```

| Erheben | Spei-chern | Verän-dern | Über-mitteln | Ein-schränken* | Löschen* |

| | Weiter-gabe an Dritte | Kenntnis-gabe (durch Bereithalten) | |

| Berich-tigen* | Anony-misieren* |

| Pseudony-misieren* |

* Zwar Verarbeitungsvorgänge, aber keine Eingriffe, sondern Schutzinstrumente

Sozialgeheimnis	Erheben	Verarbeiten					Sichern von Daten
		Speichern	Verändern	Übermitteln	Sperren (Einschränken)	Löschen	§ 35 Abs. 1 S. 2 SGB I
§ 35 SGB I iVm § 67 SGB X	§ 67 a SGB X	§ 67 b und c SGB X	§ 84 Abs. 1 (Berichtigen)	§ 67 b und d iVm §§ 68-78 SGB X	§ 84 Abs. 13 SGB X	§ 84 SGB X	
Für die J u g e n d h i l f e gelten zusätzlich bzw. abweichend (§ 37 S. 2 SGB I):							
§ 61	§ 62	§§ 63, 64 Abs. 3	§ 64 Abs. 2 a, 3 (Anonymisieren, Pseudonymisieren)	§§ 64, 65	---	---	---

385 ■ **Datenerhebung**

Die Datenerhebung ist in § 62 geregelt. Sie ist nur zulässig, wenn das Datum erforderlich ist, um eine konkrete Aufgabe nach dem SGB VIII im einzelnen Fall erfüllen zu können. Der Umfang der Datenerhebung wird also bestimmt von den Tatbestandsmerkmalen der Ermächtigungs- oder Anspruchsgrundlage, die das Jugendamt durch Subsumtion auszufüllen hat. Zunächst muss versucht werden, Daten beim Betroffenen selbst zu erheben. Hierbei besteht eine Aufklärungspflicht (§ 62 Abs. 2). Nur in den enumerativ begrenzten Ausnahmefällen des § 62 Abs. 3 Nr. 1–3 darf eine Erhebung von Daten ohne Mitwirkung des Betroffenen erfolgen. *Vgl. hierzu das Schema im Anhang 3a als Anlage 7*

Schaubild: Datenerhebung nach § 62 3

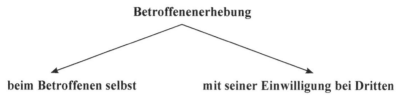

Betroffenenerhebung

beim Betroffenen selbst   **mit seiner Einwilligung bei Dritten**

wenn:

Daten **erforderlich** sind für die Erfüllung einer

konkreten Aufgabe (z.B. § ...) nach dem SGB VIII

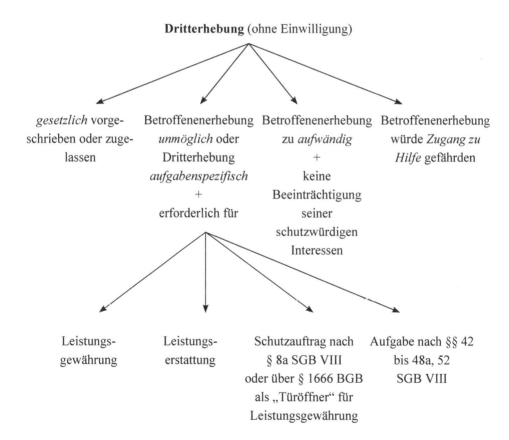

Dritterhebung (ohne Einwilligung)

gesetzlich vorge-
schrieben oder zuge-
lassen

Betroffenenerhebung
unmöglich oder
Dritterhebung
aufgabenspezifisch
+
erforderlich für

Betroffenenerhebung
zu *aufwändig*
+
keine
Beeinträchtigung
seiner
schutzwürdigen
Interessen

Betroffenenerhebung
würde *Zugang zu*
Hilfe gefährden

Leistungs-
gewährung

Leistungs-
erstattung

Schutzauftrag nach
§ 8a SGB VIII
oder über § 1666 BGB
als „Türöffner" für
Leistungsgewährung

Aufgabe nach §§ 42
bis 48a, 52
SGB VIII

386   Die *Datenspeicherung* als eine Form der Datenverarbeitung ist in § 63 geregelt. Sie darf nur erfolgen (§ 63 Abs. 1), wenn und soweit die Aufnahme in Akten oder Dateien erforderlich ist, um die konkrete Aufgabe im einzelnen Fall erfüllen zu können. Die Verbindung einer Einzelfallakte mit einer anderen Einzelfallakte zu einer Gesamtakte ist nur zulässig (§ 63 Abs. 2 S. 1), wenn ein unmittelbarer Sachzusammenhang zwischen beiden Fällen es gebietet, zB bei Geschwistern. Die Verbindung einer Leistungsakte nach § 2 Abs. 2 mit einer Fallakte nach § 2 Abs. 3 ist noch weiter eingeschränkt, nämlich nur zulässig, wenn die Verbindung erforderlich ist (§ 63 Abs. 2 S. 2), zB könnte eine Beratungsakte nach § 17 verbunden werden mit einer Familiengerichtshilfeakte nach § 50, wenn nur so Familiengerichtshilfe sinnvoll geleistet werden kann (vgl. *Rn. 238*).

387   Die *Datenlöschung* als eine weitere Form der Datenverarbeitung (Art. 4 Nr. 2 DSGVO; allerdings kein Eingriff, sondern eine Schutzmaßnahme) ist in § 84 Abs. 1 SGB X geregelt. Entsprechend den Regeln über die Datenspeicherung muss die Löschung der Daten erfolgen zu dem Zeitpunkt, ab dem die Kenntnis der Daten nicht mehr erforderlich ist zur Erfüllung der konkreten Aufgabe. Die Aufbewahrungsfristen in den Aktenordnungen sind entsprechend zu fassen.[26]

388 Wenn durch eine Löschung, also durch Datenvernichtung, schutzwürdige Interessen des Betroffenen beeinträchtigt würden, tritt an die Stelle der Löschung eine dritte Form der Datenverarbeitung, nämlich die *Datensperrung* (§ 84 Abs. 3 SGB X Art. 18 DSGVO „Einschränkung der Verarbeitung"). Die Sperrung ist das Verhindern weiterer Verarbeitung gespeicherter Daten.

Die Regelung in § 84 SGB X schränkt das Recht der betroffenen Person auf Löschung und die damit korrespondierende Pflicht des Verantwortlichen für den Fall, dass eine Löschung wegen der besonderen Art der Speicherung nicht oder nur mit unverhältnismäßig hohem Aufwand möglich ist und das Interesse der betroffenen Person an der Löschung als gering anzusehen ist, dahin gehend ein, dass an die Stelle der Löschung die Einschränkung der Verarbeitung (Sperrung) tritt.[27] Mit den Regelungen in S. 1 und 2 wird das bisher nach Abs. 3 Nr. 3 geltende Recht weitgehend beibehalten. Der Anwendungsbereich der Regelung wird auf die Fälle nicht automatisierter Datenverarbeitung beschränkt. Eine Löschung von Sozialdaten kommt nicht in Betracht, wenn die Löschung im Fall nicht automatisierter Datenverarbeitung wegen der besonderen Art der Speicherung nicht oder nur mit unverhältnismäßigem Aufwand möglich und das Interesse der betroffenen Person an der Löschung als gering anzusehen ist. Die Norm sieht auch ohne entsprechendes Verlangen der betroffenen Person eine generelle Pflicht des Verantwortlichen zur Einschränkung der Verarbeitung vor, wenn er Grund zu der Annahme hat, dass durch die Löschung schutzwürdige Interessen der betroffenen Person beeinträchtigt würden. Die Einschränkung der Verarbeitung anstelle der Löschung soll die betroffene Person in die Lage versetzen, ihr Verlangen auf Einschränkung der Verarbeitung gegenüber dem Verantwortlichen zu äußern oder sich für eine Löschung der Daten zu entscheiden. Dies wird durch die Unterrichtungspflicht nach S. 2 gewährleistet. In der Regel wird es sich daher nur um eine vorübergehende Beschränkung der Löschungspflicht des Verantwortlichen handeln. Abs. 4 regelt die bisher in Abs. 3 Nr. 1 enthaltene Fallgestaltung. Sie sieht eine Beschränkung des Rechts auf Löschung für den Fall vor, dass einer Löschung nicht mehr erforderlicher Daten satzungsmäßige oder vertragliche Aufbewahrungsfristen entgegenstehen.

---

26 Vgl. die Ausarbeitung des Deutschen Vereins „Aktenführung in der Kommunalen Sozialverwaltung", abgedruckt in NDV 1990, 335–339. Für Vormundschaftsakten empfiehlt sich nach Änderung der Verjährungsvorschrift des § 195 BGB iVm § 1833 BGB nur noch eine Aufbewahrung von 3 Jahren nach Volljährigkeit des Mündels.
27 So Begründung in BT-Drs. 18/12611, S. 131.

Die Regelung korrespondiert mit der Einschränkung der Auskunftspflicht des Verantwortlichen gemäß § 83 Abs. 1 Nr. 2 SGB X.

Die Daten*übermittlung* ist in §§ 67 b , d SGB X iVm § 64 geregelt. Die Daten dürfen nur **389** zu dem Zweck übermittelt werden, zu dem sie rechtmäßig nach § 62 erhoben worden sind (§ 64 Abs. 1). Werden sie zu einem anderen Zweck übermittelt, bedarf es einer Übermittlungsbefugnis gemäß §§ 68 bis 75 SGB X, zB nach § 71 Abs. 2 SGB X für eine Übermittlung an Ausländerbehörden; vgl. *hierzu Rn. 119 -125 und das Schema im Anhang 3 a*

Im Fall einer Übermittlungsbefugnis nach § 69 SGB X (also nicht nach § 71 SGB X) er- **390** folgt eine *Einschränkung* dieser Übermittlungsbefugnis durch § 64 Abs. 2 und Abs. 2 a (als Ausdruck des Grundsatzes der Verhältnismäßigkeit): danach darf die Übermittlung nicht den Leistungserfolg gefährden und muss möglichst den Personenbezug vermeiden *Vgl. zur Übermittlung von Daten nach § 69 SGB X die Übersicht im Anhang 3 a* .

Darüber hinaus enthält **§ 65** eine weitere Beschränkung der Übermittlungsbefugnisse. **391** Hat sich eine hilfesuchende Person einem Mitarbeiter/einer Mitarbeiterin des Jugendamts im Rahmen einer persönlichen Hilfe (zB Beratung oder HzE) anvertraut, bedarf die Weitergabe dieser Daten zusätzlicher Voraussetzungen. Dies sind im Wesentlichen dieselben, die strafrechtliche Rechtfertigungsgründe für eine Weitergabe des Berufsgeheimnisses nach § 203 Abs. 1 StGB darstellen. Solche sind: Einwilligung, besondere gesetzliche Mitteilungspflichten (zB die Einschaltung des Familiengerichts bei Gefährdung des Kindeswohls nach § 8 a Abs. 2), rechtfertigender Notstand (vgl. *Rn. 357*). Durch das KICK und das BKiSchG hinzugekommen sind Weitergabebefugnisse zur Risikoeinschätzung bei Gefährdung des Kindeswohls. Anvertrauen iSd § 65 liegt dann vor, wenn sich jemand gerade im Vertrauen auf die Schweigepflicht an eine Mitarbeiterin des Jugendamtes gewandt hat. Dies kann auch der Fall sein, wenn der mit Ermittlungshilfe für das Gericht betraute Jugendgerichtshelfer zugleich Beratungsaufgaben wahrnimmt.

Vgl. zum Datenschutz bei Kindeswohlgefährdung auch Rn. 54-59 mit den Fällen).

Nutzung ist jede andere Verwendung von Daten ,also Verarbeitung nach Art. 4 Nr. 2 **392** DSGVO, insbesondere in Form der Weitergabe innerhalb der erhebenden Stelle selbst (§ 67 c SGB X), zB die Aktenüberlassung an eine Praktikantin. Erhebende und damit verantwortliche Stelle ist die Organisationseinheit des Jugendamts, die für die Bearbeitung eines Falles zuständig ist (das Sachgebiet). Die Weitergabe eines Datums vom ASD, der über die Hilfe zur Erziehung entscheidet, an die wirtschaftliche Jugendhilfe ist daher eine Übermittlung von Daten, die einer Übermittlungsbefugnis (§ 69 Abs. 1 Nr. 1 SGB X) bedarf.[28] Die Weitergabe innerhalb des ASD selbst dagegen ist keine Übermittlung, sondern Nutzung des Datums (§ 64 Abs. 1). Auch die Nutzung von Sozialdaten in Akten im Rahmen der Ausbildung ist zulässig (§ 67 c Abs. 3 S. 2 SGB X). Dasselbe gilt für die Rechnungsprüfung[29]

Vgl. hierzu die Übersicht im Anhang 3 a als Anlage 11

---

28 Siehe die überarbeitete Arbeitshilfe des LVR 2020 von *Mederle*, „Datenschutz zwischen ASD und wirtschaftlicher Jugendhilfe".

29 Zur Rechnungsprüfung ausführlich *Kunkel* in FS für *Peters* (2020) "Datenschutz und Rechnungsprüfung".

393 ■ **Auskunftsrecht des Betroffenen**

Jeder Bürger kann vom Jugendamt Auskunft verlangen über seine personenbezogenen Daten, die sich in Akten oder Dateien befinden (Art. 15 DSGVO iVm § 83 SGB X).
Im Unterschied zum allgemeinen Akteneinsichtsrecht nach § 25 SGB X (vgl. *Rn. 349*)
gilt dies Auskunftsrecht auch außerhalb eines Verwaltungsverfahrens (vgl. *Rn. 346*) zB
für Daten in einer Beratungsakte Vgl. hierzu die Übersicht im Anhang 3 a als Anlage 17.

394 ■ **Amtsbeistandschaft/Amtspflegschaft/Amtsvormundschaft**

Einen „Hausdatenschutz" für die Tätigkeit als AB/AP/AV regelt § 68. Für die gesamte
Datenverarbeitung gelten nicht §§ 67a-78 SGB X, sondern lediglich § 68 (§ 61 Abs. 2).
§ 68 enthält eine sehr rudimentäre, aber wohltuend einfache Ausgestaltung des Datenschutzes, indem er die Datenverarbeitung lediglich zur eigenen Aufgabenerfüllung zu-
lässt. Die Verwendung von Daten beispielsweise für die Aufgabenerfüllung nach dem
UVG bei der Unterhaltsvorschusskasse oder bei der Beratung nach § 18 oder zur
Amtshilfe ist deshalb nicht zulässig, anders aber für die Archivierung. Ein Vereinsbei-
stand unterliegt – als beliehener Unternehmer – denselben Regelungen (vgl. *Rn. 247*).
Mit dem Zweiten DatenschutzanpassungsG[30] wurden die Informationspflichten und
Auskunftspflichten neu geregelt.[31]

Übersicht: Datenschutzregelungen für die Tätigkeit als AB / AP / AV nach § 68

	SGB I	SGB X	SGB VIII	BDSG	LDSG	StGB
Für:						
1) Datengeheimnis, Geheimhaltungspflicht	§ 35	--	--	gilt nicht wg. § 1 Abs. 4 BDSG iVm § 61 Abs. 2	gilt nicht wg. § 61 Abs. 2	§ 203 Abs. 2
2) Eingriff durch						
a) Erhebung	--	--	§ 68 Abs. 1 S. 1	--	--	--
b) sonstige Verarbeitung						
aa) Speicherung	--	--	§ 68 Abs. 1 S. 1	--	--	--
bb) Übermittlung	--	--	§ 68 Abs. 1 S. 1 u. 2	--	--	Offenbarungsbefugnis bei Übermittlungsbefugnis nach § 68 Abs. 1
c) Nutzung	--	--	§ 68 Abs. 1 S. 2	--	--	--
3) Datenempfänger	--	--	§ 68 Abs. 4	--	--	--

---

30 Vom 20.11.2019 (BGBl. I 1626).
31 Siehe ausführlich hierzu *Kunkel*, ZKJ 2020, 88.

	SGB I	SGB X	SGB VIII	BDSG	LDSG	StGB
Für:						
4) Kontrolle durch den Landesdatenschutzbeauftragten	--	--	--	--	ja, weil § 81 SGB X iVm LDSG gilt	--
5) Löschung/Sperrung	--	§ 84	§ 68 Abs. 2	--	--	--
6) Auskunft	--	§ 83	§ 68 Abs. 3	--	--	--
7) Schadensersatz	--	§ 82	--	--	--	--
8) Strafbarkeit/Ordnungswidrigkeit	--	§§ 85, 85 a	--	--	--	§ 203 Abs. 2

5.2.1 Rechte des Betroffenen. I.Auskunftsrecht **394a**

Art. 15 DSGVO i.V.m. § 83 SGB X

II.Datenschutzbeauftragter

des Landes:§§ 81 Abs. 1 Nr. 2, Abs. 2 S. 2 SGB X i.V.m LDSG (zB § 20 LDSG BW)

kommunaler: (Art. 37 DSGVO)

III.Einschränkung der Verarbeitung(Sperrung)/Löschung

Art. 16-18 DSGVO i.V.m. § 84 SGB X Siehe Extra-Übersicht im Anhang 3 a

5.2.2 Befugnis für Erheben und Verwenden von Daten nur zur Erfüllung eigener Auf- 394b gaben (Abs. 1 S. 1). Auch für den Datenschutz im Vormundschaftswesen gilt die EU-DSGVO. Sie erlaubt aber bereichsspezifische Abweichungen. Eine solche ist auch § 68.

S. 1 ist die Befugnisnorm für Erheben, Verarbeiten und Nutzen von Sozialdaten durch den Beistand/Amtspfleger/Amtsvormund. Einzige Voraussetzung für die Zulässigkeit ist die Erforderlichkeit für die Erfüllung der (eigenen) Aufgabe nach § 56 i.V.m. dem BGB. Auch wenn nur von »Aufgaben« (Plural im Unterschied zu § 69 SGB X) die Rede ist und eine Bezugnahme auf den Einzelfall (wie in S. 2) fehlt, muss es sich um eine **Aufgabe in einem konkreten Einzelfall** handeln, weil sich dies aus dem Eingriffscharakter der Datenerhebung und Datenverwendung ergibt. Die Aufgabenerfüllung wird bestimmt durch die im konkreten Fall anzuwendende BGB-Norm und die Subsumtion des Sachverhalts unter die einzelnen Tatbestandsmerkmale dieser Norm. Es genügt also nicht, als Aufgabe die »Wahrnehmung der Kindesinteressen« zu bezeichnen. Auch die **Erforderlichkeit** ist nur dann anzunehmen, wenn ohne das fragliche Datum die Subsumtion des Sachverhalts unter die Tatbestandsmerkmale der Norm nicht möglich ist. Auch eine **Einwilligung** kann nicht von der Erforderlichkeit dispensieren, denn es fehlt eine dem § 67 b SGB X entsprechende Bestimmung für die Einwilligung als Rechtfertigungsgrund. Für die Datenerhebung kann dieser Gedanke auch § 62 Abs. 1 entnommen werden. Einen Vorrang der Betroffenenerhebung kennt § 68 nicht, er ist aber unmittelbar aus dem Volkszählungsurteil abzuleiten. Der Amtsbeistand/Amtspfleger/Amtsvormund kann sich also beispielsweise nicht unmittelbar an den Arbeitgeber des Unterhaltspflichtigen wenden, um dessen Arbeitsverdienst zu erfragen. Der Auskunftsanspruch nach § 1605 BGB richtet sich gegen den Unterhaltsschuldner, nicht gegen Dritte. Diesen Auskunftsanspruch kann der Amtsbeistand/Amtspfleger/Amtsvormund dadurch realisieren, dass er die Vorlage von Verdienstbescheinigungen verlangt (§ 1605 Abs. 1 S. 2 BGB). Kommt der Unterhaltspflichtige diesem Verlangen nicht nach, kann der Anspruch auf Herausgabe der Verdienstbescheinigungen gerichtlich durchgesetzt werden. § 97 a Abs. 4 ist auf den Amtspfleger/-beistand/-vormund nicht anwendbar, weil er nicht Zwecke des Absatzes 1 oder 2 verfolgt, sodass der Arbeitgeber keine Auskunftspflicht hat. Zur Auskunft berechtigt ist er aber nach § 28 Abs. 2 BDSG. Für die gerichtliche Durchsetzung des Unterhaltsanspruchs bedarf es nicht der Übermittlungsbefugnis nach § 74 SGB X; hierfür genügt ebenfalls § 68. – Fragen nach den Einkommensverhältnissen von Ehepartner und Kind des Unterhaltspflichtigen sind unzulässig, wenn sie im konkreten Fall (noch) nicht erforderlich sind. Sie können dann erforderlich werden, wenn der Unterhaltsschuldner sich auf seine mangelnde Leistungsfähigkeit beruft oder wenn Prozesskostenhilfe nach §§ 114 ff. ZPO bzw. Verfahrenskostenhilfe nach § 76 FamFG beantragt wird. – Die Frage nach der Religionszugehörigkeit des Vaters kann bei der Vaterschaftsanerkennung von Bedeutung sein. – Anfragen des Amtsbeistands/Amtspflegers/Amtsvormunds bei Krankenkassen und Agenturen für Arbeit zur Ermittlung des Arbeitsverhältnisses des Vaters sind ebenso wie solche bei der KfZ-Zulassungsstelle oder dem Grundbuchamt zur Ermittlung der Vermögensverhältnisse ebenfalls nach § 68 Abs. 1 S. 1 zulässig, wenn der Vater selbst dazu keine Auskunft gibt. – Will eine Mutter, deren Ehe geschieden und die für ihr Kind Inhaberin der elterlichen Sorge ist, Auskunft vom Beistand über die Einkommensverhältnisse des Vaters, ist die Datenübermittlung nur zulässig, soweit sie erforderlich ist, den Anspruch der Mutter auf Unterstützung bei der Geltendmachung von Unterhaltsansprüchen des Kindes zu erfüllen. Da die Aufgabe des Beistands darauf gerichtet ist, die Interessen des Kindes zu vertreten, muss die Datenverwendung nicht auch dem Willen des Elternteils entsprechen.

394c Datenerhebung und -übermittlung sind **ausgeschlossen** für Aufgaben der **Unterhaltsvorschusskasse** nach dem Unterhaltsvorschussgesetz oder für die **wirtschaftliche Jugendhilfe** zur Heranziehung von Eltern und Kind nach §§ 90–95. Nimmt ein Amtsbeistand/Amtspfleger/Amtsvormund diese Aufgaben in Personalunion wahr, besteht ein »Verwertungsverbot im Kopf«, wie sich aus § 68 Abs. 4 ergibt. Eine Auskunftserteilung des Amtsbeistands/Amtspflegers/Amtsvormunds an die Unterhaltsvorschusskasse, das Sozialamt oder die Agenturen für Arbeit über den Vater eines Kindes ist unzulässig, da Aufgabe des Amtsbeistands/Amtspflegers/Amtsvormunds nur die Sicherstellung des Unterhalts des Kindes ist, aber nicht die Ermöglichung des Rückgriffs auf den unterhaltsverpflichteten Vater. Daran hat sich auch durch die Einfügung von § 6 Abs. 5 UVG mit dem KindUG nichts geändert, da die dort vorgenommene Erweiterung des § 69 SGB X nicht den Amtsbeistand/Amtspfleger/Amtsvormund erfasst. Daran hat sich auch durch die Einfügung von § 6 Abs. 5 UVG mit dem KindUG nichts geändert, da die dort vorgenommene Erweiterung des § 69 SGB X nicht den Amtsbeistand/Amtspfleger/Amtsvormund erfasst, weil § 69 SGB X für ihn nicht gilt (vgl. § 61 Rz. 267).

394d Eine Übermittlung von Daten ist ferner nicht zulässig, wenn beispielsweise die **Kindergeldkasse** den Amtsvormund um Bestätigung bittet, dass A Vater des Kindes B sei, da mit dieser Auskunft eine Aufgabe der Kindergeldkasse, aber nicht des Amtsvormunds erfüllt wird. Ebenfalls unzulässig ist die Datenweitergabe an die **Vollstreckungsstelle** derselben Behörde, die sich nach den Einkommensverhältnissen eines Gebührenschuldners erkundigt, der beim Amtsvormund als Vater aktenkundig ist. Begehrt der Einzelvormund eines Kindes, das bisher unter Amtsvormundschaft stand, Einsicht in die Mündelakte, um die Entwicklungsgeschichte des Kindes kennenzulernen, ist eine Datenweitergabe (doppelt) zulässig, da sie den Interessen des Kindes dient; außerdem ist die Beratung und Unterstützung des Einzelvormunds zwar keine Aufgabe des Amtsvormunds, aber eine Aufgabe des Jugendamts im Vormundschaftswesen und damit durch § 69 Abs. 1 Nr. 1

SGB X gerechtfertigt, der für diese Aufgabe anwendbar ist (vgl. § 61 Rz. 270). Eine Weitergabe der Adresse des Kindes an einen Umgangsberechtigten mag im Interesse des Kindes liegen, ist aber dem Beistand nicht gestattet, da die Ermöglichung des Umgangsrechts nicht zu seinem Aufgabenkreis gehört. Allein das Interesse des Kindes rechtfertigt nicht eine Datenübermittlung,[32] hinzukommen muss vielmehr die Interessenwahrnehmung im Aufgabenkreis des Amtsbeistands/Amtspflegers/Amtsvormunds.

Zulässig ist immer nur die Weitergabe von Daten zur Erfüllung der eigenen Aufgabe als **394e** Amtsbeistand/Amtspfleger/Amtsvormund, dagegen nicht zur Erfüllung der Aufgabe eines anderen Amtsbeistands/Amtspflegers/Amtsvormunds. § 69 Abs. 1 Nr. 1 SGB X, der diese **Amtshilfe** ermöglichen würde, gilt wegen § 61 Abs. 2 genauso wenig wie alle anderen Übermittlungsbefugnisse; es gibt daher auch keine Übermittlungsbefugnis an das Ausländeramt gemäß § 71 SGB X. Dagegen muss ein anderes Jugendamt dem Amtsbeistand/Amtspfleger/Amtsvormund zur Erfüllung von dessen Aufgaben Amtshilfe gem. § 3 SGB X leisten und ist daran nicht durch das Sozialgeheimnis gehindert, weil § 69 Abs. 1 Nr. 1 SGB X die Übermittlung zulässt; die Tätigkeit als Amtsbeistand/Amtspfleger/Amtsvormund ist eine Aufgabe nach dem SGB X[33], die er als SGB-Stelle i.S.d. § 69 SGB X wahrnimmt.[34] Aktive Amtshilfe gestattet ihm § 68 im Einzelfall allenfalls dann, wenn er nach dem Prinzip des »do ut des« eine Information abgeben muss, um eine andere dafür zu erhalten.[35]

Soweit eine Übermittlung nach § 68 Abs. 1 S. 1 nicht zulässig ist, besteht keine Pflicht zur **394f** Auskunfts- und Aktenvorlage des Amtsbeistands/Amtspflegers/Amtsvormunds an **Behörden** oder **Gerichte**; er hat dann auch ein Zeugnisverweigerungsrecht. Dies folgt unmittelbar aus § 68 Abs. 1 S. 1 (»nur verarbeiten«), da § 35 Abs. 3 SGB I nicht anwendbar ist. Fordert beispielsweise der Staatsanwalt eine Mündelakte an, weil er gegen das Mündel wegen Fahrerflucht ermittelt, besteht keine Aktenvorlagepflicht und damit ein Beschlagnahmeverbot, weil eine Übermittlung durch § 68 Abs. 1 S. 1 nicht gerechtfertigt ist.[36] Eine **Strafanzeige** wegen Verletzung der Unterhaltspflicht nach § 170 StGB kann der Amtsbeistand/Amtspfleger/Amtsvormund als Druckmittel für erforderlich halten, um die Erfüllung der Unterhaltspflicht sicherzustellen.[37] Dann kann er die Akten an die Staatsanwaltschaft herausgeben. Hält er dagegen ein solches Verfahren nicht für erforderlich, ist die Staatsanwaltschaft nicht zur Beschlagnahme der Akte befugt,[38] da die Übermittlungsbefugnisse nach §§ 73, 74 und 69 SGB X nicht bestehen.[39]

Die Datenübermittlung von Behörden an das **Familiengericht** regelt § 22 a Abs. 2 FamFG **394g** – leider mit demselben kryptischen Wortlaut wie bislang in § 35 a FGG. In welchem Rangverhältnis § 22 a FamFG und § 68 SGB VIII stehen, ist unklar. Die lex-specialis-Regel scheidet aus, da beide Regelungen jeweils spezieller gegenüber der anderen sind: die des § 68, weil sie speziell das Jugendamt betrifft, die des § 22 a FamFG, weil sie speziell die Übermittlung an das FamG betrifft. Daran hat sich auch durch die Einfügung von § 6 Abs. 5 UVG mit dem KindUG nichts geändert, da die dort vorgenommene Erweiterung

---

32 so zu Unrecht *DIV*-Gutachten vom 6.4.98, ZfJ 1998, S. 257.
33 Ebenso *BMFJ*, ZfJ 1995, S. 498.
34 a.A. *Maas*, in: *Jans/Happe/Saurbier/Maas*, KJHG, § 68 Rz. 9, da § 35 SGB I nicht anwendbar sei; dem ist aber entgegenzuhalten, dass auch für den Amtsbeistand/Amtspfleger/Amtsvormund § 61 Abs. 1 Satz 2 gilt und er damit als empfangsberechtigte Stelle i.S.d. § 69 SGB X legitimiert ist.
35 Ähnlich *Klinkhardt*, § 68 Rz. 16.
36 Ebenso *DIV*-Gutachten, DA-Vorm. 1999, Sp. 123.
37 Ebenso *DIJuF-Gutachen*, JAmt 2001, S. 587 und 2002, S. 115 sowie 2011, S. 132.
38 a.A., allerdings für die Rechtslage vor Inkrafttreten des SGB VIII, *DIV*-Gutachten, ZfJ 1987, S. 631.
39 Ebenso *LG Saarbrücken*, JAmt 2002, S. 202 bei Strafverfahren wegen Unterhaltspflichtverletzung.

des § 69 SGB X nicht den Amtsbeistand/Amtspfleger/Amtsvormund erfasst, weil § 69 SGB X für ihn nicht gilt

394h Eine Übermittlung von Daten ist ferner nicht zulässig, wenn beispielsweise die **Kindergeldkasse** den Amtsvormund um Bestätigung bittet, dass A Vater des Kindes B sei, da mit dieser Auskunft eine Aufgabe der Kindergeldkasse, aber nicht des Amtsvormunds erfüllt wird. Ebenfalls unzulässig ist die Datenweitergabe an die **Vollstreckungsstelle** derselben Behörde, die sich nach den Einkommensverhältnissen eines Gebührenschuldners erkundigt, der beim Amtsvormund als Vater aktenkundig ist. Begehrt der Einzelvormund eines Kindes, das bisher unter Amtsvormundschaft stand, Einsicht in die Mündelakte, um die Entwicklungsgeschichte des Kindes kennenzulernen, ist eine Datenweitergabe (doppelt) zulässig, da sie den Interessen des Kindes dient; außerdem ist die Beratung und Unterstützung des Einzelvormunds zwar keine Aufgabe des Amtsvormunds, aber eine Aufgabe des Jugendamts im Vormundschaftswesen und damit durch § 69 Abs. 1 Nr. 1 SGB X gerechtfertigt, der für diese Aufgabe anwendbar ist). Eine Weitergabe der Adresse des Kindes an einen Umgangsberechtigten mag im Interesse des Kindes liegen, ist aber dem Beistand nicht gestattet, da die Ermöglichung des Umgangsrechts nicht zu seinem Aufgabenkreis gehört. Allein das Interesse des Kindes rechtfertigt nicht eine Datenübermittlung hinzukommen muss vielmehr die Interessenwahrnehmung im Aufgabenkreis des Amtsbeistands/Amtspflegers/Amtsvormunds.

394i Zulässig ist immer nur die Weitergabe von Daten zur Erfüllung der eigenen Aufgabe als Amtsbeistand/Amtspfleger/Amtsvormund, dagegen nicht zur Erfüllung der Aufgabe eines anderen Amtsbeistands/Amtspflegers/Amtsvormunds. § 69 Abs. 1 Nr. 1 SGB X, der diese **Amtshilfe** ermöglichen würde, gilt wegen § 61 Abs. 2 genauso wenig wie alle anderen Übermittlungsbefugnisse; es gibt daher auch keine Übermittlungsbefugnis an das Ausländeramt gemäß § 71 SGB X. Dagegen muss ein anderes Jugendamt dem Amtsbeistand/Amtspfleger/Amtsvormund zur Erfüllung von dessen Aufgaben Amtshilfe gem. § 3 SGB X leisten und ist daran nicht durch das Sozialgeheimnis gehindert, weil § 69 Abs. 1 Nr. 1 SGB X die Übermittlung zulässt; die Tätigkeit als Amtsbeistand/Amtspfleger/Amtsvormund ist eine Aufgabe nach dem SGB X die er als SGB-Stelle i.S.d. § 69 SGB X wahrnimmt). Aktive Amtshilfe gestattet ihm § 68 im Einzelfall allenfalls dann, wenn er nach dem Prinzip des »do ut des« eine Information abgeben muss, um eine andere dafür zu erhalten

394j Soweit eine Übermittlung nach § 68 Abs. 1 S. 1 nicht zulässig ist, besteht keine Pflicht zur Auskunfts- und Aktenvorlage des Amtsbeistands/Amtspflegers/Amtsvormunds an **Behörden** oder **Gerichte**; er hat dann auch ein Zeugnisverweigerungsrecht. Dies folgt unmittelbar aus § 68 Abs. 1 Satz 1 (»nur verarbeiten«), da § 35 Abs. 3 SGB I nicht anwendbar ist. Fordert beispielsweise der Staatsanwalt eine Mündelakte an, weil er gegen das Mündel wegen Fahrerflucht ermittelt, besteht keine Aktenvorlagepflicht und damit ein Beschlagnahmeverbot, weil eine Übermittlung durch § 68 Abs. 1 Satz 1 nicht gerechtfertigt ist). Eine **Strafanzeige** wegen Verletzung der Unterhaltpflicht nach § 170 StGB kann der Amtsbeistand/Amtspfleger/Amtsvormund als Druckmittel für erforderlich halten, um die Erfüllung der Unterhaltspflicht sicherzustellen Dann kann er die Akten an die Staatsanwaltschaft herausgeben. Hält er dagegen ein solches Verfahren nicht für erforderlich, ist die Staatsanwaltschaft nicht zur Beschlagnahme der Akte befugt da die Übermittlungsbefugnisse nach §§ 73, 74 und 69 SGB X nicht bestehen.[40]

394k Die Datenübermittlung von Behörden an das **Familiengericht** regelt § 22 a Abs. 2 FamFG – leider mit demselben kryptischen Wortlaut wie bislang in § 35 a FGG. In welchem Rang-

---

40　ebenso *LG Saarbrücken*, JAmt 2002, S. 202 bei Strafverfahren wegen Unterhaltspflichtverletzung.

verhältnis § 22 a FamFG und § 68 SGB VIII stehen, ist unklar. Die lex-specialis-Regel scheidet aus, da beide Regelungen jeweils spezieller gegenüber der anderen sind: die des § 68, weil sie speziell das Jugendamt betrifft, die des § 22 a FamFG, weil sie speziell die Übermittlung an das FamG betrifft. Die lex-posterior-Regel würde für den Vorrang des FamFG sprechen. § 37 S. 2 SGB I i.V.m. § 67 b Abs. 1 S. 1 SGB X schließt aber die Geltung von Übermittlungsregelungen außerhalb des SGB aus. Da aber § 67 b SGB X wegen der Ausschlussregel des § 61 Abs. 2 nicht gilt ist § 22 a FamFG anwendbar, wenn der Amtspfleger/-beistand/-vormund dem FamG Daten übermittelt. Er darf dies dann aber nur, wenn es – aus seiner Sicht – erforderlich und außerdem für ihn erkennbar ist, dass schutzwürdige Interessen des Dateninhabers oder öffentliche Interessen am Ausschluss der Übermittlung nicht schwerer wiegen als das Interesse des Kindes an der Übermittlung. Mit dieser Einschränkung nähert sich die Übermittlungsregelung des § 22 a FamFG der Weitergaberegelung des § 65 SGB VIII an, die als besondere gesetzliche Verwendungsregelung immanente Schranke des § 22 a FamFG ist. So können ärztliche oder psychologische Befundberichte nur mit Einwilligung des einsichtsfähigen Kindes, sonst seines gesetzlichen Vertreters, ohne Einwilligung aber zur Erfüllung des Schutzauftrages nach § 8 a (§ 65 Abs. 1 Satz 1 Nr. 2) an das FamG weitergegeben werden. Hat das Gericht die Begutachtung aber angeordnet, sind die Daten nicht anvertraut worden, einer Einwilligung bedarf die Übermittlung dann nicht Für das FamG selbst gilt der Datenschutz nach § 5 BDSG. Die vom Jugendamt erhaltenen Daten muss es nach § 78 Abs. 1 S. 2 SGB X geheim halten.

Erbittet der Amtsbeistand/Amtspfleger/Amtsvormund Daten über das Kind vom **Allge-** **394l** **meinen Sozialdienst**, ist dies eine nach § 68 zulässige Datenerhebung. Die Weitergabe dieser Daten vom ASD an den Amtspfleger/-beistand/-vormund ist keine Übermittlung, da sie nicht an einen Dritten i.S.d. § 67 Abs. 10 SGB X erfolgt, sondern an den Betroffenen selbst, der durch den AB/AP/AV gesetzlich vertreten wird. Handelt es sich um **anvertraute Daten i. S. v. § 65**, ist die Weitergabe durch die Ausübung der elterlichen Sorge des Vormunds aus Art. 6 GG gerechtfertigt (andere Lösungen im DIV-Gutachten vom 17.4.1996, Schwerpunkte, S. 295). Die Weitergabe von Daten des Vaters an die Mutter des Kindes kann gerechtfertigt sein, wenn die Mutter über den Stand der Unterhaltsbeitreibung informiert werden will.

Werden dem Amtsbeistand/Amtspfleger/Amtsvormund **gewichtige Anhaltspunkte** für **394m** eine Kindeswohlgefährdung bekannt, werden diese damit dem Jugendamt i.S.v. **§ 8 a** **Abs. 1** bekannt und lösen das Verfahren nach § 8 a aus. Der Beistand ist befugt, diese Daten dem ASD mitzuteilen, der Amtsvormund ist dazu als strafrechtlicher Garant auch verpflichtet, ebenso der Amtspfleger, soweit er das Personensorgerecht hat.

5.2.3 Kontrolle als Teil der Aufgabenerfüllung (Abs. 1 S. 2). Satz 2 stellt Kontrollzwecke **394n**
den Aufgabenzwecken gleich. Dass die Kontrolle über die Verwaltungstätigkeit ein Aspekt dieser Tätigkeit, also Aufgabenerfüllung ist, hat das Bundesverfassungsgericht[41] in seinem »Flickbeschluss« ausdrücklich bestätigt Insoweit hat Satz 2 nur klarstellende Funktion. Im Unterschied zu § 69 Abs. 5 SGB X i.V.m. § 67 c Abs. 3 Satz 1 SGB X der auch die Ausübung von Disziplinargewalt und die Durchführung von Organisationsuntersuchungen der Aufgabenerfüllung gleichstellt (insoweit wohl fiktiv), ist Nutzung und Übermittlung für diese beiden Zwecke durch den Amtsbeistand/Amtspfleger/Amtsvormund ausgeschlossen. Ebenso wenig ist es möglich, eine Akte Praktikanten zur Ausbildung zu überlassen, wenn der Fall nicht dabei bearbeitet wird. Schon abgeschlossene Fälle können Praktikanten daher nur verwenden, wenn der Personenbezug geschwärzt ist. Die Weitergabe der Akte zur internen Fachaufsicht durch den Vorgesetzten ist Nutzen, die Weitergabe nach

---

41 *BVerfGE* 67, S. 141 f.

außen an die Rechtsaufsichtsbehörde, das Familiengericht, die Gemeindeprüfungsanstalt, ebenso aber auch an das Rechnungsprüfungsamt innerhalb derselben Behörde, sind Übermitteln. Voraussetzung für internes Nutzen und externes Übermitteln ist allerdings die Rechtmäßigkeit der Kontrolle. Zweckmäßigkeitskontrolle besteht durch die Rechtsaufsichtsbehörde nicht, durch das Familiengericht nur sehr eingeschränkt bei der Kontrolle der Rechnungslegung (§§ 1840, 1843 BGB). Auch wenn der Amtsbeistand/ Amtspfleger/Amtsvormund kein weisungsgebundenes Organ der Verwaltung ist, kann der Dienstvorgesetzte in Angelegenheiten von grundsätzlicher und besonderer Bedeutung, in amtsübergreifenden Angelegenheiten und bei drohendem Regress Weisungen erteilen. Darüber hinaus hat das *Bundesarbeitsgericht*[42] entschieden, dass ein Sozialarbeiter als Amtsbeistand/Amtspfleger/Amtsvormund Weisungen unterworfen ist, soweit sie nicht den Belangen des vertretenen Pfleglings zuwiderlaufen. Auch der Petitionsausschuss ist zur Kontrolle befugt, wie sich aus Art. 17 GG ergibt.

Nicht zulässig ist nach Satz 2 die **Speicherung** von Sozialdaten zu **Kontrollzwecken** – wiederum im Unterschied zu § 67 c Abs. 1 und 3 SGB X. Die Kontrolle kann sich daher lediglich auf die schon zur Aufgabenerfüllung gespeicherten Daten erstrecken. Ein weiterer Unterschied zu § 67 c Abs. 2 SGB X besteht darin, dass Nutzung und Übermittlung nur »im Hinblick auf den Einzelfall« zulässig sind. Das bedeutet, dass ein Datum nicht für mehrere Nutzungs- oder Übermittlungsvorgänge benutzt werden darf, sondern nur für einen konkreten Fall aus einem bestimmten Anlass. Unzulässig ist danach auch die Übersendung von beispielsweise 10 Akten für eine Stichprobenkontrolle.

394o **5.2.4 Löschung und Sperrung (Abs. 2).** Da § 61 Abs. 2 den Weg in die Datenschutzvorschriften des SGB X nicht versperrt (s. § 61 Rz. 267), müsste er durch § 68 Abs. 2 auch nicht geöffnet werden. Abs. 2 öffnet also eine Tür, die nicht verschlossen war – allerdings nur für einen Spalt zu § 84 Abs. 2, 3, 6 SGB X. Die Berichtigung nach § 84 Abs. 1 SGB X wäre ausgeschlossen. Auch wenn Amtsbeistand/Amtspfleger/Amtsvormund (ganz) besondere Organe des Jugendamts sind, sind sie doch nicht (vollkommen) fehlerfrei in ihrer Aktenführung – eine Berichtigung muss deshalb möglich sein. Sie ist zu erreichen, wenn man unrichtige Daten als für die Aufgabenerfüllung nicht erforderlich und damit als unzulässig gespeichert ansieht. Die Berichtigung geschieht dann durch Löschung nach § 84 Abs. 2 S. 1 SGB X, wenn sie von vornherein unrichtig waren, nach Satz 2, wenn sie später unrichtig geworden sind.

Eine Löschung muss erst erfolgen, wenn die Daten zur Aufgabenerfüllung nicht mehr erforderlich sind. Zur Aufgabenerfüllung gehört aber auch die Information nach § 68 Abs. 3. Wegen evtl. Schadensersatzansprüche werden die Akten der Amtsbeistandschaft/Amtspflegschaft/Amtsvormundschaft in der Regel 30 Jahre lang aufbewahrt. Diese lange Frist ist aber obsolet, da Verjährung nach Änderung des § 195 BGB schon nach drei Jahren eintritt. Die für die Justizbehörden im März 2006 bundeseinheitlich getroffenen »Bestimmungen über die Aufbewahrungsfristen« sehen (in Abschnitt II D. Pos. 93) für vormundschaftsgerichtliche Akten fünf Jahre nach Volljährigkeit des Mündels vor. Für die Akten der AV/AP sollte in Anbetracht des Akteneinsichtsrechts des volljährigen ehemaligen Mündels eine Aufbewahrungszeit von zehn Jahren nach Volljährigkeit gelten). Für Akten des Beistands genügen drei Jahre nach Beendigung der Beistandschaft.

Unabhängig von der Notwendigkeit, die Akten zur Aufgabenerfüllung aufzubewahren, bestehen satzungsrechtliche Aufbewahrungsvorschriften zugunsten von Kulturamt oder **Stadtarchiv** und landesgesetzliche Aufbewahrungsvorschriften nach dem Landesarchivgesetz. Aufbewahrungsfristen nach dem Bundesarchivgesetz scheiden für die Jugendhil-

---

42 NVwZ 1992, S. 104.

fe aus, da dieses Jugendhilfeträger nicht betrifft. Solche Aufbewahrungsfristen führen zu einer Sperrung nach § 84 Abs. 3 Nr. 1 SGB X. Eine Übermittlung an Archive wäre zwar nach § 71 Abs. 1 S. 3 SGB X zulässig, § 71 SGB X ist aber wegen des Ausschlusses in § 61 Abs. 2 nicht anwendbar. Wenn § 68 Abs. 2 den § 84 Abs. 6 SGB X aber für entsprechend anwendbar erklärt, soll dies wohl bedeuten, dass eine Übermittlung zulässig sein soll, auch wenn der Wortlaut (»bleibt unberührt«) das Gegenteil sagt.

5.2.5 Informationsrecht des Volljährigen (Abs. 3 S. 1). Nach Volljährigkeit hat ein be- **394p** treutes Kind (aber nicht dessen Eltern) einen Rechtsanspruch auf **Dateninformation**, soweit die Akte Daten zu seiner Person enthält. Damit unterscheidet sich dieses Recht vom Akteneinsichtsrecht in einem Verwaltungsverfahren gem. § 25 SGB X, das eine umfassende Kenntnis der Akte zur Geltendmachung rechtlicher Interessen ermöglicht. Vom Auskunftsrecht nach § 83 SGB X unterscheidet sich dieses Recht dadurch, dass es Kenntnis der Daten und nicht nur Auskunft über die Daten ermöglicht, d.h. die Daten müssen bekannt gegeben werden, ohne dass – wie bei der Akteneinsicht – die Originalakte ausgehändigt werden müsste. Außerdem wird das Auskunftsrecht erst durch überwiegende berechtigte Interessen Dritter begrenzt, das Recht nach § 68 Abs. 3 aber schon durch berechtigte Interessen Dritter. Diese liegen nicht schon dann vor, wenn die Akte einfache Sozialdaten Dritter enthält, sondern erst, wenn es sich um (qualifizierte) Daten handelt, deren Kenntnisgabe dem Dritten nicht recht wäre und die für den Zweck der Dateninformation nicht benötigt werden. Lebensumstände, die Vater oder Mutter in einem ungünstigen Licht erscheinen lassen, begründen für sich allein noch nicht ein berechtigtes Interesse am Ausschluss von der Akteneinsicht. Denn diese Lebensumstände können Rückschlüsse auf die Persönlichkeitsentwicklung des Kindes zulassen und Charaktereigenschaften als vererbt erkennen lassen Sowohl das Recht auf Akteneinsicht als auch das entgegenstehende Interesse des Dritten stützen sich auf das Grundrecht auf informationelle Selbstbestimmung aus Art. 2 Abs. 1 i. V. m. Art. 1 Abs. 1 GG. Diese Grundrechtskollision muss nach den Regeln der praktischen Konkordanz so aufgelöst werden, dass jedem Grundrechtsträger der Gebrauch des Grundrechts möglich bleibt. Das berechtigte Interesse Dritter kann daher das Recht auf Akteneinsicht nicht ausschließen, sondern lediglich dazu führen, dass die Daten des Dritten aus der Akte entnommen werden, soweit nicht eine Einwilligung eingeholt werden kann.

»Dritter« ist jede andere Person außerhalb des Betreuungsverhältnisses. Das Recht geht auf Kenntnis der zu seiner Person gespeicherten »Informationen«. Dieser Begriff hat denselben Inhalt wie der der »Sozialdaten« in § 67 Abs. 1 S. 1 SGB X, der trotz § 61 Abs. 2 gilt.

Der Anspruch besteht erst, wenn die Amtsbeistandschaft/Amtspflegschaft/Amtsvormundschaft beendet ist. Bei laufender AB/AP/AV kann auch nicht das allgemeine Akteneinsichtsrecht nach § 25 SGB X geltend gemacht werden, da dieses nur in einem Verwaltungsverfahren i.S.d. § 8 SGB X gilt, ein solches aber für die Tätigkeit des Amtspflegers/Amtsvormunds nicht vorliegt (kein Abschluss durch VA). Die Gewährung der allgemeinen Akteneinsicht an das Mündel, ebenso aber an die Mutter, steht dann im Ermessen der Behörde § 61 Abs. 2 schließt das allgemeine Verwaltungsverfahrensrecht nicht aus), sondern nur den das Sozialgeheimnis betreffenden Teil. Die Auskunft nach § 83 SGB X kann daher vom Kind und vom Vater verlangt werden, ebenso Einsicht in die Unterlagen des Beistands nach § 810 BGB.

Für ein Akteneinsichtsrecht des Vaters gilt § 810 BGB. Ein Streit mit ihm hierüber ist zivilrechtlicher Natur, da er mit dem durch das Jugendamt vertretenen Kind geführt wird

5.2.6 Informationsrecht für Minderjährige (Abs. 3 S. 2). Die Information des Minderjäh- **394r** rigen steht im Ermessen der Behörde, das sie gem. § 39 SGB I analog auszuüben hat.

Dies darf erst geschehen wenn die Tatbestandsvoraussetzungen vorliegen, also keine berechtigten Interessen Dritter entgegenstehen und zusätzlich der Minderjährige die Einsichts- und Urteilsfähigkeit hat. Liegen diese Voraussetzungen nicht vor, ist kein Raum für die Ausübung von Ermessen. Umgekehrt kann trotz Vorliegen der Tatbestandsvoraussetzungen das Ermessen so ausgeübt werden, dass die Akteneinsicht nicht gewährt wird. Eine Ermessensreduzierung auf null kann nur dann angenommen werden, wenn jede andere Entscheidung als die, Akteneinsicht zu gewähren, rechtswidrig wäre.

Ob die Tatbestandsvoraussetzungen des Satzes 2 vorliegen, ist keine Frage des Ermessens; sie sind unbestimmte Rechtsbegriffe, deren Inhalt durch Auslegung zu ermitteln ist, wobei auch kein Beurteilungsspielraum besteht. Ob die erforderliche Einsichtsfähigkeit besteht, kann nur in Bezug auf die konkreten Daten beurteilt werden. Bei partieller Einsichtsfähigkeit kann partielle Akteneinsicht gewährt. Die Einsichts- und Urteilsfähigkeit ist nicht gleichzusetzen mit der Handlungsfähigkeit nach § 36 SGB I, da sie sich auf einen anderen Gegenstand bezieht. Ein handlungsfähiger Minderjähriger kann dennoch die für die Akteneinsicht notwendige Urteilsfähigkeit noch nicht haben, während umgekehrt ein noch nicht handlungsfähiger Minderjähriger die Einsichts- und Urteilsfähigkeit schon haben kann. Einsichts- und Urteilsfähigkeit sind keine synonymen Begriffe, vielmehr ist die Einsichtsfähigkeit die Fähigkeit, das Gelesene zu verstehen, Urteilsfähigkeit dagegen die Fähigkeit, das Verstandene richtig zu beurteilen. Nur in seltenen Ausnahmefällen wird diese Fähigkeit vor dem 7. Lebensjahr anzunehmen sein, wie der Vergleich mit § 828 Abs. 2 BGB nahe legt.

394s 5.2.7 Informationsrecht des Elternteils nach Beistandschaft (Abs. 3 S. 3). Bei laufender Beistandschaft kann der Elternteil, der die Beistandschaft beantragt hat, Akteneinsicht erhalten, dagegen war ihm diese nach Beendigung der Beistandschaft verwehrt. Durch Einfügung von S. 3 hat er nun dieses Recht, wenn er die Beistandschaft beantragt hatte (nicht »hat«), antragsberechtigt geblieben, und das Kind noch minderjährig ist.

394t 5.2.8 Zweckbindung nach Übermittlung (Abs. 4). Absatz 4 übernimmt den in § 78 Abs. 1 S. 1 SGB X geregelten Grundsatz, erweitert ihn aber insoweit, als er auch für die Stellen innerhalb des SGB-Bereiches gilt, also beispielsweise für andere Stellen im Jugendamt, die Unterhaltsvorschusskasse, Krankenkasse, Agentur für Arbeit oder Sozialamt. Jede empfangende Stelle darf die Daten nur zu demselben Zweck nutzen, speichern oder übermitteln, zu dem der Amtsbeistand/Amtspfleger/Amtsvormund sie übermittelt hat, also immer nur zu dessen Aufgabenerfüllung nach § 56). Zweckabweichungen sind auch Gerichten (im Unterschied zu § 78 Abs. 1 S. 3 SGB X) nicht gestattet. Bei unbefugter Übermittlung durch den Amtsbeistand/Amtspfleger/Amtsvormund ist der empfangenden Stelle keine Verwendung des Datums erlaubt; dieses Verwertungsverbot ergibt sich aus dem Umkehrschluss aus § 68 Abs. 4 Die Definition der in Abs. 4 enthaltenen Begriffe kann § 67 SGB X entnommen werden, da er durch § 61 Abs. 2 nicht gesperrt ist (

394u Löschung und Sperrung (§ 84 SGB X)

Die Regelung in § 84 SGB X schränkt das Recht der betroffenen Person auf Löschung und die damit korrespondierende Pflicht des Verantwortlichen für den Fall, dass eine Löschung wegen der besonderen Art der Speicherung nicht oder nur mit unverhältnismäßig hohem Aufwand möglich ist und das Interesse der betroffenen Person an der Löschung als gering anzusehen ist, dahin gehend ein, dass an die Stelle der Löschung die Einschränkung der Verarbeitung (Sperrung) tritt.[43] Mit den Regelungen in S. 1 und 2 wird das bisher nach Abs. 3 Nr. 3 geltende Recht weitgehend beibehalten. Der Anwendungsbereich der Regelung wird auf die Fälle nicht automatisierter Datenverar-

---

43 So Begründung in BT-Drs. 18/12611, S. 131.

beitung beschränkt. Eine Löschung von Sozialdaten kommt nicht in Betracht, wenn die Löschung im Fall nicht automatisierter Datenverarbeitung wegen der besonderen Art der Speicherung nicht oder nur mit unverhältnismäßigem Aufwand möglich und das Interesse der betroffenen Person an der Löschung als gering anzusehen ist. Die Norm sieht auch ohne entsprechendes Verlangen der betroffenen Person eine generelle Pflicht des Verantwortlichen zur Einschränkung der Verarbeitung vor, wenn er Grund zu der Annahme hat, dass durch die Löschung schutzwürdige Interessen der betroffenen Person beeinträchtigt würden. Die Einschränkung der Verarbeitung anstelle der Löschung soll die betroffene Person in die Lage versetzen, ihr Verlangen auf Einschränkung der Verarbeitung gegenüber dem Verantwortlichen zu äußern oder sich für eine Löschung der Daten zu entscheiden. Dies wird durch die Unterrichtungspflicht nach S. 2 gewährleistet. In der Regel wird es sich daher nur um eine vorübergehende Beschränkung der Löschungspflicht des Verantwortlichen handeln. Abs. 4 regelt die bisher in Abs. 3 Nr. 1 enthaltene Fallgestaltung. Sie sieht eine Beschränkung des Rechts auf Löschung für den Fall vor, dass einer Löschung nicht mehr erforderlicher Daten satzungsmäßige oder vertragliche Aufbewahrungsfristen entgegenstehen. Die Regelung korrespondiert mit der Einschränkung der Auskunftspflicht des Verantwortlichen gemäß § 83 Abs. 1 Nr. 2 SGB X.

6. Die Kosten der Jugendhilfe

6.1 Beteiligung an den Kosten

395 Aufgabe der sog. **wirtschaftlichen Jugendhilfe** ist es, wirtschaftliche Leistungen als Annex zu den erzieherischen Hilfen zu gewähren (vgl. *Rn. 202*) – in Fortsetzung dieser Hilfe dann aber auch, die Nutznießer der Hilfe (Leistungsempfänger, Leistungsberechtigte oder vom Unterhalt Entlastete) als Kostenschuldner zu deren Kosten heranzuziehen. Für manche Hilfen hat der Gesetzgeber allerdings eine Heranziehung ausgeschlossen, um keine Hürde für ihre Inanspruchnahme aufzubauen (niedrigschwellige Hilfen), beispielsweise für die Beratungsangebote, die Sozialpädagogische Familienhilfe, aber auch für die Beistandschaft (vgl. *die nachfolgende Übersicht zur Kostenfreiheit)*. Von diesen abgesehen, können (§ 90) die Jugendämter (beispielsweise für Angebote der Jugendarbeit oder der Kindertagesbetreuung) oder müssen (§ 91) sie sogar (beispielsweise bei Hilfe zur Erziehung in Vollzeitpflege) die Kostenschuldner an den Kosten beteiligen. Die Formen dieser Kostenbeteiligung sind sehr unterschiedlich geregelt *(vgl. nachfolgende Übersicht)*.

Ebenso unterschiedlich ist die „Tiefenschärfe" der Beteiligung: In manchen Fällen erfolgt eine Heranziehung nur („Armenbeitrag") in Höhe des Kindergelds (§ 94 Abs. 3), in anderen Fällen („Reichenbeitrag") kann die Beteiligung bis zur vollen Höhe der Kosten gehen (ab Einkommen von 10.000 EUR; § 5 Abs. 2 S. 3 KostenbeitragsV zu § 94 Abs. 5). Zu beachten ist jedoch, dass fiskalische Interessen hinter erzieherische Notwendigkeiten zurücktreten müssen, wenn eine Kostenbeteiligung den Zweck der Leistung gefährden würde (§ 92 Abs. 5). Durch die Konzentration aller Hilfen beim örtlichen Träger der Jugendhilfe *(vgl. Rn. 316)* ist ausgeschlossen, dass erziehungsfremde Gesichtspunkte, nämlich die Verlagerung der Kosten auf einen anderen Träger, die Entscheidung über eine Hilfe beeinflussen. Mit dem KICK ist ferner eine Konzentration der Heranziehung Unterhaltspflichtiger durch den (öffentlich-rechtlichen) Kostenbeitrag erfolgt. Ein Übergang des Unterhaltsanspruchs auf das JA und damit eine privat-rechtliche Geltendmachung ist nicht mehr möglich. Die Kostenbeitragspflicht der Unterhaltspflichtigen ist Spiegelbild des Nachrangs der Jugendhilfe aus § 10 Abs. 2 – allerdings mit einer „blinden Stelle im Spiegel": trotz ihrer Unterhaltspflicht aus §§ 1601, 1606 BGB werden Großeltern nicht als Kostenschuldner (§ 92) zu den Kosten herangezogen; eine Überleitung des Unterhaltsanspruchs ist aber möglich (§ 95); vgl. *Rn. 382*.

Übersicht: Kostenfreiheit und Kostenbeteiligung für Leistungen und andere Aufgaben der Jugendhilfe (SGB VIII)

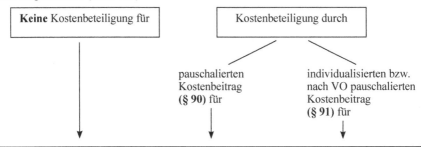

Keine Kostenbeteiligung für	Kostenbeteiligung durch	
	pauschalierten Kostenbeitrag (§ 90) für	individualisierten bzw. nach VO pauschalierten Kostenbeitrag (§ 91) für

1. Jugendsozialarbeit (§ 13), außer Unterbringung (Abs. 3)
 2. Erzieherischer Kinder- und Jugendschutz (§ 14)
 3. Familienberatung (§ 16 Abs. 2 Nr. 2)
 4. Beratung in Fragen der Partnerschaft, Trennung und Scheidung (§ 17)
 5. Beratung und Unterstützung bei der Ausübung der Personensorge und des Umgangsrechts (§ 18)
 6. Versorgung in Notsituationen im Elternhaus (§ 20)
 7. Einzelne Arten der Hilfe zur Erziehung
   a) Erziehungsberatung (§ 28)
   b) Soziale Gruppenarbeit (§ 29)
   c) Erziehungsbeistand, Betreuungshelfer (§ 30)
   d) Sozialpädagogische Familienhilfe (§ 31)
 8. Ambulante Formen der Eingliederungshilfe (§ 35 a)
 9. Nachbetreuung für junge Volljährige (§ 41 Abs. 3)
 10. Familien- und Jugendgerichtshilfe (§§ 50, 52)
 11. Beratung im Adoptionsverfahren (§ 51)
 12. Beratung unverheirateter Eltern (§ 52 a)
 13. Beistandschaft/Pflegschaft/Vormundschaft (§ 35)
 14. Urkundstätigkeit (§§ 59, 60)
	1. Jugendarbeit (§ 11)
	 2. Familienarbeit (§ 16)
	 a. allg. Förderung (Abs. 1)
	 b. Familienbildung (Abs. 2 Nr. 1)
	 c. Familienfreizeit/-erholung (Abs. 2 Nr. 3)
	 3. Förderung von Kindern in Tageseinrichtungen und in Kindertagespflege (§§ 22 -24)
		Teil- und vollstationäre Hilfe bei
		 1. sozialpädagogisch begleitete Unterkunft (§ 13 Abs. 3)
		 2. Unterkunft in gemeinsamer Wohnform (§ 19)
		 3. Versorgung in Notsituation (§ 20)
		 4. Unterkunft im Rahmen von Schulpflicht oder Schulausbildung (§ 21)
		 5. Hilfe zur Erziehung gem. § 27 (einschl. Leistungen nach §§ 39, 40) in
		 a) Tagesgruppe (§ 32)
		 b) Vollzeitpflege (§ 33)
		 c) Heim (§ 34)
		 d) intensiver sozialpädagogischer Einzelbetreuung außerhalb der eigenen Familie (§ 35)
		 e) sonstiger Form (§ 27 Abs. 2)
		 6. Eingliederungshilfe in (Tages-)einrichtungen oder bei Pflegeperson (§ 35a)
		 7. Hilfe für junge Volljährige (§ 41) entsprechend oben Nr. 5 und Nr. 6
		 8. Inobhutnahme (§ 42)

Übersicht: Formen und Arten der Kostenbeteiligung in der Jugendhilfe (SGB VIII)

Rechts-grundlage	**§ 90**		**§§ 91-94**		**§ 95**
Beteili-gungsform	pauschalierter Kostenbeitrag (VA)		individualisierter oder pauschalierter (VO) Kostenbeitrag (VA)		Überleitung des Anspruchs eines KS gg. Dr. d. Überleitungsanzeige (VA)
Hilfeform	ambulant	teilstationär	vollstationär (§ 91 Abs. 1)	teilstationär (§ 91 Abs. 2)	voll- und teilstationär
Kosten-pflichtige Hilfe	– § 11 – § 16 Abs. 1, Abs. 2 Nr. 1, 3	§§ 22-24	1. § 13 Abs. 3 2. § 19 1. § 20 2. § 21 1. HzE iVm. § 33 § 34 § 35 unbenannter Hilfeart 1. § 35 a 2. § 42 1. § 41	1. § 20 1. HzE iVm. § 32 unbenannter Hilfeart 1. § 35 a 1. § 41	alle Hilfen aus § 91
Kosten-pflichtige Person (= Kosten-schuldner – KS)	– Kind/Jugendlicher – Eltern/Elternteil – junger Volljähriger[1]		§ 92: – Kind/Jugendlicher f. Hilfen nach 1.-7. – Leistungsberechtigte n. § 19 f. Hilfe nach 2. – Ehegatte/ Lebenspartner d. jungen Menschen f. Hilfen nach 1.-8. – Elternteil (unabhängig vom Zusammenleben mit dem jungen Menschen) f. Hilfen nach 1.-8.	§ 92 – Ehegatte/ Lebenspartner d. jungen Menschen f. Hilfen nach 1.-4. – Elternteil, der mit dem jungen Menschen zusammen lebt, f. Hilfen nach 1.-4.	jeder, der nicht KS nach § 92

Gegenstand der Heranziehung	Einkommen nach §§ 82-84 SGB XII		– Einkommen nach § 93
			– auch aus Vermögen nach §§ 90, 91 SGB XII bei vollstationärer Hilfe nur
			  – junger Volljähriger
			  – volljährige Leistungsberechtigte nach § 19
					Anspruch eines KS nach § 92 gegen Dritte, außer
					– SLT (§§ 18-29 SGB I)
					– andere KS

---

1 Mit KJSG durch Änderung des § 92 Abs. 1 a gestrichen.

Rechts-grundlage	§ 90	§§ 91-94	§ 95

Umfang	zumutbare Belastung nach §§ 85 -87, 88, 92 Abs. 1 S. 1, Abs. 2 SGB XII	– angemessener Umfang des Einkommens
		– mindestens Kindergeld bei vollstationärer Leistung
		– junge Menschen u. Leistungsberechtigte nach § 19 bei vollstationärer Leistung 75%[2] des Einkommens
		– pauschalierter, gestaffelter Kostenbeitrag nach VO iVm Tabelle bei
		  – Elternteil
		  – Ehegatten/Lebenspartner
			in Höhe der Aufwendungen

6.1.1 Erhebung von Kostenbeiträgen nach § 90. Kostenbeiträge können festgesetzt **396** werden bei Inanspruchnahme von Angeboten

- der Jugendarbeit
- der allgemeinen Förderung der Erziehung in der Familie
- der Förderung von Kindern in Kindertagespflege und Tageseinrichtungen.

Die Unterscheidung in Teilnahmebeiträge und Kostenbeiträge beruht auf der Möglichkeit, das Benutzungsverhältnis unterschiedlich auszugestalten. Ist beispielsweise die Benutzung des (kommunalen) Kindergartens öffentlich-rechtlich geregelt (durch Satzung), erfolgt die Erhebung eines Kostenbeitrags (früher: Gebühr). Für Träger der freien Jugendhilfe, deren Handeln immer privatrechtlich ist, scheidet die Erhebung eines (öffentlich-rechtlichen) Kostenbeitrags aus; sie können nur einen (privat-rechtlichen) **Teilnahmebeitrag** fordern. Hat der kommunale Träger das Benutzungsverhältnis einer Einrichtung privatrechtlich ausgestaltet (beispielsweise durch Abschluss privatrechtlicher Verträge), kann auch er Teilnahmebeiträge erheben. In der Begründung zum KICK wird aber eine andere Art der Unterscheidung getroffen: danach handelt es sich um einen Teilnahmebeitrag, wenn die Leistungsgewährung von der Zahlung des Beitrags abhängig ist, und um einen Kostenbeitrag, wenn die Kosten nachträglich geltend gemacht werden. Dies ist nicht überzeugend.

Ob überhaupt eine Erhebung von Kostenbeiträgen erfolgt, steht im Ermessen des Trägers **397** der Jugendhilfe. Die Höhe der Elternbeiträge richtet sich nach Landesrecht, das für die Inanspruchnahme von Tageseinrichtungen oder Kindertagespflege eine Staffelung nach Einkommen und Kinderzahl selbst vornehmen oder dem JA vorschreiben kann. Tut dies das Landesrecht nicht, schreibt § 90 Abs. 1 S. 2 die Staffelung vor. Die örtliche Beitragssatzung muss dabei von einer Beitragskalkulation ausgehen, die sich an einer kostendeckenden Beitragsobergrenze orientiert und mit dem Äquivalenzprinzip in Einklang steht. Bei einer sozialen Staffelung muss sich der höchste Beitragssatz innerhalb der durch das Äquivalenzprinzip gesetzten Obergrenze der Beitragsbemessung halten.

Vgl. hierzu die Rechtsprechungsübersicht im Anhang unter 6. bei https://www.nomos-sh op.de/nomos/titel/jugendhilferecht-id-89400/,"Service zum Buch" zu § 90.

Ist die Belastung nicht zumutbar, kann (Ermessen) der Beitrag für Angebote der Jugend- **398** oder Familienarbeit auf Antrag vom JA ganz oder teilweise erlassen (bei Angeboten des öffentlichen Trägers selbst) oder – bei Teilnahmebeiträgen – vom JA übernommen werden (wenn Träger der freien Jugendhilfe diese Angebote unterbreiten). Bei Inanspruchnahme von Angeboten in Tageseinrichtungen und in Kindertagespflege besteht kein Ermessen

---

2 Mit KJSG durch Änderung des § 94 Abs. 6 S. 1 auf höchstens 25% beschränkt.

für Erlass bzw. Übernahme, sondern die Verpflichtung hierzu („soll" in § 90 Abs. 3 bedeutet grundsätzlich „muss"; Ermessen besteht nur in atypischen Einzelfällen). Ob eine Belastung zumutbar ist, wird durch entsprechende Anwendung des SGB XII ermittelt (§ 90 Abs. 4). Der Begriff des Einkommens richtet sich also nach[3] §§ 82 – 85 ,87,88,92 Abs. 1,2 SGB XII (und nicht etwa nach § 93). Liegt das Einkommen unter der Einkommensgrenze nach § 85 SGB XII, wird der Elternbeitrag übernommen (abzüglich der häuslichen Ersparnis nach § 88 Abs. 1 S. 1 Nr. 3 SGB XII). Liegt das Einkommen über der Einkommensgrenze, wird der Elternbeitrag nicht oder nur teilweise übernommen bzw. erlassen. Der Einsatz von Vermögen kann nicht verlangt werden.

Vgl. hierzu das Merkblatt zur Übernahme des Elternbeitrags für den Besuch eines Kindergartens im Anhang unter 4.

399 Überblick: Erhebung von Kostenbeiträgen (§ 90)

1. Kostenbeitrag:

   Ist die Benutzung der Einrichtung (des Trägers öffentlicher oder freier Jugendhilfe) privatrechtlich ausgestaltet, werden Teilnahmebeiträge erhoben; bei öffentlich- rechtlicher Ausgestaltung dagegen Kostenbeiträge.

2. Festsetzung nur möglich bei den Leistungen:
   - Jugendarbeit (§ 11)
   - allgemeine Förderung der Erziehung in der Familie (§ 16 Abs. 1), Familienbildung (§ 16 Abs. 2 Nr. 1), Familienerholung/-freizeit (§ 16 Abs. 2 Nr. 3),
   - Förderung in Tageseinrichtungen (§ 22 a) oder Kindertagespflege (§ 23).

3. Art der Festsetzung: Bei Tageseinrichtungen und Kindertagespflege ist Pauschalierung und soziale Staffelung nach Landesrecht möglich (§ 90 Abs. 1 S. 2).

4. Ob der Festsetzung: steht im Ermessen (§ 90 Abs. 1 S. 1).

5. Beitragspflichtige:
   - Kind / Jugendlicher / junger Volljähriger
   - Eltern / mit Kind zusammenlebender Elternteil

6. Erlass (bei Kostenbeitrag) bzw. Übernahme (bei Teilnahmebeitrag) kann (§ 90 Abs. 2) erfolgen bei:
   - Jugendarbeit (§ 11)
   - allgemeine Förderung der Erziehung in der Familie (§ 16 Abs. 1),
   - Familienbildung (§ 16 Abs. 2 Nr. 1), Familienerholung/-freizeit (§ 16 Abs. 2 Nr. 3).

   setzt voraus:
   - Unzumutbarkeit der Belastung
   - Erforderlichkeit der Förderung für die Entwicklung des jungen Menschen
   - Antrag.

7. Erlass bzw. Übernahme soll (§ 90 Abs. 3) erfolgen bei:
   - Förderung in Tageseinrichtung (§ 22 a).
   - Förderung in Kindertagespflege (§ 23)

   setzt voraus:
   - Unzumutbarkeit der Belastung
   - Erforderlichkeit der Förderung für die Entwicklung des Kindes
   - Antrag.

---

3   So KJSG nach Änderung des § 90 Abs. 2 S. 3.

8. Feststellung der Zumutbarkeit der Belastung:
   – Wer hat Einkommen einzusetzen?

   Die Beitragspflichtigen (s. oben 5.).
   – Was ist als Einkommen zu berücksichtigen?
     – Einkünfte nach § 82 Abs. 1 SGB XII (einschl. Kindergeld beim Kind)
     – Absetzungen nach § 82 Abs. 2 SGB XII
     – keine Anrechnung zweckverschiedener Sozialleistungen (§ 83 SGB XII; zB Wohngeld, Erziehungsgeld)
     – keine Anrechnung von Zuwendungen (§ 84 SGB XII)
   Also bereinigtes Einkommen....
   – Wie hoch ist Einkommensgrenze?

   § 85 SGB XII[4]:
   – Grundbetrag: 864 EUR[5]
   – Kosten der Unterkunft in angemessenem Umfang (ohne Heizung)
   – Familienzuschlag für Ehegatten/eingetragenen Partner und jedes Kind: 303 EUR[6] –

   Also Einkommensgrenze...;
   – Ergebnis:

   Liegt das bereinigte Einkommen *unter* der Einkommensgrenze, wird Beitrag erlassen bzw. übernommen; nur häusliche Ersparnis ist zu tragen (§ 88 Abs. 1 Nr. 3 SGB XII). Liegt es *über* der Grenze, kann Beitrag teilweise erlassen bzw. übernommen werden (§ 87 SGB XII).

   Vermögen ist nicht zu prüfen.

6.1.2 Heranziehung durch Kostenbeitrag nach §§ 91–94. Der Träger der öffentlichen **400** Jugendhilfe trägt gemäß § 91 Abs. 5 die Kosten einer Hilfe (also – über dessen unvollständigen Wortlaut hinaus – nicht nur die einer Leistung), muss (Ausnahmen: § 92 Abs. 5) aber für die nach § 91 kostenpflichtigen Hilfen die nach § 92 beteiligungspflichtigen Personen durch Kostenbeitrag heranziehen, der durch Leistungsbescheid nach § 92 Abs. 2 festgesetzt wird. Da das JA die Kosten der Hilfe zunächst in voller Höhe trägt, bezeichnet man sie als „erweiterte Hilfe". Die Heranziehung erfolgt entweder individualisiert in angemessenem bzw. vollem Umfang (§ 94 Abs. 1, 6[7]) oder pauschaliert mit einem „Tabellenbeitrag", der aus der Tabelle in der KostenbeitragsV zu § 94 Abs. 5 abzulesen ist. Die Tabelle unterscheidet 27 Einkommensgruppen (je nach Höhe des nach § 93 bereinigten Einkommens) und 4 Beitragsstufen (je nach Art und Umfang der Hilfe sowie nach Zahl der hilfebedürftigen Kinder). Der „Tabellenbeitrag" kommt nur in Betracht, wenn ein Elternteil oder der Ehegatte bzw. der (eingetragene) Lebenspartner des jungen Menschen oder des Leistungsberechtigten nach § 19 herangezogen werden. Die Kostenbeitragspflichtigen sind in § 92 Abs. 1 aufgeführt, wobei die Reihenfolge in Nr. 1 bis 5 der Rangfolge ihrer Heranziehung nach § 94 Abs. 1 S. 3 und 4 entspricht. Da das Kind vorrangig vor den Eltern herangezogen wird, muss zunächst der Kostenbeitrag für das Kind ermittelt werden. Deckt er – was die Regel sein wird – nicht die gesamten Hilfekosten ab, ist für die Restkosten ein weiterer Kostenbeitrag der Elternteile zu ermitteln. Die Eltern werden nicht mehr (wie vor dem KICK) gesamtschuldnerisch, sondern getrennt herangezogen (§ 92

---

4   IVm Anlage 2 zu § 28 SGB XII.
5   2020.
6   2020.
7   Mit dem KJSG wurde § 94 Abs. 6 geändert und Einkommen aus Schüler- und Ferienjobs und ehrenamtlicher Tätigkeit und 150 EUR aus Ausbildungsvergütung freigelassen.

Abs. 2). Damit sollen zusammen lebende Eltern stärker als bisher belastet werden, damit sie nicht – so die amtliche Begründung – ungerechtfertigt privilegiert würden. Aus dieser merkwürdigen gesellschaftspolitischen Sicht ist die intakte Familie kein Leitbild mehr, das besondere Förderung verdient. Die Heranziehung kann erst ab dem Zeitpunkt erfolgen, ab dem die Leistungsgewährung dem Kostenschuldner mitgeteilt worden ist (Rechtswahrungsanzeige; § 92 Abs. 3).

401 Nur junge Volljährige[8] (18–27 J.) und volljährige Mütter / Väter als Leistungsberechtigte nach § 19 werden auch aus ihrem **Vermögen** herangezogen, aber nur, wenn sie vollstationäre Hilfen erhalten haben (§§ 92 Abs. 1 a). Dabei ist nacheinander zu prüfen:

■ verwertbares Vermögen? (§ 90 Abs. 1 SGB XII)
■ Schonung? (§ 90 Abs. 2 SGB XII), bei Barbeträgen iVm VO zu § 90 Abs. 2 Nr. 9 SGB XII: 5.000 EUR
■ allgemeine Härte? (§ 90 Abs. 3 SGB XII)
■ momentane Härte? (§ 91 SGB XII); dann Hilfe in Höhe des Kostenanteils nur als Darlehen.

402 Eine Grenze der Heranziehung ergibt sich aus § 92 Abs. 5. Danach *soll* (bedeutet grundsätzlich „muss"; Ermessen besteht nur in atypischen Einzelfällen) von einer Heranziehung ganz oder teilweise abgesehen werden, wenn

■ der Zweck der Leistung gefährdet würde,
■ die Heranziehung zu einer *besonderen* Härte führen würde.

Von der Heranziehung *kann abgesehen werden, wenn*

■ der Verwaltungsaufwand sich nicht lohnt.

Von der Heranziehung der Eltern *ist* (§ 92 Abs. 4 S. 2) abzusehen, wenn ihre Tochter

■ schwanger ist oder
■ ihr Kind bis 6 Jahre betreut.

Diese Einschränkung ist die Konsequenz aus dem Urteil des BVerfG[9] zu § 218 StGB als Teil des dort geforderten Schutzkonzepts; auf alleinerziehende Väter ist § 92 Abs. 4 S. 2 daher und wegen des Wortlauts von S. 2 nicht anzuwenden.

403 Leben Eltern und Kind zusammen, können alle drei Kostenbeiträge in einem zusammengefassten Leistungsbescheid festgesetzt werden, aus dem sich aber für jeden Kostenpflichtigen sein Kostenbeitrag gesondert ergeben muss. Der Leistungsbescheid ist ein VA, nach dem Landesverwaltungsvollstreckungsgesetz vollstreckt werden kann (vgl. *Rn. 353*). Danach geschieht die Vollstreckung durch Beitreibung in entsprechender Anwendung der Zivilprozessordnung (§§ 803–882).

404 **6.1.3 Überleitung von Ansprüchen.** Durch Überleitungsanzeige (ein VA, *siehe oben Rn. 346*) kann der Träger der öffentlichen Jugendhilfe gem. § 95 bewirken, dass ein Anspruch eines nach § 92 Kostenpflichtigen, den dieser gegen einen Dritten hat, auf das JA übergeht. Ist der Dritte ein anderer Sozialleistungsträger iSv § 12 SGB I, scheidet die Überleitungsanzeige aus; dann kommen aber die Erstattungsansprüche nach §§ 102–105 SGB X in Betracht. Ebenso scheidet die Überleitung aus, wenn der Dritte selbst kostenpflichtig nach § 92 ist, weil er dann schon mit dem Kostenbeitrag herangezogen wird. Dies ist vor allem bei Unterhaltspflichtigen der Fall, so dass die Überleitung eines Unterhaltsanspruchs ausscheidet. Großeltern sind zwar (nachrangig) unterhaltspflichtig (§§ 1603, 1606 BGB), aber nicht kostenpflichtig nach § 92. Daher kommt die Überleitung

---

8 Mit dem KJSG wurden in § 92 Abs. 1 a die jungen Volljährigen gestrichen.
9 Vom 28.5.1993 (BVerfGE 88, 203).

des Unterhaltsanspruchs gegen sie in Betracht; dies steht im Einklang mit der Regelung des Nachrangs in § 10 Abs. 2.

Zusammenfassender Überblick: Überleitung von Ansprüchen (§ 95) 405

1. Voraussetzungen:	– Ein Kostenpflichtiger nach § 92 – ist Gläubiger eines Anspruchs gegen einen Dritten, – der nicht Sozialleistungsträger (§§ 18-29 SGB I) und – nicht Kostenpflichtiger (§ 92 Abs. 1) ist – für die Zeit, für die Jugendhilfe geleistet worden ist.	
2. Ist der Dritte ein Sozialleistungsträger:	bestehen Erstattungsansprüche nach §§ 102–105 SGB X	
3. Ist auch der Dritte Kostenpflichtiger:	wird er über den Kostenbeitrag herangezogen.	
4. Rechtsfolge:	Überleitung steht im Ermessen. Also ist § 39 SGB I (entsprechend) zu beachten	
5. Bewirken der Überleitung	Durch schriftliche Anzeige an den Dritten (Überleitungsanzeige = VA).	
6. Begrenzung des Anspruchsübergangs:	1. (1)In der Höhe: Nur bis zur Höhe der Aufwendungen des Trägers der Jugendhilfe 2. (2)Im Zeitraum: Nur für die Zeit, für die die Jugendhilfe ohne Unterbrechung gewährt wird (ein Zeitraum bis 2 Monate ist keine Unterbrechung)	
7. Rechtsbehelfe:	Widerspruch und Anfechtungsklage; ohne aufschiebende Wirkung (§ 80 Abs. 2 S. 1 Nr. 3 VwGO iVm § 95 Abs. 4).	
8. Zwangsweise Durchsetzung:	Je nach Natur des übergeleiteten Anspruchs Klage vor dem dafür vorgesehenen Gericht (§ 13 GVG; § 40 VwGO; § 51 SGG).	

6.1.4 Zusammenfassender Überblick: Voraussetzungen für Kostenbeteiligung in der Jugendhilfe (SGB VIII)

1. Pauschalierte Kostenbeteiligung durch Kostenbeitrag (§ 90): **405a**
   (1) Bei Leistungen nach
       – § 11
       – § 16
       – §§ 22–24
   (2) Beitrag der beitragspflichtigen Person nach sozialer Staffelung
   (3) Ermessensausübung
   (4) auf Antrag Übernahme bzw. Erlass des Beitrags bei unzumutbarer Belastung entsprechend SGB XII
2. Individualisierter Kostenbeitrag (§§ 91–94):
   (1) Kostenpflichtige Hilfe: Voll- oder teilstationäre Leistung oder Inobhutnahme im „Hilfekatalog" des § 91
   (2) Kostenpflichtige Person: Kostenschuldner nach § 92 Abs. 1
   (3) Kostenbeitrag aus bereinigtem Einkommen (§ 93)
   (4) Absehen von Heranziehung (§ 92 Abs. 4 und 5)
   (5) Heranziehung in angemessenem oder vollem Umfang (§ 94 Abs. 1 oder 6)
3. Pauschalierter Kostenbeitrag („Tabellenbeitrag"; § 94 Abs. 5):
   Wie oben (1) bis (4)
   Zusätzlich:

(5) Nur Beteiligungspflichtige
   – Eltern
   – Ehegatte /eingetragener Lebenspartner des Leistungsberechtigten nach § 19
(6) Staffelung nach Einkommensgruppen und Beitragsstufen in Tabelle zu KostenbeitragsV
(7) Lebt Elternteil nicht mit Kind zusammen, Kostenbeteiligung nur für vollstationäre
   Hilfen aus dem Katalog des § 91 Abs. 1
(8) Kostenbeteiligung mindestens in Höhe des Kindergelds bei vollstationärer Hilfe
   (§ 94 Abs. 3)
4. Überleitung von Ansprüchen:
   (1) Anspruch eines Kostenpflichtigen nach § 92 Abs. 1
   (2) für eine Hilfe aus dem Katalog des § 91
   (3) gegen Dritten, der
      – weder Sozialleistungsträger
      – noch selbst schon kostenbeitragspflichtig ist
   (4) Überleitungsanzeige (VA)

Vgl. das zusammenfassende Prüfschema im Anhang 2. als Anlage 24.

6.2 Kostenerstattung

406 1. Gegenüber *anderen Trägern von Sozialleistungen (§§ 18–29 SGB I)* besteht ein Anspruch auf Kostenerstattung nach den §§ 102–105 SGB X.
2. Gegenüber *anderen Trägern der öffentlichen Jugendhilfe* bestehen Kostenerstat-
   tungsansprüche nach den §§ 89–89 h.
   a) Gegenüber einem **anderen Jugendamt** besteht ein Kostenerstattungsanspruch in
      4 Fällen (vgl. *hierzu die nachfolgende Übersicht*), insbesondere bei vorläufigen
      Maßnahmen oder bei einem Wechsel der örtlichen Zuständigkeit bei Vollzeitpflege.
   b) Gegenüber dem **Landesjugendamt** besteht ein Kostenerstattungsanspruch in 2
      Fällen (vgl. *hierzu die nachfolgende Übersicht),* insbesondere dann, wenn sich die
      örtliche Zuständigkeit des Jugendamts nach dem tatsächlichen Aufenthalt richtet,
      weil ein gewöhnlicher Aufenthalt fehlt oder wenn ein kostenerstattungspflichtiger
      örtlicher Träger fehlt.
3. Gegenüber dem **Land** besteht ein Kostenerstattungsanspruch, wenn ein junger
   Mensch einreist (insbesondere als Asylbewerber) und Jugendhilfe erhalten hat.

407 4. Für den Umfang der Kostenerstattung gilt, dass nur rechtmäßig aufgewandte Kosten
   erstattet werden müssen (§ 89 f Abs. 1 S. 1) und zwar grundsätzlich nur Kosten ab
   1000 EUR (§ 89 f Abs. 2). Nur ausnahmsweise werden auch niedrigere Kosten erstattet. Daneben ist § 109 SGB X zu beachten. Ein Erstattungsanspruch ist innerhalb von
   12 Monaten geltend zu machen (§ 111 SGB X) und verjährt dann in 4 Jahren (§ 113
   SGB X). Bei Streitigkeiten entscheidet ein Schiedsgericht (Spruchstelle für Fürsorgestreitigkeiten), das auf freiwilliger Basis nach der Fürsorgerechtsvereinbarung vom
   26.5.1965 tätig wird, sonst das Verwaltungsgericht bzw. (§ 114 SGB X) das Sozialge-
   richt.

Übersicht: Kostenerstattung (§§ 89–89 h) 408

1.	Jugendamt als Verpflichteter:	1.	(1)§ 89 a: nach Wechsel der örtlichen Zuständigkeit bei Vollzeitpflege (§ 86 Abs. 6); vor Wechsel nach § 37 Abs. 2 S. 3
		2.	(2)§ 89 b Abs. 1: nach Inobhutnahme
		3.	(3)§ 89 c Abs. 1: nach fortdauernder (§ 86 c) oder vorläufiger (§ 86 d) Leistungsverpflichtung
		4.	(4)§ 89 e Abs. 1: nach g.A. in Einrichtung.
2.	Landesjugendamt als Verpflichteter:	1.	(1)§ 89: nach tatsächlichem Aufenthalt (§§ 86, 86 a, 86 b), weil gewöhnlicher Aufenthalt fehlt
		2.	(2)Fehlen eines kostenerstattungspflichtigen örtlichen Trägers (§ 89 b Abs. 2, § 89 c Abs. 3, § 89 e Abs. 2)
3.	Land als Verpflichteter:	Gewährung von Jugendhilfe innerhalb 1 Monats nach Einreise aus dem Ausland (§ 89 d), wenn örtliche Zuständigkeit nach tatsächlich Aufenthalt oder Zuweisungsentscheidung.	
4.	Umfang der Erstattung:	– nur für rechtmäßig aufgewandte Kosten (§ 89 f) – nur für Kosten ab 1.000 EUR (außer bei §§ 89 b, 89 c, 89 d) – nicht für Verzugszinsen und Verwaltungskosten	
5.	Schiedsgerichte:	Streitigkeiten zwischen den Trägern der öffentlichen Jugendhilfe werden freiwillig durch Schiedsgerichte entschieden.	

Anhang (jeweils mit Anlagen)

Im Internet abrufbar unter:
www.nomos-shop.de/nomos/titel/jugendhilferecht-id-89400/
unter "Service zum Buch"

1.	Lernzielkontrolle mit Lösung	310
2.	Schaubilder/Schemata	319
3.	Rechtsquellenübersicht („**Normenklaviatur**")	325
3.a	Rechtsquellen/Schaubilder/Muster/Schemata speziell zum Datenschutzrecht	327
4.	Verwaltungsvorschriften/Muster-Satzungen/Empfehlungen	333
5.	Systematische Rechtsprechungsübersicht[1]	335
6.	Systematisches Literaturverzeichnis[2]	337
7.	Hinweise auf Arbeitsmaterialien, Arbeitshilfen und Adressen[3]	339
8.	Glossar („**Nomenklatur**") und Stichwortverzeichnis	343

---

1 Vollständig und systematisiert sowie aktualisiert unter https://www.nomos-shop.de/nomos/titel/jugendhilfe-recht-id-89400/,"Service zum Buch". Im Lehrbuch selbst sind nur einige ausgewählte Entscheidungen abgedruckt.

2 Vollständig und systematisiert sowie aktualisiert unter https://www.nomos-shop.de/nomos/titel/jugendhilfe-recht-id-89400/,"Service zum Buch". Im Lehrbuch selbst sind nur einige ausgewählte Veröffentlichungen abgedruckt.

3 Im Übrigen unter https://www.nomos-shop.de/nomos/titel/jugendhilferecht-id-89400/,"Service zum Buch".

Anhang 1. Lernzielkontrolle mit Lösung

Aufgaben

1. Nennen Sie maßgebliche Prinzipien des SGB VIII.
2. Beschreiben Sie das Verhältnis von Jugendhilfe und Erziehung in der Familie.
3. Welche Überschneidungsbereiche kennen Sie zwischen
    – Jugend- und *Sozialhilfe*
    – Jugendhilfe und *Grundsicherung* (nach SGB II)?
4. Welche rechtliche Grenze besteht für die Beratungstätigkeit des Jugendamts?
5. Durch welche Leistungen fördert das Jugendamt die Erziehung in der Familie?
6. Besteht auf diese Leistungen ein Rechtsanspruch?
7. Unter welchen Voraussetzungen ist Ausländern Jugendhilfe zu gewähren?
8. Was ist unter Förderung von Kindern in Tageseinrichtungen zu verstehen?
9. Definieren Sie den Begriff derKindertagespflege.
10. Besteht ein Rechtsanspruch auf einen Platz in einer Kindertageseinrichtung??
11. Wie muss das Jugendamt die Erziehung im Hort fördern?
12. Nennen Sie Formen der Kindergartenerziehung.
13. Beschreiben Sie die Kennzeichen der Jugendarbeit.
14. Was ist Jugendsozialarbeit?
15. Nennen Sie Aufgabenfelder des Jugendschutzes.
16. Was versteht man unter gesetzlichem Jugendschutz?
17. Welches sind die Voraussetzungen für Hilfe zur Erziehung?
18. Nennen Sie Kriterien für das Wohl des Kindes.
19. Nennen Sie die wichtigsten Arten der Hilfe zur Erziehung.
20. Was ist ein Hilfeplan? Rechtsnatur?
21. Unter welchen Voraussetzungen haben behinderte Kinder und Jugendliche einen Rechtsanspruch auf Eingliederungshilfe im Rahmen derJugendhilfe?
22. Muss das Jugendamt auch für junge Volljährige Leistungen erbringen? Falls ja, welche?
23. Wie unterscheiden sich Kindertagespflege und Vollzeitpflege?
24. Beschreiben Sie das Rechtsverhältnis zwischen Personensorgeberechtigtem, Pflegeeltern und Jugendamt.
25. Bedarf die Kindertagespflege einer Pflegeerlaubnis?
26. Welche vorläufigen Maßnahmen muss das Jugendamt zum Schutz von Kindern und Jugendlichen ergreifen?
27. Kann das Jugendamt einen Jugendlichen gegen seinen Willen festhalten?
28. Welche Stellung hat das Jugendamt im Familiengerichtsverfahren?
29. Wie wirkt das Jugendamt im Familiengerichtsverfahren mit?
30. Was ist der Schutzauftrag des Jugendamts? Haben auch freie Träger einen solchen?
31. Welches sind die Aufgaben des Jugendgerichtshelfers?
32. Wann wird das Jugendamt Amtsvormund?
33. Was ist eine Amtspflegschaft?
34. Was ist eine Beistandschaft?
35. Wer ist Personensorgeberechtigter?
36. Welches sind die Aufgaben des Jugendamts im Beurkundungswesen?
37. Welches sind die Träger der Jugendhilfe?
38. Welche Träger der öffentlichen Jugendhilfe gibt es?
39. Kann eine kreisangehörige Gemeinde ein Jugendamt errichten?
40. Was sind überörtliche Träger?
41. Was ist die Besonderheit des Jugendamts im Verhältnis zu anderen Ämtern der Kommunalverwaltung?
42. Was ist ein Jugendhilfeausschuss?
43. Was versteht man unter Subsidiarität?
44. Unter welchen Voraussetzungen muss der öffentliche Träger die Träger der freien Jugendhilfe finanzieren?

45. Nennen Sie Träger der freien Jugendhilfe.
46. Können die Träger der freien Jugendhilfe alle Aufgaben nach dem SGB VIII wahrnehmen?
47. Nennen Sie die einzelnen Schritte der Jugendhilfeplanung.
48. Wie können die sozialen Dienste im Jugendamt organisiert sein?
49. Nennen Sie Beispiele für Verwaltungsakte des Jugendamts.
50. Was ist ein Verwaltungsakt?
51. Hat das Jugendamt bei der Auslegung des Gesetzes Beurteilungsspielraum?
52. Nennen Sie Ermessensfehler!
53. Welches Verfahren ist bei Erlass eines Verwaltungsaktes zu beachten?
54. Wie ist die Zuständigkeit des Jugendamtes geregelt?
55. Nennen Sie einige Aufgaben des überörtlichen Trägers der Jugendhilfe.
56. Wie ist die örtliche Zuständigkeit für Vollzeitpflege geregelt?
57. Wo ist der Datenschutz in der Jugendhilfe geregelt?
58. Sind auch freie Träger zum Datenschutz verpflichtet?
59. Was ist das Übermitteln eines personenbezogenen Datums?
60. Unter welchen Voraussetzungen ist ein Übermitteln zulässig?
61. Was ist beim Erheben von Daten zu beachten?
62. Können im Rahmen der Amtshilfe personenbezogene Daten weitergegeben werden?
63. Welche Daten können der Polizei und der Staatsanwaltschaft weitergegeben werden?
64. In welchen Formen ist eine Kostenbeteiligung möglich?
65. Für welche Leistungen der Jugendhilfe können keine Kosten erhoben werden?
66. Was ist ein Kostenbeitrag?
67. Was ist eine Überleitungsanzeige?
68. Müssen Eltern ihr Vermögen einsetzen, wenn sie zu einem Kostenbeitrag herangezogen werden?
69. Wonach richtet sich die Zumutbarkeit eines Kostenbeitrags?
70. Was ist Kostenerstattung?
71. Wann kann ein Jugendamt Kostenerstattung von einem anderen Jugendamt verlangen?
72. Was ist Gesamtverantwortung, Gewährleistungspflicht, Steuerungsverantwortung des Jugendamts?
73. Wann ist Selbstbeschaffung möglich?
74. Was versteht man unter (strafrechtlicher) Garantenstellung?
75. Darf ein Kinderarzt eine Kindeswohlgefährdung dem Jugendamt mitteilen?
76. Was ist ein Verfahrenslotse?
77. Was ist eine Ombudsstelle?
78. Was ist Schulsozialarbeit?

Lösungen

1.: – Der Staat nimmt das Wächteramt (Art. 6 Abs. 2 S. 2 GG;§ 1 Abs. 2 S. 2; § 1 Abs. 2 KKG) vorrangig durch unterstützende Leistungen (präventiv), aber auch durch Eingriffe (repressiv) wahr.
   – Das Jugendamt hat einen Schutzauftrag für das Kind.
   – Adressaten der Leistung sind grundsätzlich die Eltern.
   – Die Eltern haben ein Wunsch- und Wahlrecht.
   – Zur Verwirklichung dieses Rechts gilt das Subsidiaritätsprinzip im Verhältnis zu den freien Trägern.
   – Das Jugendamt hat die Gesamt- u. die Steuerungsverantwortung.sowie die Gewährleistungspflicht
   – Selbstbeschaffung ist nur ausnahmsweise möglich.
2.: Jugendhilfe unterstützt und ergänzt die Erziehung in der Familie, eine Ersetzung kommt nur im Einverständnis mit den Personensorgeberechtigten oder durch Anordung des Familiengerichts in Betracht.
3.: – in der *Sozialhilfe*:
   – Unterhaltsleistungen
   – Weiterführen des Haushalts
   – Hilfe für junge Volljährige
   – Eingliederungshilfe für behinderte Kinder und Jugendliche
   – in der *Grundsicherung*:
   – Jugendberufshilfe
   – Bildungs-und Teilhabepaket
4.: Nach dem RechtsdiensleistungsG ist die Beratung nur im Rahmen der Zuständigkeit des JA zulässig.
5.: Durch familienstützende Hilfen in Form allgemeiner Förderung nach § 16 und in Form besonderer Hilfen nach §§ 17–21.
6.: Nur auf die Hilfe nach §§ 17–21.
7.: Für die Erfüllung von Aufgaben nach § 2 Abs. 3 genügt ihr tatsächlicher Aufenthalt, für Leistungen ist gewöhnlicher Aufenthalt notwendig, der rechtmäßig oder geduldet ist (§ 6 Abs. 1 u. 2).Vorrangig gilt aber (§ 6 Abs. 4) zwischen- und überstaatliches Recht (MSA und EU-Recht).
8.: Betreuung, Bildung und Erziehung des Kindes in Kindergärten, Horten und Krippen (§ 22 Abs. 1 S. 1 u. § 22 a)
9.: Die Betreuung eines Kindes für einen Teil des Tages oder ganztags durch eine Tagespflegeperson in deren Haushalt oder im Haushalt des Personensorgeberechtigten (§ 22 Abs. 1 S. 2 u.§ 23).
10.: Nur auf einen Platz im Kindergarten; seit 1.8. 2013 auch in der Krippe (ab dem 1. Lj) § 24 Abs. 2).
11.: Nach Bedarf sind Plätze im Hort vorzuhalten; der Hort ist daher bedarfsgerecht auszubauen (§ 24 Abs. 2).
12.: Regelkindergarten, Ganztageskindergarten, betriebsnaher Kindergarten.
13.: Mitgestaltung der Angebote durch die Jugendlichen; Angebote vorwiegend von Jugendverbänden; Vielfalt von Methoden und Inhalten; altersspezifische Gliederung (§ 11).
14.: Sozialpädagogische Hilfe zum Ausgleich sozialer Benachteiligungen oder zur Überwindung individueller Beeinträchtigungen mit dem Ziel, schulische und berufliche Ausbildung, Eingliederung in die Arbeitswelt und soziale Integration zu fördern (§ 13). Man unterscheidet Jugendberufshilfe und Schulsozialarbeit.
15.: Gesetzlichen und erzieherischen (§ 14) Jugendschutz.
16.: Schutz vor jugendgefährdenden Medien und Schutz der Jugend in der Öffentlichkeit nach dem Jugendschutzgesetz sowie den Jugendarbeitsschutz.

17.: Als materielle Voraussetzungen: Erziehungsdefizit sowie Geeignetheit und Notwendigkeit der Hilfe. Als formelle Voraussetzungen: Mitwirkung des Personensorgeberechtigten nach § 36 Abs. 1 und Hilfeplan nach § 36 Abs. 2.

18.: Zuwendung, Versorgung, Schutz, stabile Bindung, geistige Bildung.

19.: Insbesondere: Erziehungsberatung, Sozialpädagogische Familienhilfe, Vollzeitpflege und Heimerziehung (§§ 28–34).

20.: Grundlage für die Ausgestaltung der Hilfe zur Erziehung mit Feststellungen zum Bedarf und zur Art der Hilfe. Seine Rechtsnatur ist umstritten; er ist eine den Bescheid vorbereitende Regelung, also kein Verwaltungsakt (§ 31 SGB X).

21.: Unter den Voraussetzungen des § 35 a, also bei seelischer Behinderung; sonst auf Sozialhilfe (§ 53 SGB XII)

22.: – Hilfe für junge Volljährige nach § 41, wenn dies für die Persönlichkeitsentwicklung erforderlich ist (in der Regel nur bis zum 21. Lebensjahr); einschließlich Eingliederungshilfe bei seelischer Behinderung.

– Angebote der Jugendarbeit, der Jugendsozialarbeit und des erzieherischen Kinder- und Jugendschutzes (§§ 11–14).

– Allgemeine Förderung der Erziehung in der Familie (§ 16).

– Besondere Hilfen nach §§ 17–21.

23.: – Betreuungszeit bei Kindertagespflege nur tagsüber.

– Rechtsanspruch auf Hilfe nur bei Vollzeitpflege; anders seit 1.8.2013 (§ 24 Abs. 2).

– Vollzeitpflege setzt Erziehungsdefizit nach § 27 voraus.

24.: Der Personensorgeberechtigte hat einen Rechtsanspruch auf Hilfe zur Erziehung (einschl. Pflegegeld) gegen den Träger der öffentlichen Jugendhilfe. Zwischen Personensorgeberechtigtem und der Pflegefamilie besteht ein privatrechtlicher Vertrag auf Pflege und Erziehung einerseits und auf Pflegegeld andererseits. Die Pflegefamilie hat gegenüber dem Träger der öffentlichen Jugendhilfe einen Rechtsanspruch auf Beratung und auf Erteilung der Pflegeerlaubnis.

25.: Ja, nach § 43.

26.: Im Rahmen der Inobhutnahme nach § 42 Herausnahme des Kindes, seine vorläufige Unterbringung und Versorgung.

27.: Im Rahmen des § 42 hat das Jugendamt das Aufenthaltsbestimmungsrecht. Freiheitsentziehende Maßnahmen sind zulässig, bedürfen aber einer familienrichterlichen Entscheidung mit Ablauf des nächsten Tages.

28.: Das Jugendamt ist zur Mitwirkung verpflichtet gem. § 50, soweit es das FamFG bestimmt, insbes. in Kindschaftssachen nach § 162 Abs. 1 FamFG. Nur auf seinen Antrag hin ist das JA Verfahrensbeteiligter (§ 162 Abs. 2 FamFG).

29.: Durch Unterstützung des Gerichts bei allen Maßnahmen, die die Person des Kindes betreffen, insbes. durch fachliche Stellungnahmen.

30.: Bei Gefährdung des Kindeswohls iSd § 1666 BGB hat das Jugendamt die Pflicht, das Gefährdungsrisiko einzuschätzen, Hilfen anzubieten (§ 8 a Abs. 1) oder das Familiengericht anzurufen und im Eilfall das Kind in Obhut zu nehmen (§ 8 a Abs. 2). Freie Träger haben keine gesetzliche Pflicht, sondern nur eine vertragliche aufgrund einer Vereinbarung mit dem JA nach § 8 a Abs. 4 oder durch Selbstverpflichtungserklärung.

31.: Mitwirkungspflicht im gesamten Verfahren, Anregung von Jugendhilfeleistungen und Mitteilung von solchen Leistungen. Die Mitwirkung geschieht durch Ermittlungshilfe und einen Sanktionsvorschlag (§ 52 i.V.m.JGG).

32.: Kraft Gesetzes (§ 1791 c BGB) bei Geburt eines Kindes, sofern die Mutter minderjährig und mit dem Vater nicht verheiratet ist. Kraft Bestellung (§ 1791 b BGB) durch das Familiengericht zur Ersetzung der elterlichen Sorge.

33.: Durch bestellte Amtspflegschaft nimmt das Jugendamt Angelegenheiten der Personen- und Vermögenssorge in beschränktem Umfang wahr; zB durch Umgangspflegschaft.

34.:   Gesetzliche Vertretung des Jugendamts für das Kind (neben dem alleinsorgeberechtigten El-
        ternteil) in den Aufgabenkreisen Vaterschaftsfeststellung und Unterhaltssicherung auf An-
        trag idR des alleinsorgeberechtigten Elternteils (§ 1712 BGB).

35.:   Eltern, Vormund und Pfleger (im Rahmen der familiengerichtlich übertragenen Sorgerech-
        te); außerdem der Beistand im Rahmen seines Aufgabenkreises (neben dem Elternteil). Ist
        die Mutter nicht mit dem Vater des Kindes verheiratet, hat sie das alleinige Sorgerecht, au-
        ßer wenn beide gemeinsame Sorgeerklärungen abgeben oder das FamG die gemeinsame
        Sorge überträgt (§ 1626a BGB)) Nach Scheidung bleibt das gemeinsame Sorgerecht erhal-
        ten, außer wenn ein Elternteil Alleinsorge beantragt und zugesprochen bekommen hat.

36.:   Beurkundung in den Fällen des § 59; Erteilung einer vollstreckbaren Ausfertigung der Un-
        terhaltsverpflichtungsurkunde als Titel (§ 60)

37.:   Die Träger der öffentlichen und der freien Jugendhilfe (§ 3).

38.:   Örtliche und überörtliche Träger. Örtliche Träger sind Landkreise und kreisfreie Städte /
        Stadtkreise (§ 69 Abs. 1 iVm Landesrecht).

39.:   Ja, nach Antrag und bei Leistungsfähigkeit (je nach Landesrecht).

40.:   Überörtliche Träger sind Kommunalverbände höherer Ordnung (Zusammenschluss von
        Landkreisen und kreisfreien Städten) oder staatliche Träger in der Trägerschaft des Landes.

41.:   Es besteht (§ 70 Abs. 1) aus Verwaltung und Ausschuss (Zweigliedrigkeit).

42.:   Als Teil des Jugendamtes kann er Beschlüsse fassen in allen Angelegenheiten der Jugend-
        hilfe, die nicht zu den Geschäften der laufenden Verwaltung gehören. Er besteht aus stimm-
        berechtigten und beratenden Mitgliedern (§ 71).

43.:   Als passive Subsidiarität das Zurücktreten des Trägers der öffentlichen Jugendhilfe hinter
        den Träger der freien Jugendhilfe, als aktive Subsidiarität die Förderung des freien Trägers
        (§ 4).

44.:   Unter den Voraussetzungen des § 74, also insbesondere bei Eigenleistung und Fachlichkeit
        oder mit Leistungs- und Entgeltverträgen im Rahmen des § 78a.

45.:   Kirchen, Wohlfahrtsverbände, Jugendverbände. Strittig ist, ob auch privat-gewerbliche Trä-
        ger hierzu zählen.

46.:   Gem. § 3 können sie alle *Leistungen* iSv § 2 Abs. 2 erbringen; *andere Aufgaben* iSv § 2
        Abs. 3 können sie nur abgeleitet vom Träger der öffentlichen Jugendhilfe wahrnehmen und
        nur, soweit sie in § 76 aufgeführt sind.

47.:   Zielkatalog, Bestandsaufnahme, Bedarfsermittlung, Bedarfsdeckungsplanung, Durchfüh-
        rungsplanung, Fortschreibung (§ 80).

48.:   Als Allgemeiner Sozialer Dienst (ASD) und mit spezialisierten sozialen Diensten für einzel-
        ne Aufgaben.

49.:   Bescheid über die Gewährung von Hilfe zur Erziehung, Pflegeerlaubnis, Einrichtungser-
        laubnis, Kostenbeitragsbescheid, Überleitungsanzeige, Inobhutnahme.

50.:   Maßnahme einer Behörde auf dem Gebiet des öffentlichen Rechts zur Regelung eines Ein-
        zelfalls mit Außenwirkung (§ 31 SGB X).

51.:   Nein, es ist nur 1 Auslegung richtig, die das Verwaltungsgericht überprüft. Ausnahme: § 8a
        Abs. 2 (Einschätzungsprärogative) und in der Hilfeplanung „ausgehandelte" Hilfearten
        („kooperativer pädagogischer Prozess").

52.:   E'unterschreitung (= E'nichtgebrauch), E'überschreitung, E'fehlgebrauch (§ 39 SGB I).

53.:   Anhörung, Datenschutz, Mitwirkung von Personensorgeberechtigten und Kindern.

54.:   Die sachliche Zuständigkeit nach § 85 umfasst eine Zuständigkeitsvermutung für den örtli-
        chen Träger. Die örtliche Zuständigkeit richtet sich grundsätzlich nach dem gewöhnlichen
        Aufenthalt der Eltern (§ 86).

55.:   Beratung der örtlichen Träger, Förderung der Zusammenarbeit mit den freien Trägern, Bera-
        tung von Einrichtungen und Betriebserlaubnis, Fortbildung (§ 85 Abs. 2).

56.:   Grundsätzlich richtet sie sich nach dem gewöhnlichen Aufenthalt der Eltern, lebt das Kind
        aber zwei Jahre bei einer Pflegeperson, ist der gewöhnliche Aufenthalt der Pflegeperson
        maßgeblich (§ 86 Abs. 6).

57.:   §§ 61–68 iVm § 35 SGB I iVm §§ 67–85a SGB X i.V.m. EU-DSGVO.

58.: Unmittelbar aufgrund privatrechtlichen Vertrags mit dem Hilfesuchenden. Mittelbar aufgrund einer Sicherstellungsvereinbarung mit dem öffentlichen Träger (§ 61 Abs. 3).

59.: Weitergabe des Datums von der verantwortlichen Stelle an einen Dritten (Art. 4 Nr. 2 DSGVO).

60.: Die Übermittlung bedarf einer gesetzlichen Befugnis gem. Art. 6 DSGVO i.V.m. §§ 67 b, d SGB X iVm §§ 68–75 SGB X, wobei die Schranken aus §§ 64 und 65 zu beachten sind. Außerdem ist eine Übermittlung zulässig bei Einwilligung des Betroffenen. Immer muss die Übermittlung erforderlich sein.

61.: Nur erforderliche Daten dürfen erhoben werden. Vorrang hat die Erhebung beim Betroffenen selbst. Nur ausnahmsweise kommt eine Erhebung ohne seine Einwilligung bei Dritten in Betracht (Art. 7 DSGVO i.V.m. § 62).

62.: Grenze der Amtshilfe ist das Sozialgeheimnis (§ 4 Abs. 2 S. 2 SGB X). Daher sind für jede Übermittlung gesetzliche Übermittlungsbefugnisse notwendig (§ 35 Abs. 2 SGB I).

63.: Die Standarddaten nach § 68 SGB X oder weitere Daten nach § 69 Abs. 1 Nr. 2 SGB X oder nach § 73 SGB X auf richterliche Anordnung.

64.: – pauschalierter Teilnahme- oder Kostenbeitrag (§ 90)
– individualisierter Kostenbeitrag (§ 91)
– Überleitung eines Anspruchs des Kostenschuldners gegen Dritte (§ 95)

65.: Für alle *nicht* in §§ 90, 91 genannten Hilfen; dies sind insbesondere ambulante Hilfen wie die Beratung, aber auch die Sozialpädagogische Familienhilfe.

66.: Eine Form der Kostenbeteiligung des Kostenschuldners durch Leistungsbescheid (VA) gem. § 92 Abs. 2.

67.: VA, mit dem Anspruch gegen einen Dritten auf den Jugendhilfeträger übergeht (§ 95).

68.: Nein, nur ihr Einkommen.

69.: Nach den Kriterien des § 94. Eltern werden durch Pauschalbeträge nach einer Tabelle in der KostenbeitragsV herangezogen.

70.: Erstattung von Kosten des Trägers der öffentlichen Jugendhilfe durch einen anderen Träger der öffentlichen Jugendhilfe (§§ 89–89 h) oder durch einen Träger einer anderen Sozialleistung (§§ 102–114 SGB X).

71.: Bei vorläufigen Maßnahmen, bei Aufnahme in eine Einrichtung und bei Zuständigkeitswechsel in der Vollzeitpflege.

72.: Der öffentliche Träger der Jugendhilfe ist dafür verantwortlich, dass alle zur Aufgabenerfüllung notwendigen Einrichtungen und Dienste (strukturell) zur Verfügung stehen (*Gesamtverantwortung* nach § 79 Abs. 1) und zwar im Einzelfall nach den Qualitätsmerkmalen des Abs. 2 (*Gewährleistungspflicht*). Die Einzelfallhilfen nach §§ 27, 35 a, 41 steuert er im Hilfeplanungsverfahren nach § 36, das in einen Bescheid (VA) mündet (*Steuerungsverantwortung* nach § 36 a Abs. 1).

73.: Der Leistungsberechtigte kann sich nur dann eine Leistung ohne Verwaltungsverfahren durch den Leistungsträger unmittelbar beim Leistungserbringer beschaffen, wenn
– die Leistung *niedrigschwellig* ist (§ 36 a Abs. 2) oder
– er die Hilfe beantragt, aber nicht bekommen hat, sie *unaufschiebbar ist* und ihre rechtlichen Voraussetzungen vorliegen(§ 36 a Abs. 3).

74.: Ein Garant kann eine Straftat durch Unterlassen begehen,wenn er eine Garantenpflicht verletzt (§ 13 StGB): Garant ist der Mitarbeiter eines öffentlichen Trägers aufgrund des staatlichen Wächteramts, der eines freien Trägers aufgrund tatsächlicher oder rechtlicher Schutzübernahme.

75.: Ja, unter den Voraussetzungen des § 4 KKG.

76. Helfer im Verfahren der Eingliederungshilfe (§ 10 b)

77. Unabhängige Stelle ‚an die sich junge Menschen und ihre Familien bei Konflikten mit dem JA wenden können. (§ 9 a)

78. Sozialpädagogische Angebote am Ort Schule (§ 13 a).

Zur weiterführenden Lektüre vgl. Glossar und Stichwortverzeichnis im Anhang 8

Anhang 2. Schaubilder/Schemata

mit den folgenden Anlagen

Anlage 1   Kindergartenformen
Anlage 2   Übersicht zur sozialversicherungsrechtlichen Tätigkeit der Tagesmutter
Anlage 3   Übersicht zu Tageseinrichtungen für schulpflichtige Kinder
Anlage 4   Aufgabenerfüllung im erzieherischen Jugendschutz
Anlage 5   Schaubild zu Schnittstellen zwischen SGB VIII und SGB II
Anlage 6   Schaubild zu Schnittstellen zwischen SGB VIII und SGB III
Anlage 7   Ablauf einer HzE
Anlage 8   Prüfschema zur örtlichen Zuständigkeit
Anlage 9   Prüfschema für Erlass eines VA
Anlage 10   Prüfschema für Hilfe nach § 20
Anlage 11   Prüfschema zur Kostenbeteiligung
Anlage 12   Schaubild zu Formen und Arten der Kostenbeteiligung

Anlage 1: Übersicht über Kindergartenformen

s. https://www.nomos-shop.de/nomos/titel/jugendhilferecht-id-89400/,"Service zum Buch".

Anlage 2: Übersicht über die steuer-und sozialversicherungsrechtliche Stellung der Tagesmutter

s. https://www.nomos-shop.de/nomos/titel/jugendhilferecht-id-89400/,"Service zum Buch".

Anlage 3: Übersicht: Tageseinrichtungen für schulpflichtige Kinder

s. https://www.nomos-shop.de/nomos/titel/jugendhilferecht-id-89400/,"Service zum Buch".

Anlage 4: Übersicht über Beispiele für die Aufgabenerfüllung des Jugendamts im erzieherischen Jugendschutz

s. https://www.nomos-shop.de/nomos/titel/jugendhilferecht-id-89400/,"Service zum Buch".

Anlage 5: Schnittstellen zwischen Jugendhilfe (SGB VIII) und Grundsicherung (SGB II)

s. https://www.nomos-shop.de/nomos/titel/jugendhilferecht-id-89400/,"Service zum Buch".

Anlage 6: Schaubild: Leistungen der Jugendberufshilfe im Überschneidungsbereich zwischen Jugendhilfe (SGB VIII) und Arbeitsförderung (SGB III)

s. https://www.nomos-shop.de/nomos/titel/jugendhilferecht-id-89400/,"Service zum Buch".

Anlage 7: Ablaufdarstellung einer Hilfe zur Erziehung in 10 Schritten

Schritte	Rechtsgrundlagen
1. Zuständigkeitsprüfung	Sachliche Zuständigkeit: § 85 Örtliche Zuständigkeit: §§ 86, 86 d
2. Beratung des Personensorgeberechtigten und des Kindes/Jugendlichen	§ 36 Abs. 1 S. 1
3. Adoptionsmöglichkeit prüfen bei Fremdplazierung	§ 36 Abs. 1 S. 2
4. Beratung im Team (Sozialarbeiter, Psychologe, Arzt)	§ 36 Abs. 2 S. 1
5. Aufstellung eines Hilfeplans zusammen mit dem Personensorgeberechtigten und dem Kind sowie anderen Fachkräften/Jugendlichen	§ 36 Abs. 2 S. 2
6. Antragstellung des Personensorgeberechtigten	§ 36 Abs. 1 S. 1
7. Entscheidung über Antrag	§ 36 Abs. 1 S. 1
– pädagogische Entscheidung durch fallzuständige Fachkraft im ASD mit Bindung für die Abteilung Wirtschaftliche Jugendhilfe – Statistikmeldung	§ 98
8.	§ 36 Abs. 1 S. 1 iVm § 37 SGB X
– Bekanntgabe der Entscheidung durch Hilfebescheid (Verwaltungsakt) – Kostenübernahmeerklärung (VA) gegenüber Einrichtung jeweils durch die Abteilung Wirtschaftliche Jugendhilfe	§ 77 oder § 78 b
9. Festlegung der Zusammenarbeit mit Herkunftsfamilie mit Erarbeitung einer Rückkehrperspektive	§ 37 Abs. 1
10. Heranziehung zu den Kosten mit Kostenbeitrag in Leistungsbescheid (Verwaltungsakt) durch Abteilung Wirtschaftliche Jugendhilfe	§§ 91–94 KostenbeitragsV

Anlage 8: Prüfung der örtlichen Zuständigkeit nach § 86 für Leistungen (§ 2 Abs. 2) an Minderjährige bzw. ihre Eltern

s. https://www.nomos-shop.de/nomos/titel/jugendhilferecht-id-89400/,"Service zum Buch".

Anlage 9: Was hat das Jugendamt vor Erlass eines Verwaltungsaktes (VA) zu beachten?

I. **Formelle Rechtmäßigkeit**
1. Zuständigkeit
   a) Sachliche Zuständigkeit

   Örtlicher Träger (§ 85 Abs. 1) ist grundsätzlich zuständig; überörtlicher Träger nur dann, wenn einer der Fälle des § 85 Abs. 2 vorliegt.
   b) Örtliche Zuständigkeit

   Die örtliche Zuständigkeit des sachlich zuständigen örtlichen oder überörtlichen Trägers richtet sich
   aa) bei Leistungen nach dem gewöhnlichen Aufenthalt (g.A.) der Eltern (§ 86 Abs. 1 Satz 1). In atypischen Fällen des g.A. gilt § 86 Abs. 2–Abs. 5. Für Sonderfälle gelten §§ 86 Abs. 6 (Pflegeperson) und Abs. 7 sowie § 88a (Asylsuchende) ferner §§ 86a–d. Vgl. ###
   bb) bei anderen Aufgaben nach den §§ 87–87e.
2. Verfahren:

   Es gelten §§ 8–30 SGB X. Zu beachten sind insbesondere:
   a) Mitwirkung ausgeschlossener (§ 16 SGB X) oder befangener (§ 17 SGB X) Personen.
   b) Antragstellung (§ 18 SGB X iVm § 36 SGB I *beachte*-Handlungsfähigkeit Mj.)
   c) Anhörung bei belastendem VA (§ 24 SGB X)
   d) Sozialdatenschutz (§ 35 SGB I iVm § 61 und EU-DSGVO)
   e) Hilfeplanungsverfahren (§ 36)
   f) Hinweis auf Wunsch- und Wahlrecht.
   g) *Beachte:* das Wahlrecht bezieht sich nur auf die Wahl eines der verschiedenen freien Träger von Einrichtungen und Diensten.

   vgl. *ferner Schemata zu Datenschutz im Anhang 3a)*
3. Form
   a) allgemeine (§ 33 Abs. 2–4 SGB X)
   b) Begründung eines schriftlichen VA ist vorgeschrieben durch § 35 SGB X
4. Rechtsbehelfsbelehrung

   notwendig bei belastendem, schriftlichem VA (§ 36 SGB X).
5. Bekanntgabe

   jeder VA ist den Beteiligten (§ 12 SGB X) bekannt zu geben (§ 37 SGB X). Für einfache Bekanntgabe durch die Post gilt § 37 Abs. 2 SGB X, für förmliche Bekanntgabe durch Zustellung gilt das Landesverwaltungszustellungsgesetz.
   Beachte: Zu unterscheiden sind Regelungsadressat (auch Mj.) und Zustellungsadressat (Mj. nur bei Handlungsfähigkeit)
II. **Materielle Rechtmäßigkeit**
1. Rechtsgrundlage

   Für jeden VA ist Rechtsgrundlage notwendig. (Vorbehalt des Gesetzes; § 31 SGB I). Zu prüfen sind die einzelnen Tatbestandsvoraussetzungen der Norm.
2. Ermessen

   Falls die Rechtsgrundlage als Rechtsfolge Ermessen einräumt, sind Ermessensfehler zu vermeiden (§ 39 SGB I). Solche sind:

   E'Unterschreitung, E'Überschreitung, E'Fehlgebrauch.

Bei belastendem VA ist der Grundsatz der Verhältnismäßigkeit (Art. 20, 28 GG) zu beachten. Danach muss der Eingriff geeignet, erforderlich und angemessen sein.

Bei Richtlinien zur Ermessensausübung ist Selbstbindung der Verwaltung zu beachten (sonst ist Art. 3 GG verletzt).

3. Grundsatz der Bestimmtheit

Jeder VA muss inhaltlich (also im Tenor) bestimmt sein (§ 33 Abs. 1 SGB X).

4. Beachtung von Grundrechten.

Kein VA darf Grundrechte verletzen (Art. 1 Abs. 3 GG).

III. Folge eines Fehlers

Wurde eine der og Bestimmungen nicht beachtet, ist der VA schlicht rechtswidrig, unter den Voraussetzungen des § 40 SGB X nichtig. Ist der VA infolge von Verfahrens- und Formfehlern schlicht rechtswidrig, kann der Fehler nach § 41 SGB X geheilt werden oder nach § 42 SGB X unbeachtlich sein. Fehlt die nach § 36 SGB X vorgeschriebene RBB, gilt die besondere Fehlerfolge nach §§ 58, 70 VwGO (Jahresfrist für Widerspruch).

Der Adressat eines rechtswidrigen VA kann innerhalb 1 Monats Widerspruch einlegen (§ 62 SGB X iVm § 68 VwGO). Über den Widerspruch entscheidet das Jugendamt selbst (durch Abhilfebescheid nach § 72 VwGO bzw. durch Widerspruchsbescheid, § 73 Abs. 1 Satz 2 Nr. 3 VwGO).

Anlage 10: Prüfschema für Hilfe nach § 20 – Betreuung und Versorgung des Kindes in Notsituationen

s. https://www.nomos-shop.de/nomos/titel/jugendhilferecht-id-89400/,"Service zum Buch".

Anlage 11: Prüfschema zur Kostenbeteiligung in der Jugendhilfe

s. https://www.nomos-shop.de/nomos/titel/jugendhilferecht-id-89400/,"Service zum Buch".

Anlage 12: Formen und Arten der Kostenbeteiligung

s. https://www.nomos-shop.de/nomos/titel/jugendhilferecht-id-89400/,"Service zum Buch".

Anhang 3. Rechtsquellenübersicht („Normenklaviatur") (Stand: 1.7.2021)

Anlage 1	Normenübersicht über Gesetze im Zusammenhang mit der Jugendhilfe
Anlage 2	Übersicht über Jugendhilfegesetze bis zum KJHG
Anlage 3	Übersicht über das SGB VIII mit seinen Änderungen bis heute
Anlage 4	Rechtsquellensynopse: Jugendhilfe für Ausländer im nationalen und zwischenstaatlichen Recht
Anlage 5	EU-Recht
Anlage 6	Internationale Gesetze zum Schutz von Kindern
Anlage 7	Übersicht über Landesgesetze im Rahmen des SGB VIII und Landes-Kinderschutzgesetze

s. https://www.nomos-shop.de/nomos/titel/jugendhilferecht-id-89400/,"Service zum Buch".

Anhang 3 a. Rechtsquellen/Schaubilder/ Schemata/Muster speziell zum Datenschutz

mit folgenden Anlagen

Anlage 1:   Übersicht Chronologie der Datenschutzgesetzgebung

Anlage 2   Schaubild zu Nomenklatur und Normenklaviatur im Datenschutz

Anlage 3:   Übersicht Definitionen nach DSGVO

Anlage 4:   Schaubild zu den verschiedenen Datenklassen

Anlage 5:   Übersicht zu Zweckbindung

Anlage 6:   Prüfschema zu Datenerhebung

Anlage 7:   Prüfschema zu Datenspeicherung

Anlage 8:   Prüfschema zu Übermittlung an Ausländerbehörde

Anlage 9:   Prüfschema zu Übermittlung an Gericht

Anlage 10:   Schema zur Prüfstruktur eines Eingriffs in das Sozialgeheimnis

Anlage 11:   Gesamtprüfschema für Datenverarbeitung in der Jugendhilfe

Anlage 12:   Prüfschema bei Kindeswohlgefährdung

Anlage 13:   Prüfschema für strafrechtliche Offenbarungsbefugnis nach § 203 StGB

Anlage 14:   Datensicherung

Anlage 15:   Schaubild zu Auskunftsrecht und Akteneinsicht

Anlage 16:   Schaubild Löschung,Sperrung,Berichtigung

Anlage 17:   Muster einer Datenschutzerklärung

Anlage 18:   Muster einer Einwilligung

Anlage 19:   Übersicht über Voraussetzungen einer Einwilligung

Anlage 20:   Muster einer Schweigepflichtsentbindung

Anlage 21:   Übersicht zu Verantwortlichem nach Art. 24 DSGVO

Anlage 22:   Schema eines Verarbeitungsverzeichnisses nach Art. 30 DSGVO

Anlage 23:   Übersicht Sanktionen bei Verletzung der Datenschutzvorschriften

Anlage 24:   Übersicht Straf-und Bußgeldvorschriften

Anlage 25:   Prüfschema speziell zu Datenschutz im Hilfeplanverfahren

Anlage 26:   Prüfschema speziell zu Datenschutz in der Wirtschaftlichen Jugendhilfe

Anlage 1 Chronologie der Datenschutzgesetzgebung

s. https://www.nomos-shop.de/nomos/titel/jugendhilferecht-id-89400/,"Service zum Buch".

Anlage 2 Nomenklatur in den Datenschutzgesetzen

s. https://www.nomos-shop.de/nomos/titel/jugendhilferecht-id-89400/,"Service zum Buch".

Anlage 3: Übersicht Definitionen nach DSGVO

s. https://www.nomos-shop.de/nomos/titel/jugendhilferecht-id-89400/,"Service zum Buch".

Anlage 4 : Die verschiedenen Datenklassen

s. https://www.nomos-shop.de/nomos/titel/jugendhilferecht-id-89400/,"Service zum Buch".

Anlage 5: Zweckbindung

s. https://www.nomos-shop.de/nomos/titel/jugendhilferecht-id-89400/,"Service zum Buch".

Anlage 6: Prüfschema zur Datenerhebung im Jugendamt nach § 62

s. https://www.nomos-shop.de/nomos/titel/jugendhilferecht-id-89400/,"Service zum Buch".

Anlage 7: Prüfschema zur Datenspeicherung im Jugendamt nach § 63

s. https://www.nomos-shop.de/nomos/titel/jugendhilferecht-id-89400/,"Service zum Buch".

Anlage 8: Prüfschema für Mitteilungen des Jugendamts an die Ausländerbehörde

s. https://www.nomos-shop.de/nomos/titel/jugendhilferecht-id-89400/,"Service zum Buch".

Anlage 9: Übersicht über die Übermittlungsbefugnisse an ein Gericht

s. https://www.nomos-shop.de/nomos/titel/jugendhilferecht-id-89400/,"Service zum Buch".

Anlage 10 Prüfstruktur eines Eingriffs in das Sozialgeheimnis:

§Art. 6 DSGVO i.V.m. § 61 SGB VIII

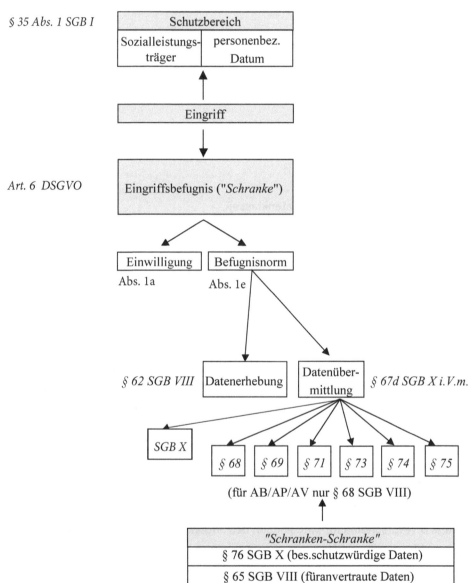

Anlage 11: Gesamt Prüfschema für eine Verarbeitung von Daten in der Jugendhilfe.

s. https://www.nomos-shop.de/nomos/titel/jugendhilferecht-id-89400/,"Service zum Buch".

Anlage 12: Prüfschema zum Datenschutz bei Kindeswohlgefährdung

s. https://www.nomos-shop.de/nomos/titel/jugendhilferecht-id-89400/,"Service zum Buch".

Anlage 13: Prüfschema für strafrechtliche Offenbarungsbefugnisse nach § 203 Abs. 1 (iVm § 65 Abs. 1 Nr. 5 und § 76 SGB X) und Abs. 2 StGB in der Jugendhilfe

s. https://www.nomos-shop.de/nomos/titel/jugendhilferecht-id-89400/,"Service zum Buch".

Anlage 14 Datensicherung

s. https://www.nomos-shop.de/nomos/titel/jugendhilferecht-id-89400/,"Service zum Buch".

Anlage 15: Auskunftsrecht und Akteneinsichtsrecht

s. https://www.nomos-shop.de/nomos/titel/jugendhilferecht-id-89400/,"Service zum Buch".

Anlage 16: Berichtigung, Löschung und Einschränkung der Verarbeitung (Sperrung) gem. Art. 16—20 DSGVO i.V.m. § 84 SGB X

s. https://www.nomos-shop.de/nomos/titel/jugendhilferecht-id-89400/,"Service zum Buch".

Anlage 17: Muster einer Datenschutzerklärung im Jugendamt

s. https://www.nomos-shop.de/nomos/titel/jugendhilferecht-id-89400/,"Service zum Buch".

Anlage 18: Muster einer Einwilligungserklärung im Jugendamt

s. https://www.nomos-shop.de/nomos/titel/jugendhilferecht-id-89400/,"Service zum Buch".

Anlage 19: Übersicht über Voraussetzungen der Einwilligung

s. https://www.nomos-shop.de/nomos/titel/jugendhilferecht-id-89400/,"Service zum Buch".

Anlage 20: Muster einer Schweigepflichtsentbindung im Jugendamt

s. https://www.nomos-shop.de/nomos/titel/jugendhilferecht-id-89400/,"Service zum Buch".

Anlage 21: Übersicht zu Verantwortlichem

s. https://www.nomos-shop.de/nomos/titel/jugendhilferecht-id-89400/,"Service zum Buch".

Anlage 22 Schema eines Verarbeitungsverzeichnisses[4]

s. https://www.nomos-shop.de/nomos/titel/jugendhilferecht-id-89400/,"Service zum Buch".

Anlage 23: Sanktionen bei Verletzung von Sozialdatenschutzbestimmungen

s. https://www.nomos-shop.de/nomos/titel/jugendhilferecht-id-89400/,"Service zum Buch".

Anlage 24: Übersicht über Straf- und Bußgeldvorschriften bei Verletzung des Sozialgeheimnisses

s. https://www.nomos-shop.de/nomos/titel/jugendhilferecht-id-89400/,"Service zum Buch".

Anlage 25: Datenschutz speziell im Hilfeplanungsverfahren

s. https://www.nomos-shop.de/nomos/titel/jugendhilferecht-id-89400/,"Service zum Buch".

Anlage 26: Datenschutz speziell in der Wirtschaftlichen Jugendhilfe

s. https://www.nomos-shop.de/nomos/titel/jugendhilferecht-id-89400/,"Service zum Buch".

---

4 In Anlehnung an DSK angepasst für Jugendhilfe.

Anhang 4. Verwaltungsvorschriften/ Muster-Satzungen/Empfehlungen

mit folgenden Anlagen

Anlage 1:   Arbeitsweise der Erziehungsberatung
Anlage 2:   Einsatz von Erziehungs- und Familienhelfern
Anlage 3:   Muster eines Pflegekindervertrages
Anlage 4:   Vereinbarung über Mitwirkung des JA in familiengerichtlichen Verfahren
Anlage 5:   Grundsätze für die Anerkennung freier Träger
Anlage 6:   Örtliche Richtlinien für die Anerkennung freier Träger
Anlage 7:   Mustersatzung eines JA mit Erläuterungen
Anlage 8:   Muster einer GeschäftsO eines Jugendhilfeausschusses
Anlage 9:   Merkblatt für Übernahme des Elternbeitrags in Kindergärten
Anlage 10:   Informationsblatt für Jugendämter über Leistungen nach dem OEG i.V.m. SGB XIV
Anlage 11:   Vertragsmuster einer Entgeltvereinbarung
Anlage 12:   Vertragsmuster eines Zuwendungsvertrages
Anlage 13:   Vertragsmuster für Sicherstellung des Schutzauftrags
Anlage14:   Merkblatt zur Gebührenfreiheit des Führungszeugnisses
Anlage 15:   Tarifvertrag für den öffentlichen Dienst (TVöD) – Sozialdienst

s. https://www.nomos-shop.de/nomos/titel/jugendhilferecht-id-89400/,"Service zum Buch".

Anhang 5. Systematische Rechtsprechungsübersicht

s. https://www.nomos-shop.de/nomos/titel/jugendhilferecht-id-89400/,"Service zum Buch".

Anhang 6. Systematisches Literaturverzeichnis

Das komplette systematisierte Verzeichnis findet sich unter https://www.nomos-shop.de/nomos/titel/jugendhilferecht-id-89400/,"Service zum Buch".

Kommentare

zum SGB VIII (mit Zitierweise)

Hauck/Noftz/Stähr (Hrsg.): Sozialgesetzbuch SGB VIII. Kinder- und Jugendhilfe. Berlin, Stand: Jan.2018 (zit.: Bearbeiter in H/N/S Rn. …).

Jans/Happe/Saurbier/Maas (Hrsg.): Kinder- und Jugendhilferecht. 3. Aufl. Stuttgart. 56. Lieferung, Stand: Juli 2017 (zit.: Bearbeiter in J/H/S/M Rn. …).

Jung (Hrsg.): SGB VIII – Kinder- und Jugendhilfe. 2. Aufl. Freiburg 2008 (zit.: Bearbeiter in Jung Rn. …).

Kunkel/Kepert/Pattar (Hrsg.): LPK-SGB VIII. 7. Aufl. 2018.(zit.: Bearbeiter in LPK-SGB VIII Rn.…)

Krug/Riehle (Hrsg.): Kinder- und Jugendhilfe, Sozialgesetzbuch (SGB) – Achtes Buch (VIII). Köln, 183. Lieferung Stand: Jan.2018(zit.: Bearbeiter in Krug/Riehle Rn. …).

Luthe/Nellissen (Hrsg.): juris PraxisKommentar SGB VIII. Kinder-und Jugendhilfe. Saarbrücken 2014 (zit.: Bearbeiter in jurisPK-SGB VIII Rn. …).

Möller (Hrsg.): Praxiskommentar SGB VIII., Köln 2017 (zit.:Bearbeiter in Möller PraxisK Rn. …)

Möller/Nix (Hrsg.): Kurzkommentar zum SGB VIII. München 2006 (zit. Bearbeiter in Möller/Nix)

Mrozynski: Kinder- und Jugendhilfegesetz (SGB VIII). Textausgabe mit Erläuterungen. 5. Aufl. München 2009 (zit.: Mrozynski Rn. …).

Mrozynski in BeckOK BGB: Kommentar zum Bürgerlichen Gesetzbuch – Band 3. 2. Aufl. München 2008 (§§ 27 bis 35 a SGB VIII; zit.: Mrozynski in BeckOK BGB Rn. …).

Münder/Meysen/Trenczek (Hrsg.): Frankfurter Kommentar SGB VIII: Kinder- und Jugendhilfe. 7. Aufl. Baden-Baden 2013 (zit.: Bearbeiter in FK-SGB VIII Rn. …).

Rolfs/Giesen/Kreikebohm/Udsching (Hrsg.): Beck´scher Online-Kommentar Sozialrecht (zit.: Bearbeiter in BeckOK-SGB VIII Rn. …).

Schellhorn/Fischer/Mann/Kern: SGB VIII/KJHG. 4. Aufl. Neuwied 2012 (zit.: Bearbeiter in S/F/M/K Rn. …).

Tillmanns in Münchener Kommentar, BGB. Band 8: Familienrecht II. 7. Aufl. München 2017 (zit.: Tillmanns in MüKoBGB Rn. …).

Wabnitz/Fieseler/Schleicher (Hrsg.): Kinder- und Jugendhilferecht. Gemeinschaftskommentar zum SGB VIII. Neuwied, 70. Aktualisierungslieferung, Stand: Jan. 2018 (zit.: Bearbeiter in GK Rn. …).

Wiesner (Hrsg.): SGB VIII. Kinder- und Jugendhilfe. 5. Aufl. München 2015 (zit.: Bearbeiter in Wiesner Rn. …) mit online Nachtrag zur 4. Aufl. (zit.: Bearbeiter in Wiesner online Rn. N …).

Anhang 7. Hinweise auf Arbeitsmaterialien, Arbeitshilfen und Adressen

Hier werden nur die Adressen der Landesjugendämter aufgeführt; die übrigen Hinweise finden sich unter https://www.nomos-shop.de/nomos/titel/jugendhilferecht-id-8940 0/,"Service zum Buch".

Adressen der Landesjugendämter

1	Baden-Württemberg	Kommunalverband für Jugend und Soziales Baden-Württemberg Postfach 106022, 70049 Stuttgart Lindenspürstr. 39 70176 Stuttgart	Tel.: 0711/6375-0 Fax: 0711/6375-449 http://www.kvjs.de
2	Bayern	Zentrum Bayern Familie und Soziales Bayerisches Landesjugendamt Postfach 400260, 80702 München Marsstraße 46 80335 München	Tel.: 089/1261-04 Fax: 089/1261-2412 www.blja.bayern.de
3	Berlin	Senatsverwaltung für Bildung, Wissenschaft und Forschung Abteilung III A 54 Jugend und Familie, Landesjugendamt Bernhard-Weiß-Str. 6 10178 Berlin	Tel.: 030/90227-5050 Fax: 030/90227-5315 www.berlin.de/sen/jugend/index.html
4	Brandenburg	Landesjugendamt des Landes Brandenburg Hans-Wittwer-Str. 6 16321 Bernau	Tel.: 03338/701-801 Fax: 03338/701-802 www.lja.brandenburg.de
5	Bremen	Die Senatorin für Arbeit, Frauen, Gesundheit, Jugend und Soziales - Landesjugendamt - Contrescarpe 72 28195 Bremen	Tel.: 0421/361-0 Fax: 0421/361-2155 www.jugendinfo.de/landesjugendamt
6	Hamburg	Behörde für Soziales, Familie, Gesundheit und Verbraucherschutz Amt für Familie – FS 4 Postfach 760608, 22056 Hamburg Adolph-Schönfelder-Str. 5 22083 Hamburg	Tel.: 040/42863-0 Fax: 040/42863-3446 http://fhh.hamburg.de
7	Hessen	Hessisches Sozialministerium Abt. II – Familie – Dostojewskistr. 4 65187 Wiesbaden	Tel.: 0611/817-0 Fax: 0611/817-3260 www.sozialministerium.hessen.de/ministerium/abt_ii/
8	Mecklenburg-Vorpommern	Kommunaler Sozialverband Mecklenburg-Vorpommern Landesjugendamt Am Grünen Tal 19 19063 Schwerin	Tel.: 0385/396899-11 Fax: 0385/396899-19 www.lagus.mv-regierung.de
9	Niedersachsen	Niedersächsisches Landesamt für Soziales, Jugend und Familie Außenstelle Hannover Fachgruppe Kinder, Jugend und Familie Postfach 203, 30002 Hannover Am Waterlooplatz 11 30169 Hannover	Tel.: 0511/106-0 Fax: 0511/106-7522 www.soziales.niedersachsen.de

10	Nordrhein-Westfalen - Rheinland -	Landschaftsverband Rheinland LVR-Landesjugendamt Kennedy-Ufer 2 50679 Köln	Tel.: 0221/8273-2991 Fax: 0221/8273-3018 www.lvr.de
11	Nordrhein-Westfalen - Westfalen-Lippe-	Landschaftsverband Westfalen-Lippe – LWL – Landesjugendamt Westfalen – Warendorfer Str. 25 48145 Münster	Tel.: 0251/591-01 Fax: 0251/591-275 www.lwl-landesjugendamt.de
12	Rheinland-Pfalz	Landesamt für Soziales, Jugend und Versorgung Rheinland-Pfalz - Landesjugendamt - Postfach 2964, 55019 Mainz Rheinallee 97-101 55118 Mainz	Tel.: 06131/967-0 Fax: 06131/967-365 www.lsjv.rlp.de
13	Saarland	Ministerium für Soziales, Gesundheit, Frauen, Familie - Landesjugendamt - Franz-Josef-Röder-Str. 23 66119 Saarbrücken	Tel.: 0681/501-2081 Fax: 0681/501-3416 www.landesjugendamt.saarland.de
14	Sachsen	Sächsisches Staatsministerium für Soziales und Verbraucherschutz - Landesjugendamt – Carolastr. 7 a 09111 Chemnitz	Tel.: 0371/24081-100 Fax: 0371/24081-198 www.slfs.sachsen.de/
15	Sachsen-Anhalt	Landesverwaltungsamt Referat Jugend - Landesjugendamt - Postfach 1709/1710, 06106 Halle Ernst-Kamieth-Str. 2 06122 Halle	Tel.: 0345/514-0 Fax: 0345/514-1625 http://www.sachsen-anhalt.de
16	Schleswig-Holstein	Ministerium für Arbeit, Soziales und Gesundheit des Landes Schleswig-Holstein - Landesjugendamt – (VIII 30) Postfach 7061, 24170 Kiel Adolf-Westphal-Str. 4 24143 Kiel	Tel.: 0431/988-0 Fax: 0431/988-2618 www.schleswig-holstein.de
17	Thüringen	Thüringer Ministerium für Soziales, Familie und Gesundheit Referat 34 – Landesjugendamt Werner-Seelenbinder-Str. 6 99096 Erfurt	Tel.: 0361/3798-360 Fax: 0361/3798-830 www.thueringen.de/de/tmsfg/familie/landesjugendamt
	Geschäftsführung der BAGLJÄ: (Rheinland-Pfalz)	**Federführende Stelle der Bundesarbeitsgemeinschaft der Landesjugendämter Landesjugendamt Rheinland-Pfalz im Landesamt für Soziales, Jugend und Versorgung Rheinland-Pfalz** Rheinallee 97-101 55118 Mainz	Tel.: 06131/967-162 bagljae@lsjv.rlp.de

Bei den einzelnen Landesjugendämtern sind vielfältige Empfehlungen und Arbeitshilfen zu allen wichtigen Fragen der Jugendhilfe erh

Anhang 8. Glossar („Nomenklatur") und Stichwortverzeichnis

Abmangel:

Anhang unter 2.: Anlage 1

Differenz zwischen Betriebskosten eines Kindergartens abzüglich öffentlicher Mittel und Elternbeiträgen.

Adoption:

216, 235   Annahme als Kind mit der Folge, dass das Kind die rechtliche Stellung eines ehelichen Kindes der Adoptiveltern erlangt. Die Adoption wird durch gerichtlichen Ausspruch (Beschluss des Familienrichters) begründet (Dekretsystem). Eine A. ist zulässig, wenn sie dem Wohl des Kindes dient und zu erwarten ist, dass zwischen dem Annehmenden und dem Kind ein Eltern-Kind-Verhältnis entsteht. Ledige können ein Kind allein annehmen; auch kann ein Ehegatte ein Kind des anderen allein annehmen. Dagegen kann nur ein Ehepaar ein Kind als gemeinschaftliches annehmen. Der Annehmende muss unbeschränkt geschäftsfähig und mindestens 25 Jahre alt sein.

Adoptionshilfe:

216, 235   Beratung und Unterstützung der Adoptionsbewerber, des Kindes und seiner Eltern durch die Adoptionsvermittlungsstelle (s. dort).

Adoptionspflege:

191   s. *Pflegekinder.*

Adoptionsvermittlung:

216   Zusammenführen von Kindern unter 18 Jahren und Personen, die ein Kind annehmen wollen (Adoptionsbewerber), mit dem Ziel der Annahme als Kind.A. ist auch der Nachweis der Gelegenheit, ein Kind anzunehmen oder annehmen zu lassen. Die A. ist Aufgabe der Träger der öffentlichen Jugendhilfe sowie der anerkannten Vermittlungsstellen der Träger der freien Jugendhilfe. Bei den Landesjugendämtern sind zur Unterstützung dieser Stellen zentrale Adoptionsstellen eingerichtet (s. *dort*).

ADS/ ADHS:

207   Aufmerksamkeits-Defizit-Syndrom, das durch neurobiologische Erkrankung des Gehirnstoffwechsels bedingt ist.

Äquivalenzprinzip:

375   Gebührenrechtlicher Grundsatz, wonach Leistung und dafür erhobene Gebühr gleichwertig sein müssen.

Agogik:

Pädagogik und Andragogik, also Erziehung und Bildung von Kindern, Erwachsenen und alten Menschen.

Akteneinsicht:

349, 369   Pflicht zur Gewährung nach § 25 SGB X im Rahmen eines Verwaltungsverfahrens, außerhalb dieses nach Ermessen.

Alleinerziehende(r):

18, 133, 258, 262, 266	Elternteil, der tatsächlich allein für das Kind sorgt (unabhängig vom Personensorgerecht; s. *dort*).

Allgemeiner Sozialer Dienst/ASD: (früher „*Familienfürsorge*")/ *Kommunaler Sozialdienst*

340-343 Organisationsform des Außendienstes in der Jugend-, Sozial- und Gesundheitshilfe in der Weise, dass sachliche Zusammenhänge der Arbeitsprozesse in einer Hand zusammengefasst werden und entweder dem Jugend-, dem Sozial- oder Gesundheitsamt oder einem eigenständigen Amt zugeordnet sind. Ziel des *A*. ist es, Notlagen in Familien zu beseitigen und zu verhindern. Aufgaben des A. sind: Information, Beratung, Behandlung und Begutachtung. Ergänzt wird der A. durch besondere Sozialdienste (s. *dort*; s. ferner *Dienste*).

Ambulante Jugendhilfen:

184 s. *offene Jugendhilfe*.

Amtsbeistandschaft/Amtspflegschaft/Amtsvormundschaft:

246-257, 370 Beistandschaft, Pflegschaft und Vormundschaft, die vom Jugendamt geführt wird (s. Legalbeistandschaft/-pflegschaft/-vormundschaft).

Amtshilfe:

230, 347 Hilfe, die die Behörden des Bundes, der Länder, der Selbstverwaltungskörperschaften sich gegenseitig zur Erfüllung ihrer Aufgaben zu leisten verpflichtet sind (allgemeine Verpflichtung aus Art. 35 GG – spezielle Verpflichtung für die Jugendhilfe als Sozialleistungsträger in § 3 SGB X). Grenze der A. ist das Sozialgeheimnis nach § 35 SGB I (s. *dort*).

326 Anerkennung (als Träger der freien Jugendhilfe)

Anordnungskompetenz:

90 Kompetenz des Jugend- oder Familiengerichts gegenüber dem JA, eine Hilfe anzuordnen. Eine solche A. besteht nicht (*s. Steuerungsverantwortung*).

Anwalt des Kindes:

42, 94, 267 Verfahrensbeistand für das Kind in Verfahren des Familiengerichts. Auch: parlamentarischer oder kommunaler Beauftragter zur Wahrnehmung von Kinderinteressen.

Arbeitsgemeinschaft

334 Institutionalisierte Form der Zusammenarbeit zwischen öffentlichen und freien Trägern

Außerschulische Jugendbildung:

167 s. *Jugendarbeit*.

Ausländer:

96-125 Nicht-Deutscher iSd Art. 116 GG. Neuerdings: "Personen mit Migrationshintergrund"

230 *Aussagegenehmigung*

Behinderung:

79, 153, 207

Ein Mensch ist behindert, wenn er in körperlicher, geistiger oder seelischer Hinsicht mit hoher Wahrscheinlichkeit mindestens sechs Monate vom alterstypischen Zustand abweicht (erste Voraussetzung) und er dadurch beeinträchtigt ist (zweite Voraussetzung), am Leben in der Gesellschaft teilzuhaben (zweigliedriger Behinderungsbegriff nach § 2 SGB IX). Er ist von einer Behinderung bedroht, wenn die Beeinträchtigung (mit hoher Wahrscheinlichkeit) zu erwarten ist. Er ist wesentlich behindert, wenn die Teilhabe am Leben in der Gesellschaft durch Art oder Schwere der Behinderung in hohem Maße eingeschränkt ist... Es lassen sich folgende Behinderungsformen unterscheiden: Körperliche *B.*, die auch die Sinnesbehinderungen wie Seh-, Hör-, Sprach- und Stimmbehinderung umfasst, ferner geistige *B.*, Lernbehinderung und psychische *B.*

a) Körperlich behindert ist eine Person, bei der infolge einer körperlichen Regelwidrigkeit die Fähigkeit zur Eingliederung in die Gesellschaft beeinträchtigt ist.

b) Geistig behindert ist eine Person, bei der die Eingliederung in die Gesellschaft infolge einer Schwäche geistiger Kräfte beeinträchtigt ist.

c) Lernbehindert sind Kinder und Jugendliche, die infolge einer Intelligenzschwäche wesentlich und dauernd in ihrer Lernfähigkeit so beeinträchtigt sind, dass sie im allgemeinen Bildungsgang der Grund- und Hauptschule nicht ausreichend gefördert werden. Bei einem IQ zwischen 55/60 und 80/85 ist davon auszugehen, dass keine wesentliche geistige Behinderung vorliegt.

d) Psychisch (seelisch) behindert ist eine Person, die infolge psychischer Störungen nicht oder unzureichend am Gemeinschaftsleben teilnehmen kann. Solche psychischen Störungen sind ua: körperlich nicht begründbare Psychosen, Folgen von Krankheiten oder Verletzungen des Gehirns, Anfallsleiden oder andere Krankheiten oder körperliche Beeinträchtigungen, Neurosen und Persönlichkeitsstörungen, psychosomatische Erkrankungen, Suchtkrankheiten, Verhaltensbehinderungen.

Beistandschaft:

33, 133, 266

Gesetzliche Vertretung des Kindes durch das Jugendamt (auch Verein nach Landesrecht) neben dem alleinsorgenden Elternteil in den Aufgabenkreisen Vaterschaftsfeststellung und Unterhaltssicherung auf Antrag des idR alleinsorgeberechtigten Elternteils (s. *elterliche Sorge*). Unterscheide hiervon den Erziehungsbeistand (s. *dort*).

Beliehener Unternehmer:

50, 248

Privater, der aufgrund gesetzlicher Befugnis (schlicht oder echt) hoheitlich, also durch VA (s. *dort*) tätig werden kann.

Beobachtungsheim:

(Heim, s. *dort*)

Heim, in das Minderjährige zwecks Sichtung und Feststellung der endgültig erforderlichen Pflege- und Erziehungsmaßnahmen vorübergehend aufgenommen werden. Diese Heimart wird heute aus fachlichen Gründen und wegen negativer praktischer Erfahrungen abgelehnt.

Beratung (als Leistung der Jugendhilfe)

62, 63, 94,   Verbale Hilfe zur Lösung kindbezogener Probleme.
129, 131,
184,

Beratungshilfegesetz

64   Ermöglicht kostenlose Rechtsberatung in den dort genannten Feldern.

Bereitschaftspflege:

191, 218   Pflegestelle in einer Familie als Variante zur Jugendschutzstelle (s. *dort*).

Berufliche Bildung:

23   Erziehung und Bildung des jungen Menschen in Berufsschule (s. *dort*) und Einrichtungen der betrieblichen und überbetrieblichen Ausbildung.

Berufsbezogene Jugendbildung:

167   Bereich der Jugendarbeit (s. *dort*).

Berufsbildende Schule:

Schulart (siehe Schule), die in folgende Schulformen gegliedert ist: Berufsschule, Berufsfachschule, Berufsaufbauschule, Fachoberschule, berufliches Gymnasium, Fachschule.

Berufsförderungswerk:

Einrichtung der beruflichen Rehabilitation für überbetriebliche Berufsbildung (Umschulung und Erstausbildung) behinderter Erwachsener.

Berufsgrundschuljahr:

Vermittlung einer Berufsgrundbildung innerhalb eines bestimmten Berufsfeldes mit Hauptschulabschluss oder gleichwertigem Bildungsnachweis oder Jugendliche ohne Hauptschulabschluss, wenn ihr bisheriger Bildungsgang den erforderlichen Abschluss des Berufsgrundbildungsjahres erwarten lässt.

Berufsvorbereitende Maßnahmen:

1. Grundausbildungslehrgänge. Sie dienen der Vorbereitung von Auszubildenden oder Arbeitnehmern auf berufspraktische Anforderungen (Dauer: 1 Jahr).

2. Förderungslehrgänge. Sie sollen noch nicht berufsreife Schulentlassene mit vorübergehenden Entwicklungsschwierigkeiten oder mit dauernden Behinderungen (besonders Lernbehinderte) ausbildungsfähig machen (Dauer: 1 Jahr), auch Internat.

3. Lehrgänge zur Verbesserung der Eingliederungsmöglichkeiten. Sie sollen behinderten, nicht ausbildungsfähigen Jugendlichen die Eingliederungsmöglichkeit auf dem allgemeinen Arbeitsmarkt verbessern oder ihre Aufnahme in eine Werkstatt für Behinderte vorbereiten (Dauer: 1 Jahr).

Beschützter Umgang:

136   s. *Umgangsrecht*

Besondere Sozialdienste:

341-343   Organisationsform des Außendienstes in der Jugend-, Sozial- und Gesundheitshilfe neben dem Allgemeinen Sozialen Dienst (s. *dort*) zur vertieften Beratung und Behandlung des Hilfebedürftigen. *B. S.* kommen insbesondere in Betracht für Jugendgerichtshilfe, Pflegekinderwesen, Adoptionsvermittlung, Jugendschutz, Hilfe zur Erziehung (s. *jeweils dort*).

94, 349   Beteiligung

Betriebserlaubnis:

225   Erlaubnis nach §§ 45, 48 a zum Betrieb einer Einrichtung (s. *dort*) oder einer sonstigen betreuten Wohnform (s. *dort*).

Betreuer:

215, 241   Helfer bei der Erziehung. Auch Personen, die im Rahmen einer Betreuung (s. *dort*) tätig sind.

Betreute Wohnform:

196   Einzelwohnen oder Wohngemeinschaft außerhalb einer Einrichtung *(s. dort)* mit Fremdbetreuung.

Betreuung:

248   Rechtsinstitut zur Besorgung von Angelegenheiten Volljähriger (§ 1896 BGB, die daran durch psychische Krankheit oder eine Behinderung gehindert sind). Betreuer wird vom Betreuungsgericht nach dem FamFG bestellt.

Betreuungsgericht:

s. *Verfahrenspfleger*

Betreuungshelfer:

188   s. *Erziehungsbeistandschaft.*

264   *Betreuungsunterhalt*

Beurteilungsspielraum

45, 183, 239, 312   Gerichtlich nur beschränkt nachprüfbare Entscheidung der Verwaltung bei der Subsumtion des Sachverhalts unter einen unbestimmten Rechtsbegriff in bestimmten Fallgruppen.

Bewährungshelfer:

241   Helfer und Betreuer für einen Jugendlichen, der zu einer Jugendstrafe verurteilt worden ist, die zur Bewährung ausgesetzt wurde. Für die Dauer der Bewährungszeit unterstellt der Richter den Jugendlichen der Aufsicht und Leitung eines hauptamtlichen *B.* Er kann ihn auch einem ehrenamtlichen *B.* unterstellen, wenn dies aus Gründen der Erziehung zweckmäßig erscheint. Der Bewährungshelfer überwacht im Einvernehmen mit dem Richter die Erfüllung der Auflagen, Zusagen und Anerbieten. Er soll die Erziehung des Jugendlichen fördern und möglichst mit dem Erziehungsberechtigten und dem gesetzlichen Vertreter vertrauensvoll zusammenwirken. Er kann von diesen, aber auch von der Schule Auskunft über die Lebensführung des Jugendlichen verlangen (s. auch *Jugendgerichtshilfe*).

Budgetierung:

311, 328, 344 Erstellen eines Haushaltsplans unter Vorgabe eines Kostenrahmens für einen bestimmten Bereich (zB Kindergärten) mit der Möglichkeit der Übertragbarkeit auf das folgende Jahr und der Austauschbarkeit der einzelnen Haushaltspositionen.

84 *Bürgerschaftliches Engagement*

Bundesjugendkuratorium:

Gremium zur Beratung der Bundesregierung in grundsätzlichen Fragen der Jugendhilfe, besetzt mit Vertretern gesellschaftlicher Verbände und Experten. Rechtsgrundlage ist § 83.

Bundesjugendplan:

Von der Bundesregierung beschlossenes, mit einem bestimmten jährlichen Finanzvolumen ausgestattetes, vom Bundesministerium für Jugend verwaltetes und im Einvernehmen mit Bundestag und Bundesrat, den obersten Jugendbehörden der Länder sowie den Jugendverbänden durchgeführtes System zur Anregung und Förderung von bundeszentralen Jugendhilfemaßnahmen, die über die Verpflichtung der Jugendämter, Landesjugendämter und obersten Landesjugendbehörden hinaus für die Verwirklichung der Aufgaben der Jugendhilfe von Bedeutung sind.

Bundesjugendring:

Zusammenschluss von Jugendverbänden (s. *dort*), von Anschlussverbänden und von Landesjugendringen auf Bundesebene.

Bundesprüfstelle:

175, 307, 317 Bundesoberbehörde mit Sitz in Bonn/Bad-Godesberg. Sie wird auf Antrag tätig und hat die Aufgabe nach dem JuSchG, Medien (dazu gehören auch Computerspiele, CDs und Videos) auf ihre jugendgefährdende Wirkung hin zu prüfen. Antragsberechtigt sind die Jugendbehörden. Bei einer Indizierung (Aufnahme in eine Liste) darf für das Medium nicht mehr öffentlich beworben werden und es darf Kindern und Jugendlichen nicht zugänglich gemacht werden.

cessio legis:

Gesetzlicher Anspruchsübergang (in der Jugendhilfe nach dem KICK nicht mehr möglich).

Controlling:

205, 344 Sammlung von Informationen über Effektivität und Effizienz betrieblichen/behördlichen Handelns und deren Weitergabe an die betriebliche/behördliche Führung zum Zweck einer Kosten-Leistungsrechnung. Zusammen mit Budgetierung (s. *dort)* ein Instrument des „Neuen Steuerungsmodells" (s. *dort).*

Corona

Datenschutz:

119, 354 s. *Sozialdatenschutz.*

Delegation:

281 s. *Dezentralisation.*

Delinquenz:

11, 243   *Devianz* (s. *dort*), die mit formal festgelegten Sanktionen bedroht ist.

Depravation:

Hinabsinken auf ein früheres (primitiveres) Persönlichkeitsniveau.

Deprivation:
(frühkindliche)

Zustand des Mangels oder der Entbehrung, der eintritt, wenn einem Organismus die Möglichkeit zur Befriedigung bestimmter Bedürfnisse vorenthalten wird. Als frühkindliche Deprivation bezeichnet man den Zustand der Entbehrung positiver Erlebnisse während der ersten Lebensjahre, vor allem durch mangelnde Zuwendungen infolge Wechsels der Hauptbezugsperson, aber auch infolge von Betreuungs- und Erziehungsfehlern. Symptome sind: Weinerlichkeit, Wimmern, Gewichtsverlust, Entwicklungsstillstand, Schlafstörungen, Kontaktschwierigkeiten, erhöhte Anfälligkeit für Krankheiten, Verlangsamung der Motorik, stereotype Bewegungsmuster, zunehmende Apathie.

Devianz:

Verhaltensweisen, die mit geltenden Normen und Werten nicht übereinstimmen (s. auch Delinquenz).

Dezentralisation:

281   Übertragung von Verwaltungsaufgaben auf selbstständige Verwaltungseinheiten zu eigenverantwortlicher Wahrnehmung (Delegation).

Dienste:

339-343   Organisatorische Zusammenfassung bestimmter Funktionen der Sozialarbeit zu einer Organisationseinheit zum Zweck der bestmöglichen Erfüllung des Auftrags. Es werden unterschieden der Allgemeine Soziale Dienst (s. *dort*) und besondere Sozialdienste (s. *dort*).

Dissoziales Verhalten:

Verhalten, das Ausdruck einer Störung der Beziehungen zur sozialen Umwelt ist (zB Diebstahl, Gewalt).

Diversion:

242   Ersatz für eine vom Gesetz vorgesehene Bestrafung eines Jugendlichen durch erzieherisch bedeutsame Maßnahmen nach dem JGG, wie Täter-Opfer-Ausgleich, sozialer Trainingskurs ua.

Drogen:

177   Man unterscheidet sogenannte legale Drogen, wie Alkohol und Arzneimittel von den sogenannten illegalen Drogen wie Cannabis-Drogen (Haschisch, Mariuhana), Halluzinogenen (LSD, Meskalin) und Opiaten (Heroin, Rohopium, Morphinbase). „Harte Drogen" sind Heroin, Kokain, Amphetamine, Ecstasy, LSD.

Duales System:
(im Bereich der Ausbildung)

s. *berufliche Bildung*.

Duales System:

(im Bereich der Jugendhilfe)

275   Freie und öffentliche Träger können Leistungen der Jugendhilfe erbringen (§ 3 Abs. 2).

Durchgangsheim:

218   Heim (s. *dort*), das der ersten Unterbringung aufgegriffener gefährdeter Minderjähriger dient (s. auch Jugendhilfsstelle).

Dyskalkulie:

78   Rechenschwäche

Ehrenamtliche:

84, 164   Mitarbeiter, die ohne juristische oder sittliche Verpflichtung anderen Menschen ohne Entgelt helfen.

Eigenleistung:

318, 329   Die Förderpflicht des öffentlichen Trägers hängt davon ab, dass der freie Träger sich selbst an der Leistung beteiligt.

Eingliederungshilfe (für Behinderte):

24, 207   Körperlich, geistig oder seelisch wesentlich Behinderte (s. *dort*) erhalten nach §§ 53 ff. SGB XII Hilfen zur medizinischen und beruflichen Rehabilitation sowie zur Teilnahme am Gemeinschaftsleben. Für die Eingliederung seelisch behinderter junger Menschen ist die Jugendhilfe zuständig. Rechtsgrundlage ist § 35 a.

Eingliederungshilfe (für erwerbsfähige Hilfebedürftige):

66-68   Leistung der Grundsicherung für Arbeitsuchende nach §§ 14–18 SGB II zur Eingliederung in Arbeit.

Einheit der Jugendhilfe:

5   Ursprünglich als Begriff für den Zusammenhang von Jugendpflege und Jugendfürsorge verwendet, meint er heute, dass Jugendhilfe ein einheitliches, wenn auch differenziertes System von Leistungen und anderen Aufgaben im Sinne von § 2 darstellt.

Einrichtung (im Sinne der Jugendhilfe):

225, 339   Selbstständige oder unselbständige, räumlich abgegrenzte, auf Dauer angelegte Hilfeform, die einem bestimmten Aufgabenbereich gewidmet und mit personellen, sächlichen und organisatorischen Mitteln ausgestattet ist. Man unterscheidet offene Einrichtungen, Tageseinrichtungen und Heime (*s. jeweils dort*).

Einrichtungen der Jugendarbeit:

339   Im Wesentlichen offene Einrichtungen (s. *dort*) der Bildungs- und Freizeitarbeit für junge Menschen wie Jugendbildungsstätten, Jugendfreizeitstätten, Jugendverbands- und Gruppenheime, Jugendzeltplätze, Jugendherbergen und Wanderheime, aber auch Jugendwohnheime (*s. jeweils dort*).

Einzelfallhilfe:
(-arbeit, -betreuung; (case-work)):

184   Gehört neben Gruppenarbeit (group-work) und Gemeinwesenarbeit (community-work) zu den klassischen Methoden der Sozialpädagogik und Sozialarbeit (s. dort). Unter dem Begriff werden die Prinzipien zusammengefasst, nach denen einer Person (oder Familie) aufgrund einer Diagnose subjektiver oder objektiver Situationsfaktoren bestimmte Hilfen (zB Beratung) zuteil werden, die die Lösung spezifischer Probleme erlauben (zB bei der Resozialisierung von Straffälligen).

Elterliche Sorge:

254, 262   Personen- und Vermögenssorge (s. jeweils dort) für Minderjährige, die die tatsächliche Sorge und das Vertretungsrecht umfasst. Sie steht idR beiden Elternteilen zu und zwar auch nach Trennung oder Scheidung, es sei denn, dass ein Elternteil Alleinsorge beim Familiengericht beantragt. Auch Nicht-Verheiratete können durch gemeinsame Sorgeerklärungen (*s. dort*) oder Antrag zum FamG die elterliche Sorge gemeinsam innehaben, ansonsten liegt sie bei der Mutter (§ 1626 a BGB).

Elternarbeit:

Zusammenarbeit von Einrichtungen der Jugendhilfe mit den Eltern, wie zB in den Tageseinrichtungen (s. *dort*).

131   *Elterliche Sorge*

Elternbeitrag:

375   Beteiligung der Eltern an den Kosten des Besuchs einer Jugendhilfeeinrichtung in Form eines Kosten- oder Teilnahmebeitrags. (s. *Kostentragung*).

Elternbildung:

127   Angebot im Rahmen der Familienbildung, das Eltern Orientierungshilfen, Wertvorstellungen und Verhaltensweisen in allen Fragen der Erziehung vermittelt (s. auch *Familienbildung*).

Elterngeld:

s. *Familiengeld*

Elternrecht:

14, 15, 40,   Recht der Eltern auf Erziehung ihrer Kinder, abgesichert durch Art. 6 Abs. 2 S. 1
45   GG. Dem Elternrecht immanent ist seine Beschränkung auf pflichtgemäße, dh dem Wohl des Kindes förderliche Ausübung. Die Pflicht ist nicht eine das Recht begrenzende Schranke, sondern wesentlicher Bestandteil des Elternrechts, das deshalb treffender als „Elternverantwortung" zu bezeichnen ist. Kern des Elternrechts ist die elterliche Sorge (s. *dort*).

Elternrente:

Eltern von Beschädigten iSd BVG erhalten eine Rente nach § 49 BVG.

Elternzeit:

s. *Erziehungsurlaub*

Emanzipatorische Erziehung:

Erziehung, die auf die Selbstbestimmung des jungen Menschen abzielt (siehe auch *kompensatorische E.*).

Empathie:

Bereitschaft und Fähigkeit, sich in einen anderen Menschen einzufühlen.

Empowerment:

Gewinnung oder Wiedergewinnung von Kontrolle über die eigenen Lebensbedingungen.

Enkulturation:

Prozess, durch den der Mensch von Geburt an die kulturellen Überlieferungen seiner Gruppe erlernt und somit ein „Mitglied" dieser Kultur wird.

Entwicklungsbericht:

205 s. *Heimbericht*

Ergänzungspfleger:

249 Pfleger, der die Personensorge der Eltern ergänzt und insoweit einschränkt

Ermessen:

126, 319 Entscheidung auf der Rechtsfolgeseite einer Norm

Erweiterte Hilfe:

378 Hilfeleistung ohne Abzug des zumutbaren Eigenanteils; er wird nachträglich durch Kostenbeitrag (s. *dort*) geltend gemacht.

Erziehung:

Gesamtheit der persönlichkeitsprägenden und als erzieherisch beabsichtigten Einflüsse auf das Kind, vor allem in Familie, Schule und anderen Bildungsinstitutionen (s. auch *Sozialisation*).

Erziehungsbeistandschaft:

188 Leistung der Jugendhilfe im Rahmen der Hilfe zur Erziehung (s. *dort*) zur Unterstützung der Personensorgeberechtigten (s. *dort*) dadurch, dass das Jugendamt im Einverständnis mit dem Personensorgeberechtigten einen Erziehungsbeistand bestellt. Dieser soll bei der Bewältigung von Entwicklungsproblemen das Kind unterstützen und seine Verselbständigung fördern.

Erziehungsberatung:

131, 186 Leistung nach § 28 im Rahmen der Hilfe zur Erziehung (*s. dort*) durch Beratungsstellen (institutionelle E.). Sie ist eine Hilfe bei Entwicklungs- und Erziehungsschwierigkeiten sowie bei sonstigen Verhaltensauffälligkeiten und arbeitet mit Diagnose und Therapie.

Erziehungsberechtigte:

253 Personensorgeberechtigte (s. *dort*) und andere Personen, die aufgrund einer Vereinbarung mit dem Personensorgeberechtigten Aufgaben der Erziehung wahrnehmen. Ihre Rechte sind in § 1688 BGB beschrieben.

Erziehungsdefizit:

183 Tatbestandsvoraussetzung der Hilfe zur Erziehung (s. *dort*), wonach eine Mangellage in der Erziehung derart vorliegt, dass das körperliche, geistige oder seeliche Wohl des Kindes nicht gewährleistet ist.

Erziehungsgeld:

s. *Familiengeld.*

Erziehungsheim:

s. *pädagogisch-therapeutisches Heim.*

Erziehungskurs:
(Übungs- und Erfahrungskurs):

187 Leistung im Rahmen der Hilfe zur Erziehung (s. *dort*), die in ihrer Entwicklung gestörten oder gefährdeten Minderjährigen durch intensive erzieherische Einwirkung auf der Grundlage eines pädagogischen und therapeutischen Konzepts Konfliktverarbeitung bietet. Ihre rechtliche Grundlage ist § 29.

Erziehungsmaßregel:

243 s. *Strafmündigkeit.*

Erziehungsregister:

243 Das Bundeszentralregistergesetz(§ 60) sieht differenzierte Eintragungspflichten vor, allerdings nicht mehr für Leistungen der Jugendhilfe, sondern nur für jugend- oder familiengerichtlich angeordnete Maßnahmen.

Erziehungsrente:

Form der Versichertenrente nach § 47 SGB VI, die einen Anspruch auf Rente für die Dauer der Erziehung mindestens eines waisenrentenberechtigten Kindes gibt.

Erziehungsstelle:

190 Einrichtung der Hilfe zur Erziehung (s. *dort*) in der Hilfeart des betreuten Wohnens (§ 34) oder besonders qualifizierter Familienpflege (§ 33).

Erziehungsurlaub:

Gesetzliche (§ 15 BEEG) Garantie des Arbeitsplatzes, um die Betreuung des eigenen Kindes während der ersten drei Lebensjahre zu ermöglichen (Elternzeit).

102, 105 Europäische Union (EU)

Europäisches Fürsorgeabkommen:

106 Das EFA (1953) verpflichtet die Vertragsstaaten dazu, jungen Menschen alle fürsorgerischen Hilfen – dazu gehören auch einzelne Hilfen nach dem SGB VIII – in gleicher Weise wie Inländern zu gewähren (s. auch *Haager-Minderjährigen-Schutzabkommen*).

Evaluation:

Bewertung einer Maßnahme/Einrichtung nach fachlichen Kriterien.

Fachaufsicht:

276, 304, 343	Kontrolle der Zweckmäßigkeit des Handelns. In der Jugendhilfe als Selbstverwaltungsangelegenheit besteht keine Fachaufsicht durch eine dem JA übergeordnete Behörde, sondern nur behördenintern durch den Vorgesetzten, aber auch durch Supervision (s. *dort*); s. auch *Rechtsaufsicht*

Fachliche Äußerung

195   Unterstützung des Familiengerichts durch gutachtliche Stellungnahme (in Adoptionssachen nach § 189 FamFG)

49   *Fachkraft*

Faktische Elternschaft (soziale, psychische):

Von Anna Freud eingeführter „Gegenbegriff" zur biologischen (leiblichen) Elternschaft, der deutlich machen soll, dass nicht das Blut, sondern die Zuwendung Elternschaft konstituiert. Im Widerstreit zwischen faktischer und biologischer Elternschaft soll die Einführung dieses Begriffs die Zuordnung des Kindes zu den faktischen Eltern ermöglichen.

Familie:

127, 201 F. ist die Gesamtheit der durch Ehe und Verwandtschaft miteinander verbundenen Personen („Großfamilie"). Enger versteht das Jugendhilferecht die „Erziehung in der eigenen Familie" als Erziehung durch die Eltern oder einen Elternteil.

Familienarbeit:

Soziale Arbeit (s. *Sozialarbeit*) mit Familien in diesen selbst (zB als Sozialpädagogische Familienhilfe; s. *dort*) oder stationär in Einrichtungen

Familienberatung:

127   Leistung der Jugendhilfe, die Ehegatten, Eltern, sonstigen Erziehungsberechtigten und jungen Menschen Beratung und Unterstützung sowie pädagogische und therapeutische Hilfe in Familien-, Erziehungs- und Entwicklungsfragen im konkreten Einzelfall gibt (s. auch *Familienbildung*). Rechtsgrundlage ist § 16 Abs. 2 Nr. 2.

Familienbildung:

127   Leistung der Jugendhilfe, die die Persönlichkeitsentfaltung der Familienmitglieder und die Entfaltung der erzieherischen Kräfte in der Familie fördern sowie Erziehungsmängeln in der Familie vorbeugen soll. Im Unterschied zur Elternbildung (s. *dort*) richtet sie sich auch an Kinder und Jugendliche, um diese auf ihre Aufgaben in der Familie vorzubereiten. Rechtsgrundlage ist § 16 Abs. 2 Nr. 1.

Familienfürsorge:

s. *Allgemeiner Sozialer Dienst.*

Familiengeld:

Finanzielle Leistung für Mütter oder Väter, die zugunsten der Kindererziehung vorübergehend auf Erwerbstätigkeit verzichten. Rechtsgrundlagen hierfür sind § 1 Bundeselterngeld-und Elternzeitgesetz (BEEG) und Landeserziehungsgeldgesetze.

Familiengericht:

232   Amtsgericht in Familiensachen. Familiensachen sind die in § 111 FamFG aufgeführten Angelegenheiten, insbes. Kindschaftssachen (*s. dort*).

Familiengerichtshilfe:

232-238 Unterstützung des Familiengerichts (s. *dort*) durch das Jugendamt bei allen Maßnahmen in Familiensachen (§ 111 FamFG), die die Sorge für die Person von Kindern betreffen. § 50 Abs. 1 regelt diese Unterstützungspflicht, § 50 Abs. 2 ihre Form. Das Verfahren regelt seit 1.7.2009 das FamFG.

45, 130 Familienhebamme

Familienleistungsausgleich:

s. *Kindergeld.*

Familienpflege:

s. *Vollzeitpflege.*

Finanzierung

318 Finanzielle Leistungen des öffentlichen an den freien Träger

Fixer:

Suchtabhängiger, der sich die Droge (s. *dort*) intravenös spritzt; meist das letzte Stadium der Sucht (s. *dort*).

Förderung (freier Träger)

s. *Finanzierung*

Freier Träger:

s. *Träger der freien Jugendhilfe.*

Freie Wohlfahrtspflege:

277 Planmäßige, zum Wohle der Allgemeinheit und nicht des Erwerbs wegen ausgeübte Sorge für Notleidende oder gefährdete Mitmenschen. Die Sorge kann sich auf das gesundheitliche, sittliche, erzieherische oder wirtschaftliche Wohl erstrecken und Vorbeugung oder Abhilfe bezwecken. Träger sind Caritas, Diakonisches Werk, Deutscher Paritätischer Wohlfahrtsverband, Deutsches Rotes Kreuz, Arbeiterwohlfahrt, Zentrale Wohlfahrtsstelle der Juden.

Freiheitsentziehung:

197, 219 Grundrechtseinschränkung, für die (im Unterschied zur bloßen) Freiheitsbeschränkung eine Genehmigung des Familiengerichts (§ 1631 b BGB oder § 42 Abs. 5 oder nach Psychiatriegesetz des Landes) erforderlich ist, wenn sie für Minderjährige erfolgt. Freiheitsentziehung ist eine Unterbringung in einem abgeschlossenen Raum gegen oder ohne den Willen der Person, mit der sie ihrer Bewegungsfreiheit beraubt ist (vgl. neuerdings § 415 Abs. 2 FamFG).

Frühförderung:

80 Medizinische Rehabilitation (s. *dort*) für behinderte Kinder von 0-6 J. durch gezielte medizinische und heilpädagogische (s. *dort*) Förder- und Behandlungsmaßnahmen in interdisziplinären Frühförderstellen oder sozialpädiatrischen Zentren (s. jeweils *dort*) nach § 30 SGB IX und der FrühV.

Frühe Hilfen

45, 127 Unterstützung von (auch schon werdenden) Eltern in den ersten drei Lebensjahren des Kindes (§ 1 Abs. 4 KKG). Zur Förderung der Frühen Hilfen sind Netzwerke zu bilden (§ 3 KKG).

Führungszeugnis:

244, 321 Bescheinigung der Registerbehörde (Bundesamt für Justiz) nach dem Bundeszentralregister G über strafgerichtliche Verurteilungen.

Fürsorgeerziehung:

25 Erzieherische Hilfe im Heim auf der Grundlage des JWG, die vom LJA angeordnet wurde – im Unterschied zur Freiwilligen Erziehungshilfe.

Fürsorgerechtsvereinbarung

385 Vereinbarung v. 26.5.1965 zwischen den Trägern der öffentlichen Jugend- und Sozialhilfe, Streitigkeiten in Kostenerstattungsfällen durch Schiedsgerichte (Spruchstellen) zu regeln.

Garantenstellung:

45 Sie begründet eine strafrechtliche Pflicht zum Handeln bei Unterlassungsdelikten (§ 13 StGB). Für Mitarbeiter öffentlicher Träger ergibt sie sich aus dem staatlichen Wächteramt (s. *dort*), für Mitarbeiter freier Träger aus Schutzübernahme für das Kind (Beschützergarant). Im weiteren Sinn auch außerstrafrechtliche Einstehenspflicht zB für Einhaltung des Datenschutzes bei freien Trägern oder für eine wertbestimmte Ordnung. S. *Schutzauftrag*.

Gegenvormundschaft:

s. *Vormundschaft*

Gemeinsame Sorge:

133, 252, 262 Elterliche Sorge von Vater und Mutter

Gender Mainstreaming:

Verfahren zu Förderung der Gleichberechtigung, wonach jede politische Entscheidung auf ihre unterschiedliche Auswirkung auf Männer und Frauen überprüft wird; in der Jugendhilfe von § 9 Nr. 3 gefordert.

Gesamtverantwortung:

308-310, 338 Verantwortung des Trägers der öffentlichen Jugendhilfe (s. *dort*) dafür, dass die für die Erfüllung aller Aufgaben nach § 2 erforderliche Infrastruktur vorhanden ist.Aus der G. folgt die Planungsverantwortung (s. *Sozialplanung*) und die Gewährleistungspflicht (s. *dort*) des Trägers der öffentlichen Jugendhilfe. Rechtsgrundlage ist § 79 Abs. 1.

Geschlossene Heimunterbringung:

197, 219 Freiheitsentziehende (s. *dort*) Maßnahme der Jugendhilfe für schwerstgefährdete Kinder oder Jugendliche im Rahmen des § 34 oder § 42.

Gewährleistungspflicht (im Sinne der Jugendhilfe):

89, 311 Pflicht des Trägers der öffentlichen Jugendhilfe (s. *dort*) dafür zu sorgen, dass die für die Durchführung des Gesetzes erforderlichen und geeigneten Maßnahmen ausreichend, rechtzeitig und plural erbracht werden. Rechtsgrundlage ist § 79 Abs. 2.

Gewährleistungspflicht (im Sinne des Datenschutzes):

311 Sicherstellung des Datenschutzes bei freien Trägern, wenn der öffentliche Träger sie zur Aufgabenerfüllung heranzieht (§ 61 Abs. 3).

128, 269 *Gewaltverbot*

Gewöhnlicher Aufenthalt:

31, 100 Ort, an dem eine Person den Mittelpunkt ihrer Lebensbeziehungen hat, sich nicht nur vorübergehend, sondern zukunftsoffen aufhält (§ 30 Abs. 3 SGB I). Der g. A. ist Anknüpfungspunkt für die örtliche Zuständigkeit (§ 86). Hiervon zu unterscheiden ist der tatsächliche Aufenthalt (s. *dort*).

Grundsicherung:

69 Leistung nach dem SGB II für Erwerbsfähige, nach dem SGB XII für Nichterwerbsfähige.

Haager-Minderjährigen-Schutzabkommen:

103, 109 Das Haager Übereinkommen (1961) verpflichtet die Behörden, die nach den deutschen Gesetzen vorgesehenen Einzelhilfen zum Schutz der Person und des Vermögens von Minderjährigen auch solchen jungen Ausländern zu gewähren, die sowohl nach ihrem Heimatrecht als auch nach deutschem Recht minderjährig sind. Über das durch den Begriff der „Schutzmaßnahme" begrenzte H. hinaus verpflichtet das Europäische Fürsorgeabkommen (s. *dort*) die Vertragsstaaten ausdrücklich, jungen Menschen einzelne Hilfen in gleicher Weise zu gewähren.

Handlungsfähigkeit:

94, 349 Fähigkeit, nach Vollendung des 15. Lebensjahres selbstständig Anträge auf Sozialleistungen (s. *dort*) gemäß § 36 SGB I zu stellen und die Leistungen entgegenzunehmen. Der gesetzliche Vertreter kann durch schriftliche Erklärung die H. einschränken. Darüber hinausgehende Rechte enthält § 8.

Hauptfürsorgestelle (s. *Opferentschädigungsgesetz*):

Hausbesuch

48, 54 Beweismittel durch Augenscheinseinnahme zur Ermittlung des Sachverhalts (§ 21 Abs. 1 Nr. 4 SGB X)..Damit unterscheidet er sich vom „Willkommensbesuch"nach § 3 KKG, der der Information der Eltern dient.

Haus der Offenen Tür (Haus der Jugend):

163, 340 Jugendfreizeitstätte (s. *dort*), die der gesamten Jugend täglich zur Verfügung steht. Es wird ein differenziertes Programm angeboten, aber auch spontane Aktivitäten werden ermöglicht. Die Leitung liegt bei einer hauptamtlichen sozialpädagogischen Fachkraft.

Haushaltsplan

311, 319, 328, 338 Bereitstellung öffentlicher Mittel in Form einer kommunalen Satzung

Heilpädagogik:

79   Fachrichtung der Pädagogik, die die Entwicklung des behinderten Kindes und die Entfaltung seiner Persönlichkeit mit pädagogischen Mitteln fördert und dabei auch sozial- und sonderpädagogische, psychologische und psychosoziale Hilfen gem. § 6 FrühV anbietet.

Heim (im Sinne der Jugendhilfe):

196   Einrichtung (s. *dort*), in der regelmäßig mehr als fünf Minderjährige über Tag und Nacht betreut werden oder Unterkunft erhalten. Man unterscheidet Säuglingsheim, Kinderheime, Wohnheime für Minderjährige, pädagogisch-therapeutische Heime und gleichartige Einrichtungen (s. jeweils *dort*).

Heimaufsicht (im Sinne der Jugendhilfe):

30, 225 Aufgabe idR des Landesjugendamtes gemäß § 85 Abs. 2 Nr. 6 zum Schutz von Minderjährigen in Einrichtungen und sonstigen Wohnformen(s. jeweils *dort*), die einer Erlaubnispflicht unterliegen (gemäß § 45 bzw. § 48 a VIII). Die Aufgabe wird weniger durch Kontrolle als durch Beratung und Fortbildung wahrgenommen.

Heimbericht:

205   Bericht des Heims an das Jugendamt über die Entwicklung des Kindes/Jugendlichen im Rahmen der Hilfeplanung nach § 36.

Heimerziehung:

20, 196 Leistung der Jugendhilfe im Rahmen der Hilfe zur Erziehung (s. *dort*) in einer Einrichtung über Tag und Nacht (Säuglingsheim, Kinderheim, Wohnheim oder pädagogisch-therapeutisches Heim (s. jeweils *dort*). Rechtsgrundlage ist § 34.

Heimpflege:

196   Pflege und Erziehung in einem Heim (s. *Heimerziehung*) im Unterschied zur Familienpflege/Vollzeitpflege (s. *dort*).

Herausnahme:

218   Vorläufige Maßnahme des Jugendamts zum Schutz des Kindes/Jugendlichen durch Entfernung aus der gefährdenden Stelle oder Familie und Unterbringung. Rechtsgrundlage ist § 42.

Hilfe für junge Volljährige:

23, 112, Leistung der Jugendhilfe zur Persönlichkeitsentwicklung auch nach dem 18. bis
214   zum idR 21. Lebensjahr. Rechtsgrundlage ist § 41.

Hilfeplan:

73, 197, Gesetzlich vorgeschriebene Vereinbarung der Hilfeart in der Steuerungsverantwor-
204   tung (s. *dort*) des Jugendamts zusammen mit den Beteiligten und Betroffenen zur planmäßigen Hilfeleistung im Rahmen der Hilfe zur Erziehung, der Eingliederungshilfe für seelisch behinderte Kinder und Jugendliche und der Hilfe für junge Volljährige (s. jeweils *dort*). Rechtsgrundlage ist § 36 Abs. 2. Der Hilfeplan ist Dokument des Hilfeplanverfahrens; dieses ist Teil des Hilfeplanungsverfahrens.

Hilfe zur Erziehung:

113, **180-203**	Leistung der Jugendhilfe, auf die gemäß § 27 ein Rechtsanspruch des Personensorgeberechtigten (s. *dort*) besteht, wenn ein Erziehungsdefizit (s. *dort*) vorliegt. Die *H.* wird – je nach erzieherischem Bedarf – idR in einer der Arten nach §§ 28–35 geleistet. Sie kann auch vom Jugendrichter (§ 12 JGG) oder vom Familienrichter (§ 1666 BGB) angeordnet werden; das Jugendamt hat aber die Steuerungsverantwortung (s. *dort*)

Hort:

34, 78, **155-157,** **340**	Tageseinrichtung (s. *dort*) als familienergänzende Hilfe für schulpflichtige Kinder zum Besuch während der schulfreien Zeit.

Hospitalismus:

Deprivation (s. *dort*) infolge Heimunterbringung

Individuation:

Entwicklung einer besonderen „individuellen" Persönlichkeitsstruktur, die das Individuum in Stand setzen soll, sich durch „autonomes", normabweichendes Verhalten gegen den Anpassungsdruck der Gesellschaft zu behaupten. Oft als Gegenbegriff zur „Sozialisation" (s. *dort*) verstanden.

Informelle Gruppe:

Loser Zusammenschluss junger Menschen (s. *dort*), die Ziele der Jugendarbeit (s. *dort*) verfolgen.

Inklusion:

153	Während die Integration einen – zunächst – ausgegrenzten Menschen mit Behinderung in die Gesellschaft eingliedern will, geht die Inklusion davon aus, dass jeder Mensch – unabhängig von seinen persönlichen Merkmalen – von vornherein Teil der Gesellschaft ist (zB „Schule für alle"). Die Unterscheidung geht auf die UN-Konvention über die Rechte von Menschen mit Behinderungen zurück, die seit 1.2.2009 in Deutschland in Kraft ist.

Inkognito-Adoption:

Adoption (s. *dort*), bei der die Angaben über die Adoptiveltern so abgefasst sind, dass den leiblichen Eltern eine Identifizierung der Adoptiveltern unmöglich ist. Den leiblichen Eltern wird nur eine allgemeine Auskunft über die Adoptiveltern und ihre Verhältnisse gegeben. Namen und Anschrift erfahren sie nicht.

Innovation:

Wissenschaftlich-technische, institutionelle oder allgemeine sozio-kulturelle Neuerung.

Inobhutnahme:

46, 98, **218**	Vorläufige Maßnahme des Jugendamts zum Schutz des Kindes/Jugendlichen durch Unterbringung. Rechtsgrundlage sind §§ 42, 42 a.

49	*Insoweit erfahrene Fachkraft*

Integration:

s. *Inklusion*

Intensive sozialpädagogische Einzelbetreuung:

20, 199   Art der Hilfe zur Erziehung (s. *dort*), die als Einzelfallhilfe (s. *dort*) mit hohem Betreuungsaufwand durch eine sozialpädagogische Fachkraft für Jugendliche geleistet wird, die sich in gefährdeten Lebenssituationen aufhalten und durch andere Hilfearten nicht erreichbar sind. Rechtsgrundlage ist § 35 iVm § 27.

Interaktion:

Gegenseitig aufeinander bezogene Handlungen.

Interdisziplinäre Frühförderstelle:

79   Einrichtung zur Frühförderung (s. *dort*), die mit Fachkräften aus dem medizinisch-therapeutischen, dem pädagogisch-psychologischen und dem therapeutischen Bereich – und somit ganzheitlich und familienorientiert – arbeiten. Rechtsgrundlage ist § 3 FrühV.

Internalisierung:

Verinnerlichung als Eingliederung sozio-kultureller Muster (Werte, Normen) in die Persönlichkeitsstruktur.

Internationale Jugendarbeit:

169   Bereich der Jugendarbeit (s. *dort*), der den Willen und die Fähigkeit zur internationalen Verständigung und Zusammenarbeit entwickeln und stärken soll.

Internet:

177   Marktplatz allen Sinns und Unsinns.

74   *Jobcenter*

Jugend:

Lebensabschnitt. Rechtlich (§ 7) lassen sich folgende Altersstufen unterscheiden: 0 bis 14 = Kind, 14 bis 18 = Jugendlicher, 0 bis 18 = Minderjähriger, 18 bis 21 = Heranwachsender, 18 bis 27 = junger Volljähriger, 0 bis 27 = junger Mensch.

Jugendamt:

284, 298   Organ des Trägers der öffentlichen Jugendhilfe (s. *dort*), das die Aufgaben der Jugendhilfe wahrnimmt. Es besteht aus dem Jugendhilfeausschuss (s. *dort*) und der Verwaltung des Jugendamtes (Grundsatz der Zweigliedrigkeit).

Jugendarbeit:
(Jugendpflege, Außerschulische Jugendbildung)

17,
161-165   Leistung der Jugendhilfe in Form der Förderungsleistung für junge Menschen (s. *dort*), die nach § 11 Abs. 3 insbesondere umfasst: außerschulische Jugendbildung, Jugendarbeit im Spiel, Sport und Geselligkeit, arbeitswelt-, schul- und familienbezogene Jugendarbeit, internationale Jugendarbeit, Kinder- und Jugenderholung, Jugendberatung.

Jugendarrest:

241   Sanktion nach dem Jugendgerichtsgesetz (§ 16).

Jugendbericht:

Von der Bundesregierung gem. § 84 zu erstattender Bericht über die Lage junger Menschen.

Jugendberatung:

167 Beratung (s. *dort*) bei Entwicklungs- und sonstigen Lebensschwierigkeiten Jugendlicher als Form der Jugendarbeit (s. *dort*).

Jugendberufshilfe:

69 Sozialpädagogische Hilfe nach § 13, vorrangig aber nach § 16 a SGB II während der Berufsvorbereitung, -ausbildung und -tätigkeit einschließlich der Bereitstellung von Wohnung bei auswärtiger Unterbringung (s. auch *Jugendsozialarbeit*).

Jugendbildung:

167 Form der Jugendarbeit (s. *dort*).

Jugendbildungsreferent:

163 Hauptamtliche sozialpädagogische Fachkraft im Bereich der Jugendarbeit (s. *dort*), die bei einem Jugendverband (s. *dort*) tätig ist.

Jugendbildungsstätte:

167, 340 Überregionale Einrichtung der Jugendarbeit (s. *dort*) mit Übernachtungsplätzen und einer ihrer Aufgabe entsprechenden Sach- und Raumausstattung, die stetig und planmäßig eigene Programme anbietet oder Programmen anderer Träger offen steht. Sie verfügt über hauptberufliche pädagogische Mitarbeiter; fehlen diese und wird kein eigenes Programm angeboten, spricht man von Tagesstätte.

Jugendförderung:

167 Fachliche und finanzielle Unterstützung der Jugendarbeit (s. *dort*) nach § 12 iVm § 74.

Jugendfreizeitstätte:

163 Örtliche Einrichtung der Jugendarbeit (s. *dort*). Man unterscheidet: Häuser der offenen Tür (s. *dort*), Jugendzentren (s. *dort*), Jugendräume, Jugendtreff.

Jugendgefährdende Orte:

218 Nach § 8 JuSchG für Kinder und Jugendliche nicht erlaubte Aufenthaltsorte.

Jugendgemeinschaft:

162 Selbstständiger organisatorischer Zusammenschluss mit gewisser Verbindlichkeit von jungen Menschen (s. *dort*), die Ziele der Jugendarbeit (s. *dort*) in Jugendgruppen und Jugendverbänden (s. *dort*) verfolgen.

Jugendgericht:

229 Das für Straftaten von Jugendlichen und Heranwachsenden (s. jeweils *dort*) nach dem JGG zuständige Gericht: Jugendrichter und Jugendschöffengericht beim Amtsgericht, Jugendkammer beim Landgericht.

Jugendgerichtshaus

244 Einrichtung, in der Jugendgericht, Jugendgerichtshilfe, Polizei und Staatsanwalt Tür an Tür arbeiten

Jugendgerichtshilfe:

241-245   Aufgabe der Jugendhilfe nach § 52, die sowohl die erzieherische Hilfe für den Jugendlichen als auch die Hilfe für das Gericht umfasst. Als Gerichtshilfe hat sie im Verfahren vor dem Jugendgericht (s. *dort*) die erzieherischen und sozialen Gesichtspunkte zur Geltung zu bringen. Als erzieherische Hilfe ist sie vor allem Wiedereingliederungshilfe. Soweit nicht ein Bewährungshelfer (s. *dort*) dazu berufen ist, wacht der Jugendgerichtshelfer darüber, dass der Jugendliche Weisungen und besonderen Verpflichtungen nachkommt. Während der Bewährungszeit arbeiten Jugendgerichts- und Bewährungshelfer eng zusammen.

Jugendhilfe:

8, 45, 216   Inbegriff aller institutionalisierten Maßnahmen der Erziehung und Bildung, die weder der Schule, noch dem Betrieb, noch der Familie zugeordnet werden. *J.* soll junge Menschen fördern, Eltern unterstützen, Kinder schützen, eine kinder- und familienfreundliche Umwelt schaffen. *J.* wird von freien und öffentlichen Trägern geleistet (s. *dort*). *J.* umfasst Leistungen und andere Aufgaben nach § 2 und ist damit Hilfe durch Leistung und Eingriff.

Jugendhilfeausschuss:

16, 42,   Kommunaler Ausschuss mit Besonderheiten (Organstellung, Beschlussrecht), der
240, 293   nach § 70 zusammen mit der Verwaltung das Jugendamt (s. *dort*) bildet. Stimmberechtigte Mitglieder sind gem. § 71: Mitglieder der Vertretungskörperschaft (Kreistag/Gemeinderat) oder von diesen gewählte erfahrene Personen und Vertreter der freien Jugendhilfe. Nach landesrechtlicher Bestimmung kann auch der Leiter der Verwaltung (Landrat/Bürgermeister) oder der Jugendamtsleiter stimmberechtigt sein. Das Landesrecht bestimmt ferner die Zugehörigkeit beratender Mitglieder.

Jugendhilfeplanung:

293, 311,   Mittel zur Erfüllung der Aufgaben der Jugendhilfe durch das Jugendamt. *J.* umfasst
333   nach § 80: Bestandsaufnahme, Bedarfsermittlung, Bedarfsbefriedigung. In allen drei Phasen sind die Träger der freien Jugendhilfe durch Anhörung im Jugendhilfeausschuss (s. *dort*) zu beteiligen. Sinnvolles, aber nicht notwendiges Instrument ist ein Jugendhilfeplan.

Jugendhilfestation:

In den neuen Bundesländern entwickeltes System, eine Hilfe, zB HzE (s. *dort*) in einem Verbund einzelner Hilfearten zu leisten.

Jugendhilfsstelle (Jugendschutzstelle):

218   Einrichtung des Jugendamts oder der Polizei für die Inobhutnahme (s. *dort*) aufgegriffener Jugendlicher.

Jugendkriminalität:

Devianz (s. *dort*) Jugendlicher (s. *dort*).

Jugendleiter:

1. Bezeichnung für Fachkraft der Jugendhilfe (s. ***dort***), die nach einer abgeschlossenen Ausbildung und staatlicher Anerkennung als Kindergärtner/in/Hortner/in und mindestens dreijähriger Praxis eine weitere Ausbildung an einer höheren

Fachschule absolviert und mit einem Examen als staatlich geprüfter Jugendleiter(in) abgeschlossen hat.

2. Bezeichnung für den ehrenamtlichen (s. *dort*) Leiter einer Jugendgruppe.

Jugendlicher:

s. *Jugend*

Jugendpflege:

s. *Jugendarbeit*

Jugendpfleger:

163 Haupt- oder ehrenamtliche Kraft, die Aufgaben der Jugendarbeit (s. *dort*) im Jugendamt wahrnimmt.

Jugendpolitik:

42 Gesellschaftspolitik für die Jugend, die als „Querschnittspolitik" alle Lebenslagen junger Menschen umfasst.

Jugendpsychiatrie:

Bereich der Medizin, der sich mit spezifischen Entwicklungsstörungen befasst, die aufgrund körperlicher, geistig-seelischer oder sozialer Abweichung von der Norm entstanden sind (zB Suchtverhalten als seelische Behinderung; s. *dort*).

Jugendpsychologie:

Bereich der Psychologie, der sich mit der psycho-sozialen Entwicklung von Kindern und Jugendlichen (Entwicklungspsychologie) befasst.

Jugendrecht:

Rechtsvorschriften, die sich gerade mit Kindern, Jugendlichen und jungen Volljährigen befassen (zB KJHG, JGG, JuSchG, BGB – Familienrecht).

Jugendring:

162 Freiwilliger Zusammenschluss von Jugendverbänden (s. *dort*). Die Mehrzahl der Jugendverbände ist auf drei Ebenen zusammengeschlossen: Auf kommunaler Ebene im Stadtjugendring/Kreisjugendring, auf Landesebene im Landesjugendring und auf Bundesebene im Bundesjugendring (s. jeweils *dort*).

Jugendschutz:

17, 175, 179 J. im weitesten Sinne ist ein durchgängiges Prinzip der gesamten Jugendhilfe und darüber hinaus der Jugendpolitik (s. jeweils *dort*).

J. lässt sich unterscheiden in erzieherischen J. und in gesetzlichen J. Erzieherischer J. wird primärpräventiv tätig durch ua Jugendarbeit, Jugendsozialarbeit, Förderung der Erziehung in der Familie (s. jeweils *dort*), sekundärpräventiv (im Sinne von § 14) ua durch Aufklärungsprogramme über Gefahren von Drogen, Alkoholismus, Jugendsekten sowie aufsichtlich durch ua Adoptionsvermittlung, Pflegekinderschutz, Betriebserlaubnisse für Einrichtungen, Vormundschaften und Pflegschaften (s. jeweils *dort*). Ziel des erzieherischen J. ist es, den Jugendlichen gegen mögliche Gefährdungen zu immunisieren.

Der gesetzliche *J.* wacht über die Einhaltung des Jugendschutzgesetzes und des Gesetzes zum Schutz der arbeitenden Jugend. Ihm lässt sich ferner der Strafrechtsschutz (Verletzung von Fürsorgepflichten und Sexualstrafrecht) zuordnen.

Jugendschutzstelle:

218, 340   s. *Jugendhilfsstelle*

Jugendsekten:

175   Sammelbegriff für destruktive religiöse Gruppen wie zB: Kinder Gottes, Vereinigungskirche, Hare Krishna-Sekte, Transzendentale Meditation, Scientology.

Jugendsozialarbeit:

17, 70,   Sozialpädagogische Hilfen im Rahmen der Jugendhilfe zum Ausgleich sozialer Be-
172   nachteiligungen (für bestimmte Gruppen junger Menschen wie junge Spätaussiedler, ausländische Jugendliche, junge Arbeitslose, junge Straffällige, junge Menschen in sozialen Brennpunkten) oder zur Überwindung individueller Beeinträchtigungen mit dem Ziel, die schulische (s. *Schulsozialarbeit*) und berufliche Ausbildung, die Eingliederung in die Arbeitswelt und die soziale Integration zu fördern. Rechtliche Grundlage ist § 13.

Der Begriff wird aber auch synonym mit „Jugendberufshilfe" (s. *dort*) verwandt.

Jugendstrafe:

s. *Strafmündigkeit.*

Jugendverband:

162   Jugendgemeinschaft (s. *dort*), die zum einen in einem eigenen Spitzenverband zum anderen in Jugendringen (s. *dort*) organisiert ist.

Jugendverbandsheim/Jugendgruppenheim:

163   Einrichtung der Jugendarbeit (s. *dort*), die in der Regel geschlossene Gruppen junger Menschen zur Freizeit- und Bildungsarbeit dient. Vom Haus der offenen Tür (s. *dort*) unterscheidet *J.* ferner, dass es keine hauptamtliche Mitarbeiter und kein offenes Programmangebot hat. Meist ist es Teil eines Gebäudes, das auch anderen Zwecken dient.

Jugendwohlfahrt:

7   Älterer Ausdruck für Jugendhilfe (s. *dort*) nach dem JWG.

Jugendwohngemeinschaft:

173, 196   Zusammenleben junger Menschen in einer Gruppe (s. auch *offene Jugendhilfe)*

Jugendwohnheim:

173, 340   Einrichtung der Jugendarbeit (s. *dort*), die der berufsbezogenen Jugendarbeit (s. *dort*) dient und internatsmäßige Unterkunft bietet. Sie wird von einer hauptamtlichen pädagogischen Fachkraft geleitet. *J.* kann aber auch eine Einrichtung der Jugendsozialarbeit (s. *dort*) sein, die während der Teilnahme an schulischen oder beruflichen Bildungsmaßnahmen oder bei der beruflichen Eingliederung Unterkunft in sozialpädagogisch begleiteter Wohnform bietet.

Jugendzeltplatz:

Überörtlich/überregional belegte Einrichtung der Jugendarbeit (s. *dort*) mit Übernachtungsplätzen, die in landschaftlich und klimatisch bevorzugter Gegend liegt und in der Regel organisatorisch und wirtschaftlich ganzjährig tätigen Einrichtungen angeschlossen ist. Sie dient jungen Menschen an Wochenenden, vor allem aber in der Ferien- und Urlaubszeit zur Erholung, zur Freizeitgestaltung und Sozialbildung durch sozialpädagogische Maßnahmen.

Jugendzentrum, selbstverwaltetes:

163, 340 Jugendfreizeitstätte (s. *dort*), in der Programmgestaltung und Verfügung über Geldmittel und Personal bei den Jugendlichen selbst liegt.

Junge Menschen:

Altersstufe bis zur Erreichung des 27. Geburtstages (s. *Jugend*).

Junger Volljähriger:

s. *Jugend*

Kind:

Altersstufe bis zur Erreichung des 14. Lebensjahres (§ 7 Abs. 1 Nr. 1). Je nach Alter unterscheidet man ferner Säuglinge, Kleinstkinder, Kleinkinder (s. jeweils *dort*).

Kinder- und Jugenderholung:

167 Bereich der Freizeitgestaltung (s. *Jugendarbeit*), der der Wiederauffrischung in Ruhe und Muße in sportlicher, spielerischer und kultureller Betätigung dient. Örtliche Maßnahmen finden in Kinder- und Jugenderholungsstätten (s. *dort*), überörtliche in Kinder- und Jugenderholungsheimen (Ganzjahresbetrieb), in Ferienheimen und Ferienkolonien (Ferienbetrieb) überwiegend in den Sommerferien statt und werden deshalb auch als Ferienerholung bezeichnet.

Kinder- und Jugenderholungstätte:

167 Einrichtung der Jugendarbeit (s. *dort*), die der örtlichen Kinder- und Jugenderholung (s. *dort*) dient, und in der namentlich in den Sommerferien Möglichkeiten der Erholung, der kreativen Freizeitgestaltung und der sozialen Bildung angeboten und zu der die Jugendlichen täglich befördert werden. Die dort tätigen Mitarbeiter sind pädagogisch geschult und überwiegend ehrenamtlich (s. *dort*) tätig.

Kindergarten:

34, 151-154, 374 Tageseinrichtung (s. *dort*) in freier oder öffentlicher Trägerschaft zur Betreuung, Bildung und Erziehung von Kindern vom vollendeten 3. Lebensjahr bis zum Beginn der Schulpflicht (s. *dort*), die nicht einer Betreuung in besonderen Einrichtungen bedürfen. Die Förderung von Kindern im Kindergarten soll die Erziehung in der Familie (s. *dort*) ergänzen und unterstützen.

Kindergeld:

201 Familienleistungsausgleich nach dem Einkommensteuergesetz. Möglich als Freibetrag oder Kindergeld von der Kindergeldkasse. Kindergeld nach dem Bundeskindergeldgesetz ist nur noch in wenigen Ausnahmefällen möglich. Als Kinder werden berücksichtigt: leibliche und als Kind angenommene Kinder; Stiefkinder, die der Berechtigte in seinen Haushalt aufgenommen hat; Pflegekinder; Enkel und Geschwister, die der Berechtigte in seinen Haushalt aufgenommen hat oder überwiegend unterhält. *K.* wird bis zur Vollendung des 18. Lebensjahres des Kindes gezahlt; ausnahmsweise bis zum vollendeten 27. Lebensjahr, wenn es sich in Ausbildung befindet oder wegen Behinderungen außerstande ist, sich selbst zu unterhalten oder wenn es im Rahmen des freiwilligen sozialen Jahres (s. *dort*) oder als Haushaltshilfe in kinderreichen Familien tätig ist oder lang erkrankten Personen mit mindestens einem weiteren Kind den Haushalt führt.

Kinderhaus:

143   s. *Tagheim*

Kinderheim:

196   Heim (s. *dort*), das dem vorübergehenden Aufenthalt von Kindern zum Zweck der Pflege und Erziehung anstelle der Erziehung in der Familie (s. *dort*) dient, soweit keine Gefährdung oder Störung der Entwicklung vorliegt, die den intensiven zusätzlichen Einsatz von pädagogisch-therapeutischen Hilfen, insbesondere heilpädagogischen Hilfen erfordert.

Kinderkrippe:

141, 340   Tageseinrichtung (s. *dort*) für Kinder bis zu 3 Jahren, die tagsüber von der Familie oder in Tagespflegestellen (s. *Pflegekinder*) nicht ausreichend versorgt werden können. In demselben Sinn wird für Kinder über 1 Jahr der Begriff „Krabbelstube" gebraucht. Krippen für Säuglinge (s. *dort*) bezeichnet man als Liegekrippen.

Kinderschutz:

s. *Schutzauftrag*

Kindertagespflege:

144   s. *Tagespflege*

Kindertagesstätten:

140   s. *Tagesstätten*

Kindesmisshandlung:

35, 45,   K. umfasst die Delikte der Vernachlässigung von Schutzbefohlenen (§ 225 StGB)
269   und die Vernachlässigung der Fürsorge- oder Erziehungspflicht gegenüber einem noch nicht 16jährigen Schutzbefohlenen (§ 171 StGB), aber auch sexuellen Missbrauch (§§ 174, 176, 176a, b StGB).Auch die nach § 1631 BGB unzulässige körperliche Züchtigung ist als Körperverletzung *K.*

Kindschaftssache:

232, 245   Angelegenheiten, die in § 151 FamFG aufgeführt sind, insbes. solche der elterlichen Sorge, des Umgangsrechts, der Vormundschaft und Pflegschaft.

Kita:

143   Einrichtung zur Betreung von Kindern bis 6.J.

Kleinkind:

Kind (s. *dort*) im Alter von 3–5 Jahren.

Kleinstkind:

Kind (s. *dort*) im Alter von 1–2 Jahren.

Kommunikation:

Interaktion (s. *dort*) mit dem Ziel der Informationsübermittlung.

Kompensation:

Ausgleich von Mängeln.

Kompensatorische Erziehung:

Erziehung, die auf dem Ausgleich sozialisationsbedingter Lern- und Verhaltensdefizite zielt (s. auch *Sozialisation* und *emanzipatorische E.*).

Kontraktmanagement:

Element der Neuen Steuerung (s. *dort*).

Kostenanteil:

373   Zumutbare Eigenbelastung von Kind und Eltern, die von vornherein oder durch Kostenbeitrag (s. *dort*) nachträglich geltend gemacht wird.

Kostenbeitrag:

373   Die Kostenbeteiligung (s. *dort*) des Kostenpflichtigen (s. *dort*) erfolgt in Höhe eines Kostenbeitrags, der durch Leistungsbescheid (s. *dort*) festgesetzt wird (§ 92 Abs. 2).

Kostenbeteiligung:

Die kostenpflichtigen Personen werden zu den Kosten der Hilfen durch Kostenbeitrag (s. *dort*) oder durch Überleitung (s. *dort*) eines Anspruchs, den sie gegen Dritte haben, herangezogen. Freie Träger erheben einen Teilnahmebeitrag.

Kostenerstattung:

384   Kostenerstattung findet gemäß §§ 89–89 h zwischen den Trägern der öffentlichen Jugendhilfe statt, gemäß §§ 102–114 SGB X auch im Verhältnis zu Trägern anderer Sozialleistungen. Im Verhältnis zu freien Trägern werden Leistungsentgelte vereinbart (§§ 77, 78 c).

Kostenpflichtiger:

378   In § 92 Abs. 1 genannte Person, die zu den Kosten einer Hilfe herangezogen wird.

Kostentragung:

29, 373   Die Träger der öffentlichen Jugendhilfe haben die Kosten der Jugendhilfe zu tragen (§ 91 Abs. 5). Durch Kostenbeteiligung (s. *dort*) können sie sich davon teilweise entlasten.

Krabbelstube:

340   s. *Kinderkrippe.*

79   *Krankenkasse*

Kulturelle Bildung:

167   Bereich der Jugendarbeit (s. *dort*), der junge Menschen (s. *dort*) zur aktiven Teilnahme am kulturellen Leben der Gesellschaft befähigen soll.

Kur-, Heil-, Genesungs- und Erholungsheime für Minderjährige:

Überregional, meist sogar bundesweit belegte Heime (s. *dort*), die der Vorbeugung, drohender Gesundheitsschäden sowie der Beseitigung von Krankheit und der Minderung chronischer Leiden dienen. Gesundheitlich gefährdeten oder bereits geschädigten Kindern bieten sie nach ärztlicher Indikation ganzjährig verschiedene Formen vorbeugender und heilender Maßnahmen im Rahmen des SGB XII an. In den Einrichtungen ist ärztliches und pädagogisches Personal tätig.

Landesjugendamt:

315   Organ des überörtlichen Trägers der Jugendhilfe (s. *dort*) gemäß § 69 Abs. 3. Es besteht aus Verwaltung und Landesjugendhilfeausschuss (s. *dort*) gemäß § 70 Abs. 3.

Landesjugendhilfeausschuss:

Teil (neben der Verwaltung) des Landesjugendamtes (s. *dort*). Der *L*. hat Beschlussrecht in Angelegenheiten der Jugendhilfe im Rahmen der Satzung und der dem Landesjugendamt zur Verfügung gestellten Mittel. Er befasst sich mit allen Angelegenheiten der Jugendhilfe. Ihm gehören mit 2/5 des Anteils der Stimmen Frauen und Männer an, die auf Vorschlag der im Bereich des Landesjugendamtes wirkenden und anerkannten Träger der freien Jugendhilfe von der obersten Landejugendbehörde (s. *dort*) zu berufen sind. Die übrigen Mitglieder werden durch Landesrecht bestimmt (§ 71 Abs. 4).

Landeswohlfahrtsverband/Landschaftsverband:

315   Zusammenschluss der im jeweiligen Bereich liegenden Stadt- und Landkreise zu Körperschaften des öffentlichen Rechts (Kommunalverbände höherer Ordnung), die als Landeswohlfahrtsverbände und in Nordrhein-Westfalen als Landschaftsverbände überörtlicher Träger der Sozial- und Jugendhilfe sowie der Kriegsopferfürsorge und Hauptfürsorgestelle sind. Noch weit darüber hinaus reichen Aufgaben der Landschaftsverbände. Organe sind die Verbandsversammlung, der Verbandsausschuss und der Verbandsdirektor. Die Finanzierung erfolgt durch eine bei den Mitgliedern erhobene Umlage sowie durch Landeszuschüsse.

Legalbeistand/-pfleger/-vormund:

251   Jugendamt als Beistand/Pfleger/Vormund; s. auch *Realbeistand/-pfleger/-vormund.*

Legasthenie:

78   Lese-/Rechtschreibschwäche, die geistige, körperliche oder seelische Behinderung (s. *dort*) sein kann.

Leistungsbescheid:

378   VA, mit dem ein Kostenbeitrag (s. *dort*) geltend gemacht wird (§ 92 Abs. 2).

Leistungs-und Entgeltvereinbarungen:

330   Vereinbarung als öffentlich-rechtlicher Vertrag zwischen dem örtlichen Träger der Jugendhilfe und den in seinem Zuständigkeitsbereich liegenden Einrichtungen, in

denen Leistungen nach § 78 a erbracht werden, zu der Art der Leistung und zu ihren Kosten.

Logopäde:

Angehöriger eines nichtärztlichen Heilberufes, der sich diagnostisch, therapeutisch, wissenschaftlich und sozial mit Störungen der Stimme, der Sprache, des Sprachablaufs und des Gehörs, soweit sich dieses auf die Sprache auswirkt, beschäftigt.

Lokale Agenda 21:

84, 336 Kommunale Zukunftsplanung

Mädchenarbeit:

168 Teil der Jugendarbeit (s. *dort*), der sich spezifisch an Mädchen richtet (vgl. auch *Gender Mainstreaming*).

Mädchenhaus:

Geschützter Wohnraum mit erzieherischer Hilfe für sexuell missbrauchte Mädchen.

Mediation:

131 Vermittelnde Tätigkeit in Streitfällen, insbesondere bei Trennung und Scheidung. Im Mediationsgesetz v. 21.7.2012 geregelt.

Medienpädagogik:

Teilbereich der Erziehungswissenschaft, der sich mit den speziellen erzieherischen Zielen in bezug auf den Umgang mit Medien richtet.

Methoden der Sozialarbeit:

Planmäßige Verfahren (Mittel/Instrumente) zum Erreichen angestrebter Ziele wie beispielsweise Einzelhilfe, Gruppen- und Gemeinwesenarbeit, Supervision, Beratung, Planung.

Minderjähriger:

Person unter 18 Jahren (s. auch *Jugend*).

107 *Minderjährigenschutzabkommen (MSA)*

265 *Mindestunterhalt*

MiStra:

48, 243 Mitteilung in Strafsachen

Mobile Jugendarbeit:

164 Form der Jugendarbeit für bestimmte Zielgruppen.

Monitoring:

Fallbegleitung über Qualitätsmanagement(s.*dort*).

Motivation:

Wecken von Bereitschaft, was teils intrinsisch (von innen heraus), teils extrinsisch (aufgrund äußerer Faktoren) erfolgt.

Mündel:

Person, für die Vormundschaft (s. *dort*) besteht.

Musische Bildung:

167   Teilbereich der kulturellen Bildung (s. *dort*), der musikalische, darstellende und gestaltende Fähigkeiten wecken und fördern soll.

Mutter-/Vater-Kind-Heim:

137   Einrichtung, in der alleinsorgeberechtigte Mütter/Väter Unterkunft und Betreuung (auch schon vor der Geburt des Kindes) erhalten, bis das Kind 6 Jahre alt geworden ist (§ 19).

Nachbetreuung:

215   Im Anschluss an Hilfe für junge Volljährige (s. *dort*) geleistete Hilfe zur Erfolgssicherung

Netzwerk:

s. *Frühe Hilfen*

Neues Steuerungsmodell (NSM):

344   Betriebswirtschaftliche Lehre von der Kundenorientierung der Verwaltung, die in Fachbereichen dem Kunden Produkte anbietet, die nach Zielvereinbarung hergestellt wurden u. einem Controlling unterliegen (s. *dort*).

Nichteheliches Kind:

261   Durch Kindschaftsrechtsreform obsolet gewordener Begriff. Jetzt: Kind, dessen Mutter mit dem Vater zur Zeit der Geburt nicht verheiratet ist (§ 1626 a BGB).

Niedrig/niederschwellige Hilfe:

92, 373   Hilfe, zu der unmittelbar Zugang besteht, also insbesondere ohne Hilfeplanungs- oder Verwaltungsverfahren und ohne Kostenbeteiligung.

Oberste Landesjugendbehörde:

Ministerium des Landes, dem nach Geschäftsordnung der Landesregierung die Aufgabe nach § 82 zugewiesen ist.

Öffentliche Erziehung:

25   Unter der Geltung des Jugendwohlfahrtsgesetzes Oberbegriff für Freiwillige Erziehungshilfe und Fürsorgeerziehung (siehe *dort*).

Öffentliche Träger der Jugendhilfe:

280   s. *Träger der Jugendhilfe.*

Offene Einrichtungen:

163   Einrichtungen (s. *dort*), die von einem in der Regel wechselnden Personenkreis junger Menschen oder Erziehungsberechtigter (s. jeweils *dort*) für einen Teil des Tages benutzt werden. Man unterscheidet Einrichtungen der Jugendarbeit, Spielplätze, Stätten der Elternbildung und Beratungsstellen (s. jeweils *dort*).

Offene Jugendhilfe:

92, 184,   Der Begriff wird als Gegensatz zur stationären Hilfe gebraucht und meint insbeson-
330   dere Jugendhilfemaßnahmen präventiver Artwie Jugendarbeit, Elternbildung, Erziehungsberatung, aber auch einzelne Arten der Hilfe zur Erziehung (s. *dort*) wie Erziehungsbeistandschaft, Betreuung nach der Heimentlassung durch Schutzhelfer (s.
dort). Auch *ambulante Hilfe.*

Ombudsstelle

40-41   Von den Ländern eingerichtete unabhängige Stellen, an die sich junge Menschen
und ihre Familien zur Klärung von Konflikten bei der Wahrnehmung von Aufgaben
nach dem SGB VIII wenden können (§ 9 a).

Opferentschädigungsgesetz:

61   Bietet auf Antrag finanzielle Hilfen für Opfer von Gewalttaten. Zuständig sind (örtlich) die Versorgungsämter und (überörtlich) die Hauptfürsorgestellen(idR beim
überörtlichen Träger der Jugendhilfe; s. *dort*)

Ordnungsgeld:

134   Ordnungsmittel bei Verstoß gegen einen Vollstreckungstitel zur Herausgabe eines
Kindes oder zur Regelung des Umgangs, das vom Familiengericht angeordnet werden kann (§ 89 FamFG). Bleibt es erfolglos, kann als Zwangsmittel zur Vollstreckung unmittelbarer Zwang angeordnet werden.

Ordnungshaft:

134   Sanktionsmittel bei Nichtbeachtung eines Vollstreckungstitels des Familienge-
richts(s. auch *Zwangsgeld*)

Pädagogische Arbeit:

200   Tätigkeit von Fachkräften, die sozialpädagogische, individualpädagogische und
sonderpädagogische Bemühungen umfasst und dem Ziel dient, Entwicklungs- und
Erziehungsschwierigkeiten des jungen Menschen zu vermeiden oder zu überwinden.

Pädagogisch-therapeutische Hilfe:

200   Hilfe bei Gefährdung oder Störung der Entwicklung des jungen Menschen, die ambulant oder teilstationär geleistet wird. Sie umfasst pädagogische, therapeutische
und heilpädagogische (s. *dort*) Arbeit.

Pädagogisch-therapeutisches Heim:

196   Heim (s. *dort*), das den Zweck hat, jungen Menschen Hilfe zur Erziehung zu leisten, wenn eine Gefährdung oder Störung der Entwicklung vorliegt, die nach Art
oder Schwere pädagogisch-therapeutische Hilfe in einer Einrichtung erfordert. Man
unterscheidet sozialpädagogische, sonderpädagogische und heilpädagogische Heime (s. jeweils *dort*).

Pädiater:

Pädiatrie (Sozialpädiatrie):

301   Kinderheilkunde, die das Kind in seinen Wechselwirkungen zu den Personen und
Gegebenheiten der Umwelt erfasst.

Paradigmenwechsel:

44, 45 Aus dem Griechischen (Muster, Beispiel) abgeleiteter Begriff, der (auch) in der Jugendhilfe alle Jahre wieder verwendet wird, um von epochalen Veränderungen zu künden.

Partizipation:

94 Unmittelbare Beteiligung der Betroffenen an Entscheidungsprozessen (vgl. § 8).

131 *Partnerschaftsberatung*

135 *PAS:*

Parentel Alienation Syndrome, dh kompromisslose Zuwendung der Kinder zu einem (guten) Elternteil und Abwendung vom anderen (bösen).

Peergroup:

Verkehrsgruppe der Altersgefährten.

Perinatale Medizin:

Jener Bereich der Geburtshilfe, der sich mit der Phase vor, während und gleich nach der Geburt befasst.

Personensorge:

22, 133, Teil der elterlichen Sorge (s. *dort*), der das Handeln für die Person des Minderjähri-
252 gen (s. *dort*), insbesondere Erziehung und Aufenthaltsbestimmung ist (§ 1626 BGB).

Personensorgeberechtigter:

182, 252 Derjenige, der kraft Gesetzes (Eltern oder gesetzlicher Amtsvormund; s. *dort*) oder aufgrund gerichtlicher Entscheidung (bestellter Vormund oder Pfleger) die Pflicht und das Recht hat, für die Person des Minderjährigen (s. *dort*) zu sorgen; aufgrund gerichtlicher Entscheidung kann sich dieses Recht auch nur auf einzelne Angelegenheiten der Personensorge (zB Aufenthaltsbestimmungsrecht) beziehen (Ergänzungspflegschaft). Auch der Beistand (s. *dort*) ist im Rahmen seines Aufgabenkreises PSB (neben dem Elternteil).

Pflegeerlaubnis:

222 s. *Pflegekinderaufsicht*

Pflegekinder:

21, 191 Minderjährige, die nicht im elterlichen, sondern in einem anderen Haushalt oder im elterlichen Haushalt von anderen Personen als den Eltern betreut werden. Man unterscheidet die Tagespflege (tagsüber oder für einen Teil des Tages) und die Vollpflege (Betreuung über Tag und Nacht). Während die Tagespflege eine Förderungsleistung der Jugendhilfe ist (§ 23), ist die Vollpflege eine Hilfe zur Erziehung (§ 33), setzt also ein Erziehungsdefizit (s. *dort*) voraus. Nach der Dauer des Pflegeverhältnisses unterscheidet man Dauerpflege (Pflegeverhältnis von mehr als 6 Wochen) und vorübergehende Pflege (in Form der Kurzzeitpflege und Wochenpflege). Die Adoptionspflege gem. § 8 AdVermiG bereitet die Annahme als Kind vor und ist daher keine Hilfe zur Erziehung; sie dauert in der Regel ein Jahr. Bei erhöhtem erzieherischem Bedarf und entsprechend höherer Qualifikation der Pflegeeltern spricht man von heilpädagogischen Pflegestellen. Sind mehrere Kinder in einer Pflegestelle, wird diese als Pflegenest oder Großpflegestelle bezeichnet. Kinderdorf ist eine Mehrzahl von Familienpflegestellen.

Pflegekinderaufsicht:

21, 222 Die Tätigkeit des Jugendamtes mit dem Ziel, Pflege und Erziehung des Minderjährigen zu gewährleisten, die sich außerhalb der eigenen Familie in einer Pflegefamilie befinden. Die Pflegekinderaufsicht umfasst vor allem die Erteilung der Pflegeerlaubnis (§ 44). Die Pflegeperson bedarf keiner Erlaubnis, wenn sie das Kind aufgrund einer Vermittlung durch das Jugendamt betreut oder im Rahmen der Tagespflege oder bis zur Dauer von acht Wochen oder im Rahmen der Verwandtenpflege oder im Rahmen der Adoptionspflege. Zur Regelung des Dreiecksverhältnisses zwischen Personensorgeberechtigtem, Pflegeperson und Jugendamt wird ein Pflegevertrag abgeschlossen. Ein Regelungselement ist das Pflegegeld. Bei Tagespflege umfasst es die entstehenden Aufwendungen einschließlich Kosten der Erziehung, bei Vollpflege den gesamten Lebensbedarf einschließlich der Kosten der Erziehung. Das Pflegegeld wird nach Altersgruppen gestaffelt; seine Höhe richtet sich nach Empfehlungen der Landesjugendämter.

Pflegesatz:

330 Früher: Entgelt für in einer Einrichtung des freien Trägers erbrachte Leistung an einen Hilfeempfänger, das vom öffentlichen Träger durch Vereinbarung mit dem freien Träger ausgehandelt wird An seine Stelle ist heute der Leistungs- und Entgeltvertrag nach §§ 78 a-g getreten.

Pflegschaft:

246 Durch gerichtliche Bestellung eines Pflegers angeordnete Hilfe für besondere Angelegenheiten bei einem Fürsorgebedürfnis, so für: Ergänzung der elterlichen bzw. vormundschaftlichen Vertretung, wenn die Eltern bzw. der Vormund an der Besorgung von Angelegenheiten (tatsächlich oder rechtlich) verhindert sind; Fürsorge für Personen und/oder Vermögen bei Vorliegen eines körperlichen und/oder geistigen Gebrechens; Fürsorge für das Vermögen einer Person, deren Aufenthalt unbekannt ist; Wahrung der künftigen Rechte einer Leibesfrucht; Wahrung der Interessen von unbekannten Beteiligten. Das Jugendamt wird aufgrund richterlicher Entscheidung Pfleger, wenn eine als Einzelpfleger geeignete Person nicht vorhanden ist (bestellte Amtspflegschaft).

Pflichtaufgaben (auch bedingte):

304, 314 Unter der Geltung des JWG bezeichnete man die im § 4 JWG genannten Aufgaben als „unbedingte", die in § 5 JWG genannten als „bedingte" Pflichtaufgaben. Die in § 5 genannten Aufgaben mussten vom öffentlichen Träger erst dann erfüllt werden, wenn der freie Träger untätig blieb. Das SGB VIII kennt nur noch den einheitlichen Begriff der Aufgaben, die sich unterscheiden in Leistungen und andere Aufgaben (§ 2). Die Träger der öffentlichen Jugendhilfe (s. *dort*) haben für die Erfüllung dieser Aufgaben die Gesamtverantwortung (s. *dort*).

Plangewährleistungspflicht:

335 Aus dem Vertrauensschutzprinzip (Art. 20, 28 GG) sich ergebende Verpflichtung zur Durchführung einer Planung.

Politische Bildung:

167 Bereich der Jugendarbeit (s. *dort*), der junge Menschen zu demokratischem Denken und Handeln befähigen und ihr Interesse an politischer Beteiligung und Mitarbeit wecken und stärken soll. § 11 Abs. 3 Nr. 1 nennt die politische Bildung als einen Schwerpunkt der Jugendarbeit.

Polizeiliches Führungszeugnis (s. *Führungszeugnis*)

Pränatale Diagnostik:

Erkennung erblicher, körperlicher und geistiger Leiden im vorgeburtlichen Stadium, deren Grundlage die Amniozentese ist, bei der in der 15. oder 16. Schwangerschaftswoche die Gebärmutter punktiert und Fruchtwasser entnommen wird.

Prävention (Prophylaxe):

1. Verhinderung des Auftretens von Störungen (Primärprävention),

2. Verhinderung der weiteren Ausprägung und Verfestigung früherkannter Störungen oder Beeinflussungen ihrer Verlaufsform und -dauer (Sekundärprävention),

3. Milderung der durch Störungen entstandenen Folgen (Tertiäre Prävention).

Als Gegenbegriff zur P. gilt die Repression (s. *dort*).

Privat-gewerbliche Träger:

36, 85, 88 im Unterschied zu einem freien Träger (s.*dort*) nicht gemeinnützig arbeitender Träger

Professionalisierung:

Hinführung einer Tätigkeit zu einem Berufsbild, zB im Bereich der sozialen Hilfeleistungen zu den Berufen des Altenpflegers, Erziehers, Sozialarbeiters.

Projektorientierung (Projektmethode):

Methode der Sozialarbeit (s. *dort*), die ein zeitlich begrenztes Vorhaben zum Kristallisationspunkt eines Bildungsprozesses macht.

Prozesskostenhilfe:

64 Übernahme der Prozesskosten oder Zuschuss zu diesen, wenn die Einkommensgrenzen nach § 115 ZPO nicht überschritten werden.

Psychagoge:

Psychotherapeut (s. *dort*), der sich besonders mit Kindern und Jugendlichen beschäftigt.

Psychagogisches Heim:

Heim (s. *dort*) zur Behandlung von jungen Menschen mit neurotischen Entwicklungen (s. *Sonderpädagogisches Heim* und *Heilpädagogisches Heim*)

Psychiater:

301 Arzt, der sich mit Beschreibung, Entstehung, Verlauf und Behandlung psychischer Störungen (s. *Behinderung*) befasst.

Psychiatrie:

Teilgebiet der Medizin, das sich mit psychischen Störungen befasst.

Psychoanalyse:

Verfahren zur Untersuchung seelischer Vorgänge, mit dem vor allem die unbewusste Bedeutung von Worten, Handlungen und Vorstellungen herausgefunden werden soll.

Psychohygiene:

Gesamtheit aller möglichen vorsorgenden Maßnahmen zur Erhaltung und Förderung geistig-seelischer Gesundheit des einzelnen und der menschlichen Gemeinschaft.

Psychologie:

Wissenschaft von den seelischen Entwicklungen und Grundlagen des Verhaltens eines Menschen.

Psychose:

207 Psychische Störungen (s. *Behinderung*), die mit starken Beeinträchtigungen psychischer Fähigkeiten und Funktionen verbunden sind. Hauptformen sind Schizophrenie und manisch-depressive Erkrankungen.

Psychosomatik:

Zweig der Medizin, der sich mit dem Zusammenhang von körperlichen und seelischen Störungen befasst.

Psychotherapeut:

301 Angehöriger einer Berufsgruppe, die sich unter Zuhilfenahme psychologischer Techniken mit der Behandlung seelischer Störungen (s. *Behinderung*) oder seelisch bedingter Krankheiten befasst. Bislang konnten Nicht-Ärzte nur unter ausschließlicher Verantwortung und Aufsicht von Ärzten oder mit einer Erlaubnis als Heilpraktiker psychotherapeutisch tätig werden. Das Psychotherapiegesetz hat dies geändert. Der Psychologe, der als Psychotherapeut arbeiten will, benötigt eine therapeutische Zusatzausbildung.

Psychotherapie:

Verfahren zur Behebung psychischer und psychisch bedingter Störungen (s. *Behinderung*).

Qualitätsmanagement:

344 Modebegriff aus der Betriebswirtschaft, der die Banalität bezeichnet, dass eine Sache ordentlich zu erledigen ist. Mit BKiSchG eingeführt in § 79 a.

Realbeistand/-pfleger/-vormund:

251, Der mit der Führung der Beistandschaft/Pflegschaft/Vormundschaft beauftragte Mitarbeiter des JA (s. auch *Legalbeistand*).

Rechtsaufsicht:

276, 304 Kontrolle der Rechtmäßigkeit durch übergeordnete Behörde. In der Jugendhilfe als Selbstverwaltungsangelegenheit besteht nur Rechtsaufsicht [durch Regierungspräsidium (Bezirksregierung und Innenministerium), keine Fachaufsicht (s. *dort*).

Rechtsanspruch (im Jugendhilferecht):

126, 314 Subjektives öffentliches Recht, das dem einzelnen einen klagweise durchsetzbaren Anspruch gegen den Träger der öffentlichen Jugendhilfe auf Erbringung einer Leistung gibt. Auch Muss-Leistungen können nur dann eingeklagt werden, wenn ihnen ein subjektives öffentliches Recht zugrunde liegt. Auch bei Kann-Leistungen besteht ein Rechtsanspruch auf Ausübung fehlerfreien Ermessens nur, wenn der Ermessensnorm ein subjektives öffentliches Recht zugrunde liegt.

63 *Rechtsdienstleistungsgesetz:*

Regelt, wem Rechtsberatung erlaubt ist; ersetzt das Rechtsberatungsgesetz.

Rechtsfähigkeit:

Fähigkeit, Träger von Rechten zu sein. Diese Fähigkeit haben natürliche Personen (im Erbrecht schon vor der Geburt) und juristische Personen. Zu unterscheiden hiervon ist die Geschäftsfähigkeit nach dem BGB, die in der Regel erst mit der Volljährigkeit eintritt, und die Handlungsfähigkeit (s. dort).

Rechtshilfe:

Beistandsleistung durch die Gerichte gegenüber anderen Gerichten oder Behörden (s. auch *Amtshilfe*).

Rechtswahrungsanzeige:

378 Schriftliche Mitteilung der Leistungsgewährung an den Kostenpflichtigen (s. *dort*; § 92 Abs. 3).

Regelunterhalt:

265 Mindestbetrag für den Unterhalt (s. *dort*) eines Kindes nach § 1612 a BGB (früher nach Regelbetrag- VO, die seit 2008 außer Kraft ist).

Rehabilitation:

207 Eingliederung oder Wiedereingliederung behinderter oder von Behinderung (s. *dort*) bedrohter Personen in die Gesellschaft, in Arbeit und Beruf. Sie umfasst alle Maßnahmen, die darauf gerichtet sind, körperlich, geistig oder psychisch behinderten Menschen zu helfen, ihre Fähigkeiten und Kräfte zu entfalten und einen angemessenen Platz in der Gemeinschaft zu finden. Die medizinische R. umfasst alle erforderlichen Heilmaßnahmen; die berufliche R. besteht insbesondere in Hilfen zur Erlangung oder Erhaltung eines Arbeitsplatzes, Leistungen an den Arbeitgeber zur Förderung der Eingliederung, Berufsfindung und -vorbereitung wie Umschulung; die soziale R. umfasst ergänzende Leistungen während einer medizinischen oder beruflichen R. einschließlich nachgehender Leistungen zur Erreichung und Sicherung des Rehabilitationszweckes. Regelung im SGB IX.

Religionsmündigkeit:

Befugnis des Minderjährigen (s. *dort*), vom 14. Lebensjahr an selbstständig über das religiöse Bekenntnis zu entscheiden. Ab dem 12. Lebensjahr kann das Kind nicht gegen seinen Willen in einem anderen Bekenntnis als bisher erzogen werden.

Repression:

Unterdrückung. Als Gegenbegriff zur Prävention (s. *dort*) meint R. das Bemühen um die Beseitigung von Störungen.

Resilienz:

49 Eigenkräfte

Retardierung:

Verzögerung in der körperlichen, intellektuellen, charakterlichen und sozialen Reifung, die zurückzuführen ist entweder auf Insuffizienzen oder auf versäumte Gelegenheiten oder auf Deprivationen (s. *dort*).

Rückübertragung:

Übertragung des Unterhaltsanspruchs, der vom Kind auf den Sozialhilfeträger oder die Unterhaltsvorschusskasse (s. *dort*) übergegangen ist, zurück auf das Kind oder seinen Beistand zur gerichtlichen Geltendmachung. In der Jugendhilfe nach Streichung des § 96 nicht mehr möglich.

Säugling:

Kind (s. *dort*) im Alter bis zur Vollendung des ersten Lebensjahres.

Säuglingsheim:

Heim (s. *dort*), das der Pflege und Erziehung gesunder Säuglinge dient.

Scheidungswaise:

131 Kind von Eltern, deren Ehe geschieden worden ist.

Scheineheliches Kind:

261 Mit der Aufhebung der Unterscheidung von ehelichen und nichtehelichen Kindern (s. *dort*) ist auch dieser Begriff entfallen.

Schiedsstelle:

330 In den Ländern durch Rechtsverordnung eingerichtete Stellen zur Regelung von Streitfällen im Zusammenhang mit Leistungs-und Entgeltvereinbarungen(*s.dort*) nach §§ 78 a ff..

Schülerhort:

78 s. *Hort.*

Schule:

53, 58, 77 Auf Dauer angelegte Einrichtung, die bestimmte Erziehungs- und Lernziele verfolgt und in der planmäßiger und systematischer Unterricht erteilt wird. Man unterscheidet folgende Schularten:

- die Grundschule mit Schulkindergarten (s. *dort*),

- die Hauptschule,

- die Realschule,

- das Gymnasium,

- die berufsbildende Schule (s. *dort*),

- das Kolleg,

– die Sonderschule (s. *dort*) mit Sonderschulkindergarten.

Schulstufen sind: die Primarstufe, Sekundarstufe I, Sekundarstufe II. Träger der Schule sind öffentliche (Kommune oder Land) und private.

Schulkindergarten:

Schulart (s. *Schule*) für schulpflichtige (s. *dort*) Kinder, denen die Schulreife ganz oder teilweise fehlt und die infolgedessen im Unterricht der 1. Klasse der Grundschule nicht gefördert werden können. Die Erziehungsarbeit im *S.* ist darauf abgestellt, den Kinder individuelle Hilfen zu bieten, um sie in körperlicher, geistiger und sozialer Hinsicht so zu fördern, dass sie nach einem Jahr in der Grundschule mitarbeiten können.

Schulkinderhaus:

Hort (s. *dort*) an der Grundschule.

Schulpflicht:

Gesetzliche Verpflichtung zum Besuch einer Schule. Sie beginnt mit dem 6. Lebensjahr für alle Kinder, die vor dem 30.06. geboren sind und endet in der Regel nach 12 Schuljahren. Besteht danach noch ein Berufsausbildungsverhältnis, so hat der Auszubildende die Berufsschule bis zu dessen Abschluss zu besuchen.

Schulpsychologischer Dienst:

Einrichtung der Schule (s. *dort*) zur Förderung der pädagogischen Arbeit an den Schulen und der Weiterentwicklung des Schulwesens durch psychologische Erkenntnisse und Methoden. Der *S. D.* hat insbesondere die Aufgabe, Schülern, Eltern und Lehrern bei der Lösung schulischer und erzieherischer Probleme behilflich zu sein, die Schule bei Schulversuchen zu beraten und mit der Schullaufbahnberatung zusammenzuarbeiten.

Schulsozialarbeit:

70, 77, 78, 172 Sozialpädagogische Hilfe zur Bewältigung schulspezifischer Probleme als Form der Jugendsozialarbeit (s. *dort*). Teilweise wird der Begriff aber auch verstanden als hauptamtliche Mitarbeit von Sozialarbeitern/Sozialpädagogen (s. *dort*) in der Schule.

Schutzaufsicht:

188 Vorläufer der Erziehungsbeistandsschaft (s. *dort*), wobei allerdings das RJWG die Möglichkeit einer freiwilligen Vereinbarung *S.* nur am Rande erwähnte und die gerichtliche Anordnung in den Vordergrund stellte.

Schutzauftrag:

45, 146, 234 Zusammenfassende Bezeichnung für sich aus dem Wächteramt (s. *dort*) ergebenden Pflichten, die das JA bei Anhaltspunkten für eine Kindeswohlgefährdung hat (§ 8 a und BKiSchG

Schutzhilfe:

199 Form einer Hilfe zur Erziehung (s. *dort*). Sie ist eine intensive sozialpädagogische Hilfe, die in der Regel mit einer Unterbringung des Minderjährigen außerhalb des Elternhauses (Pflegestelle, Jugendwohnheim, möbliertes Zimmer, Wohnung oder

Wohngemeinschaft, jedoch nicht Erziehungsheim; s. *dort*) verbunden ist. Rechtliche Grundlage ist § 35.

Schweigepflicht:

354 Pflicht zur Geheimhaltung berufliche erworbenen Wissens für bestimmte Berufsgruppen, die mit einer Strafsanktion bedroht ist (§ 203 Abs. 1 StGB). Danach unterliegen Sozialarbeiter/Sozialpädagogen, Berater und Psychologen dieser Schweigepflicht. Darüber hinaus besteht eine Schweigepflicht für alle Mitarbeiter in der persönlichen und erzieherischen Hilfe (allerdings ohne strafrechtliche Sanktion) nach § 65. Alle Amtsträger (Beamte, Angestellte, Arbeiter im öffentlichen Dienst) trifft aber die Strafsanktion des § 203 Abs. 2 StGB, wenn sie beruflich erworbenes Wissen weitergeben, ohne dass dies der Erfüllung einer öffentlichen Aufgabe dient. Beamte sind darüber hinaus von disziplinarrechtlichen Sanktionen nach den Landesbeamtengesetzen bedroht. § 4 KKG ist eine Befugnisnorm zur Durchbrechung der Schweigepflicht.

Schwerbehinderter:

Person, bei der ein Grad der Behinderung von wenigstens 50 % vorliegt, sowie Gleichgestellte nach § 2 Abs. 3 SGB IX.

Segregation:

Aufteilung von Individuen nach Hautfarbe, Konfession, Geschlecht, Status ua Merkmalen, die sich in der Art der Zugangsmöglichkeiten zu öffentlichen Einrichtungen niederschlägt.

Selbstbeschaffung:

35, 51, 88, 89 Anspruchsberechtigter verschafft sich eine Leistung bei einem Leistungserbringer selbst, der danach die Kosten mit dem Leistungsträger abrechnet.*S.* ist nur in den Grenzen des § 36 a Abs. 2 und 3 möglich.

Selbstmelder:

218 Jugendlicher, der das JA um Inobhutnahme nach § 42 Abs. 1 S. 1 Nr. 1 bittet. Früher: Person, die unmittelbar beim freien Träger Hilfe erbittet.

Selbstverpflichtung:

51, 54 Einseitige förmliche Erklärung des freien Trägers zur Gewährleistung des Kinderschutzes.

Selbstverwaltetes Jugendzentrum:

s. *Jugendzentrum.*

Sexueller Missbrauch:

s. *Kindesmisshandlung*

Sicherstellungsvereinbarung:

35, 51, 300, 356 Vertrag zwischen öffentlichem und freiem Träger, mit dem für den öffentlichen Träger geltende gesetzliche Regelungen auf den freien Träger übertragen werden, zB nach §§ 8 a, 61, 72 a.

Sonderpädagogisches Heim:

Pädagogisch-therapeutisches Heim (s. *dort*) zur Behandlung von Lernbehinderten (s. *Behinderte*) mit schwerwiegenden Verhaltensproblemen.

Sonderschulen:

Schulart (s. *Schule*), die der Erziehung und Bildung von behinderten Kindern (s. *Behinderung*) dient. *S.* können für Blinde, Gehörlose, geistig Behinderte, Körperbehinderte, Lernbehinderte, Schwerhörige, Sehbehinderte, Sprachbehinderte und Verhaltensbehinderte eingerichtet werden.

Sorgeerklärung:

252, 262 Erklärung von Mutter und Vater eines Kindes, die nicht miteinander verheiratet sind, die elterliche Sorge gemeinsam auszuüben (§ 1626 a Abs. 1 Nr. 1 BGB).

Sozialarbeit:

Umsetzung der Sozialpolitik (s. *dort*) in soziale Dienstleistungen mit dem Ziel, das soziale, geistige und leibliche Wohlbefinden des Menschen bestmöglich zu fördern. *S.* versucht zu erkennen, wo Konfliktmöglichkeiten zwischen dem einzelnen oder Gruppen oder ihrer Umwelt liegen; sie will helfen, Individuen, Gruppen und Umwelt so zu verändern, dass Konflikte vermieden werden. *S.* will in den Individuen, Gruppen und im Gemeinwesen die schöpferischen Kräfte und Möglichkeiten stärken. *S.* will schließlich Individuen und Gruppen bei der Lösung sozialer Probleme helfen, die das Resultat gestörten Gleichgewichts zwischen Individuum oder Gruppen und ihrer Umwelt sind. Die Arbeitsfelder der *S.* sind vor allem Sozialhilfe, Jugendhilfe, Gesundheitshilfe und Straffälligenhilfe. Träger sind freie und öffentliche. Methoden der *S.* sind: Einzelfallhilfe, Gruppenarbeit und Gemeinwesenarbeit (s. jeweils *dort*).

Sozialarbeiter:

301 Angehöriger einer Berufsgruppe, der im Bereich der Sozialhilfe, der Gesundheitshilfe, der Straffälligenhilfe, aber auch in einigen Feldern der Jugendhilfe (Allgemeiner Sozialdienst, Hilfe zur Erziehung, Jugendgerichtshilfe, Familiengerichtshilfe, Betreuung gefährdeter Jugendlicher, Adoptionsvermittlung) tätig ist. Der Begriff ersetzt den des „Wohlfahrtspflegers".

Sozialdatenschutz:

27,
354-372 Schutz personenbezogener Daten im Sozialleistungsbereich. Der Schutzbereich wird definiert in § 35 SGB I, die Eingriffsbefugnisse ergeben sich aus §§ 67 a – 75 SGB X. Für die Jugendhilfe finden sich Erweiterungen des Schutzbereiches und Einschränkungen der Eingriffsbefugnisse in den §§ 61–68. Danach erstreckt sich der *S.* auf die Erhebung und Verwendung (Verarbeitung und Nutzung) personenbezogener Daten in Akten und in Dateien.

Sozialeinkommen:

Im Gegensatz zum Arbeitseinkommen Einkommensleistungen aus Einrichtungen der sozialen Sicherung (s. *dort*).

Soziale Dienste:

s. *Dienste* und *Sozialdienst*.

Soziale Gruppenarbeit:

187   Art der Hilfe zur Erziehung (s. *dort*) für ältere Jugendliche, die soziales Lernen in der Gruppe fördert. Rechtsgrundlage ist § 29.

Soziale Rechte:

8   Im Sozialgesetzbuch (s. *dort*) genannte Leistungsbereiche: Bildungs- und Arbeitsförderung, Sozialversicherung, soziale Entschädigung bei Gesundheitsschäden, Minderung des Familienaufwands, Zuschuss für eine angemessene Wohnung, Jugendhilfe, Sozialhilfe, Eingliederung behinderter Menschen. Aus den sozialen Rechten können Ansprüche nur insoweit abgeleitet werden, als deren Voraussetzungen in den Besonderen Teilen des SGB bestimmt sind (s. auch *Sozialrecht*).

Soziale Sicherung:

Bereich innerhalb des Sozialleistungssystems, der das allgemeine System der Rentenversicherung, der Kranken- und Pflegeversicherung, der Unfallversicherung, der Arbeitsförderung und Sondersysteme umfasst.

Sozialer Brennpunkt:

173   Wohngebiet, in dem die Sozialisation (s. *dort*) beeinträchtigende Faktoren kumulativ auftreten (zB Obdachlosenunterkünfte, Sanierungsgebiete, aber auch Neubausiedlungen).

Soziales Lernen:

Lernen durch Wirkungen der sozialen Umwelt, durch das der Mensch an die Normvorstellungen der Gesellschaft angepasst wird.

Sozialgeheimnis:

s. *Sozialdatenschutz*.

Sozialgesetzbuch:

32   Zusammenfassung des in Einzelgesetzen verstreuten Sozialrechts (s. *dort*) in einem Gesetzeswerk (Kodifikation). Dieses Werk umfasst 12 Bücher, eines davon (SGB VIII) ist die Jugendhilfe.

Sozialhilfe:

80   Durch Rechtsanspruch gesicherte Hilfe nach dem SGB XII für denjenigen, der sich selbst nicht helfen kann, mit dem Ziel, die Führung eines menschenwürdigen Lebens zu sichern. Sie umfasst Hilfe zum Lebensunterhalt, Grundsicherung für Erwerbsunfähige und Alte und Hilfen in unterschiedlichen Lebenslagen. Sie wird geleistet als persönliche Hilfe, als Geld- oder Sachleistung. Leistungsträger sind die öffentlichen Träger (Gebietskörperschaften) und die Träger der freien Wohlfahrtspflege. Maßgebliche Grundsätze sind Subsidiarität und Individualität der Hilfeleistung. Vorrangig ist bei Erwerbsfähigen die Sicherung des Lebensunterhalts nach dem SGB II.

Sozialisation:

Prozess, in dessen Verlauf der Mensch zum Mitglied einer Gesellschaft und Kultur wird. Im Unterschied zum Begriff der „Erziehung" umfasst *S.* nicht nur pädagogische Einflüsse, sondern auch alle sonstigen Möglichkeiten der Beeinflussung und Persönlichkeitsbildung („heimliche Miterzieher"). Man unterscheidet 3 Phasen der

S.: primäre (basale) S. (im Kleinkindalter; s. *dort*), sekundäre S. (ab 4 Jahre), tertiäre S. (Jugendalter).

Von anderen wird S. im Unterschied zu Individuation (s. *dort*) als Einpassung des Individuums in die Gesellschaft verstanden.

Sozialisationsagenturen:

Einrichtungen, die die Sozialisation (s. *dort*) vermitteln (zB Familie, Einrichtungen der schulischen und beruflichen Bildung sowie der Jugendhilfe).

Sozialleistung:

217 Im System des Sozialgesetzbuches sind *S.* die in ihm vorgesehenen Dienst-, Sach- und Geldleistungen als Gegenstand der sozialen Rechte (s. *dort*). Die persönliche und erzieherische Hilfe wird dabei den Dienstleistungen zugerechnet. Zur Antragstellung und Entgegennahme von Sozialleistungen sind auch Minderjährige ab Vollendung des 15. Lebensjahres berechtigt, sofern der gesetzliche Vertreter nicht schriftlich widerspricht (§ 36 SGB I).

Sozialpädagoge:

301 Angehöriger einer Berufsgruppe, der im Bereich der Jugendhilfe vorwiegend mit der Wahrnehmung von familien- und schulergänzenden Erziehungs- und Bildungsaufgaben (zB Erziehung in Tageseinrichtungen, Jugendarbeit; s. jeweils *dort*) betraut ist (s. auch *Sozialarbeiter*). Wegen der Schwierigkeit, spezifische Aufgabenfelder dem Sozialpädagogen einerseits und dem Sozialarbeiter andererseits zuzuordnen, gibt es an den Hochschulen für Sozialwesen i einen einheitlichen Ausbildungsgang.

Sozialpädagogische Arbeit:

Tätigkeit von Fachkräften mit dem Ziel der Leistung sozialpädagogischer Hilfe (s. *dort*).

Sozialpädagogische Familienhilfe:

189 Art der Hilfe zur Erziehung (s. *dort*), die von einer sozialpädagogischen Fachkraft in einer Familie zu deren Unterstützung geleistet wird. Rechtsgrundlage ist § 31.

Sozialpädagogische Hilfe:

Gezielte Hilfe im Sozialisationsprozess (s. *dort*) junger Menschen zur Vermeidung und Überwindung von Sozialisationskonflikten und den darauf beruhenden Entwicklungs- und Erziehungsschwierigkeiten.

Sozialpädagogisches Heim:

Pädagogisch-therapeutisches Heim (s. *dort*) zur Behandlung von jungen Menschen mit Problemen in ihren Beziehungsfeldern.

Sozialpädiatrie:

s. *Pädiatrie*

Sozialpädiatrisches Zentrum:

79 Klinische Einrichtung der Frühförderung (s. *dort*), die kinderärztlich geleitet wird und interdisziplinär ambulant arbeitet. Sie dient der besonders qualifizierten Diagnostik und in besonderen Fällen der sozialpädiatrischen Behandlung behinderter oder von Behinderung bedrohter Kinder.

Sozialplanung:

333   Im *weiteren* Sinn: Der Teil der gesamtpolitischen Planung, der sich auf die Sozialpolitik (s. *dort*) bezieht und Bedürfnisse, Lebenslagen und Probleme der Menschen erfasst, Schwächen ermittelt und die zukünftige Entwicklung prognostizieren soll (Sozialbericht der Bundesregierung).

Im *engeren* Sinn: Das vorausschauende, systematisierte, formalisierte, gemeinsame Bemühen der Träger der Sozialarbeit (s. *dort*), optimale Hilfemöglichkeiten für die Adressaten der Sozialarbeit zu schaffen. Systematisch ist Sozialplanung in engerem Sinne Teil der Stadt- (Kreis-) Entwicklungsplanung und umfasst Jugendhilfeplanung und Sozialhilfeplanung. Wesentliche Bestandteile sind: Zielkatalog, Bestandsaufnahme, Bedarfsermittlung, Durchführungsplanung, Erfolgskontrolle und Fortschreibung. Die Planungsverantwortung liegt aufgrund der Gesamtverantwortung (s. *dort*) beim öffentlichen Träger. Die Notwendigkeit der Planungsbeteiligung der freien Träger ergibt sich aus dem Subsidiaritätsprinzip (s. *dort*) und aus gesetzlichen Bestimmungen im SGB XII und in § 80 iVm § 71.

Im *weitesten* Sinn: Ersetzung des Zufalls durch Irrtum.

Sozialpolitik:

Politik zur Verwirklichung des Sozialstaatsprinzips, dh der sozialen Gerechtigkeit. Wegen der zunehmenden Bedeutung der Prävention (s. *dort*) für sozialpolitische Maßnahmen ist der Übergang zum Begriff der Gesellschaftspolitik fließend.

Sozialpsychiatrie:

Zweig der Psychiatrie (s. *Psychiater*), der den Einfluss von sozialen Faktoren auf die Entstehung, den Verlauf, die Häufigkeit und die Heilung von Geisteskrankheiten untersucht.

Sozialrecht:

8   S. ist der Teil des öffentlichen Rechts, der der Verwirklichung sozialer Gerechtigkeit und sozialer Sicherheit dient. *S.* umfasst Vorsorge (Sozialversicherung), Ausgleich (Sozial- und Jugendhilfe, Ausbildungsförderung, Wohngeld, Familienleistungsausgleich) und Entschädigung (Kriegsopferversorgung, Lastenausgleich, Entschädigung bei Gesundheitsschäden und für Opfer von Gewalttaten). Es ist im wesentlichen kodifiziert im Sozialgesetzbuch (s. *dort*).

Sozialwissenschaften:

Sammelbezeichnung für die Soziologie und Sozialpsychologie, aber auch die Volkswirtschaft, Rechtswissenschaft und Politikwissenschaft.

Soziose:

Psychohygienisch bedeutsame Störung der kindlichen Entwicklung (s. *Psychohygiene*).

Spruchstelle für Fürsorgestreitigkeiten:

385   Schiedsstelle, die bei Streitigkeiten in Kostenerstattungsfällen (s. *dort*) nach der Fürsorgerechtsvereinbarung (s. *dort*)angerufen werden kann.

Stadtranderholung:

167 Maßnahme der örtlichen Kinder- und Jugenderholung (s. *dort*), bei der die Kinder abends in die elterliche Wohnung zurückkehren.

Stationäre Hilfen:

184 Allgemein: Hilfe in Heimen (Gegenbegriff: *offene Hilfe*; s. *dort*).

Im Sinne der Jugendhilfe: Solche Jugendhilfeleistungen, bei denen der Jugendliche auf Dauer oder nur vorübergehend seinen Lebensmittelpunkt außerhalb der eigenen Familie begründet wie zB in Heimen, Pflegefamilien, Wohngemeinschaften.Ist er dort nicht über Tag und Nacht, sondern nur für einen Teil des Tages oder der Nacht untergebracht, spricht man von teilstationärer Hilfe.

Steuerungsverantwortung:

89 S. verlangt, dass eine Leistung nur gewährt wird, wenn der öffentliche Träger in einem Verwaltungsverfahren über die Leistung entschieden hat (§ 36 a Abs. 1).

Stiefkinder:

Kinder, die nur mit einem der Elternteile leiblich verwandt, mit dem anderen im ersten Grade verschwägert sind. Es kann sich um leibliche Kinder aus einer früheren, durch Tod oder Scheidung aufgehobenen Ehe oder um adoptierte Kinder des Elternteils handeln.

Stigmatisierung:

Zufügung auffälliger Merkmale.

Strafmündigkeit:

Strafrechtliche Verantwortlichkeit. Kinder (s. *dort*) sind strafrechtlich nicht verantwortlich (§ 1 Abs. 1 JGG). Jugendliche (s. *dort*) sind strafrechtlich dann verantwortlich, wenn sie zur Zeit der Tat nach ihrer sittlichen und geistigen Entwicklung reif genug sind, das Unrecht der Tat einzusehen und nach dieser Einsicht auch zu handeln (§ 3 JGG). Als Folgen einer Straftat eines Jugendlichen können Erziehungsmaßregeln, Zuchtmittel oder Jugendstrafe angeordnet werden. Erziehungsmaßregeln und Zuchtmittel können auch nebeneinander angeordnet werden. Erziehungsmaßregeln sind: Die Erteilung von Weisungen und Hilfe zur Erziehung. Zuchtmittel sind: Verwarnung, Auferlegung besonderer Pflichten, Jugendarrest. Die Jugendstrafe ist ein Freiheitsentzug in einer Jugendstrafanstalt; ihr Mindestmaß beträgt 6 Monate, ihr Höchstmaß 5 Jahre. Über Verfehlungen Jugendlicher entscheiden die Jugendgerichte (s. *dort*). Im gesamten Verfahren gegen einen Jugendlichen ist die Jugendgerichtshilfe (s. *dort*) heranzuziehen.

Streetworker:

164 Sozialpädagogische Fachkraft, die im vorbeugenden Jugendschutz (s. *dort*) an Treffpunkten von Jugendlichen tätig ist.

Subjektives öffentliches Recht:

s. *Rechtsanspruch.*

Subsidiaritätsprinzip:

8, 16, 81,   Gesellschaftspolitischer Grundsatz, der – aus dem Solidaritätsprinzip der katholi-
323   schen Soziallehre folgend – die Zuständigkeit des einzelnen und der kleineren Ge-
                 meinschaft (Familie, freie Träger – s. *dort*) vor der größeren (Kommunen, Land,
                 Bund) fordert, um damit Eigenverantwortlichkeit und Selbstbestimmung des einzel-
                 nen, personennahe Hilfeleistung, Wahlrecht des Hilfeempfängers und gesellschaftli-
                 che Pluralität in einer staatsfreien Sphäre zu ermöglichen. Das *S.* fordert sowohl das
                 Zurücktreten der größeren Gemeinschaft als auch deren Eintreten zur Förderung der
                 kleinen Einheit mit „hilfreichem Beistand".

Inhaltlich ist das *S.* als Rechtsgrundsatz normiert in § 5 SGB XII und in § 4; außerdem als europapolitisches Prinzip in Art. 23 Abs. 1 GG.

Subventionierung:

317   s. *Finanzierung*

Sucht:

Zwanghaft gewordener Missbrauch von Drogen (s. *dort*) zur Erzeugung eines erwünschten psychischen Zustandes.

Supervision:

199   Fachaufsicht (s. *dort*) im Sinn von Praxisanleitung für Sozialarbeiter und Sozialpäd-
                 agogen.

Symptom:

Organisches oder psychisches Merkmal, das auf einem veränderten Funktionszu-
stand hinweist.

Syndrom:

Alle eine Krankheit umfassenden Symptome (s. *dort*), die in regelmäßiger Verbindung miteinander auftreten.

Täter-Opfer-Ausgleich (TOA):

185, 243   Sanktion des Jugendgerichts (s. *dort*) im Rahmen einer Weisung als Erziehungs-
                 maßregel. Außerdem im Rahmen einer HzE (s. *dort*) möglich.

Tagesbetreuung:

34, 140,   Betreuung von Kindern tagsüber in Tageseinrichtungen oder in Kindertagespflege.
143, 279

Tageseinrichtung:

140   Einrichtung (s. *dort*), die für einen bestimmten Teil des Tages regelmäßig dem Auf-
                 enthalt von Kindern oder Jugendlichen zum Zweck ergänzender Pflege, Erziehung
                 und Bildung dient. Man unterscheidet Tagesstätten (s. *dort*) und Tagheime (s. *dort*).

Tagesmutter:

144   s. *Pflegekinder.*

Tagespflege (Kindertagespflege):

19, 142   Betreuung des Kindes in den ersten Lebensjahren durch eine Tagespflegeperson. Rechtsgrundlage ist § 23.

Tagesstätte:
(für Kinder):

140   Tageseinrichtung (s. *dort*) in Form von Kinderkrippe und Krabbelstube für Kleinstkinder, Kindergarten für Kleinkinder und Hort für schulpflichtige Kinder.

Tagheim:
(für Kinder):

141   Gemeinsame Tageseinrichtung (s. *dort*) für Säuglinge, Kleinstkinder, Kleinkinder und Kinder im schulpflichtigen Alter (s. jeweils *dort*), deren Eltern erwerbstätig sind oder deren Erziehung im Elternhaus gestört ist. Auch Kinderhaus.

Tatsächlicher Aufenthalt:

31, 96,   Im Unterschied vom gewöhnlichen Aufenthalt (s. *dort*) der Ort, an dem sich jemand
384   körperlich aufhält. Er ist Anknüpfungspunkt für die örtliche Zuständigkeit der Sozialhilfeträger, während für die Jugendhilfeträger der gewöhnliche Aufenthalt der Eltern Anknüpfungspunkt ist (§ 86). Der tatsächliche Aufenthalt eines Kindes ist nur ausnahmsweise für die örtliche Zuständigkeit ausschlaggebend, nämlich für vorläufige Maßnahmen (§ 86 d, § 87).

Teilnahmebeitrag:

374   Kostenbeteiligung (s. *dort*) in einer privatrechtlich organisierten Einrichtung.

Teilstationäre Hilfe:

184   s. *stationäre Hilfe*

Therapeutische Arbeit:

200   Tätigkeit von Fachkräften mit dem Ziel der Beeinflussung körperlicher sowie geistig- seelischer Behinderung (s. *dort*) sowie sonstiger psycho-sozialer Zustände und Entwicklungsprozesse.

Träger der Jugendhilfe:

280   Man unterscheidet Träger der öffentlichen von Trägern der freien Jugendhilfe. Öffentliche Träger sind Gebietskörperschaften, die aufgrund des SGB VIII Jugendämter und Landesjugendämter zu errichten haben oder (bei Gemeinden) errichten können. Man unterscheidet die örtlichen Träger der Jugendhilfe (Landkreise, Stadtkreise und kreisangehörige Städte mit eigenem Jugendamt) und den überörtlichen Träger (das Bundesland, das die Aufgaben der Jugendhilfe auch auf mehrere Landesjugendämter übertragen kann, oder Kommunalverband höherer Ordnung). Nicht Träger der öffentlichen Jugendhilfe, aber Träger von Jugendhilfeeinrichtungen sind die Gemeinden ohne eigenes Jugendamt, die nach Landesrecht einzelne Aufgaben nach dem SGB VIII erfüllen (zB mit Einrichtungen wie, Haus der Jugend, Beratungsstellen). Kein Träger ist die oberste Landesjugendbehörde (s. *dort*).

Träger der freien Jugendhilfe sind gemeinnützige Vereinigungen, die auf dem Gebiet der Jugendhilfe tätig sind. Unter den Voraussetzungen des § 75 können sie als Träger der freien Jugendhilfe anerkannt werden. Dafür kommen vor allem Jugendverbände und sonstige Jugendgemeinschaften in Betracht. Kraft Gesetzes anerkannte Träger der freien Jugendhilfe sind die Kirchen und Religionsgemeinschaften des öffentlichen Rechts sowie die Verbände der freien Wohlfahrtspflege (s. *dort*). Keine freien Träger sind die privat-gewerblichen Träger (s. *dort*).

131 *Trennungs-und Scheidungsberatung*

Übergangsheim:

Heim (s. *dort*), in dem der zur Jugendstrafe Verurteilte räumlich getrennt von der Jugendstrafanstalt im Rahmen des Strafvollzugs die letzte Stufe vor der Entlassung in größtmöglicher Freiheit verbringt (sogenanntes Überleitungsheim). Ü. bezeichnet aber auch ein Wohnheim, in dem der Entlassene im Rahmen der Strafentlassenenfürsorge nach der vorläufigen oder endgültigen Entlassung zunächst untergebracht wird, entweder weil ihm zum Tage der Entlassung keine geeignete Unterkunft oder Arbeit nachgewiesen werden konnte oder weil die lose Aufsicht eines solchen Heimes als Lebenshilfe für ihn noch wünschenswert ist.

Übergangspflegestelle:

Kurzzeitpflegestelle (s. *Pflegekinder*) bei vorübergehendem Ausfall der Eltern.

Überleitung:

Rechtswirkung der Überleitungsanzeige (s. *dort*).

Überleitungsanzeige:

373, 382 VA, mit dem Anspruch des Kostenpflichtigen (s. *dort*) auf den Träger der Jugendhilfe übergeht (§ 95).

Überleitungsheim:

s. *Übergangsheim.*

Überörtlicher Träger:

s. *Träger der Jugendhilfe.*

Umgangspfleger:

135, 267, 263 Ergänzungspfleger (*s.dort*),der vom Familiengericht in Umgangskonflikten bestellt wird.

Umgangsrecht:

134, 263 Recht des Kindes auf Umgang mit den Umgangsberechtigten und umgekehrt (§§ 1684, 1685 BGB).

Unbegleitete Minderjährige(Flüchtlinge/Ausländer):

109 Ausländische Kinder und Jugendliche, die ohne Personensorgeberechtigten in Deutschland ankommen und nach § 42 Abs. 1 S. 1 Nr. 3 und § 42 a vom JA in Obhut genommen werden müssen.

105 *UN-Kinderkonvention*

Unterhaltsanspruch:

251, 264, 265 Durch Entrichtung einer Geldrente, deren Höhe sich nach der Lebensstellung des Bedürftigen und dem gesamten Lebensbedarf richtet, zu gewährende Leistung im Verhältnis zwischen in gerader Linie Verwandten (§§ 1601 ff. BGB), Ehegatten

(§ 1360 BGB), Geschiedenen (§ 1569 BGB), getrennt Lebenden(§ 1361), eingetragenen Lebenspartnern (§ 5 LPartG), wenn jemand sich nicht selbst unterhalten kann. Auch nach Eintritt der Volljährigkeit oder nach Verheiratung sind Eltern ihren Kindern gegenüber (ebenso wie umgekehrt) unterhaltspflichtig, soweit die Kinder noch in der Ausbildung stehen und sich nicht aus eigenen Mitteln unterhalten können. Die Volljährigkeit bzw. Eheschließung ändern jedoch Maß und Art des Unterhalts. Die Höhe des Unterhalts beträgt mindestens den Regelunterhalt, das ist der zum Unterhalt eines in der Pflege seiner Mutter befindlichen Kindes bei einfacher Lebenshaltung im Regelfall erforderliche Betrag (Regelbedarf) abzüglich Kindergeld (s. *dort*). Als Betreuungsunterhalt kann der Unterhalt auch natural geleistet werden.Die Mutter eines Kindes hat gegen dessen Vater einen Anspruch auf Betreuungsunterhalt, wenn wegen der Erziehung des Kindes eine Erwerbstätigkeit nicht erwartet werden kann (§ 1615 l Abs. 2 S. 2 BGB).

Unterhaltsvorschusskasse:

216   Hilfe der öffentlichen Hand für alleinerziehende Elternteile in der Form, dass in der Regel das Jugendamt auf bestehende Unterhaltsansprüche Vorschüsse zahlt (im Unterschied zu Unterhaltsersatzkasse). Zur Sicherung des Unterhalts von Kindern alleinstehender Mütter und Väter gibt das Unterhaltsvorschussgesetz des Bundes Ansprüche auf Unterhaltsleistungen (Unterhaltsvorschuss oder Unterhaltsausfallleistung).

261   *Vaterschaftsanfechtung*

Vereinsbeistandschaft:

247   Beistandschaft (s. *dort*) durch Verein, wenn Landesrecht die Übertragung zuläßt.

Vereinsvormundschaft:

247   Tätigkeit als Vormund durch einen vom Landesjugendamt für geeignet erklärten rechtsfähigen Verein (s. *Vormundschaft*).

Verfahrensbeistand:

267   vom Familiengericht in Kindschafts-, Abstammungs-, Adoptionssachen bestellter Interessensachwalter des Kindes.

Verfahrenslotse

40-41   Begleitung und Unterstützung behinderter junger Menschen und ihrer Eltern zur Wahrnehmung ihrer Rechte(§ 10 b)

Verfahrenspfleger:

267   vom Betreuungsgericht in Betreuungs- und Unterbringungssachen bestellter Interessensachwalter

Verhaltensstörung:

Störung im psycho-sozialen Verhalten aufgrund organischer Schädigung oder wegen eines negativen Erziehungsmilieus (s. auch *Behinderung*).

Vermögenssorge:

254   Teil der elterlichen Sorge (s. *dort*), der die Erhaltung, Verwertung und Vermehrung des Vermögens des Minderjährigen umfasst (§ 1626 BGB).

Versorgungsamt (s.Opferentschädigungsgesetz)

Verwahrlosung:

Form dissozialen Verhaltens (s. *dort*), die sich als Entwicklungsschädigung darstellt, dh, eine dauerhafte und sich auf die Gesamtpersönlichkeit erstreckende Abweichung von der sozialen Norm ist. Dabei lassen sich soziale, personale und körperliche Störungen unterscheiden. Ist die Störung noch erzieherisch zu beeinflussen, kommt eine Hilfe zur Erziehung (§ 27) in Betracht. Liegt sie tiefer und erreicht einen Zustand erheblicher, fachärztlich nachweisbarer, geistiger oder seelischer Regelwidrigkeit, so kann Eingliederungshilfe für Behinderte (s. *dort*) in Betracht kommen. Für Jugendliche wird diese vom Träger der Jugendhilfe geleistet, soweit es sich um eine seelische Behinderung handelt.

Verwaltungsakt:

346 Hoheitliche Maßnahme einer Behörde auf dem Gebiet des öffentlichen Rechts zur Regelung eines Einzelfalls mit Außenwirkung(§ 31 SGB X).

Verwaltungsverfahren:

346 Verfahren zum Erlass eines Verwaltungsaktes (s. *dort*) oder zum Abschluss eines öffentlich-rechtlichen Vertrages (§ 8 SGB X).

144, 191, *Verwandtenpflege*
201

Verwandtschaft:

Auf blutsmäßiger Abstammung beruhende Verbindung mehrerer Personen, wobei sich der Grad der *V.* nach der Zahl der sie vermittelnden Geburten bestimmt. Darüber hinaus begründet die Adoption (s. *dort*) die *V.*

Vollzeitpflege:

191 Art der Hilfe zur Erziehung (s. *dort*), die befristet oder auf Dauer in einer anderen Familie geleistet wird, im Unterschied zur Tagespflege (s. *dort*) über Tag und Nacht. Rechtsgrundlage ist § 33.

Vormundschaft:

246 Vermögenssorge und gesetzliche Vertretung in Angelegenheiten der Personensorge (auch tatsächliche Personensorge) dann, wenn die elterliche Sorge (s. *dort*) entzogen ist oder für einen Minderjährigen, der nicht unter elterlicher Sorge steht. Der Vormund wird vom Familiengericht bestellt (bestellte Vormundschaft) oder es tritt Vormundschaft kraft Gesetzes ein (gesetzliche Amtsvormundschaft) mit der Geburt eines Kindes, dessen Mutter minderjährig und mit dem Vater nicht verheiratet ist. Ist kein geeigneter Einzelvormund vorhanden, kann das Jugendamt zum Vormund bestimmt werden (bestellte Amtsvormundschaft). Der Kontrolle einer Vormundschaft dient die Gegenvormundschaft.

Vormundschaftsgericht:

232 Amtsgericht in seiner Zuständigkeit für Vormundschafts- und Adoptionssachen; ist mit dem FGG-Reformgesetz seit 1.7.2009 abgeschafft und durch das Familiengericht ersetzt worden.

Wächteramt

15, 35, 45, Verpflichtung des Staates aus Art. 6 Abs. 2 S. 2 GG, über Betätigung des Eltern-
234 rechts (s. *dort*) zu wachen.

Widerspruch:

352 Rechtsbehelf gegen Verwaltungsakt (s. *dort*).

Wirtschaftliche Jugendhilfe:

202, 395 Finanzielle Leistung der Jugendhilfe, die eine erzieherische Leistung notwendig
voraussetzt (zB Pflegegeld bei einer Hilfe zur Erziehung). Außerdem die Heranziehung zu den Kosten der Hilfe.

Wochenpflege:

s. *Vollzeitpflege.*

Wohl des Kindes:

40, 45 Zentraler, aber unbestimmter Rechtsbegriff als Erziehungsziel iSd § 1

Wohlfahrtsverbände:

s. *freie Wohlfahrtspflege.*

Wohnheim für Kinder und Jugendliche:

173, 196 Heim (s. *dort*), das den Zweck hat, Kindern und Jugendlichen, die sich in einer
Schul- oder Berufsausbildung oder Beschäftigung außerhalb des Wohnortes der Eltern befinden und deshalb mit ihnen nicht in häuslicher Gemeinschaft leben können, wohnungsmäßige Unterkunft, Verpflegung und Begleitung der Erziehung zu
leisten. Solche Heime sind: Schülerwohnheime, Internate, Ausbildungsheime, Jugendwohnheime (s. *dort*) ua.

Wunsch- und Wahlrecht:

87, 282 Recht des PSB zwischen Einrichtungen zu wählen und Wünsche zur Gestaltung der
Hilfe zu äußern (§ 5).

Zentrale Adoptionsstelle:

Einrichtung beim Landesjugendamt, die besetzt ist mit einem Kinderarzt/Kinder-
psychiater, einem Psychologen, einem Juristen sowie einem Sozialarbeiter/Sozial-
pädagogen und die folgenden Aufgaben hat: fachliche Beratung der Adoptionsver-
mittlungsstellen (s. *dort*), Mitwirkung bei allen Adoptionen mit Auslandsberührung,
Ausgleich von Adoptionsbewerbern und zur Adoption geeigneter Kinder, regelmäßige Überprüfung der in Heimen lebenden Kinder (§ 13 AdVermiG).

Zeugnisverweigerungsrecht:

358 Recht im Prozess, die Zeugenaussage zu verweigern. Strittig ist, wann SA/SP dieses Recht auch im Strafprozess haben und ob sich aus § 35 Abs. 3 SGB I ein solches
für Beschäftigte der öffentlichen Träger ergibt.

Zuständigkeit (sachliche, örtliche)

134   *Zwangsgeld/-haft:*

102   Im Unterschied zum Ordnungsgeld (s.*dort*) Mittel der Zwangsvollstreckung als Beugemittel

           Zwangsmittel:

353   Mittel zur Durchsetzung eines Verwaltungsaktes (s. *dort*) oder eines Vollstreckungs-titels des Familiengerichts in der Zwangsvollstreckung.(*s. auch Ordnungsgeld*)

           Zweigliedrigkeit:

7, 306   s. *Jugendamt.*

Stichwortverzeichnis

Die Angaben verweisen auf die Randnummern des Buches.

Adoptionsverfahren   256

Alleinerziehende   279

Allgemeiner Sozialer Dienst   361

Amtspflegschaft/Amtsvormundschaft
– Anhörung   271

Amtspflichtverletzung   51, 152

Andere Aufgaben der Jugendhilfe
– Schutzauftrag   218

Anhörung   66, 87, 98, 206, 222, 240, 243,
252, 257, 264, 271, 288, 370

Anwalt des Kindes   46, 288

Arbeitsgemeinschaften   356

Armenpflege   1

Asylbewerber
– Aufenthaltsgestattung   107
– Gewöhnlicher Aufenthalt   105

Auftragsverarbeiter   377

Ausländer
– Aufenthaltstitel   118
– Ausweisung   114
– Duldung   108
– Gewöhnlicher Aufenthalt   103
– Rechtmäßiger Aufenthalt   106

Ausländer Kinderrechte
– Jugendhilfe   99

Ausweisung
– Ausweisungsgrund   116
– Ausweisungsschutz   117

Behinderte Kinder
– Kindergarten   153

Beistandschaft   272, 287

Beliehener   298

Beratung   66
– Beratungshilfegesetz   67
– Junge Volljährige   134
– Rechtsberatungsgesetz   68
– Scheidung   131
– Umgangsrecht   133

Beschützter Umgang   136

Beteiligungsrecht   98

Betriebserlaubnis   246

Beurkundung   292

Beurteilungsspielraum   333

Bundeskinderschutzgesetz
– Kinderschutz Berufsgeheimnisträger   38

Corona   178, 190, 209a

Datenschutz
– Ausländer   119
– Datenlöschung   63
– Datenweitergabe   59
– Rückmeldung   59
– Strafanzeige Sexueller Missbrauch   60
– Wächteramt   58

DSGVO
– Adoptionsgeheimnis   376

Eheschließung   291

Eingliederungshilfe
– Begriff der seelischen Behinderung   212
– Bundesteilhabegesetz   208
– Große Lösung   215
– Hilfen im Ausland   208
– Inklusive Lösung   215
– Verfahrenslotse   215
– Zuständigkeitsklärung   210

Elterliche Sorge   283

Elternrecht   8, 15, 44, 45, 50, 288

Erbrecht   289

Erziehungsbeistand   189

Erziehungsberatung   187

Erziehungshilfen
– Pflegefamilie Heimerziehung   20

EU-DSGVO
– in der Amtsvormundschaft   394

EU-Recht   109

Europäisches Fürsorgeabkommen   110a

Fachkraft   321

Fachliche Stellungnahme   257

Familie
– Vorrang   45

Familiengerichtshilfe   253

Familienhilfe   44, 127

Familienhilfen
– Familienergänzende Angebote   47

Freie Träger
– Aufwendungsersatz   353
– Finanzierung   348

– Förderung   87, 338
– private und gewerbliche Träger   296
– Rückmeldepflicht   55
– Selbstverpflichtung   55

Fremdbetreuung   141

Führungszeugnis   244, 321

Ganztagsförderung   155

Garantenpflichten
– Schadenseintritt Familiengericht   54

Garantenstellung
– Gefahr Hausbesuch   52

Gefährdungseinschätzung   53

Gefahr im Verzuge   50

Gemeinsame Wohnformen   137

Gerichtliche Verfahren   250

Gesamtverantwortung   329

Geschlossene Unterbringung   198

Geschwisterkind   40-41

Gewährleistungspflicht   332

Gewaltfreie Erziehung   128

Gewerbliche Träger   296

Gewöhnlicher Aufenthalt
– Ausländer   104

Hartz-Gesetze
– SGB II   34

Heimaufsicht
– Erlaubnisvorbehalt   30

Heimerziehung   197

Hilfe für junge Volljährige   23, 216

Hilfeplan   206

Hilfe zur Erziehung   181
– Hilfearten   185
– Umfang   201
– Unbenannte Hilfen   186
– Verfahren   204

Hort   82, 155
– Schule   156

Inklusion   153

Inobhutnahme
– Bereitschaftspflege   220
– Verwaltungsakt   222

Intensive Einzelbetreuung   200

Jugendamt
– Behörde   326
– Fachbehörde   327
– Jugendhilfeausschuss   306

– Laufende Geschäfte   320
– Organisation der Dienste   360
– Personalbemessung   324
– Verwaltung   305, 319

Jugendarbeit   159
– Adressaten   166
– Ausländer   169
– Im ländlichen Raum   170
– Jugendpflege Jugendschutz   17

Jugendfürsorge   6

Jugendgerichtshilfe   262
– Sanktionsvorschlag   264

Jugendhilfe
– Selbstverwaltung   325

Jugendhilfeausschuss
– Aufgaben   314
– Befangenheit   316
– Beratende Mitglieder   313
– selbstorganisierte Zusammenschlüsse   313
– Stimmberechtigte Mitglieder   311
– Unterausschuss   318

Jugendhilfeplanung   26, 354

Jugendschutz
– erzieherischer   176
– Jugendhilfeplanung   179

Jugendverbände   162

Jugendwohlfahrtsgesetz
– Sozialleistungssystem   9

Kinderförderungsgesetz
– Föderalismusreform   36

Kindergarten   151
– Betriebskindergarten   154
– Wohngebiet   152

Kinder und Jugendstärkungsgesetz   40-41

Kindesmisshandlung
– Gewaltverbot   290

Kindeswohl   13, 15, 35, 44, 48, 49, 51, 58,
   59, 61, 62, 63, 66, 102, 131, 141, 184, 239,
   243, 245, 246, 247, 249, 255, 290, 391

Kindschaftsrecht
– Abstammung   282

Kirchen   1, 178, 295, 377

Kostenbeteiligung   395
– Einkommen   398
– Härte   402
– Kostenbeitrag   396, 400
– Vermögen   401

Kostenerstattung   406
– Umfang   407

Leistungen 13
- subjektives öffentliches Recht 126

Leistungsvereinbarung 351

Mädchenarbeit 168

Minderjährigenschutzabkommen
- KSÜ 111

Nachrang 69
- Agentur für Arbeit 79
- Bildungs- und Teilhabepaket 76a
- Eingliederungsvereinbarung 78
- Hilfeplanungsverfahren 77
- Krankenkasse 83
- Schule 81
- SGB II 70
- SGB III 80
- Sozialhilfe 84
- Tagesbetreuung 75

Neue Steuerung 365

Notsituation
- Betreuung 138

Öffentliche Träger 301

Ombudsstelle 40-41

Organisation der Jugendhilfe 295

Örtliche Träger 302

Örtliche Zuständigkeit 31

Paradigmenwechsel
- Wohl des Kindes 48

Pflegeeltern
- Befugnisse 22
- Elterliche Sorge 207

Pflegeerlaubnis 243

Pflegegeld 202

Pflegekinder
- Betreutes Einzelwohnen 21

Private Träger 296

Qualitätsentwicklung 334

Rechnungsprüfung 392

Reform
- Diskussionsentwurf 12
- Jugendbericht 11

Reichsjugendwohlfahrtsgesetz 2

Resilienz 53, 212

Schule
- Wächteramt 57

Schulpflicht
- Unterstützung 139

Schulsozialarbeit 74

Schutzauftrag
- Anrufung des Familiengerichts 260
- Jugendamt 51
- Sexueller Missbrauch 35

Schweigepflicht 61
- Berufsgeheimnisträger 62

Seelisch behinderte junge Menschen
- Zuständigkeit 24

Selbstbeschaffung 95, 214
- Ambulante Hilfen 96

Sexueller Missbrauch 35

Sorgeerklärungen 281

Sozialdatenschutz
- Adoptionsgeheimnis 376
- anvertraute Daten 391
- Auskunftsrecht 393
- Datenlöschung 387
- Datensicherung 383
- Datensperrung 388
- Datenübermittlung 389
- Datenverarbeitung 386
- in der Jugendgerichtshilfe 394
- in der Vormundschaft 394
- Sozialgeheimnis 381, 383
- Umfang 382
- Verwertungsverbot 383
- Zeugnisverweigerungsrecht 383
- Zweckbindungsgrundsatz 394t

Soziale Dienste
- Allgemeiner Sozialer Dienst 363
- Innendienst 362

Soziale Gruppenarbeit 188

Sozialgesetzbuch 32

Sozialpädagogische Familienhilfe 190

Sozialraum 40-41

Sprache 40-41

Statistik 28

Steuerungsverantwortung
- Gerichtliche Anordnung 94
- Selbstbeschaffung 93

Subsidiaritätsprinzip 16, 85
- Bürgerschaftliches Engagement 88
- Ehrenamtliche Tätigkeit 88
- Förderung 86
- Privatgewerbliche Unternehmer 89
- Wunsch- und Wahlrecht 90

Tagesbetreuung   19, 141
– Kleinkinder   142
Tageseinrichtungen   140
Tagesgruppe   191
Tagespflege
– Erlaubnis   147
– Führungszeugnis   146
– Pflegegeld   145, 149
Träger der Jugendhilfe
– Kreisangehörige Gemeinden   330

Überleitung   404
Überörtlicher Träger   336
Umgangspflegschaft   135
Umgangsrecht   284
Unbegleitete minderjährige Flüchtlinge
(UMF)bzw. Ausländer(UMA)   113
UN-Kinderkonvention   112
Unterhalt
– Betreuungsunterhalt   285
– Kindesunterhalt   286

Verfahren
– Akteneinsicht   370
Verfahrenslotse   40-41

Versorgungsamt   65
Vertretungskörperschaft   309
Verwaltungsakt   366
– Begründung   371
– Bekanntgabe   372
– Form   371
– Rechtsbehelfsbelehrung   371
– Rechtsschutz   373
– Vollstreckung   374
Verwaltungsverfahren
– Verwaltungsakt   367
Vollzeitpflege   192
Vormundschaft
– Reformgesetz   267
Vormundschaftsgericht   37

Wächteramt   15
– frühe Hilfen   49
Wertorientierung   44, 46, 141, 176, 178
Wertortientierung   159 f.
Wirtschaftliche Jugendhilfe   202, 395
Wunsch- und Wahlrecht   91

Zuständigkeit   369